U0898875

新时代高校学生工作的创新研究与实践探索

——中国政法大学2020年学生工作理论研讨会论文集

黄瑞宇◎主编

中国政法大学出版社

2020・北京

图书在版编目（CIP）数据

新时代高校学生工作的创新研究与实践探索：中国政法大学2020年学生工作理论研讨会论文集/黄瑞宇主编. —北京：中国政法大学出版社，2020.8

ISBN 978-7-5620-9655-9

Ⅰ.①新…　Ⅱ.①黄…　Ⅲ.①高等学校—学生工作—文集　Ⅳ.①G645.5-53

中国版本图书馆CIP数据核字(2020)第178040号

书　名	新时代高校学生工作的创新研究与实践探索 ——中国政法大学2020年学生工作理论研讨会论文集 XINSHIDAI GAOXIAO XUESHENG GONGZUO DE CHUANGXIN YANJIU YU SHIJIAN TANSUO
出版者	中国政法大学出版社
地　址	北京市海淀区西土城路 25 号
邮　箱	fadapress@163.com
网　址	http://www.cuplpress.com (网络实名：中国政法大学出版社)
电　话	010-58908466(第七编辑部) 58908334(邮购部)
承　印	北京九州迅驰传媒文化有限公司
开　本	720mm×960mm　1/16
印　张	35
字　数	560 千字
版　次	2020 年 8 月第 1 版
印　次	2020 年 8 月第 1 次印刷
定　价	150.00 元

编委会名单

前 言

习近平总书记在全国高校思想政治工作会议上强调，做好高校思想政治工作，要因事而化、因时而进、因势而新。要遵循思想政治工作规律，遵循教书育人规律，遵循学生成长规律，不断提高工作能力和水平。要用好课堂教学这个主渠道，思政政治理论课要坚持在改进中加强、提升思想政治教育的亲和力和针对性，满足学生成长发展需求和期待。2020 年，教育部等八部门印发《关于加快构建高校思想政治工作体系的意见》，提出要健全立德树人体制机制，把立德树人融入思想道德、文化知识、社会实践教育各环节，贯通学科体系、教学体系、教材体系、管理体系，加快构建目标明确、内容完善、标准健全、运行科学、保障有力、成效显著的高校思想政治工作体系，全面提升高校思想政治工作质量。这为新时代高校学生工作的理论研究和实践探索指明了方向。

近年来，中国政法大学以立德树人为根本任务，不断深入学习习近平新时代中国特色社会主义思想，学习习近平总书记关于青年成长成才重要论述，尤其是习近平总书记考察中国政法大学重要讲话精神和勉励语精神，切实做到“把立德树人、规范管理的严格要求和春风化雨、润物无声的灵活方式结合起来，把解决师生的思想问题和教学科研、学习就业等实际问题结合起来”，逐渐探索出了明确“一个目标”、实现“一个升级”、强化“两条路径”和做好“四个体系”的工作思路。自 2010 年以来，中国政法大学已连续举办了十届学生工作理论研讨会，从理论上深入研究思想政治工作的新特点，在实践中不断拓展思想政治工作的新思路，形成了一批具有科学性、实效性和指导性的研究成果。

本书作为 2020 年度学生工作理论研讨会的论文选集，收录了来自中国政法大学专业教师、班主任、辅导员和党政干部关于思想政治工作的论文 70

篇，内容涉及思想引领、学业辅导、基层组织建设、心理健康教育、就业创业指导、网络育人、实践育人及全员、全过程、全方位育人等方面。论文围绕当前高校思想政治工作的重点、难点和热点问题，聚焦学生成长成才的需求，为增强思想政治工作的实效性提出了相应的解决途径和办法。这些成果充分体现了中国政法大学学生工作者践行立德树人根本任务的自觉性和主动性，进一步推动了思想政治工作的科学发展。

坚持全员育人、全过程育人和全方位育人，高校学生工作者任重而道远。希望以本书出版为契机，促进思想政治工作理论成果共享和实践经验交流，启发高校学生工作新思路，更加贴近师生思想实际开展工作，使思想政治工作接地气、入人心。

本书的出版得到了学校领导的高度重视和中国政法大学出版社的大力支持，在此表示衷心的感谢！在本书编写过程中，我们始终抱着热诚和谨慎的态度开展工作，希望能最大限度地把优秀成果展示给读者，供大家借鉴和学习。然而，由于水平能力有限，书中难免存在不妥和疏漏之处，恳请广大读者批评指正。

编　者

2020 年 7 月

目　录

一、思想引领

二、学业辅导

三、基层组织建设

四、心理健康教育

五、就业创业指导

六、网络育人

七、实践育人

八、全员、全过程、全方位育人

一、思想引领

浅谈战“疫”形势下的爱国主义教育

民商经济法学院　陈莹蓝

【摘　要】《新时代爱国主义教育实施纲要》对青少年的爱国主义教育提出了新要求、新办法，指出了应该把爱国主义贯穿于高校教育工作的始终，彰显爱国主义教育的重要意义。2020年的新冠肺炎疫情，也为爱国主义教育开展带来了最有力的素材和最生动的体现，在战“疫”形势下如何开展爱国主义教育也成为每一个高校教育工作者值得思考的重点。

【关键词】爱国主义教育　新冠肺炎疫情　青少年

2019年11月中共中央、国务院印发《新时代爱国主义教育实施纲要》，指出“新时代爱国主义教育要面向全体人民、聚焦青少年”、“培养社会主义建设者和接班人，首先要培养学生的爱国情怀”。

一、爱国主义教育的重要性

《新时代爱国主义教育实施纲要》提出，爱国主义是中华民族的民族心、民族魂，是中华民族最重要的精神财富，是中国人民和中华民族维护民族独立和民族尊严的强大精神动力。爱国主义精神深深根植于中华民族心中，维系着中华大地上各个民族的团结统一，激励着一代又一代中华儿女为祖国发展繁荣而自强不息、不懈奋斗。青少年则是爱国主义教育的重要人群，是祖国的希望和未来，也是富有朝气、富有活力、富有梦想的一代，是社会主义建设的建设者和接班人。在潜移默化中增进青少年的爱国情感，帮助其了解国情社情民情，使爱国主义精神在其心中深深扎根，具有重要意义和价值，在高校中尤应加强爱国主义教育。高校作为培育人才的摇篮和基地，更应该把爱国主义教育贯穿始终，广大学生中开展内容丰富、形式多样、意义深远的爱国主义教育，充分发挥课堂教学主渠道作用，推动爱国主义教育进课堂，加强“课程思政”元素

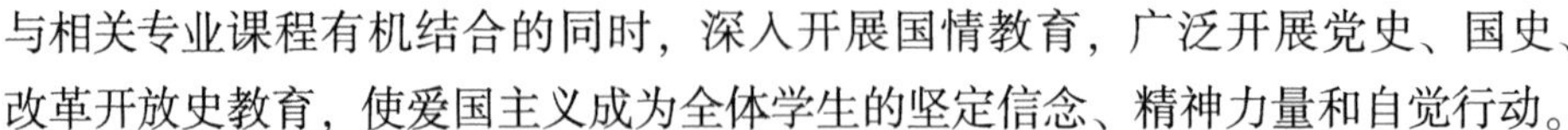

与相关专业课程有机结合的同时，深入开展国情教育，广泛开展党史、国史、改革开放史教育，使爱国主义成为全体学生的坚定信念、精神力量和自觉行动。

二、战“疫”形势下体现的爱国主义内容

2020年初的新冠肺炎疫情，打乱了所有人的生活节奏，但也带来了许多思考和启发。这次防疫战疫工作中的丰富素材和生动例子就是高校做好新时代爱国主义教育最有力的材料。

（一）中国共产党的先进性和社会主义制度的优越性

党的十八大以来，习近平总书记反复强调，要坚持以人民为中心，将增进人民福祉始终作为奋斗目标，让改革发展成果更多更公平地惠及全体人民。在新冠肺炎疫情发生之际，以习近平同志为核心的党中央将保障人民群众生命健康视为重中之重，反复强调，“要把人民群众生命安全和身体健康放在第一位”“努力提高收治率和治愈率、降低感染率和病死率”“紧紧依靠人民群众坚决打赢疫情防控阻击战”“确保人民群众生命安全和身体健康，是我们党治国理政的一项重大任务”，充分彰显了以人民为中心的治国理政思想，精准回应了疫情威胁下人民群众最根本的需要。同时，以解决民生为重要任务，统筹疫情性强的防控、民生保障和经济发展，推出一系列针对性实效性强的举措，因地制宜地解决人民生活必需品暂时性短缺的难题，持续加大对防疫、民生物资的价格监管力度，全力维护经济社会正常秩序，真正实现了疫情防控和保供稳价“两手抓”，全方位保障人民群众的日常生活。并且推复工、促就业，经济复苏与脱贫攻坚两不误。习近平总书记在统筹推进新冠肺炎疫情防控和经济社会发展工作部署会议上指出，防控工作取得的实效，再次彰显了中国共产党领导和中国特色社会主义制度的显著优势。疫情期间，党中央始终坚持把人民群众生命安全和身体健康放在第一位，各级政府、各行各业在党的统一领导下紧急行动、有序运转，全体党员发挥先锋模范带头作用，冲锋一线，体现了中国共产党强大的号召力领导力以及社会制度的优越性。这次战“疫”也是对一个政党、一个制度的检验，更是对各级党组织和党员干部的重大考验，也体现着人民至上的制度优越性。

（二）个人和集体的关系

一线医护人员、科研人员、人民解放军争分夺秒、奋勇抗“疫”，以李文

亮医生为代表的 8 名医护人员最早发出新冠肺炎疫情警告，84 岁的钟南山院士和 73 岁的李兰娟院士不畏高龄，逆行北上、不惧病毒感染风险支援湖北武汉疫情的第一批医护工作者在除夕夜出征，短短十天内火神山工地一线的农民工人争分夺秒日夜奋战……他们胸怀国家利益，不计个人得失，他们是具有刚正不阿的高尚品德和忠诚无私的爱国情操的英雄。面对疫情，面对国难，他们始终怀揣和践行着“国家兴亡，匹夫有责”的爱国情怀。从国家领导人到一线工作人员再到每一个平凡的中国人，每个人都在为国家而战，举国上下全民皆兵，海内外中国人共同努力，齐心战“疫”，这也是“小我”与“大我”，个人利益与国家利益、集体利益的关系。每个人都不是独立存在的，都不能脱离集体，只有个人在国家危难的时候挺身而出，众志成城，才能凝聚成团结互助、共克时艰的强大力量，才能尽快控制住疫情，最终实现每个人的个人利益。全体人民参与联防联控也是对党和国家的相信和坚定。青少年更应该磨砺自己的意志品质和责任担当，在为人民服务中茁壮成长，在艰苦奋斗中砥砺意志，在积极实践中增长工作本领。

（三）中国和世界的关系

如今新冠肺炎疫情全球肆虐，中国又派出专家团队，带着救援物资飞赴意大利、伊朗、菲律宾、塞尔维亚等国家，踏上了抗击病毒的国外战场，中国的担当和大国意识，也感动着全世界。同时在面对疫情时，每一个国家所采取的不同反应和措施，也体现了不同国家的国情和文化，我们也应该正确认识到中国和世界的发展大势，不同国家之间的对比，不因中国的制度优势妄自菲薄，应该正确看待世界多元文化，正确认识中国和世界的关系，相互借鉴，求同存异，尊重他国的文化和历史，共同推动世界的发展。

三、战“疫”形势下如何开展爱国主义教育

（一）用疫情中的中国故事讲好爱国主义教育

深入发掘国内外战“疫”的感人故事，特别是身边同学、校友等在疫情防控中的志愿者工作的感人事迹，激发学生的爱国情怀和共同体意识。通过开设专栏，邀请亲历者讲述等多种形式进行宣传报道，以生动的故事和真切的人物感染学生。并通过举办线上会议、主题党日、主题团日、朗诵接力、

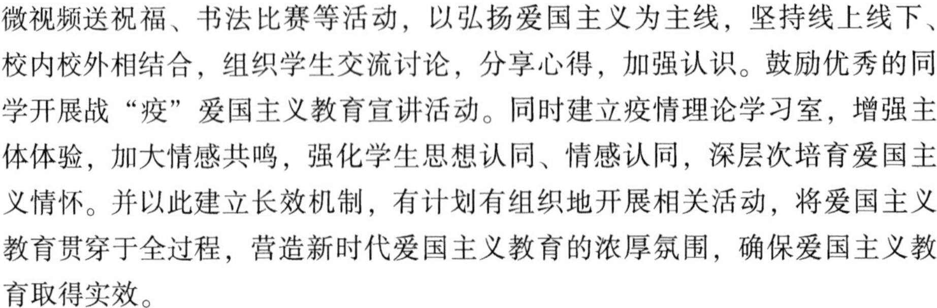

微视频送祝福、书法比赛等活动，以弘扬爱国主义为主线，坚持线上线下、校内校外相结合，组织学生交流讨论，分享心得，加强认识。鼓励优秀的同学开展战“疫”爱国主义教育宣讲活动。同时建立疫情理论学习室，增强主体体验，加大情感共鸣，强化学生思想认同、情感认同，深层次培育爱国主义情怀。并以此建立长效机制，有计划有组织地开展相关活动，将爱国主义教育贯穿于全过程，营造新时代爱国主义教育的浓厚氛围，确保爱国主义教育取得实效。

（二）加强“课堂思政”，引领第一课堂

充分利用好课堂教学的主渠道作用，在课堂教学中融入爱国主义元素，同时鼓励思政教师、辅导员老师走上课堂，着力打造一支理论水平达标、政治素养过硬的队伍。同时，建立和完善理论体系，做好理论宣讲，让战“疫”中的爱国主义元素在课堂中生动地体现。积极探索把“疫情防控”融入思想政治理论课教学中，构建疫情实战课堂，引导多学科开展疫情教学思考和专项研究，录制战“疫”视频公开课、专题宣传片等，从不同角度展示中国的制度优势和人民的磅礴伟力，引导学生坚定爱国信念、增强制度自信。

（三）巩固主阵地，提升专业认同感

通过战“疫”中的爱国主义教育，引导学生提高专业素养，停课不停学，注重专业育人，引导学生追随前沿资讯，充分感受到专业发展的潜力，进而提升专业自信。同时激发学生增强自身的人文素质和身体素质，促进思想交流和荟萃，增强运动兴趣。加强实践项目挖掘，将爱国主义教育融入实践，推动爱国精神转化为真正的报国行为。促使学生珍惜学习时光，求真学问，练真本领，不辱时代使命，不负人民期望。

弘扬爱国主义，必须把爱国主义教育作为永恒的主题。疫情防控阻击战当前，每个人都是当事人，每个人也都与国家、民族的命运息息相关。我们应该牢记历史，牢记此次疫情中的生动案例和英雄人物，特别是“90后”青年众志成城抗疫的优秀表现，将这些感受升华为爱国主义情感，并转化为个人的具体行动，从而付诸每一个事情、每一个任务、每一个具体的举动中，主动担当，积极作为，展现青年一代良好的精神面貌和爱国情怀。在祖国需要的时候挺身而出，勇挑重担，爱国力行，做新时代合格青年人。

当代法学大学生理想信念教育研究

国际法学院　刘　凯

【摘　要】理想信念教育是法学人才培养的重要内容，关乎法学大学生未来的人生发展走向和我国依法治国战略的顺利落实以及社会公平正义的实现。然而从现实情况看，当代法学大学生在理想信念方面存在一些明显的问题，如过于功利化、物质化和过于追求自我价值的实现，而社会责任感、历史使命感趋于弱化等，这需要我们围绕法学人才培养的目标有针对性地加强教育和引导，并对既有的育人理念以及育人政策及时进行调整，以帮助当代法学大学生树立科学正确的理想信念，为新时代法学人才的培养做出应有的贡献。

【关键词】当代法学大学生　理想信念　现状及成因　措施和建议

大学生理想信念教育是高校思想政治教育的重要内容，科学正确的理想信念将为大学生的成长之路指明方向并奠定坚实的思想基础。对于当代法学大学生来说，是否具有科学正确的理想信念尤为重要，因为法学大学生的理想信念是否科学正确，不仅关乎法学大学生自身的健康成长成才，而且关乎我国依法治国战略的顺利落实和社会公平正义的实现。近年来，执法人员知法犯法的案件时有发生，在社会上产生了极为恶劣的影响，严重破坏了法律从业者的形象和法律的公信力。所以，我们应该从这些反面典型中吸取教训，追根溯源，从大学生时期就重视对未来法律工作者的思想政治教育尤其是理想信念教育，帮助当代法学大学生尽早树立科学正确的理想信念，为他们的健康成长成才和未来的人生发展夯实思想之基，铸就精神之源。

一、当代法学大学生理想信念教育的价值和意义

法学大学生作为大学生中的一类群体，其职业具有专门性和特殊性，需要具有过硬的思想政治素养、强烈的社会责任感、高尚的职业道德、扎实的

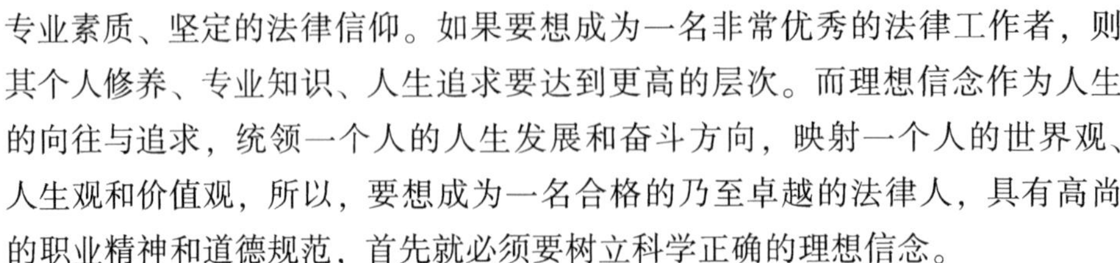

专业素质、坚定的法律信仰。如果要想成为一名非常优秀的法律工作者，则其个人修养、专业知识、人生追求要达到更高的层次。而理想信念作为人生的向往与追求，统领一个人的人生发展和奋斗方向，映射一个人的世界观、人生观和价值观，所以，要想成为一名合格的乃至卓越的法律人，具有高尚的职业精神和道德规范，首先就必须要树立科学正确的理想信念。

（一）加强当代法学大学生理想信念教育是贯彻落实我国高等教育育人方针的需要

目前，随着我国高等教育从精英阶段步入大众教育阶段，越来越多的年轻学子开始进入大学接受高等教育。这是社会发展和高等教育发展的趋势。而对于大学生而言，高等教育阶段则是接受专业教育为将来踏入社会奠定基础的阶段，同时也是一个人政治素养、世界观、人生观、价值观形成的重要时期。这个阶段的理想信念教育非常重要，如果能够从实际情况出发，针对当代大学生在理想信念方面存在的问题，提出切实可行的教育方法和途径，帮助大学生树立科学正确的理想信念，那么这对于大学生形成正确的政治素养，塑造科学的世界观、人生观、价值观会起到非常关键的作用。

党和国家领导人历来非常重视对青年的理想信念教育。老一辈国家领导人，如邓小平同志早就提出要把我们的青年一代培养成为“四有”新人，要求青年要有理想、有道德、有文化、有纪律。2007年8月31日，胡锦涛同志在全国优秀教师代表座谈会上指出，“要坚持育人为本、德育为先，把立德树人作为教育的根本任务，加强爱国主义教育，深入开展理想信念教育，加强和改进学生思想政治工作”。[1]2018年9月10日，习近平总书记在全国教育大会上发表重要讲话指出，“要在坚定理想信念上下功夫，教育引导学生树立共产主义远大理想和中国特色社会主义共同理想，增强学生的中国特色社会主义道路自信、理论自信、制度自信、文化自信，立志肩负起民族复兴的时代重任”。

针对法学大学生的理想信念教育，中央也多次发文强调理想信念教育对于法律人才培养的重要性。2011年教育部、中央政法委提出，要形成符合中

---

〔1〕“胡锦涛在全国优秀教师代表座谈会上的讲话”，载中国新闻网，http://www.chinanews.com/gn/news/2007/08-31/1015683.shtml，最后访问时间：2020年4月12日。

国国情的法律人才培养机制，培养造就一批信念执着、品德优良、知识丰富、本领过硬的高素质法律人才。2014 年 10 月，党的十八届四中全会通过的《中共中央关于全面推进依法治国若干重大问题的决定》明确提出，建设高素质法治专门队伍，把思想政治建设摆在首位，加强理想信念教育；创新法治人才培养机制，坚持立德树人、德育为先的导向。

（二）加强当代法学大学生理想信念教育是培养新时代中国特色社会主义法治人才的需要

2011 年 11 月 23 日，教育部和中央政法委员会在《关于实施卓越法律人才教育培养计划的若干意见》中提出了“要培养造就一批信念执着、品德优良、知识丰富、本领过硬的高素质法律人才”。该表述将“信念和品德”放在“知识和本领”之前，强调了法治人才培养工作不仅仅是专业培养，同时更加注重品德和价值观念的培养。2017 年“五四”青年节，习近平总书记在考察中国政法大学时指出，“法学教育要坚持立德树人，不仅提高学生的法学知识水平，而且要培养学生的思想道德修养”。[1]

高等法学教育承担着为国家和社会输送高质量法治人才的重任，但从现实情况看，法治人才培养更侧重于专业和实务教育。理想信念、职业伦理和道德规范等方面的缺失是目前法学教育存在的主要问题之一。尤其是在当前形势下，西方国家加快对我国的文化和价值观输入，社会上个人主义、拜金主义和享乐主义等风气盛行，一些法律工作者执法犯法，在社会上造成了非常不好的影响，直接影响我国法律工作者的形象和我国法治事业的健康发展。因此，必须加强对法学大学生的理想信念教育，倡导大学生树立崇高理想和坚定信念，培养大批符合新时代中国特色社会主义法治建设需要的高素质法学人才。

（三）加强当代法学大学生理想信念教育是占领国际人才竞争制高点的需要

随着人类社会的发展，知识已经开始逐步取代资源成为推动社会发展的

---

〔1〕“立德树人德法兼修抓好法治人才培养，励志勤学刻苦磨炼促进青年成长进步”，载中国习观网，http://www.china.com.cn/guoqing/xijinping/2017-05/04/content_40743910.htm，最后访问时间：2020 年 4 月 12 日。

最大动力。尤其是在当前时代，知识尤其是高新技术知识对于经济社会发展的推动作用更加明显。拥有知识尤其是高新技术知识，不仅决定着一个国家的发展水平和速度，同时也决定了一个国家在国际竞争中的优先次序。

大学生作为一类知识群体，是知识的具体承载者，具备一定的专业知识结构和知识体系，是推动经济社会发展的人才主体。更为重要的是，他们身上有着潜在的创造能力和创新能力，这种能力的发挥将真正决定我国在当前和今后在国际竞争中的强弱。

法学大学生作为法学专门人才，应当以法学知识服务于国家发展乃至国际社会的发展，维护国家利益，维护国际和平正义。所以要积极研究当代法学大学生理想信念方面存在的不足和问题，及时加以教育和引导，帮助他们树立科学正确的理想信念，让他们在掌握专业技能的同时树立家国情怀，以自己所学服务祖国发展，推动社会进步和促进人民福祉，最终实现国家繁荣昌盛和民族复兴的伟大中国梦。

二、当代法学大学生理想信念教育的现状及成因

当代法学大学生的理想信念整体上是积极向上的，知诚信，懂感恩，但是也存在一些比较明显的问题。

（一）当代法学大学生理想信念更具功利性、物质化和自我化

当代法学大学生对美好道德理想信念在认知方面是积极向上的，但是一部分学生在身体力行方面缺乏积极性和主动性，存在一定的功利性和物质化。在学校的日常表现中，可以看到法学大学生虽然对于自我修养比较重视，但是一部分学生在为国家和社会服务方面，以及把个人理想同国家和社会发展需要的结合方面是缺乏积极性和主动性的。

在职业的选择上，更加注重个人价值的体现。从历年的择业情况看，当代法学大学生倾向于选择待遇优厚、发展前景好的职业；从地域看，也倾向于选择到大城市或者东部发达地区。而当代法学大学生并不是特别积极和主动地响应国家的号召，较少学生会选择到中西部偏远地区和农村基层就业。

在生活追求方面，当代法学大学生比较注重个人和家庭的需要，同时也懂得回馈社会和感恩父母。但是相对而言更加注重个人生活的质量，比如安逸和舒适程度等。

在社会理想方面，当代法学大学生绝大多数有正确的政治立场，对我国社会发展和建设取得的重大成就持积极肯定的态度，关心社会时政，关注社会生活，但是有些学生缺乏远大理想，历史使命感和社会责任感不够强烈，社会发展和建设的参与度也相对较低。

（二）当代法学大学生理想信念现状的成因

当代法学大学生的理想信念之所以会出现上述几方面的问题，主要有以下几个方面原因。

（1）高等教育对思想政治和理想信念教育的重视程度不够。虽然我国高等法学教育发展迅速，接受法学教育的大学生数量近年来持续增长，法学教育体系也在不断完善，但是思想政治和理想信念教育在法学人才培养中的重要地位还没有受到足够的重视。立德树人，德法兼修的理念也还需要进一步贯彻和落实。

（2）高校落实法学专业人才培养的目标有待进一步明确。虽然国家对法学专业人才的培养目标提出了明确的要求，但是由于主客观的原因，高校更加重视专业课学习，重视司法考试通过率，重视就业率，忽略了对法学专业学生理想信念的培养和教育。

（3）教师队伍思想政治水平参差不齐。教师在一定程度上是学生的思想和行为的导师，其思想政治水平直接影响着学生。近年来随着高等教育的快速发展，各个高校对教师的需求量也不断增加。然而现在的情况是学校比较重视教师的学历背景和科研能力。这样一来即使有的教师专业水平很高，但是其思想政治觉悟并不一定具有较高水平。

（4）学生没有充分发挥其主体性作用。学生是受教育的主体，正确理想信念的树立说到底是要通过学生自身来实现。但是现在的学生习惯于应试教育，习惯按照老师的要求做，不会主动地思考和实践。这对于学生的自我提高是十分不利的。当代法学大学生而言，更加需要发挥主观能动性去解决学习和生活中遇到的各种实际问题。

三、当代法学大学生理想信念教育的应对措施和建议

（一）进一步加强理想信念教育

法学教育的目标是培养适合社会需要的合格法律工作者，而法律工作的

特殊性决定了作为一名法律人应当具备更高的思想品格和理想追求。所以，在高校的法学人才培养中需要进一步加强思想政治教育尤其是理想信念教育，真正落实中央提出的立德树人，德法兼修的人才培养理念。

（二）严格落实法学专业人才的培养目标

在法学人才的培养方面，高校需要改变一味重视专业教育而轻视思想政治教育的做法。一个人如果没有基本的思想道德素质是不可能成为一名合格的法律工作者，尤其是如果在理想信念方面出现问题，那就从根本上背离了人才培养的初衷。所以，学校应该在政策方面围绕法律人才培养目标的实现给予支持和加强。

（三）注意提升教师队伍的思想政治水平

教师肩负着培育优秀法律人才的重任，应该通过言传身教使学生树立崇高的理想和信念。但是实际情况是，个别教师受个人偏见或者是受外界环境的影响，并没有对学生起到示范作用。所以此种现象应该引起重视，不仅要求教师在教学过程中重视专业水平的提高，同时也要求教师重视自身思想政治水平的提高。

（四）充分发挥学生的主体性作用

如前所述，正确理想信念的树立最终还是要通过学生自己来实现。“授人以鱼，不如授之以渔。”学校的教育只是一个方面，而且是外因。因此，要鼓励学生充分发挥自己的主观能动性，自我学习，自我教育，自我提升。无论是大学时期，还是毕业后走上工作岗位，都要通过不断学习，提高自己的思想修养，坚定自己的理想信念，使自己真正成为一名符合社会需要的合格的法律人。

战“疫”时期高校思政教育的价值引导探究

国际法学院　孙　沁

【摘　要】本文以疫情时期高校思想政治教育的价值引导为研究目的，力图把握特殊时期高校思政教育的侧重方向、价值理念与有效时机。分析了战“疫”时期高校思想政治的重要意义，把握高校思政的普遍意义与特殊时期的重要意义；探讨了特殊时期价值引导的聚焦方面，深入挖掘思政教育的全方位意义；同时，研究疫情时期高校思政教育的资源，把握教育着眼点，让学生在理论与实践中接受思政教育。

【关键词】疫情　思政教育　价值引导

一、战“疫”时期高校思政教育的重要意义

（一）高校是青年学生思政教育的主要阵地

思想政治学习是青年学生成长发展过程中的重要课程。2016 年 12 月 8 日，习近平总书记在全国高校思想政治工作会议上强调，要把思想政治工作贯穿高校教育教学全过程，实现全程育人、全方位育人、努力开创我国高等教育事业发展新局面。高校又是思想政治教育的主阵地。作为主阵地，高校不仅要牢牢坚守阵地的稳固，更要担起立德树人的重担。

（二）疫情防控是经济、科技与思想的战“疫”

疫情防控中，我国要时刻关注经济发展的三大引擎，打好经济保卫战，实事求是地按照风险级别有的放矢。在低、中、高风险地区分别采取不同等级的措施，关注外防输入，恢复生产生活秩序。还要稳定战“疫”实力，激发科技力量，促进医疗科学、信息化水平、AI 等工程充分发挥作用。更重要的，还是政治制度的博弈与统一思想战线的斗争。思想战线的统一与稳固是

打好防疫攻坚战的重要一步。

（三）中国火热的战“疫”是实践中的思政课堂

青年学生的思政课堂不仅要有丰富的理论，还要有充沛的实践。全国人民以拳拳爱国之心同心同力参与战“疫”便是最好的实践课堂教育。积极响应党中央的决策与部署，“万众一心，全民战疫”，不仅彰显了中国特色社会主义制度的显著优势，也让亿万青年学生感受到了强烈的青春担当。无数中国人民面对疫情时的坚定逆行、前赴后继，是诠释“爱国主义”“英雄主义”最鲜活、最具有生命力的案例。要在战“疫”中敦促学生感悟真知，检验理论的正确性，并且用理论更好地指导实践。

二、战“疫”时期高校价值引导的聚焦方面

新冠肺炎疫情发生以来，在以习近平总书记为核心的党中央坚强领导下，全国上下团结奋战，已经形成全面动员、部署、加强疫情防控工作的局面。当前的疫情防控工作为全国校园内的思想政治理论课提供了丰富、鲜活的案例和素材。应时代之需，高校思想政治教育要主动作为，紧贴时代主题，聚焦社会热点，把思想引导、知识引导、心理引导、舆论引导落到实处，满足特殊时期学生的需求和期待，以价值指引铸魂育人。

（一）以立德为目标的思想引导

2019 年 3 月，习近平总书记在学校思想政治理论课教师座谈会上强调，思想政治理论课是落实立德树人根本任务的关键课程。战“疫”当前，全体国民看到无数医护人员不计日夜、逆行驰援，彰显着医者仁心的使命担当，看到各行业基层党员牢记使命、恪尽职守，表现出保家卫国的责任恪守，看到蜂拥而至的志愿者积极行动、守望相助，表现出无疆大爱和家国情怀。高校思想政治教育的重要内容应围绕全面推广“同上疫情防控思政大课”的指导思想，用鲜活的案例对学生进行深入讲解，引导学生近距离感知、了解我们党和政府始终坚守“为中国人民谋幸福，为中华民族谋复兴”的初心使命；引导学生全方位地认识、思考疫情大考的答案；引导学生在个人与集体、国家与社会的关系中再度思索人生价值，树立无私奉献、勇担责任的家国情怀。

（二）以授业为目标的知识引导

把思想政治的教育优势转化为支持防疫工作的强大力量，是高校思政教育引导的重要目标。思政教师须带领学生进一步了解公共卫生知识，理性面对防控要求，树立科学防疫态度，鼓励学生将拳拳爱国之情转化为实际有力的报国之行。同时，思政教育要让青年人意识到，认识自然、尊重自然、敬畏自然是为生民立命价值情怀的基础；还要帮助大学生看到疫情等不可抗力灾害是对国家治理体系、制度、能力的重大考验，必须健全完善国家公共卫生应急管理体系，提升应急管理和抗击疫情的能力。为此，青年人需要把树立远大的志向与扎实掌握科学本领结合起来，把责任使命的承担与实现国家治理体系、能力的现代化结合起来，有的放矢、求真务实，在这场科学的战"疫"中从小我走向大我，成为有理想、有道德、有本领、有担当的青年。

（三）以博爱为目标的心理引导

疫情同样给一些学生及家庭带来了挑战，衍生的心理压力不言而喻。高校思政教育应主动作为，引导学生以变化发展的态度看待疫情，树立乐观向上的心态，努力形成有积极意义的价值判断。首先，思政教育要关注学生的心理状态，引导学生发挥主观能动性进行自我认知与调节，帮助学生接纳情绪和适应危机带来的变化，消除特殊时期消极事态所引发的认知、情绪、行为上的不适，树立健康心态；其次，要帮助学生利用好这个假期进行自我管理、自主学习，引导学生认识到特殊时期的特殊意义，不能盲目消极，模糊目标，要有效应对停课不停学的状况，学有所获；最后，思政教育还应把握生命教育的机会，引领学生审视健康的生命、健全的人格的重要意义，形成有担当、有爱心的良好人格。

（四）以明辨为目标的舆论引导

本次疫情，是全国线上线下观点态度的交汇与交锋，有时度效的舆论引导是有力把握疫情生态变化，掌握青年学生整体思想和稳定学生焦灼心态的重要举措。一来，引导学生看主流、体民情、知民心，看懂中国智慧、中国精神、中国力量。二来，教会学生明辨是非真伪，不信谣、不传谣，要认识到党和政府在打赢疫情防控阻击战的战略部署和措施成效，要关注国际社会对我国政府防控有力的高度赞扬，引导学生坚定文化自信、制度自信、道路自信，以实事求是的态度应对观点的交锋。

三、战“疫”时期高校价值引导的教育着眼点

一场疫情，一次考验，一堂大课。全民战“疫”是全国人民与国家共患难的决心与奋斗的体现，是一场需要共同完成的生命教育、信念教育、科学教育与道德教育。要把握战“疫”时期的教育时机，甄选战“疫”时期的教育资源，形成有思想、有理论、有亲和力和有针对性的思想政治教育。

（一）从全球抗“疫”的中国担当看担当

面对突如其来的疫情和难以控制的状况，中国毅然选择了“封锁”。封锁疫区，中国人以最大的牺牲为世界创造了宝贵的窗口期。“我们坚决维护中国人民生命安全和身体健康，也坚决维护世界各国人民生命安全和身体健康，努力为全球公共卫生安全作出贡献。”习近平总书记的讲话指引并召唤了全国人民。国际疫情日益严峻，我们依然鼎力相助。在全球抗“疫”的战斗中，中国展现的大国担当是国际社会的榜样。一直以来，勇于担当的精神是中华民族赖以长久生存的灵魂，是中华民族在历史的洪流中屹立不倒、奋勇向前的基石，担当精神使全国 14 亿人民众志成城，攻坚克难，彰显了中国的磅礴伟力。当前，培育青年学生的担当意识，赞扬青年学生的担当意识尤其重要。

（二）从西方的“傲慢与偏见”看制度

疫情以来，西方国家对中国抗“疫”的行为发表了各种荒唐言论，充分体现出西方国家对于中国、中国文化、中国制度的“傲慢与偏见”。西方国家摆出一贯的“西方民主优越论”讽刺中国的政治制度不民主；还提出“个人权利至上论”，表明自己国家不会在任何情况下限制民众的出行、集会等权利，讽刺中国采取的封锁等一系列强制措施；更有学者发文提出“中国医疗落后论”，利用一些数据妄图证实发展中国家的医疗水平差，疾病发病率和致死率远远高于发达国家。面对西方国家的质疑，我国党和政府领导全国人民用行动与数据给予西方国家最有力的回击。而如今，西方国家的一些不力举措、愈发难以控制的疫情也昭示了其政治制度的弊端。面对这样的境况，思政教育工作者要帮助青年学生冷静认识、深入分析，树立中国特色社会主义道路自信、理论自信、制度自信和文化自信。

（三）从中国抗"疫"的世界意义看发展

在最必要的时刻，中国采取了最有力的防控措施应对疫情，包括武汉"封城"阻止疫情扩散和传播，对全体人民负责、对全世界负责。中国的抗"疫"模式，不仅是保护全国人民的必要举措，更是构建人类命运共同体的切实行动。我国的生存模式从短期来看，意味着一国将承担更多的责任，也付出更多的代价。但从长远来看，我们的付出和努力定将获得国际社会的认可，我们的责任感和战斗力也将赢得更多的尊重，势必推动我国的政治经济文化位于新的高峰。在这样的政治环境下，我们要引导学生坚定对我国持续、高速发展的自信心与爱国主义情怀，同时用发展的眼光看问题，增强大局意识，与祖国一起实现更远大的理想与宏伟的目标。

新时代大学生法治价值观引导的必要性探究*

政治与公共管理学院　江乐园

【摘　要】法治价值观具有主体性、超知识性和社会性特征。大学生法治价值观是“法治”在大学生中的观念表现和价值表现，是大学生法治信念、法治信仰和法治理想的总称。大学生法治价值观引导是由法治价值观的主要特征决定的，对于全面推进依法治国具有重大的政治意义和实践意义；它是高校依法治校的时代回应，是高校法治文化育人的必要保障；是高校培养德法兼修复合型人才的需要，是高校落实立德树人任务、践行社会主义核心价值观的现实需要。

【关键词】新时代　大学生　法治价值观　引导　必要性

党的十八届四中全会通过的《中共中央关于全面推进依法治国若干重大问题的决定》，标志着中国法治建设新时代的开启。随后，习近平总书记在党的十九大报告中提出，坚持全面依法治国是新时代坚持和发展中国特色社会主义的基本方略，这一基本方略是我国法治建设史上浓墨重彩的一笔。大学生作为社会中优秀素质群体的代表，必将是贯彻全面依法治国的中流砥柱。大学生法治价值观必将与中国未来的法治建设息息相关，将直接影响我国社会法治建设的进程。

一、大学生法治价值观的内涵

（一）法治价值观的内涵

李德顺认为，“价值观念即观念形态的价值意识，是指人们关于生活中基

* 本文系北京高校思想政治工作研究课题“新时代大学生法治价值观引导研究”（编号：BJSZ2019ZX34）的阶段性成果。

本价值的信念、信仰、理想等思想观念的总和”。[1]他指出人们通常提及的价值观，应当作为“价值观念”来解释，“严格意义上的价值观，如同物质观、时空观、真理观、历史观一样，作为一门理论分支，是关于某个对象领域的学说系统”，“价值观念却并不是指一套理论或学说，而是指人们内心深处的价值取向或态度情感。”[2]张兴海认为，“价值观是一个人对事物的根本看法和总体评价，价值观的具体内容构成了一个人评判事物的尺度和社会实践的行为准则”。[3]

关于法治价值观的概念，2014 年 6 月 28 日，新华网发表的《习近平：和平共处五项原则集中体现了主权、正义、民主、法治的价值观》一文指出，“国家主席习近平 28 日表示，历经国际风云变幻的考验，和平共处五项原则作为一个开放包容的国际法原则，集中体现了主权、正义、民主、法治的价值观”。[4]这是迄今为止在我国将法治上升到价值观层面的较早的官方表述。随着我国理论界对法治建设规律认识的深化，法治价值观的研究近几年被提上日程，之前出现的多是一些关于法的价值、法的价值观、法律价值、法律价值观的研究。随着国家进一步提出全面依法治国，学术界开始了大量的社会主义核心价值观视域下的法治研究。但一直以来，直接对法治价值观进行研究的并不多见，相关研究多集中在社会主义核心价值观培育、价值观教育、法治思维、法治意识、法律信仰方面，专门研究法治价值观教育的著作和论文比较少。

究竟什么是法治价值观？通常来说，法治价值观即法治价值观念，指的是人们关于法治的信念、信仰、理想，是人们内心深处的关于法治的价值取向或态度情感。它表现出来的基本形式是法治信念、法治信仰和法治理想。从内容上说，它是关于什么是良法、什么是善治，怎样为良法、怎样为善治，以及追求怎样的良法善治，舍弃怎样的恶法劣治等法治观念和法治态度的综

〔1〕 李德顺：“论信仰”，载《前线》2000 年第 2 期。

〔2〕 李德顺：《价值论》，中国人民大学出版社 2007 年版，第 199 页。

〔3〕 张兴海、朱明仕：“价值判断能力视角下的大学生价值观教育论析”，载《思想教育研究》2014 年第 3 期。

〔4〕 “习近平：和平共处五项原则集中体现了主权、正义、民主、法治的价值观”，载新华网，http://www.xinhuanet.com/politics/2014-06/28/c_1111364098.htm，最后访问时间：2020 年 4 月 12 日。

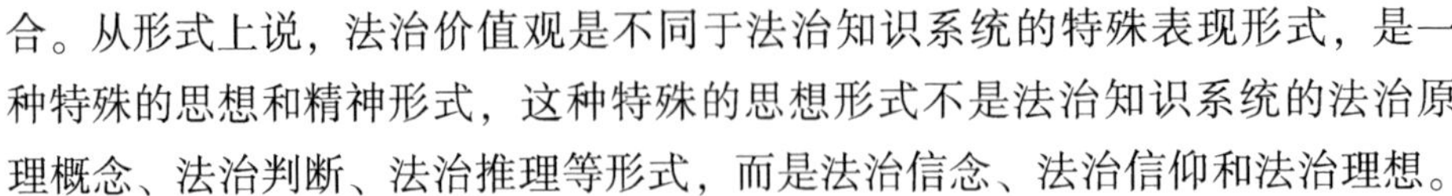

合。从形式上说，法治价值观是不同于法治知识系统的特殊表现形式，是一种特殊的思想和精神形式，这种特殊的思想形式不是法治知识系统的法治原理概念、法治判断、法治推理等形式，而是法治信念、法治信仰和法治理想。

（二）大学生法治价值观的内涵

目前关于大学生法治价值观培育的研究更是少之又少，其中以张兴海、迟慧的论文《论大学生法治价值观的培育》为代表，文中提出，大学生价值观表现在法治领域，是指大学生主体的法治观点、意识、信仰及价值行为追求，体现为情感上认同法律、理性上尊重法律、信念上信仰法律、行为上践行法律，这也是大学生法治价值观逐步深化和升华的过程。[1]欧海燕则认为，法治价值观的核心内涵包括“法律至上”“法律面前人人平等”“权力制约”“正当程序”和“良法之治”五个方面。

综合来看，大学生法治价值观是大学生的法治意识形态和法治价值观念，是大学生法治信念、法治信仰和法治理想的总称。同其他价值观一样，法治价值观对大学生的法治信念、法治理想、法治参与方式等都起着主导作用，是法治在大学生中的观念表现和价值表现。这一概念与通常人们所说的法治观和法治精神有所不同，大学生法治价值观更突显出法治的价值取向和法治的人文精神，大学生法治价值观是新时代大学生群体必须建立和养成的基本价值观之一。

二、法治价值观的特征

华东政法大学法律学院教授、博士生导师马长山指出，全面推进依法治国，需要重建法治价值观，“在当今全球化时代，法治价值观并不是单一的、平面的，而是具有共同兼容与民族特色的两重性”，为此他提出要重建兼容性的法治价值观和特色化的法治价值观。[2]笔者认为，通过对法治价值观概念的分析，可以分析出法治价值观有三大突出的特征，一是主体性，二是超知识性，三是社会性。

---

〔1〕 张兴海、迟慧：“论大学生法治价值观的培育”，载《东北师范大学学报（哲学社会科学版）》2016 年第 2 期。

〔2〕 马长山：“‘全面推进依法治国’需要重建法治价值观”，载《国家检察官学院学报》2015 年第 1 期。

（一）法治价值观具有主体性特征

李德顺说，“主体性是价值和价值观的根本属性，这是理解和把握二者的关键”，[1]法学教授王人博认为，“法治是一个具有可操作性、价值性的概念。它既是一种理想目标，也是一种现实化的客观运动。”“法治本身就是一个带有价值追求的充满活力的概念”。[2]他指出了法治的实体价值和形式价值两种价值尺度，其中实体价值着眼于法律的理想，注重法律的道德性，形式价值着眼于法律的实证化，注重法律的科学性。这既反映了两种法治价值取向上的差异，也更反映了法治价值观的主体性特征。法治价值观的主体性特征，是指任何法治价值观只能是一定主体关于法治的信念、信仰和理想，世界上不存在无主体的、抽象化的、单一化的“普遍价值”；法治价值观不是头脑中纯粹自生的思想形式和价值取向，而是人们对社会中法治如何存在的一定反映，因此，任何一个人的法治价值观都具有一定的主体特征。法治价值观的主体性特征通过人们特有的、个性化的法治立场、法治态度、法治情感、法治取向特别是法治评价标准表现出来，同其他价值观一样，也往往带有较为浓厚的主观性和情感性色彩。

（二）法治价值观具有超知识性特征

张兴海、迟慧认为，“社会主体对法律制度、法律体系及其实施的看法、观点就是法治价值观”。[3]从他们的这一观点可以看出，法治价值观属于社会意识形态范畴，法治价值观绝不是知识所能包含或代替的，它的存在和作用往往不囿于法治知识的范围，构成法治价值观的法治信念、法治信仰和法治理想不等同于法治知识、法治理论和法治学科，虽然它与法治认知、法治知识的联系很深刻和紧密，在一定程度上甚至是交叉的，但它们不完全重合。法治知识系统表明人们知道和了解什么是法治理论、法治学科、法治原理，而法治价值观系统则表明人们究竟坚持何种法治信念，秉持何种法治信仰，追求何种法治理想。

---

〔1〕 李德顺：“价值研究与价值观建设”，载《烟台大学学报（哲学社会科学版）》2013年第2期。

〔2〕 王人博、程燎原：《法治论》，广西师范大学出版社2014年版，第105页。

〔3〕 张兴海、迟慧：“论大学生法治价值观的培育”，载《东北师范大学学报（哲学社会科学版）》2016年第2期。

（三）法治价值观具有社会性特征

严存生教授强调，法治的本质特点是最高治权归于“公民全体”。在大多数人看来，法治价值观念就是“法律至上”。但若仅仅停留在这一层次，就只是看到表面，并未抓住法治价值观的深层次本质。要了解法治价值观的深层次本质，首先要了解法治必须表达的是全体社会成员的共同意志，必须是集体智慧的结晶。按照亚里士多德的观点，国家的最高治权归于公民全体，现代社会的法治必须体现公意和通过民主的途径产生，除了明文法之外，“还有表现为习惯、先例和学理的法，而且真正的法和根本的法存在于社会之中，是事物之理”。[1]而法治价值观必然也具有某种可以系统化的、进行社会交流的如法治信念、法治信仰和法治理想等独特的观念形式。这种观念形式不仅仅是个人才有的思想形式，而是往往为一些人所共有的，可以拿来讨论，并适当地接受科学检验和实践证明的精神形式，法治价值观不仅在内容上，而且在形式上都是一种社会性的法治意识，其作用也不仅在于个人，而更多地在于社会。

法治价值观的主体性特征、超知识性特征、社会性特征是法治价值观的三大主要特征。它们相互之间并不冲突，相反他们结合在一起印证了法治的本质主要不是照规则办事，而是照法的性质、习惯、先例和学理办事，照事物之理办事。法治实施中离不开执法者发挥其个人能动性，即每个人对法治价值观的理解必然带有主体性，从而也有其适度的自由裁量权。然而问题在于，法治不允许个人的能动性离开法治的轨道，不允许个人权威凌驾于法治之上，任何个人都必须在法治所允许的范围内行使权利和权力。这又是法治价值观的另一个社会性特征决定的，法治必须被理解为一种全体社会成员的集体决定，即是不是反映社会的共识，是不是公平的、合理的，是不是把公众意愿和公共利益放在至上的地位，在充分尊重已有法治规定的前提下，积极地发挥自己的主体能动性，灵活地秉持着正确的法治信念、法治信仰和法治精神去办事，去实现崇尚的法治理想。

知识和信仰的关系是一个由来已久的复杂问题。正如2020年春节，新冠肺炎疫情肆虐，在后期对康复者进行采访时，不少患者均表示坚强的信念和意志力是战胜病毒的关键。确实，在专家、学者对新冠病毒的认识远远不够，

---

〔1〕严存生：《法治的观念与体制——法治国家与政党政治》，商务印书馆2013年版，第4页。

对其传播规律也不了解，疫苗的研发还是一头雾水的时期，能让病患坚持下去的就是信念、信仰和理想，就是亲人的期盼、国家的强大以及医务工作者、警察以及各方志愿者冒着生命危险，日夜抗击疫情等多方守护燃起了人们战胜病毒的生命信念，健康理性的生命信仰和回报他人的生命理想。法治价值观的领域也是如此，单纯地肯定和重视法治知识，而排斥和否定法治价值观，漠视法治价值观的存在及其超知识性特征，显然是错误的，法治知识和法律学科永远代替不了法治价值观。

三、新时代大学生法治价值观引导的必要性

法治价值观的三大基本特性决定了法治价值观在现实生活中的其他表现和特征，如法治价值观的多元性、隐蔽性、个体性、与实践紧密联系的实践性等，都决定了新时代要对大学生法治价值观进行必要的引导。对大学生法治价值观进行合理有效引导具有极为重要的时代政治意义，将有利于全面依法治国理念贯穿人才培养全过程。

（一）大学生法治价值观引导是由法治价值观的主要特征决定的，这对于全面推进依法治国具有重大的政治意义和实践意义

法治价值观的主体性意味着个性化，大学生们的法治价值观不可能像科学知识、科学真理那样高度统一，也不可能不考虑大学生的个性需要，单纯通过讲授和灌输而用一套结论来填充头脑，而是要充分理解形成大学生自己法治价值观的多样性、条件性和过程性。在此基础上，通过交流、建议、示范和合作等方式进行法治价值观引导，这样才能有效发挥先进法治价值观的作用。

法治价值观的超知识性特征意味着它包含一些非理性、情感性因素，但这并不等于不需要理性，社会的多元发展更离不开理性的引导，也必然需要对法治价值观进行自觉的反思和自我校正。法治知识、法治原则是有限的，但法治精神、法治态度能够超越这种有限性。因此，有必要更加注重树立大学生对法治的真诚信仰，把倡导和培育理性的法治精神、法治思维放在首位。

法治价值观的社会性特征表明，“真正的法和根本的法存在于社会之中，是事物之理”。因此，法治价值观的建立必然要清醒面对多元化的现实。社

会多元化是一个客观必然的现象，要正视、承认和接受这种多元化的现实。在正视这种多元化的现实的同时，在对各种法治价值观进行交流和探讨的过程中，对大学生的法治价值观进行引导是十分必要的。引导大学生以平等、独立的眼光看待法治，充分把握主体自我权利和责任的统一，从而正确地评价法治之意义、权衡法治之轻重，决定法治观念之褒贬弃取，从而树立自己正确的法治态度、法治信念、法治信仰，进而朝着所追求的法治理想去努力。

2014 年中国共产党十八届四中全会通过的《中共中央关于全面推进依法治国若干问题的决定》指出："面对新形势新任务，我们党要更好统筹国内国际两个大局，更好维护和运用我国发展的重要战略机遇期，更好统筹社会力量、平衡社会利益、调节社会关系、规范社会行为，使我国社会在深刻变革中既生机勃勃又井然有序，实现经济发展、政治清明、文化昌盛、社会公正、生态良好，实现我国和平发展的战略目标，必须更好发挥法治的引领和规范作用。"2019 年，习近平总书记在十九届四中全会上进一步指出，我国国家制度和国家治理体系具有坚持全面依法治国，建设社会主义法治国家，切实保障社会公平正义和人民权利的显著优势，这必然要求我们要增强全民法治观念，只有这样，才能不断夯实依法治国的人民基础。

大学生是国家重要的政治力量和政治资源，他们关心时事，关心政治、经济等社会生活的方方面面，随时准备为国家和社会奉献青春热血。大学生是党和国家重要的储备干部力量，他们加入中国共产党的政治热情极高，是中国共产党的后备力量和接班人选。大学生尤其关心民主政治发展方向，他们视法治为民主政治的精神底蕴，他们对法治内涵的价值观念的认同，对包括民主、自由、公正、权利保护、法律至上等价值观念的认可和接受对法治中国、法治社会的建设至关重要。

（二）大学生法治价值观引导是高校依法治校的时代回应，是高校法治文化育人的必要保障

教育部在《依法治教实施纲要（2016—2020 年）》中指出，"实施教育系统法治观念提升工程"，"着重增强法治观念，树立依法执教的意识"。依法治校是依法治教的重要内容，也是推进法治校园建设的重要组成部分。依法治校是依法治国在高校建设中的具体体现，要发挥法治在高校管理和高校育

人中的重要作用，让高校的一切管理活动和育人活动都在法治化轨道上运行。要切实做到依法治校，必须要注重调动校内大学生这一治理主体的主人翁意识，提升他们参与学校事务的积极性、主动性，必须要注重培养大学生良好的法治意识和参与学校事务的能力，必须要注重培育引导大学生对依法治校的法治信念和法治坚守，激发他们在校期间追求依法治校的理念、毕业后坚守建设法治政府、法治社会、法治国家的法治理想。

高校依法治校的实现需要发挥高校法治文化的育人作用，而要真正实现高校法治文化的育人作用，必然离不开对大学生法治价值观的引导。法治价值观本身就是法治文化的重要组成部分，大学生只有树立了正确的法治价值观，他们的法治观念、依法办事观念、权利观念、法治意识才能真正得以提高，高校的法治文化育人的功能和作用才能实现。20 世纪 50 年代后期，法律虚无主义盛行，广大干部和民众法治观念淡薄，高校停学，生产停工，整个社会习惯于按领导人的意志办事，我国的高校发展遭受严重挫折。实践也已证明，高校乃至社会中的许多矛盾和问题只有靠法治、靠正确的依法办事观念才能得到有效解决。高校的长治久安需要实行依法治校，依法治校离不开校园法治文化建设，法治文化育人在高校育人工作中发挥着重要作用，只有提高了全体大学生法治意识、法治价值观念，才可能实现真正的依法治校，才可能真正做到法治文化育人。依法治校的实现，一方面要靠校园法纪法规的严格执行，另一方面要靠大学生的自觉遵守。提高大学生的法治意识，使其树立对法治的信念和信仰，追求崇高的法治理想，确立正确的法治价值观念，是实现依法治校和法治文化育人的必要条件。

（三）对大学生法治价值观的引导是高校培养德法兼修复合型人才的需要，是高校落实立德树人任务、践行社会主义核心价值观的现实需要

2017 年 5 月 3 日，习近平总书记在中国政法大学考察时指出：“全面推进依法治国是一项长期而重大的历史任务，要坚持中国特色社会主义法治道路，坚持以马克思主义法学思想和中国特色社会主义法治理论为指导，立德树人，德法兼修，培养大批高素质法治人才。”这是习近平总书记对中国政法大学培养法治人才提出的高标准高要求。法学教育要坚持立德树人，整个教育界又何尝不是，高等教育不仅要提高学生的法治水平，而且要培养学生的思想道德素养，这是全面推进依法治国背景下对加快人才培养提出的明确要求，是

新时代“德法兼修”人才观的集中表达。

《国家教育事业发展“十三五”规划》提出，迫切需要教育为社会培养输送各类人才和高素质劳动者，同时提出了教育的一系列针对性要求。在人才培养方面，规划提出了学生的社会责任感、法治意识、创新精神和实践能力显著增强的要求，并把增强法治意识、法治素质的要求提到了重要位置。法安天下，德润人心。高校的根本任务是立德树人。《宪法》第 24 条第 1 款指出：“国家通过普及理想教育、道德教育、文化教育、纪律和法制教育，通过在城乡不同范围的群众中制定和执行各种守则、公约，加强社会主义精神文明的建设。”这里，更是把德政素质放到了相当高的高度。党的十九大报告指出：“社会主义核心价值观是当代中国精神的集中体现，凝结着全体人民共同的价值追求。”这首先要求新时代高校坚持立德树人这个基本立场，把社会主义核心价值体系融入大学生法治教育教学的全过程，既要加强大学生的理想信念教育和道德教育，也要培育大学生的民主法治观念和公平正义观念。

然而，在目前高校教学实践中，法治教育尚存在一些问题，仍然有些人对法治的价值有所疑虑，对法治方式的运用不太适应，忽视法治价值观的教育引导工作。例如，高校中开设的法律课程真正涉及法治教育的内容却少之又少，法治价值观引导的思路和内容更鲜有涉及。这种教学现状导致法律教学成了表面文章，并没有实质性地帮助学生建立起真正的法律思维，对法治价值观的培育引导流于形式。新时代背景下，加强对大学生法治价值观的引导已是迫在眉睫。

新时期研究生思想政治教育的创新途径探讨

商学院 杨 杰 郑晓燕

【摘 要】2017年5月3日习近平同志在中国政法大学考察时勉励中国政法大学师生，要“立德树人，德法兼修，抓好法治人才培养；励志勤学，刻苦磨炼，促进青年成长进步”。党的十九大报告中，习近平总书记又提出“青年兴则国家兴，青年强则国家强”。从青年大学生成长成才的高度，提出“广大青年要坚定理想信念，志存高远，脚踏实地，勇做时代的弄潮儿”。高校思想政治教育要时刻以社会主义现代化强国建设所要求的“有理想、有本领、有担当”的人才培养为根本目标。当前高校研究生普遍为“90后”，心理健康正处于关键的塑造期，学生全面发展，身心健康是高校工作的重中之重。但是当前就业形势严峻，社会各方面压力增大，学生抗挫折能力及抗压能力不足，出现了很多令人唏嘘的校园悲剧，这都凸显了目前高校研究生培养工作中思想政治教育工作的迫切性。如何让研究生面对困难树立正确的价值观，如何让研究生面对挫折宠辱不惊，如何构建全面的思想政治教育体系，是本文探讨的重点。

【关键词】研究生培养 思想政治教育 创新 途径

近年来，中国各大高校的研究生数量与日俱增，虽然提升了中国的优质人才储备量，但同时也使研究生的管理工作面临严峻挑战。新时期，要做好研究生的管理工作，做好研究生的思想政治教育工作，需要不断创新，利用现代社会带来的一切便利条件，利用高校一切可利用的资源，不断探索思想政治教育的新模式和新途径。

一、新时期思想政治教育的概念及必要性

（一）思想政治教育的概念

郑永廷先生主编的《思想政治教育学原理》对“思想政治教育”概念有较为系统的阐释和梳理。马克思、恩格斯在《共产主义者同盟章程》中提出“宣传”，列宁提出“政治教育”“政治教育工作”概念，这是“思想政治教育”的源头。党的十一届三中全会以后，此概念在使用上随着现实工作的变化也发生变化，主要以“思想政治工作”和“思想政治教育”为主。之后，对于“思想政治教育”有很多不同的解释，本文采用的是教育部思想政治工作司主编的《大学生思想政治教育理论与实践》（2009 年版）一书中对思想政治教育的定义：“思想政治教育是教育者与受教育者根据社会和自身发展的需要，以正确思想、政治、道德理论为指导，在适应与促进社会发展的过程中不断提高思想、政治、道德素质和促进全面发展的过程。”

（二）新时期研究生思政教育的必要性

2016 年，习近平总书记在全国高校思想政治工作会议上的讲话中提出高等教育发展的“三培养”思想，即“高校思想政治工作关系高校培养什么样的人、如何培养人以及为谁培养人这个根本问题”。本着这样的指导原则，高校担负着培养什么样的人的重任。习近平总书记在党的十九大报告中从全面建设中国特色社会主义现代化强国的高度，提出“青年兴则国家兴，青年强则国家强。青年一代有理想、有本领、有担当，国家就有前途，民族就有希望”。故各高校思想政治教育要时刻以社会主义现代化强国建设所要求的“有理想、有本领、有担当”的人才培养为根本目标。

笔者在实际的招生过程中发现，当前研究生教育的一个特点是趋于低龄化，包括 MBA 及 MPA 专业教育也普遍出现低龄化趋势，大量应届本科毕业生倾向于通过考研来缓解当前的就业压力。截至 2019 年末，相关统计数据显示，目前高校研究生入学年龄半数未超过 25 岁，他们从入学起，就开始承受着较大的压力，包括学业上的压力、实习实践的压力、能力提升的压力、未来就业的压力等。在这种压力下，处于人生探索期的研究生，如果对他们思想政治教育工作不到位，易使他们沉陷困境无法自拔。因此，高校积极开展

思想政治教育工作迫在眉睫。

二、新时期研究生思想政治教育的现状及弊端

（一）“填鸭式”灌输的教学模式，成效较差

从目前的实际情况出发，思想政治教育面临着一个比较大的难题。大多数高校的思政教育依旧在以单向“填鸭式”灌输的模式为主，思政教育工作多依赖于教材和相关思政教育书籍，针对性不强，学生无法通过不断积累内化来实现自我的成长，无法满足研究生的基本需求及个性需求，造成了目前研究生思想政治教育的成效较差的现状。

目前，教育部对研究生思想政治教育所期许能达到的理想状态与目前各大高校研究生思想政治教育的实际现状之间存在很大的差距。首先，研究生的思想政治教育是研究生教育的重中之重，也是国家相关文件明确要求的。但实际上，高校还是更偏重于对专业知识的教授。其次，专门从事研究生思想政治教育工作的师资力量薄弱。最后，研究生导师更倾向于培养研究生科研学术能力。大多数导师科研压力大，对学生的思想政治教育重视不够。

（二）本、硕学习差异大，衔接不连贯，重视力度较低

学生在本科阶段主要任务是夯实本专业基础理论，而研究生阶段则更注重培养自身的研究能力，两个阶段的培养重点差异性较大。而实际上，这两个学习阶段不容易形成衔接。目前大部分高校部分研究生思政课与本科生的思政课存在雷同现象，忽视了研究生与本科生的差异性，缺乏针对性；在教育资源配置上，虽然研究生总体人数在增加，但思想政治教育的人力、物力、财力却没有向研究生倾斜，这大大制约了研究生思想政治教育工作的创新及发展。思政教育工作是一个系统的、长期的过程，关乎研究生的德行与综合素养，想要在短期内达成目标很难实现。研究生在被动执行中，很难深层次地理解和感知思政教育的价值。

（三）党团组织及骨干榜样无法延续，力量不足

目前，研究生阶段的党团组织分为研究生基层团支部、研究生基层党支部、研究生会等，这些基层组织的建设情况直接关系到党、团干部对研究生的引领及示范作用的发挥。研究生党员、团干部、标兵等优秀学生是与广大

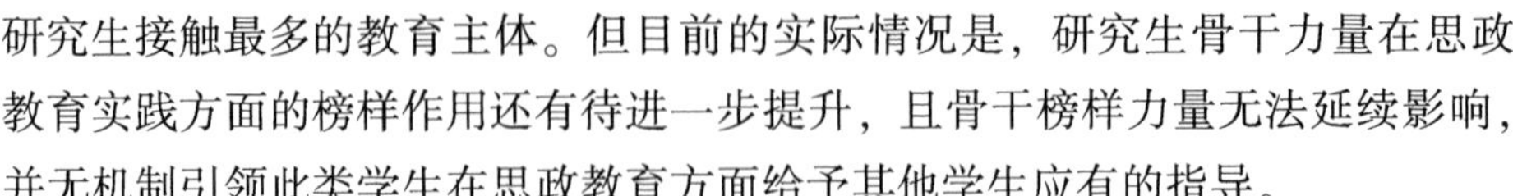

研究生接触最多的教育主体。但目前的实际情况是，研究生骨干力量在思政教育实践方面的榜样作用还有待进一步提升，且骨干榜样力量无法延续影响，并无机制引领此类学生在思政教育方面给予其他学生应有的指导。

（四）研究生政治教育管理职责不清，联动不顺畅

当前国内高校对研究生的思想政治教育工作在管理职责的划分和工作落实方面上还存在着责任和界限不明的情况。校党委领导下的研究生院、各学院、研究生工作办公室、导师、研究生五级模式，在具体的职责划分上存在一些困难，各部门、各管理级别之间也会出现工作协调不通畅的问题，导致各项制度的落实也会存在重复或不到位的现象。

三、开展研究生思想政治教育的创新途径

思想政治教育是一个完整的系统，由四个要素组成，分别是教育主体、教育客体、教育介体、教育环境。笔者将从思想政治教育的四个要素出发，探索研究生思想政治教育的新途径。

（一）明确教育主体及其职责划分，做到权责分明，提高思政教育效力

因为教育主体与教育客体同为思想政治教育的基础性要素，两者在思想政治教育实践过程中都具有基础性的决定作用。在实施过程中，要保证思政教育的有效性，必须明确教育主体及其职责，权责明确，奖惩激励措施得当才能有效实施。

考虑到研究生的思想政治教育工作的特殊性及紧迫性，研究生在校期间可以纳入教育主体的包括：学生基层党团组织、辅导员、导师、专任教师。把握住这四个教育主体，可以将研究生的思想政治政教育贯彻于整个教育过程中。

（1）完善基层党团组织建设，强化意识形态阵地管理。基层党团组织要多面向学生举办先进事迹报告会、时政论坛等活动，达到营造和谐的校园环境，提高学生思想政治素养的效果。强化基层党团组织建设，将学生党建纳入学院党建中进行全面管理。

（2）构建思政工作力量支撑，形成研究生专职辅导员制度。与在校研究生接触最多的辅导员是学生思政教育工作的又一突破口。不断加强高校辅导

员队伍建设，不断提高高校教学管理人员的能力及水平，通过每年1—2次的专题培训，将有利于教职员工服务于思想政治建设和研究生人才的培养工作。

（3）提高导师第一责任人意识，全面提升导师的思政教育工作本领。研究生导师日常工作主要集中在教学及学术方面，他们作为培养研究生的第一责任人，在思想政治教育方面的知识储备不足，对研究生思想政治教育工作的重视不够，这都影响了研究生思想政治教育的整体质量的提高。全面通过每年导师培训提升导师的思政教育能力及水平是全面提升研究生思政教育的重要途径。

（4）完善思政课程体系，创新教学模式，提高思政课程的亲民性。学风建设和思想政治与道德素养类课程相结合，通过课程的建设和完善来提升研究生的思政教育是最直接、最有效的手段。通过课程体系的改革与创新、教学方法和手段的改进等逐步形成一套系统完整、符合时代需要的、国际化创新型人才培养模式，使学生成为知识、能力、素质三位一体协调发展的具有自我学习能力、自我更新能力、创新能力的“复合型、外向型、创新型”人才。

另外思政课程与专业课程的有机融合，能够潜移默化、润物无声地在教学的同时达到立德树人的德育目标。要严格遵守和执行学校有关教材建设和选用制度，优先选用“马工程”教材。选拔最优秀的教师，强化核心课堂思政示范课，将其作为建设精品课程的基础。

（二）发挥教育客体的主观能动性，深化理解，创造条件转客为主

在研究生思想政治教育工作过程中，研究生是教育活动的主要客体，在思想政治教育过程中和教育主体具有同等重要的作用和地位，其具有主观能动作用，教育客体不仅能完成从知到行的转化，而且反作用于教育主体。

教育主体和教育客体两个因素在一定条件下可以相互转化。要使研究生思想政治工作有效地开展，必须要了解研究生自身的特点，让研究生能积极发挥主观能动性，在合适的时间和形式下可以转换成教育主体的角色，才能使研究生思想政治教育真正发挥作用。如何创造条件让研究生充分发挥主观能动性转化为教育主体也需要进一步探讨。

（三）整合创新教育介体，统一规划，实现资源全面整合

在研究生思想政治教育工作中，教育介体是连接教育主体和教育客体的

桥梁，是教育模式、教育内容、教育方法和教育载体的统称。

新时期研究生思想政治教育的新思路，是要顺应新时代的新思想，运用“互联网+”带来的便捷优势，丰富思政教育模式，让思政教育工作“活”起来，教学资源的使用“高效”起来。

目前随着国家、社会对心理健康的重视程度提高，基本每个高校都设置专门的心理咨询室，为有心理问题或疑惑的学生答疑解惑。保证研究生的心理健康是思想政治教育的主要内容，在思想政治教育中加入积极心理学及逆商教育等内容能给研究生提供系统的心理指导，指导他们将学到的知识及理论运用到现实生活中，帮助研究生身心成长，保证研究生心理健康。各大高校应当利用好心理咨询平台，通过互联网将心理咨询网络化、大数据化，解除心理咨询学生的后顾之忧，潜移默化地用积极的思维方式提高研究生心理健康，进而加强研究生思政水平。

（四）创造全新教育环境，从理论到实践，全方位衔接思政教育

思想政治教育环境是思想政治教育的外部条件，影响人们的思想及行为，同时也影响思想政治教育的进程与效果。思想政治教育环境的分类很多，本文仅就与研究生紧密相关的校园环境、社会环境进行阐述。

校园文化建设是推进思想政治教育的重要方式，研究生院可通过组织讲座、研讨会、座谈会、各类活动及比赛等主题活动将思想政治教育融入校园文化建设。

强化社会实践，积极开展思政教育第二课堂体系建设。学校在提高思政教育课堂教学质量的同时，引导学生参加社团活动和社会实践，发挥第二课堂的育人功能，形成“课堂教学—校园文化—社会实践”三位一体的育人模式，用润物无声的感染力，让研究生产生自知自觉的情感共识及道德追求，从而争取实现崇高的人生理想。

四、结　语

2016年，习近平总书记在全国高校思想政治工作会议上指出：“我国高等教育肩负着培养德智体美全面发展的社会主义事业建设者和接班人的重大任务，必须坚持正确政治方向。”高校立身之本在于立德树人。只有培养出一流人才的高校，才能够成为世界一流大学。为实现“内化于心，外化于行”的

高校思想政治教育过程，高校应积极加强思想政治教育和素质教育，通过教育主体和教育客体的协同互动，利用互联网、课程体系、主题活动、心理咨询等教育介体，为研究生创造全新教育环境，让研究生具备明大德、守公德、严私德的品德素质，适应新时代变迁，面向未来，真正成为了解国情，拥有全球化视野及家国情怀的现代化人才，助力中国梦的实现。

参考文献

[1] 张耀灿等:《现代思想政治教育学》，人民出版社 2006 年版。

[2]《思想政治教育学原理》编写组:《思想政治教育学原理》，高等教育出版社 2016 年版。

[3] 郑永廷:《大学生思想政治教育理论与实践》，高等教育出版社 2009 年版。

[4] 杨洁：“‘互联网+思政教育’：新时期研究生管理的新思路”，载《电脑知识与技术》2019 年第 34 期。

[5] 王文文：“论导师思政工作与研究生思政工作的协同互动”，载《思想政治教育研究》2019 年第 3 期。

[6] 孟祥韵：“研究生辅导员队伍建设与研究生思政工作机制创新”，载《科教导刊（中旬刊）》2018 第 7 期。

[7] 李淑文：“研究生思政课‘菜单式’专题教学模式创新研究”，载《学理论》2017 年第 1 期。

[8] 苏静：“新阶段研究生思想政治工作现状及对策研究”，江西师范大学 2010 年硕士学位论文。

[9] 刘雨婷：“研究生思想政治教育质量提升策略研究”，东北师范大学 2018 年硕士学位论文。

基于《新时代爱国主义教育实施纲要》的新时代爱国主义教育研究

商学院　贾娜琳捷

【摘　要】爱国主义教育是每个教育人的使命担当，更是新时代的一道重要命题。本文通过对《新时代爱国主义教育实施纲要》（以下简称《纲要》）的实施背景、概念及重点问题进行深入地解读，并结合具体事例分析新时代爱国主义教育的必要性和面临的挑战，提出要不断加强青年爱国主义教育，凝聚奋进新时代，实现民族复兴的磅礴伟力。

【关键词】爱国主义　实施纲要　新时代　教育

党中央在加强和改进学校德育工作的相关文件中突出强调了对青少年学生的爱国主义教育问题，我们教育战线要积极贯彻《纲要》等文件，切实加强对青少年学生的爱国主义教育。

《纲要》有两个特征，第一是问题导向，第二是聚焦青年。《纲要》作为指导性和纲领性文件，应按照政策去落实，要把爱国主义主观情感真正落实到具体的制度层面和实践层面。

一、新时代爱国主义教育的重要概念解读

（一）爱国主义

1. “爱国主义”的渊源

“爱国主义”（patriotism）第一次出现在16世纪的古希腊，是指“生活或来自于同一个国家的人。随着工业革命及大规模社会转型，‘爱国主义’意义得到扩展，对国家的风俗、传统的热爱，对国家历史的自豪感及为国家福祉奉献都纳入其中”。资产阶级民族主义主张划分民族优劣，并奉行民族至上的

原则，与爱国主义有着鲜明的区别。由于其对爱国主义产生了误导，奉行马克思主义的无产阶级作出了警示："国际力求团结，而不是分裂。民族的口号只会导致各族人民的分离。"

2. 中国精神

2013 年 3 月，习近平总书记提出的"中国精神"是指，"以爱国主义为核心的民族精神，以改革创新为核心的时代精神"。这种精神是凝心聚力的兴国之魂、强国之魂。从中国精神与民族精神、时代精神的关系可以看出，爱国主义始终是中华民族坚强团结在一起的精神力量，改革创新始终是鞭策我们在改革开放中与时俱进的精神力量，实现中国梦必须弘扬中国精神。从爱国主义与中华民族的关系可以看出，中华民族精神博大精深、源远流长，是中华民族生命力、凝聚力和创造力的不竭源泉，中华民族精神的核心是爱国主义，爱国主义是中华民族的民族心、民族魂。

（二）爱国主义教育

爱国主义教育指的是通过一定的教育方法和手段对公民进行思想教育，培养他们热爱祖国的感情，并为祖国做出贡献。从国家和阶级层面来说，爱国主义教育又可以定义为国家、民族或者政党有计划、有目的地组织教育者对受教育者通过教育的手段方式，激发人们热爱祖国的情感，培养爱国主义的思想，最终将爱国主义意识实践到社会生活中的一个过程。

二、新时代爱国主义教育面临新挑战

（一）经济全球化对爱国主义的挑战

（1）我国社会经济发展的不均衡不充分，政府要避开"塔西佗陷阱"。塔西佗指出："当政府不受欢迎的时候，当公权力失去公信力时，好的政策也会得罪人民。"中国特色主义进入新时代，我国社会主义矛盾已经转化为人民日益增长的美好生活需要和不平衡不充分的发展之间的矛盾。不平衡、不充分的发展影响着我们的爱国主义教育。

中国经济发展虽然增速加快，取得了举世瞩目的成绩，但是仍存在发展不公平、不平均的现象，比如我国虽然 GDP 增速较快，但是人均 GDP 较低，基尼系数一直处于 0.4 警戒线之上，我国的贫富差距较大，所以一直在完善按劳分配、多种所有制并存的分配制度。还有就是发展不充分带来的不安全因素，比如社会群体事件、食品安全问题、环境污染问题等。

避免“塔西佗陷阱”需要政府部门公开透明，需要社情民意反应渠道畅通，需要人民群众理性研判。在网络时代，各级政府部门必须正视社会舆论的考验和拷问。如何树立良好的公信力对任何国家都是一道永恒的考题。

（2）经济全球化不等于政治和文化一体化。只要国家继续存在，爱国主义就有坚实的基础。依靠伟大的民族精神这一内在的动力，中华民族形成了以爱国主义为核心的团结统一、爱好和平、勤劳勇敢、自强不息的伟大民族品质。经济全球化是当今世界最主要的国际形势，中国作为一个大国，应当以积极稳健的姿态参与经济全球化的过程当中。但我们需要厘清的是，经济全球化不等于全球政治、文化一体化。不同的国家有不同的政治和文化，不干涉他国内政、尊重文化的多样性是我们应有的态度。同时，在顺应经济全球化这一世界经济发展的必然趋势的情况下，要时刻警惕经济全球化对爱国主义的挑战，不可掉以轻心。在经济全球化趋势下仍然存在着国家利益的博弈，更要提倡和弘扬爱国主义。在参与经济全球化的过程中，必须坚定地捍卫自己国家的利益，这就更需要爱国主义的支撑。

（3）谨防全球化下的霸权主义。对潜伏于全球化进程的霸权逻辑及“和平演变”阴谋，我们决不可掉以轻心。对于西方一些奉行霸权主义的国家及其所推行的“和平演变”，我们必须高举爱国主义的旗帜，凝聚中国人民的力量。一是要反对抽象吹捧世界主义，超现实地鼓吹世界公民的做法。世界和平与发展并不能靠政治和文化一体化来实现，这既不正确，也不现实。二是要立足全球化，既发展本国经济又坚持合作共赢，既谋求国家民族复兴又坚持和平发展道路，这是马克思唯物史观运用于当今时代所带来的深刻启迪。爱国主义内涵的特殊性与普遍性、历时性与共时性、民族性与世界性的辩证统一，以及这种统一折射的历史唯物主义眼光，使爱国主义理所当然地成为中华民族精神的核心。

（二）国际视野下的爱国主义挑战

我们提倡的爱国主义，有其自身独特的内涵，是既要有深厚的民族情怀，又要有宽广的国际视野，与狭隘的民族主义或大国沙文主义有着本质的区别。

要正确处理大国间的博弈，中国崛起要避免陷入“修昔底德陷阱”。“修昔底德陷阱”是指一个新崛起的大国必然要挑战现存大国，而现存大国也必然回应这种威胁，于是战争变得不可避免，这被视为国际关系的“铁律”。中国崛起应避免陷入“修昔底德陷阱”。

三、新时代爱国主义教育的实践

《纲要》提出，在新的时代条件下，要弘扬爱国精神，我们要做到第一以信念为基石，厚植“爱国情”；第二以本领为命脉，激发“强国志”；第三以担当为归依，化为“报国行”。

（一）新时代中国更加需要弘扬爱国主义精神

近些年，西方国家借我国改革开放之机进行意识形态渗透。一些不良思潮时有出现，一些西方国家企图制造爱国与爱社会主义、爱党的区别、矛盾与对立。这些谬论如果侵蚀我国“90后”青年学生的思想，其带来的后果是不堪设想的。

中国繁荣发展的重要保证，办好中国大事的关键是在党。坚持党的领导、坚持依法治国和人民当家作主，三者在实质上是完全统一的，他们的本质都是代表人民的根本利益。例如，香港问题不仅是聚焦青年的问题，还是制度问题，而中国实现了党、法、人民三者有机统一。我们主张坚持爱社会主义、爱党与爱国统一，就是要主张爱中国就要爱社会主义、爱中国共产党，爱中国的关键是坚持中国特色社会主义道路，坚持党的领导。

（二）建设丰富多彩的爱国主义实践基地

为了更好地继承和发展爱国主义光荣传统，振奋民族精神，凝聚民族力量，中共中央要求将具有丰富爱国主义教育内涵、能够以开展爱国主义教育为重点内容的活动场所确定为爱国主义基地。截至2017年9月，北京市已有148家博物馆、纪念馆、烈士纪念建筑物、革命战争中重要战役和战斗纪念设施、文物保护单位、历史遗迹、风景胜地以及展示文明建设成果的重大建设工程。

一些高校也依靠已有资源充分拓展建立自身独特的爱国主义基地。在西交大西迁博物馆里，可以看到当年响应国家号召、献身大西北建设的老教授们，令我们心生崇敬。1949年钱学森先生得知新中国成立了，十分兴奋，一

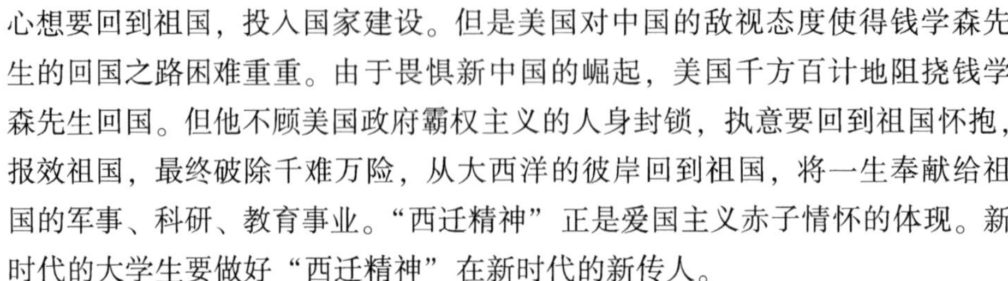

心想要回到祖国，投入国家建设。但是美国对中国的敌视态度使得钱学森先生的回国之路困难重重。由于畏惧新中国的崛起，美国千方百计地阻挠钱学森先生回国。但他不顾美国政府霸权主义的人身封锁，执意要回到祖国怀抱，报效祖国，最终破除千难万险，从大西洋的彼岸回到祖国，将一生奉献给祖国的军事、科研、教育事业。“西迁精神”正是爱国主义赤子情怀的体现。新时代的大学生要做好“西迁精神”在新时代的新传人。

（三）新时代大学生弘扬爱国主义精神的重要价值

新时代大学生弘扬爱国主义精神的重要价值体现在以下三点。第一，爱国主义是实现中华民族伟大复兴“中国梦”的精神支柱。新时代大学生被爱国主义的硬核力量震撼。第二，爱国主义是实现祖国统一、维护民族团结的精神纽带。爱国主义对实现祖国统一，维护民族团结，实现“中国梦”以及实现个人自身价值起到重要作用。在新时代，祖国统一和民族团结仍是国家的核心利益，仍需要弘扬爱国主义精神。第三，爱国主义是个体实现人生价值的力量源泉，是人生评价的基本标准。祖国和人民养育了我们，作为新时代大学生，学成之后要懂得回馈祖国和人民的养育之恩，实现人生价值。

坚定爱国主义信仰要常怀感恩之心。作为新时代大学生，要正确看待金钱和物质利益，要明确人生的价值在于奉献，要多了解我国深厚的历史和文化，更要勇于承担历史使命。

四、实现新时代大学生爱国主义的教育路径

大学生爱国主义教育是高校思政教育的重要一环，是大学生提升思想政治素质的基石，因此，学界对大学生爱国主义教育路径的研究并不鲜见。

大学生爱国主义教育发展是一个动态的变化过程，面对新时代爱国主义教育出现的种种问题，首先应立足于“新时代”，结合新时代大学生的特点进行研究。其次，在习近平新时代中国特色社会主义思想的指导下，进行爱国主义教育的创新，此为指导思想之新。最后，要致力于做到理论与实践的有机结合，在充分调研的基础上提出爱国主义教育路径调整方案，并且应用到高校思政课、党团活动中，以期有效提升大学生爱国主义教育的实效性，促进大学生爱国主义教育的高效开展。

高校所要重点关注的爱国主义教育路径包括思政课、班团活动、党支部

活动和线上爱国主义教育活动等，这些活动要契合学生的兴趣和需求，也要注重理论的深度。对于高校大学生爱国主义教育的有关研究，国内高校可以观察并记录高校思政课一线教师的课堂实况，采访一线教师及辅导员，了解其对大学生爱国主义教育实施现状和路径的看法，听取他们的意见和提议。高校班团是学生归属感较强的组织，也是开展日常活动的基本组织，但部分高校班团的作用未充分发挥，爱国主义教育目前并未很好地融入班团活动。因此，研究班团如何有效开展爱国主义教育活动也是调研的一个重点。所以，调查统计本校党支部、团支部爱国主义教育活动的形式和内容，并以问卷调查的形式了解学生对于爱国主义教育的感受，从而提出有效的调整方案。

（一）发挥课堂的主渠道作用

1. 转换思政课堂教学模式

一是思政教师要与时俱进，转换思维。在互联网作用日益凸显，微博、微信所代表的线上交流方式在大学生日常生活中所占据的比重日益增大的今天，一线教师应当建立起“互联网+”的思维，常用、善用微信、微博等微平台。具体而言，在思政课堂教学中，教师可以借助微博、微信、微视等新媒体获取知识，并将其与大学生的爱国主义教育相融合，创新出符合学生兴趣的多元教育话语体系；同时让学生通过手机、微信朋友圈、微信公众号等方式发表自己的观点，实时与老师互动，打破传统媒体的束缚，使大学生爱国主义教育话语传播走向大众化、生活化和参与化。

其次，在思政课堂教学中要做到史今结合。我们要坚决反对历史虚无主义，应当以史为鉴。因此，我国历来重视历史研究，高校思政课也十分重视对党史、国史、改革开放史的教育。但仅仅灌输历史，会让学生产生遥远感和距离感，无法启发学生的思考。因此高校思政课不仅要深入剖析历史，更要阐释历史与现实和政治的关系，启发学生从多角度进行辩证思考。

最后，在具体的思政课堂教育中，要从传统的“说教式”话语方式向“互动式”话语方式转变，同时利用趣味性的互联网“表情包”和“缩写体”等提升爱国主义教育话语的传播力和感染力。

2. 开展国情通识教育

一是对学生进行国情概略教育。可结合宏观层面的数据，如《中华人民共和国年鉴》、国家统计局等权威机构的统计公报等，使学生对国情有大致的

了解；二是引领学生关注时事热点。如 2019 年可引导学生聚焦新中国成立 70 周年、澳门回归祖国 20 周年、民生政策和举措等社会重大热点事件，回应社会关切，传递家国情怀，从经济、文化、政治、民生、改革开放后的各项成就等多方面，生动展现中国社会的面貌，激发同学们的自豪感和责任感。上述研究对推动大学生爱国主义教育有很大的理论意义，但缺乏具体实践后的调研和反馈，难以准确评估效果。因此，在探讨新时代大学生爱国主义教育路径的同时，要更为注重高校的实地调研和实践方案，将理论和实践结合起来，并进行跟踪和反馈，希望能将行之有效的方法真正应用到高校大学生爱国主义教育中。

“共同价值”与“普世价值”的本质区别*

马克思主义学院　段志义

【摘　要】“共同价值”是以马克思现实人性理论为立论基础，是共性与个性的统一，表现形式必然是包容的、求同存异的、共同发展的。“共同价值”可以实现权利形式合法性和权利实质合理性的统一，实现应然与实然的统一，是破解恶法亦法，抑或恶法非法的法律困惑的理论基础。“普世价值”的理论基础是抽象人性论，“它片面强调人性与人的本质的不变性与永恒性，并将这种永恒性、不变性作为其理论建构的逻辑前提。颠倒了社会存在与社会意识的关系，主张以永恒不变的人性为前提设计他们认为的永恒不变的社会制度”，[1]这是两者的根本区别。

【关键词】法治　人性　共同价值　普世价值

权利的正当性是来源于自然法还是实证法的问题，早在公元前5世纪就由古希腊思想家提出了，自然法权利说从应然意义上，主张“天赋人权”，认为权利源于自然法，人生而具有天赋的自然权利，自然法权利说提出：自然法是正当的理性的准则，强调权利先于或优于法律。注重权利正义性、道德性和理性等道义价值，注重权利的实质合理性向度。实证法权利说，则从实然意义上主张“权利法定”，认为权利渊源于实在法（立法和惯例），权利是法律之子，强调权利是法律的赋予。注重权利的形式合法性向度。总体上说，自然法以及实证法权利说，都对人类社会发展以及法治化建构进程起到了推动作用。它们本身也存在固有的理论局限，都具有片面性。实证法不问法律

---

* 本文是北京高校中国特色社会主义理论研究协同创新中心（中国政法大学）阶段性成果，课题为“人学视域下的人性问题研究”。

[1] 段志义：“马克思‘人的本质’思想与大学生人生观教育”，载《北京教育（德育）》2009年第3期。

之外的公平、正义、善良等道义，可能为恶法肆虐和风俗恶化提供温床。这种仅强调权利的形式合法性而忽视实质合法性的观点，理论上是片面的在实践中也是有害的。在现实生活和历史实践中，法律规定不合理，不合道义的情况时有发生，并且对人类社会生活的历史发展造成了恶劣影响。[1]自然法的理论逻辑建立在先验的“天赋人权”假设上，依据的是人类普遍的理性和良知说，具有空洞、空泛和模糊性，争议性大和操作性差的不足。且可能由于利益冲突，有人会打着“普世价值”的幌子干涉别人的正当权利。我们反对在抽象人性论基础上的“普世价值”，“普世价值”的抽象人性理论，只从抽象方面去理解人性与人的本质的错误，片面强调人性与人的本质的不变性与永恒性，并将这种永恒性、不变性作为其理论建构的逻辑前提，颠倒了社会存在与社会意识的关系，主张以永恒不变的人性为前提设计他们认为的永恒不变的社会制度。所以，西方的“普世价值”必然带有文化霸权主义的色彩，而我们主张的“共同价值”则是包容的，是求同存异的、共同发展的。但我们在批判“普世价值”的理论基础是抽象人性论时，决不能只强调人性、人的本质的具体性，不讲抽象性，这是另一种片面，也是应当否定的。“共同价值”则是以马克思现实人性理论为立论基础，马克思的现实人性理论首先对人性进行了科学的抽象，指出人性有自然属性、社会属性和精神属性，人的这三大属性在人不断变化的实践活动中也一定是具体的、历史的、不断变化发展的。坚持马克思现实人性理论就是坚持共性与个性的统一，[2]可以实现权利形式合法性和实质合理性应然与实然的统一，破解恶法亦法，抑或恶法非法的法律困惑。不同时代，法律侧重调整人的什么属性是不一样的，总的趋势为：古代，生产力低下时人们以满足肉体的生存需要为主，法律也侧重惩罚人的肉体；随着社会发展，人的需要以社会属性为主，法律调整的侧重点就会偏向社会维度；将来人的需求以精神属性为主，法律的调整重心就会偏向精神维度。法律必须从社会现实中人的实际需要重心出发来决定调整的维度，而不能从臆想的抽象的人出发。必须研究法治属性和现实人性中

---

〔1〕 段志义：“社会主义核心价值观与大学生思想引领”，载《中国政法大学校报》，2014年6月24日。

〔2〕 段志义：“社会主义核心价值观的培育与践行”，载卢少华主编：《立德树人视角下高校学生工作的探索：中国政法大学2015年度学生工作理论研讨论文集》，知识产权出版社2015年版。

“共同价值”的关系，共同价值引领着人按照人的生活方式生活。基本人性普遍地存在，它们包括人的生存、安全、亲情、合群、尊严、名誉、自由、发展等需求。法治必须以现实人性中的“共同价值”为基础。

一、“共同价值”以马克思现实人性理论为立论基础

习近平总书记在第70届联合国大会上呼吁全世界人民携手构建合作共赢新伙伴，同心打造人类命运共同体，提出和平、发展，公平、正义，民主、自由是全人类的共同价值。“这就告诉我们人类是有‘共同价值’的，‘共同价值’的真正来源绝非来源于孤立个体的先验的或者天赋的人权，而是生成与命运共同体中人们的社会实践。是历史发展的产物，处在不断生成的过程中。”〔1〕我们现在所说的“共同价值”，它是进行国际交往、推进世界和平与发展所必需的，也是标志着我们的思维水平和国际视野的重要问题。我们承认人权的普遍原则，但也必须考虑各国的具体情况。“人权具有特殊性、差别性和时代性，由于各国社会制度、文化、历史传统和经济发展程度不同，保护人权的具体措施和民主的表现形式应有所不同。自觉用辩证思维方式把握价值的普遍性，我们否定那种假定先验的、永恒的、无差别的人性和价值观。”〔2〕因为价值的主体是现实的大众，马克思主义创始人一向反对离开具体历史条件和阶级立场，抽象地谈论自由、平等、博爱、民主、人权，反对抽象的道德观、人性论和国家观，但是，这是否意味着马克思主义创始人就无条件地否定普遍价值呢？是否意味着我们今天就只能讲相对性、阶级性和社会制度差异，而不能讲价值的普遍性呢？恐怕不能这么说。马克思主义创始人同样以肯定的口吻谈及自由、民主、人权等问题，也从一般和普遍的层面论述过人性、人道等价值问题。并不是笼统地否定一般的、普遍的人性论和价值观。把他们从特定意义上说的话作为无条件拒斥普遍价值的根据，不是辩证的方法。整体把握马克思主义经典作家的思想，才是关键所在。他们究竟在何种意义上拒斥一般的、抽象的价值，又在何种意义上认可这些价值的

〔1〕 鲁品越、王永章：“从‘普世价值’到‘共同价值’：国际话语权的历史转变——兼论两种经济全球化”，载《马克思主义研究》2017年第10期。

〔2〕 段志义：“用人的本质理论解读以人为本的科学内涵”，载中国人文学会编：《以人为本与中国特色社会主义》，当代中国出版社2009年版。

一般性与普遍性？确切地说，他们把握抽象与具体、普遍与特殊、阶级性与人类性辩证关系的思维方式是怎样的？马克思主义经典作家批判“抽象的共同性”和“虚幻的普遍性”时，主要是针对以下几种情形：

“恩格斯批判杜林的普遍原则是从玄想和抽象出发，而不是从现实生活中引出来。他主张：原则不是生活的出发点，相反，它必须从生活中引出来。既然如此，回归现实生活，深入具体问题情境，以求同存异为原则把握当今人类生活中的具有普遍性和共同性的价值观，并不是马克思、恩格斯批判过的那种‘抽象’。科学的抽象这种研究方法不但是可能的，而且是必须的。”〔1〕

马克思主义创始人不是否定普遍价值，而是否定资产阶级以“普遍价值”为幌子的伪善。

二、正确区分抽象人性论和对人性进行科学的抽象

普遍价值是一种理论的抽象，这种抽象是建构现实具体的必要条件。抽象有两类，一类是脱离现实进行虚构、不顾实际情形依据先验原则进行推论。这种抽象是我们要反对的；另一类是对现实事物做理论推演和提升。这种抽象是人的智慧的能动性体现，没有这样的抽象就不可能有人类文明。普遍价值也是这样。“世界上并不存在平等适应所有人的‘普世价值’，但存在对现实生活中普遍性最大、共同性最广的价值的理论抽象。这种抽象是必要的，是建构现实和具体价值的范型。没有这类抽象，也很难想象人类文明的存在和进步。普遍价值是一种理想，这种理想是人类文明超越实然趋向应然的必要条件。严格地说，人类文明中追求的各种美好的价值目标和文化理念，从来都没有完全地实现过。但是它们有现实生活的基础——或部分实现，或作为奋斗目标。有了这样的理想，现实生活就有了一种促使现实世界尽可能向善、向美、向崇高提升的张力。对待普遍价值，我们要用马克思辩证唯物主义的观点去分析，从抽象与具体、理想与现实、应然与实然的矛盾关系和动

〔1〕 段志义：“思想政治教育的逻辑起点”，载《思想政治教育研究》2013 年第 5 期，法律出版社 2017 年版。

态发展中去把握。”〔1〕

李步云撰文指出：“人权肯定有普遍性，根源有三个：第一，人的本性具有相同性；第二，全人类有共同的利益；第三，全人类存在着共同的道德。但人权也有其特殊性，因为经济与社会发展水平不同，历史文化传统不同，宗教民族特点不同，这些导致了人权的特殊性。”〔2〕

我们都承认每个民族、每个国家都有自己的核心价值观。所谓的核心价值观是怎么来的？是天上掉下来的吗？是空地上长出来的吗？不是。核心价值观，一是继承历史的优秀文化，二是借鉴国外的优秀成果，三是根据现实的国情进行的创造，从而形成核心价值观。那么，一个民族的核心价值观是先进还是落后，是野蛮还是文明，有没有标准，是以什么为标准？那就看这个民族、这个国家的核心价值观能不能对人类共同价值作出贡献。为什么孔子伟大？因为孔子的“己所不欲、勿施于人”成为世界普遍认同的人际交往的黄金规则。当今世界确实普遍存在环境污染、生态失衡、资源日益枯竭与巨大浪费、人口爆炸等全球性问题，于是诚信、公平、正义、平等、法治等社会生活领域崇尚的价值理念成为社会大众所期望的一些共同价值追求。这是存在的，也是合理的，是真正能够促进人类社会发展的共同价值诉求。

一定要对抽象人性论和对人性的科学抽象进行区分。抽象人性论是社会主义核心价值观教育的理论陷阱。实际上，马克思对抽象人性论的批判不是简单地否定，而是“扬弃”。资产阶级抽象人性论的错误，与其说是对人性与人的本质作了抽象的理解，不如说他们仅仅对人性、人的本质作了片面、抽象理解，他们的错误在于其理解的片面性。

具体是相对于抽象而言的，两者是辩证统一的关系，没有其中一方面的存在，另一方面的存在也就不可能。人性、人的本质应当是具体与抽象的统一。科学的抽象，对事物的把握有十分重要的意义。

马克思主义以前的人性理论，确实犯了只从抽象方面去理解人性与人的本质的错误，片面强调人性与人的本质的不变性与永恒性，并将这种永恒性、

〔1〕 孙美堂：“论普遍价值的辩证本性和问题情境——兼评关于‘普世价值’的争论”，载《学习与探索》2011年3月。

〔2〕 李步云：“人权普遍性之我见”，载《新华文摘》，2006年第13期。

不变性作为其理论建构的逻辑前提。人性与人的本质是常驻性与流动性的辩证统一，是变与不变的统一。人性、人的本质一定是变中有不变、不变中有变，流动中蕴含着永恒。

三、社会主义核心价值观中自由、平等、法治、友善是“共同价值”

我们承认，人们之间存在一定时空条件下，即一定范围内的“共同价值”取向和追求，问题在于人们如何解释和如何对待它，平等、公平、法治是历史的产物，同一个词，不同时代、不同制度下的不同人们又有各自不同的表述。

我们对某些“共同的价值”既要看到“同”，又不能忘记“异”。这是一枚硬币的两面。“普世价值”就是割裂抽象与具体的统一，用一般否定特殊。不谈现实的人而谈抽象的人就会把人引入歧途。当今，如何看待“普世价值”，直接关系到人们对社会主义核心价值观的认同与否。“普世价值”的哲学基础是抽象人性论，我们不能从抽象的人性出发研究人的价值，离开社会的经济关系、政治关系，宣传抽象的“人性”“公平”“正义”“平等”“法治”是不科学的，理论认识上是有缺陷的。还有些人宣扬“普世价值”，以学术之名做政治文章，用英美等发达资本主义国家的人权、民主改造中国，对我国公民价值取向产生了不良影响。面对纷繁复杂的社会思潮，一定要从理论深度上帮助人们认识辨别，才不会让人们迷失方向和自我，才不会使人们的理想信念迷惘、责任意识缺失及道德失范。人们之所以面对各种社会思潮产生困惑，很大的原因是缺乏科学的思维方法和看待问题的正确立场、观点和方法。要认识到，“价值”是人们对一件事物的意义、效用的判断，是一种观念。不同社会价值思潮代表不同群体、不同阶层的利益和需求，人们接受某一种思潮不再只是出于纯粹的思想和价值认同，而是掺杂了更多的现实与长远利益因素，支持与否在很大程度上取决于该思潮是否符合自身利益诉求。而以往单一的、纯粹的价值观教育是单薄的。马克思主义利益观认为，人类所奋斗的一切都与利益有关，明确指出追求利益是人类一切活动的根本动因。因此利益问题始终是人们最先关注的问题，所以我们一定要对错误的、不当的利益需求加以引导。

价值形成的基础源于主体需要，不从人们需求入手进行价值观说教必然是悬空的。不同利益群体，甚至是相同利益群体的不同个体之间都会存在价值取向的差异。这就需要以社会主义核心价值观来统筹和整合不同利益群体的价值诉求。面对价值取向的差异，我们需要坚持用社会主义核心价值观引领各种社会思潮，有力抵制各种错误思想对人们的影响，同时又要尊重差异、包容多样。[1]

---

〔1〕 段志义：“价值观是思想理论课的灵魂”，载《新时代增强高校思想政治工作实效性研究》中国政法大学出版社 2019 年版。

论抗击疫情中大学生道德素质和法治素养的提升路径*

马克思主义学院　袁　芳

【摘　要】 风险社会对人的现代化的要求成为教育创新发展的重要动力，抗击疫情带来的挑战是大学生道德教育和法治教育的新境遇。以应对疫情的近期目标和青年长远发展为立足点，遵循青年成长规律和教育规律，学生道德素质和法治素养提升的路径在于：开展爱国主义教育和集体主义教育，引导大学生认识个人与共同体互生互存的关系；开展生态道德观和幸福观教育，引导大学生认识人与自然和谐共生的关系；开展法治教育，引导大学生认识自由与规范的辩证关系。

【关键词】 道德素质　法治素养　自由

新冠肺炎疫情是我国遭遇的一场突如其来的灾难。在疫情防控过程中，各行各业在抗击疫情时发生了许多时代至美、情感至真、大爱至善、感人至深的故事，生动展现出新时代青年强烈的社会责任感和自身价值，这为大学生思想政治教育提供了生动而丰富的现实案例。当前，疫情防控取得了一定成效，社会秩序保持稳定态势，但疫情防控的复杂性、紧迫性和艰巨性仍然不能低估。随着风险时代的来临，社会问题更加纷繁复杂，尤其是重大突发公共卫生事件向人类社会提出了前所未有的挑战，对人的综合素质和能力提出了更高要求。风险社会对人的现代化的要求成为教育创新发展的重要动力，抗击疫情带来的挑战是大学生道德教育和法治教育的新境遇。由于青年大学

---

* 2019 年度教育部高校示范马克思主义学院和优秀教学科研团队建设项目重点选题“思想道德修养与法律基础”课教学资源建设研究（19JDSZK037）、北京高校中国特色社会主义理论研究协同创新中心（中国政法大学马克思主义与全面依法治国协同创新中心）的阶段性成果。

生心理尚不成熟、社会认知尚不全面、价值判断尚不稳定，思想正处于多元多变时期，迫切需要我们给予积极关注和教育引导，以应对疫情的近期目标和青年长远发展为立足点，帮助青年大学生正确理解和认识个人与共同体的关系、人与自然的关系、自由与秩序的关系，在顺利渡过疫情难关的同时促进自身道德素质和法治素养的提升。

一、开展爱国主义教育和集体主义教育，引导大学生认识个人与共同体互生互存的关系

回顾人类思想谱系，各派思想家围绕个人和共同体关系的论述呈现出不同的认识逻辑和研究图景。尽管“真正的个人”是现代市场经济发展的产物，但并不能否认从古希腊时期就出现了个人和共同体关系的思想。基于对城邦整体秩序的追求，柏拉图主张不同阶层的个人各司其职以实现城邦整体的“善”，亚里士多德提出“城邦在本性上先于家庭和个人”，〔1〕这种整体优先的价值目标虽然遮蔽了个人价值，但与当时社会生产力低下、个人必须依附于城邦才能生存的社会存在相契合。中世纪时期，上帝观念和神学取代了希腊城邦时期的理念和哲学，个人与共同体的关系本质上并未发生根本性改变，共同体主义仍广泛流行。

近代德国哲学启蒙思想家康德呼喊人的理性和自由，提出人是目的本身而不是工具，主张人的自律，强调不能为了个人的自由而妨碍他人的自由。黑格尔揭示了个人利益与国家利益并不是绝对对立的两极，而是相互依存的辩证关系：个人利益的实现需要国家政治生活的保证，同时国家自身也要在促进个人利益过程中得到发展。卢梭深刻地指出人类不自由的根源在于财富占有上的不平等，通过契约所建立的共同体是人类重获自由的根本途径。人们应该无保留地将一切权利置于共同体之下，而使共同体成为一个人人平等的共同体，进而也是一个自由实现的共同体。〔2〕西方马克思主义学者哈贝马斯提出了构建以“商谈伦理”的话语模式来维护个体与共同体的平衡。马克思以“现实的个人”为出发点理解个人与共同体的关系，提出个人与共同体

〔1〕［古希腊］亚里士多德：《亚里士多德选集（政治学卷）》，颜一、秦典华译，中国人民大学出版社 1999 年版。

〔2〕［法］卢梭：《社会契约论》，何兆武译，商务印书馆 2003 年版。

关系的产生、存在和发展的根据既不是外在于人的精神实体，也不是抽象的人类本性，而是存在于人们的物质生产活动及其生活过程中。个人和共同体是互生互存的关系，生产力水平与分工状况决定了个人与共同体关系的实际形式和发展演变。马克思强调人的个体性和共同体性，认为共同体无法脱离“现实的个人”而单独存在，同样共同体又是个人无法摆脱的存在方式。由此，“我们既不能离开群体主体谈个体主体，也不能离开个体主体谈群体主体”。[1]由此，马克思提出的个人和共同体互生互存关系是相互确证的辩证关系，二者互为前提、相互促进。独立于共同体之外的个人和脱离个人的抽象共同体在现实中都是不存在的，彻底摆脱了以形而上学的两极对立思维为前提的二元对立的理路。

我国在疫情应对中，国家代表的普遍利益与广大劳动人民的根本利益始终保持一致，这决定了在真实的共同体中个人利益能够得到充分保障。重大疫情造成的无助感和恐惧感迫使个人急于寻求组织的有力救济，国家和政府共同体职能的有效发挥能够避免危机扩散，国家和政府的危机管理、社会动员和舆论引领成为重大疫情应对的关键因素。在党中央集中统一领导下，中央应对疫情工作领导小组精准施策，始终把人民群众的生命安全和身体健康放在第一位。各地党工委、基层党支部、基层党员为轴心的三级主体开展政策宣传、政策执行、群众帮扶等各项工作，这种身体力行成为最有效、最有力的中国特色的社会动员。大批医护人员、技术工人、志愿者主动离家开展救援工作，甘愿为了国家和社会的整体福祉牺牲个人利益，这是超越家庭亲情对骨肉同胞的深厚感情，是将个体的生命与国家和民族的生命紧紧融合在一起，用现实的抉择向世界展示了中华民族深厚的家国情怀和集体主义观念。

抗击疫情的生动实践，可以引导青年大学生深刻认识到个人与国家共生共存的关系，认识到个人的发展只有在共同体整体性和统一性得到保证的条件下才能实现。同时，爱国不是抽象的，国家的命运与中国共产党主导作用的发挥密不可分，爱国和爱党具有统一性。爱国不仅表现为一种情感和认识，更需要实际的行动，要以讲原则、守法律的方式来爱国。在抗击疫情的过程中，坚定拥护中国共产党的领导，将家与国统一起来，积极配合国家防控疫

---

〔1〕 孙熙国、孙蚌珠、张守民：《马克思主义基本原理前沿问题研究》，安徽人民出版社2015年版。

情的各项政策就是爱国主义的具体体现。同时，集体主义观念在抗击疫情中发挥了重要作用，从中央到地方政令畅通、步调一致，全员服从大局、全力配合，形成了抗击疫情的强大向心力。这充分展示了集体主义是社会主义道德的基本原则，国家利益、社会整体利益和个人利益在根本上是一致的。由此可以引导大学生认识到集体主义离我们并不遥远，就体现在抗击疫情的具体实践之中。“一个人要变成独立的个人，需要的并不是摆脱对他人、对社会的依赖和缩小与他人、与社会的联系，事情或许相反，而是要进一步升华这种依赖、扩大这种联系。”〔1〕由此，重大疫情应对中应教育引导青年积极作为，在服务人民、服务社会的过程中促进自身内在素质和能力的提升，建立青年与社会的良性互动，真正参与社会和融入社会，自觉坚持个人利益服从集体利益、局部利益服从整体利益，反对极端的个人主义和功利主义。

二、开展生态道德观和幸福观教育，引导大学生认识人与自然和谐共生的关系

人类对于人与自然关系的认识经历了漫长的历史演化，形成了从自然崇拜到自然支配、从人类中心主义到生态中心主义的发展历程。在原始社会，由于生产力低下，人类对自然的威力和支配作用产生了敬畏，自然界的各种动植物成为人类的崇拜对象，尤其是动物崇拜在人类社会发展史上发展为图腾崇拜。随着人类自身身体素质、思想观念的进步以及现代科学的发展，尤其是近代工业革命之后，人类认识和改造自然的能力在航海和征服新大陆的实践活动中突飞猛进，对自然的敬畏和崇拜减少，逐渐将自然作为人类支配和改造的对象。为了满足人类自身利益，人们开始无视其他生命物种的价值，甚至以破坏和牺牲自然为代价换取人类的生存和发展，这使人类中心主义的观念一度甚嚣尘上。人类中心主义将人居于主体地位，而自然只有工具价值，认为人类作为道德主体，对他人和社会产生道德责任，人类对自然界承担法律责任但并不承担道德责任。人对于自身生态道德责任的无视和忽视，成为人与自然关系恶化的源头，自然界得不到人类的关怀和爱护，诸如环境污染、买卖野生动物等违反生态伦理的行为时有发生。在批判人类中心主义理论误区的过程中，生态中心主义脱颖而出，这种理论认为自然同样具有内在价值，

〔1〕 高清海：“市场经济、个人主体与现代哲学”，载《吉林大学社会科学学报》1994 年第 1 期。

自然界其他生命也具有道德权利，主张扩展道德责任的范围。但生态中心主义片面强调自然的优先地位和价值，忽视了人能够能动地承担生态道德责任的能力。

以唯物主义自然观和历史观为基础，马克思、恩格斯以历史的、现实的人为出发点，系统阐释了人—自然—社会和谐统一的逻辑关系，将人文关怀作为基本的价值取向，提出人和自然是生命共同体，要求人按照“美的规律”实现全面生产，实现生产方式由私有制到公有制的变革，由此明确了人类与自然和解、人类与自身和解的双重路径。马克思、恩格斯在肯定自然优先条件和自然规律的基础上，同时强调人的能动性和主体性，指出人的生产不是为了生存而生产，而是为了产生生命而生产。马克思在《1844年经济学哲学手稿》和《德意志意识形态》等著作中提出“全面生产”的重要概念，提出“动物的生产是片面的，而人的生产是全面的”，〔1〕人的生产的全面性表现为“产生生命的生活”。〔2〕这意味着人生产的目的不能局限于人类自身的生存和发展，还要以人与自然和谐共生为基础，人类的生产活动应关注人以外的自然生命体的正常运转的需要，促进人的需要和自然需要的有机结合，否则人类的生产活动将破坏生态文明，最终阻碍人的生活目的的实现。

虽然新冠肺炎疫情暴发的源头尚无定论，但人类新发传染病多与野生动物有关，暴露了我国生态治理的短板和不足，映射出人与自然对抗的现实样态。由此，通过反思重大疫情发生的源头，可以引导大学生正确认识人与自然命运共同体的关系，树立生命平等的观念，自觉尊重生命，维护自然界各类物种的生存权利。在人与自然整体主义的关系视域中，人类不仅对个体负有道德责任，还对整体本身负有道德责任。动植物作为自然界不可缺失的生命体，同样具有内在价值和道德权利。同时，人类具备承担生态道德责任的义务和能力，在自觉承担生态道德责任的过程中人类将实现道德升华。同时，还可以通过疫情引导大学生树立正确的生态幸福观，重新认识幸福的真正本质并不是建立在消费欲望的满足上，生命安全和身体健康是幸福的基础，生

〔1〕［德］弗里德里希·恩格斯、卡尔·马克思：《马克思恩格斯选集》（第1卷），中央编译局译，人民出版社2012年版，第57页。

〔2〕［德］弗里德里希·恩格斯、卡尔·马克思：《马克思恩格斯选集》（第1卷），中央编译局译，人民出版社2012年版，第56页。

命权和健康权是基础性人权，而个人生命权和健康权是建立在共同体生命权和健康权的基础之上，个人的幸福观不能停留在个人资源占有和个人物质享受的层面，应建立在人与自然、人与他人和谐共生的基础之上。由此可以深刻反思过去长期占据我们头脑的以占有衡量价值、以消费衡量幸福的误区，从而帮助大学生自觉调整和正确选择科学文明的绿色生活理念和生活方式，实现从占有到存在的生活方式的转变，学会从自身创造性、主动性的劳动过程中寻找人真正的价值和幸福。

三、开展法治教育，引导大学生认识自由与规范的辩证关系

自由与规范的关系是包括哲学、法学、伦理学、教育学在内的众多学科讨论的焦点问题，形成了不同的思想流派。在政治自由领域，思想家将自由作为一种权利。洛克较早提出人的天赋权利分别为自由、生命、财产，提出自由应受到法律的保护。密尔在《论自由》中指出，那些不破坏他人自由，不对他人造成伤害的自由，能够按照自己想法去行事的自由，才称得上是真正的自由。与洛克和密尔的“自由最大化”说法相比，还有一些思想家认为“自由”应限制在法律所允许的范围内。卢梭指出，无论什么人都不能摆脱法律的束缚，但这种束缚是温和的、有益的；孟德斯鸠也认为自由是一种权利，他在《人权宣言》中将自由直接解释为“自由是做法律所许可的一切事情的权利”。在认识论领域的思想家看来，自由是一种认识。斯宾塞提出“自由是对必然的认识”，黑格尔提出真正的自由是内在必然性，自由的核心含义就是自我决定、自我抉择、自我负责，把外在必然性纳入自身，从而转变为内在必然性即自由。针对教育领域的自由，卢梭在《爱弥儿》中提出顺应自然的教育思想，认为教育应符合人性健康发展，批判了现有教育对人的自由个性的扼杀；福柯对学校教育中的有关规范问题也做了相应探讨，批判教育实践中存在对人的控制和规训，学校如同监狱，成为规训人的思想和行为的场所。

马克思和恩格斯作为以实践论角度谈自由的主要代表人物，认为人的自由是人在活动中通过认识和利用必然表现出的一种自觉、自为、自主的状态。马克思提出“人的最高本质是人本身”，以无产者的自由为旨归，认为只有在民主制国家里才能成为自由的人，提出只有符合法的自由意志本质的法才是真正的法。由此规范与自由相辅相成、相互依存、缺一不可，规范的设置应

以人的自由为目标，促进人的自由全面发展，同时自由需要在必要的规范之下实现，包括道德规范、法律规范、制度规范等。“自由的实现还需要法律条件（对自由的限度、自由与纪律、自由与责任的关系等的法律界定）和道德条件（交往主体相互之间对基本权利的尊重和信任）。有什么样的法律和道德条件，就有什么样的社会自由”。〔1〕

当前，自由越来越成为民众普遍认同的价值追求，尤其是新媒体的快速发展给自由传播提供了载体和空间，但也给虚假信息传播提供了土壤。青年大学生容易将自由理解为随心所欲，不受外在约束。但实现每一个人自由全面的发展是社会主义的终极追求，个人的自由不能影响他人的自由，因此自由是有规范边界的，缺乏规范的自由将造成其他利益主体的损害和共同体整体利益的破坏。因此自由和规范是辩证统一的关系，真正的自由必须以规范为前提，规范的建立最终保护更多数人的自由。2020 年 2 月 5 日，习近平总书记主持召开中央全面依法治国委员会第三次会议提出，从立法、执法、司法和守法各个环节发力，全面提高依法防控、依法治理能力，为疫情防控工作提供有力法治保障。由此，高校可以引导大学生深刻认识自由与规范的辩证关系，帮助大学生深刻理解建立疫情防控法治体系的重要性。

本次疫情暴发中个人出行情况的隐瞒、隔离措施的暴力抗拒、网络谣言传播等行为和表现深刻表明，民众的法治观念与现代社会的需要之间仍有一定差距，具有较大的提升空间。而法治素养的形成和发展绝不是朝夕之功，迫切需要高校自觉承担培育现代化合格公民的职责和担当，从现代化发展和青年人才潜在价值发挥的战略视角出发，促进青年教育从单向片面发展走向全面发展的时代转型。法治素养培育既体现在对法律知识的了解上，更在于能够将法治精神、法治意识、法治观念融入头脑中，并最终体现在日常生活的自觉行为之中。高校应引导青年大学生自觉遵守网络行为规范，不信谣、不传谣，自觉抵制网络谣言。我国在重大疫情中一方面允许在网络空间中存在多种声音，对编造、传播虚假信息的行为，相关部门应及时给予坚决而有力的打击，维护重大疫情战斗中的舆论秩序。高校可以通过新兴媒体及时宣传疫情防控的具体规范，帮助青年大学生在疫情防范的过程中增强法治观念，

〔1〕 常晋芳：“网络文化的十大悖论”，载《天津社会科学》2003 年第 2 期。

深刻认识个人与国家、个人与社会、个人与自然、个人与他人的关系。高校教师在开展网络在线教学的过程中，应主动将疫情防控纳入教学体系之中，切实让广大青年接受一场生动而深刻的教育洗礼，有效提高青年教育引导的针对性、时效性和实效性。

韩国礼仪教育的特点及启示

马克思主义学院 虞花荣 刘文杰

【摘 要】 韩国礼仪教育成果显著，特点鲜明，有许多值得学习的地方。在教育内容上，礼仪教育与道德教育相结合；在教育方式上，课堂理论教育与实践活动教育相结合；在教育途径上，家庭、学校和社会教育相结合。韩国礼仪教育已经形成较为全面系统的教育模式，其丰富的教育经验对完善我国的礼仪教育具有重要的借鉴意义。

【关键词】 礼仪教育 道德教育 实践活动 韩国

在韩国创造“汉江奇迹”和成为“亚洲四小龙”的过程中，韩国的礼仪教育发挥着重要的作用。完善的礼仪教育体系，使韩国公民的礼仪道德素质普遍提高，职业道德的提高促进了生产的发展；彬彬有礼的形象促进商业洽谈的成功和对外贸易的发展；礼仪外交、睦邻友好理念，提升了韩国的国际形象。韩国礼仪教育的内容全面、方法多样，已经形成了自己的特点与优势，对我国礼仪教育的完善具有借鉴意义。

一、韩国礼仪教育的特点

韩国深受中国儒家思想的影响，自古以来十分重视礼仪道德教育，尤其是近年来，礼仪教育体系不断完善，并取得显著的教育成果。在教育内容、教育方式和教育途径上形成了鲜明的特点，值得我们学习和借鉴。

（一）教育内容：礼仪教育与道德教育相结合

“礼仪教育不是一般的礼貌教育，而是一种道德修养、健全人格的教育，是道德教育的基础。”〔1〕韩国的礼仪教育也不仅仅是礼仪行为教育，而是与道德教育相结合，使礼仪教育成为全面培养礼仪道德修养的过程。

韩国的众多礼仪行为规范中都包含道德伦理的要求。比如，至今很多韩国家庭仍然严格遵守为去世父母守丧的制度。长子在丧期内每日晨昏都要到父母灵前祭拜，每年正月初一都要进行祭祀先人的“茶礼仪式”，这些礼仪要求都将“孝道”教育渗透其中。再比如对晚辈的要求中，不论是要求晚辈说话时对长辈要用敬语，还是餐桌上长辈动筷后晚辈才可以动筷，或是逢重大节日晚辈对长辈行跪拜的大礼，都体现了晚辈对长辈的尊敬和礼貌，渗透着“长幼有序”的道德伦理要求。可以说严格遵守的礼仪规范是内在伦理道德要求的外在表现，进行道德教化是礼仪教育的核心意涵，因为在韩国的礼仪教育中充满了道德教育的内容与要求。

韩国学校教育的要求充分体现了礼仪教育与道德教育的融汇与结合。早在 1973 年，韩国就开设道德课，对三年级以上的学生以书本形式进行礼仪道德教育；在文教部公布的教育科课程中，提及道德教育以礼节生活、个人生活等五个方面为中心。1981 年，根据韩国文教部颁布的第 442 号令修订案，道德课的教育目标规定，要培养学生日常生活必要的基本礼节、道德规范、良好习惯，培养自律的道德能力和态度。之后，韩国第六次教育课程（1992—1997）改革大纲指出，道德课的教育目标是：“向学生揭示道德教育的核心内容；教育学生理解生活中的基本礼节及行为规范的内容及重要意义；提高学生的价值判断能力以及解决道德矛盾的能力；培养正确合理的生活态度，在日常生活中做到自律与自制。”在韩国教育部公示的第 2015-74 号别册 6《道德学科教育课程》中，对初等、中等和高等教育中的道德教育都做出明确的要求。总的来说，初等教育阶段要求学生掌握与家人和周边人共同生活所需要遵守的礼节，相互尊重，正直生活；中等教育阶段要求学生遵守家庭、邻里、学校以及网络空间的礼仪要求，提高解决道德冲突的能力；高等教育阶段的要求则更高，主要涉及伦理道德的内容，注重道德价值判断能力的提高。

总之，韩国礼仪教育始终与道德教育联系在一起，政府部门更是将其以

---

〔1〕 张吟年：“礼仪教育的资源与启示”，华东师范大学 2010 年硕士学位论文。

教育规范的形式确定下来，在礼仪教育的同时强化道德伦理的内化，这样的融合教育使礼仪教育成为一个全面提高公民礼仪道德素养的过程。

（二）教育方式：理论教育与实践活动相结合

韩国进行礼仪课程的方式是多种多样的，总的来说，就是理论教育与实践教育相结合。韩国第七次教育课程改革大纲明确提出，要增大有关日常行为习惯、道德实践方面的内容，设计一种以实践为主的人性教育课程。[1]在实际操作中，韩国也切实做到了这一点。

韩国学校中，小学低年级的学生最主要开设“正确地生活”课，内容涉及日常生活所必要的基本礼节和道德要求；小学三年级到初中设有道德课，教学内容从个人生活礼节逐步扩大到家庭、学校和社会生活中需要遵守的礼仪规范和道德要求；高中则在初中道德课的基础上开设伦理课，教授更深层次的个人伦理、社会伦理、国家伦理等伦理思想；大学普遍设有国民伦理课和社科课，这些课程主要是在初高中的基础上，更加详细和系统地教授更深层次的伦理思想，并结合社会存在的伦理问题进行讨论，目的在于提高学生道德反思的能力。韩国学校礼仪教育的内容具有顺序性与连贯性，涉及领域从个人逐步扩展到国家，涉及层次从礼仪行为发展到伦理知识，对个人的要求从遵守礼仪道德发展到进行道德反思、道德自律，层层递进，不断深入，使学生的礼仪道德修养不断提高。

在学校，学生除了进行系统的礼仪道德知识的学习，还进行多种多样的实践活动，以弥补纯理论教育的不足。比如三年级第一学期的教科书中有“有礼貌的我们”这一单元，其中包含“请正确实践打招呼的礼节”这一教学环节，要求学生按照不同的情景说出正确的礼貌用语。这样，在课堂讲授理论知识的同时加以实践，让学生更好地理解与运用。另外韩国的幼儿园一般设有礼节堂，小学和中学设有礼仪室和道德教室，在这些教室中配备传统的韩式家具、生活用品和民族服饰等。教师和学生可以在礼仪教室内学习茶道，教师会交给学生倒茶、敬茶的礼仪，并由此教授待人接物的方法。韩国十分重视实践的意义，坚持“坐而言不如起而行”的原则，十分注重学生行

---

〔1〕 胡虹霞：“韩国道德教育的战后演变及现行改革”，载《北京青年政治学院学报》2007年第4期。

为习惯的培养，有的学校甚至要求学生和老师必须在学校用餐，以便老师及时纠正学生不合礼节的用餐行为。

学校教育也十分注重与社会实践的结合，引导学生在参与社会活动和社会服务的过程中锻炼思想，实践行为，做到“知行合一”。比如，参加各种传统仪式、亲手制作茶点等。最典型的案例就是1970年倡导的新生活运动，在这场整饬社会秩序，改良社会风气的活动中，学生团体首当其冲，积极参与，在运动中，学生们既实践了自己掌握的礼仪行为，又培养了忠孝、诚实、协作等良好品德，意义非凡。

总之，韩国的礼仪教育既在课上进行也在课下进行，既在校园内进行也在校园外进行，理论教育与实践教育相结合的教育方式，使得学生能更加深入地理解与运用所学的礼仪道德知识，从而使礼仪教育的成效更加显著。

（三）教育途径：家庭、学校和社会教育相结合

礼仪教育作为全面培养人的礼仪道德素养的过程，不是一朝一夕就能完成的，也不是仅依靠学校教育就能实现的，必须充分发挥家庭、学校和社会教育的合力。因此韩国礼仪教育十分重视家庭、学校和社会教育的结合。

家庭教育的重要作用不言而喻。作为个人最早接受的教育方式，家庭教育对个人发展有非常重要的作用。韩国家庭礼仪教育的对象主要是学龄前儿童和初等教育阶段的学生，教育内容涉及吃饭礼仪、对待长辈的礼仪、对待邻居的礼仪等诸多方面，细致而全面。家庭教育中儿童主要是通过模仿家长的行为进行学习的，因而父母也在不断学习，提高自身的礼仪道德素质，以确保为孩子提供正确的礼仪示范。以家庭为单位进行礼仪教育对提高全民的礼仪素质具有重要作用。

韩国学校一直坚持学校教育应与家庭教育建立良好的联系，为建设家庭、学校、社会三位一体的礼仪教育体系做出了很多努力，并构建了一个以学校为主导，家庭和社会共同参与、共同监督的教育体系。学校成立家长联谊会对家长进行相关的指导和教育，以达到学校教育与家庭教育理念的统一；在社会上建立广泛的社会教育网和教育监督站，让家长和社会作为监督主体，一方面监督学生的日常行为，促进其良好道德行为的养成，另一方面监督学校的教学行为，指出学校礼仪教育的不足，为完善学校教育提出意见建议。除此之外，还创立了融学校与社会教育为一体的互助合作、共同活动的文明

社区，充分发挥社会教育对学校教育的补充作用。

社会的礼仪教育对学校和家庭的礼仪教育起了很大的补充作用。韩国社会对礼仪教育的普及主要以儒家传统文化为主。韩国政府为了弘扬儒家的礼仪文化，专门修葺了陶山书院，把它作为国民教育基地，至今为止已有四百多年的历史。[1]此外，儒家学会和乡校等机构团体对儒家礼仪文化的传播发挥了巨大的作用，为推动全民礼仪教育的发展做出了贡献。韩国社会礼仪教育的补充作用还体现在社会活动和社会服务上。除了社会上的专门培训机构以外，韩国政府重视将学校教育与社会生活相结合，每年都会从政府预算中划拨专项资金支持学校开展社会服务，让学生在社会中汲取更多的知识，提高学生的礼仪道德素质和执行能力。

家庭、学校和社会三方相互贯通的礼仪教育模式使韩国的礼仪教育能够贯穿于生活中的方方面面，从而形成礼仪教育的网状化系统，将礼仪教育的作用充分发挥出来。三方合作的模式将礼仪教育水平提高到更高层次。

二、韩国礼仪教育对我国礼仪教育的启示

相较于取得巨大成功的韩国礼仪教育，我国的礼仪教育存在着明显的不足。主要存在着对礼仪教育重视程度不够，礼仪教育内容不完善，教育方式单一，学校、家庭和社会教育力度分布不均等问题。所以，我们应该从韩国礼仪教育的内容、方式和途径上汲取经验，不断完善我国的礼仪教育。

（一）提高对礼仪教育的重视程度

韩国非常重视礼仪教育，从政府部门不断修改完善的教育规定到学校、社会、家庭相结合的教育途径，韩国展现出全社会重视礼仪教育的态度。与韩国相比，我国拥有更悠久的历史，礼仪文化的积淀更加深厚，但是，我国的教育并没有将礼仪文化的内容充分纳入，在教育目标中也没有清楚地设定不同阶段的礼仪教育所要到达的程度。因而，我们必须全面提高对礼仪教育的重视程度。政府要及时出台政策，建立健全礼仪教育制度，并给予专项支持，加大礼仪教育的社会宣传，利用媒体、社区和社会团体等力量推广礼仪教育，从而提高全社会对礼仪教育的重视程度，提高全民礼仪道德素质。

---

[1] 杨金铭：“韩国礼仪教育研究”，哈尔滨工程大学2016年硕士学位论文。

（二）完善礼仪教育的内容

韩国礼仪教育内容细致而全面，涉及礼仪、道德、心理等相互联系的多个方面，并设有专门课程。但目前，我国的中小学并没有设置专门的礼仪教育课程，礼仪教育是混杂在思想品德教育和思想政治教育之中的，虽然礼仪教育与思想品德教育有重叠之处，但是，思想品德课本中的内容完全不能满足礼仪教育的需要，这样的课程并不能达到对中小学生进行礼仪教育的要求。大学教育中更加缺少礼仪教育的内容，除了特殊专业外，几乎没有专业将礼仪课作为必修课，大学生的礼仪素质也很难得到提高。我们必须完善礼仪教育的内容，将儒家传统礼仪文化融入课程当中，教育内容不仅涉及个人、家庭、学校和社会生活中的礼节，还要加入伦理道德的内容，实现礼仪教育内容的全面化发展。

（三）改变“填鸭式”的教育方法

韩国的礼仪教育注重实践活动作用的发挥，将理论教育与实践相结合，教育效果明显好于我国“填鸭式”教育的效果。我国进行礼仪道德教育的方式以教师讲授为主，这种模式的特点就是以教师为中心，通过讲解、示范、规劝和批评等方式让学生接受知识，不管学生是否能够吸收，也不注意理论与实践的联系，十分刻板与生硬。只有改变这种“填鸭式”的教育方式，以学生为中心，将实践活动引入礼仪道德教育之中，才能够充分发挥学生的积极性与主动性，学生才能将教师传授的礼仪知识内化为道德准则，礼仪教育的目的才能够真正实现。

（四）发挥家庭、学校和社会教育合力

韩国形成了家庭、学校、社会三位一体的礼仪教育格局，将礼仪教育贯穿到生活、学习、工作的时时刻刻与方方面面。家庭礼仪教育对一个人未来的发展有重要的作用，学校是进行礼仪教育的“主战场”，社会礼仪教育有巨大的补充作用，只有三者相互结合、相互贯通，礼仪教育的体系才是完整的。我国礼仪教育并没有形成这样的联动机制，一方面家庭教育的礼仪教育内容受限，另一方面其更注重与学校在科学文化知识方面的联系，对礼仪教育不重视。学校没有专门课程教授礼仪，没有为家庭开展礼仪教育提供帮助服务的渠道，社会上也很少有对公民进行礼仪教育的场所或机构。

礼仪教育贯穿人的一生，只有构建家庭、学校和社会三位一体的教育格局才能确保礼仪教育有良好的环境，才能让每一个人时时刻刻都能接受礼仪道德的熏陶，才能从本质上提高公民的礼仪道德素质，实现礼仪教育的目标。我们必须采取措施发挥家庭、学校和社会教育合力做好礼仪教育工作。

三、结　语

经过数千年的发展，尤其是韩国建国后的不断改革，现代韩国的礼仪教育形成了一套较为完整的教育模式，取得了丰硕的教育成果，具有明显的特征：教育内容上将礼仪行为教育与道德教育相结合；教育方式上将课堂理论教育与实践活动教育相结合；在教育途径上将家庭、学校和社会教育相结合。我们应该从不同方面借鉴韩国已经形成的经验，完善我国的礼仪教育，发挥礼仪、道德与传统文化对国家发展的支持作用。

参考文献

[1] 索丰、孙启林：《韩国基础教育》，同济大学出版社 2015 年版。
[2] 唐克军：《比较公民教育》，中国社会科学出版社 2008 年版。
[3] 秦树理主编：《国外公民教育概览》，郑州大学出版社 2005 年版。
[4] 梁忠义主编：《韩国基础教育》，内蒙古教育出版社 2003 年版。
[5] 毛亚庆主编：《韩国、新加坡基础教育概览》，中国城市出版社 1997 年版。
[6] 孙启林、梁荣华："韩国中小学道德教育理论与实践评析——兼谈对我国中小学道德教育的启示"，载《外国教育研究》2005 年第 3 期。
[7] 罗晓林："韩国礼仪教育的成功对我国现代礼仪教育的启示"，载《文学教育（下）》2015 年第 2 期。
[8] 孙继新："韩国礼仪教育对中国大学礼仪教育的启示"，载《延边大学学报（社会科学版）》2010 年第 4 期。
[9] 索丰、车雪莲："韩国现行小学《道德》教科书评析"，载《外国教育研究》2005 年第 3 期。

情境与系统束缚的挣脱

——人性尊严的实现何以可能

马克思主义学院　虞花荣

【摘　要】 每个人都认为对自我的认知具有十足的把握，其实在大部分情况下我们每个人的行为都会受到情境与系统的影响，而这一影响所带来的后果大部分是负面的，比如道德沦丧、盲目服从权威等。究其原因，主要还是社会归属感的驱使、自我认知的失调和去人性化假象的蒙蔽，使人在某些特定情境中丧失了自我。这就警示人们，不要忽视情境的力量，在某些场合和环境中，想要降低情境与系统的影响，需要在一定程度上提升自我觉察力和情境敏感度，具有一定的“街头智慧”，全方位地认识自我与情境造成的压力，站在批判的视角独立思考，正视自身。

【关键词】 情境　系统　人性

试想，在一件事情发生时，你的行为是否会不受外界因素的干扰，忠于自己的内心？多数人的答案应该是肯定的，大部分人都认为自己对自己的人性足够了解，对自己的行为有完全的控制力。但是，社会存在决定社会意识，事实上几乎每个人的行为都会或多或少地受到当时所处环境、身份等情境和系统压力的影响，并不是独立做出的，且这一影响人们是不自知的。良好的氛围和适当的系统压力可以给人带来积极的影响，而恶劣的环境会给人带来一些消极影响。在《路西法效应：好人是如何变成恶魔的》一书中，作者津巴多通过斯坦福监狱实验和阿布格莱布监狱虐囚事件的分析，揭示出了情境和系统意想不到的强烈影响，表明社会情境的力量具有可信度和稳健性效果，在某些情况下会起到决定性的力量。本文旨在通过分析情境与系统对个人行为的负面影响、主要原因，结合《路西法效应：好人是如何变成恶魔的》一书中的内容，试图找到应对情境和系统影响的手段，使得个体尊严得以实现。

一、情境与系统压力对个人的负面影响

所谓情境影响，是指个人在做出行为时所处的环境给个人带来的影响。大多数人在理解他人行为时，更多的是倾向于关注“这个人原来是什么样，他做这件事的行为动机是什么，他的原生家庭如何”等一些他人所带有的“个体特质”，认为内在因素是影响一个人行为的根本原因，却往往低估了情境因素。而在系统对个人行为的影响方面需要关注的是，每个人无论是学习、工作和生活都会有意无意地被纳入各个系统与结构之中，由于每个人在每个系统中身份地位的不同，所扮演的角色不同，都在一定程度上会受到不同系统带来的意识形态、价值等力量的影响，这种力量都会对行为者加以期许与赋予，规定其活动的开展。情境与系统对个人的负面影响主要表现在以下两个方面。

（一）权威的盲目服从

无论是“电击实验”还是斯坦福监狱实验都在一定程度上体现了在系统和情境影响下人们对权威的顺从。尽管他们事先知道自己的身份，尽管他们知道只是一个实验，但是在酬赏的激励和权威命令下，“电击实验”中受试者仍然选择加大电击，因为他们知道只要450伏特就可以让自己离开，且不需要跟权威面对面冲突，也不必费力去衡量已经造成的伤害和痛苦该如何取舍；斯坦福监狱实验的“狱卒”不顾“犯人”感受，全然投入角色之中，继续选择虐待“犯人”。权威人士有能力指挥跟随者，让他们变成极端的服从者，但这还不足以说明权威的力量，他们还能重新定义现实，改变人们的习惯的思维及行动模式。

（二）道德的集体冷漠

产生邪恶最关键的因素往往不是做出暴力行为的人，而是在他们背后沉默的、目睹一切发生却视而不见、充耳不闻的人。当有突发情况产生时，越多人目睹，人群中能有人挺身而出提供协助的可能性就越小。身为被动的旁观者群体中的一分子，人人大脑中都会有一个设想：其他人可以协助或将要提供协助，那么就不需要我来帮忙。人人都持有这样一种“责任分散”的想

法，这种情况与只有单一目击者或只有另一位其他旁观者在场的情况相比，群体中的每个人所受到的心理压力就比较小，每个人就会将希望转向他人而自己不采取任何行动，多数人在场分散了卷入此事的个人责任感。正如克尔凯郭尔所批判的那样："任何时代的人都倾向于集体认同，忽视自己个体的独特性，倾向于把自己仅仅看作时间和空间的产物，因为这样他们就可以逃避自己行为本应承担的责任，但他们没有意识到自己所面临的真正困境，即失去真正的自我，这是生命中唯一重要的东西。"[1]这一表现最常见的就是当今社会的"道德冷漠"现象，在面对"扶不扶""帮不帮"的问题上，几乎大部分人持有的是"事不关己高高挂起"的态度。一方面是人与人之间缺乏基本的信任，怕给自己带来不必要的麻烦；另一方面就是"责任分散"的想法，在一个公共事件发生时，"众多人关注"这一情境分散了每个人自身的道德压力与责任感，纵容了"平庸之恶"的产生。

二、情境与系统影响个体行为的主要原因

系统所制造出的情境往往会使人们做出意想不到的行为，这些行为大多数根本无法代表做出行为者的独立意志与真实想法，有的行为甚至扭曲人性，丧失尊严，而这些行为背后的原因往往是多方面的，既有来自群体的，也有来自个体自身的，还有就是情境因素所赋予的。

（一）社会归属感的驱使

在社会生活中，每个人都希望得到他人的认可赞同，进而找到一种社会归属感与价值感，而不是被孤立于群体之外。处在群体中时，受到情境和系统的影响，人们会做出一系列的从众行为，比如不假思索地认同他人的观点，非理性地做出许多自己一个人不会做的事情。这种从众行为的产生一是由于人是社会性的，人们渴望进入群体之中了解他人的想法、观点以便更好地生存适应社会；二是虽然个体存在异质性，但在特定情境中得到他人的认可，与他人存在一定的相似性更能拉近人与人之间的距离，实现自我的社会归属感，进而选择对他人的观点做出让步。英国的刘易斯教授指出："当人处在善恶边缘时推人一把、改变行为的强大力量，乃来自人们想成为'圈内人'不

[1] [美] 苏珊·李·安德森：《克尔恺廓尔》，瞿旭彤译，中华书局2004年版，第34~35页。

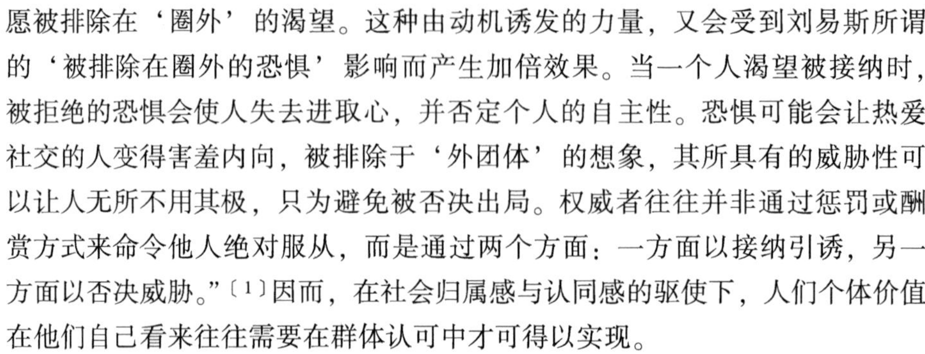

愿被排除在‘圈外’的渴望。这种由动机诱发的力量，又会受到刘易斯所谓的‘被排除在圈外的恐惧’影响而产生加倍效果。当一个人渴望被接纳时，被拒绝的恐惧会使人失去进取心，并否定个人的自主性。恐惧可能会让热爱社交的人变得害羞内向，被排除于‘外团体’的想象，其所具有的威胁性可以让人无所不用其极，只为避免被否决出局。权威者往往并非通过惩罚或酬赏方式来命令他人绝对服从，而是通过两个方面：一方面以接纳引诱，另一方面以否决威胁。”〔1〕因而，在社会归属感与认同感的驱使下，人们个体价值在他们自己看来往往需要在群体认可中才可得以实现。

（二）自我认知的失调

在自利偏向的影响下，我们每个人都对自己的认知存在明显的失调。首先是我们对自身的认知存在偏见，认为自己对自己的所有行为完全负责，自己的行为是完全受自己的意志所支配，是完全可控的。实则不然，斯坦福监狱实验告诉我们，由于想要在个人态度和公开行为间维持一致性的动机，人们最后可能会允许自己在意图合理化认知不协调的情况中，实施暴力行为。不论是细微或明显的情境因素，皆可支配个体的抵抗意志。其次，在我们的大脑受到外界刺激和情境影响做出相应不合理的行为时，我们会为自己的实际行为找寻一个辩解的理由使其合理化，进而说服自己和他人。最后，人人都会在实际思考和行为中实施“双重标准”，即为自己的行为重新设立标准和寻找说辞，对待别人却不会如此“宽容”。自我认知的失调，使得个人行为更易受到情境与系统的影响。

（三）匿名身份的赋予与“去人性化”的假象

任何让人感觉处在一个像是没有人认识或自我熟悉的环境，都会在一定程度减轻人们的语言与行为的辨识度，使人感觉自己是在整个群体或情境中处于一个“匿名化”的状态。这一“去个人化”过程的达成，创造出“为恶”的潜在条件。简而言之，在一个陌生的环境之中，抛开身份、社会地位、道德、法律、荣誉等条件的束缚，也就为个人的为所欲为提供了条件。而人们是如何摆脱平常的自我约束而做出有害他人的行为呢？这时候情境和系统

〔1〕［美］菲利普·津巴多：《路西法效应：好人是如何变成恶魔的》，孙佩妏、陈雅馨译，生活·读书·新知三联书店2010年版，第305页。

的力量就会发挥作用，给施恶者以某些个人或群体排除在人性领域之外的假象，从而可以让其暂时搁置道德的束缚，放弃理性，施行暴力和破坏行为。班杜拉将这一模式总结为“道德松绑”，这种模式一开始假设大多数人都因为在养成过程中受到常态的社会化洗礼，所以接纳了道德标准。这些标准指引人从事有益社会的行为，遏制家庭或社群定义下的反社会行为的出现。随着时间经过，这些由父母、老师及权威人物所施加的外在道德标准成了内化的个人品行规范。人们逐渐拥有思想和行动的自我控制能力，并因此感觉到自我价值。他们学会控制自己，在他们的行为举止中尽量表现出合乎人性的行为。这些自我规约机制和个人道德标准间的关系是不断变化发展的，是一个动态过程。在不同的情境下个人可以选择是否启动或解除道德的个人监控。在启动个人道德监控时，表现出可被社会接受的行为；在某些时候、某些情境、为了某些目的而暂时解除平常的道德运作，个人或群体就可以继续维持自己的道德感。〔1〕特定的情境所带来的“去个人化”和“去人性化”，在一定程度上影响着人们的正常判断，即使好人也可能会做出恶劣行为。

三、情境与系统影响下的个人应对之策

人类的处境中存在一个基本的二元性，即抽离相对于沉浸，或犬儒式怀疑相对于参与。我们每个人都面临的挑战是如何熟练自如地摆荡于完全沉浸与适时抽离的两极间。〔2〕津巴多在书中指出，自我觉察力、情境敏感度、街头智慧三种能力的发展在一定程度上可以抗拒情境影响力带来的影响，当我们面对情境和系统的强大压力时，都该坚持人类本性中最好的本质——以颂扬人性尊严来对抗邪恶。

（一）自我觉察力

一是要对自身有清晰明确的认知。在出现错误行为时，要坦然承认错误，不要为不道德或不合理的行为寻找理由。二是要提高警觉性。处在新情境之中不要漫不经心，而是要有所反思与警觉，最好在警觉性的基础之上加入

〔1〕［美］菲利普·津巴多：《路西法效应：好人是如何变成恶魔的》，孙佩奴、陈雅馨译，生活·读书·新知三联书店2010年版，第357页。

〔2〕［美］菲利普·津巴多：《路西法效应：好人是如何变成恶魔的》，孙佩奴、陈雅馨译，生活·读书·新知三联书店2010年版，第502页。

“批判性思考”。三是要提高自身责任感。“勿以善小而不为，勿以恶小而为之”，当我们拥有个人责任感，并且愿意为自己的行动负责任时，就会比较有能力对抗情境和社会影响力中的不良影响。当我们越意识到责任分散其实是情境和系统的力量在为某些行为做出掩饰时，就会越不容易盲目服从权威。

（二）情境敏感度

要提升对周围情境的敏感度。首先，要从自身做起，坚持个体性与独立性。“当身处影响力作用的情境中，寻找和占据支配地位之人的共通性，并借助共通点来强化相似性。”这样做有助于让别人对自己的做法加以支持，在一定程度上提升个人价值。其次，从周围情境入手。在不同的环境中，哪些是真正拥有专业、智慧、资深资历或特殊地位并值得尊重的权威者，要学会运用独立与批判思维进行判断。最后，要有自己的评判标准。在价值多元的社会中总会有与自己相契合的团体。人是社会性的，我们要能够判断服从与拒绝的恰当时机，我们每个人终究都只活在自己的心灵中，世界是自己的，因此我们要坚守自身的独立性，而不应担忧被社会拒绝。

（三）“街头智慧”

所谓“街头智慧”指的是贫民区生活的生存法则。要懂得辨认出谁有权，能帮助你或反对你，对哪些人该积极“奉承”而哪些人不该，要能够辨认细微的情境线索，懂得适时进退。这就需要做到以下两点：第一，要学会分辨信息真假。人类都有趋利避害的倾向，希望得到赞美和表扬，获得潜在的利益；而对于批评和所架构的未知的损失避之不及。要在庞杂的信息中学会辨别，意识到架构化信息的力量，减轻其对我们情绪、思想和行为的影响。第二，要具备时间观意识，考虑问题时兼具过去、现在和将来。通过纵深比较与衡量，根据情境和身边的任务将过去、现在或未来用于行动评估上，相较于过分依赖单一或某两个时间框架的时间观，这样的做法可以得到更负责任、更为理智的回应。当过去与未来结合起来时，将能抑制现在的暴行，从而削弱情境的力量。

四、启示与借鉴意义

斯坦福监狱实验的最终结果告诉我们，人性终究是良善的，人们可以通过一些方法，利用个体力量来挑战情境与系统力量。情境影响力虽然在很大程度上削弱了人格的自主性与独立性，但是人们既然创造了社会情境，也同样能改变它。人们常常去接受其他人对情境的定义和规范，而不愿意冒险去挑战规定。这就需要人们在一定程度上提高反思与察觉能力，挖掘人性中良善可取的闪光面，学会运用批判性思维看待事情发展，独立思考，不要被情境的假象所隐藏与埋没；要加强个人对自身全面理性的认知教育；要尽力做到知行合一，不要自欺欺人，要勇于正视自己的行为与缺点，在实践中及时修正；还要具有一定的冒险精神，不要得过且过，纵容姑息“小恶”“平庸之恶”，因为那可能会发展成为强大的邪恶力量并让人们做出违反伦理道德的行为，即使人们的本意并非如此。

情境力量对人具有巨大影响，我们也可以充分发挥其积极作用。这一点对道德社会的构建具有一定的启示意义：一是，道德公民的养成不仅要对个体自身加以教育、约束，还要注重全社会范围内道德法治环境的营造与保持；二是，“道德松绑”机制也启示我们道德约定的重要性，道德约定的制订可以促进人们之间由同理心出发的人道情怀的产生，进而促使人们做出道德行为。我国社会主义核心价值观的建立就是很好的范例。社会主义核心价值观是从个人、社会、国家三个层面所建立的道德约定，旨在引发人们共鸣，促进和谐社会的建设，虽不曾上升到法律层面，但在一定程度上会触发人们的道德同理心，能够对人们的行为进行引导，起到一定的约束和规范作用。

新时代高校德育工作体系建设研究

光明新闻传播学院 张晶晶

【摘　要】 中国特色社会主义已进入新时代，是十九大报告的一项重要论断。为实现社会主义现代化和中华民族伟大复兴这一新时代总任务，就必须要全面贯彻落实“教育先行”原则，实施“人才强国”战略。高校是人才培养的主阵地，“立德树人”是高校育人工作的使命与灵魂。新时代，实现“立德树人”目标，就要立足于“培养什么人、怎样培养人、为谁培养人”这一根本问题，围绕目标、内容、原则、方法、评价，加强德育工作体系的建设与研究，增强德育工作的科学性、时代性、成效性。

【关键词】 新时代　高校德育　体系建设

所谓体系是指同类事物按照一定的规则、秩序组合而成的整体。整体内的每一部分彼此关联、相互作用、共同发展。德育工作体系即为确保德育活动顺利开展的组成要素。其中德育目标、内容的制定与选取，德育原则、方法的遵守与应用，德育效果评价的维度与实施，是新时代高校德育工作者需要关注的重点。

一、新时代高校德育工作目标的厘定

德育目标即是通过德育活动的组织与开展，使学生在个人品德修养方面达到的价值标准与总体要求。新时代高校德育的工作目标，就是培养具有高尚道德品质与深厚家国情怀的、德智体美劳全面发展的社会主义建设者和接班人。据此，便要将道德品质教育、理想信念教育、全面发展教育作为德育的主要内容。综合目标与内容，新时代高校德育的工作重点主要体现在以下几个方面。

（一）提升学生的品德修养

随着我国市场经济的高速发展以及对外开放水平的不断提高，自主、平等、民主的理念丰富了人的精神世界、激发了人的潜能、增长了人的才干。但是，随之而来的拜金主义、享乐主义、极端个人主义的风气无不冲击着人们的价值观。尤其对于心智尚未成熟，且极易受到外部环境浸染的大学生来说，这些错误思想和腐朽观念会对他们品格的形成产生消极影响。因此，德育工作者尤其要关注大学生的思想品德修养。新时代大学生思想品德建设主要包括以下几个方面。首先，引导学生树立正确的人生观、价值观。秉持爱国主义、集体主义、乐观主义的人生理念；追求勤俭节约、吃苦耐劳、乐于奉献的人生态度；形成崇尚科学、严谨求实、勇于创新的人生境界；在完善自我与服务社会中实现人生价值。其次，教育学生严格遵守社会道德规范。落实《公民道德建设实施纲要》相关指示，将学生培育成为遵纪守法、明礼诚信、团结友善的，能够合理、有序参与社会生活，自觉践行社会公德的理性公民。最后，要着重强调激发大学生的责任意识与担当精神。引导他们将个人理想与党和国家的奋斗目标紧密相连，勇于承担起国家富强、民族复兴的重任。综上所述，新时代大学生思想品德素养的提升，即为引导学生存仁义之心，示礼敬之态，展家国情怀。

（二）坚定学生的理想信念

当代大学生承担着建设和发展中国特色社会主义，不断创新、与时俱进，为实现中华民族伟大复兴的中国梦而奋斗的使命。中国特色社会主义已进入新时代，高校德育工作更要不断加强大学生的理想信念教育。理想信念是人生目标的精神指引，是战胜逆境追求进步的内在动力，更是人生意义与价值的集中体现。想要更好地回应“为谁培养人”“培养什么样的人”“怎样培养人”这一战略性问题，就必须将学生的理想信念教育落到实处。所谓“理想”，就是引导大学生用马克思主义理论武装头脑，坚持共产主义远大理想和中国特色社会主义共同理想。所谓“信念”，就是在牢牢坚持“道路自信”“理论自信”“制度自信”“文化自信”的基础上，更要坚信人民幸福、社会和谐、国家富强离不开中国共产党的领导，坚信党和国家一定能够带领中华民族实现伟大复兴。高校承担着人才培养的重任，新时代的高校德育要在坚定大

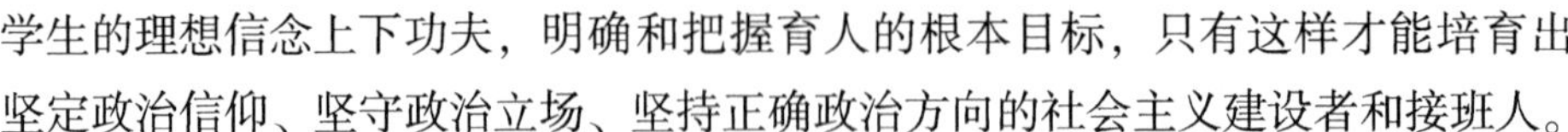

学生的理想信念上下功夫，明确和把握育人的根本目标，只有这样才能培育出坚定政治信仰、坚守政治立场、坚持正确政治方向的社会主义建设者和接班人。

（三）促进学生的全面发展

依托马克思主义全面发展观理念与习近平总书记“培养德智体美劳全面发展的社会主义建设者和接班人”的重要论断，新时代下高校应将促进大学生的全面发展作为德育工作的逻辑起点与目标实现。德智体美劳“五育”是学生全面发展的不可分割的有机体，它们相互依存、相互促进，共同影响着人的智力水平、意志情感、行为表现。任何试图将“五育”分割，仅强调其中某一部分的教育都是不符合人的发展规律的，也是无法实现的。德育是根本，为其他“四育”奠定基础、指明方向。同样，智慧的头脑、强健的体魄、高尚的审美、勤恳的劳动也都有助于锤炼道德品质，或者说这些本身就是个人品德修养的体现。社会主义新时代也赋予了“五育”新的内涵。德育不仅要教导学生“慎独”，也就是在个人私生活领域懂得坚守本分，严于律己；更要强调其在社会群体中，在公共视野下的行为举止、礼仪规范。智育从获取知识向启迪智慧转变，重视学生思维能力、实践能力的培养。体育要在提高学生身体素质的基础上，引导学生内化和传承超越自我、坚韧不拔 、勇往直前的体育精神。美育更多强调学生对于美的发现、感知与创造，能够鉴别和自觉抵制错误思想、腐朽文化，远离低级趣味。劳动教育是让学生告别慵、懒、散、漫，在实践锻炼中逐步养成勤俭节约、吃苦耐劳、恪尽职守的优良品格。由此可见，德智体美劳均为学生成长与品德形成的重要组成部分，新时代高校德育要坚持“五育并举”的教育理念，不断促进学生的全面发展。

二、新时代高校德育工作原则的落实

德育原则，是指德育活动开展与实施所要遵循的基本要求与相关准则，是制定德育目标、安排德育内容、选择德育方法的依据。新时代高校德育工作要立足中国国情、蕴含中国特色，牢固树立以学生为本的育人理念，同时注重挖掘隐性资源的育人价值。

（一）构建中国特色社会主义德育

培养社会主义建设者和接班人是我国德育事业的目标与方向，因此，高校德育工作就必须符合中国国情、继承中国理念、展现中国特点。首先，要将培育和践行社会主义核心价值观作为新时代高校德育工作的核心。当今，多元文化背景下，大学生在面对错综复杂的价值选择时难免会无所适从，甚至有可能产生价值取向的偏离。这就需要用社会主义核心价值观引领学生的思想。社会主义核心价值观正是对社会意识和价值秩序的一种提炼与整合，它是先进的、科学的，是符合中国国情且具有鲜明时代特征和广泛群众基础的价值理念和价值标准。高校学生的思想引领工作要紧紧围绕社会主义核心价值观。其次，要将继承和弘扬中华优秀传统文化作为新时期德育工作的重点。中华优秀传统文化是中华大地几千年历史孕育出的文明成果，是社会主义核心价值观重要的思想来源，是中国人民的精神支柱、信仰追求，是中华民族得以延续、赖以生存的根与魂。要建设有中国特色的社会主义德育工作体系，就必须传承中华优秀传统文化。最后，当代高校德育要把习近平新时代中国特色社会主义思想作为铸魂育人、立德树人的根本指导，贯穿于德育过程的始终。习近平新时代中国特色社会主义思想是马克思主义中国化的最新成果，兼具科学性、革命性、继承性与创造性等特点，对中国的发展乃至世界的进步都具有重大意义。综上所述，新时代的高校德育一定要扎根中国大地，用中华民族的精神瑰宝滋润、涵养当代中国青年。

（二）坚持贯彻以人为本的教育理念

中共中央、国务院《关于进一步加强和改进大学生思想政治教育的意见》明确指出，坚持以人为本，贴近实际、贴近生活、贴近学生，努力提高思想政治教育的针对性、实效性。以人为本是科学发展观的核心，是将人视作发展的根本目的与根本动力。用科学发展观指导教育实践，就是要充分落实以学生为本的理念。以学生为本就是要尊重学生的主体地位，了解学生的所思所想，满足学生的内在需要。教师要认识到学生是有独立人格、丰富生命活力与巨大发展潜力的个体，在此基础上，给予学生足够的理解、信任与关怀，肯定他们的意义与价值。不能将学生视作被动的接受者，要强调德育过程中学生的独立性、自主性与创造性的发挥。落实到具体的德育实践，首先，德育目标的设定要以促进学生德智体美劳全面发展为宗旨，突出学生发展的全面性、整体性、均衡性。与此同时，要根据每名学生的个体差异，有针对性地制定出多样化的发展模式。其次，德育内容的选择不仅要具有先进性与时

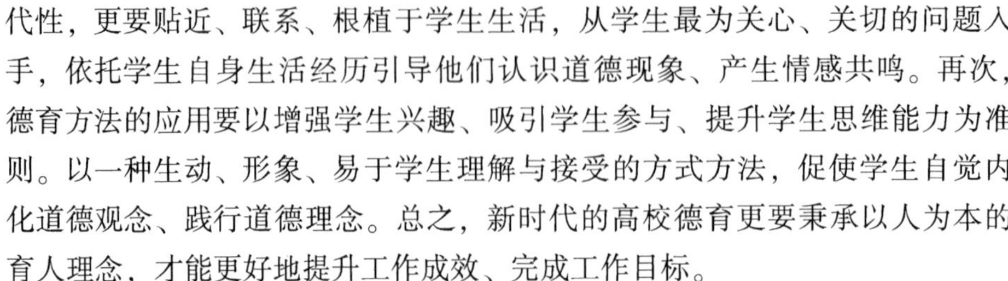

代性，更要贴近、联系、根植于学生生活，从学生最为关心、关切的问题入手，依托学生自身生活经历引导他们认识道德现象、产生情感共鸣。再次，德育方法的应用要以增强学生兴趣、吸引学生参与、提升学生思维能力为准则。以一种生动、形象、易于学生理解与接受的方式方法，促使学生自觉内化道德观念、践行道德理念。总之，新时代的高校德育更要秉承以人为本的育人理念，才能更好地提升工作成效、完成工作目标。

（三）充分挖掘隐性德育的实践价值

高校隐性德育，就是高校将教育目的与内容渗透到校园文化当中，依托文化对学生产生影响。相较于显性德育的直接性与较强的目的性，隐性德育更多表现为自然状态下潜移默化的熏陶和感染，极大地弱化了学生作为受教育者的角色，使学生较少产生抵触心理，于无形之中促进品德的形成。这种不带有任何强制色彩，润物无声的德育形式更能深入学生内心，引起情感共鸣，激发学生内在潜能。既然校园文化是隐性德育实施的载体，那么校园所需要的文化就必须是积极、向上、自由、开放的，这就需要加强校园的精神文明建设。校训是一所高校的旗帜与灵魂，是一所学校精神文明的最好展现。将校训精神融入学校物质建设、课程开发、教学规划、活动组织当中，不仅有助于增进学生对于校史、校情的理解与认同，更能够起到鼓舞与鞭策的作用，激励学生不断成长进步。学生的品德修养也在春风化雨中得以塑造。其次，也是特别重要的一点，高校要创造民主、平等、和谐、融洽的教学氛围与学习体验，这是一种高度的精神文明。很多人曾有过类似的感触，相较于知识、概念，教师本人的言行举止会给学生留下更为深刻的记忆。因此，教师自身不仅要言谈高雅、知识渊博、品行高尚，还要多与学生进行互动与沟通，构建和谐共生的师生关系，做学生的榜样，充分发挥好教师本人的隐性德育价值。综上所述，新时代高校德育要注重对于隐性德育资源的建设与开发，坚持隐性德育与显性德育相结合，共同促进学生的发展。

三、新时代高校德育工作方法的运用

德育方法，是指教师为了达成德育目标而采取的方式与手段。德育工作的实施与开展必须借助一定的方法，科学、合理的育人方法是提升德育实效性的保证。新时代高校德育应在人本主义理念的指导下，遵循德育规律，强调教师的引导与激发，重视学生的参与和体验。

（一）教师角度：理念灌输转向价值引导

所谓灌输式德育，是指教育者将道德观念、行为准则以一种近乎强制给予、硬性传递的方式传递给学生，试图让学生全然接受并遵照执行。整个德育过程非常刻板、机械与教条，一定程度地忽视了学生的情感体验。要知道，人的品德心理结构是由道德认知、道德情感、道德意志、道德行为组成。学生之所以能够表现出相应的道德行为，源于他们对某种道德观点、思想理念的理解与认同，进而激发道德情感、产生道德行为。德育应是通过潜移默化的影响与润物无声的引导，促进学生将道德准则自觉内化。尤其是当今我国正处于社会转型期，各类道德观念与价值思潮呈现共生的局面，大学生在面对道德选择与利益冲突时，如何快速认清主要矛盾，做出正确的价值判断与抉择是新时期高校德育工作的重点。显然，灌输式德育对于道德准则不假思索地生搬硬套，已经无法适应时代发展，难以解决实际问题。在改革开放和经济全球化背景下，应侧重对学生思维能力的培养。道德叙事法便是一种行之有效的，合乎学生身心发展规律与时代变化特征的德育方法。所谓道德叙事，是指教育者通过对道德人物的剖析、道德事件的讲述，促进学生思想品德的发展。道德叙事强调在生动、和谐的氛围环境下，教育者通过展现故事情节，引导学生感悟道德情境、领会道德意蕴、内化道德观念。总之，新时期的高校德育要逐步从对道德理念、道德观点的强制灌输转向基于情境、直面现实的价值引导。

（二）学生层面：被动接受转向主动体验

道德认知向道德行为能否转化的关键在于道德情感能否被唤醒。道德情感是个体基于某种道德情境或道德形象而产生的情感体验，内含价值判断、评价与调节的功能，是道德行为产生的原动力。由于道德情感源于道德实践，教师需要告别一味地“填鸭式”道德理念的灌输，投身于校内外德育实践活动的创设当中，引导学生从被动接受转向主动体验，在实践参与中深化道德认知，产生情感共鸣，坚定道德意志，践行道德规范。高校可凭借第二课堂、主题班会、团学活动、岗位实习、志愿服务平台等，综合促进学生全面发展，也可采用知识问答、体育竞赛、美学鉴赏、创意劳动等多样化的德育活动形

式吸引学生的参与。同时，要保证每一项实践活动都有明确的目标、清晰的组织形式、专业的指导队伍、科学的评价指标，强调德育活动的系统化、规范化，杜绝盲目性、随意性。各高校也要立足于本校的育人理念、目标与宗旨，发挥办学优势、挖掘潜在资源，形成具有本校特色的德育模式，创立自身的德育品牌。比如中国政法大学的“模拟法庭”就是极佳的德育阵地。学生充当法庭审判人员，在模拟真实庭审现场的情境下，树立规则意识，培养理性思维，增强社会责任感，提升价值判断力。当然，新时期的高校德育工作也要避免走向另一个极端，那就是过分强调活动参与，过度夸大体验的价值，忽视道德知识教育对于品德塑造的重要性。知识是情感、意志、行为产生的基础和前提。缺乏必要的道德知识，人们便无法对各类道德现象有着理性的认知与判断，道德情感的唤起与道德行为的塑造也就无从谈起了。因此，教师要依托活动，在道德实践中引导学生掌握道德知识，吸收道德观念，形成价值判断。

四、新时代高校德育工作的评价实施

德育评价是遵照一定的标准，采取适当的方式方法，立足于客观实际对德育效果做出价值判断的过程。相较于道德知识的理解与掌握，德育评价更关注个体情感、态度、价值观和行为表现，这些非认知领域的发展变化。通过评价的实施，可以透视学生的思想道德水平，以此来反思和总结德育工作的优势与不足，以便及时予以调整和改进。现如今，高校德育评价也存在评价标准不够清晰、评价主体不够多元、评价目的不够明确的问题。鉴于评价工作的重要性，新时代的教育工作者便要对德育工作进行重新审视。首先，评价是德育工作体系的一个组成部分，与体系内的其他要素存在彼此依附、相互促进的实质性联系，德育评价在实施的过程中要立足德育目标、遵循德育原则。因此，教师要综合关注学生认知、情感、意志、行为的发展变化，将终身学习理念融入评价当中，重视品德形成的过程性与长期性，打破终结性评价的定势思维。教师要清楚认识到评价是为了及时发现问题、分析问题、解决问题，以便更好地促进学生的成长与进步。整个评价过程是动态的、开放的。其次，既然评价的根本目的是促进学生的全面发展，这就要保证评价实施过程的科学性。教师要时常与学生进行沟通、互动，在不断交流中拉近与学生的距离，走入学生的内心世界，才能真正发现问题。最后，还要强调评价主体的多元化，充分听取学生本人的意见，参考校内外与学生联系较为密切的其他人士的观点，多维度、多角度地了解学生，最大程度确保评价结果的准确与客观。总之，新时代下高校要建立系统、科学、开放、多元的德育评价体系。

试论德法兼修高素质法治人才培养

组织部　倪　菁

【摘　要】综合国力的竞争从根本上讲，就是人才的竞争。人才是发展进步的第一资源。法治人才培养是法学教育的核心要素和关键环节，是新时代深入推进全面依法治国的奠基工程和关键环节。当前，我国法治人才培养在法学教材编写、法治人才培养方式等基础环节还存在着欠缺；在宏观目标上，在培养具有优秀的思想政治素质、卓越的业务工作能力和良好的职业道德水准的德法兼修高素质法治人才方面还应进一步加强。因此，应从法学教材体系推陈出新，坚持德法兼修思想理念，以立德树人为重要抓手，打通高校与社会之间的壁垒，培育能充分应用理论的实务性人才等方面发力，谱写法治人才培养崭新篇章。

【关键词】德法兼修　高素质　法治人才培养

党的十八大以来，全面依法治国被提到了更加突出的位置，作为“四个全面”战略布局的重要组成部分，全面依法治国促进了国家治理体系发生深刻变革，助力了中国特色社会主义进入新时代。全面依法治国是一项复杂的系统工程，高素质法治人才的培养是其不可或缺的重要组成部分，有着基础性和先导性作用。

党的十八届四中全会通过的《中共中央关于全面推进依法治国若干重大问题的决定》明确提出，“全面推进依法治国，必须大力提高法治工作队伍思想政治素质、业务工作能力、职业道德水准，着力建设一支忠于党、忠于国家、忠于人民、忠于法律的社会主义法治工作队伍”。2017 年 5 月 3 日，习近平总书记在考察中国政法大学时发表重要讲话。他指出，法治人才培养和法治工作队伍的建设对全面依法治国具有重大政治意义，“推进全面依法治国既要着眼长远、打好基础、建好制度，又要立足当前、突出重点、扎实工作。

建设法治国家、法治政府、法治社会，实现科学立法、严格执法、公正司法、全民守法，都离不开一支高素质的法治工作队伍。法治人才培养上不去，法治领域不能人才辈出，全面依法治国就不可能做好”。党的十九大再次重申了坚持全面依法治国的基本方略不动摇，“全面依法治国是中国特色社会主义的本质要求和重要保障”。习近平总书记在中央全面依法治国委员会第一次会议上强调，“要加强法治工作队伍建设和法治人才培养，更好发挥法学教育基础性、先导性作用，确保立法、执法、司法工作者信念过硬、政治过硬、责任过硬、能力过硬、作风过硬”。由此可以看出，全面推进依法治国，建设社会主义法治国家需要强有力的法治人才保障。

一、紧随时代要求，培养全方位高素质的法治人才

全面依法治国是“四个全面”战略布局的重要内容之一，具有十分重要的地位和作用。法治人才培养作为全面推进依法治国进程中的关键一环，其作用更加不容忽视，因此，新时代深入推进全面依法治国对法治人才培养也提出了新的更高的要求。

（一）优秀的思想政治素质是培养法治人才的首要前提

2017 年 5 月 3 日，习近平总书记在考察中国政法大学时强调，培养法治人才，要坚持“立德树人，德法兼修”，培养法治人才，必须坚持中国特色社会主义法治道路，坚持以马克思主义法学思想和中国特色社会主义法治理论为指导。只有先成为一个拥有优秀的思想政治素质的人，才能进一步成长为优秀的专业人才。法治人才培养更应如此，只有具备合乎“德”的良好品质，才能做到在实践中德法兼修，真正实现法治追求的公正。

（二）卓越的业务工作能力是培养法治人才的重要保障

在考察中国政法大学时，习近平总书记围绕法治人才培养深切指出，“法学学科是实践性很强的学科，法学教育要处理好知识教学和实践教学的关系”。基于法律工作的理论性与实务性，法律工作者只有专业能力和实践能力都达到一定的水准，才能充分发挥法学学科在社会实践中的重要作用。因此，培养卓越的业务工作能力在培养法治人才过程中具有极其重要的作用。

（三）良好的职业道德水准是培养法治人才的必要准则

习近平总书记在省部级主要领导干部学习贯彻十八届四中全会精神全面推进依法治国专题研讨班开班式上发表重要讲话，他指出，“领导干部要做尊法学法守法用法的模范”。“尊法”可以说是法治人才培养的必要准则，“尊法”也即法律工作者必须要遵守的职业道德。法律工作者如果轻视法律的权威，不遵守职业道德，在面对实际问题乃至利益诱惑时就难以做出合乎道德与法律标准的抉择，甚至会给国家和社会发展带来严重损害。

二、时刻警醒反思，法治人才培养的现状与不足

习近平总书记在其论述中高度重视我国法治人才的培养。我国对于法治人才的培养和依法治国战略的推进也在不断迈向新的阶段，全国高校法学专业范围内也掀起了“立德树人，德法兼修”的热潮，法学教育也结合高等教育综合改革，逐步创新教育教学模式，开设新兴学科专业，增加前沿理论课程，努力培养学法、知法的法学人才；各大企业重视对法学人才的吸收与培养，努力打造法治企业、守法企业、信誉企业；政府部门重视对法学专业人才的扩充，打造诚信政府、依法行政。人民法院、人民检察院等司法部门在审判检查队伍的培养中，不断深化习近平中国特色社会主义思想，借助职业培训、法律实习生等形式，一手抓业务能力，一手抓思想政治，以实务促成长，助力青年高素质法治人才培养。[1]我国法治道路在积极快速地向前推进，我国法治人才在不断被发掘、重视。

但与此同时，我国法治人才培养的现状依然还存在诸多不足，需要在今后的探索中有针对性地弥补这些不足与缺陷。

（一）当前的法学教材还存在不足

教材是学生学习的权威参考，也是学生汲取知识、教师教授课程的重要依据，然而，目前的法学教材体系尚不完备，还不能从根本上满足法治国家建设和法治人才培养的实际要求，在顶层设计、理论思考与教育实践上仍存

---

〔1〕乔文心：“徐家新在最高法院第四批法律实习生总结会上强调：以习近平新时代中国特色社会主义思想为指导 培育新时代中国特色社会主义法治人才”，载《人民法院报》2018年2月2日，第1版。

在一定差距。首先，马克思主义理论、社会主义理论系列教材的应用性不足，在培养具有高政治素养的法学人才方面有所欠缺，导致学生理论性不高、思想觉悟不强、社会责任意识较弱；其次，在法治人才培养的课程设置和实践融合等方面还有短板，目前的法学课程大多以部门法相关法条教授为主，缺乏对法学逻辑、法学理论相关课程的重视，导致学生死记法条，无法理解法条，也无法利用法学理论将其融会贯通并应用到社会实践中。再次，部分法学教材过于陈旧，其中的观念、法条随着时代的变迁已经落后，使用此类教材，会让学生的法学素养、法学理念落后于时代。

（二）法治人才培养方式方法创新性不够

当前的法治人才培养方式方法依然创新性不够，习惯了“经验派”的培养方法的同时，忽略了教育先进理论，忽略了法治人才培养新要求。面对当前日益多元的社会现象，复杂的国内外形势，我国的法学教育与当前中国的新形势存在着一定的脱节，主要体现在法学教育存在着滞后性与中国化不足，不能适应我国的实际情况与时代的前沿需求。[1]另一方面，实践教学在法学教育中的比重较低，灵活运用知识解决实践问题还不够深入，学生沉迷于书本知识，忽视了法律实务的相关应用。院校与法律实务部门的壁垒尚未完全打破，双向互动交流水平偏低，合力培养“卓越法律人才”的工作力度还不够。

（三）目前法学人才难以应对社会经济发展带来的新挑战

习近平总书记在讲话中深刻指出，法学人才需要“立足中国、借鉴国外，挖掘历史、把握当代，关怀人类、面向未来”，当前的世界是一个信息化的世界，每一天都有崭新的面貌。如果无法适应社会经济发展带来的新挑战，那么就无法培养出与时俱进，充分发挥主观能动性的人才。国内经济社会发展、国际形势发展变化、高等教育快速发展、全面依法治国的推进、科技迅速发展[2]等对高素质法治人才的培养提出了更加迫切的要求。当前的法学人才培养还无法完全满足法治建设的实际需要，难以适应实现国家治理体系和治理

〔1〕 林旭霞：“全面推进依法治国对我国法治人才培养的深远影响”，载《福建理论学习》2014年第11期。

〔2〕 黄进：“培养德才兼备的高素质法治人才”，载《学习时报》2017年8月9日，第1版。

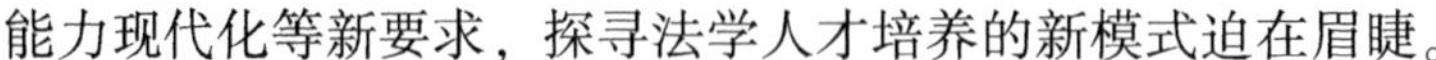

能力现代化等新要求，探寻法学人才培养的新模式迫在眉睫。

三、德法兼修，谱写法治人才培养的新篇章

2017 年 5 月 3 日，习近平总书记视察中国政法大学时指出，“立德树人，德法兼修，抓好法治人才培养”。法治人才培养是深入推进全面依法治国的基础性工作，要以“立德树人，德法兼修”为根本追求与行动指南。培养和造就德法兼修的社会主义法治人才，是新时代全面推进依法治国战略的基础所在。因此，紧密结合我国法治人才培养现状与社会经济的走向，勾画法治人才培养蓝图，创新培养法治人才方式方法，推动学界科研成果转化，加速配套政策落地生根，从顶层设计到基层实务构建全方位育人体系，实现法治人才培养目标，是我国社会各方面都需要思考与探索的重要问题。要实现这一宏伟目标，可从以下几方面着力。

（一）贯彻习近平新时代中国特色社会主义思想，促进法学教材体系推陈出新

法学的学习离不开正确思想的指导，当代中国的法学教育应以习近平新时代中国特色社会主义思想为内在主线与思想基石。要充分发挥党的创新理论成果，特别是中国特色社会主义法治理论对法治人才培养的引领与导向作用，经过教中研、研中学的过程，摒弃西方法学中的错误思潮，扎根中国实际，深入田野调查，探索建立中国特色社会主义法治理论体系，为当代中国法学的理论探索、实务操作与人才培养开辟道路。针对教材欠缺的问题，大力推进习近平总书记关于全面依法治国的重要论述进教材、进课堂、进头脑。通过研究高校思想政治教育工作质量评价的内涵和党中央相关决策部署以及相关学科理论，以马克思主义理论研究和建设工程重点教材为中心，加快建立健全全国法学教材体系，推进课程体系从滞后走向前沿，从一元走向多样，从教科书式走向百花齐放，走类型化、特色化发展道路，尽快建立起中国法学学科体系和教材体系。

（二）坚持德法兼修思想理念，以立德树人为重要抓手

习近平总书记考察中国政法大学时明确指出，“立德树人，德法兼修，要培养大批高素质法治人才”。“立德树人”是高等教育的根本任务，是社会主

义大学的立校之基。在法学高等教育中，在注重专业能力培养的同时，要注重理想信念与思想道德教育，保证思政工作同步跟进教育教学的各个阶段。要坚持问题导向和结果导向相统一，聚焦法治人才培养过程中重形式、轻内容，重知识教育、轻思想道德教育等问题，紧密把握社会主义大学办学方向，真正把思想政治教育贯穿法治人才培养全过程，培养具有法治信仰、法治理想、家国情怀的法治人才；培养具有高级法治素养和高尚道德情操的法治人才，培养以“法治手段解决道德领域突出问题的能力，将崇德向善贯彻到法治人才培养过程之中，保障培养的法治人才能够做到推动社会崇德向善，致力于全民的法治意识和道德自觉的提升”。〔1〕

（三）创新法治人才培养机制，提供国家法律制度保障

法治人才的培养要服务和服从于“依法治国”的战略全局。因此，要提升法治人才培养水平，需要在国家法律制度层面构建法治人才培养共同体。法治人才培养工作要避免“碎片化”的发展路径，要谋求和国家大政方针的一致性，将法治人才培养的发展转型纳入到“四个全面”的战略布局之中，尤其是和全面推进依法治国战略结合起来，要有为全面推进依法治国战略服务的政治格局。法治人才培养要真正落实全面推进依法治国战略的“三个事关”，深刻认识“建设法治国家、法治政府、法治社会，实现科学立法、严格执法、公正司法、全民守法，都离不开一支高素质的法治工作队伍”。注重法律实务部门对法治人才的培养与锻炼作用，进一步在《法官法》《检察官法》与《律师法》中强调法律人才的岗位培养与职业培养，着力构建起以高等院校为起点，以法律职业共同体为接续的立体培养体系。〔2〕

（四）充分发挥人才培养第一阵地作用，培养高素质专业人才

法学教育首先要培养法治人才，建设一支高素质的法治工作队伍。而高校是培养法治人才的第一梯队，要把好高校教育关，教师队伍和专业素养培育要落到实处，培养法学领域的“高精尖”人才。首先，要平衡好通识培养

---

〔1〕 黄进：“坚持立德树人、德法兼修　培养高素质法治人才”，载《法学教育研究》2017 年第 4 期。

〔2〕 黄进：“坚持立德树人、德法兼修，培养高素质法治人才”，载《法学教育研究》2017 年第 10 期。

与专业培养的互补、理论教学与实践训练的递进、教学经验传承和教学方法创新的关系，准确把握教学内容、教学方法。其次，在当前高校的课程设置中，除进行专业知识的教育外，还应当强化专业能力的训练，特别是对法律思维与法治素养的训练，通过设置交叉学科课程、法系比较研究等方法论课程，扩展法学研究外延，强化法律思维对不同专业、不同领域以及不同社会现象的解析能力与规范作用。[1]同时，要严把教师师德关口，严明师德标准，在立德上立得住，在树人上站得稳，教师要具有坚定理想信念和职业理想，学生要践行德法兼修、做到养尊不处优。法学领域的教育教学、科学研究和学科建设要紧密结合起来，并依托学科门类齐全和专家学者密集的优势创新发展中国特色社会主义法学理论体系。只有充分发挥教师和学生的相互配合、相互学习的主观能动性，做到教学相长、学以致用，才能培养出具有优秀法律素养和法学专业知识的当代法治人才。

（五）打通高校与社会之间的壁垒，培育能充分应用理论的实务性人才

高校是法学教育和法治人才培养的第一阵地，但是法治人才培养绝不是高校单兵作战，而是包括科研院所和法律实务部门的集团作战，各个阵地要步调一致、协同配合，要善于扬长避短、精准施策、互补互促。因此，在法治人才的培养中，要追求实务与专业知识的结合应用。在全力做好专业素质学习培养的同时，要打破高校与社会的壁垒，加强高校与实务组织的理论和实践交流，改革创新法治人才培养的体质机制，优化完善和调整教学环节和培养方案，旗帜鲜明地把法律实践教学作为法学教育的重要组成部分，把实践教学摆在突出位置。同时，打造专业对口，符合我国法律发展的法律人才，例如在民族类专业法治人才以及涉外法治人才方面，更要注重实务锻炼，将法学理论与民族实际、涉外实际相结合，解决国家法治建设燃眉之急，促进依法治国的进一步发展。

---

〔1〕代旭辉、高文："习近平全面依法治国思想与卓越法治人才培养研究"，载《法制与社会》2017年第20期。

抗疫工作中的思考

——一名党务工作者如何做好工作

学生处 黄瑞宇

【摘　要】 新冠肺炎疫情暴发以来，学工系统、学工部在学校党委的坚强领导下，众志成城、忘我投入，和其他部处、同志一起并肩战斗，确保了学生的健康和学生工作的平稳有序。作为一名优秀的党务工作者，在工作中永远要有“办法总比困难多”的坚定信心；要做到“团结就是力量，团结越紧力量越大”；要做到“抓实抓细抓落地”；要不断强化全局观念，加强“一盘棋”意识，这样才能够充分发挥党支部的战斗堡垒作用和共产党员的先锋模范作用。

【关键词】 抗击疫情　学生工作

疫情暴发以来，学工系统、学工部在学校党委的坚强领导下，众志成城、忘我投入，和其他部处同志一起并肩战斗，确保了学生的健康和学生工作的平稳有序。在工作中，就如何更好地开展工作，我们学习很多，思考很多，总结很多。

一、作为一名优秀的党务工作者，在工作中永远要有“办法总比困难多”的坚定信心

习近平总书记指出，“坚定斗争意志，当严峻形势和斗争任务摆在面前时，骨头要硬，敢于出击，敢战能胜”。[1]

这次抗疫工作，充分证明了敢于亮剑，坚定信心的重要性。自疫情暴发

〔1〕“习近平在中央党校（国家行政学院）中青年干部培训班开班式上发表重要讲话强调发扬斗争精神增强斗争本领　为实现‘两个一百年’奋斗目标而顽强奋斗”，载《人民日报》2019 年 9 月 4 日，第 1 版。

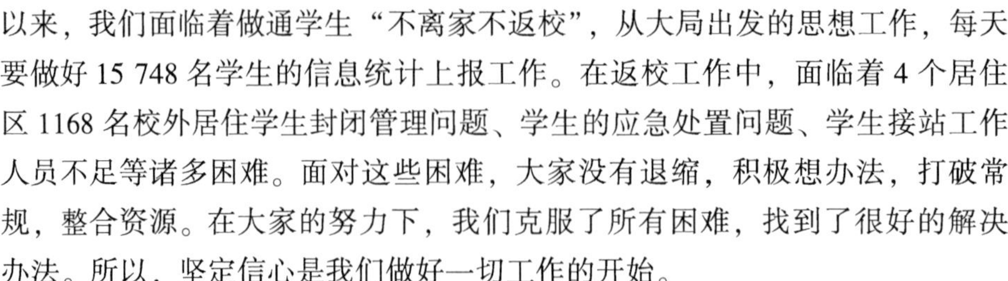

以来，我们面临着做通学生“不离家不返校”，从大局出发的思想工作，每天要做好 15 748 名学生的信息统计上报工作。在返校工作中，面临着 4 个居住区 1168 名校外居住学生封闭管理问题、学生的应急处置问题、学生接站工作人员不足等诸多困难。面对这些困难，大家没有退缩，积极想办法，打破常规，整合资源。在大家的努力下，我们克服了所有困难，找到了很好的解决办法。所以，坚定信心是我们做好一切工作的开始。

作为一名优秀的党务工作者，面对困难，遇到问题，我们的第一反应应该是“怎么干”，而不是“能不能干”。

所以，“办法总比困难多”要成为我们的工作信条。

二、作为一名优秀党务工作者，在工作中要做到“团结就是力量，团结越紧力量越大”

“事成于和睦，力量生于团结”。

2012 年 11 月 15 日，在党的第十八届中央委员会第一次全体会议上刚刚当选中共中央总书记的习近平对中外记者说：“我们的责任，就是要团结带领全党全国各族人民，接过历史的接力棒，继续为实现中华民族伟大复兴而努力奋斗”，“我们的责任，就是要团结带领全党全国各族人民，继续解放思想，坚持改革开放，不断解放和发展社会生产力，坚定不移走共同富裕的道路”。在新一届中央最高领导层的首次集体公开亮相时，团结就被突出地强调。

习近平总书记强调，团结就是力量，团结越紧力量越大。习近平总书记任中共浙江省委书记时，撰写的《打好“团结牌”》一文指出，“一个手掌，摊开是多个指头；握紧就是一个拳头；只有靠‘众人拾柴’和‘三个臭皮匠’之力，工作才能做好”。

人和人必然存在各种不同，我们不能要求所有人千篇一律，这是客观事实。

作为优秀的党务工作者，就是要将团队拧成一股绳，心往一处想，劲往一处使。

这一次学工部团队整体经受住考验，处内打破了既有分工，成立若干工作组，最多时，同时有十多个工作组在运转。学工部无论是年纪大的同志还是年轻同志，没有任何怨言，全部战斗在一线，相互提醒、相互帮助。整个学工系统更是统一行动，无间配合，全力以赴。在就业毕业的关键时刻，学工部得到了教务处、研究生院的全力支持。在人手最紧缺时，学工部得到了资产处、保卫处、工会、外办、离退休的鼎力支持。众多其他部门的同志加入了我们的团队。可以说疫情不仅使我们处内更加团结，更加强了我们同其他部处、其他同志之间的团结。

讲团结，要成为我们的工作风尚。

三、作一名为优秀的党务工作者，做工作就是要做到“抓实、抓细、抓落地”

习近平总书记在中央政治局常委会会议研究应对新冠肺炎疫情工作时突出强调疫情防控工作“三个抓”，即把工作抓实、抓细、抓落地。

这一次抗疫工作，我们难就难在了落地，做得好也是好在了落地。我们把上级和学校的精神、指示、要求逐一落地，变成具体方案，要确保能够操作。在制定返校方案时，我们给自己不断提高要求，反复推翻自己，最终形成了比较好的返校方案。现在回过头来看，对一些问题想得细、想得多，事实证明是有必要的。尤其是各学院的辅导员老师，在落地任务中承担了大量工作，更是付出了艰辛的努力。

“抓实抓细抓落地”应成为我们的工作要求。

四、作为一名优秀的党务工作者，要不断强化全局观念，加强“一盘棋”意识

这次疫情防控工作，让我深刻感受到，作为一名优秀的党务工作者，要主动把我们的工作放入学校的工作大局中，要主动摆入学校工作的“一盘棋”中。我们做工作，不但要有纵队作战意识，更要有兵团作战意识。

疫情防控是一场总体战，只有坚持全校一盘棋，才能更好地“排兵布阵”，才能释放出全校抗“疫”的巨大能量。这次抗疫工作中，我们在处内下好一盘棋，协调做好防疫、就业、毕业等工作。在全校范围内，我们在学校统一指挥下，和校办、宣传、后勤、保卫、信息办、校医院、校团委等密切配合，克服了一个又一个困难，取得了良好战果！

全局观念、一盘棋意识，应成为我们的工作意识。

突发公共卫生事件中高校学生思想政治工作研究

——以新冠肺炎疫情为例

学生处　柏懿娜

【摘　要】高校学生思想政治工作是高校学生工作的重中之重，在面对突发公共卫生事件中也不容忽视。本文以“新冠肺炎疫情”为例，探索突发公共卫生事件对高校学生思想政治工作带来的冲击，剖析了高校思想政治工作的意义、原则和重点，并提出了加强突发公共卫生事件中高校思想政治工作的具体举措。

【关键词】突发公共卫生事件 新冠肺炎疫情　高校思想政治工作

《突发公共卫生事件应急条例》对突发公共卫生事件的定义是，突然发生，造成或者可能造成社会公众健康严重损害的重大传染病疫情、群体性不明原因疾病、重大食物和职业中毒以及其他严重影响公众健康的事件。以2020年春暴发的新冠肺炎疫情为例，这一严重危及全国乃至全球的重大传染病疫情类突发公共卫生事件，导致正常的社会秩序被迫中止，对人类的生命和社会财富构成严重威胁，甚至对全球的政治格局产生了重大影响。高校是一类需要重点关注的公共场所，由于学生密集度高，而且人员流动性较强，在突发公共卫生事件中，一旦出现疫情传播，将会产生严重的社会后果，因而在突发公共卫生事件中，高校的学生思想政治工作也面临严峻考验。对此，本文在已有学生工作成果的基础上，结合新冠肺炎疫情期间的防控措施和学生工作情况进行了分析研究，从而探讨突发公共卫生事件中高校学生思想政治工作的新课题。

一、突发公共卫生事件对高校学生教育与管理的冲击

突发的新冠肺炎疫情不仅是对全国乃至对全人类的考验，更是对各级政

府组织及各种机构的一次危机应对考验。从高校角度来看，疫情对学生造成巨大潜在危险的同时，也对学生教育与管理工作产生重大冲击。

根据确诊病例的报告日期，在新冠肺炎疫情暴发初期，确诊病例数在1月10日后快速上升，在2月5日达到流行峰；[1]这一时期，高校已经进入了寒假阶段，大部分学生选择回家过春节，留校学生比例很小；同时，各高校在第一时间纷纷采取封闭学校的措施，这对减少人员流动起着巨大作用，避免了疫情在高校内学生间的传播。

高校学生密集度高，大部分学生在学校宿舍住宿、在食堂用餐，在学习和生活过程中全程佩戴口罩、做好防护隔离的可能性很低，一旦出现感染病例，会造成疫情快速扩散。因而在全国范围内，各地区高校均采取了相关措施，发布通知，宣布延迟开学，并要求学生配合当地疫情的防护工作，不得提前返校。

高校推迟开学，为遏制疫情的发展提供了帮助，但是也对学生工作造成了很大的影响：

（1）打乱了学校教学规划。新冠肺炎疫情导致寒假假期一再延长且开学日期不确定，高校的教学计划不能如期开展，也打乱了学生的学习节奏。为响应教育部“停课不停学”的号召，很多高校充分利用网络平台开展教育教学工作。网课对大多数教师和学生还是第一次，需要不断尝试，反复探索。

（2）对重要考试造成影响。硕士研究生考试复试、博士研究生考试等高校重要考试一般安排在春季学期。高校延迟开学，这些考试的日期也延期；另外，雅思、托福、GMAT等对学生比较重要的考试也因疫情取消。这些也打乱了备考考生的计划。

（3）学生就业面临巨大压力。新冠肺炎疫情对很多企业造成了巨大损失甚至破产，高校毕业生的就业形势相对于往年来说会更加严峻。虽然随着疫情得到控制，部分企业陆续复工，但是招聘会数量和规模还是受到很大影响。此外，国家和地方公务员考试也不同程度地受到了影响，这也给将考公务员作为就业选择的毕业生造成了影响。

（4）心理防疫成为重要战场。疫情打乱了学生生活、学习节奏和计划，

[1] 中国疾病预防控制中心新冠肺炎应急响应机制流行病学组：“新型冠状病毒肺炎流行病学特征分析”，载《中华流行病学杂志》2020年第2期。

来自各方面的压力也给学生带来巨大的心理挑战。随着新冠肺炎疫情进入下半场，心理“防疫”成为重要战场。一些学生产生了负面情绪，如果得不到有效调节和释放，可能会影响正常生活和学习，甚至会发生影响社会秩序、损害人民群众根本利益的事件。

二、突发公共卫生事件中高校学生思想行为分析

（一）突发公共卫生事件中高校学生思想行为特点

随着新冠肺炎疫情的发展，高校学生的思想行为会发生一些变化，总的趋向是积极、文明的，学生对党和国家各级组织更加信任，对广大医务工作者表示向往、尊敬。整体来看，高校学生思想行为特点主要表现在：

（1）高校学生整体上是冷静理性的。新冠肺炎疫情虽然改变了学生的正常学习和生活规划，但并没有对学生的生活秩序产生大范围的实质性不良影响。面对疫情，高校学生表现出更多的理性思考，坦然和正面面对这次突发的公共卫生事件。

（2）认可政府和高校为抗击疫情采取的措施。新冠肺炎疫情暴发以来，各级政府都采取了严密的防控防治举措。“封城”“封闭道路”“居家隔离”等措施，极大程度地限制了居民出行；虽然国际社会上有一些“抹黑”的声音，但是高校学生还是对政府采取的措施普遍表现出较高的信任和认可，努力配合相关部门进行疫情防控。高校采取的“延期开学”“禁止提前返校”等措施，虽然给原计划提前回校开展复习考研、开展实验、撰写毕业论文、参加实习实践等学习活动的学生造成了很大困扰，但是疫情当前，学生还是选择理解和认同学校的措施，寻求其他解决或替代办法。

（3）在关注中映射思考深度。调查显示[1]，疫情期间，高校学生最关注的问题主要包括疫情发展形势、医护人员健康安全、疫区防控进展、防控信息的公开透明、捐赠物资的合理使用和监管、渎职官员的问责等。高校学生文化知识层次较高，对新冠肺炎疫情保持着高度关注，同时也有自己的深度思考，进而对一些社会问题做出自己的判断。

---

〔1〕 对外经济贸易大学教授廉思课题组：“危机中的青春洗礼——疫情期间高校学生学习生活及思想认知调研”，载《光明日报》2020年3月27日，第7版。

（4）在危机中展现责任担当。习近平总书记在给北京大学援鄂医疗队全体“90后”党员回信中写道，“广大青年用行动证明，新时代的中国青年是好样的，是堪当大任的！”这是新冠肺炎疫情斗争中以“90后”为代表的青年的缩影。高校学生是青年一代的主力军，新冠肺炎疫情激发了青年学生的责任意识，促进了高校学生树立正确的价值取向和使命担当。

（二）高校学生面临的问题

高校学生整体素质水平较高，在突发公共卫生事件中，有着较强的自我保护意识。但是也会面临一些问题，主要表现在：

（1）恐病问题。新冠肺炎传播范围广、传播速度快，容易使人们人心惶惶，高校学生亦会如此。特别是身处疫情严重地区的学生，一旦身体出现不适，生理和心理上都将承受巨大压力。

（2）生活适应问题。疫情期间一些限制外出的措施，改变了学生的生活习惯。留校学生不能离开学校，回家的学生不能离开小区、甚至不能下楼活动，时间一长可能会难以适应。而对于回国入境、密切接触患者等原因需要进行集中隔离甚至医学观察的学生来说，可能会给生活带来更大的不适和心理压力。

（3）学习压力问题。疫情期间，教学转为网上教学，学习形式的改变会造成学生不适应、精力难以集中，特别是一些需要借助仪器设备进行学习的课程，教学难度加大，导致学生学习效率降低。

（4）情感问题。新冠肺炎疫情期间，高校学生长时间居家，因为生活习惯和观念的差异与父母发生矛盾的问题显得比较突出，一些学生会产生一些抵触思想，甚至站到了家长的对立面。对于一些大学生情侣，长时间的“异地恋”难免会因为长时间的不见面而出现一些情感矛盾。

（5）经济困难、生理缺陷等弱势群体学生的问题也不容忽视。贫困大学生是高校学生中的特殊群体，占高校学生比例越来越大，他们既担负着经济上的压力，又承受着心理上的负担，更容易出现心理问题。生理缺陷学生数量较少，但是疫情给他们生活和学习带来的困难要远大于正常学生，突发公共卫生事件中高校学生思想政治工作要对这类学生群体给予特别关注。

三、加强学生思想政治工作应对突发公共卫生事件

（一）加强高校学生思想政治工作在突发公共卫生事件中有着重要作用

2018年9月10日，习近平总书记在全国教育大会上指出："思想政治工作是学校各项工作的生命线，各级党委、各级教育主管部门、学校党组织都必须紧紧抓在手上。要精心培养和组织一支会做思想政治工作的政工队伍，把思想政治工作做在日常、做到个人。"高校学生思想政治工作担负着为祖国培养拥有正确三观的高素质人才的重任，是高校学生工作的重中之重。

新冠肺炎疫情发生后，全国各级政府迅速作出反应，出台相应举措，坚决贯彻落实党中央、国务院的决策部署，确保疫情防控期间社会大局安全稳定，有效快速地遏制了疫情的传播。当欧美主要大国医疗系统面临崩溃，而中国取得疫情防控阶段性重要成果，赢得世卫组织的高度评价，[1]并积极与国际社会合作，向有需要的国家提供帮助的时候，[2]仍然有一些戴着有色眼镜的媒体和政客，抛出"甩锅"言论，坚持歪曲和丑化中国抗疫措施，污蔑、抹黑中国。

在这样的国际形势下，社会稳定受到疫情影响的同时，也经受着来自国内外不稳定因素的威胁。通过思想政治工作对学生产生的不良社会心态进行引导、化解，帮助学生肩负起时代赋予的使命与责任，使其做到与祖国同命运，与人民共患难，有利于保障学生安全和健康，维护高校有序运转，促进社会安定和谐。同时，在突发公共卫生事件这一特殊时期，加强学生思想政治工作，因势利导，有助于引领学生自我管理、实现自主成长，坚定学生战胜疫情的信心，为坚决打赢疫情防控阻击战作出应有贡献，全面落实立德树人根本任务。

---

〔1〕"世卫组织赞赏中国分享抗击疫情经验"，载央视网，http://news.cctv.com/2020/03/04/ARTIWl1rQS74JZDfx3io0ZPp200304.shtml，最后访问时间：2020年4月2日。

〔2〕李云龙："政治自私驱使西方抹黑中国抗疫"，载环球网，https://opinion.huanqiu.com/article/3xVIv3ba1ay，最后访问时间：2020年4月2日。

（二）突发公共卫生事件中高校学生思想政治工作的原则和重点

1. 基本原则

（1）坚持以人为本，生命安全第一位。

疫情期间，所有学生工作最基本的目标是保护师生生命安全，这是“以人为本”的教育理念在应对突发事件中的体现，也是世界各国处理学校突发事件的基本理念。[1]

（2）“第一时间”原则，把握最佳时期。

在应对突发公共卫生事件中，必须反应迅速；在“第一时间”采取有效积极的应对措施，以免延误最佳应对时机。

（3）坚持科学管理，规范相应规章制度。

抓紧抓好制度建设，是高校应对突发事件进行思想政治工作中紧要而迫切的任务。[2]成立专门性组织机构，以科学的管理方式，应对突发的公共卫生事件，并制定应对措施，形成规范的制度，这样才能在保障思想政治工作在科学合理的范围内展开，不越位、不缺位、更不错位。

（4）坚持法治思维，以法律为准绳。

所有的思想政治工作都要坚持法治思维。突发的公共卫生事件应对也需要以法律为准则开展思想政治工作。如果背离法治思维，将影响高校疫情防控工作的效果，贻误战机，甚至损害学校和学生的利益。

（5）保持沟通，及时疏导。

疫情传播等公共卫生事件具有突发性，事件的发展具有不确定性。在开展学生思想政治工作过程中，要确保全程沟通、上下沟通及内外沟通，实时掌握信息，发现苗头及时疏导。

（6）增强针对性，有的放矢。

随着疫情的发展，不同学生的思想状态会发生动态变化。要有针对性地开展思想政治工作，因人而异、因事而异；[3]掌握学生的思想动态，因时而进、因势而新，对症下药。

---

〔1〕徐小乐：“高校突发公共卫生事件危机管理”，苏州大学2005年硕士学位论文。

〔2〕黄冬福：“高校突发事件思想政治教育疏导研究”，福建师范大学2014年博士学位论文。

〔3〕苏振芳主编：《思想政治教育学》，社会科学文献出版社2006年版，第241页。

2. 工作重点

（1）增强忧患意识。

习近平总书记在领导疫情防控工作中强调，“要增强忧患意识”，“像非典那样的重大传染性疾病，也要时刻保持警惕、严密防范”。[1]“非典”疫情时隔17年后，新冠肺炎疫情突然来袭，提醒我们忧患意识不能懈怠。在学生思想政治工作中，更需要加强危机意识教育，教育学生以积极心态应对、化解危机。

（2）增强民族意识。

新冠肺炎疫情是全世界的一场灾难，但也是中国非常重要的转折点，是体现我们世界责任感、展现大国形象的一个重要契机。在突发公共卫生事件中，学生思想政治工作更要重视民族意识教育，从全球化的背景来弘扬我们的民族精神。

（3）重视心理疏导。

在突发公共卫生事件中，受自身及周围环境因素影响，学生容易产生一些心理问题。在学生思想政治工作中，要重视心理疏导，引导学生避免自伤或伤及他人，保持心理平衡与动力。这也是培养学生良好心态，促进心理健康教育的重要环节和内容。

（4）注重经验学习。

突发公共卫生事件中的学生思想政治工作要建立学习型组织，不断吸收新的知识和经验，提升预见性，防止各种潜在危机事件的发生与发展，并及时完成事后评估，总结经验与不足。

（三）突发公共卫生事件中高校学生思想政治工作措施

疫情期间，教育部及时发布了致全国大学生的一封信[2]，提到了在疫情防控斗争面前国家对大学生的期望：做“守护者”“修行者”和“识途者”。高校在疫情期间的学生思想政治工作，就是要引导学生与祖国同命运，与人民共患难，做到“三个做”，为夺取抗击新冠肺炎疫情斗争的胜利作出应有

---

〔1〕 习近平：《在统筹推进新冠肺炎疫情防控和经济社会发展工作部署会议上的讲话》，人民出版社2020年版。

〔2〕 “教育部致全国大学生的一封信”，载中华人民共和国教育部官网，http://www.moe.gov.cn/jyb_xwfb/s7600/202002/t20200206_418624.html，最后访问时间：2020年4月4日。

贡献。

（1）完善防控疫情信息采集，实时掌握学生动态。全面、详细、实时地了解学生基本数据及当前状况，是有针对性开展学生思想教育工作的基础。疫情期间，高校广泛使用防控疫情信息采集系统来掌握学生动态，可以开展部门合作，准确获取学生数据，从而制定适宜的思想政治工作规划，有效开展工作。

（2）运用多种形式，加强爱党与爱国主义教育。疫情期间要充分运用网络课程、微信公众号、网站、短视频等多种形式，开展学生思想政治工作。党领导人民抗击疫情的伟大实践，是一部生动鲜活的爱党和爱国主义教育实践教材；要充分利用好这部实践教材，引导学生更好地继承和发扬爱国主义精神，不断增强责任意识和大局意识，为实现中华民族伟大复兴积蓄思想、智慧和力量。

（3）加强师生沟通，做好舆论引导。疫情防控期间，通过各级党团组织，建立畅通有效的信息沟通渠道，与学生保持紧密联系，并提供在线或电话一对一沟通，加强师生交流，不回避困难和问题，认真听取学生的意见建议。同时，充分利用高校信息沟通渠道，及时准确地发布信息，解读学校的相关动态和措施，加强积极的舆论引导，辟除谣言，坚定师生信心。

（4）重视心理健康教育，做好心理疏导。疫情防控期间，大部分学生不在学校，缺乏有效排解情绪和心理压力的渠道。要提高对心理健康教育和心理咨询的重视程度，利用网络平台开展心理健康教育，并加强心理咨询服务的力度。

（5）打好“组合拳”，不漏掉每一个学生。将思想政治引导与贫困学生资助、受疫情影响学生补助及毕业生就业指导等工作结合起来进行，加强人文关怀，不漏掉任何一个需要帮助的学生。主动联系身在重点疫区的学生，指派专人“点对点”做好服务，有针对性地帮助学生解决实际问题。

（6）与家长沟通，构建家校合力。疫情防控期间，与居家学生接触最多的就是家长。因此，针对存在严重问题的学生，除了做好思想政治工作以外，还要考虑加强与学生家长的沟通，引导家长当好特殊时期学生的引路人，家校合力共促学生成长。

把握疫情防控特殊时期　培育青年学子法治思维

学生处　张笑莹

【摘　要】 法治思维是人的现代化的重要标志，也是青年学子成为社会主义事业建设者和接班人不可或缺的素质。新冠肺炎疫情给高校教育工作带来了严峻挑战，但也带来了引导青年学生在疫情应对中历练成长、增强法治思维的契机。本文聚焦于疫情应对的特殊情势，从内容、渠道、形式三个维度出发，探讨了重大疫情应对中如何做好高校学生的法治教育，做到防控与育人有机结合。

【关键词】 法治教育　法治思维　青年学生　疫情

2020 年伊始，新冠肺炎疫情暴发，感染范围广、传播速度快、防控难度大，成为一次重大突发公共卫生事件，给全国人民生命安全健康带来了巨大威胁。14 亿中国民众众志成城、顽强奋斗，坚决打赢疫情防控的人民战争、总体战、阻击战，有力推动了疫情防控形势积极向好地发展。突如其来的疫情为社会生产生活带来重大危害的同时，也给高校教育工作造成严峻挑战。但从另一方面看，疫情也为高校提供了引导青年学子在特殊时期自我学习、培育法治意识的宝贵契机。

2020 年 2 月 5 日，习近平总书记在中央全面依法治国委员会第三次会议上讲话强调，从立法、执法、司法、守法各环节发力，全面提高依法防控、依法治理能力，为疫情防控工作提供有力法治保障。2 月 23 日，习近平总书记在统筹推进新冠肺炎疫情防控和经济社会发展工作部署会议上指出必须依法防控疫情，全面提高依法防控、依法治理能力，保障疫情防控工作顺利开展，维护社会大局稳定。大学生作为具有较高知识水平和文化修养的青年群体，肩负着实现中华民族伟大复兴中国梦的神圣使命，是中国特色社会主义事业建设中不可或缺的力量，也应健全法治思维、坚定法治信仰、遵守法律规定、维护法律尊严，做一个知法、懂法、守法、用法的时代新人。要牢牢抓住疫情防控的特殊形势，运用疫情防控工作中的生动素材、典型案例，积极开展法治教育，帮助青年学子增强法治意识。

疫情当前，大批工作人员主动请缨前往抗疫前线，以血肉之躯直面危险；各级党委和政府坚持运用法治思维和方式积极开展防控工作；各地基层公务人员带头尊法学法守法用法，在大街小巷落实防疫举措，身体力行践行为人民服务的宗旨；全国民众积极了解相关法律知识，增强法治意识，依法支持和配合疫情防控工作。但是，在全国上下齐心协力战“疫”过程中，仍然出现了很多违法犯罪行为，故意伤害医务人员，公然侮辱、恐吓医务人员；故意隐瞒病情或接触史，拒不隔离，暴力抗拒劝解；制假售假，哄抬物价，牟取暴利，大发国难财，扰乱市场秩序；利用互联网造谣传谣，歪曲事实，制造社会恐慌……同时，在各个高校开展疫情防控的工作中，也出现了个别学生不服从学校规定擅自提前返校，瞒报漏报个人健康信息，网上造谣传谣等违规违法现象。因此，要牢牢抓住疫情防控的特殊形势，全面把握情势，精准建构框架，加强高校法治教育，培养学生法治意识和法治思维，坚定学生法治信仰，做到防控与育人有机结合。

一、加强高校思想政治教育，将法治与德育相结合

当代大学生法治思维的形成，不仅需要科学合理的法治教育，也需要正确的人生观、价值观和世界观的引导，道德素养是法治思维形成的基础和关键。因此，在大学生法治教育中，学校应在有序开展思想政治教育的同时，强化法治教育，将法治教育与德育相结合。高校要积极整合校内资源，根据学生的实际学习情况，通过循序渐进的方式，在日常的思政教育中渗透法治教育的内容，构建法学、思政、心理等专业教师优势互补、协同发力的法治教育模式，在开展法治教育的同时，辅以思想政治教育的人文主义关怀等内容，引导学生培养法治思维，树立正确道德伦理观念和现代化社会主义法治观，切实提高学生道德素养，增强法律意识，坚定法治信仰。

疫情防控期间，各学院本着“停课不停教、停课不停学”的原则，积极发挥学科优势和专业特色，聚焦疫情防控工作中的典型案例和热点事件，为同学们开设线上讲座、师生分享会、直播课程等云端学习活动，宣传普及疫

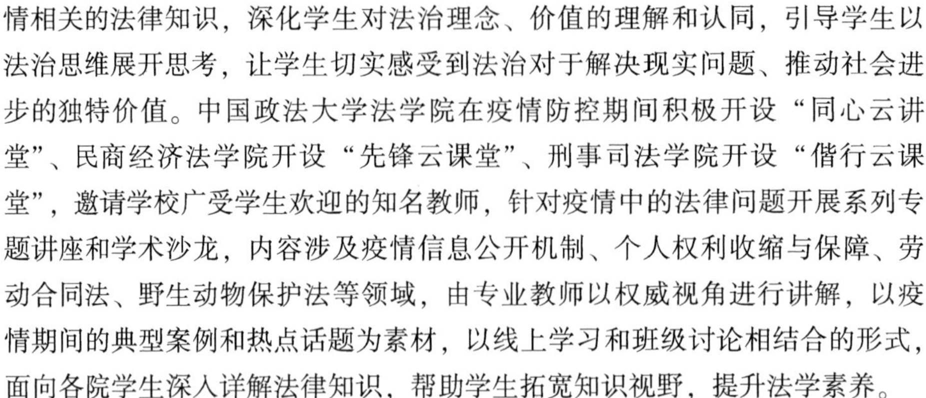

情相关的法律知识，深化学生对法治理念、价值的理解和认同，引导学生以法治思维展开思考，让学生切实感受到法治对于解决现实问题、推动社会进步的独特价值。中国政法大学法学院在疫情防控期间积极开设“同心云讲堂”、民商经济法学院开设“先锋云课堂”、刑事司法学院开设“偕行云课堂”，邀请学校广受学生欢迎的知名教师，针对疫情中的法律问题开展系列专题讲座和学术沙龙，内容涉及疫情信息公开机制、个人权利收缩与保障、劳动合同法、野生动物保护法等领域，由专业教师以权威视角进行讲解，以疫情期间的典型案例和热点话题为素材，以线上学习和班级讨论相结合的形式，面向各院学生深入详解法律知识，帮助学生拓宽知识视野，提升法学素养。

二、充分发挥互联网优势，开拓“法治教育+互联网”模式

新冠肺炎疫情防控工作是一场齐心协力的人民战争。在此期间，思想政治教育与社会环境、互联网、全球化等场域之间的关联更加紧密，从而面临着新的机遇和挑战。疫情发生以来，我们通过互联网平台实时关注疫情动态，利用微信、微博等新媒体平台进行宣传教育，通过线上教育平台开展学习，互联网成为打赢疫情防控阻击战的重要武器。但同时互联网是一把“双刃剑”，因其即时性、匿名性等特点，使其成为各类谣言、错误思潮和不良情绪滋生蔓延的温床。大学生正处于世界观、人生观和价值观尚未完全定型的时期，很容易在网络上受到不法行为的误导，因此，高校要将互联网作为法治教育的主阵地，加强网络平台的引导和教育功能，充分发挥互联网的优势，根据教育环境、教育对象、教育方式的新变化，拓宽高校法治教育渠道，推进“法治教育+互联网”立体化教育模式，将法治教育、思想政治教育、媒体素养培育相结合，用先进的思想武装学生头脑，达到从指间直抵心间的教育实效，实现线上线下育人一体化。

高校不能简单地将法治教育的相关内容直接搬移至网络平台，重要的是借助互联网的资源、平台、功能等优势条件，结合本校客观情况和专业特色，构建法治教育网络基地，开拓互联网法治教育新模式，以学生喜闻乐见的形式积极传播高质量内容，提升法治教育的实效性。通过学校官方网站、微信公众号和微博等网络平台，利用网络信息传播的灵活性，改革传统的说教方式，创新法治教育形式，利用短视频、漫画等方式满足学生个性化的学习需

求，产生春风化雨的教育效果。同时还要广泛普及法律知识，大力宣传法治理念，定期传递国家法律法规和政策，培养和塑造大学生的法治思维和法治信仰。疫情防控期间，中国政法大学联合西南政法大学、华东政法大学共同开辟《同心战“疫”　三校说“法”》微信栏目，邀请三校法学专家，对真实案例进行法理分析，并加大相关法律法规的宣传教育，提升学生法治素养和公共意识；同时推出中国政法大学与最高人民法院新闻局进行科普指导、新华社出品的依法防“疫”漫画，以幽默生动的形式介绍了疫情期间的违法行为，号召高校学生知法守法；“中国政法大学”官方微信公众号还开设了“普法抗疫”专栏，邀请中国政法大学青年学者为全校学生讲解与疫情防控相关的法律知识，培养学生法治意识。

三、大力开展法治实践活动，推进实践育人工作

法学是一门实践性较强的学科，亲身参与法治实践活动是了解目前社会法治现状和法律运行模式的有效途径，也是将所学理论知识内化于心外化于行的重要手段。提升高校学生法治素养，不仅仅要依靠抽象的法治理论知识灌输，还要注重开展法治实践活动，帮助学生在生动直观的实践活动中感悟法治精神，达到知行合一的教育效果。高校要大力开展法治实践活动，构建完善的学生社会实践体系，鼓励学生积极投身到法治实践活动中去。高校在开展法治教育时，要善于运用“实践性法律教育模式”，引导学生在直观生动的实践活动中感悟法律的尊严与权威，深刻理解法治内涵和理念，加深对法治的思考与理解；要能运用“境遇式”教学方式，打造多元化法律交流平台。组织学生开展模拟法庭等活动，引导学生将所学理论知识与实践相结合，一方面可以增进学生对所学法律知识的理解与掌握，另一方面能够提升其法律的实践运用能力；还要积极组织学生进行普法宣传、参与学校法律援助、参观司法机构、旁听法庭审理、开展走访调研等实践活动，帮助学生深入基层实践了解我国当前法治现状及存在的问题，在亲身参与和潜移默化中培养法治意识和法治思维习惯，加强对社会主义法治的认同和理解，树立和坚定法治信仰，寻求法治的本质和规律，将法治精神内化为价值观、思维方式和行为准则。

疫情防控期间，中国政法大学很多学生发挥自身专业特长，积极投身家

乡疫情防控志愿工作。在社区、乡村挨家挨户进行普法宣传，劝导家乡居民遵法守法，并提供有力的法律援助。中国政法大学第21届研究生支教团在支教地区开展了疫情防控主题的“云普法”，在完成日常线上教学工作之余，研支团同学利用自身专业知识，在线上为支教地区的学生、家长及其他任课老师进行了以“新冠肺炎疫情期间的相关法律问题”为主题的普法宣讲。这些志愿行为和实践活动，不仅仅对他人提供了帮助，同时也强化了自身专业知识，使研支团同学亲身感受到法治实践的现状，真实触摸到现实生活中存在的问题，切实体悟到法治的强大力量，并自觉维护法律权威，坚定法治信仰。

法治思维是人的现代化的重要标志，也是青年学子成为社会主义事业建设者和接班人不可或缺的素质。树立法治意识，坚定法治信仰，是高校学生提升自身素养的内在需要，也是国家治理体系和治理现代化的必然要求，和法治国家建设的重要途径。当代大学生作为中国特色社会主义事业建设中不可或缺的力量，要注重在日常学习和生活中培养法治意识和法治思维，将法治内化为坚定信仰，善于运用法治思想处理问题，积极弘扬法治精神，为法治国家建设添砖加瓦。

参考文献

[1] 孙楚航、许克松：“重大疫情防控工作中大学生思想政治教育功能与实践路向”，载《思想理论教育》2020年第3期。

[2] 隋璐璐：“依托高校思想政治理论课培育大学生法治意识探究”，载《思想教育研究》2019年第11期。

[3] 徐其成：“新时代高校思想政治教育中的法治素养教育”，载《法制与社会》2020年第1期。

[4] 宋鹏瑶：“新时代大学生法治素养的培育路径探究”，载《法制博览》2019年第32期。

[5] 宋随军：“培育大学生法治信仰具有多重意义”，载《中国高等教育》2019年第1期。

突发公共卫生事件中高校学生的舆论引导研究

学生处 邱 然

【摘 要】 在重大突发公共卫生事件中，高校学生有着浓厚的家国情怀和强烈的责任担当，但因其知识体系、思想态度价值观、情感心理等尚未达到稳定状态，在面对复杂多变的突发公共卫生事件以及由其引发的信息洪流中，难免产生恐惧、慌乱和疑惑等心理。因此，高校在做好数据监测分析、师生疫情防控、卫生物资储备保障、突发事件善后处理等针对疫情本身的防控措施的同时，还应加强宣传教育工作的力度，营造良好的舆论氛围，给予高校学生正确的舆论引导。

【关键词】 突发公共卫生事件　舆论引导　高校学生

一、突发公共卫生事件的基本内涵和特点

国务院公布的《突发公共卫生事件应急条例》第 2 条规定，突发公共卫生事件是指突然发生，造成或者可能造成社会公众健康严重损害的重大传染病疫情、群体性不明原因疾病、重大食物和职业中毒以及其他严重影响公众健康的事件。突发公共卫生事件出现后，若不能及时对突发事件进行正确有效的初步评估，提出有效的应急方案，则会对社会稳定和经济发展造成非常大的影响和冲击。

突发公共卫生事件具有事件突发、成因多样、分布差异大、传播广泛、危害复杂、治理综合、新发事件不断产生、种类多样、高度国际化等特点。

二、突发公共卫生事件发生时的情绪异常表现

重大突发公共卫生事件发生时，常常会给广大民众带来强烈的恐慌情绪和巨大的心理压力。新冠肺炎疫情暴发以来，有关专家、学者和科研工作人

员对新型冠状病毒的防控正处在全力以赴攻坚克难的阶段。与此同时，包括高校大学生在内的全社会对新型冠状病毒的传染源、传播途径、传播范围等问题都处在不断增加认识的阶段，高校大学生相较于成年人而言缺少足够的生活阅历和心理准备，同时相较于成年人又有更大可能通过社交软件接收到更多层面的信息。突发公共卫生事件往往会对其心理、生活和学习产生较大影响，使其出现情绪上的波动，从而产生一些异常心理和行为。归纳起来，可能有如下表现和特点。[1]

第一，疑病心理。在面对突发公共卫生事件时，高校学生心中常常充斥着疑虑和不安，对自身的身体健康状况或者某一部分的身体器官的机能保持着过度关注。如在此次新冠肺炎疫情期间，部分学生每日会对自身的肺功能和身体体温有着超出正常频率的关注度，有时甚至会根据网络上的一些新冠肺炎自测轻率判断自己感染新型冠状病毒，医生对疾病的科学解释和检查结果往往不能消除其已有成见。

第二，恐慌心理。恐慌是一种情绪状态，即我们常常说到的害怕，是试图摆脱某种状况但又无力摆脱的一种情感体验，这是一种对特定的刺激事件的自我防卫反应。此次疫情期间，有部分同学会出现过于恐慌的倾向，当面临铺天盖地的关于疫情的信息时，会出现一定程度的焦虑。

第三，焦虑心理。焦虑心理与恐慌心理相近，有所不同的是，恐慌心理是指面临危险时所产生的情绪体验，而焦虑则是指向未来的，通常是对未来即将发生的事情的过度预测导致内心紧张不安，不知所措。在焦虑心理产生期间与人交往更容易激动，会导致学生的人际关系出现一定问题。

第四，抑郁心理。抑郁心理的出现与自身的生活习惯、个人能力、性格气质以及个人修养都有非常大的关联。抑郁心理产生后通常表现为过度关注疫情相关信息，持续地情绪低落和忧郁、没有心思与外界和他人沟通，在工作和学习中无法集中注意力。

第五，强迫心理。在此次疫情期间，正常频率的多通风、勤洗手、戴口罩是可以有效预防病毒感染的重要手段。但是有些人会频繁洗手、量体温，总是担心自己和外界接触后会感染病毒，不断表现出强迫观念和强迫行为。洁癖

---

〔1〕 中国科学院心理研究所编著，罗跃嘉、张侃主编：《健康心态战胜“非典”——SARS的心理应对》，科学出版社2003年版。

是公共卫生事件尤其是急性传染病流行时期很容易形成的强迫性行为。[1]

第六，伴随症状。突发公共卫生事件发生时，上述情绪心理通常会伴随一些特殊症状和行为，这些症状和行为和神经衰弱的相关症状有相似之处。通常情况下，心理承受能力较差的人群更易出现一些伴随症状，青少年群体更为敏感，易表现出伴随症状。

三、突发公共卫生事件网络舆情各阶段的特征

突发公共卫生事件在不同阶段有不同的发展特点，与其相应产生的网络舆情的重点也会随之转移。本文首先基于斯蒂文·芬克（Steven Fink）的四阶段分析理论对突发公共卫生事件中产生的网络舆情的潜伏期、突发期、蔓延期和解决期四个阶段的特征进行分析。

突发公共卫生事件的潜伏期间，网络舆情也往往处于萌芽期。这一阶段，事件产生的原因和相关责任人尚不明确，关于突发公共卫生事件的网络舆情呈现出无序性、分散性和浮动性等特点。无序性体现在事件发生的初步阶段，此时舆情往往是不全面、不完整的，人们对事件的关注往往只是来自某位当事人的推断，并没有形成舆情聚集的结果；分散性体现在公共卫生事件发生初期，各类网络社交软件和网络媒体上会出现一些小范围的报道、讨论和关于感染症状的交流，没有过高的关注程度，不具备大规模扩散的必要条件；浮动性体现在潜伏期内媒体对于突发公共卫生事件的报道不具有连续性，随着事件的走向发展，人们的关注程度时强时弱。

随着突发公共卫生事件的持续发展，会暴露出更多的问题。疾病表现出急剧扩散的态势，大批群众被感染，网络媒体的报道焦点逐渐被吸引，网络舆情进入突发期。该阶段关于突发公共卫生事件的网络舆情呈现出扩散性、聚集性和外部噪音增大三个特点。扩散性体现在各地媒体组织对事件的报道都会增加，个人也会在社交媒体转发相关报道；聚集性体现在各类媒体的报道密度增大，突发公共卫生事件的主要责任人和涉事人员暴露在公共视野中，部分意见领袖开始对舆论起引导作用，网民对突发公共卫生事件产生大量讨

〔1〕 Maunder R.，Hunter J.，Vincent L.，“The Immediate Psychological and Occupational Impact of the 2003 SARS Outbreak in a Teaching Hospital”，*Canadian Medical Association Journal*，2003，168（10），pp. 1245-1251.

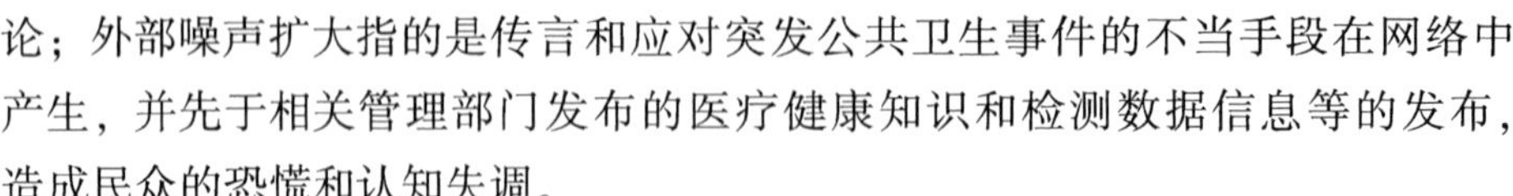

论；外部噪声扩大指的是传言和应对突发公共卫生事件的不当手段在网络中产生，并先于相关管理部门发布的医疗健康知识和检测数据信息等的发布，造成民众的恐慌和认知失调。

接下来发展到网络舆情的蔓延期。该阶段事态得到控制，逐渐呈现出突发事件的细节不断被挖掘，衍生出相关热点主题，出现相关流行语等特征。随着意见领袖和民众对事件的不断关注，主流媒体会报道更多官方公布的调查结果，关于突发事件的细节不断被挖掘；同时随着时间的推移，关于事件的话题会向其他方向发展、深入，进而出现更多新的热点；与此同时，网民往往会制造出与事件相关的网络流性话语、图片等内容，这些内容往往对事件具有高度的概括性，又不失简洁和幽默，例如此次疫情期间“武汉热干面，欢迎回家”的图片就在社交媒体传播甚广。

最后则是突发公共卫生事件的解决期。这时，突发公共卫生事件已经很大程度上被解决，而在网络舆情方面，则往往体现在事件的相关责任人受到了处罚，疫情得到了基本有效的控制，政府及相关部门对此突发事件有较为明确的回应且已为疫情造成的损失采取补救措施。

四、突发公共卫生事件中高校学生的舆论引导研究

在做好突发公共卫生事件中大学生的舆论引导工作中，高校应注重结合大学生可能产生的异常情绪表现和疫情发展、社会网络舆情发展不同阶段的特点，采取行之有效的舆论引导措施，以确保舆论引导的标准化、有效性和科学性。

（一）网络舆情潜伏期，以主动出击代替被动还击

纵观过往，社会中尤其是高校中发生的无数起网络舆情事件，其在产生之初往往只是有零星的报道，起源也往往只是当事人的微小言论或决定。伴随着互联网的迅速兴起，舆论的导向转变非常快，很容易在短时间之内形成铺天盖地的广泛讨论。高校大学生又处于信息接收和传播的高原地带，如果高校在舆论引导的过程中只是被动地坐等相关舆论的苗头出现，之后再加以引导，那么到最后很可能会形成难以管控之势。这就需要我们跳出以往的思维定式，将突发公共卫生事件中舆论引导的相关工作前置。加强科学预警和研判的工作力度。

根据《中国政法大学疫情防控期间本科生思想动态调研报告》显示：有近三分之一的学生因为疫情产生了焦虑或恐慌等情绪。大部分学生产生焦虑或恐慌情绪主要是有以下四点担心：自己和家人有受感染风险，因疫情延期开学所导致的学业就业压力，疫情扩散所带来的社会问题和疫情持续为日常生活带来的不便。

问题：你是否因为疫情而产生了焦虑或恐慌情绪？

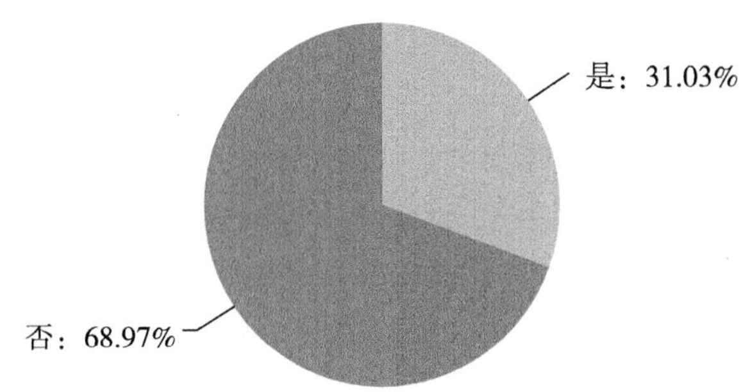

问题：你焦虑和不安的原因有哪些？［多选题］

选项	小计	比例
担心自己和家人受感染	431	79.81%
担心因疫情延期开学而导致的学业就业压力	396	73.33%
担心疫情扩散带来社会问题	409	75.74%
担心疫情持续为日常生活带来不便	449	83.15%
本题有效填写人次	540	

因此在疫情发生之初在针对疫情本身采取一定的防控措施的同时，也要针对学生可能产生的恐慌、疑病和焦虑等心理状态，提前做好心理健康、压力调节等心理知识的科普工作；应根据以往的工作经验对学生的心理负荷能力有正确的预期，根据该事件可能出现的心理压力和负面影响进行事前人为干预；增强普及相关健康知识的力度，避免学生的盲从和随波逐流地误信错误知识。

（二）网络舆情突发期，以双向互动代替单向传输

2020年3月9日，教育部社会科学司、人民网联合举办“全国大学生同上一堂疫情防控思政大课”，在线直播结束后“和偶像一起上课”“思政课上出现王源”“思政大课观后感”等话题先后登上热搜榜，阅读总量超过6亿，参与讨论达30多万人次，此次直播将疫情防控的生动事迹变成了大学生思政课堂中的鲜活案例，有效增强了课程的影响力和感召力。

通过此次线上直播课程和课程结束后广大高校在校生的关注点和其在社交媒体的言论来看，随着互联网的不断普及和各种便携式终端设备的兴起，网络彻底改变了既有的媒体格局和舆论生态，现在人人都可发声、人人发声都可以被“看到”。特别是，随着网络的发展而成长起来的当代高校大学生，他们是“网络时代的原住民”，他们不仅是信息的接收者，而且还是信息的发布者和把关者。因此，在重大突发公共卫生事件中，大学生不再仅仅是信息的接收者，而常常是更重要的信息来源。他们在微信朋友圈或者微博等社交软件中发布的内容的传播程度有时远远超出预期，甚至可能成为一次舆情事件的导火索。

突发公共卫生事件网络舆情的突发期持续时间最短，但往往对群众产生的影响却较为持久且巨大，因此在这一阶段可做的工作内容更多。首先要重新进行大学生的角色定位，充分发挥他们的热情、主动性和创造力，使他们成为舆论引导的主体，在平等对话和理性沟通中建立大学生对突发公共卫生事件的基本认识，对中国共产党和政府的支持，对社会主义制度优越性的信任。在做好直接发布权威信息的工作的同时，努力做到信息的“二次传播”。通过动员大学生中的意见领袖、校园“网红”教师和著名校友积极发表意见，加强对信息发布的渗透、呼吁和积极引导。

（三）网络舆情蔓延期，以标本兼治代替单纯引导

2020年2月21日，人民网舆情数据中心联合腾讯媒体研究院、“腾讯指数”发布《数说新冠肺炎疫情舆论关注热点》研究报告。通过线上大数据结合网络调研的方式，多角度、全方位对疫情期间的热点话题和网民行为进行相关分析，结果显示，“在线教育”位居热度话题榜第四位，热度指数达87.04。

“在线教育”的关注度位居第四有来自高校学生以及社会企业的关注，但究其根本原因，是此次新冠肺炎疫情防疫工作打破了大学生原有的学习秩序。非典全面暴发时期，大部分学生都在学校，在管理上难度相对较低，但是此次疫情正处寒假，大部分学生尚处家中，分散在各处，受多方面因素影响，管理难度相对较高。

网络舆情的蔓延期，高校学生已经将关注点由对疫情本身转为疫情对个体产生的实际影响。根据《中国政法大学疫情防控期间本科生思想动态调研报告》显示，在线上学习方面，学生普遍反映存在一些压力和问题，主要表现在以下几个方面：

（1）在线学习软件稳定性较差，经常崩溃；

（2）无法在在线学习软件上旁听其他教师的课程；

（3）线上上课没有电子书影响学习效果；

（4）线上教学学业任务增加。

我们发现此次的突发公共卫生事件之所以能对包含高校大学生在内的普通社会群众产生如此之深的舆论引导效力，一方面是由于疫情本身的突发性和巨大危害性，一方面也是因为疫情对个体生活影响的广泛性和深刻性。此次疫情过程中，群众被迫居家，学生不能返校，生活和学习部受到了非常大的影响。因此在网络舆情的蔓延期，高校在突发公共卫生事件的舆论引导过程中，应该实现舆论引导和问题解决同步进行，网上舆论引导，网下问题解决，切实降低突发公共卫生事件给学生带来的直接影响。

（四）网络舆情解决期，以健全机制代替单一反思

在网络舆情的解决期，此时事件基本已得到有效控制，高校应及时调整着眼点，减少疫情对于大学生造成影响的舆论引导。应当在借鉴以往工作经验的基础之上，建立健全信息反馈机制，全方位了解在事件发展过程中学生的思想动态，科学有效研判引发高校学生群体情绪波动的症结所在，建立突发事件应急反应机制。

同时，高校应充分考虑此次事件可能对学生产生的长远影响，在最大程度上减少此次疫情对学生的负面影响，维护学生利益，维护学校稳定。

少数民族预科学生特点与引导对策研究〔1〕

对外经济贸易大学学生工作部　杨冉明

中国政法大学学生处　迪达尔·马力克

【摘　要】少数民族预科学生需要度过一年或者两年时间的预科学习阶段，之后进入大学专业学习，而大学是青年群体建立自我同一性的最关键阶段。在此阶段，与其他学生相比，少数民族预科学生将会感受和面对更多挑战。本文经过统计和结果分析，将结果与少数民族预科学生文化背景、个性差异、综合能力等三方面所带来的问题和目前的工作困扰对应起来思考和讨论，最终提供几点对策和建议。

【关键词】少数民族预科　自主培养　中华民族认同感　个性化引导

少数民族预科教育是高等教育的重要组成部分，对于培养少数民族人才，发展民族地区的经济，实现各民族的共同繁荣，维护民族团结统一有着重要的意义。根据少数民族预科学生的特点，采用有针对性的教育管理与服务方式，是民族教育工作者的重要任务之一，也是当前少数民族预科学生自主培养工作的一大难点。

一、中国政法大学少数民族预科学生自主培养工作概况

2018 年 3 月 30 日，教育部办公厅发布《教育部办公厅关于切实做好高校少数民族预科学生自主培养工作的通知》（教民厅函〔2018〕6 号），开启了中央部门所属高校对招收的预科学生实施自主培养工作的大门。为切实做好少数民族预科班教育管理与服务工作，保证人才培养质量，本研究以本校少

---

〔1〕 中共北京市委教育工作委员会专项课题“少数民族预科学生特点与引导对策研究”（课题编号：BJSZ2019ZX35）的主要研究成果。

数民族预科学生为例，根据其现状，纵向探索少数民族预科学生的教育引导策略。

中国政法大学第一届少数民族预科班共 49 人，班级基本情况如表 1 所示。

表 1　中国政法大学第一届少数民族预科班班级基本情况

变量	类别	人数	百分比
性别	男	4	8.16%
	女	45	91.83%
生源地	新疆维吾尔自治区	25	51.02%
	广西壮族自治区	6	12.24%
	四川	6	12.24%
	云南	6	12.24%
	贵州	6	12.24%
民族	维吾尔族	20	40.81%
	哈萨克族	5	10.20%
	彝族	5	10.20%
	壮族	4	8.16%
	羌族	3	6.12%
	布依族	2	4.08%
	藏族	2	4.08%
	苗族	2	4.08%
	侗族	1	2.04%
	哈尼族	1	2.04%
	仫佬族	1	2.04%
	土家族	1	2.04%
	瑶族	1	2.04%
	穿青人	1	2.04%

少数民族预科班以往在北京邮电大学民族教育学院集中进行少数民族预

科教育，一年或两年，区别在于新疆协作计划[1]考生需就读两年，其他全国各地少数民族考生需就读一年。从能够和本科教育有机结合、无缝衔接以及学生能够更快适应大学生活的角度来说，少数民族考生在自己的目标大学接受预科教育，是一个较为合理的方案。然而对于中国政法大学或者众多其他高校而言，少数民族预科学生的教育管理与服务是一项全新的工作，从另一个角度来说，因工作性质的重要性，其本身也具有一定的挑战性、前瞻性。

二、少数民族预科学生教育管理与服务工作当前遇到的问题

（一）母体文化在多大程度上影响学生适应大学生活

我国是统一的多民族国家，在我国少数民族聚集的地区或者偏远的少数民族地区，因经济发展不均衡及教育资源的不平衡，会使得该地区的少数民族学生与内地发达地区的学生在很多层面上存在着差异。相信多数在高等院校从事教育工作的老师们，对此一定有所了解，这些差异不仅表现在学生的日常生活和学习上，还表现在社团活动、学业规划、职业发展等多方面。

尤其是在少数民族比较聚集的地区，如农村、牧场、大队等基层地区，有很多拥有久远历史的少数民族，这些民族以家庭或部落、族群等形式聚集，他们具有一套自己独特的不成文规则，具有约定俗成的民间禁忌或民俗，这些在很大程度上会先于义务教育，影响学生价值观的形成。并且这些民族内部通常以血缘或者邻里关系为主，血亲和邻里之间会有比较频繁和密集的交流交往，在这样的环境中长大的少数民族学生即便是在双语教学环境中完成其义务教育阶段，也会高度认同本民族文化，带有浓烈的乡土意识、故乡情结，他们潜意识中的文化壁垒坚固，并且跨文化能力欠缺。

因此在少数民族预科教育阶段，如何用合适的引导方式，进行旗帜鲜明的思想政治教育、爱国主义教育和民族团结进步教育；如何进行“五个认同”“三个离不开”教育，就需要认真考虑和研究，这其中研究清楚文化背景如何影响学生的价值观这一点很重要。

---

[1] “内地高等学校支援新疆协作计划”：协作计划已顺利实施6期，目前正在进行的是第7期，招生学校达300余所，累计招生6.4万人，为新疆输送了2.9万余名毕业生，为促进新疆经济社会发展，维护祖国统一和民族团结，实现国家长治久安做出了积极贡献。

（二）学生的个体差异性在预科教育阶段如何影响学生的个体发展以及心理健康

少数民族预科班学生需要度过一年或者两年时间的预科学习。很大程度上，这段时间的学习是为了这些学生日后在大学的个人发展做准备的。根据相关研究，我们了解到“少数民族大学生与全国大学生人格特点比较发现少数民族大学生有明显的特点，幻想性、兴奋性高于常模，聪慧性、世故性、独立性、实验性、忧虑性普遍低于常模。他们的幻想性和忧虑性都比较高，由于他们爱幻想，不太注重生活的细节，喜欢以自己的动机和兴趣为行为的出发点，有时比较冲动，因此遇到困难易忧虑抑郁，患得患失，烦恼多端。在聪慧性方面男女性得分都比较低。〔1〕

相关研究表明，民族认同感与生活满意度呈正相关。生活在双重文化下的民族预科生，体验着文化冲击（culture shock），容易出现文化与心理适应困难，造成焦虑、抑郁、身体不适等情况，难以很好地适应大学生活。少数民族同学的民族认同感可以在民族成员面临文化冲击时，为个体提供了保护和缓冲，帮助个体积极、自豪地看待本民族文化、语言等，增加对民族身份的认同。

大学是青年群体建立自我同一性的最关键阶段，在此阶段，与其他学生相比，少数民族预科学生将会感受和面对更多挑战。在这样的前提下，探究少数民族学生的特点，可以更好地帮助我们寻找引导这种个性差异的教育方式，并且能够在少数民族预科学生进入本科阶段，开始他们的专业知识学习之前，让学生学会从容面对大学期间学习带来的压力，以及学会接纳和处理由自己在家乡学校的较为宽松的学习环境和在大学中激烈的竞争环境之间的落差。

（三）在存在差异的前提下，如何进行少数民族预科学生的成长成才教育工作

少数民族预科班学生个人经历的不同，当然这里所说的个人经历，包括学生的个人经验，行动和思想以及过去所做出的选择，可能会导致综合能力

---

〔1〕 汪小琴、张建灿、罗亮：“少数民族预科大学生人格特征差异的比较研究”，载《江西教育学院学报》2008 年第 1 期。

上的差异。这使得少数民族学生在预科教育阶段，甚至在整个大学生涯中，将会遇到更多的困难和挑战。综合能力不仅包括学习能力，还应当考虑和研究学生获得社会资源的能力，还有学生本人得到的社会支持以及他所能够感受到的可能性。

预科阶段的教育目前是一年，短短一年的时间不够从整体上改变一个人的综合能力，所以在以上文化背景、个性差异分析的基础上，我们再去考虑和设计能够适当提高学生综合能力的教育方式也是至关重要的，这其中包括，根据学生综合能力的不同，设计不同的社团活动和班级集体活动。

三、少数民族预科学生教育管理与服务工作改进措施

针对以上现存问题，我们将采用大学生价值观问卷、少数民族认同问卷（General Ethic Identity Questionnaire，GEIQ）、主流文化认同量表（郑彩花，2013）、领悟支持评定量表（PSSS）等量表，进行统计和结果分析，并将结果与少数民族预科学生文化背景、个性差异、综合能力三方面所带来的问题和目前的工作困扰对应起来思考和讨论，最终提供以下几点建议。

（一）旗帜鲜明地进行爱国主义教育，筑牢中华民族共同体意识，提高学生民族认同整合能力

心理学研究表明：民族认同整合能力较好的个体，能充分认同自我族群属于中华民族的有机构成，在多元文化中既能和谐有效地统一于中华民族文化之中，又能接纳百花齐放的各民族独特的民族文化。民族认同整合能力较弱的个体面对多元文化差异时则容易产生更多的冲突和矛盾。[1]

我们的问卷结果表明，认为汉族对本民族接受程度高的学生政治价值观显著高于说不清楚的学生的政治价值观（$F=11.23$，$p=0.000$）。

结合以上两点，我们不难发现“三个离不开”的原则。其中最科学的点，就是爱国主义教育绝对不能只针对少数民族学生进行，更不能只针对少数民族预科班学生进行。感受到身边汉族同学对本民族的认同，对于少数民族学生和其他少数民族学生，少数民族学生和汉族学生之间的交流交往是非常重

---

〔1〕 李明、龙晔生：“内地高校新疆籍少数民族大学生心理健康因素分析”，载《民族教育研究》2018年第1期。

要的。从高校校园里来说，多数群体的接纳和理解认同，可帮助少数民族群体勇敢地融入中华民族大家庭，但仅从少数民族学生入手的中华民族共同体意识教育是不够完整的。也就是说，绝对不能只针对单一民族或者仅仅对于预科班进行民族团结教育。少数民族预科班的学生在了解更多的其他少数民族情况，了解和熟悉整个中华民族的前提下，才能提高民族认同整合能力，才能有助于我们培养有高度中华民族归属感的少数民族学生。

（二）持续不断地提高学生的学习水平，争取使学生接收到多个维度的科学知识，提高学生的自尊水平

我们的研究结果表明，按照考生类别考虑，民考民学生（包含双语班）的本民族认同感均高于民考汉学生的本民族认同感（F=4.08，p=0.02），民考汉学生的中华民族归属认同高于民考民学生的中华民族归属认同。同样地，在本族社会认同问题上，民考汉学生的本族社会认同显著低于民考民学生的本族社会认同（F=3.64，p=0.03）。

高中阶段的教育模式是纯母语教学，还是母语教学+数理化汉语教学或一门母语课+汉语教学的模式，在学生刚来到大学就读预科时，是非常影响其对于本民族母体文化认同和中华民族归属感的。这一点充分证明，少数民族预科阶段汉语教学的重要性。语言在一定程度上是学生走入多元文化和更广视野的一把钥匙，语言学习能力的提高会带来学习理解能力的提高，而学习能力的提高，可让学生提升看待世界万物的能力，并且可战胜学生来到大学之后的自卑感，增强自信心。生活满意度不高或者学习一直没有进步的学生，很难走出自卑感，融入大学生活。而解决这一问题最重要的阶段就是少数民族预科阶段，通过预科阶段的学习可以最大程度地避免学生进入专业学习阶段之后，低自尊状态所带来的心理问题的发生。

结合以上分析，我们知道在学习方面，可以通过早自习、晚自习、单独辅导、经验交流、一对一帮扶、学术讲座、观摩学习（庭审直播或转播等）等方式，对低自尊的学生，进行不同形式的学习帮扶和引导，来缩短少数民族地区教育基础薄弱所导致的学生学习基础的差距，学生便能够进一步产生对学习和多元文化更多的兴趣。这一结果可促进学生更快融入大学生活，最终能让学生提升对于中华民族的归属感。

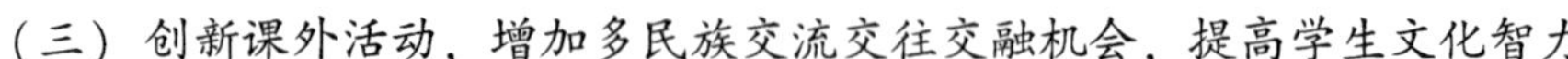

（三）创新课外活动，增加多民族交流交往交融机会，提高学生文化智力

社会认同理论认为，人天生有合群的需要，人们倾向于将自己划分到某一群体中，并用这种群体中的成员资格来建构身份，学习这种群体的语言，参加其中的活动，增强对该群体文化的认同，增强自身在该文化中的融入程度与适应性，从而获得更高的自尊，提高认知安全感、满足归属感并得到个性发展。[1]

研究结果表明，汉族朋友非常多的学生朋友支持显著高于汉族朋友比较多的学生朋友支持水平（$F=3.01$，$p=0.04$）。

Earley 和 Angela（2003）文化智力理论认为，文化智力是个体适应文化的一种能力，个体进入新文化环境后，文化适应压力作为一种压力源，会打破个体内在的平衡，文化智力比较高的个体对新文化与本民族文化的差异与关联性有着内在兴趣，同时期望自己在陌生环境中取得成功，继续维持原有的身心平衡状态，就会调动起各种保护因素对抗适应压力。[2]

结合以上几点，学校应在生活上有意识地去打破单一民族的格局，增加多民族学生交流的机会和活动。比如说，对宿舍文化、饮食服务等后勤服务工作方面进行调整，提高学生适应度。再比如，少数民族预科学生采用小范围交叉住宿的方式，让新疆籍少数民族学生与其他生源地的少数民族学生混住。如遇到生活适应上问题较多的学生，适应能力相对较弱的学生，可采取在一段时间内让其和同生源地学生住在一起的方式等。以上这些方式和活动，旨在促进少数民族学生在预科教育阶段同各民族学生的交往交流交融，有利于他们进一步加强中华民族共同体意识。

在了解中国政法大学第一批少数民族预科生特点后，我们开展了一系列有针对性的教育教学活动，这些活动在同学们自我同一性的关键期，提升了大家的中华民族认同感，为同学们进入大学校园，日后走入社会奠定了良好的基础。同时也为中国政法大学预科生培养提供一定借鉴意义。

---

〔1〕 Tajfel H., Turner J. C., "The Social Identity Theory of Intergroup Behavior", *Psychology of Intergroup Relations*, 1986, 13 (3), pp. 7-24.

〔2〕 Earley P. C., Ang S., *Cultural Intelligence: Individual Interactions Across Cultures*, Stanford University Press, 2003, pp. 489-493.

重大疫情应对中大学生法治教育的现实思考

校团委　朱　林

【摘　要】法治教育是公共危机管理过程中社会治理的重要组织部分，是高校思想政治教育的重要内容。重大疫情为法治教育脱离思想政治理论课主渠道提供了现实必要性和可能性，同时也加深了教育过程中的矛盾，带来新的问题。高校借力新媒体网络，开发网络教育资源，开展网络普法实践，创设适应大学生行为习惯和心理需求的育人环境，加强与政府、社会、家庭协同配合，形成课内课外、网上网下、校内校外相结合的教育合力。

【关键词】疫情应对　法治教育　大学生　思想政治教育

应对重大公共危机开展公民法治教育是危机管理过程中社会治理的重要组成部分。在应对新冠肺炎疫情（以下简称重大疫情）的过程中，党和政府将依法防控、依法治理的思想贯彻始终。2020年1月25日，中共中央政治局常务委员会召开会议指出，要依法科学有序防控；〔1〕2月3日再次强调，要加大对传染病防治法的宣传教育，引导全社会依法行动、依法行事。〔2〕2月5日，习近平在主持召开中央全面依法治国委员会第三次会议时再次指出，“要加强疫情防控法治宣传和法律服务，组织基层开展疫情防控普法宣传，引导广大人民群众增强法治意识，依法支持和配合疫情防控工作”。〔3〕高校作为疫情防控的重要领域，对返乡和在校的大学生开展法治教育是思想政治教育工

〔1〕　习近平：“中共中央政治局常务委员会召开会议　研究新型冠状病毒感染的肺炎疫情防控工作”，载《人民日报》2020年1月26日，第1版。

〔2〕　习近平：“中共中央政治局常务委员会召开会议　研究加强新型冠状病毒感染的肺炎疫情防控工作”，载《人民日报》2020年2月4日，第1版。

〔3〕　习近平：“习近平主持召开中央全面依法治国委员会第三次会议强调　全面提高依法防控依法治理能力 为疫情防控提供有力法治保障”，载《人民日报》2020年2月6日，第1版。

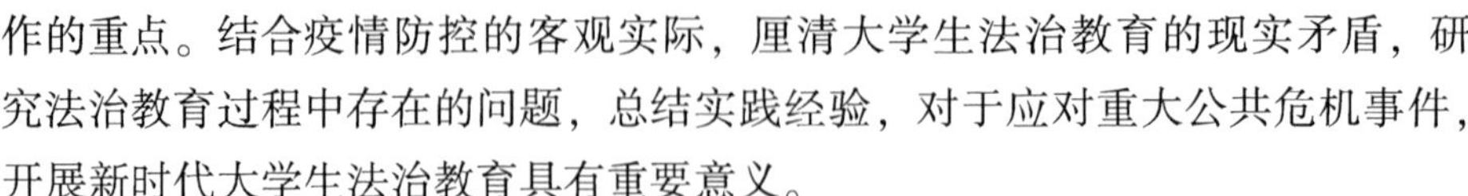

作的重点。结合疫情防控的客观实际，厘清大学生法治教育的现实矛盾，研究法治教育过程中存在的问题，总结实践经验，对于应对重大公共危机事件，开展新时代大学生法治教育具有重要意义。

一、学理透析：把握法治教育实践中的内在矛盾

在重大疫情暴发初期，表现出公共危机事件的基本特征有：突发性和紧急性，高度不确定性，影响的社会性和非程序化决策。[1]各高校落实教育部“寒假延期开学”“严禁提前返校”“校园封闭管理”等应急要求，陆续出台临时性的校园和学生管理制度，联动政府、社会、家庭，开展课内课外、网上网下、校内校外大规模的法治宣传教育，以求在短时间内迅速提升大学生的法治意识，履行因疫情防控需要而新增的责任与义务。高校对疫情的防控过程或衍生，或深化了思想政治教育过程中的三对内在矛盾，通过思想政治教育理论的考察，可获得对大学生法治教育实践的规律性认识。

（一）法治教育专业性的目标要求与教育者不全面的业务能力之间的矛盾

这一矛盾本质上是教育目标与教育者之间的矛盾。根据 2016 年教育部、司法部、全国普法办联合制定的《青少年法治教育大纲》可以归纳出，大学生法治教育目标包含三个层次：一是在知识认知层面，应指导大学生基本掌握宪法知识，了解中国特色社会主义法律体系中的基本法律原则、法律制度及公民常用的法律规范；二是在情感意识层面，应培育大学生的法治情感和法治意识，前者包括法治认同、法治信仰等，后者包括规则意识、责任意识、权利意识等，坚定其走中国特色社会主义法治道路的理想和信念；三是在能力行为层面，应培养大学生具备以法治思维和法治方式维护自身权利，参与社会公共事务，化解矛盾纠纷的能力。应对重大疫情开展法治教育，教育者需要自主学习掌握关于《中华人民共和国传染病防治法》《中华人民共和国治安管理处罚法》等相关法律和学校疫情防控办法、学生处罚管理条例等相关规章制度，向学生讲清楚疫情防控中法律和道德层面的义务与责任，将其内化为大学生的规则意识、责任意识，转化为法治认同感和社会责任感，再外

[1] 薛澜、张强、钟开斌：“危机管理：转型期中国面临的挑战”，载《中国软科学》2003 年第 4 期。

化为尊法守则的具体行为。就当前高校思想政治教育工作队伍的普遍现状来看，具有法学学科专业教育背景的教师仍属于稀缺资源，即便是思想政治理论课（以下简称“思政课”）教师通过短期学习或培训，也很难准确理解并讲授具体部门法及其适用规则。同样，法学专业课教师从事思想政治法治教育，亦存在主观意愿不强或思想政治教育工作经验不足的可能。因此，教育者自身是否拥有准确解读法律法规、是否拥有灵活运用制度工具开展法治教育的专项业务能力，直接决定法治教育专业性目标的实现。

（二）法治教育有效性的过程要求与教育对象复杂的主体需求之间的矛盾

这一矛盾本质上是教育者与教育对象之间的矛盾，即在法治教育过程中，教育者提供的教育方式方法能否有效适应教育对象的行为习惯、认知能力，有效满足教育对象的主观需求。根据 CNNIC 发布的第 44 次《中国互联网络发展状况统计报告》显示，截至 2019 年 6 月，我国网民规模达 8.54 亿，学生占比为 26%。〔1〕“00 后”大学生被喻为“互联网原住民一代”，在网络技术迭代更替目不暇接的社会生活中，大学生通常是各类新媒体网络技术、平台、应用的创新体验者、深度参与者、传播先导者，他们偏好思想互动“微交往”的交互性与共享性，习惯生活化和隐性化的思想政治教育方式。〔2〕“思想政治教育过程中的供给与需求相适应，是提升思想政治教育效果的基本要求，要科学理解思想政治教育供给结构的客观变化，构建和完善与学生成长发展需求相平衡的思想政治教育供给结构。”〔3〕受疫情影响，全国高校以“停课不停学”为目标原则发起了中国教育史上最大规模的“在线教育”活动。重大疫情为高校暂时脱离传统的思政课主渠道，开展大学生法治教育提供了现实必要性和可能性。为适应大学生思想政治水平、行为习惯、心理需求，高校开展了全员全过程全方位的“供给侧改革”：一是课内课外相结合。教育主体并非以思政课教师为主要力量，而是全面组织动员法学专业课教师、辅导员、班主任、心理健康教育教师、党团干部等多元力量。二是网上网下相结合。教育方法和途径，除有条件地组织大学生志愿者投身基层进行普法

〔1〕“第 44 次《中国互联网络发展状况统计报告》”，载中国网信网，http://www.cac.gov.cn/2019-08/30/c_1124938750.htm，最后访问时间：2020 年 4 月 5 日。

〔2〕骆郁廷：《思想政治教育引论》，中国人民大学出版社 2018 年版，第 269 页。

〔3〕冯刚：《探索思想政治教育发展的内生动力》，人民出版社 2017 年版，第 221 页。

宣传志愿服务外，主要是网络疏导、网络咨询辅导、网络自我教育、虚拟实践体验等网络思想政治教育方式。三是校内校外相结合。教育方式以组织协同性和社会化为特征，充分动员学生工作、教学科研、后勤保卫等校内管理系统的人员，加强政府部门、学校、社会、家庭之间的协调配合，将法治教育融入服务育人、管理育人、文化育人、组织育人、实践育人的过程中。

（三）法治教育实效性的结果要求与不客观不充分的教育评价反馈之间的矛盾

这一矛盾本质上是教育的实际效果与预期效果之间的矛盾，同时蕴含着教育对象思想与行为之间的矛盾，即教育者在教育评估阶段考察实际效果是否达到预期目标时，教育对象主观的“反馈效果”与客观真实的“内化效果”和“外化效果”是否一致。思想政治教育信任理论认为，在思想政治教育信任形成的过程中，思想政治教育本身的可信性和受信者的信任倾向两个基本要素起主导作用，而教育者的功能作用、第三方人际信任、教学管理、组织氛围以及外部信任等情境因素都具有影响信任结果的作用。〔1〕反馈调节是思想政治教育实施过程管理的重要环节，它以信息反馈为手段，调节教育对象的思想活动机制，修正思想动机，进而引导行为，以实现思想政治教育目标。〔2〕受重大疫情客观限制，教育者主要依托新媒体网络与大学生开展信息沟通：一是通过信息、语音、视频等方式进行人际沟通；二是运用“网上课程”“云会议”等方式进行“一对多”的群体沟通或组织会话；三是利用社交媒体的“圈群结构”传播模式进行宣传引导。新媒体网络传播具有交互性、共享性、即时性等便于法治教育开展的优势特征，同时也存在个性化、社群化、碎片化和流变性强等可能降低思想政治教育可信度、影响教育对象信任倾向的干扰因素，比如疫情发展的高度不确定性会加深网络信息的碎片化，进而引发谣言现象；“圈群”中的“潜水现象”也会严重削弱教育者的疏导教育功能。在新媒体网络舆情环境中，重大疫情体现出的影响社会性和非程序化决策特征使得思想政治教育本身的可信性更容易遭受质疑，使得教育者和教育对象之间的交互反馈信息受多种情境因素的干扰，造成反馈调节

---

〔1〕 王学俭：《思想政治教育理论与实践问题的研究视角》，中国人民大学出版社2017年版，第164页。

〔2〕 郑永廷主编：《思想政治教育方法论》，高等教育出版社2010年版，第249页、第169页。

作用失灵、效果滞后，教育对象难以达到“言行一致”的反馈效果和预期效果，从而导致教育者不能有效评估法治教育的实际效果。

二、实践反思：法治教育过程中的实际问题及应对

以高校为代表的法治教育主体，制作了大批专业性强、传播面广的法治宣传教育作品，有效地组织大学生志愿者投身基层进行疫情防控、法治宣传和法律服务，客观上形成了“把思政小课堂同社会大课堂结合起来”的育人机制，但也暴露出一些亟待重视和解决的老问题和新情况。

（一）高校应急管理制度存在短板，大学生法治规则意识有待提升

重大疫情防控期间，部分高校依据校内学生违纪处罚办法，对个别违反“不返校”规定的学生予以处分，引发社会的广泛关注和讨论。此外，“传谣信谣现象”在大学生的新媒体网络“圈群”中也普遍存在。尽管这些行为并不违反法律，但仍暴露出我国高校应急管理法治化水平不高、大学生法治规则意识不强的问题。“制定良法而获得普遍遵行”是法治化的目标，[1]也是高校依法治校的前提。高校具备完善的学生管理制度体系，既是法治化水平和治理能力的体现，也是开展大学生法治教育的重要基础和制度保障。法律的指引作用是其规范作用的体现，其对行为的指引包括选择性指引和确定性指引。确定性指引是指人们必须根据法律规范的指示而行为。若违反确定性指引，法律通过设定违法后果（否定式的法律后果）予以处理，以此保障确定性指引的实现。[2]法治的优势在于其稳定，具有可预见性，人们可以根据事先公布出来的法律来预测、安排自己的行为，且不必担心被事后的、变化无常的法律追究责任。[3]在大学，校规校纪之于大学生，就应当如同法律之于公民。公民应当遵循法律的确定性指引，依法履行相应义务，大学生也应当遵守校规校纪、履行学校规定的义务。然而，重大公共危机事件具有非程序化决策特征，在没有专门性制度或政策工具失灵的情况下，培养大学生的

---

〔1〕 马怀德、汤磊：“总体国家安全观视角下的公共应急管理法治化”，载《社会治理》2015 年第 3 期。

〔2〕 舒国滢主编：《法理学导论》，北京大学出版社 2006 年版，第 38 页、第 50 页。

〔3〕 马怀德：“教育法治四十年：成就、问题与展望”，载《国家教育行政学院学报》2018 年第 10 期。

规则意识是法治教育的关键所在，这同样考验着教育者的政策解读能力。在诸如重大疫情这样的特殊情境下，个体面临个人利益与社会责任的抉择时，规则意识的自律性就会得以体现，只有具备良好规则意识的大学生，才能体现出较强的社会责任感，从而更规范地履行道德义务和法律义务。

（二）运用法学教育教学方法的科学性和灵活性不足

法治教育因法律学科本身而具有专业性。诸多高校借鉴法学教育教学的基本方法进行大学生法治教育，用通俗的语言解读法条开展以“普法战‘疫’”为主题的网络答疑，以案例教学的形式开展“以案释法”，网络思政育人效果显著。但也有一些法治教育教学活动，客观上超出了普通大学生的法律认知能力，也超出了法治教育专业性的目标要求，呈现出专业化法学教育的特征，主要表现在过度重视法条、法理等法学专业知识的阐释和解读。法治教育与法学教育，在教学内容和方法上有相通性，但本质存在差别，前者侧重于通识性法治文化的学习，旨在通过知识教育、体验教育等方法，使教育对象得到“法治启蒙”，培养法治意识、法治思维、法治素养，符合现代法治社会的基本要求。法治教育教授的内容与教育对象自身的学科专业结合不紧密，可理解为“通才教育”；法学教育侧重于法学专业知识传授和法律专业化教育，旨在通过法律思维和技能训练，使教育对象掌握现行法律制度体系中的法律知识、法律规则，并运用法律工具解决纠纷。在教育过程中，法律专业知识的学习与法律职业伦理的养成是同步进行的关系，[1]这种培养教育方式可理解为“专才教育”。因此，教育者教授的内容要适应大学生普遍的知识水平和法治素养，注意避免过度使用“法言法语”，减少使用“依法说法”“依法条解释法律”等灌输式的教学方法。应借鉴案例教学等启发式的教学方法，使大学生能够结合现实生活环境，掌握卫生防疫、治安管理等法律知识，理解法律的立法初衷与运用情境，进而达到自觉遵法守则的预期效果。

（三）网络空间舆论环境与大学生法治教育要求不相适应

媒体同样承担着法治教育的社会责任。在重大疫情期间，“宅”文化充斥着社会舆论环境，很多大众媒体、新媒体以“不出门=做贡献”等倡议口号

〔1〕 卢春龙：“法治人才思政教育的改革创新”，载《前线》2019年第8期。

作为宣传口径，其中不乏一些高校官方媒体。以法治教育的观点来看，类似的宣传内容可以放在特殊时期引导公众行为方式的特殊语境中来理解，但就价值导向而言，特别是对于大学生群体，则略显消极。大学生具有较高的知识文化水平和更好的身体素质，特别是党团员大学生群体更具有先进的思想政治觉悟，面对重大疫情，在条件允许的情况下，积极参与力所能及的社会服务才是其履行社会责任的应有之义。从社会责任与义务关系的角度来看，义务体现着与行为自由相统一的社会责任，体现着社会对个人、国家对公民提出的社会的、政治的、法律的和道德的要求。义务包括两个部分：一是义务人必须根据权利的内容作出一定的行为，即“积极义务”；二是义务人不得作出一定行为，即“消极义务”。公民社会责任来源于法律义务和道德义务，而法治教育就是要引导教育对象通过法律秩序和道德规范规定的路径履行义务，使其形成法律责任意识和道德责任意识。大学生法治教育应当以培养法律责任意识为底线，以培养道德责任意识为目标。因此，倡导“不出门”仅是要求大学生对法律消极义务的履行，而大学生法治教育作为高校思想政治教育的重要内容，更应该注意引导大学生从自觉承担法律责任升华到自觉承担道德责任。

三、现实启示：新时代大学生法治教育的改进思路

（一）法治教育与道德教育相结合，宣传中国特色实践

习近平在中国政法大学考察时指出，中国特色社会主义法治道路的一个鲜明特点，就是坚持依法治国和以德治国相结合，强调法治和德治两手抓、两手都要硬。法学教育要坚持立德树人，不仅要提高学生的法学知识水平，而且要培养学生的思想道德素养。[1]国家应对重大疫情的治理管控是我国依法治国和以德治国相结合的生动实践。总结疫情应对过程中的真实案例作为法治教育的素材来源，一方面，体现了国家重视发挥道德教化作用，挖掘抗击疫情中的感人故事，引导大学生自觉履行道德义务和社会责任，营造良好的社会法治环境。另一方面，利用法治的制度支撑作用，将在重大疫情应对

[1] “习近平在中国政法大学考察”，载新华网，http://www.xinhuanet.com//politics/2017-05/03/c_ 1120913310.htm，最后访问时间：2020 年 4 月 5 日。

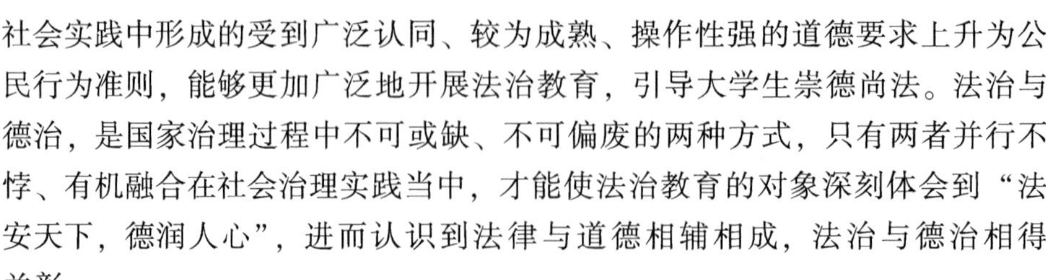

社会实践中形成的受到广泛认同、较为成熟、操作性强的道德要求上升为公民行为准则，能够更加广泛地开展法治教育，引导大学生崇德尚法。法治与德治，是国家治理过程中不可或缺、不可偏废的两种方式，只有两者并行不悖、有机融合在社会治理实践当中，才能使法治教育的对象深刻体会到“法安天下，德润人心”，进而认识到法律与道德相辅相成，法治与德治相得益彰。

（二）法学教师与思政教师相配合，提升思政课实效性

法治教育是大学思政课课程建设的内容之一，开设法学专业的高校应该利用好学科资源优势组织好跨学科思政课的教学研究。首先，要建立以思政课教师为主体，法学教师参与的法治教育研讨机制。通过组织思政课教师和法学专业课教师共同参加法治教育理论与实践专题培训研讨活动，提供跨学科交流的平台，既能够增强思政课教师的法学专业理论素养，也能够启发法学专业课教师“思政课程”实践能力。其次，引导法学专业课教师从事兼职或专职思政课教学。根据 2020 年 3 月 1 日起施行的《新时代高等学校思想政治理论课教师队伍建设规定》，“高等学校可以在与思政课教学内容相关的学科遴选优秀教师进行培训后加入思政课教师队伍，专职从事思政课教学”。这是具有开创性的政策指导意见。自 1984 年创立到 2005 年设立二级学科，我国思想政治教育学科能够快速发展，一方面得益于思想政治教育基础实践快速发展，使其具有鲜明的实践特征；另一方面则受益于与哲学、政治学等传统学科的交叉融合，思想政治教育具有了跨学科建设视野。随着我国依法治国实践不断深入、思想政治教育学科建设不断发展，国家治理实践对大学生法治教育会提出更强的普适性、专业性、前瞻性要求。因此，经过学科专业思维训练或从事过司法实务的法学教师会具有法治教育专项教学的比较优势。最后，组织思政课教师和法学专业课教师共同研发“大学生法治教育案例学习指导教材”。案例教学是典型的法学教育教学方法。在重大疫情防控期间，部分政法高校联合开设线上普法专栏，整理具有典型性的现实案例，总结问题要点，邀请专家出具法律意见，引起社会广泛关注，发挥了良好的法治教育功能。

（三）第一课堂与第二课堂相融合，创新实践教育形式

高校组织法学专业学生和法治实践类的学生社团开展线上法律答疑、“云

课堂”普法宣讲等第二课堂实践活动，部分返乡大学生参与到地方基层普法宣传工作中，发挥了良好的社会法治教育作用。2019年3月18日，习近平总书记在京主持召开学校思想政治理论课教师座谈会时强调，“要坚持理论性和实践性相统一，用科学理论培养人，重视思政课的实践性，把思政小课堂同社会大课堂结合起来”。提升实践性是大学思政课改革的重要内容，利用第二课堂活动提升思政课实践性、灵活性和多样性是行之有效的办法。法律是一门实践性很强的学科，学生通过参加法治实践类的第二课堂活动，能够加深对基础法学知识的理解，强化对法律工具的运用。比如，组织学生旁听真实的法庭审判或参加法院线上庭审；指导学生开展模拟法庭，模仿法院开庭审理案件，将在思政课学习到的法学理论知识应用在虚拟司法程序中；指导法学专业的学生“备课”常用部门法，开展法律援助、“送法进基层”等志愿服务实践活动等。第二课堂活动提供了“情景式”学习环境，使大学生能够以司法者视角思考法律问题、进行自我法治教育，从而更深刻地了解法律运行逻辑、体会法治内涵、感受司法权威。

（四）法治教育与网络治理相促进，强化网络育人功能

互联网不是法外之地，一个稳定、有序、清明的网络生态空间同样需要制度保障和秩序规约。任何组织、个人在网络空间里都要有法律意识、规则意识，都应当成为秩序维护的参与主体。[1]对大学生进行法治教育既是推进网络思想政治教育的应有之义，也是推动网络空间治理的重要途径。重大疫情期间，各高校十分重视网上舆情引导和监控，着力开展网络内容建设，持续发布社会倡议，跟进正面宣传，营造“不传谣”“正能量”“真善美”的主流网络文化氛围。总结网络治理思维下的法治教育思路主要有以下几点：一是将约定俗成的“文明用网”的倡议、守则、公约进行制度规范化升级，增强大学生使用网络的法律规则意识和道德规则意识；二是以“边使用、边治理、边教育”的理念指导法治教育实践，不断总结法治教育新内容、新案例，通过教育引导功能和治理实践的前瞻性降低“法律滞后性”的影响；三是提升网络治理技术的运用能力，增强舆情监督响应力，与网络监管机关及时联

〔1〕 陈志勇：“网络空间治理背景下的高校网络思想政治教育应对”，载《思想教育研究》2018年第12期。

动，有效干预大学生涉网的不法行为。

（五）显性教育与隐性教育相统一，促进大学生社会化

显性思想政治教育是指通过直接的、有计划的、有步骤的显性方式，来达到思想政治教育目的，在教育过程中教育者与教育对象关系明确，并且有明确的教育目的、教育计划。隐性思想政治教育是指利用隐性教育资源，采用比较含蓄、隐蔽的形式，运用文化、制度、管理、隐性课程等潜移默化地进行教育，使教育对象在有意无意间受到触动、震动、感动的教育方法。大学生法治教育作为思想政治教育的重要内容，其本质是政治社会化的方式。在社会政治生活中，特定的组织、机构、团体，都可成为传递政治信息、传播政治文化、影响和塑造社会成员政治意识和政治情感的媒介，如家庭、学校、媒体、社会组织等，社区、文化场所以及特定的政治符号等也都具有政治社会化的功能。[1]从疫情期间高校开展法治教育“供给侧改革”的基本思路来看，既有组织线上班会、法治课堂、网络辅导等显性教育，也有进行法律普及、宣传口号、氛围营造等隐性教育，特别是在“举国战‘疫’”的特殊背景下，高校充分动员校内外多元主体、多种渠道，创设出以学校教育为牵引，家庭教育与社会教育相结合的法治教育环境，有效促进了当代大学生的政治社会化。

[1] 燕继荣：《政治学十五讲》，北京大学出版社 2013 年版，第 248 页。

二、学业辅导

从辅导员视角看高校学业预警制度的现状和改进

——以中国政法大学学业预警制度为例

刑事司法学院　吴　静

【摘　要】 学业预警制度是辅导员加强学风建设、进行日常教育管理的重要制度依据。学业预警在高校人才培养校园管理中的起着重要的作用，是保证高校人才培养质量的重要措施，是帮助学生健康成长成才的重要保障，是改进高校学生管理工作的现实要求，它可以调动学校多部门的合力，强化"三全育人"的效果。但以中国政法大学学业预警制度为例，预警制度存在以下现状：如缺乏相应的数据信息来源支撑，使得有些判断条件形同虚设；学业预警制度里有些预警条件不够清晰明确，缺乏具体指标；学业预警等级设定不够合理；制度落实人员单一；对实践类课程预警重视不足。针对这些现状和问题，提出以下改进措施：(1) 建立系统的学生个人成长档案作为预警的前提和基础。(2) 深入挖掘各项数据资源为学生学业预警提供科学的决策依据。(3) 构建多部门、多主体参与的学业预警制度。(4) 完善学业预警反馈制度。

【关键词】 辅导员　高校　学业预警　制度

加强学风建设，激发学生学习兴趣，引导学生养成良好的学习习惯，是高校辅导员的一项重要职责。[1]高校学业预警制度作为一项对学生学业可能出现的问题进行提示或预先告知，并为学生克服困难提供具体指导和帮助的制度，能够及时提醒学生注意其在学业上出现的问题，有防止问题恶化帮助学生顺利完成学业的重要作用。预警制度不仅能够减少不能顺利毕业的学生

---

〔1〕《普通高等学校辅导员队伍建设规定》。

人数，提高本科生人才培养质量，也是辅导员加强学风建设进行日常教育管理活动的重要制度依据。

一、学业预警在高校人才培养校园管理中的重要作用

（一）学业预警是保证高校人才培养质量的重要措施

21世纪的竞争关键是人才的竞争，随着高等教育从精英教育走向大众教育，我国高校每年向社会输送大量高层次人才，为建设社会主义强国实现中华民族伟大复兴提供了有力的人才保障。要使我国的综合国力进一步保持增长，人才培养的质量也要跟上社会发展的要求。高校越来越重视人才培养质量，只有培养出被社会认可的一流人才才不负高校所肩负的使命。目前各高校都在积极深化本科教育教学改革，“围绕学生忙起来、教师强起来、管理严起来、效果实起来”的目标开展活动，目的是“培养德智体美劳全面发展的社会主义建设者和接班人”。[1]学业预警不仅是要帮助学生完成培养方案要求的课程，还要帮助学生提升学业完成的质量。曾经大学“60分万岁”的思想早已被时代所抛弃，但只满足于60分就能合格毕业的情况仍然在不少大学生身上出现。学业预警也是要让“学生忙起来”“管理严起来”，最终让“效果实起来”，为祖国建设输送更多优秀人才。

（二）学业预警是帮助高校学生健康成长成才的重要保障

高等教育大众化让更多的青年学子有机会接受更高层次的教育，但是因为各种主客观方面的原因，部分学生并不能达到学校的培养要求，甚至有学生完成学业都存在困难，这必然导致后续的一些问题，更严重的甚至会留下校园安全隐患。学业预警的初衷是根据现有情况对学生在今后学习生活中可能会出现的问题进行提前告知和警示，通过采取一些帮扶措施帮助学生克服困难达到健康成长成才的目的。这一制度将学生毕业时才会面对的问题提前预警，给学生留下充分的改进时间，在一定程度上扭转了可能出现的不利局面。广义的学业预警不仅包括课程成绩预警，还包括学生成长综合素质预警，预警能够促进学生全面健康成长。

---

[1]《教育部关于深化本科教育教学改革全面提高人才培养质量的意见》。

（三）学业预警是改进高校学生管理工作的现实要求

学业预警制度能够帮助辅导员有序地开展学业指导工作，加强和改进学风建设。学业预警制度作为辅导员开展学业指导工作的制度依据，能够帮助辅导员厘清思路，把握重点，保证工作落到实效。每个学生在校期间要按照培养方案的要求修完规定的课程，除了个别学生能够意识到自己的学业上的问题主动寻求帮助外，许多学生对于自己的问题并不自知。宽泛的考核管理让学生对上课的到课情况、抬头互动等并不关心，即使学校再三强调加强学风建设也依然如故。学业预警可以对学生平时的日常学习情况进行预先警示，让同学们对课堂要求重视起来，并提高课堂学习的质量。

（四）学业预警可以调动学校多部门的合力，强化“三全育人”的效果

学业预警的有效执行所要涉及的部门除了教务、学工等直接部门，还有学院、图书馆、后勤、信息技术等多个部门；涉及的阶段不仅包括学生的期末成绩考核、毕业审核，还包括整个大学全程的日常学习生活；涉及的学业方面不仅包含学生的专业课程，还包含实习实践等多方面的内容。这样全面的预警方式能够形成更完整的育人合力，更好地督促学生健康成长。

二、高校学业预警制度的现状

（一）学业预警制度

各高校学业预警制度的具体规定不尽相同，总的来说分为狭义学业预警制度和广义学业预警制度。狭义学业预警制度只针对学习成绩预警，对每学期未达到学业最低要求的同学进行警示和告知，并采取相应的措施帮助学生养成良好的学习生活习惯。[1]这样的制度规定简洁易于执行。不足之处是只针对事后的学习结果进行预警，而缺乏过程干预，不利于全面掌握学生的学业情况。

广义的学业预警制度是通过对学生的招生信息、生活习惯、学习表现、学习成绩、经济状况、其他违纪情况和精神状况数据的收集汇总分析，对学

〔1〕杜长冲：“高校学业预警援助体系的构建与实践”，载《赤峰学院学报（自然科学版）》2014年第18期。

生可能出现的学习问题进行提前警示并采取干预措施以避免不良后果产生的制度。[1]广义的学业预警制度拓宽了信息来源渠道，对学生的学业预警更加全面准确，有助于辅导员全面掌握学生的情况有针对性地开展帮扶工作。不足之处是信息的收集工作涉及多个部门，需要形成全校联动的预警工作机制才能有效执行。

中国政法大学预警制度包括学业、行为、心理三个部分，学业预警只是学生预警制度中的一部分内容。学业预警分为三个等级，一级是最严重情况，不同预警等级对应不同条件，并指定不同的责任人，包括学生辅导员、班主任、学院学生工作办公室、学院院长、分党委（党总支）书记或分管院领导。同时规定了对出现预警情况的学生要进行干预，并提供必要的指导和帮助，针对一二级预警还要求告知家长，请家长配合做好学生工作。这一制度条理清晰、责任明确，确实帮助了一些同学，使其避免出现学业不合格的情况。

（二）学业预警制度现状

中国政法大学每年仍然存在少数学生不能达到学校培养方案的要求导致毕业延期或者无法拿到学位证的情况，这也说明我们的预警制度还存在有待改进的地方。学业预警制度在执行过程中存在以下问题。

1. 预警制度缺乏相应的数据信息来源支撑，使得有些判断条件形同虚设

预警的前提是数据的准确。以中国政法大学三级预警制度为例，三级预警由辅导员负责，学生符合一条就达到三级预警：（1）学生累计旷课四节以上；（2）学生两门以上（含两门）课程考试成绩未达到70分。首先，没有技术手段的支持，靠辅导员一人监督几百名学生的出勤情况不现实，对于人数较多的大课来说任课老师也不可能每次点名，在分散选课的情况下让同学监督也不现实，条件（1）形同虚设。其次，教务数据系统没有与学生学业预警系统挂钩，不能给辅导员工作提供数据支持。如考试未达70分，因为教务系统并没有这么一个筛选条件，需要辅导员人工数着成绩单上的分数确认，对于所带年级人数较多的辅导员来说工作量巨大。再加上一二级预警条件中也有关于成绩未达要求的情况统计，需要辅导员人工一一核对，因工作量太大

[1] 杨洋、张烨青、方丹丹："学业预警指标体系构建及系统初探"，载《中国教育信息化》2017年第7期。

辅导员只能关注预警严重的学生。

2. 学业预警制度中有些预警条件不够清晰明确，缺乏具体指标

还是以三级预警条件为例，学校规定符合以下条件之一的达到三级预警：（1）学生有明显的厌学情绪；（2）学生对某一门或某几门课程学习困难。除了学生因学业问题主动向辅导员寻求帮助让辅导员能够确定学生有学业上的困难达到三级预警的情况外，其他情况很难被发现。学生的厌学情绪具有一定的隐蔽性，平时不易为老师和同学察觉，等大家察觉时往往情况已经比较严重。另外学生对自己是否学习困难通常并不自知（平时没有考核），缺乏判断的依据，只能等考试结果出来再判断，导致预警信息滞后。

3. 学业预警等级设定不够合理

预警等级应当要能够反映出没有达到培养方案要求产生后果的严重程度，才能对学生起到警示督促的作用。学业预警制度等级设定不合理首先表现在预警条件太过宽泛。以我院 2016 级学生前六个学期不及格门次统计为例，该六个学期平均每学期有 94 门次不及格，一个学生有 1 门不及格就已经达到二级预警的条件，再加上其他符合条件的情况，二级预警的人数一个年级就得超过百人，达到三级预警的人数就更多。其次，预警等级严重程度不足以引起学生重视，达不到真正触动学生改进的目的。三级预警同学们基本不当回事，最严重的一级预警也只是一学期不及格门次达到两门，不能让学生对学业预警真正重视起来。

4. 制度落实人员单一

从预警数据的收集整理、确定预警名单，到采取帮扶措施、联系家长、跟进反馈效果，整个预警工作的流程都由年级辅导员完成。虽然制度中规定二级预警由学生工作办公室负责，但并没有指定具体负责人，最终还是落实到辅导员身上。另一方面，因为预警条件规定太过宽泛使得辅导员工作量倍增，而辅导员平时还有大量日常工作要处理，时间精力有限，在实际执行过程中辅导员只能重点关注一级预警学生，或者比一级预警还要严重的学生，重点保证这些学生得到有效干预和帮扶，这使得原本由辅导员负责的二、三级预警学生因为人数太多而得不到有效的关注。

5. 对实践类课程预警重视不足

实践类课程没有学生不合格，但这不代表学生的能力都得到了相应提高。

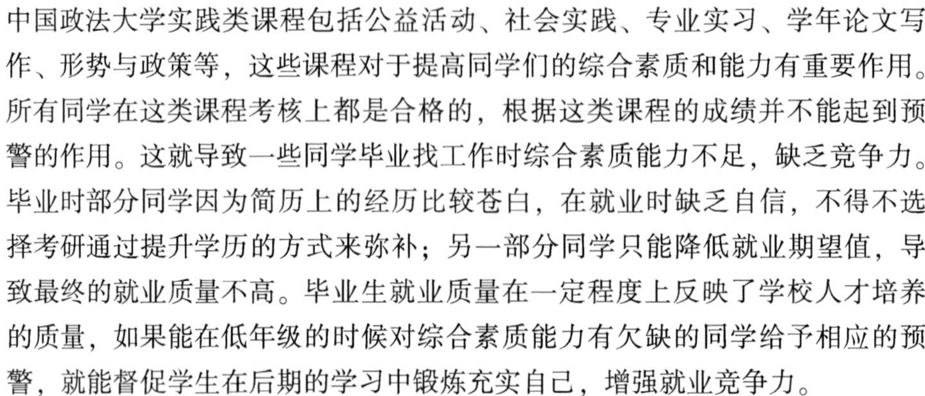
中国政法大学实践类课程包括公益活动、社会实践、专业实习、学年论文写作、形势与政策等，这些课程对于提高同学们的综合素质和能力有重要作用。所有同学在这类课程考核上都是合格的，根据这类课程的成绩并不能起到预警的作用。这就导致一些同学毕业找工作时综合素质能力不足，缺乏竞争力。毕业时部分同学因为简历上的经历比较苍白，在就业时缺乏自信，不得不选择考研通过提升学历的方式来弥补；另一部分同学只能降低就业期望值，导致最终的就业质量不高。毕业生就业质量在一定程度上反映了学校人才培养的质量，如果能在低年级的时候对综合素质能力有欠缺的同学给予相应的预警，就能督促学生在后期的学习中锻炼充实自己，增强就业竞争力。

三、学业预警制度的改进

学业预警是一个系统工程，单靠一个部门或辅导员的力量所起的作用有限，只有将学生学业预警与学生健康成长成才相结合，构建学校整体的预警制度，才能保证学生在毕业时能够成长为合格的社会主义建设者和接班人。

（一）建立系统的学生个人成长档案作为预警的前提和基础

全面掌握学生各方面的情况，才能准确判断学生是否需要预警，采取更有针对性的有效帮扶措施。高校应从学生入校开始给每位同学建立成长档案，档案内容包括：(1) 学生个人基本信息，包括学生招生信息（高中文理科成绩情况、特殊类别学生如特长生等具体情况）、生源地、班级、专业、高中曾担任职务、所获奖项、特长等，入校心理普查情况。(2) 家庭情况，包括家庭经济情况、成员（是否特殊家庭）及家庭成员关系。(3) 学习情况，包括学习目标、课堂教学课程成绩、学科竞赛等参与情况等。统计这部分信息的目的是让学生确定学习目标也能让学生在学期结束时对照自省。(4) 社会活动情况，担任班级、社团职务及活动情况。(5) 实践活动情况，包括公益活动、实践调研、志愿者服务等实践活动的参与情况。(6) 实习情况。(7) 奖励、荣誉获得情况。(8) 技能证书通过情况。学生成长档案随着学期进展不断扩充内容，通过建立档案最终形成对学生成长的动态考察体系。掌握这些信息能够帮助辅导员全面了解学生情况，结合学生学习成长的阶段特点采取有针对性的督促和帮扶措施。

(二)深入挖掘各项数据资源为学生学业预警提供科学的决策依据

准确的学业预警决策离不开全面而科学的数据分析，依托大数据分析深入挖掘学校各项数据资源，能够为学生学业预警提供科学的决策依据。

1. 深入挖掘现有的数据为预警等级设定提供科学指标

“成绩预警是学业预警的核心和难点”，成绩预警不仅要能反映学生成绩不合格与不能完成培养方案要求之间严重程度的对应关系，还要能反映学生成绩较上一阶段学习是进步还是滑坡，以及对下一阶段关联课程能否进行合格风险的预测。[1]预警等级设定合理对学生能起到明显的督促作用，没有因成绩而“退学”的规定，但有高校规定达到预警最高等级的后果是退学，这对督促学生学习产生的效果是明显的。[2]

2. 整合学校多部门的学生数据信息为学生学业预警提供相应数据支持

如图书馆的借阅信息、卡务部门的消费信息、网络部门的上网数据信息、教务部门的学习成绩信息、学工部门的学生社团活动信息、保卫处和公寓的卫生安全检查信息等，高校应整合这些碎片化信息依托大数据分析深入挖掘各项数据资源，结合学生在校期间各个阶段的培养要求，对学业完成没有达到要求的同学，给予相应的预警提示和帮扶，督促他们在下一阶段的学习中加以改进，促进个人的全面发展。

(三)构建多部门、多主体参与的学业预警制度

构建多部门、多主体参与的学业预警制度，首先是构建多部门参与的学业预警制度，形成“全员”育人的合力。各学院、教务处、学生处、图书馆、后勤、保卫处、信息技术部门等都需要与学生接触，也都掌握部分学生信息，及时有效整合这些信息能够帮助学校判断学生学习情况，使各部门共同促进学生的健康成长。其次是构建多主体参与的学业预警制度。除了辅导员，还要让任课教师、班主任、学生本人和家长都参与进来，建立多方主体都能随时了解学生信息的预警平台。使任课教师在获得选课名单时，就能知道哪些

---

〔1〕 陈衡：“基于数据挖掘的高校学生成绩预警模型研究”，载《科学大众（科学教育）》2017年第5期。

〔2〕 李清勇等：“学业警示体系的设计与实践——以北京交通大学为例”，载《工业和信息化教育》2019年第3期。

同学有成绩预警需要多关注或者给予特别指导。班主任可以知道自己所带班级的学生预警情况，对预警学生给予重点关注和指导。家长也能通过平台及时了解学生在校期间的成长情况，能及时跟学校沟通协助做好预警学生的帮扶工作。对于学生自己来说，预警不仅是被动的了解信息，还能够让学生通过平台主动了解自己的学业进展情况，针对自己的学业问题积极寻求帮助。辅导员能够通过平台掌握学生全面而详细的信息，及时与学生、家长、班主任、任课教师沟通，对预警学生采取有针对性的帮扶措施，在这些合力的干预下促进学生的健康成长。

（四）完善学业预警反馈制度

预警反馈制度，包括两个层面的内容。一是指学生学业出现预警后，经过多方主体采取帮扶措施，学生预警情况是否得到改善的反馈制度。如无改善则需要进一步分析原因及制定下一阶段需要采取的帮扶措施，继续跟踪反馈。这一制度能保证帮扶措施的有效开展并达到预期目标，改善并扭转学生毕业时可能出现的不利局面。二是针对预警反映出来的学校教育管理中的问题，督促学校相关部门改进反馈制度。这一制度包括以下几个方面：（1）通过对学生成绩数据的深入分析，结合培养方案的要求合理安排各类课程比例和进度。学生课程成绩除了学生个人因素，还与学校教育教学安排、老师教学质量、课程考核方式等因素相关。如法学专业大二下学期挂科门次要高于其他学期的一个重要原因是，这学期有 6 门专业必修课，多于大一全年的专业必修课门数，等于大三学年全年的专业必修课门数。（2）提醒任课老师改进教学方法和进度等，提升教学质量。（3）促进课程考核方式的改革，增加学期中考核比重，改进实习实践课程考核方式等。（4）加强学生第二课堂管理，规范学生社团活动，促进学工系统管理水平的提高。通过学业预警反映出来的问题不断促进学校教育和管理的改进，最终实现学生成长与学校发展的良性互动。

本科生学风建设研究

——以中国政法大学政管学院为例

政治与公共管理学院　李明霞

【摘　要】本科生学风是本科生群体学习、生活和纪律等方面综合面貌的体现。在高等院校推进本科生学风建设的背景下，本文选取中国政法大学政管学院展开个案分析，探究具有行业特色的院校的学风建设思路。首先，基于对问卷调查数据的整理和分析，本文重点阐述学院学风所存在的主要问题，主要包括学习兴趣不高涨和学习纪律相对松散等方面。其次，本文围绕办学特色和导师制的实施情况对学风不正问题的成因进行分析。最后，结合其他具有行业特色的院校学风建设的经验，从本科生学科兴趣培养、本科生导师制的引导以及宣讲监督机制这三个方面入手提出合理的建设思路，以期从形式、内容和效果等方面实现学风建设的正规化。

【关键词】学风　本科生　高等院校

一、本科生学风问题及其表现

自1999年我国高等教育扩大招生规模之后，毛入学率已经达到25%以上，我国高等教育由精英教育阶段跨入了大众化教育阶段。与此同时，高校学风问题开始凸显。本文首先界定学风这一概念的内涵与外延，并探讨学风的现状以及存在问题。

（一）学风的概念界定和研究现状

开展学风建设的前提是完整而准确地梳理学风的概念。学风存在广义和狭义之分。在广义上，现代组织理论认为，学风是高等院校这一组织长期发展出的组织文化，除了学生的求学治学之风外，还包括教师的教学之风和学校干部的管理之风。这种综合性风气反映了该高校独特的行为规范、文化观念、管理理念、历史传统等；[1]在狭义上，学风是指学生在学习生活过程中表现出的个人行为风尚，具体的要素包括学习纪律、学习方法、学习态度和学习兴趣等。[2]

学界长期关注高等院校存在的学风不正的问题，学者通过问卷调查、个体访谈、文献回顾等多种方式归纳学风不正的表现形式，包括学习动力不足、自律能力偏低、学习方法不科学等，并作出了围绕思想政治教育、教学管理体制等方面具有一定解释力的分析。[3]

回顾现有关于学风现状以及学风建设的文献，尽管相关研究在研究方法的科学性、价值取向的人文性以及研究视角的多样性等方面取得了进展，但多数论文仅对学风不正的现象展开描述性研究，缺少基于实证数据的对学风不正现象原因的深度分析。在描述学风不正的现象时，学者选取的多为研究生的案例或综合性大学的样本，而对行业优势性院校和本科生群体的学风问题关注较少，样本呈现出缺乏整体性和系统性的特点。

（二）政管学院本科生的学风现状

中国政法大学政管学院学生委员会曾于2016年抽样调查政管学院各年级近200名本科生的学习状况。问卷的内容主要涉及课堂学习、课堂纪律、自习安排、考试纪律等方面，问卷具体关注本科生群体对学风建设的认识程度，包括自身的学习目的是否明确、学习的主动性是否被调动、科学的学习习惯是否养成、对本专业的认识是否加深、能否坚持自习、能否坚持跨学科多元学习、创新创业的意愿是否较高、对自身未来学业道路和职业规划的理解是否深刻等。本文将通过问卷调查的结果评估政管学院本科生对学院的整体学风状况、教学水平、学习环境、课程设置以及所学专业的满意程度。

1. 学习目的和态度方面

在评估学校学风状况时，12.6%的同学认为目前学校“缺乏学习、学术氛围”，具体表现为艰苦奋斗精神在学生中较为淡化，一些同学贪玩耍、消费

---

〔1〕韩茼：“试论高校学风建设的意蕴与原则”，载《天津市教科院学报》2007年第1期。

〔2〕魏涛、韦秀英：“新时期高校学风建设所面临的挑战与对策”，载《黑龙江科技信息》2008年第7期。

〔3〕孙明明：“高校学风管理探究”，华东师范大学2008年硕士学位论文。

高、玩游戏的时间太多；35.4%的同学认为“上课吃早点、吃零食、旷课迟到”等生活纪律涣散的行为有待约束；33%的同学认为“浮躁不踏实，考试突击，进取心不强”等不良求学现象普遍发生；近40%的同学认为平时自习效率低下，注意力容易被手机等分散。部分学生未能真正意识到学习的重要性以及当今大学毕业生的就业压力。概言之，“为谁学”和“为什么学”两个基本问题尚未能解决好。由于缺乏学习价值导向，学生的求学思想尚未从“要我学”向“我要学”转变。

2. 考试和论文写作方面

政管学院高度重视考风宣传，不仅印制文明诚信考试的宣传标语进行考风教育，还开展了“严肃考风考纪，争做文明大学生”的主题活动，要求每位学生签署《诚信考试承诺书》，积极引导学生树立良好的考风学风，注意严肃考试纪律。[1]问卷调查的结果显示，本科生群体对考试纪律的满意度最高，近几年学院的期末考试以及英语四六级考试考场秩序良好，考试纪律严明，无作弊现象发生。此外，学院开展对本科生毕业论文原创性抽查，对抄袭、剽窃等行为给予严肃处理。[2]同时，学院不断完善学生的学年及学位论文管理，加强学年及学位论文的规范审查，杜绝抄袭、剽窃等违反学术规范的行为，加强学生的科研诚信教育，注重对本科生学术研究和学术活动基本规范的教育和培训，认真执行学术刊物引文规范。[3]通过细化论文管理过程控制，学院明确要求指导教师在进行论文指导的同时，也应注意做好学生的学术道德规范教育，并规定学生应定期向指导教师汇报论文进展情况。

3. 教风带动学风方面

导师制普遍应用于研究生教育，21世纪初导师制才陆续被高等院校应用于本科生培养过程中。本科生导师制是指在实行辅导员制度的同时，聘请专业教师在师生双向选择的前提下担任本科生指导教师，对学生进行学业规划、思想引导、大学生活指导、学习方法指导、选课指导、社会实践指导和科研

---

〔1〕“政管学院2018级本科新生开展‘诚信考试’主题团日活动”，载中国政法大学政管学院官网，http://zgxy.cupl.edu.cn/info/1055/3984.htm，最后访问日期：2019年3月1日。

〔2〕“我院召开毕业生论文规范暨就业工作指导会”，载中国政法大学政管学院官网，http://zgxy.cupl.edu.cn/info/1013/1804.htm，最后访问日期：2019年3月1日。

〔3〕“关于印发《中国政法大学学术规范》的通知”，载中国政法大学政管学院官网，http://zgxy.cupl.edu.cn/info/1071/2394.htm，最后访问日期：2019年3月1日。

训练指导的教学制度。中国政法大学政管学院施行本科生导师制，通过导师的言传身教激励、约束和引导学生。在新生入学教育阶段，学院为每个专业的同学聘请专业指导老师，其任务是对本科生的“读书、专业学习和社会实践等环节进行全程指导”。[1]其中，国际政治专业参照研究生导师制度，为每个本科生分配本科生导师，对本科生群体的研究兴趣、治学方法以及职业规划等方面展开对口指导。[2]然而，问卷调查的结果显示，29%的同学认为尽管推行了导师制，但师生之间学习交流的气氛不够浓厚。

总体而言，政管学院本科生在考试制度与考试纪律方面的满意度较课堂学习、课堂纪律等方面要高，基本不存在考试违纪和论文抄袭等严重违反校纪校规的现象。大多数本科生都有学习目标和学习规划，能够主动跟进课堂学习的进度。但问卷调查反映出的问题是，本科生群体对学习风气的满意度偏低，部分本科生在学习积极性、学习态度和学习兴趣方面存在不足。同时，本科生导师制这一特色人才培养模式的导学优势尚未充分发挥。

二、本科生学风问题的成因

本科生学风不正的原因不能一概而论，具体而言，可分为两个层次进行分析：第一层面是学术失范，涉及治学的规范问题，主要包括学习目的不纯粹、学习态度不端正以及学习习惯不良等；第二层面是学术不端，包括抄袭、剽窃等不良考试状况。

（一）办学特色影响学习兴趣

中国政法大学是以法学学科为优势和特色的行业特色院校，其办学目标是世界一流法科强校，[3]而政管学院则围绕政治学、公共管理领域搭建自身的学科专业体系。[4]在上述专业特色与办学格局的影响下，政管学院绝大多

---

[1] “我院召开本科生研究生开学典礼暨导师见面会”，载中国政法大学政管学院官网，http://zgxy.cupl.edu.cn/info/1013/1687.htm，最后访问日期：2019年3月1日。

[2] “我院2015级国际政治专业召开导师见面会”，载中国政法大学政管学院官网，http://zgxy.cupl.edu.cn/info/1055/2158.htm，最后访问日期：2019年3月1日。

[3] “学校简介”，载中国政法大学官网，http://www.cupl.edu.cn/xxgk/xxjj.htm，最后访问日期：2019年3月1日。

[4] “政治与公共管理学院简介”，载中国政法大学政管学院官网，http://zgxy.cupl.edu.cn/xygk/xyjj.htm，最后访问日期：2019年3月1日。

数本科生并非将自己所读专业列为高考填报的第一志愿。在专业被调剂的背景下，学院本科生的学习价值导向更需要及时且正确的引导。

有学者指出，在我国的高等教育体系中，高考仍然是进入大学的主要途径，高考成绩在很大程度上限定了考生对所报学校与所学专业的选择自由，许多学生进入了自己不满意、不了解或不喜欢的专业或学校，因而学习劲头不足。[1]此外，一些热门的、就业前景好的专业的学生，学习热情一般较高。这些背景将导致学生存在四个方面的学风问题：学习态度不够端正、学习动机“功利化”、学习动力不足以及学习自觉性缺乏。问卷调查的结果显示，上述特殊的办学背景影响政管学院本科生对自身修读专业的认同感，以致影响优良学风的形成。

（二）导师制的优势未充分发挥

中国政法大学政管学院结合学院的师资结构与办学模式，在本科生群体中引入导师制，对学生进行课堂外的专业培养与思想教育。然而，结合问卷调查的反馈，政管学院在教风带动学风方面仍存在不足，表现为多数本科生认为与本科生导师、班主任、公共课教师之间的沟通较少。这一现象主要有两个成因：一是部分老师对本科生导师制的认识还处于起步阶段，将本科生导师制视为研究生导师制的延伸产物，出现将研究生和本科生放在一起谈话，对本科生的教育引导针对性不足的情况。二是师生交流频率较低。其主要原因在于师生双方日常的工作学习较为忙碌，缺乏交流的积极性与主动性。尽管新生在升学后面临学习、经济、情感等方面的问题，但部分学生认为自己可以解决，不需要求助于导师；也有部分导师缺乏主动性，倾向于坐等学生上门求助。由于缺乏定期或不定期的交流与沟通，部分本科生没有及时调整专业学习方法以及学习态度，导致学习的积极性下降，无法形成良好的学风环境。

三、本科生学风建设的思路

学风建设是一个系统工程，本文聚焦以某种学科为特色和优势的行业特色院校，基于问卷调查的研究数据，主要从学科兴趣培养及本科生导师制两

[1] 赵伟：“我国高校学风建设研究”，天津大学 2007 年硕士学位论文。

个方面提出学风建设的新途径。

（一）完善导师制人才培养模式

据《国家中长期教育改革和发展规划纲要（2010—2020年）》，高校要“关注学生不同特点和个性差异，发展每一个学生的优势潜能。推进导师制等教学管理制度改革”。[1] 根据模仿学习理论，高校的教师是直接接触本科生的群体，是本科生的学习榜样，其行为将会对学生产生示范引导的导学作用。而教风则是指教师在学术活动中形成的风气。有学者通过对有关教风与学风的数据进行回归分析，发现以教风带领学风，能有效提升学生应对学业挑战以及参与课程活动的积极性与能力，因此这是学风建设的重要环节。[2]

具体而言，在推进学风建设的过程中，政管学院可鼓励学生参与教师的科研活动，强化教师在学生培养过程中的作用，通过教师优良的教风带动学生的学习投入，并培养学生相应的学习技能。为改变教师与本科生在上课时间外联系和交流的机会较少，也缺乏系统、规范的科研指导的现状，学院应采取鼓励和引导的方式推进导师制，将对学生的指导与教师的工作量挂钩。教师，特别是导师，则要以身作则感染教化学生，把学术规范教育落实到学生的日常培养环节，即在平时教学中结合学科实际对学术规范与学术伦理进行介绍，为本科生提供选课咨询、阅读建议、写作指导以及科研指导等一体化的指导培育。

（二）有步骤地对学生进行职业生涯教育和指导

问卷调查的结果显示，多数新生缺乏清晰的学习目标以及职业规划，而在学习目标持久性较差的情况下，学生在统筹安排学习投入的时间、贯彻执行学习计划方面会出现动力不足等现象，会直接影响到学生群体的学习兴趣和学习风气。[3]针对绝大多数新生都是由法学专业调剂至本专业的情况，政

---

[1] “国家中长期教育改革和发展规划纲要（2010-2020年）”，载中华人民共和国教育部官网，http://www.ilo.org/dyn/youthpol/es/equest.fileutils.docHandle? p_ uploaded_ file_ id=272，最后访问日期：2019年3月1日。

[2] 徐丹、蒋扇扇、刘声涛：“研究型大学本科生学习投入及其影响因素的学科差异”，载《大学教育科学》2018年第5期。

[3] 夏侯建兵、刘俊英：“当前高校学风建设存在的问题及对策分析”，载《高校辅导员》2015年第2期。

管学院应从学生入校就有计划、有步骤地对学生进行职业生涯教育和指导，引导他们根据自身的特点选择和设计职业生涯的主攻方向，并围绕这个方向调整自己的学习重心。具体包括加强基础课、增加选修课、培养语言能力、加强学习技能以及树立学习目标等。

此外，学院可在新生中实施“专业导引计划”，以此提高新生对专业的认可度，培养学生专业学习的兴趣。具体而言，每学期至少举办一到两次学术报告会、专业座谈会、外出参观或组织同学结合本专业知识开展小型研讨会等，使学生了解和明确所学专业的特点、专业方向、专业优势、培养目标和就业方向等，从而帮助学生结合自身的特点和实际情况设计自身的职业生涯规划，激发学生学习本专业知识的积极性，增强学习动力。

（三）健全宣讲教育和监督体系

宣讲教育贯穿于课程安排、课外实践、学术训练、社团活动等各方面，是学风建设的重要载体。政管学院在健全宣讲教育体系时可参考其他同类型院校的经验。例如，中国政法大学商学院举行“学风宣讲团”和“雁阵计划”活动，邀请成绩优秀的高年级本科生分享复习和考试经验，并传承考风和学风，通过展示高年级本科生的优良学风提高宣讲教育的针对性、实效性并创新宣讲教育载体。[1]此外，在新生入学阶段，商学院还举办了一系列新生专业导向课程，对学院的发展理念和专业的就业前景等学科概况和学习特点进行介绍。[2]上述宣讲教育的模式可供政管学院学习参考，使本学院的优良学风充分发挥其激励、约束、引导和凝聚学生的作用。

政管学院的官网尚未开辟学风建设专栏，难以发挥校内以及社会监督的实效。由于缺乏有效的监督，管理者难以掌握有关执行效果的反馈信息，因此也无法及时调整执行策略与方法。[3]为保证“专业导引计划”和导师制等

---

〔1〕“中国政法大学商学院第九届‘学风宣讲团’启动仪式成功举办”，载中国政法大学商学院官网，http://sxy.cupl.edu.cn/info/1043/2021.htm，最后访问日期：2019年3月1日；“商学院2017年雁阵成果展示暨优秀头雁表彰大会顺利召开”，载中国政法大学商学院官网，http://sxy.cupl.edu.cn/info/1111/1914.htm，最后访问日期：2019年3月1日。

〔2〕“商学院2017年本科迎新系列活动之新生专业导向课程”，载中国政法大学商学院官网，http://sxy.cupl.edu.cn/info/1043/1779.htm，最后访问日期：2019年3月1日。

〔3〕罗琳：“我国高校本科生学风建设政策执行的存在问题分析与对策研究——以华南农业大学为例”，吉林大学2016年硕士学位论文。

学风建设政策的效果，学院应向师生公开学院学风建设组织机构和学风建设相关制度，介绍和宣传校内师生在学风建设方面的典型人物和先进事迹，及时报道学校和学院在学风建设方面的工作动态。

四、结　语

《教育部关于切实加强和改进高等学校学风建设的实施意见》（教技［2011］1号）指出："学风是大学精神的集中体现，是教书育人的本质要求，是高等学校的立校之本、发展之魂。优良学风是提高教育教学质量的根本保证。"[1]学风建设则是贯彻党的教育方针的衡量指标。作为教、学、引三者相互补充促进的渐进过程，学风建设能够端正院校师生的治学态度，提升学院整体的学术风气并规范学生的学习行为与习惯。

---

〔1〕"教育部关于切实加强和改进高等学校学风建设的实施意见"，载中华人民共和国教育部官网，http://old.moe.gov.cn//publicfiles/business/htmlfiles/moe/s7062/201408/xxgk_172770.html，最后访问日期：2019年3月1日。

基于班杜拉观察学习理论 浅谈朋辈教育介入大学新生学业适应期的途径

——以商学院为例

商学院 王晓曦

【摘 要】 入学之初，大学新生在学业方面经历着一系列变化，易出现一些学业适应方面的问题，除了自我调整，他们也需要借助外部力量来帮助自己顺利度过这一阶段。鉴于大部分新生在入学后交流最多的对象就是自己的朋辈群体，因此朋辈教育在这一阶段可以发挥较大作用。本文结合美国当代心理学家阿尔伯特·班杜拉提出的观察学习理论，将新生学业适应过程中的朋辈教育按照“注意过程——保持过程——运动再现过程——动机过程”这一过程化结构进行分析，并以商学院相关实践为例，探讨朋辈教育介入大学生学业适应期的途径。

【关键词】 学习观察理论 新生 学业适应期 朋辈教育

一、大学新生在学业适应期存在的问题

初入大学校门，因教学方式方法、学习内容等方面变化，大学新生在学业方面经历着巨大的变化，并在转变中逐渐适应大学学习环境，掌握大学中的学习方法，增加学习自主性，学会对学习进行阶段性的规划。他们不断根据实际情况对在大学中的学习生活进行调整和优化的过程，可以被称为大学新生的学业适应期。在大学新生学业适应期中，新生易因为学业方面的各种变化出现以下常见的问题。

相较于高中阶段以高考作为高中学业整体目标的单一性，大学赋予学生更多选择的空间性和可能性，新生在这个阶段极易产生学业目标缺失的迷茫

感，或出现盲目设立目标，但由于缺少相应的指导与探索而对目标实现路径不明晰，进而缺乏学习动力的情况。相较于高中，大学的学习更加强调学生的自主性，需要学生在课下主动拓展的知识内容较多。同时，课堂内容量、授课进度也会与高中存在一定区别，因而新生对大学中的学习方法、途径的探索需要一定的时间。另外，新生往往由于从较为紧张的高中学习环境中来到看似宽松实则对学生的自主性、自控力要求更高的大学学习环境中，容易出现新鲜感有余而自控力不足的情况，导致其无法顺利度过学业适应期，从而对他们整个大学学业造成影响。

面对这些问题，除了自我调整以外，新生也需要借助一些外部力量来引导自己度过学业适应期。正如阿尔伯特·班杜拉所说，人们除了从直接经验中进行行为的学习，大多数行为还是通过示范过程观察学会的，相较于从直接经验中学习，在示范过程中观察学习亦可以让人们避免一些不必要的错误。[1]而大部分新生在入学后更易与处同一年龄段、生活学习环境相同、学习经历大体相似的同年级同学、高年级同学实现共情，因此交流最多的对象就是自己同年级同学朋友或高年级同学朋友，即朋辈群体。因此在新生的学业适应期内，适时引入朋辈教育，使优秀的朋辈群体充分对新生发挥积极引导作用，对帮助新生顺利度过学业适应期具有十分重要的意义。朋辈教育具体指的是，具有相同背景或由于某种原因使有共同语言的人在一起分享信息、观念或行为技能，以实现教育目标的教育方法，[2]这种教育旨在使接受教育者最终达到有效自我教育的目的。

二、班杜拉观察学习理论对朋辈教育介入新生学业适应期的启示

阿尔伯特·班杜拉是美国新行为主义的杰出代表，他打破了传统行为主义学习理论，采用一种认知的、行为的以及环境的诸多决定因素交相作用的观点来探讨人的行为，创建了现代社会学习理论，并在其中提出“在示范过程中学习”，即观察学习的理论。根据这一理论，从示范性事件的发生，到人

---

〔1〕［美］阿尔伯特·班杜拉：《社会学习理论》，陈欣银、李伯黍译，中国人民大学出版社2015年版，第17页。

〔2〕陈慧玲：“朋辈教育在高校新生入学教育中的应用”，载《文化创新比较研究》2019年第16期。

们匹配性操作的完成，经历了注意过程、保持过程、运动再现过程和动机过程。我们可将新生学业适应过程中的朋辈教育按照这一过程化结构进行分析。

（一）对朋辈教育者产生注意的过程

注意过程决定了一个人在显示给他的范例中选择什么来进行观察，以及在这些示范原型中把什么东西抽取出来。[1]影响注意过程的几个因素包括观察者与范例之间的关联性、观察者加工信息的能力与范例的特征。而那些与观察者相关联的人，呈现出对之有积极效应的行为，更容易为观察者所注意。将这一过程应用到对新生学业的朋辈帮扶中，实际上就是为新生选择朋辈教育者，并为之观察注意提供优秀范例。

朋辈教育者在学习环境上与新生有着相通之处，对大学学业方面的经历也与新生相通，这便是新生与朋辈教育者关联性产生的基础。而朋辈教育者在学业中所呈现的行为，如学业规划、时间合理利用、对于一些学习内容的学习方式方法等，就是可供新生观察的行为。并且在为新生选择朋辈帮扶者的过程中，还应充分注意其行为价值，这就要求在前期学校要对朋辈教育者在学业方面的行为进行充分了解，在此基础上进行选拔，确保朋辈教育者能够对新生的学业适应期的过渡起到积极作用，并在这个过程中能够对新生进行一定的引导，使其注意并正确理解朋辈教育者学习行为中值得关注及学习的方面。

（二）对朋辈教育者保持注意的过程

班杜拉强调："如果人们不去记住示范行为，那么对示范行为的观察也不会对他们产生很大的影响。"[2]保持注意的过程就是将示范行为的特征通过相应的文字、符号复制在记忆中，并通过不断重复将之内化于心。这一过程落实到对新生学业适应期的朋辈教育中，可以理解为朋辈教育者与新生之间不断交流的过程。

要使朋辈教育者在学业方面的良好行为保持在新生的记忆中，需要一个

---

〔1〕［美］阿尔伯特·班杜拉：《社会学习理论》，陈欣银、李伯黍译，中国人民大学出版社 2015 年版，第 18 页。

〔2〕［美］阿尔伯特·班杜拉：《社会学习理论》，陈欣银、李伯黍译，中国人民大学出版社 2015 年版，第 20 页。

不断强化的过程，这个过程可以通过朋辈教育者与新生的交流实现，因此，在新生学业适应期的朋辈教育中建立交流学习的长效机制是非常有必要的，同时对朋辈榜样进行大力宣传也是使新生对其良好行为保持注意的途径之一。

（三）对朋辈教育者的行为再现过程

根据观察学习理论，仅仅通过观察，观察者的技能是不会得到完善的。[1]因此，行为再现过程便是整个观察学习过程中最为核心的环节，即将观察习得的行为在信息加工的基础上，将符号的表象转化为合适的相似行为，并在这个过程中经过自我矫正的调整，将这一相似行为加以精炼的过程。这一过程对应在新生学业适应期的朋辈教育中，就是新生对朋辈教育者在学业中的优异表现及与之相关的优良品质内化于心后，又外化于行的过程，这也是朋辈教育需要达到的效果。

在这期间，不断在行为再现的过程中进行自我矫正的调整尤为重要，这将是把“他人行动”转化为“自身自发行动”的过程。新生只有结合自己的实际情况进行不断的实践，才能探索到在学业上更加适合自己的发展路径及方法。因此，朋辈教育者需在这一阶段引导新生回归对自身情况的正确审视，并在这一基础上反复实践，最终才能达到真正使新生顺利度过学业适应期的目的。

（四）对朋辈教育者行为进行学习的动机过程

动机作为人们行动的内驱力，是促使人们选择去完成某项行为的内在原因。根据班杜拉的观察学习理论，人们对自己行为所将产生的评价反应，将调节他们操作哪些可观察的习得行为，而人们往往对产生积极评价反应的行为更为喜爱与向往。[2]也就是说，人们将更多地选择去做那些可能会产生积极效果的示范行为。那些在被观察者身上发生的行为如果产生了积极的效果，将对观察学习者产生动机上的替代性强化，这是一种间接强化，而观察学习者在对这一行为的再现过程中如果同样收获积极的效果，则其将从动机上产

---

〔1〕［美］阿尔伯特·班杜拉：《社会学习理论》，陈欣银、李伯黍译，中国人民大学出版社 2015 年版，第 22 页。

〔2〕［美］阿尔伯特·班杜拉：《社会学习理论》，陈欣银、李伯黍译，中国人民大学出版社 2015 年版，第 24 页。

生自我强化，从而起到直接强化的作用。

若要使朋辈教育产生良好效果帮助新生顺利度过学业适应期，并最终能够长期作用于新生下一阶段的学业发展，就需要将这种动机上的替代性强化，通过“观察学习——充分交流——实践获益——产生自发动力”的过程，将这种动机转化为新生在学业上做出良好行为之动机的自我强化，即让其个人从内心对学业方面良好的习惯、可行的方法等产生向往，使其在接下来更长的时间内进行自我激励、自我完善，从而达到自我教育的目的，这也是朋辈教育的最终目的。

三、朋辈教育介入大学新生学业适应期的途径——以商学院为例

中国政法大学商学院通过开展朋辈帮扶、树立朋辈榜样等形式，在学业适应期对新生进行引领和指导，创立了包括“商院英才”“雁阵计划”以及“学习伙伴”在内的朋辈教育项目，这些项目或以团体辅导的方式开展，或以“一对一”辅导的方式进行，涵盖了从学习环境适应、学习方法指导、学业安排规划到具体的科目学习辅导等方面的内容。目前，“雁阵计划”和“学习伙伴”是主要针对新生的学业适应期开展的，这些项目在实践中也在逐步向学业适应期之后的阶段延伸，但其对于新生在学业适应期的教育效果最为显著；“商院英才”项目则是通过树立朋辈榜样对全院学生进行朋辈榜样教育，在实践中对新生群体的影响也是在所有群体中最为明显的。

这些项目均在学院学工队伍的带领与指导下，依托学生骨干开展，根据学业情况、全面发展程度等标准，学院对朋辈教育者均设置严格完善的选拔机制，并对选出的朋辈教育者进行培训，确保他们能够在项目开展过程中为新生呈现优秀的观察学习范例。学院还对朋辈教育者辅以有效的正向激励措施，如通过记录志愿时长、授予荣誉称号、发放奖学金等方式，进一步规范朋辈教育者在项目活动中的行为，以保证朋辈教育的效果。

（一）“雁阵计划”

1. 项目开展模式

“雁阵计划”通过探索“辅导员——头雁——小雁”三位一体的辅导模式，以个性化辅导和团队集体建设为核心，以朋辈帮扶引发自我教育为内容，打造朋辈帮扶平台，由优秀的高年级学生带领新生，在院内形成“雁阵齐飞”

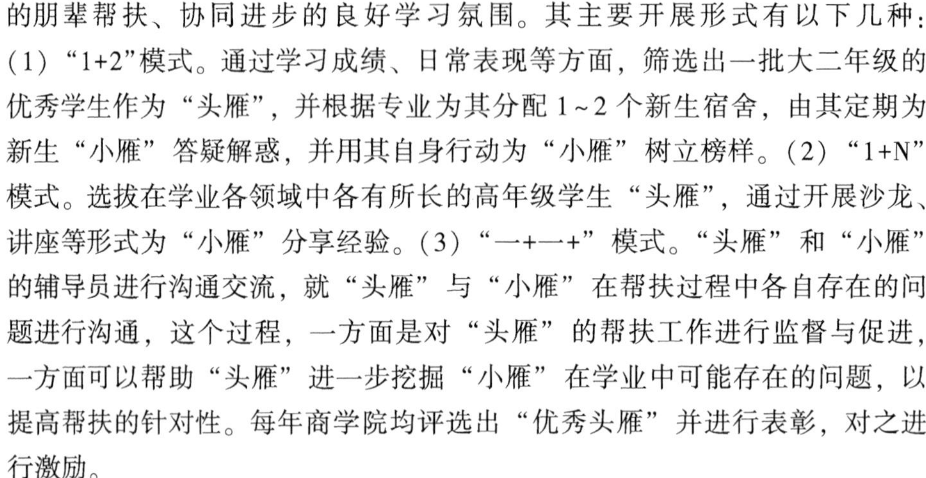

的朋辈帮扶、协同进步的良好学习氛围。其主要开展形式有以下几种：（1）“1+2”模式。通过学习成绩、日常表现等方面，筛选出一批大二年级的优秀学生作为“头雁”，并根据专业为其分配1～2个新生宿舍，由其定期为新生“小雁”答疑解惑，并用其自身行动为“小雁”树立榜样。（2）“1+N”模式。选拔在学业各领域中各有所长的高年级学生“头雁”，通过开展沙龙、讲座等形式为“小雁”分享经验。（3）“一+一+”模式。“头雁”和“小雁”的辅导员进行沟通交流，就“头雁”与“小雁”在帮扶过程中各自存在的问题进行沟通，这个过程，一方面是对“头雁”的帮扶工作进行监督与促进，一方面可以帮助“头雁”进一步挖掘“小雁”在学业中可能存在的问题，以提高帮扶的针对性。每年商学院均评选出“优秀头雁”并进行表彰，对之进行激励。

2. 项目特点及优势

（1）团体辅导形式多样。“雁阵计划”的活动以团体辅导为主，其中包含了6~7人的微座谈，也包含了面向数十人、上百人开展的大型专题讲座，新生们可根据自身需求选择参加，他们既能在大型讲座中接受来自高年级优秀学生在学业方面的专题指导，也能在微座谈中与高年级优秀学生进行充分细致的互动交流。

（2）长效交流机制完善。根据观察学习理论，在学业适应期中，朋辈教育者们良好的学习习惯、学习方法等，都是值得新生关注及思考的，在朋辈教育的过程中需要不断加深新生们对这些良好做法的理解，并在实践中将其与自身实际情况相结合，使新生将良好行为逐步内化，从而指导自身的学业发展。“雁阵计划”通过“1+2”模式的运行在新生与朋辈教育者之间建立了一个较为完善的长效交流机制，使新生在学业适应期内，遇到问题能够及时得到优秀高年级学生的指导，从而更加顺利地度过这一时期。

（二）“学习伙伴”

1. 项目开展模式

与“雁阵计划”不同的是，“学习伙伴”项目主要是采取一对一个体辅导的形式，在自愿报名者中选拔特定科目学习优秀的学生，帮助在学业方面已经出现问题的新生对课程学习内容进行一对一辅导，并通过奖励志愿时长的方式对辅导者进行激励。辅导员根据科目内容为辅导者与被辅导者配对，组成“学习伙伴”，并要求每对“学习伙伴”在每一周开始前形成一份“周辅导计划”，由辅导员对辅导内容、辅导进度等情况进行审核，审核通过的计划方能实际开展；每个月初辅导员根据上个月实际辅导情况对辅导者与被辅导者分别进行统计调研，以期能够及时发现帮扶中出现的问题，并督促改正。

2. 项目特点及优势

（1）一对一辅导更具针对性。部分新生因大学中专业学习有一定难度，以及自身基础不牢固等方面的原因，在一些特定科目中会出现学习困难的情况，导致成绩十分不理想，从而出现焦虑的情绪，甚至在这种情绪的影响下形成学业成绩越来越差的恶性循环，最终对大学学习失去兴趣、丧失信心。

对于已经出现学业问题的学生，单纯对他们的学习方法、学习习惯等进行指导已不能彻底解决问题，更加重要的是对他们进行学习内容方面的详细辅导。较之教师，“学习伙伴”中的朋辈辅导者更能从学生的角度出发，了解科目学习中可能出现的困难之处，并与被辅导者在一对一辅导的过程中产生更加充分的互动交流，辅导者更能结合被辅导者的实际情况提供具有针对性的辅导，这个过程中学习者可以结合自己的实际情况进行不断实践强化学习行为、加深学习印象。同时，“学习伙伴”项目还通过辅导的前期计划、后期总结等方式增强了辅导的科学性与计划性，使辅导效果更好。

（2）教学相长，共同进步。为更好地帮助被辅导者，辅导者在辅导前会更加系统地对科目相关知识点进行梳理和总结，并通过辅导行为对学习内容进行反复强化与练习，不仅能够使被辅导者获益，更能使自己对所学知识掌握与理解更为扎实，在辅导过程中与被辅导者相互促进、共同进步。

（三）“商院英才”

1. 项目开展模式

“商院英才”项目采用树立朋辈榜样与朋辈团体辅导相结合的形式，号召全院学生向朋辈榜样学习与看齐，以达到朋辈教育的目的。这一项目通过自主报名、初选、复选、终选等环节，在全院本科生内层层选拔各方面表现优秀的学生，并举办大型颁奖典礼对“商院英才”称号获得者进行表彰，同时对其榜样形象进行宣传。这些来自学生身边的榜样与学生们的关系十分紧密，从观察学习中注意过程的角度来看，这类榜样的形象更有助于增进榜样示范的效果。

同时，学院还将该项目与“雁阵计划”相结合，举办“雁阵计划”英才专场，邀请英才称号获得者在专场中与学生分享经验与心得。“商院英才”也会在新生入学教育中进行学习分享，让新生在入学之初就能够初步了解大学期间可以参加的各类学习活动，感受到大学学习生活应有的正确态度。

2. 项目特点及优势

（1）优中选优，树立榜样形象。每年都有数十名商学院优秀学生报名参选“商院英才”，然而在经过学生代表、全院学生，以及专家评审团的层层筛选后，仅有五名全面发展的学生能够脱颖而出，获得“商院英才”荣誉称号。正是这种优中选优的选拔模式，才能真正选出全院学生心目中的“商院英才”，从而让“商院英才”的榜样形象认可度更高，更加深入人心，能够真正被商学院的学生们所关注，真正达到榜样示范的效果。

（2）品牌化程度高，宣传周期长。该项目以引导院内学生“追寻身边的榜样”为目标，已连续开展十余年，在商学院学生中有着较大的影响力与感染力，品牌化程度较高。对于通过层层选拔最终获得“商院英才”荣誉称号的学生，学院专门为之举行颁奖典礼进行优秀事迹宣传，并在此后一年的时间里通过采访、专场讲座、新生讲座等形式邀请其详细分享学习生活中的经验与心得，对其榜样形象与榜样背后的故事进行更加深入的挖掘，将对榜样行为的宣传上升为对榜样精神的宣传，这样更有助于持续加深学生对榜样的印象，增强向榜样学习的动力。

四、结　语

班杜拉的学习观察理论通过分析人们对优秀示范行为的理解学习的过程，启示我们如何使朋辈教育在新生学业适应期中更好地发挥作用。我们可以结合新生学业教育工作中的现实情况，将这一理论应用到实际工作中，助力朋辈教育工作的长期化、体系化、规范化的发展，使越来越多的新生从中获益，并将这种朋辈之间互帮互助的精神延续传递下来，促进朋辈教育工作的更新与改进。

参考文献

[1]［美］阿尔伯特·班杜拉：《社会学习理论》，陈欣银、李伯黍译，中国人民大学出版

社 2015 年版。

[2] 陈慧玲："朋辈教育在高校新生入学教育中的应用"，载《文化创新比较研究》2019 年第 16 期。

[3] 王锋青："学习力的立体架构与要素解析"，载《时代教育》2016 年第 13 期。

[4] 王晓宇："近十年来朋辈教育视角下大学生学业帮扶机制研究综述"，载《高教学刊》2019 年第 20 期。

用成长型思维开展学业指导

法治信息管理学院　潘辰唯

【摘　要】 美国教育心理学家卡罗尔·德韦克及其团队提出了成长型思维模式理论，揭示了个体在成功或失败后出现不同反应模式的深层心理机制，并开发出相应干预项目，对学生学业提升有着显著的作用。思维模式理论为高校辅导员开展学业指导带来了新的启示和方法。辅导员可以借鉴和吸收成长型思维模式理论并应用相关干预模式，通过团体辅导直接培养学生的成长型思维、在谈心谈话和与家长沟通中应用成长型思维，从而指导和帮助学生提升学业成绩。

【关键词】 成长型思维　学业指导

一、成长型思维的理论起源与发展

成长型思维（Growth Mindset），简单来说，是指相信人的能力和智力是不断发展的一种认知。最早由美国教育心理学家卡罗尔·德韦克教授于2006年提出："成长型思维模式建立在这样一种理念上：你的基本能力是可以通过你的努力来培养的。即使人们在先天的才能和资质、兴趣或者性情方面有着各种各样的不同，每个人都可以通过努力和个人经历来改变和成长。"[1]与之相对的是"固定型思维"（Fixed Mindset），即认为人的能力和智力是一成不变的。

德韦克教授对思维模式的研究可以追溯到1988年。彼时，她和同事在《社会认知视角下的动机与人格》这篇论文中提出了"内在智力认知"

〔1〕［美］卡罗尔·德韦克：《终身成长：重新定义成功的思维模式》，楚祎楠译，江西人民出版社2017年版，第7页。

(Implicit Theory of Intelligence)，即儿童潜意识里对自身能力的基本认知。有的儿童认为自己的智力是变化的、可提升的且可控的。而另一些儿童则认为自己的智力是固定的或不可控的。对智力的认知会影响目标设定并影响行为方式。具体来讲，持智力实体观（Entity Theory of Intelligence)，即固定型思维的人，倾向于追求表现型目标（Performance Goal)，渴望证明自身能力，受挫时容易出现无助反应（helpless response)，即退缩、逃避甚至放弃的反应；而持智力增长观（Incremental Theory of Intelligence)，即成长型思维的人倾向于追求学习型目标（Learning Goal)，重视提升自身能力，受挫时多出现掌握取向反应（Mastery-oriented Response)，即乐于应对挑战、持之以恒的反应。〔1〕在2019年的文章《两个时代下的思维模式》中，德韦克教授和同事把成长型思维的研究分为两个阶段：第一个阶段是1988年至2006年，这一阶段探索对成长型思维模式的理解，及其对个体到群体的积极影响；第二阶段是从2006年至今，该阶段进行了大量验证并开发推广成长型思维干预模式，这个阶段成长型思维的研究从实验室、单独的校园走向了更广泛的社会。经过长达30余年的研究，德韦克教授和她的团队通过大量的实证数据证明，接受成长型思维模式干预的学生，特别是学业困难的学生，学习成绩会有所提高。对于学习成绩较好的学生，成长型思维能帮助他们更加愿意迎接挑战。〔2〕

2017年12月，德韦克教授荣获首届全球最大的教育单项奖——“一丹奖”。因此，成长型思维被认为是近几十年来教育学术领域非常值得应用推广的科研成果。〔3〕

---

〔1〕 详细内容参见：Carol S. Dweck, Ellen L. Leggett, “A Social-Cognitive Approach to Motivation and Personality”, *Psychological Review*, Vol. 95, No. 2, pp. 256-273.

〔2〕 总结性结论概述参见：Carol S. Dweck, David S. Yeager, “Mindsets: A View from Two Eras”, *Psychological Science*, Vol. 14, No. 3, pp. 481-496. 针对学业困难学生进行成长型思维干预后获得学业提升的实验数据参见：David Paunesku, Gregory M. Walton, Carissa Romero, Eric N. Smith, David S. Yeager and Carol S. Dweck, “Mind-Set Interventions Are a Scalable Treatment for Academic Underachievement”, *Psychological Science*, Vol. 26, No. 6, pp. 784-793.

〔3〕 “2017年‘一丹奖’得奖人：Carol S. DWECK教授”，载一丹奖官网，https://yidanprize.org/cn/2017-2/，最后访问时间：2020年4月7日。

二、成长型思维的内涵及其对开展学业指导的意义

（一）成长型思维的内涵

结合唯物辩证法发展观来看，成长型思维的核心理念就是用发展的眼光看待人的能力。该理念相信人的能力是不断前进和上升的。在学生的学业上，具体表现为对以下四个方面的认识。

1. 科学认识大脑

传统的观念认为，人的智力是天生的、固定的，如“三岁看大、七岁看老”。但是近年来脑科学研究已表明，人的大脑就像肌肉一样，可以通过后天的锻炼而不断强壮。[1]成长型思维要求个体科学认识大脑的机能和发展规律，真正相信自己的能力并不是一成不变的，而是可以通过适当的训练得到提升。有了对脑科学的基本认识，成长型思维就不是一句虚假的口号，而是不受个人意志转移的科学规律。同时，科学地认识大脑，还能帮助个体有效地运用学习策略。

2. 有效设定目标

德韦克教授在早期的研究中就提到对智力的内在认知会导致儿童设定不同类型的目标，即表现型目标和学习型目标。如果个体认为自己的能力是固定的，会致力于证明自己的能力，即在他人面前表现得有能力，得到他人对自己天资的认可，一劳永逸，获得安全感。如果个体认为自己的能力是可变的，会希望通过学习来提升能力，不那么在乎他人对自己当前能力的评价，而是专注于提升自己的能力，在能力得到提升时获得满足。因此，成长型思维要求个体设定学习型目标，以提升自我能力为目标，而不是以获得他人赞赏为目标。举例来说，大学的学习目标应该是获得专业知识、掌握开展专业实践的技能，而不是取得毕业文凭，获得社会认可。就一门课程来说，比如 Python 编程课，学习目标应设定为掌握 Python 编程语言，运用所学进行数据挖掘等，而不是“期末得到 95 分”或“考到全班前 5 名”。

---

[1] [美] 安妮·布洛克、希瑟·亨得利：《成长型思维训练 12 个月改变学生思维模式指导手册》，张婕译，上海社会科学院出版社 2018 年版，第 49~50 页。

3. 正确看待努力

传统观念虽然鼓励努力，但也暗示努力是无能者的体现。“笨鸟先飞”、龟兔赛跑的故事等都在向我们传达，如果个体天资不佳，则需要付出更多努力才能赶上天资聪颖者。持固定思维的个体，会从上述观念中得出结论，如果你表现出努力，则证明你天资不佳。这也能解释，很多优秀的学生在分享个人经验时会刻意隐藏自己的付出，因为这会让他们看起来不那么聪明。还有一些持固定思维的人惧怕努力，是因为他们担心努力后仍然达不到目标，会让自己绝望。他们认为，如果失败了，首先证明自己能力不够，如果此时自己没有努力过，那么还有希望，可以从头来过；如果自己已经殚精竭虑，那么则证明自己永远无法取得成功，人生陷入绝望。这也能解释，一些大学新生会在第一学期不努力学习，因为他们担心自己不如其他同学聪明，万一努力了依旧考不过其他同学，就会暴露自己“真的不如人”。但是，成长型思维要求我们把努力看成一个提升能力的必经过程。无论天资如何，都需要通过努力来提升自己，要明白用进废退的道理。并且努力是一个过程，没有上限和终点。如果成功，即达到目标，说明努力是有效的；如果失败，即尚未达到目标，则说明前期努力的方法不对或努力的过程还不够长。持成长型思维的个体，不惧怕付出、不隐藏努力，而是把努力当作实现目标的过程，把成功或失败仅视为过程中的一个个节点或新的起点。

4. 客观面对挫败

对于大多数学生来说，如果在考试中不能取得理想分数，意味着失败。上课听不懂、作业不会做，就会被认为学业遇到困难。持成长型思维的个体在遇到失败和困难时，不会用当前的挫败来评价自己的能力，而是用当前的状态来分析之前的努力是否有效。持固定思维的个体，面对挫败，会归因于自己的能力不佳或不够聪明。他们害怕挫败，害怕出错，害怕他人用出错、挫败来评定自己的能力，所以他们不敢走出“舒适圈”去接受挑战，不愿提问或主动回答问题。由于惧怕挫败，持固定型思维的个体在达成目标后，往往倾向于固步自封，并伴随焦虑抑郁。成长型思维要求我们用“尚未达到”来代替“没有达到”这样的表述。“尚未”体现了我们看待问题的视角不是固定的，而是发展的。持成长型思维的个体能够客观地面对挫败、错误，因此在学习中更不容易放弃，更能够持之以恒。

综上，成长型思维要求个体科学认识人脑机能和发展规律，设定专注于提升自身能力的学习型目标，将努力视为实现目标的必经过程，乐于接受挑战，用“尚未达到”来形容挫败，并将挫败作为分析学习策略是否有效的一个指标。

（二）高校辅导员在学业指导中的具体工作内容

根据《普通高等学校辅导员队伍建设规定》，“学风建设”是辅导员的九大工作职责之一，具体要求如下：“熟悉了解学生所学专业的基本情况，激发学生学习兴趣，引导学生养成良好的学习习惯，掌握正确的学习方法。指导学生开展课外科技学术实践活动，营造浓厚学习氛围。”[1] 在开展“网络思想政治教育”职责要求中明确提到“学习指导”。[2]这规定了开展学业指导是辅导员的基本工作职责。《高等学校辅导员职业能力标准（暂行）》明确了“学业指导”是辅导员的职业能力之一，并分别规定了初级、中级和高级辅导员在“学业指导”中的具体工作内容和能力要求。[3]（见表1）

表1　高校辅导员“学业指导”职业能力标准

<table>
<tr><th>级别</th><th>工作内容</th><th>能力要求</th></tr>
<tr><td rowspan="3">初级</td><td>了解学生所学专业的基本情况，组织开展专业教育</td><td rowspan="3">1. 能初步掌握学生所学专业的培养计划、专业前景等
2. 能增强学生的专业认同和学习热情
3. 能及时发现并纠正学生学习中的不良倾向</td></tr>
<tr><td>培养学生学习兴趣，指导学生养成良好学习习惯，规范学生学习方式行为</td></tr>
<tr><td>组织开展学风建设，营造浓厚学习氛围</td></tr>
<tr><td rowspan="4">中级</td><td>帮助学习困难学生适应大学学习生活，激发学习兴趣，掌握科学的学习方法</td><td rowspan="4">1. 能通过侧面了解、谈心谈话、组织相关人员集体讨论等方式分析学生遇到的困难和应对措施，指导学生有效调整学习习惯和学习方法
2. 能通过召开宣讲会、谈心谈话等方式鼓励学生主动参与课外学术实践活动</td></tr>
<tr><td>研究分析学生学习状态和学习成绩变化，并有针对性地开展分类指导</td></tr>
<tr><td>指导学生开展课外科技学术实践活动</td></tr>
<tr><td>指导学生考研、出国留学等学习事务</td></tr>
</table>

[1] 参见《普通高等学校辅导员队伍建设规定》第2章第5条第3项。

[2] 参见《普通高等学校辅导员队伍建设规定》第2章第5条第6项。

[3] 参见《高等学校辅导员职业能力标准（暂行）》3.1~3.3。

续表

级别	工作内容	能力要求
高级	组织学生参与专业课教师的实验或研究项目，培养学生学术爱好和研究能力	1. 能深入了解学生所在专业知识，为学生提供有针对性的专业学习建议 2. 能应用心理学、教育学相关原理和知识指导学生学习研究 3. 能因材施教，培养研究型、创新型人才 4. 能够指导和组织初级、中级辅导员开展学业指导工作
	深入研究学生学习能力、创新能力形成规律，培养学生创新思维和创造性人格	
	研究完善学生综合评价体系，研究健全创新人才培养机制	

可见，无论是初级、中级还是高级辅导员，在开展学业指导中都需要激发学生的学习兴趣、培养学生的学习习惯，帮助学生应对学业困难。激发学习兴趣，需要端正学习动机，设定有效的学习目标；培养学习习惯，需要确立正确的学习态度，正确看待付出与努力；应对学业困难，需要客观认识挫败。这些正是成长型思维能够指导我们的。

（三）成长型思维对开展学业指导的意义

对于绝大多数学生来说，从小学到高中，十二年的求学经历，都是在追求考试分数，追求表现型目标。高考更是一次“一试终身”的考试。在这样的环境下，可以推测大部分大学生都持有固定型思维。因此进入大学之后，很多学生并未调整自己的目标，仍旧把考试分数、获得文凭作为大学学习的目标。他们在选课时，倾向于选择课程容易、考试简单的课程；在学习过程中，尽量回避挑战，不愿付出；遇到学业困难则选择逃避、放弃，有的甚至沉迷于网络；在获得成功时，也表现出较高的焦虑。如果高校辅导员能形成成长型思维，并将成长型思维应用到学业指导工作中，将有利于学生适应大学学习，调动学习动力，形成良好的学习习惯，激发创新思维，并最终顺利完成学业。

1. 成长型思维有利于形成和谐的师生关系

关于辅导员和学生的关系，《普通高等学校辅导员队伍建设规定》指出，“辅导员应当努力成为学生成长成才的人生导师和健康生活的知心朋友”。[1]

---

〔1〕参见《普通高等学校辅导员队伍建设规定》第1章第2条。

持有成长型思维的辅导员不会用分数或学业表现去评判学生的能力、品质，这会让学生感受到辅导员的公平公正，并与辅导员建立平等互信的关系。只有学生信任老师，并对老师产生安全感，学生才会愿意听取老师的建议并积极、真实地向老师反馈自己的情况。学生愿意向辅导员表达真实情况、认真听取建议，这是辅导员成为“人生导师”的前提；让学生感受到公平公正和平等，是成为“知心朋友”的条件。辅导员用成长型思维去开展学业指导工作，也能更加科学客观地了解学生情况，进行更加有效的沟通。因此，成长型思维一方面帮助学生更加积极地接受辅导员的指导，一方面帮助辅导员更加有效地了解学生，最终形成和谐的师生关系。

2. 成长型思维有利于调动学生积极的学习动机

德韦克指出，具有成长型思维的学生能够完全掌握学习的过程和学习动力。他们的目标是学习型的，他们渴望获得知识、提升能力，而不只是为了通过考试。当课程变得困难或枯燥时，他们也会继续保持动力和兴趣。[1]

3. 成长型思维有利于培养学生良好的学习习惯和创新思维

具有成长型思维的学生相信努力与付出是达成目标的关键。他们会为自己的目标付出最大的努力，并乐于接受挑战；遇到挫败，他们倾向于反思、转变、寻找其他方法，并不断尝试。最终，他们变得坚忍不拔、持之以恒，并善于创新。

三、高校辅导员如何用成长型思维开展学业指导

通过以上梳理，我们发现成长型思维有助于辅导员在开展学业指导时建立和谐的师生关系，激发学生学习兴趣，培养学生良好的学习习惯和创新思维。落实到具体工作，本文提出以下参考建议。

（一）团体辅导

由于成长型思维有利于大学新生适应大学学习，建议高校在入学教育阶段通过团体辅导的方式面向所有新生展开成长型思维训练。结合德韦克教授及其团队开发的成长型思维干预项目和安妮·布洛克等所著的《成长型思维

[1]［美］卡罗尔·德韦克：《终身成长：重新定义成功的思维模式》，楚祎楠译，江西人民出版社 2017 年版，第 71~72 页。

训练》中所提到的方法，本文设计了针对大学生开展的成长型思维团体辅导方案，如表2所示。[1]

表2 新生成长型思维模式团体辅导方案

主题	目标	流程	作业
认识大脑可塑性	·科学认识大脑、神经元可塑性 ·认识成长型思维和固定型思维	1. 观看有关大脑可塑性的视频。 2. 小组分享自己学习某项技能或课程的体验： a. 一开始，我并不会…… b. 为了学好，我做了…… c. 最后，我能够…… d. 从不会到可以……我感受到…… 3. 观看演讲视频《“相信你能提高”的力量》（演讲者：卡罗尔·德韦克）	测试自己的思维模式
设定学习目标	·区分表现型目标和学习目标； ·设定学习目标，制订初步计划	1. 介绍表现型目标和学习型目标。 2. 小组分享： a. 我的目标是：……（小组成员指出是表现型还是学习型目标） b. 我目前的状态是……为了实现目标，我还需要…… c. 在我实现目标的过程中，可能出现的阻碍和困难有：…… d. 我有哪些资源可以用？哪些人可能帮到我？ f. 我打算多长时间检视一次目标完成情况和计划执行情况？ 3. 介绍如何制订大学学习目标	制订大学学习目标和学习计划
我为什么要努力？	·用成长型思维看待学习过程 ·审视、完善学习计划	1. 小组讨论：如果我能力非常强，我还需要努力学习么？ 2. 小组分享：一件自己付出了很多，但没有达到目标的事情： a. 我很想做到……我为此做了……持续了……但是最后…… b. 小组成员帮助分析没有实现目标的原因。 3. 介绍“有效付出”量表[2]	根据“有效付出”量表完善大学学习计划

---

〔1〕 考虑到该团体辅导在班级内部展开，故省略了成员破冰、建立团体关系和规则等步骤。

〔2〕 参见“大脑科学课程：有效的努力”教案，载德韦克团队开发的成长型思维干预项目网站，https://www.mindsetworks.com/free-resources/default#TeachersDiv，最后访问时间：2020年4月8日。

续表

主题	目标	流程	作业
直面学业中的挫败	·用成长型思维看待挫败和挑战； ·克服自己的固定型思维	1. 观看视频《失败》（迈克尔·乔丹的耐克广告）和《奥斯汀的蝴蝶》 2. 小组分享：一件自己一直坚持在做的事情： a. 我从……开始，一直在做…… b. 这期间我遇到过……（困难、挫败） c. 这个经历给我带来了…… 3. 小组成员每人写出3个自己固定型思维的表现，并讨论可以如何修正为成长型思维〔1〕	测试自己的思维模式；总结对成长型思维学习的体会

（二）谈心谈话

谈心谈话作为辅导员开展工作的重要方式，已经被明确列入《高等学校辅导员职业能力标准（暂行）》中，作为开展学业指导的一项能力要求。团体辅导是面向全体学生进行的关于成长型思维的直接培养，谈心谈话则是针对单个学生，潜移默化地引导学生形成成长型思维。在学业指导的谈心谈话中，辅导员的表达方式一定要体现成长型思维。辅导员对学生情况的反馈会直接影响学生的思维模式和应对方式。德韦克指出，对于学生的成功，我们需要肯定学生的努力而不是智力，表扬过程，而不是表扬个人。表扬个人专注于表扬学生个人的特质与品质。肯定智力和表扬个人传达出的信息是，学生的成功源于他们与生俱来的某些固有品质，而不是他们在达成目标过程中投入的努力。同时，学生如果将自己的成功归因于自己固有的品质，那么当他们遇到挫败时，他们同样将失败归因于自己的特质，而不是自己的努力程度或方式方法。同样地，对于学生的失败，我们需要批评过程，不批评个人，并客观具体地提出建设性意见，也不能对学生降低标准以安慰学生。表3和表4列举了部分我们在表扬和批评学生时，针对个人和针对过程的对比表达。

〔1〕［美］安妮·布洛克、希瑟·亨得利：《成长型思维训练 12个月改变学生思维模式指导手册》，张婕译，黄臻审校，上海社会科学院出版社2018年版，第185~186页。

表 3　关于表扬的不同表达

表扬个人	表扬过程
你在数学上很有天赋!	看来目前的数学学习对你来说没有太多的挑战性！继续去学一些让你真正发挥大脑作用的内容吧!
你太聪明了!	我很欣赏你能利用不同的策略来解决问题!
你真是个好学生!	你主动承担了这项为大家服务的工作，我们要谢谢你!
你太有艺术天赋了!	你在绘画上的付出都体现在你的作品中了!
你是个天生的作家!	你的写作显示出你明白选择词汇的重要性!

表 4　关于批评的不同表达

批评个人	批评过程
你表现得太差劲了!	目前的方法对你来说似乎没有用，你可以采取其他方法吗?
虽然你尽力了，但是还不够好。	虽然你没有达成目标，但你从中学到了什么?
可能你不适合学排球!	继续练习，每天你都会离掌握它近一点!
你真是太过分了!	你现在的选择不太好。以后遇到类似情况，你会有其他做法吗?

除了表扬和批评，很多时候辅导员还需要对学生的情况做出反馈。同样地，辅导员需要针对学生的情况，给出过程性反馈，而不是个人性反馈。德韦克特别强调了用“尚未”一词代替否定性表达。面对学生的学业困难或考试不及格的情况，辅导员应避免使用“学不会/不懂”“不及格”等否定个人地表达，建议使用“你暂时还没有学会/学懂”“你尚未达到这门课程的学术要求”等这样过程性的反馈。

（三）家长沟通

学业指导工作中，辅导员不可避免地需要与学生家长进行沟通，特别是学业预警工作。[1]如果家长不能客观有效地获取并输出辅导员的预警信息，会对学生产生很大的消极影响。通常，接到学业预警的家长会对辅导员产生两种

〔1〕《中国政法大学学生管理预先警示制度实施办法》第 7 条规定：“学生管理预先警示的干预……学生出现一、二级预先警示信息时，班主任、辅导员应及时通知学生家长，并提请学生家长和学校配合做好学生的工作。”

担忧：一是担心辅导员批评孩子给孩子造成压力，他们希望辅导员尽可能地鼓励或表扬孩子；二是担心辅导员为了安慰孩子降低对孩子的要求，他们希望辅导员能够严格教育孩子。安慰式表扬个人和激将式批评个人都是成长型思维模式不鼓励的。因此，辅导员首先需要在与家长的沟通中传递出学生目前的情况是对上一阶段学习效果的反馈，并不是终结性评价的信息，强调用“尚未”模式描述学生的学习情况。其次，与家长就“批评/表扬过程而非个人”这个方法达成一致，并帮助家长与学生进行有效沟通。由于跟家长沟通的时间有限，向家长讲解成长型思维的理论不太现实，但辅导员可以在沟通中体现成长型思维，让家长从辅导员的客观公正中获取信任；建立信任后，辅导员可以要求家长配合做好跟学生的沟通工作，并给予具体的符合成长型思维的沟通方式指导。

总结起来，在学业指导中，辅导员要形成成长型思维，在新生入学教育阶段通过团体辅导培养学生的成长型思维，在谈心谈话中用成长型思维对学生进行表扬、批评和反馈，最后还要指导家长用成长型思维与学生进行有效沟通。

参考文献

[1] 于彩霞：“大学生成长型思维模式的培养探究”，载《吉林工商学院学报》2017 年第 6 期。

[2] 李凌艳、耿丽娜：“成长型思维模式干预项目及其对我国自主发展教育落地的启示”，载《教育科学研究》2018 年第 9 期。

[3] 郑丽娟：“不同思维模式下的亲子关系对学业成绩的影响”，载《中小学心理健康教育》2019 年第 2 期。

[4] [美] 安妮·布洛克、希瑟·亨得利：《成长型思维训练 12 个月改变学生思维模式指导手册》，张婕译，上海社会科学院出版社 2018 年版。

[5] [美] 卡罗尔·德韦克：《终身成长：重新定义成功的思维模式》，楚祎楠译，江西人民出版社 2017 年版。

[6] Carol S. Dweck, Ellen L. Leggett, “A Social Cognitive Approach to Motivation and Personality”, *Psychological Review*, Vol. 95, No. 2, pp. 256–273.

[7] David Paunesku, Gregory M. Walton, Carissa Romero, Eric N. Smith, David S. Yeager and Carol S. Dweck, “Mind-Set Interventions Are a Scalable Treatment for Academic Underachievement”, *Psychological Science*, Vol. 26, No. 6, pp. 784–793.

[8] Carol S. Dweck, David S. Yeager, “Mindsets: A View from Two Eras”, *Psychological Science*, Vol. 14, No. 3, pp. 481–496.

三、基层组织建设

高校基层组织管理的班团一体化研究

——以职能模块的协同分工为视角

法学院 孙　毅

【摘　要】 目前高校中学生基层组织建设面临诸多困境，突出表现为团支部活力不足、班团权责不清和基层工作实效性不强等。“班团一体化”作为共青团改革的重要方向，将会在提升团组织活力和提高班级凝聚力等诸多方面发挥重要作用。班团一体化的难点重点，在于解决班团内部分工和回应外部需求两个方面的问题。因此，具体措施也应回应这两方面的要求，一是建立年级职责分工模块协同机制以提升班团合作效率，二是应用 PDCA 管理循环来控制学生活动的实际效果。

【关键词】 班团一体化 高校管理　班级建设　思政教育

一、班团一体化建设的必要性与现实意义

随着高校基层学生组织建设的发展，“班团一体化”逐渐成为一个亟待回应的现实议题。早在 2016 年 11 月，共青团中央、教育部联合印发的《高校共青团改革实施方案》就指出：“推行班级团支部与班委会一体化运行机制，探索实行班长兼任团支部副书记或团支部书记兼任班长的制度。”分析上述文件精神，可以发现，所谓班团一体化，其本质是以团支部为核心的班集体建设，班团一体化能够充分发挥团支部的政治核心和思想引领作用，使班团紧密结合、协同发展，共同促进班级的思想教育、日常管理和文化建设，更好地服务青年学生的成长发展。

自该意见提出以来，全国各地高校纷纷进行班团一体化改革与实践，国内学术界对班团一体化实施的探讨也纷纷涌现，通过整理现有文献与具体实

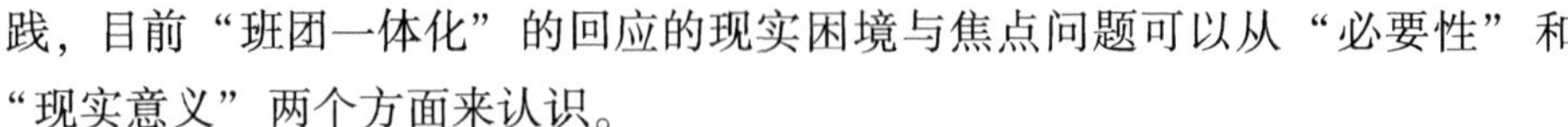

践，目前“班团一体化”的回应的现实困境与焦点问题可以从“必要性”和“现实意义”两个方面来认识。

（一）班团一体化建设的必要性

《共青团中央改革方案》精神宣讲提纲提到基层团组织的建设存在的问题有：“共青团工作中存在团组织对青年带动作用不够，团的先进性体现不明显，吸引力凝聚力不够，工作有效覆盖面不足等问题。结合现实情况，可以发现目前班团建设存在以下几个问题。

1. 团支部整体活力不足，吸引力下降

由于中学阶段基本完成了团员吸纳的工作，因而大学基本不会发展新团员。这也就带来了团支部工作缺乏激励与创新，团支部建设对团员吸引力不够，团组织群体性意识淡化等趋势。由此导致组织活动形式比较因循守旧，形式较为呆板的局面。

2. 高校班团建设权责不清，协同化程度不高

常见问题是，团支部与班委会职权不清，团组织基层团建不规范，组织定位不明确，常出现班会代替团会，班级活动代替团日活动的情况。班团际功能交叉问题之外，某些学生群体需求却又存在功能性空白，双方都不覆盖。班团职能的冗杂会导致学生参加积极度低，沟通不足又加剧了“各自为战”的问题。

3. 高校班团工作实效性有待加强

高校共青团工作的核心，是提高班团工作的实效性。只有进一步深化高校班级团支部和班委会一体化改革，才能提升高校班级团支部和班委会的活力。而如今的班团活动，在及时回应学生诉求，以及解决时效性问题等方面的效率有待提高。

（二）班团一体化建设的现实意义

班团一体化作为解决目前高校基层组织建设的新方向，相关研究具备理论价值，更具有如下现实意义。

1. 回应共青团工作改革的政策要求

高校班团一体化是共青团改革的需要，党的十八大以来党中央将共青团改革作为全面深化改革的重要方面做出战略谋划和部署。2018 年共青团十八大召开，又将狠抓从严治团、深入推进共青团改革作为当前和今后一个阶段

的重要任务。[1]

2. 提升团组织活力，提升班级凝聚力

班集体作为青年群体组织与团组织的微小单元和基本单元，势必在服务青年、引领青年、凝聚青年的工作上发挥着不可小觑的作用。班团一体化，在提升团组织活力、打造班级文化与凝聚力、战斗力方面有着有效的促进作用。有助于整合资源，充分发挥班团组织的各项功能。

3. 引领青年思想进步，提升大学生的思政教育

班团一体化建设能够提升大学生基层活动的实效性，进而实际提高大学生的道德水平，使大学生充分地认识到自身肩负的使命。[2]在此前提下，高校班团一体化建设将是促进大学生全面发展的实际需要。

二、班团一体化建设的重点与难点

在文献研究和案例分析的基础之上，本文针对目前班集体和团支部的合作现状与存在问题进行了问卷调查，共回收有效问卷 187 份，主要涉及六个年级的样本（见图 1）。

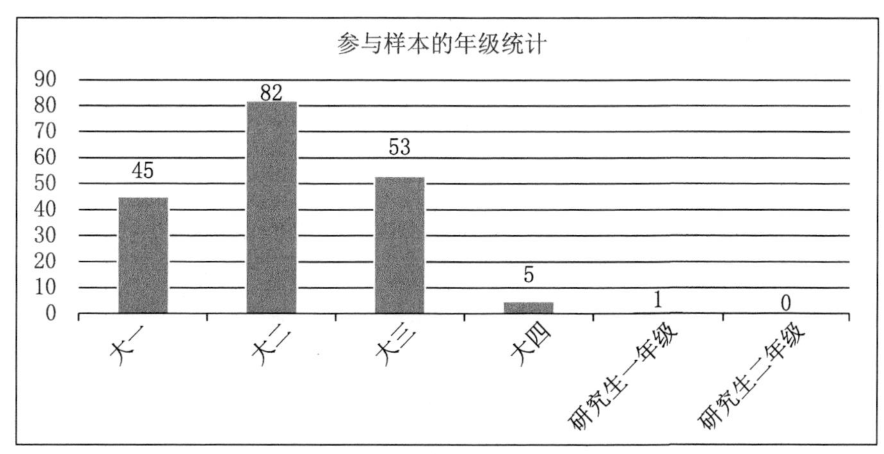

图 1 问卷调查参与学生的年级构成

[1] 王巧玲、高凯："高校二级学院团委推进班团一体化建设的路径"，载《管理观察》2019 年第 2 期。

[2] 雷孟颖祎："浅谈民办高校辅导员如何开展班团一体化建设"，载《中小企业管理与科技（下旬刊）》2017 年第 11 期。

经过对问卷的具体分析，可以发现班团一体化建设面临“内部”和“外部”两个改进方向。

（一）内部：厘清职责范围，提升分工水平

合作的基础是分工，高水平的合作需要高程度的分工。因此，如何厘清班长、团支书、班委会、团支部之间的功能与界限是班团一体化建设的首要问题。作为为同学提供服务的班级组织机构，班委会和团支部之间的界限本身便存在一定的模糊性。根据前期的问卷调查结果显示，有 47% 的同学有班干部经历，但是对班长、团支书、各个班委的具体职责非常了解的同学只占调查总人数的 15%，如图 2 所示。同学对各班委职权不了解，自然导致了在开展工作时班委会和团支部职能的重叠冗杂。团支部是团委的最基层单位，明确团支书、团支部与其他班委、班委会之间的不同，是强调团支部的独特性，实现班委会和团支部的功能有序发挥的重中之重。

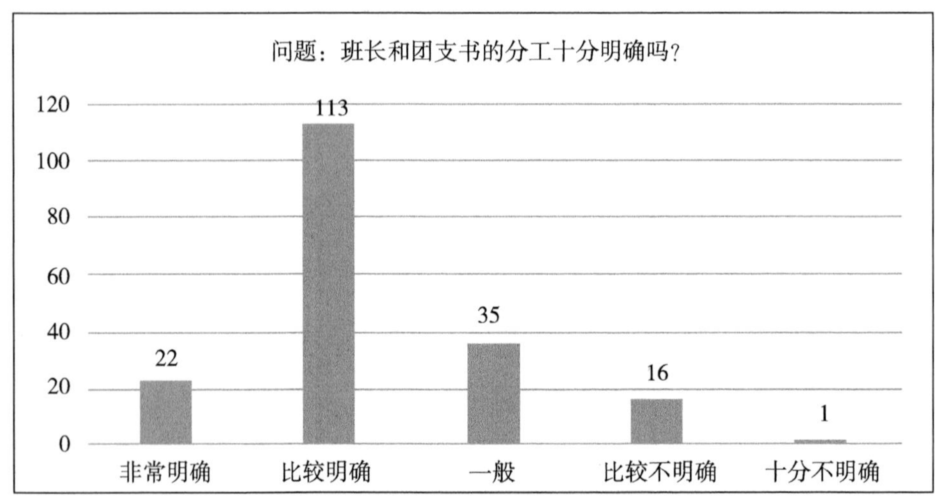

图 2　问卷调查结果 1

（二）外部：回应现实需求，提高工作实效性

在当下高校的班级建设中，普遍缺乏有效的学生需求反馈机制。作为班级服务机构的班委会和团支部往往会忽略同学们的真实需求，只按照自己的想法举行活动，这样既无法获得同学们的有效支持、激发同学们的热情，同

时也浪费了资源。根据调查问卷显示，希望班委会和团支部举办活动时充分回应同学们的切实需求，提升效率减少占用的精力、时间的，分别占调查总人数的81.7%和78.6%，如图3所示。如何建立有效的反馈机制，切实高效地满足同学们的需求，成为举办班团活动时亟待解决的问题之一。

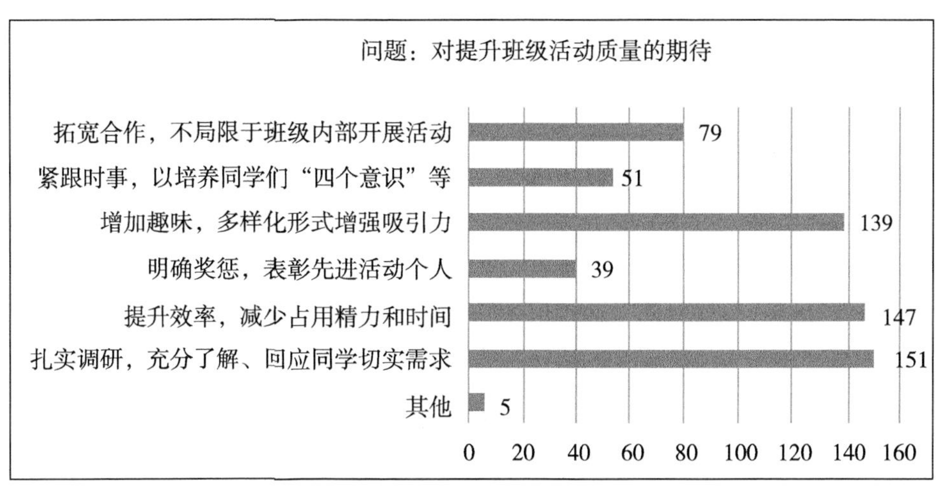

图3　问卷调查结果2

三、班团一体化建设的思路与具体措施

（一）总体思路

本文认为，以已有的相关研究为基础，结合广泛的问卷调查和深度访谈等研究方法，同时以“高校基层组织如何更好地发挥服务同学的作用”这一前置问题作为“班团一体化”建设的基础，来研究这两个大方面要同时互促互进，一是“对内：班长团支书如何更好地合作”，二是“对外：班团委如何发现回应同学需求”。

在这两方面工作的基础之上，一方面需要建立明确的分工体系、报告制度以及绩效激励。另一方面，形成一套能够及时收集、反馈、实践以及再反馈的工作管理循环体系至关重要。

（二）内部措施：建立以辅导员为中心的职责分管与报告制度

以辅导员为中心的内部协同措施分为两个部分：设计分工模块与确立职

责报告制度。其主要构想是将团支书纳入到平层级的班级日常管理之中，根据工作特点将班团职能分成四大职能模块，各个模块干部进行自己职能范围内的职责报告。主要构想如图 4 所示。

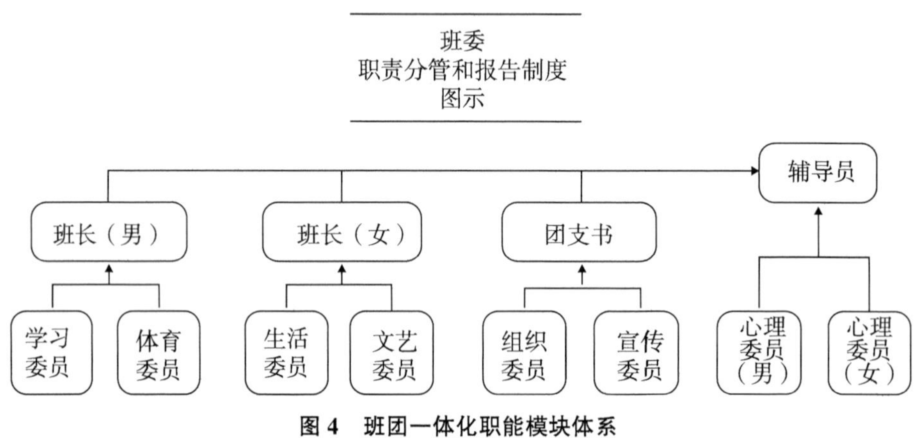

图 4　班团一体化职能模块体系

首先，将班级与团支部工作分为四组职能模块，对班长和团支书的职能划分进行改革。班长负责班级各项活动的统筹组织，与辅导员、团委及院级组织的沟通等。男女班长各一名，统一协调班级工作，学习与体育部分由男班长主要负责，生活与文艺部分由女班长主要负责。而团支书负责统筹班级内团务相关工作，例如开展主题团日活动、学生团员证和团费管理等，主要负责组织和宣传工作的报告。这样班长团支书同为班级主要负责人，形成图中所示管理框架。值得注意的是，心理委员的工作由于对隐私性和针对性有更高的要求，因而笔者建议直接由辅导员负责。

其次，在分工基础之上，应建立分级报告制度。在图示框架中，学生干部分别根据自身职责范围，逐级上报工作。例如，在学习模块下出现问题，应由学习委员向男班长汇报，男班长再向辅导员汇报，如果需要其他模块配合再自上而下统筹。在每一个模块之中，赋予班长或团支书比较大幅度的自主管理空间。

通过重新划分班委职责范围，明确班委职能有十分重要的意义。首先，班委职责明确减少了信息传递的层级、拉近了交流沟通的距离，有利于提高青年与团干部互动交流的频率，提升工作效率。其次，这能够增强青年对团干部的信任、对团组织的依靠，让青年学生更加真实直观地感受到班团一体化改革的重要意义。再次，职责明确的班团关系能够加强班团支委与团员学生的联系，创新服务方式，做好学校、学院党政和上级团组织联系同学的桥梁纽带，了解和反映团员青年的思想现状和成长需求，做好思想引领和成长成才服务工作，积极开展有助于身心健康的文化活动。

通过以班长、团支书为核心，将班委进行小范围划分的方式，完善班委职责架构，利于职能集中，使工作关联性强的班委更有效率地进行合作。这一方式一方面可以有效地减少信息交叉传递，提升沟通效率。另一方面能够加强对学生干部的信任，提升管理主动性。在开展具体的团支部活动中，分工职责明确的班团组织实质上就成为学校、学院党政和上级团组织联系同学的桥梁纽带，更顺畅地了解和反映团员青年的思想现状和成长需求，做好思想引领和成长成才服务工作。以一次主题团日活动为例，此框架可以保证前期宣传，到中期举办，再到后期总结学习全过程的工作效率提升，进而增强团务工作的统一性。

（三）外部措施：建立以实效性为中心的 PDCA 管理循环

本文认为，可在分工职责模块前提下，引入 PDCA 管理循环，如图 5 所示。

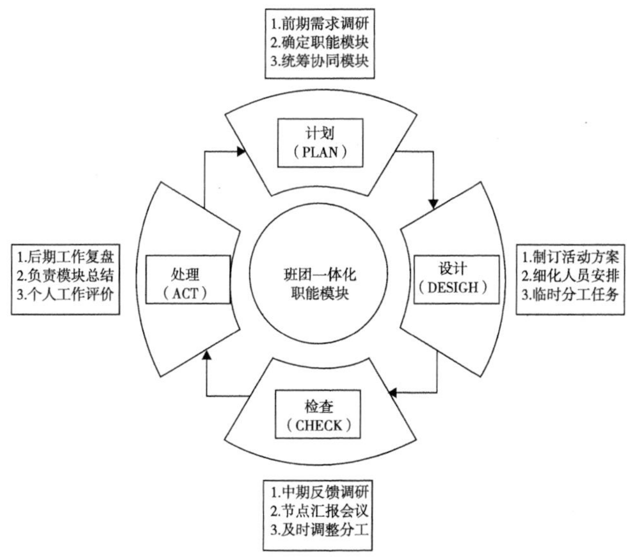

图 5　PDCA 管理循环在班团一体化的应用

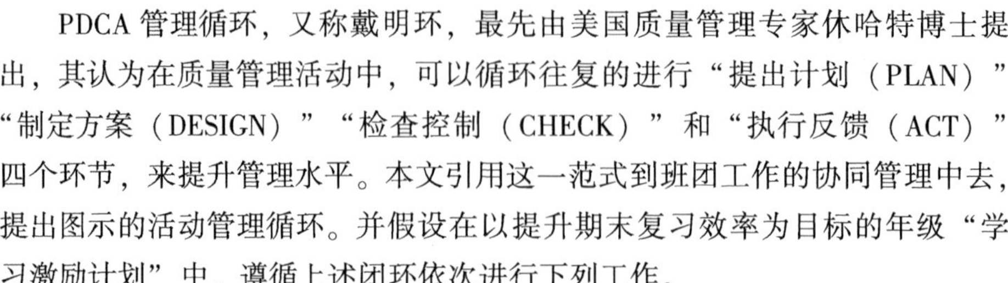

PDCA 管理循环，又称戴明环，最先由美国质量管理专家休哈特博士提出，其认为在质量管理活动中，可以循环往复的进行“提出计划（PLAN）”“制定方案（DESIGN）”“检查控制（CHECK）”和“执行反馈（ACT）”四个环节，来提升管理水平。本文引用这一范式到班团工作的协同管理中去，提出图示的活动管理循环。并假设在以提升期末复习效率为目标的年级“学习激励计划”中，遵循上述闭环依次进行下列工作。

（1）提出计划（P）：首先开展学生是否学习困难的问卷调查，在初步调研基础上确立主要职能模块（男班长、学习委员、体育委员），和协同职能模块（团支书、组织委员、宣传委员）。

（2）制订方案（D）：由主要职能模块和协同职能模块配合制定活动方案，例如本案例中，通过建立年级“学习中心”和“宣传中心”开展一系列期末学习激励计划。在模块分工的前提下，学生干部履行但不限于履行本职职务，参与总体分工。

（3）检查控制（C）：在活动中期进行反馈调研，针对内部人员分工和外部活动效果及时召开总结会议，如果出现活动效果大幅低于预期，或者执行不力的情况，应根据职能模块进行问责。

（4）执行反馈（A）：在活动后期，对于活动效果进行全面的问卷调查，综合评价活动实效，根据反馈结论进行工作复盘，总结成果经验继续应用到下一次活动中去，不适合的做法则及时予以放弃。同时，对职能模块和具体学生干部进行工作评价。

应用上述管理模式，笔者负责的年级建立了团总支领导下的“学习中心”和“宣传中心”，并在期末学习激励活动中起到了良好效果。而在具体的实践中，笔者发现有以下几项重点需要关注。

一是始终以实效目标和需求调研作为工作的前提和中心点。学生活动不能如无源之水，由学生干部或者辅导员拍脑袋决定，而是应建立在切实了解学生需求的基础之上，并以此作为调整工作方式的中心指标。在整个 PDCA 循环过程中，应当在每一个环节适当加入受众反馈调研。

二是在工作循环的过程中把握“主要职能模块—协同职能模块”的动态变化。以本文在期末进行的学习激励计划为例，在活动前期，学习中心（主要职能模块）利用资料整理、建设小组和打卡计划等活动提振自主学习氛围，无疑起到了最主要的作用，这时宣传中心（协同职能模块）则负责打卡公示、榜样学习等辅助宣传。但是，在活动后期的尾声阶段，宣传小组的作用会愈加重要，因为方案后期的工作更多是活动反馈和宣传资料的整理，学习中心的工作反而会大幅减少。这时就要根据实时情况切换对“主要职能模块”和“协同职能模块”的重视程度。

三是重视新媒体平台对于学生干部自我管理水平的提升作用。一方面，新媒体平台可作为快捷、高效的信息联络平台，保障班团组织内部信息充分传达，思想充分沟通，努力提高共识。另一方面，建立学生的风采展示平台，比如年级团总支微信公众号等，可以大力提高学生自主管理的积极性。结合班团工作实际，新媒体平台应科学设置主题，突出服务同学、思想引领，舆论引导、信息沟通等功能，提高班团工作对青年的有效覆盖，引导青年全面、深入地认识到推行班团一体化改革的必要性，吸引学生主动参与到班团一体化的改革实践中来，形成持续深化改革的良好氛围。

四、结　论

如习近平总书记所言，学生工作要“因事而化、因时而进、因势而新”。在综合现有理论研究以及第一线实践的基础上，本文认为提升班团一体化建设水平，应该从“内部”和“外部”两个方面提高班团合作程度，提升学生工作实效。

在内部，建立以辅导员为指导的职责分管与报告制度，将传统的“班委——班长——团支书”的模式调整为四大职能模块，明确分工，并顺畅信息交流渠道。在外部，借鉴 PDCA 管理循环理论，建立根据反馈实时调整的活动开展闭环，不断回应学生实际诉求，沉淀成功经验。

参考文献

[1] 高伏康、吴家驹：“组织理论视角下高校班团一体化运行机制研究”，载《学校党建与思想教育》2019 年第 1 期。

[2] 黄媛媛：“新形势下高校班团一体化协同工作机制建设研究”，载《湖南邮电职业技术学院学报》2016 年第 3 期。

[3] 任少伟：“群团改革背景下高校‘班团一体化’运行”，载《当代青年研究》2019 年第 3 期。

[4] 王博："高职院校新型班团一体化运行模式探究"，载《兰州教育学院学报》2017年第9期。
[5] 杨俊峰、霍琨："高校基层团支部面临的挑战及对策"，载《北京教育（德育）》2011年第6期。
[6] 叶文通："组织认同视角下高职院校基层团支部建设探析"，载《佳木斯职业学院学报》2015年第7期。
[7] 闫雪琴："新时代高校'班团一体化'实施方案探索"，载《中国高等教育》2019年第8期。
[8] 朱恬恬："高校'班团一体化'运行机制下的团支部活力提升探究"，载《国际公关》2019年第9期。
[9] 葛媛媛："高校'班团一体化'运行机制中的问题及对策研究"，载《创新创业理论研究与实践》2019年第10期。
[10] 丁玥："习近平青年价值观视阈下高校班团一体化运行机制建设研究"，载《才智》2018年第36期。

新时代高校共青团学生干部综合素质培养工作机制研究

——以中国政法大学国际法学院学生会为例

国际法学院　张倩倩

【摘　要】 我们党历来重视青年和重视青年工作。在“习近平青年观”中，习近平总书记对共青团做出了“提高团的吸引力和凝聚力，扩大团的工作有效覆盖面，关键是要把工作延伸到广大青年最需要的地方去”的工作指示，要求各级团组织深入开展青年工作，助力广大青年成长发展。在共青团改革的大背景下，不仅需要自上而下的顶层设计，也需要自下而上的基层实践经验和创新成果，从而推进共青团制度双向深度融合、不断完善。本研究以中国政法大学国际法学院学生会工作实际为切入点，结合共青团改革导向，贴合青年学生新特点，寻找新方法，积极践行高校共青团的“加强对大学生的思想引领、将大学生紧紧团结在党的周围、巩固和扩大党执政的青年群众基础”这一政治使命和重要职责，探索建立“能力共同体、情感共同体、价值共同体”为一体，以点带面，辐射全员的高校共青团学生干部综合素质培养共同体制度设计，为推动高校共青团全面改革发展提供有价值的参考。

【关键词】 新时代　高校共青团　学生干部综合素质培养　共同体建设

一、绪　论

我们党历来重视青年和青年工作。党的十八大以来，以习近平同志为核心的党中央高度重视、关心青少年和共青团工作，把共青团改革作为全面深化改革的重要方面。习近平总书记在总结中国共产党优良历史传统的基础上，结合中国特色社会主义新时代的伟大实践，在多个场合运用鲜明生动的语言形式表达了党对当代青年的寄托与对共青团工作的期望，并深刻总结党关于青年工作的规律和特点，形成了党关于青年工作的思想，即“习近平青年观”。习近平总书记对共青团做出了“提高团的吸引力和凝聚力，扩大团的工作有效覆盖面，关键是要把工作延伸到广大青年最需要的地方去”的工作指示，要求各级团组织深入开展青年工作，助力广大青年成长发展，“使共青团真正成为青年发展的指导者，发挥为青年提供帮助的‘娘家人’的作用，为青年的发展服好务”。[1]

在共青团改革的大背景下，不仅需要自上而下的顶层设计，也需要自下而上的基层实践经验和创新成果，来推进共青团制度双向深度融合、不断完善。本研究正是以学生组织中存在的问题为出发点，结合共青团改革导向，贴合青年学生新特点，寻找新方法，积极践行高校共青团“加强对大学生的思想引领、将大学生紧紧团结在党的周围、巩固和扩大党执政的青年群众基础”[2]这一政治使命和重要职责。并尝试提出可行的对策和建议，为推动高校共青团全面改革发展提供有价值的参考。

二、国内外研究现状

（一）国外学生自治组织机制研究现状

西方高校学生社团起源早，发展相对完善。以美国为例，美国拥有世界上最多的高校学生社团，高校学生社团数量多、种类全、活动丰富。通过不断规范学生社团成立、审批及管理制度，对其进行及时、正确、有效的引导，美国高校形成了一套比较完善又颇具特色的社团管理体系。[3]

除了具备完善的学生自治体系外，国外学者对于大学生自治的研究也十分丰富。在学生自治产生的背景、学生自治的形式、学生自治的意义、价值、学生会内部机构、职能、干部培养等方面，国外学者都进行了较为全面的分

〔1〕刘於清、刘宇：“习近平新时代共青团改革思想对高校共青团工作的指导意义研究”，载《青少年学刊》2019年第2期。

〔2〕刘於清、刘宇：“习近平新时代共青团改革思想对高校共青团工作的指导意义研究”，载《青少年学刊》2019年第2期。

〔3〕廖良辉：“中美高校学生社团管理比较——以美国哈佛大学为研究实例”，载《青年研究》2005年第4期。

析，为实践提供了充分的理论支撑。国外学生组织自治虽有一定经验，但由于各国情况不同，借鉴条件有限，我国的学生组织建设更应完善理论研究，为实践发展提供国内理论支撑。

（二）国内研究现状

2005 年，教育部和共青团中央共同印发《关于加强和改进大学生社团工作的意见》，2015 年，中共中央办公厅、国务院印发《关于进一步加强和改进新形势下高校宣传思想工作的意见》，2017 年，中共中央办公厅印发了《共青团中央改革方案》，从“制定大学生社团的成立和年度检查制度”、共青团改革四大方面十二个领域等方面提出要求。在我国高校大学生社团得到不断发展和高度重视的背景下，国内学者对高校学生组织、干部骨干的建设培养也开展了丰富的研究，内容涉及加强思政教育、优化选拔机制、完善培训机制等各个方面。[1]但相较于实际工作，理论研究仍有较大发展空间。例如，社团的理论研究深度与系统性有待加强，应更加注重多方面的资源进行协同配合，提升高校重视程度和教师主观能动性；高校学生社团种类繁多，应进行有针对性的分类研究；除了理论研究外，高校学生社团更要注重理论与实践的衔接，提出切实可行的管理办法，打造切实有效的干部培养体系。

三、国际法学院学生会情况综述

国际法学院学生会作为中国政法大学共青团基层组织，依靠学生自主管理，承担一部分团组织的育人工作，是校园文化建设、教学实践活动、学生服务工作的重要组成部分。

（一）基本情况

国际法学院学生会现下设三个职能部门和四个活动部门，职能部门为整个学生会各项工作的正常运作提供保障，活动部门主要从组织建设、思想引领、素质拓展、权益服务等方面开展不同主题的活动以满足同学各方面的需求。总体而言，学生会内部合作较为顺畅，活动已有基本固定的形式，影响力较好。各部门之间合作主要限于工作对接，总体来说独立性较强。学生会

〔1〕 崔苏妍：“浅议高校团属学生组织育人工作的有效实施途径”，载《新西部》2019 年第 26 期。

每年会对工作机制进行微调，但大体上一直延续了前人的工作模式；活动亦同，每年均会在上一年基础上进行不同幅度的创新，但基本未对已有活动做出大的突破。

（二）发展困境

1. 外部困境

近年来，学生组织在高校发展建设中发挥的作用越来越突出，却也不断产生和暴露出新的问题。第一，大学生自治组织作为校园舆论主体之一，在校园舆论环境中担当着日益重要的角色，其舆论导向直接影响着大学生的思想和行为。由于学生自治组织群体舆论具有随机性和自发性的特点，其舆论传播往往不太注意角度，有时难免会产生一些不良的社会或群体情绪。同时，由于社会阅历不深，对事物的分析判断缺乏客观性和全面性，不少大学生在群体舆论的影响下出现盲从现象，在某些问题的解决方式上会出现极端、不理智的行为。第二，在学生组织开展工作的过程中学生干部素质参差不齐，有些学生干部存在自我意识过强、缺乏全局意识，能力水平不统一等情况，这些都直接反映了学生组织干部队伍建设存在的亟待改进之处。第三，在学生组织举办的各种活动中，存在着同学们对部分活动积极性不足，参与意愿不高的问题。“群众性”作为学生组织的最基本特点，既代表着学生组织的属性，更代表着学生组织的宗旨。学生参与积极性不高反映了学生活动缺乏对学生群众的联系，忽视了青年学生的需求，缺乏对学生建议的倾听等问题。第四，学生组织制度建设的完整连贯性和实际应用不足，出现很多“三分钟热度”的构想和“走过场式”的形式活动。

2. 内部瓶颈

（1）部门发展不平衡。

目前，各部门独立性较强，除必要的工作对接外基本由单独的部门负责单独的任务，总体没有形成较合适的联动机制。这导致了部门每年的发展情况主要依该任负责人的履职情况而定，既不稳定也不充分，各部门没有利用好学生会的大平台得到多方面的、稳步的发展。从长远来看，这样的发展情况也不利于学生会的整体发展，如果部门发展始终不稳定、难突破，甚至不平衡，则学生会终有一日会难再依靠以往的成绩维持，可能会面临机制僵化、活动吸引力下降的危机。

从更高的层面来看，部门内部发展的不平衡问题不仅是国际法学院学生会，而且是高校学生组织的共性问题，学生会的工作模式往往均被固有模式和已有成绩局限，并且放任这种不平衡现象的存在；团组织工作存在的基层能力弱、资源少，但承担任务重的不平衡问题亟待解决。

（2）品牌活动影响力有限。

如前文所述，学生组织的活动虽具有一定的规模与影响力，但离成为品牌活动尚存一定距离，其知名度、认可度、参与度均有较大的上升空间。从根本上说，这是由于活动没有足够的吸引力与竞争力，在同类型活动有多个校级、院级组织举办的情况下，难以凭借现有特色从中脱颖而出。

此种情况已是高校学生组织共同面临的问题，而团组织工作相比学生活动，又多了类型与主题的限制，青年对团组织没有足够的思想共识，和团组织的黏性不够强，所以其影响力受限问题其实更为严重。

（3）人才培养后备力不足。

学生会目前对部员的能力培养主要依靠参与活动的策划、筹备、举办，以及相关管理者的日常引导。这样导致其收获的能力与工作参与程度，与组织成员交流程度息息相关，所以会有部分人员存在能力提升不够全面、不够深入、持续性不强等问题，在留任时缺乏独当一面的能力。

目前，高校组织管理多把部员放在被动参与的位置，缺乏与部员建立平等互动的平台和组织管理模式。而当今大学生的思想是活跃且超前的，应给予他们运用自我意识和主动意识的平台和机会，使其发挥主观能动性。高校共青团在学校人才培养的大格局中也应充分发挥其职能，充分、全面地发现、培养人才。

（三）困境产生的原因

1. 管理制度发挥的作用不强

没有规矩，不成方圆。一个组织的管理体制是维持组织机构正常运作的基本保证。就目前管理制度的现状而言，问题有二：一是管理制度较为零散，只有关于学生会具体工作流程，如报账、宣传、材料上交等内容的制度汇编，缺乏顶层设计、全方面全覆盖的统一制度总则；二是学生会内部人员对制度学习不够充分，制度学习主要依靠“前后辈”口口相传，没有标准化统一化的学习，导致管理制度发挥的作用有限。

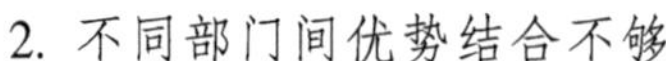

2. 不同部门间优势结合不够

国际法学院学生会共有七个部门，分别是职能部门办公室、公关部、宣传部，活动部门文艺部、职业拓展部、学术部及志愿生活部。七个部门各有分工，相互合作。在分别进行部门活动时，各部均能尽可能高水平、高质量地完成本部的分内工作。然而，学生会作为一个整体，在承担院校的大型活动时，存在各个部门相互了解不充分、配合不协调的问题，甚至出现“只顾自己的事情”“躲麻烦”等不良现象，导致学生会内部各有强手却不能强强联合，在整体配合上仍需加强。

3. 组织成员主观能动性不足

学生会成员众多，层层隶属分级，主席层、部长层及干事层各有不同定位。一方面，相较于部长主席层，干事层的主观能动性发挥仍有不足。干事层均为大一新生，刚刚进入大学学生组织，工作经验和工作能力亟待大幅提高，需要时间培养。然而，学期时长有限，部门活动不等人，重点工作都由部长及主席层“大包大揽”，导致学生干事的主观能动性发挥不足。另一方面，学生会历年工作内容相似，部分活动创新性不足，照抄照搬历年模式，有时存在“为了办活动而办活动”的现象，整体主观能动性发挥不够充分。

四、打造多层次人才培养共同体，突破困境

（一）促进共同发展：构建能力共同体

能够提高个人综合能力是学生申请加入学生组织的最基本动力之一，也是最大的鞭策器。我们应把握学生这一基本需求，从规范制度、加强合作、共享资源等方面实现学生组织能力共同体的打造。第一，规范选拔、管理制度。建立健全完善的选拔、考核、奖惩机制，掌握好标准统一与具体问题具体分析的尺度，并定期对制度的执行情况进行反馈，用制度规范组织发展，并在组织发展中促进制度更新完善。第二，加强部门联动。发挥各个部门的专长优势，明确分工，将各个部门的主观能动性最大程度有效发挥，对问题解决提供多重思路、多重意见，以期达到强强联合的最优成果。第三，提供经验、资源共享。各个部门各有所长，在大型活动的举办和日常事务中均有相互学习的必要。鼓励各个部门进行联学联动，分享经验，避免重复错误多次发生，从方法上提高工作质量。同时进行内部资源共享，培养学生会的整

体意识，从外联资源、技术资源到方法资源相互渗透，实现学生会工作效率最大化、工作效果的最优化。

（二）给予共同归属：构建情感共同体

据调研，获得情感归属是多数参加学生组织的同学认为学生活动能带给他们的最大收获之一。因此，从构建情感共同体的角度出发组织活动，也是解决目前学生组织困境的有效策略之一。具体而言有以下几点意义：第一，构建认同感。每个成员在加入组织时，初心并不同一，有的可能是为了提升能力，有的可能是为了扩大交际圈积累资源，甚至都存在误打误撞等偶然因素，而组织管理者要通过日常工作、个性沟通促进成员自我价值、集体价值的发掘和实现，逐步构建认同感，进而促进成员完成由“被动接收任务”到“主动为组织献力献策”的转变。第二，增强凝聚力。团队之所以为团队并不是其人数众多，而是其思想的碰撞、齐心协力的精神能激发组织成员的集体意识，使其迸发出超过数字的能量。在实际工作中培养组织成员的人际交往能力和团队协作能力，是提高组织凝聚力的重要途径。当然，也应平衡好各部门之间的良性竞争关系，万不可过分要求部门为了合作而牺牲自己的利益。合作与竞争并存，才能实现共赢。第三，提升向心力。向心力即是成员一心，共同为个人的目标、集体的目标而努力奋斗的力量。在有认同感和凝聚力的基础上，向心力的提升会更为容易。管理者要立足同学需求，勿忘人文情怀，始终牢记“以人为本”，摒弃“唯结果论”，不仅解答同学“送上门来”的问题，更要主动思考、主动出击，通过发现问题、交流沟通、探讨困惑、分享经验等方式让工作的开展更有温度。

（三）寻求共同动力：构建价值共同体

一个优秀的学生干部，首先应该是一个高素质的青年，而青年的成长，最核心的是思想和精神。学生工作的开展必须要有正确的价值观作导向，有正确的思想作引领。中国共产党一直很重视青年发展和青年工作，并在长期的理论与实践探索中形成了丰富的青年发展理论和完善的青年工作体系。习近平总书记在纪念五四运动100周年大会上提出的“六点要求”，即是在重要的历史节点上，对中国青年成长发展规律的新总结、对新时代中国青年成长发展提出的新要求。其中，“担当时代责任”与“勇于砥砺奋斗”是与学生

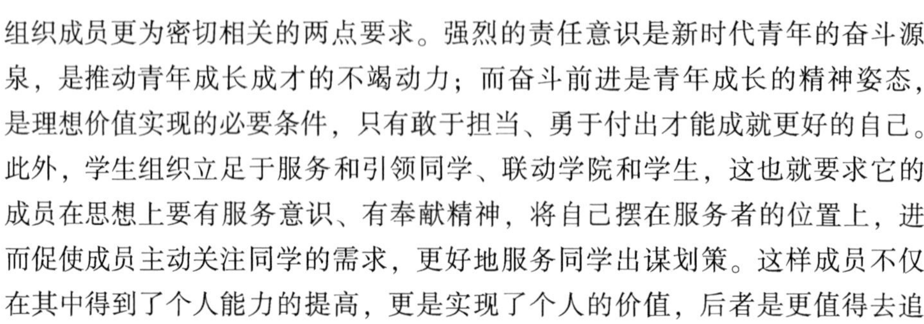

组织成员更为密切相关的两点要求。强烈的责任意识是新时代青年的奋斗源泉，是推动青年成长成才的不竭动力；而奋斗前进是青年成长的精神姿态，是理想价值实现的必要条件，只有敢于担当、勇于付出才能成就更好的自己。此外，学生组织立足于服务和引领同学、联动学院和学生，这也就要求它的成员在思想上要有服务意识、有奉献精神，将自己摆在服务者的位置上，进而促使成员主动关注同学的需求，更好地服务同学出谋划策。这样成员不仅在其中得到了个人能力的提高，更是实现了个人的价值，后者是更值得去追寻的，也是更需要内在思想引领的。

（四）辐射全院工作：形成高素质人才培养体系

习近平总书记在讲话中指出，新时代中国青年的使命，就是坚持中国共产党领导，同人民一道，为实现“两个一百年”奋斗目标、实现中华民族伟大复兴的中国梦而奋斗。青年教育培养工作要紧紧围绕这条主线，把全面提高青年素质作为重点；同时，“培养什么人，怎样培养人，为谁培养人”，关系到党和国家的命运。学生不应止于学生，我们尝试以学生会的困境突破为契机，推动学院学生工作的改革，在实践中逐步形成人才培养体系，从而为广大同学提供更广阔的平台和更充分的机会提升自己，并成为高素质的人才。

各类学生工作虽形式上有很大不同，但存在的问题往往有其共通性，所以可以国际法学院学生会的困境突破为基础，以实践中得出的经验方法为立足点，选取其中的部分合适经验，先在班团工作中进行试点，进行班团干部高素质人才培养的逐步探索，让学院的骨干力量组成坚实的框架；再扩展到其他方面，以培养机制为纽带，串联学院各项工作，通过构建能力共同体、情感共同体和价值共同体等举措，有效地提高学生在工作中的收获感，激发工作热情，增强工作动力；更要以学生工作为契机全面培养学生，以“培养什么人，怎样培养人，为谁培养人”和全方位育人为思考的重点，提高学生的思想觉悟，切实提升学生综合实践能力、提高人才培养质量、促进学生全面发展，最终培养出具有远大理想和抱负的高素质人才。

五、总　结

该研究基于国际法学院学生组织、高校学生工作、高校共青团三方面的需求而产生。以国际法学院学生会这一基层团组织的情况作为切入点，深度剖析现存问题，并构建一个以能力、情感、价值共同体为内核的高素质人才培养体系。学生会规模虽小，但在工作模式、管理制度、培养目标等诸多方面都与高校学生组织、共青团组织有共通之处，实为现代高校青年培养工作的一个缩影。所以该研究将不仅为国际法学院学生组织的发展完善提供方案，更能为高校学生工作的改革创新、高校共青团的工作实践提供新的思路方法。

在国际法学院学生组织的发展完善和高校学生工作的改革创新方面，目前高校学生组织的功能主要为思想政治教育功能、管理功能、信息传递功能和社会功能。能力共同体和情感共同体的构建，将从管理制度、院校联动、人才培养一一递进，有效实现管理功能；思想政治教育和社会功能则需要依托价值共同体实现，不单做到全方位育人，更要全员育人、全程育人，完善学校人才培养体系。

在高校共青团的工作实践方面，情感共同体可以提高团组织工作吸引力，提高团组织工作者的创新力，让团组织工作逐渐摆脱组织声势浩大而参与者回声小的困境；能力共同体的构建则会有益于扩大团组织工作有效覆盖面，让尽可能多的参与者在思想与实践上得到提升；价值共同体的构建将以广大青年始终坚持习近平新时代中国特色社会主义思想为指导，根植于高校培养中国特色社会主义建设者和接班人这一使命，源源不断地为中华民族伟大复兴输送优秀青年人才。

最后，学生组织的政治性、先进性、群众性决定了其思想引领、组织规范、素质提升、实践服务四项职能。本研究试图在如何完善学生组织制度、学生组织如何发挥其在三全育人体系中的作用、如何增强学生组织能动性等方面进行制度设计，构建学生组织能力、文化、价值共同体，通过不断实践反馈，对制度设计进行完善，再逐步探索，反复完善，最终形成一套长期可行的、充分发挥学生组织在青年综合素质培养任务中的作用的有效体系，打造实践育人共同体，以期为各高校共青团基层组织在新时代如何发展、落实中共中央对共青团改革的要求提供借鉴。

参考文献

[1] 田晓勇、高雪冬、孙冬雪："改革创新形势下高校共青团工作评价体系研究"，载《思想政治教育研究》2019 年第 4 期。

[2] 周紫阳："高校共青团改革背景下学院基层团委工作实践——以湖南师范大学为例"，载《广西青年干部学院学报》2019 年第 5 期。

[3] 陶好飞："新时代高校共青团工作实践与创新思考"，载《北京教育（德育）》2018 年第 9 期。

[4] 沈帅："探索新时代高校共青团思想政治工作新局面"，载《文化创新比较研究》2018 年第 11 期。

辅导员凝聚本科生年级力量的实践与思考

政治与公共管理学院　施春梅

【摘　要】 努力凝聚本科生年级力量很重要，既可以顺利开展工作，又可助力学生的发展。可以通过积极调动班干部的辐射力、重视发挥宿舍长的影响力、加强对个体的关心爱护进而提升本科生对集体的向心力、抓好主题活动的凝聚力、用好年级微信平台的正能量感召力五个方面来凝聚本科生的年级力量。

【关键词】 辅导员　本科生　年级凝聚力

俗话说："人心齐，泰山移。"辅导员面临一个年级性格各异的200多名大学生时，努力凝聚其年级力量很重要，这样做既可以顺利开展工作，又可助力学生的发展。大学辅导员，按照《高等学校辅导员职业能力标准（暂行）》的规定，主要职责有"思想理论教育和价值引领、党团和班级建设、学风建设、学生日常事务管理、心理健康教育与咨询工作、网络思想政治教育、校园危机事件应对、职业规划与就业创业指导、理论和实践研究"等内容，而每一项又包含很多项任务，比如，"学生日常管理"一项则包含"迎新、评优、奖学金评选、学业预警、资助、学校学院各类活动的组织"等多项任务。同时，按照《教育部关于加强高等学校辅导员班主任队伍建设的意见》，专职辅导员总体上按1：200的比例配备。为此，辅导员在面对200多名性格各异、各具特色的大学生时，既要高效有质量地完成各项任务，同时要保障学生的安全、稳定、团结、进取。如何才能达成这样的目标呢？

笔者认为调动年级同学的力量很重要。笔者在实践中主要尝试通过积极调动班干部的辐射力、重视发挥宿舍长的影响力、加强对个体的关心爱护进而提升其对集体的向心力、抓好主题活动的凝聚力、用好年级微信平台的正能量感召力五个方面来提升年级凝聚力，促进学生发展。

一、积极调动班干部的辐射力

（一）重视班干部的力量

辅导员带一个年级 200 人左右，任务多、精力有限，要想保障各种事情的顺利进展以及年级同学的安全稳定、团结进取，必须发挥班干部的力量和智慧。笔者认为，班干部的榜样和辐射力量特别值得辅导员重视。班干部是经过班级竞选胜出的，他们得到了同学们广泛评议和认可。班干部一则有意愿，二则有群众基础，这是班干部开展好工作的基础。其他如具体工作方法技巧等可以在实践中加以培养锻炼。

（二）班干部力量的发挥领域

首先，辅导员的常规工作包括党务、团务、资助、就业等很多方面，这些都需要班干部去具体落实，以保障常规工作的顺利进行。其次，辅导员开展思想政治教育、心理健康教育、大学规划与职业发展指导需要举办各种活动，这些活动的举办也需要班干部的配合和协助。更重要的是，班干部也需要在理解辅导员的主旨和要求后，自主举办符合同学们实际需求的活动。再次，辅导员主要是做人的工作，而非只对事，所以也需要辅导员对所带的学生比较了解，才能有针对性地帮助学生不断进步。但辅导员因为事情多，有可能没有及时发现个别同学的异常情况，而班干部与同学们朝夕相处，会对同学非常熟悉，如果师生间有良好的互信互动，班干部会及时告知辅导员此类需要关注的重要信息，并协助辅导员开展相应工作。最后，辅导员面对 200 多名性格各异的学生，随时会遇到一些突发或危机事件，在遇到这些情况时，班干部的理解、配合、协助就非常重要。

（三）加强班干部的团队建设

大学的班干部很多虽已年满 18 周岁，但由于精力基本放在了理论学习上，深入实践并不多，一些应有的意识和方法还不足，需要精心培养。首先，通过素质拓展、分享交流、课题研究等团队活动，让班干部意识到责任担当、充分沟通、团结协作、方式方法等重要性并践行。其次，辅导员应对班干部开展的具体工作给予耐心指导。比如，具体工作目标是否清晰？工作步骤是否合理？工作方法是否稳妥？是否与老师同学有充分沟通？事后是否有总结？

做事中习得的哪些经验可以迁移到以后的工作或职业发展中……这样的指导和关心，会让班干部一方面能够努力提升自己，另一方面会与辅导员齐心致力于更好地服务班级以带动更多同学的进步。最后，也需要有奖惩分明的激励机制。除了用心指导、真诚关心外，对于班干部的培养，也要有激励机制。工作开展好的班干部，要树立典型、分享经验、公开表扬、适当奖励。而对于工作开展不到位的班干部，更要深入谈心，让其明白要注意改正的方面，并给予一定的惩戒措施。

二、重视发挥宿舍长的影响力

教室和图书馆是大学生学习的主要场所，宿舍则是学生日常生活的场所。前几年，高校中曾出现不良宿舍关系导致的恶性事件，引起了社会广泛关注。宿舍关系是大学生人际关系的重要方面，对学生的身心健康、学业发展都有很大影响。每个宿舍选出一名宿舍长，通过宿舍长将教育管理延伸到学生的日常生活，是辅导员加强管理的重要一环。大学宿舍长虽然不是班干部序列，只管理4~8个成员，但作用举足轻重。第一，宿舍长是宿舍团结进取氛围营造的主力。很多大学新生是第一次离开家住进集体宿舍开始自己的独立生活，在新环境适应、自理能力、集体生活注意事项等很多方面都存在一定程度的困难。同时，宿舍同学来自全国各地，习惯不同、家境不同、性格不同，如果有些事处理不好，特别容易引起矛盾。此时，一个宿舍如果有贴心负责的宿舍长，就能促进大家相互交流、分享、帮助，一起打理宿舍卫生、营造温馨进取的宿舍氛围，共同探讨遇到的问题，相互学习、共同进步。第二，宿舍长是宿舍同学异常状态的反映员和协调员。有些学生遇到突发状况会产生激烈的心理冲突，辅导员若没有及时发现与助力，容易引发严重问题。宿舍长基于责任感和对辅导员的信任，就会及时向辅导员反映情况并协助解决。通过学生毕业去向可以发现，关系好的宿舍，大家相互激励，毕业时，宿舍成员发展都不错。而关系不和谐的宿舍，大家各自为政，宿舍成员的发展表现出不平衡状态，有的发展不错，而有的甚至出现心理问题。

新生入学后，经过一段时间的熟悉，引导宿舍同学推荐一名贴心正气的宿舍长，是和谐进取宿舍氛围的保障和关键。在此基础上，一方面，应召开全体宿舍长会议。让宿舍长能够明晰自己职责的意义及内容，提醒宿舍同学

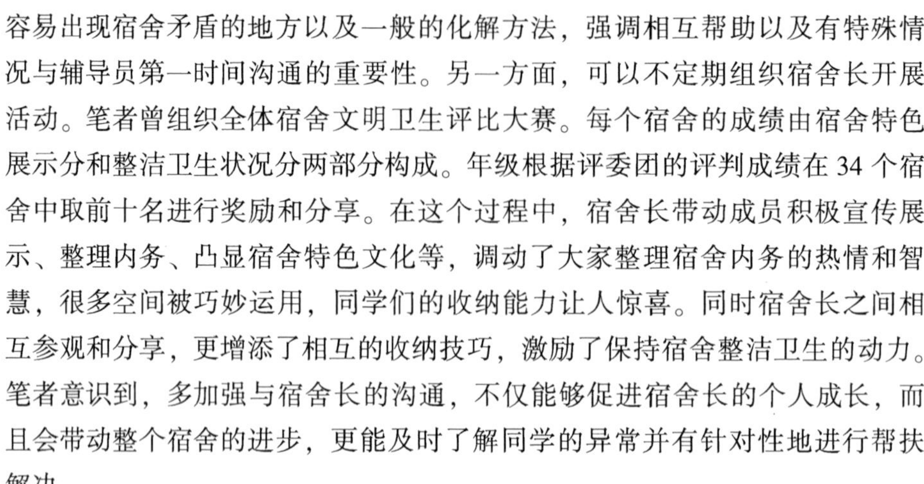

容易出现宿舍矛盾的地方以及一般的化解方法，强调相互帮助以及有特殊情况与辅导员第一时间沟通的重要性。另一方面，可以不定期组织宿舍长开展活动。笔者曾组织全体宿舍文明卫生评比大赛。每个宿舍的成绩由宿舍特色展示分和整洁卫生状况分两部分构成。年级根据评委团的评判成绩在 34 个宿舍中取前十名进行奖励和分享。在这个过程中，宿舍长带动成员积极宣传展示、整理内务、凸显宿舍特色文化等，调动了大家整理宿舍内务的热情和智慧，很多空间被巧妙运用，同学们的收纳能力让人惊喜。同时宿舍长之间相互参观和分享，更增添了相互的收纳技巧，激励了保持宿舍整洁卫生的动力。笔者意识到，多加强与宿舍长的沟通，不仅能够促进宿舍长的个人成长，而且会带动整个宿舍的进步，更能及时了解同学的异常并有针对性地进行帮扶解决。

三、加强对个体的关心爱护，提升集体的向心力

辅导员的职业任务多样，对人的高效办事能力、组织能力、沟通协调能力、表达能力、危机应对能力有较高的需求；同时所带学生各异，对人的责任心、爱心、耐心也是一种考验。认真对待人和事，对辅导员本身的能力锻炼和素养提升来说弥足珍贵。尤其是在了解了学生和加强了彼此信任的基础上，再解决问题就相对容易些。

给学生“一对一深度辅导”，既是要求，应该也是辅导员喜欢干的一件工作。当然若没有各项繁杂工作的催促，就更好了。坐下来静心和学生谈心，通过谈心，会在一定程度上判断出：这是一个什么状态并有什么特色的学生？什么样的环境和特质塑造了该学生？该学生以后的打算和当前的问题是什么？有什么样的资源可以推荐给该学生？自己哪些相应的经历、感悟、信息、建议能启发到该学生？经过静心用心的交流，彼此都会有所收获。辅导员因此更加踏实，也有种被信任、被需要的价值感和满足感。应该说，辅导员与一个年级的绝大多数学生谈心时都会有这样的感受。但是在面临一些特殊个体的时候，比如在面对学业、经济、心理等方面有困难、困惑或严重问题的学生时，辅导员会增添一种揪心感，并会给予他们更多的关注和帮助。

对于学业困难的学生，辅导员会帮助其找到困难的原因，一起探讨相应的学习方法，辅助其制订学习计划，同时寻求能带动他学习的同学给予他帮

助，或推荐其加入相应学习小组。同时定期约谈，了解其进展情况。另外也与其家长进行沟通，一起帮助并督导他的学业进展。

对于经济困难的学生，辅导员应一方面提醒其注意寻求国家或学校给予的助学机会；另一方面鼓励其将家境困难的状况视为锻炼自己自立自强的财富，而非挫折，不要有太大的思想包袱，同时安排好时间加强学习和实践，争取能获得相应奖学金，更重要的是通过不断学习本领，将来能够获得立足和发展的职业。

对于心理困惑或有严重心理问题的学生，需要区别对待。对于一般心理困惑的学生，辅导员可以给予更多的倾听和鼓励，引导其找到心结所在，并探讨消除心结的办法。有时可以推荐一些相关的心理或哲学书籍，让其在进一步的学习中解决自己认识上的偏差。对于有严重心理问题的学生，则一定要在心理咨询中心老师的专业指导下开展工作，包括与学生本人以及与家长的交流，或者必要时与相关医院的协力，这样专业的帮扶才可能对敏感且问题严重的学生有益。

通过对各方面有困难的同学的关心、爱护，设身处地为他们解决困难，让他们感受到来自学校、老师、集体和其他同学的关心和温暖，才能让这些同学对集体有更强的认同感，有更强的向心力，也能让年级更具凝聚力。相反，如果这些有困难的同学没有得到足够的关心、爱护，就有可能使其产生离心力、无助感，既不利于个体发展，也不利于年级凝聚力的形成和发挥。

四、抓好主题活动的凝聚力

一个班级或年级是否团结进取有活力，除了有负责任的班干部外，还需要开展一些主题活动，增加同学们的彼此了解、信任以及在共同做事中的相互学习和友谊。实践中可看到，经常开展活动的班级，同学关系亲密、归属感强，与老师的互动好，而且大家参加班级活动的积极性更高。

主题活动主要包括两方面：一方面是落实学校、学院的各项育人活动，比如经典读书活动、党日活动、团日活动、运动会等；另一方面是年级或班级为营造团结进取的集体氛围，根据同学们的实际需求，自主开展的活动。比如班级出游、欢庆活动，年级才艺表演、表彰大会、各类经验分享会等。这些活动拉近了同学们的距离，使彼此更了解、更信任更能相互分享交流，

很好地促进了班级和年级的凝聚力。

笔者对曾经组织过的一个活动印象深刻，这次活动很好地调动了年级智慧和班级力量。

2019 年 5 月，校团委在全校举办了一场“汇聚榜样精神，弘扬中国精神”为主题的诗歌朗诵比赛，要求每个学院有两支队伍参赛。学院决定由大一和大二两个年级各组织一个有竞争力的团队参加。为此，笔者正好有机会组织所带的大二学生组队参加。笔者所带一个年级六个班，当时各班得知这个比赛时，由于很多同学正在紧锣密鼓地准备积极分子、发展对象考试，并没有表现出很踊跃参与的态度，于是笔者与各班班长商讨后，决定委派一个班级集体参与。一个班级集体参与相较于从各班挑选有表现力的同学组队，更有利于权责明晰、配合默契，更有利于增强集体的凝聚力。选定参赛班级后，考虑到朗诵除了台上的朗诵表现力外，还要有强有力的自创诗歌朗诵作品。为此笔者邀请年级一个在写作方面能力特别强的学生来专门创作朗诵作品。这名学生是“爱奇艺”的签约作者，笔者曾见识过她在“新闻采写”方面的才干。经过各方调动，笔者将参与负责人及班级、撰稿人等情况在年级微信平台进行了公示，并鼓励全年级同学一起出谋划策。此后，相关同学就朗诵稿的拟定、参赛队伍的队形设计等都在年级群里进行展示，寻求同学们的建议。同学们纷纷给予回应，有给予高度肯定的，有提出完善建议的，有打气加油的，气氛热烈。这种热情友好的氛围激励参赛者们更好地去努力：撰稿人不辞辛苦，字斟句酌，几易其稿；班长积极筹划比赛服装、组织班级同学课余排练，还请有经验的学长指导；同学们一遍遍排练，嗓子冒烟了，喝点水继续上场。笔者向学院负责领导汇报了进展状况，学院还专门给予了活动经费支持。整个活动使学院、年级、班级有了非常好的互动。

比赛当天，参赛同学精神抖擞、服装统一、朗诵抑扬顿挫富含真情。啦啦队的同学们在现场不时向年级微信群直播。最终，获得了三等奖的好成绩。笔者当初只想借这个活动增强班级与年级的凝聚力，没想到大家一起积极参与、尽力投入后，不仅有过程中的收获，还取得了不错的结果。

作为辅导员，这个活动也给笔者很多启示，给笔者以后开展活动提供了可以参考借鉴的思路。首先，应让年级、班级理解并支持这个活动，这样才能调动他们的热情、智慧和力量，正所谓“众人拾柴火焰高”。参与的每个人在投入中有收获，也增强了集体荣誉感和团队归属感。其次，责任明晰到人，鼓励与支持并重。再次，对学生的引导与教育不要空对空口号式的，而应在具体的事情或活动中给予针对性指导，会更有成效，还能增加师生的良好互动和情谊。

五、用好年级微信平台的正能量感召力

新时代、新科技，带来学生工作方式的一些变化。仅从网络交流媒介而言，从十年前的“QQ”聊天，到几年前的“飞信”传书，再到近年的“微信”平台，联系变得越来越紧密和便捷。在如今的网络时代，最有活力的大学生群体总会紧跟时代潮流。辅导员也要不断与时俱进，学生普遍使用的微信平台也成为辅导员重视的思政教育领地。

笔者建立了年级微信群，并取名为“阳光进取的17级法大政管学子”，希望通过微信名给予学生一种积极的心理暗示，期盼他们能够心态阳光，行动进取。在此微信平台，笔者除了发布学校、学院的各项通知和信息以供学生及时了解外，还特别分享一些值得学习的文章或有价值的信息供学生参考。近三年来，在此群分享的内容主要包括：大学规划和职业发展规划方面的文章累计有50余篇，年级同学优秀的作品、事迹等50余篇，年级学生开展的活动推送50余篇，提供的实习实践信息40余条，心理健康类文章30余篇，优秀毕业生的就业分享30余篇，学习生活建议类文章20余篇，先进人物思想类10余篇等。学生会在课余空闲时间翻阅笔者发布的信息，有的学生会做出积极回应。有70余名学生根据提供的信息参加了相关活动或得到了暑假实习机会。在一次与一位经济困难学生的聊天中，学生谈到了年级群里心理健康故事对自己的帮助，让笔者感觉特别欣慰。同时，同学们会在此平台相互分享信息，尤其是近几个月新冠肺炎疫情暴发以来，同学们在该平台相互介绍自己“宅”家的战“疫”感悟和技巧、学习生活特色、志愿服务等，这给疫情下有些恐慌的同学很好的安慰和激励。年级微信平台覆盖到全年级同学，大家可以根据信息自取所需，必要时互帮互助。笔者已习惯每天向年级群推送有价值或正能量的信息，并希望通过此平台营造团结进取的年级氛围。

加强学生党支部规范化建设　筑牢思想政治引领阵地

人文学院　王文霞

【摘　要】 新形势下，如何以习近平新时代中国特色社会主义思想为指针，以党章为根本遵循，按照《中国共产党支部工作条例（试行）》要求，开展党支部规范化建设，尤其对于如何做好高校学生党支部的规范化建设，全面提升党支部组织力，加强思想政治引领，筑牢青年学生理想信念根基，是高校党建中需要不断实践和探索的重要命题。

【关键词】 高校党建　学生党支部　规范化建设

一、党支部规范化建设的内涵

2018年10月中央印发《中国共产党支部工作条例（试行）》（以下简称《条例》），该《条例》对党支部组织设置、基本任务、工作机制、组织生活、党支部委员会建设、内容做了详细的规定，并在领导和保障部分明确要求加强党支部标准化、规范化建设。该《条例》的出台为党支部建设指明了方向和提供了基本遵循，这就要求我们必须依据《条例》的标准和要求，同时按照北京市委组织部《关于加强党支部规范化建设的意见》（京组发〔2017〕7号）和北京市委教育工委《加强北京高校党支部规范化建设的实施方案》及《中共中国政法大学委员会关于加强党支部规范化建设的实施方案》《中国政法大学党支部工作规则》来严格开展党支部的基本组织、基本队伍、基本活动、基本制度、基本保障等方面的规范化建设，并抓实、抓细、抓落实，从而有效保障党支部基本任务的实现和战斗堡垒作用的充分发挥。

二、加强高校学生党支部规范化建设的现实定位

（一）高校学生党支部的特点及重点任务

《条例》指出：“党支部是党的基础组织，是党组织开展工作的基本单元，是党在社会基层组织中的战斗堡垒，是党的全部工作和战斗力的基础，担负直接教育党员、管理党员、监督党员和组织群众、宣传群众、凝聚群众、服务群众的职责。”[1]在高校，学生党支部则是学校最基层的党组织，其工作对象是广大的青年学生，他们具有思维活跃，独立性和自我意识强等特点，是集思想敏感性、多样性、多变性、矛盾性为一体的群体。高校学生党支部与青年学生联系最为密切，影响最为直接，是联系广大青年学生的重要桥梁。其除了承担党支部的基本任务之外还承担加强思想政治引领，筑牢学生理想信念根基的重点任务，因此如何通过加强学生党支部的规范化建设，充分发挥其在大学生中的思想、学习和生活的“引领”作用，是高校学生党建工作中需要不断探索和实践的重要命题。

（二）加强高校学生党支部规范化建设的意义

（1）加强高校学生党支部规范化建设，是坚持和加强党的全面领导，落实党要管党、全面从严治党要求，全面提升党支部组织力，强化党支部政治功能，充分发挥党支部战斗堡垒作用，巩固党长期执政的组织基础的必然要求。

（2）党的十九大报告指出：“党的基层组织是确保党的路线方针政策和决策部署贯彻落实的基础。要以提升组织力为重点，突出政治功能，把企业、农村、机关、学校、科研院所、街道社区、社会组织等基层党组织建设成为宣传党的主张、贯彻党的决定、领导基层治理、团结动员群众、推动改革发展的坚强战斗堡垒。”[2]《条例》中明确规定高校党支部的重点任务是：“高校中的党支部，保证监督党的教育方针贯彻落实，巩固马克思主义在高校意识形态领域的指导地位，加强思想政治引领，筑牢学生理想信念根基，落实

---

〔1〕《中国共产党支部工作条例（试行）》第2条。

〔2〕习近平：《决胜全面建成小康社会 夺取新时代中国特色社会主义伟大胜利——在中国共产党第十九次全国代表大会上的报告》，人民出版社2017年版，第61页。

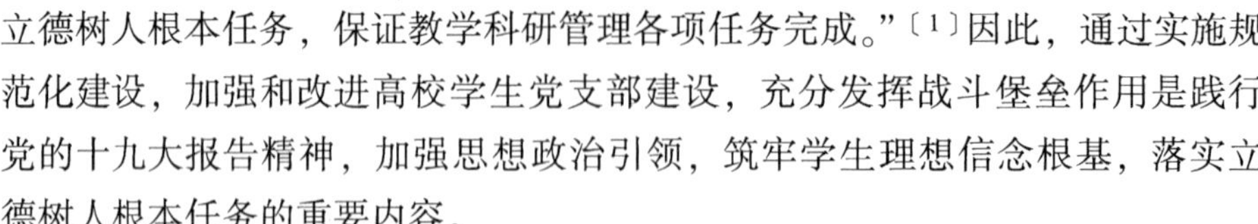

立德树人根本任务，保证教学科研管理各项任务完成。”[1]因此，通过实施规范化建设，加强和改进高校学生党支部建设，充分发挥战斗堡垒作用是践行党的十九大报告精神，加强思想政治引领，筑牢学生理想信念根基，落实立德树人根本任务的重要内容。

（3）加强高校学生党支部规范化建设，对于实施科教兴国和人才强国战略，确保中国特色社会主义事业后继有人，实现中华民族的伟大复兴具有重要的战略意义。党的十九大报告指出：“青年兴则国家兴，青年强则国家强。”[2] 2018年5月习近平总书记在北京大学考察时发表重要讲话，他指出，广大青年要成为实现中华民族伟大复兴的生力军，肩负起国家和民族的希望。新时代是年轻人的时代，当代青年一代是与新时代同行的一代，要把中华民族伟大复兴的历史责任担在肩上。习近平总书记在给北京大学援鄂医疗队全体“90后”党员的回信中再次指出：“青年一代有理想、有本领、有担当，国家就有前途，民族就有希望”。表明了青年对中国共产党事业的重要性以及当代青年对实现中华民族伟大复兴肩负着的重大责任。《中国共产党普通高等学校基层组织工作条例》明确指出，高校党组织必须培养“德智体美全面发展的中国特色社会主义事业合格建设者和可靠接班人”[3]，同时规定“大学生党的支部委员会要成为引领大学生刻苦学习、团结进步、健康成长的班级核心”[4]。因此高校学生党支部应适应新形势的发展要求，不断创新工作方法，通过加强学生党支部规范化建设，发挥好党组织的政治优势和组织优势，把广大青年学生紧密地团结在党组织周围，意义重大。

三、加强高校学生党支部规范化建设的探索与实践

学院党委作为开展基层党建工作的责任主体，不断探索和实践，运用“一重视两立足三强化工作法”，切实加强学生党支部规范化建设并力求取得

---

〔1〕《中国共产党支部工作条例（试行）》第10条第4项。

〔2〕习近平：《决胜全面建成小康社会 夺取中国新时代特色社会主义伟大胜利——在中国共产党第十九次全国代表大会上的报告》，人民出版社2017年版，第61页。

〔3〕中共中央办公厅法规局编：《中央党内法规和规范性文件汇编（1949.10-2016.12）》（上册），法律出版社2017年版，第39页。

〔4〕中共中央办公厅法规局编：《中央党内法规和规范性文件汇编（1949.10-2016.12）》（上册），法律出版社2017年版，第41页。

实效。

第一，学院党委对学生党支部工作的重视，是开展好学生党支部规范化建设的重要保证。学院党委充分认识加强学生党支部规范化建设是认真贯彻落实党的十八大以来，以习近平同志为核心的党中央提出的把全面从严治党落实到每个支部、每名党员及实现《条例》明确规定的学生党支部担负加强思想政治引领，筑牢学生理想信念根基重点任务的新要求，这为学生党支部规范化建设指明了方向。学院党委还通过党员领导干部联系基层党组织制度，由学院处级领导班子、党委委员定期参加党支部组织生活，指导学生党支部的规范化建设，提高建设实效。

第二，立足学校和学院实际，是开展好学生党支部规范化建设的重要基础。一是基于学校两地办学的特点，本科生党支部和研究生党支部地处不同校区，因此在开展党支部建设工作时，始终坚持以服务广大学生为理念，以“减负增效”为目标，尽可能减少两地办学带来的时间、人力、物力成本，提高工作实效。二是学院的学科专业属非法学，大多学生学业压力较大。因此立足学院实际，以问题为导向，着重从工作机制、组织生活开展等方面创新方式方法，有针对性地制定党支部规范化建设方案和开展相关活动，就成为必然要求。如，将学院的非法学学科专业特点转化为加强党支部理论学习的优势，以建设学习型党组织为目标，举办以党支部为单位，由专业教师带领党员、发展对象、积极分子对经典论著进行研读的“博闻慎思”经典论著研读班活动，举办了“纪念五四运动、发扬五四精神”“忆初心，担使命”“真理道路上的执着求索——青年毛泽东的初心之路”为主题的学习研读活动，通过深入学习和研究中国的政治、思想、文化、社会等各领域的历史，使广大青年学生进一步认识历史规律、历史趋势，以史为鉴、以史为师，更加坚定中国特色社会主义道路自信、理论自信、制度自信、文化自信，激励同学们坚持不懈、一往无前，不忘初心、牢记使命，为中华民族伟大复兴的中国梦贡献自己的青春力量。通过举办不同期次不同专题的经典论著研读班，能够在日常生活中培养学生爱读书、读好书、善读书的良好习惯。通过品读经典广泛吸取书中关于历史、社会、文化的知识，求真学问，练真本领，既提升了思想政治素质、锤炼党性，又能够提高专业知识水平。该学习形式与学院分党校定期开展的党员教育培训在形式、内容、参加人员范围等方面形成互补，从而在平时增强理论学习实效，更好地发挥学生党支部思想引领的阵地作用。

第三，强化学生党支部班子队伍建设，强化日常管理、指导和监督，强化平台的有效使用和建设，是开展好学生党支部规范化建设的重要抓手。一要从党支部班子人选的酝酿选任，党支部书记素质提升及考核评议，定期开展学生党支部班子的专项培训，梳理和强化党支部规范化建设的内容和要求等方面，加强队伍建设，建设政治素质过硬，支部书记党性强、能力强、创新意识强、服务意识强，整体功能强的党支部班子队伍，从而有效带领并推动党支部建设。二是通过建立理论学习、三会一课、主题党日、学时记录台账等制度，强化对学生党支部开展相关活动情况的日常管理。并通过台账及时记录包括正式党员、预备党员、发展对象、入党积极分子等各类学生的学时情况，以便于学院党委第一时间掌握相关信息，及时发现问题并针对问题给予指导，也能更好督促学生认真开展组织生活，提高组织生活质量。三是有效利用党员 E 先锋线上平台，通过定期查览，了解学生党支部工作机制推进及组织生活开展情况以及党员基本情况、学习活动安排、工作计划和总结、年度特色做法等整体情况，依托党建工作平台和各种台账记录，实现对党支部及党员的动态管理。与此同时，学院党委积极探索党建工作的新思路、新方法，尝试把各种台账转化成电子化程序，让党员、发展对象、入党积极分子在参加相关活动的同时，由其本人在程序中及时录入相关信息，支部书记依据线下签到情况进行审核，由学院党委最终审核并自动生成各支部整体情况信息表，从而实现对学生党支部的科学化、便捷化管理，进一步推进党支部规范化建设。开设学生党支部“人文益行”微信公众账号，向党员、群众及时推送信息，增强互动性，加大阵地宣传，为党支部建设提供信息化支撑。

四、结　语

我们认为按照新形势下对于高校学生党支部建设的新要求，立足实际，不断探索和实践，创新工作机制和方法，切实开展好党支部规范化建设，全面提升党支部组织力，强化党支部政治功能，充分发挥党支部战斗堡垒作用，必将为培养“德智体美全面发展的中国特色社会主义事业合格建设者和可靠接班人"[1]和在青年学生中构筑思想政治引领阵地，筑牢学生理想信念根基提供坚强保证。

〔1〕 中共中央办公厅法规局编：《中央党内法规和规范性文件汇编（1949. 10-2016. 12）》（上册），法律出版社 2017 年版，第 39 页。

推进融媒体时代下高校基层党建工作建设初探

继续教育学院　刘玉娥

【摘　要】高校基层党建工作是高等教育实现立德树人的思想保证、政治保证和组织保证。面对当前融媒体时代的挑战和要求，应积极转变工作思路，加强人才培养，搭建信息平台、强化信息监管，以信息化建设不断增强工作实效，为高校党建工作提供强大动力。

【关键词】融媒体　高校　基层党建

习近平总书记在2018年全国组织工作会议上强调，党的基层组织是党的肌体的“神经末梢”，要发挥好基层组织的战斗堡垒作用。落地才能生根，根深才能叶茂。加强党的基层组织建设，关键是从严抓好落实。习近平总书记此前也强调：“各级党委要做到网络发展到哪里党的工作就覆盖到哪里，充分运用信息技术改进党员教育管理、提高群众工作水平，加强网络舆论的正面引导。”

各大高校既是事业单位，也是为社会输送人才的前线阵地，承担着扣好大学生“第一粒扣子”的重大责任。结合总书记上述讲话精神，不难得出一个论断，即高校基层党建工作是高等教育办学的重头戏，且高校基层党建工作应将目光投向网络信息化。因此，不断探索融媒体时代信息来源渠道多元化、复杂化给高校党建工作所带来挑战的应对方案，已迫在眉睫。

要办好高等教育，绕不开三个问题，即培养什么人，怎么培养人，为谁培养人。习近平总书记在2018年全国教育大会上已经高屋建瓴地阐释了与中国共产党的教育方针有关的一系列新理念新思想新观点，核心是必须始终坚持党对教育事业的全面领导。要坚持党的全面领导，就必须重点抓好基层党建工作。随着互联网技术的普及，人们获取信息的来源发生了深刻变化。舆论主阵地转向各大互联网移动端，例如微博、微信公众号、各类短视频 App、自媒体等，人们对于传统电视媒体和纸媒的使用逐渐减少。党建工作也随之进入融媒体时代。2019 年《中国互联网络发展状况统计报告》指出，2019 年中国的手机网民规模已达 8.17 亿。[1]高校学生课余时间丰富、具有较强表达能力，是众多手机网民中受教育程度最高、最容易发表意见引导舆论走向、最容易受到各类思潮影响的群体，也是高校在强化党建工作过程中必须抓好的主要群体。

从某种程度上讲，融媒体时代的来临确实使高校基层党建工作变得更加复杂，但同时也为深入开展高校基层党建工作提供了新思路与新契机。如果利用得当，则可以借助不同媒体平台资源和内容的融通优势，使得高校党建工作迈上新台阶，打开新局面。然而，高校基层党建工作在目前运用融媒体方面仍存在诸多问题：

第一，对融媒体时代下的信息传播缺乏有效监管。鉴于融媒体时代获取信息渠道增加，信息种类多，信息传播速度快、传播范围广，对信息传播的监管难以做到滴水不漏、面面俱到。不同信息在未辨真假或未经价值观筛选的情况下随意被发布和传播。某些不良信息只有在造成危害和一定负面影响后，才会被高校相关职能部门注意到，未能将不良信息的火苗扑灭在萌芽阶段。绝大多数大学生迈入高校时刚步入成年，可以说这个阶段是对其人生观、世界观和价值观影响最大的时期。如学者指出，高校的教育直接影响到学生的思想方向。[2]如果不及时筑牢广大青年信仰理念之基，则会严重影响党建工作的开展。

第二，部分高校党建宣传教育方式陈旧落后，缺乏新意，易让师生产生抵触心理。一些高校在开展党建工作过程中，对党的文件和重要讲话精神照本宣科，生硬说教，未能将其转化为师生喜闻乐见的形式。受众既没有学懂，更谈不上入脑，这样的教育方式无法激发广大党员和普通群众的学习热情。究其原因，是因为部分高校还没有与时俱进，没有升级融媒体时代下的党建工作宣传方式。

第三，专业人才缺乏，资源配置严重不足。部分高校基层党建工作开展主要依靠兼职教师或学生干部，人才队伍不稳定，工作开展的连续性和有效

---

〔1〕 梁立："融媒体时代高校基层党建网络信息化建设初探"，载《数码世界》2019 年第 9 期。

〔2〕 熊娜、李飞："微信自媒体高校党建工作中的运用探析"，载《农家参谋》2018 年第 23 期。

性不足。应当说，党建工作是一项专业且需长期抓好的工作，应配置专职工作人员。这些专职人员，一方面需要有较强的理论知识功底，能够学懂弄通最新理论成果；另一方面需要有较强的媒体嗅觉，能够将热点问题转为流量，正向引导广大师生主动宣传党建工作。

针对以上问题，笔者对融媒体时代下高校基层党建工作提出四点对策。

一是始终坚持党的领导，牢牢把握党建工作的领导权。党建工作的顺利开展，要通过强化校院两级领导班子的领导责任来实现。需要建立健全监督检查和考核问责机制，切实把党建工作开展得好与不好、实与不实、真与不真区分开来，各大高校要敢于刀刃向内，将责任制落到实处。坚持高标准严要求，践行守纪律讲规矩的底线，进一步加强领导班子和干部队伍建设；聚焦基层抓党建，精准发力促发展。

二是更新升级理念，增强对融媒体引领党建工作的认识。过去一段时间，高校基层党建工作主要以线下集中开会的形式进行交流，然后再利用传统模式进行传播。迈入融媒体时代，部分高校的党建工作人员因为不具有互联网思维，不善于使用互联网工具，依然沿用这种线下形式传播。[1]对此，首先要认识到移动端信息传播丰富性的优势，搭建高校党建新平台，更新宣传方式。通过策划专题学习、专栏节目等，提高宣传的交互性，转变过去单一输出的形式，适当将师生的有益建议纳入基层党建工作；其次要认识到融媒体时代网络媒体技术优势，依托大数据资源分析本校党建工作的优劣势，勇于创新，拓展党建工作的宣传载体和形式，让党建工作更加具有趣味性，提高参与度。

三是加大资源投入，注重专业人才培养。融媒体时代创新党建工作应依托科技发展，其中党建平台搭建、校园网络优化、党建课程升级、利用技术监控不良信息等都需要技术和资金保障，因此需要对融媒体网络技术开发加大投入，并完善资金使用监督机制，让资金运行处于透明状态下。另外，需实现党建工作兼职向专职的转变，培养“一体两翼”的专职人才队伍，以过硬的政治素质为主体，以具备党建管理能力和融媒体运用能力为两翼，提高专职人员引导舆论的能力水平。

---

〔1〕 储玮：“新媒体时代高校党建工作创新机制的思考”，载《管理观察》2019年第18期。

四是做好舆情信息监测工作。此前，高校师生集中发布观点、传播信息主要在校内 BBS、校内网等平台，随着融媒体平台发展，微信公众号、微博、豆瓣小组、B 站及其他小众社交工具已经深入校园。对此，高校党建工作人员一方面要与时俱进，加强对各种媒体平台的学习和研究，不能只用“鸵鸟心态”管好原来的一亩三分地；另一方面要做到精准发力，积极引导舆情走向。如前文所述，各种社交平台如雨后春笋，想要做到面面俱到的监管并不现实，特别是在目前人力资源有限的情况下。因此，要着重关注微博、微信公众号等已经成熟的媒体平台的舆情监测。只有注重多渠道、多平台分析，才能更好地关心师生对于国内外大事、校园生活小事的看法和观点，尽早、尽快地做好可能引爆舆情的事件预判，提前预案，在校内积极传播正确的价值观念，防止错误思潮侵蚀校园。

总之，党建工作不是一劳永逸、一蹴而就的，不断创新融媒体时代下党建工作的路径是每一个党建工作者都需要思考的问题。而高校党建工作是高校全部工作和战斗力的基础。[1]融媒体时代给高校的党建工作提供了一个开放思路、整合工作、转变观念、加大投入的改革契机，如果能够抓住融媒体时代媒介转化所带来的变化与机遇，关心校内各基层党组织党建工作的开展情况及存在的问题，追踪工作动态，并完善和健全相关工作机制，及时引导师生的思想方向，就有望将高校的党建工作提升至一个新的阶段。

---

〔1〕 胡雪凤：“融媒体背景下高校基层党建路径探析——以黄山学院为例”，载《黄山学院学报》2019 年第 1 期。

学术型硕士研究生党支部规范化建设研究

比较法学研究院　杨明荃

【摘　要】 推进学术型硕士研究生党支部规范化建设具有现实必要性和重要性。本文借鉴中国农业大学科技小院硕士研究生党支部建设经验，理顺工作思路，在加强党支部书记队伍建设、学习型服务型创新型党支部建设、党支部政治建设方面等，探讨推进学术型硕士研究生党支部建设的可行路径。

【关键词】 党支部规范化建设　学术型硕士研究生　思想政治工作

2017年，北京市委、北京市委教育工委部署开展了党支部规范化建设工作。2018年，教育部开展了“百个研究生样板党支部”和“百名研究生党员标兵”创建工作。加强研究生党支部建设是目前高校党建工作的重要方面，对于高校党建而言是一项具有现实必要性和重要性的工作。

学术型硕士研究生侧重培养理论研究型人才，其区别于专业型硕士研究生，在招生来源、培养方式、培养目标等方面都有所不同，两个群体的硕士研究生呈现出不同的特点，在精准发力工作方法的指导下，两个群体的党支部建设也不尽相同、各有重点，本文主要针对学术型硕士研究生党支部的规范化建设进行研究。

一、研究意义

（一）做好研究生思想政治工作具有现实必要性和重要性

习近平总书记在全国教育大会上强调，教育的根本任务是培养社会主义建设者和接班人，高校必须把思想政治教育作为各项工作的主线。高等教育的任务是培养具有社会责任感、创新精神和实践能力的高级专门人才，要求硕士研究生培养要达到在本门学科上掌握坚实的基础理论和系统的专门知识，并具有从事科学研究工作或独立担负专门技术工作的能力。[1]硕士研究生的研究能力和实践潜力决定着这个群体在社会主义建设中承担着更为重要和关键的角色。然而研究生在校学习时间短、导师指导型培养模式、本身已具有较为成熟的性格观念等特点，常常使得高校在研究生思想政治工作中面临难题。

（二）研究生党支部规范化建设工作具有现实必要性和重要性

党的十九大报告指出，党政军民学，东西南北中，党是领导一切的。党建工作是高校推进思想政治工作重要抓手，在党的全面领导、全面从严治党的背景下推进高校思想政治工作，势必要求高校应当加强党的建设，从而推进思想政治工作向更深层次和更好效果发展。

党支部规范化建设是在全面从严治党的背景下，深入学习贯彻习近平新时代中国特色社会主义思想和党的十九大精神，实现强化党支部建设目的的举措。党支部是党的基础组织，[2]在党支部建设中，研究生党支部建设是较为薄弱的一环。推进研究生党支部规范化建设不仅仅是全面从严治党的要求，更是加强研究生思想政治工作和研究生培养的需要，具有现实必要性和重要性。

（三）区分学术型硕士研究生和专业型硕士研究生党支部建设是习近平总书记提到的“精准发力”工作方法的重要体现

我国硕士研究生分为学术型硕士研究生和专业型硕士研究生，二者的最主要不同体现在培养目标上，前者侧重培养理论研究型人才，后者侧重培养专业实践型人才，这势必导致两种硕士研究生的培养方式不同，前者更注重学术科研，后者更注重实践教学。

党支部建设不能千篇一律、单一样板，这必将导致党支部失去活力，党支部建设也应当“因事而化、因时而进、因事而新”。考虑到学术型硕士研究生和专业型硕士研究生两个群体特点的不同，抓住特点、区别开展党支部建设，是对习近平总书记提到的“精准发力”工作方法的重要体现，也是做好研究生党支部建设的必由之路。

---

〔1〕《中华人民共和国学位条例》第5条。

〔2〕《中国共产党支部工作条例（试行）》第2条。

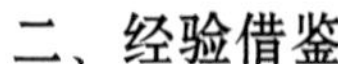

二、经验借鉴

在教育部公布的首批高校“百个研究生样板党支部”中，中国农业大学科技小院硕士党支部就在其列。[1]中国农业大学将专业学位研究生派驻基层，在研究生驻地的“科技小院”成立校外党支部，将专业实践与支部建设紧密结合，围绕学习型、服务型、创新型党支部建设深入开展党支部活动，在开展研究、传播科技、服务“三农”、成长成才的同时，对于研究生理想信念、使命担当的教育非常富有实效，党支部建设取得了很多成果和肯定。

我们从中得到了一些经验启示：

一是将党支部建设与专业培养相结合。中国农业大学科技小院硕士研究生党支部是建立在专业实践基地的党支部，将党支部建设与专业培养相结合，利用专业优势开展党支部活动、服务“三农”、提升党性。高等教育既要培养拥有社会主义理想信念的接班人，也要培养能够担当社会主义建设者的有用人才。党支部建设与专业培养相结合，既能够提升党支部建设的成效，又能推进专业培养进程，实现双方共赢。

二是积极探索党支部规范化建设。科技小院党支部的建立，经历了从无到有，从临时党支部到校外党支部的探索，并在学习型、服务型、创新型党支部建设中进一步规范了支部建设。党支部规范化建设对于党组织的长足发展、活力焕发和党员教育具有十分重要意义。

三是党性教育十分关键。科技小院党支部在学习型、服务型、创新型党支部建设中，牢牢把握了党性教育，坚持科学是第一生产力、科学技术促进生产力发展，筑牢党员理想信念，进一步增强了党支部活力和基层战斗堡垒作用。

四是党支部建设是思想政治工作的重要抓手。科技小院不仅有党员，也有非党员。党员的先锋模范和带头作用，将密切影响非党员同志，起到良好的辐射效果，这对于党员自身和非党员都是一种收效良好的思想政治工作方法。加强党支部建设的同时，思想政治教育效果也得到显著提升。

---

〔1〕 参见《教育部办公厅关于公布首批高校“百个研究生样板党支部”“百名研究生党员标兵”创建名单的通知》（教思政厅函［2019］2号）。

三、工作思路

鉴于中国农业大学科技小院硕士研究生党支部建设经验，对于学术型硕士研究生建设具有一定的启发和借鉴，我们应当理顺学术型硕士研究生建设的工作思路，总结工作经验，明确工作方向，才能真正将支部建设好。

（一）明确学术型硕士研究生的专业培养特点

硕士研究生要具有在本门学科上掌握坚实的基础理论和系统的专门知识并具有从事科学研究工作或独立担负专门技术工作的能力，“具有从事科学研究工作能力”是对学术型硕士研究生的要求，“独立担负专门技术工作的能力”是对专业型硕士研究生的要求。可见，学术型硕士研究生专业培养具有如下特点：

一是学术型硕士研究生培养具有明确的专业方向性，在专业知识领域具备坚实的理论基础和系统的知识体系。

二是学术型硕士研究生培养注重提升科学研究能力，毕业后具有从事科研研究工作的能力，这是一种建立在坚实的理论基础和系统的知识体系之上的，探索、发现和解决问题的能力。

（二）党支部建设与专业培养如何结合

中国农业大学科技小院硕士研究生党支部 2018 年开展十九大精神送百村、“农技服务”全覆盖活动，在活动中开展党的十九大精神宣讲、技术培训、绿色产业发展调研。可见，科技小院研究生党支部建设中，党支部建设是载体，专业培养是手段，运用专业知识来开展学习型党支部建设；党支部建设是活动目的，专业培养是决策背景，正是考虑到学生专业培养特色，开展这种形式的活动，更贴近学生专业学习实际，能够增强活动效果。因此，专业培养可以作为实现党支部规范化建设的决策背景和实施手段。

（三）学术型硕士研究生党支部规范化建设重点

党支部规范化建设主要围绕队伍建设、活动建设、阵地建设、制度建设、保障建设开展，从学术型硕士研究生党支部自身建设角度出发，尤为紧迫和重要的是活动建设和制度建设，具体而言是学习型、服务型、创新型党支部建设，以及党支部的政治建设。

四、可行路径

基于以上分析，结合党支部规范化建设要求，以及笔者在中国政法大学比较法学研究院的党务工作经验，现提出几个学术型硕士研究生党支部规范化建设的可行路径：

（一）加强党支部书记队伍建设，规范党支部工作

党支部书记主持党支部的全面工作，承担着抓党支部建设的重要职责。认真选拔一批党性高、能力强、群众基础好的党支部书记，对于党支部建设具有十分关键的意义。

学术型硕士研究生党员具备一定的政治理论知识、学术研究视野，这决定着硕士研究生党支部书记必须具有更好的政治素质、党性修养、群众基础，才能担当起党支部书记的角色，组织和带动支部党员开展活动。同时，应当着力加强学术型硕士研究生党支部书记的教育培训工作：

一是高校党委统一组织学生党支部书记培训班，培训班内容一般为业务培训、党性培训等。

二是院系党委结合自身实际开展党支部书记培训，培训班内容一般为业务培训、党性培训。以比较法学研究院党委为例，该院每学期至少举行 2 次学术型硕士研究生党支书业务培训，以此加强党支书党建工作能力、指导党支部开展规范化建设。

三是党支部书记列席院党委委员会议。研究学生党建工作是院党委委员会议的重要职能，党支部书记列席会议也有助于提升院党委委员的政治素养、开拓党建工作格局。

（二）着力加强学习型党支部建设，灵活形式、深入学习

学术型硕士研究生党支部应当着力加强学习型党支部建设，这不仅是落实“两学一做”学习教育活动、学生党员“先锋工程”等活动的要求，更是发挥学术型硕士研究生专业能力优势，推进党支部建设的重要契机。在推进学习型党支部建设时，应当注重以下几个方面：

一是打破传统理论学习局限性，注重学习实效性。政治理论学习的刻板印象，常常是照本宣科，填鸭式传授，这往往学习效果不佳。理论学习的方

式方法，不能只局限在教室里的“三会一课”，应当灵活形式、群策群力，开展具有实效性的理论学习。以比较法学研究院党委为例，院党委组织全体学术型硕士研究生党员召开《习近平的七年知青岁月》读书会，通过分享读书心得深入开展理论学习，个人真实的读书心得十分具有感染力，读书会达到了较好的党性教育效果。

二是将党性教育摆在突出位置。党性教育不仅关乎党员的理想信念，也关乎高校思想政治工作。同样，党性教育不能仅限于理论学习，实践参观、志愿服务、专业实践等都可以达到党性教育的目的，并且实效性更好。

三是与专业学习相结合。应当结合学术型硕士研究生的专业研究方向和能力，深入开展理论学习。以比较法学研究院党委为例，学生党支部曾组织学生党员赴国家博物馆参观以“一带一路，人类文明”为主题的卢俞舜中国画作品，比较法学专业的学术型硕士研究生党员运用比较法学专业研究视角，学习领会“一带一路”内涵的人文精神、“人类命运共同体”的价值理念，收到了良好效果。党支部进一步鼓励他们发挥国际化教育优势，积极投身国家“走出去”的发展战略，树立为祖国的繁荣昌盛贡献力量的理想抱负。

（三）认真推进服务型党支部建设，树立服务意识、提升党性修养

以开展学生党员“先锋工程”活动为契机，实施“服务先锋”活动计划，推进服务型党支部建设。服务型党支部建设，是对学生党员先锋模范作用的重要践行，主要体现在：

一是服务型党支部建设应当发挥党员党性修养，服务师生群众。比如中国政法大学开展的学生党员先锋工程“百日先锋岗——体育场存包处”。

二是服务型党支部建设还应当发挥党员专业特长服务社会。学术型硕士研究生具有较好的理论基础和知识体系，并具有一定的学术科研能力，在相关专业领域已经具有一定的社会实践潜力，发挥他们的专业优势服务社会具有可行性和实效性。以比较法学研究院党委为例，学生第二党支部与北京市工商行政管理局海淀分局机关第十七党支部结成共建支部，参与当地普法、法律援助和志愿服务活动，获得了“2018 年北京高校红色‘1+1’示范活动”三等奖。

（四）重视开展创新型党支部建设，发挥优势、因时而新

创新型党支部建设是党支部保有活力的源泉。学术型硕士研究生培养注

重学术科研能力，创新是学术科研能力的重要部分。党支部应当发挥优势、不断创新，才能激发支部活力、增强向心力。

一方面，在活动形式上应当创新。以比较法学研究院党委为例，学生第一党支部拍摄了“寻踪马克思”德语微党课视频，用德语微党课的方式纪念马克思诞辰200周年，鼓励本支部成员学习马克思主义精神，并将学习成果和氛围辐射到全院师生党员。

另一方面，在理论研究上应当创新。中国农业大学科技小院硕士研究生党支部建设中，涌现除了一批在学术科研、创新创业方面的人才。对于学术型研究生而言，最为重要的能力是学术科研能力，因此对于学术型硕士研究生党支部的创新型建设，应当重视理论研究上的创新。以比较法学研究院党委为例，在学习党的十九大征文活动中，我院一位学术型硕士研究生提交了一篇论文《从传统走向未来，我们与世界是一个共同体——论习近平新时代中国特色社会主义思想对中国马克思主义的创新发展》，很有理论研究创新特色。

（五）高度重视党支部政治建设，建立完善党团班协同工作机制

党支部应当发挥政治职能，协同团支部、班委会开展工作，真正成为引领学生刻苦学习、团结进步、健康成长的核心。

一是党支部活动邀请非党员参加，可以扩大党支部影响力，也能够推动党支部、团支部、班委会协同开展工作。

二是加强党支部建设，带动团建和班级建设。在研究生阶段，党员占比比本科高，党支部成员增多，党支部建设具有一定的组织基础。以党建带动团建、班级建设，能够更好推进思想政治工作，提升学生凝聚力和团结一致的氛围。

三是鼓励党支部、团支部和班委会联合开展活动。

从教育部实施的“双创”计划等文件政策中不难看出，如今推进研究生党支部建设是高校党建工作重点，也是开展研究生思想政治教育工作的重要契机。本文仅从有限的视角和工作经验讨论了学术型硕士研究生党支部的建设工作，具体做法还有待进一步深入考证和研究。

增强法大研究生党支部组织生活实效性的调研和对策研究[1]

学生处 张永然

【摘　要】 增强研究生党支部组织生活实效性，是高校基层党建的重要内容，也是实现立德树人任务的根本要求。本文全面调研当前法大研究生党支部开展组织生活的现状，探讨组织生活中存在的问题和成绩，分析研判影响组织生活实效性的因素，进而基于法大的实际情况和专业特色，提出增强研究生党支部组织生活实效性，推进研究生党支部建设的建议和对策。

【关键词】 研究生党支部　组织生活　实效性

习近平总书记在全国组织工作会议上的讲话中指出，党的力量来自组织。他强调党的基层组织是党的肌体的“神经末梢”，要发挥好基层组织的战斗堡垒作用。组织生活作为党的基层组织建设的重要内容，其对于激发“神经末梢”的活力，全面增强和充分发挥基层组织的凝聚力、引领力和战斗力具有重要意义。研究生党支部作为学校党委教育、管理、监督研究生党员的基层组织，同时也是研究生党员服务广大同学、发挥先锋模范作用的重要平台。创新研究生党支部组织生活方式，不断增强其实效性，不仅是加强高校党建和思想政治工作，培养青年马克思主义者的必然要求，也是不断提升研究生人才培养质量，培养高素质的社会主义事业建设者和接班人的必然要求。因此，增强研究生党支部组织生活实效性，加强高校基层党支部建设是当前高校党建和思想政治工作者面临的重大课题和任务。

对此，本文立足于法大研究生党支部的建设现状，综合文献资料等相关

〔1〕 本文系2019年度中国政法大学党建思想政治工作研究项目“增强研究生党支部组织生活实效性研究”的研究成果。

研究成果，通过问卷调研、集体座谈和个人访谈等多种形式了解当前法大研究生党支部开展组织生活的现状，探讨组织生活中存在的问题和成绩，分析研判制约组织生活实效性的因素，进而基于法大的实际情况和专业特色，提出增强研究生党支部组织生活实效性，推进研究生党支部建设的建议和对策。

一、调研基本情况

《中国共产党支部工作条例（试行）》（以下简称《条例》）、《普通高等学校学生党建工作标准》（以下简称《标准》）明确要求，高校党组织应当严格执行党的组织生活制度，党员和党支部应当参加并保质保量完成“三会一课”、主题党日、组织生活会、民主评议党员、谈心谈话等组织生活。且组织生活应当规范，有实质性内容，能有针对性地解决学生党员的实际问题。院（系）党组织要加强对学生党支部党内组织生活的指导和引导，确保党内组织生活有序开展。

依据以上党内法规和规范性文件的要求，笔者从完成组织生活的量和质两个维度进行调研。量的维度即调研研究生党支部是否规范开展并按要求完成组织生活，质的维度则是从研究生党员群众的主观感受入手，考量组织生活是否具有实质内容，是否能解决研究生生活学习实际问题，是否能体现党支部的凝聚力和引领力。

据此，在查阅文献的基础上，笔者一是通过座谈、访谈向研究生党支书、班长、普通党员和群众以及研究生辅导员了解研究生党支部的组织生活开展情况和效果如何。在访谈中，笔者充分运用面向研究生党支书、班长举办的领航训练营，在迄今四届600余名营员中，选取具有代表性的同学作为访谈对象，向他们了解情况。

二是设计了《法大研究生党支部组织生活实效性调查问卷》，通过问卷星面向全校研究生发放，问卷采用分类统计的形式，对研究生党支书等党支部成员、普通党员和群众三类群体分别设置不同的问题，从不同角度了解法大研究生党支部组织生活开展的情况和效果。截至2020年3月15日，共回收来自全校17个二级培养单位的1927份问卷，涵盖所有二级培养单位以及在校研究生类型，其分布具体情况如图1~图4所示。

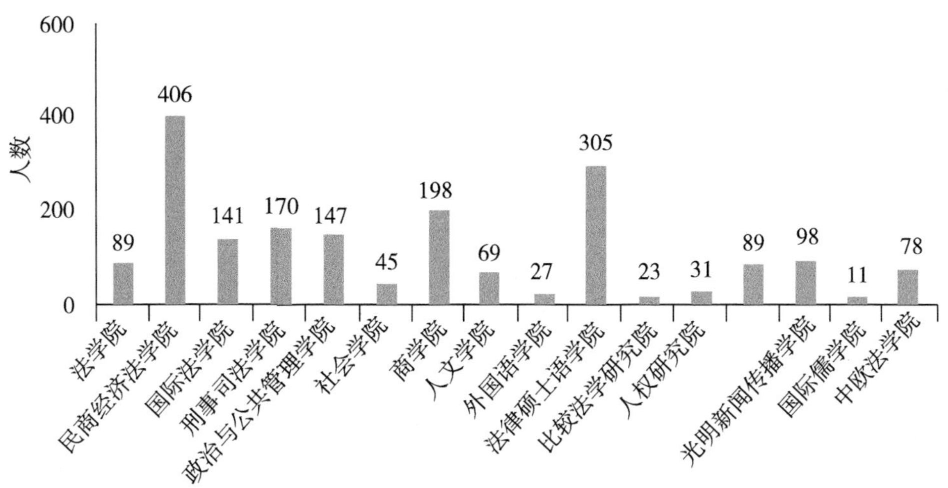

图1　各二级培养单位分布情况（人数）

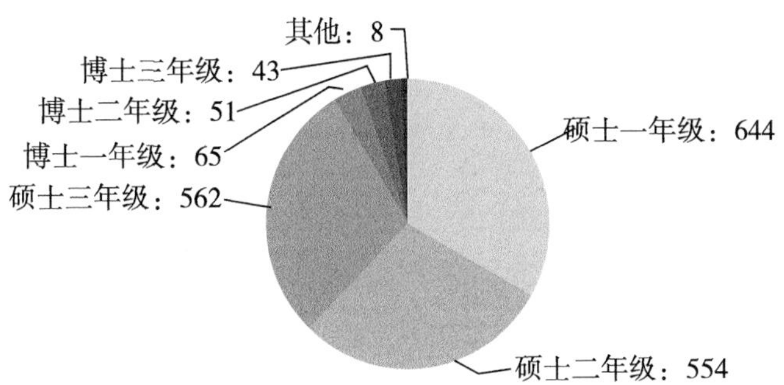

图2　各年级分布情况（人数）

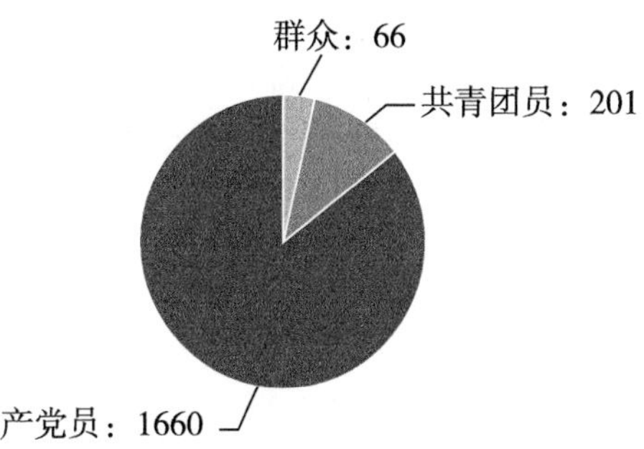

图3　政治面貌分布情况（人数）

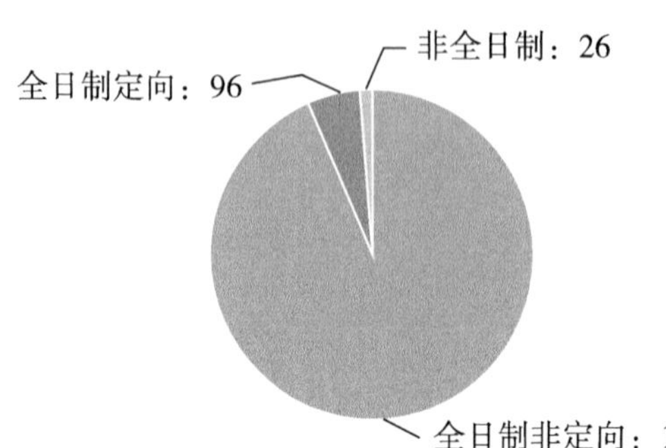

图4　研究生培养类别分布（人数）

综上，目前中国政法大学现有各类在校生7000余人，其中延期在校研究生600余人，当前调研同学数量占到所有在籍研究生的28%；而且参与调研的党员研究生为1660人。根据2017年数据显示，中国政法大学有研究生党员四千余人，可见，调研对象尤其是问卷的覆盖对象能较为全面反映研究生党支部组织生活开展的真实情况，其数据具有较高可信度。

二、研究生党支部组织生活实效性分析

当前，学生党支部尤其是研究生党支部组织生活实效性一直是高校党建工作的关注重点之一，现有很多研究提出，当前党支部组织生活中存在重视程度不够，活动形式内容成就单一，缺乏管理考评制度以及民主互动不够，有沙龙化、娱乐化、形式化等现象，党支部委员会队伍建设不足等问题。[1]

立足于法大实地调研，我们认为，当前法大研究生党支部开展组织生活整体上取得了不错的成绩，研究生党支部的引领力和凝聚力得到了切实发挥，但另一方面，也确实存在以上研究中提到一些问题，与法大深入落实“五三”讲话精神，实现学校为党育人，为国育才的要求，与法大人才培养目标要求，与研究生党员群体自身所应具备专业能力和活动潜力还存在着一定的差距。

〔1〕 参见李卉、成巍：“新时期高校研究生党支部组织生活规范化与支部活动的实效性研究”，载《当代教育实践与教学研究》2018年第12期；关春兰：“提升高校学生党支部组织生活实效性研究”，载《湖南科技学院学报》2017年第1期；张娅玲等：“关于增强高校学生党支部组织生活实效性的思考”，载《云南农业大学学报（社会科学版）》2013年第5期。

而成绩和问题具体体现在以下方面。

（一）法大研究生党支部组织生活取得的成效

第一，组织生活的规范性日益增强。《条例》和《标准》对于党支部的组织生活有着非常明确的规定，要求党支部党员大会一般每季度召开 1 次，党支部委员会会议一般每月召开 1 次，党小组会一般每月召开 1 次，党支部每月相对固定 1 天开展主题党日，每年至少召开 1 次组织生活会，一般每年开展 1 次民主评议党员，党支部应当经常开展成员间的谈心谈话。

调研显示，98.13%的受访研究生党员表示党员大会每季度召开一次，97.49%的受访的研究生党支部书记和支部委员表示党支部委员会议每月召开一次，93.37%的受访研究生党员表示每月有一次主题党日，86.93%的受访研究生党员表示除了三会一课之外，支部还会经常举办诸如社会公益、实践调研、读书学习、创办微信公众号等各种活动。而组织生活会和民主评议党员则根据学校的党委统一安排，所有法大研究生党支部都能严格落实。由此可见，法大研究生党支部组织生活非常规范，得到了广大研究生党员的普遍认可。

第二，党支部的凝聚力和引领力显著提升。如《标准》而言，组织生活有实质内容，能够有针对性地解决学生党员的实际问题，实现《条例》中所要求的“保证监督党的教育方针贯彻落实，巩固马克思主义在高校意识形态领域的指导地位，加强思想政治引领，筑牢学生理想信念根基，落实立德树人根本任务，保证教学科研管理各项任务完成”的这一高校党支部的基本任务。

调研显示，法大研究生党支部活动得到学生的广泛认可，受访的研究生党员中近 98%对支部活动效果持肯定态度，其中 68.67%认为支部活动效果非常好，28.13%认为支部活动效果比较好。83.31%的受访研究生党员认为支部有着较强凝聚力，接近 98%的研究生党员认可党支部委员会的工作。而与此同时，党支部活动对于其他群众和学生也有很强的吸引力。受访的研究生群众只有 12.73%从未参加过所在学院的党支部活动，49.44%的受访研究生群众表示经常参加，可见法大研究生党支部在群众中具有较强的吸引力。研究生党员先锋模范作用得到了切实发挥，90.27%的受访研究生群众对此持肯定态度，50.94%的受访群众则明确表示研究生党员发挥了先锋模范作用，值得同学学习。

第三，党支部组织生活方式得到不断创新。党的组织生活体现了党内政治生活的政治性、时代性、原则性、战斗性。《标准》中更是明确了三会一课等组织生活旨在突出政治学习和教育，突出党性锻炼，坚决防止表面化、形式化、娱乐化、庸俗化。尤其是面对当前新媒体迅速发展的情形，组织生活更要与时俱进，既要通天线，还要接底气，贴近同学生活。

近年来，法大研究生党建工作立足学校专业特色，契合研究生党员成才规律和研究生人才培养规律，不断创新组织生活形式，一些具有法大特色的品牌项目已经形成并逐步壮大。如，比较法学研究院中德法学院研究生党支部推出的德语微党课，专业教师和学生同上一门课，用德语讲述共产党宣言的故事；国际法学院的博士生党支部组成边疆服务团，赴云南文山边远山区开展扶贫调研和普法宣传；民商经济法学院知识产权专业党支部全员参与到社会主义法治教育进校园活动，和东交民巷小学结成长期合作关系，在中小学课堂大力弘扬社会主义法治精神；民商经济法学院环保法专业党支部与中国农业大学环境与资源学院环境专业共同开展“法治中国·绿色中国”支部共建活动，实现学科专业互补和共同发展；法学院宪法学行政法专业同学启动“国家荣誉·国家形象”系列党课活动，邀请国宾护卫队走进法大带来一场生动的党课；而目前人文学院研究生党支部正在和大栅栏街道办进行对接，旨在为首都的京味古韵文化建设增添一份法大人文特色。这些活动也得到社会公众的关注和良好反响，并在一些奖项评比中获得了上级的认可。

当然，研究生党支部组织生活取得以上成绩，离不开学校党委的高度重视和关心支持。党的十八大以来，党内法规体系不断健全完善，学校党建的制度也在不断健全完善，而通过“先锋法大”系统的学生党支部书记专题培训，“领航训练营”的研究生骨干培训，研究生党员骨干的能力不断提升。学校通过项目扶持和资源对接进一步激发了研究生党员的内在活力，并主动创新组织生活方式，夯实研究生基层党建工作。

（二）法大研究生党支部组织生活存在的问题

当然在成绩面前，我们也看到不足，而这些不足也正是提高工作的前提。当前除了目前现有研究中提出的共性问题，也因研究生人才培养规律和法大专业特色，组织生活也有着本校个性的问题，主要有以下方面：

第一，组织生活模式化情况还存在。如前所述，法大研究生党支部组织生活日益规范化，“三会一课”等组织生活制度得到有效落实，对此，87.05%的研究生党员持肯定态度，但仍有接近12%的研究生党员认为工作虽能完成，但多为程序化内容，如内容上是以发展党员等程序性工作为主，理论学习也主要是以读文件为主，重点难点讲不透，少部分同学认为组织生活是在走形式、走过场。这种情况在座谈方面也有体现，有些活动是为了完成任务而组织，规定动作做完之后，自选动作少。在组织活动参与度上，存在着少部分党员缺席，参与积极性不高的问题。整体而言，研究生党支部和党员主动性发挥不够。

第二，组织生活不均衡性明显。通过和研究生的访谈显示，组织生活的活跃度与培养层次和年级高低呈负相关，硕士研究生、低年级同学的参与党支部组织活动积极性要高于博士研究生和高年级同学，研究生党支书普遍反映是越到高年级活动越是难以组织，人员难以聚集。而在活动内容上，调研问卷显示，硕士研究生群体和博士生研究生群体在关注点上也有所差异，硕士研究生对于社会实践、文体类活动很关注，而对于理论学习关注度很低，而博士生群体则有一半关注理论学习，如图 5 所示。另外就是各二级培养单位的党支部组织生活开展有差异，通过调研问卷中受访党员对党支部活动评价这一题目的回答，就可见一斑。持完全否定的同学基本没有，但是各学院的好评率差异明显，有些学院受访同学认为本学院党支部活动很好的 70%~80%，而有些刚到 50%。

第 34 题：你比较喜欢参与哪种党支部活动（多选）

X\Y	理论学习	社会实践和公益服务
硕士一年级	149(31.70%)	393(83.62%)
硕士二年级	160(32.72%)	415(84.87%)
硕士三年级	203(37.52%)	457(84.47%)
博士一年级	33(55%)	46(76.67%)
博士二年级	21(42.86%)	38(77.55%)
博士三年级	22(51.16%)	29(67.44%)
其　他	4(50%)	5(62.5%)

图 5　博士生和硕士生群体组织生活关注度差异

第三，组织生活单向性未能解决。组织生活根本在于充分发挥党支部战斗堡垒作用，在于全面提升研究生人才培养质量，实现立德树人根本任务。但因各种情况，法大研究生党支部组织生活和研究生人才培养的契合度还有待提升，与学校学科专业和双一流建设联系不够紧密，与学生的专业学习联系不够紧密，与学生的实践能力等核心素质培养联系不紧密。研究生党支部组织生活基本上没有导师参加，成了学生独角戏，有些是为活动而活动，就任务做落实。当然，学校也在努力改变这种情况，如在法大环境法和农大环境科学党支部共建中，中国政法大学环保法专业的导师就参与其中，指导学生共同开展活动，进行深入理论学习、社会实践和科学研究等活动。

第四，组织生活覆盖度还有待提升。社会经济快速发展以及研究生人才培养制度深入改革，对于组织生活的覆盖对象和覆盖领域都提出了新要求。在覆盖对象上，目前组织生活对于正常学制内在校研究生的覆盖尚属正常，但对延期在校的研究生覆盖度不够。目前中国政法大学有600余名延期在校研究生，其中延期在校研究生党员所在原党支部已经随着其他成员的正常毕业基本上不存在了，这部分同学如何参与组织生活，并对其进行管理是个问题。另外，非全日制作为新的培养方式，因学生未转组织关系，学校按照管理全日制定向研究生的模式管理，但未设置专门党支部，非全日制学生党员亦没有开展组织生活。对这部分具有法大学籍的研究生党员，和学校党组织生活完全脱节是否合适，需进一步研究。目前北京市对于党员已经提出双报到制度，学校可以进行借鉴。另外在当前融媒体和移动互联时代，相对于新媒体的快速发展和普及应用，法大研究生党支部组织生活的网络技术应用有待提升，但目前没有成体系的党员管理、教育、学习的网络平台。

三、影响研究生党支部组织生活实效性的因素分析

对于当前影响组织生活实效的因素，现有研究从管理考评体制、党员自身理论修养、思想重视程度等方面进行了分析。[1]基于中国政法大学的实际

---

〔1〕 参见周鹏、李刚："高校学生党支部组织生活的实效性研究"，载《重庆电子工程职业学院学报》2015年第4期；朱晓熠、王庆林："高校基层党支部提升组织生活实效性研究"，载《文化创新比较研究》2019年第31期；赵正桥等："提高研究生党支部组织生活有效性的策略研究"，载《思想·理论·教育》2006年第3期。

情况和调研情况，我们认为，影响中国政法大学研究生党支部组织生活实效性的主要有以下因素。

（一）研究生人才培养模式的影响

与本科生教育较为集中的教育教学模式不同，研究生人才培养模式呈现出多层次、多类型，个性化、去中心化的教育教学模式对于学生群体的凝聚力有着很大影响。当前中国政法大学有7000余名在籍研究生，在培养层次上有硕士研究生、博士研究生两个群体；在培养类别上，有全日制和非全日制之分，有非定向和定向之分；在学位类型上，有学术硕士和专业硕士的区别。每类研究生的教育管理模式都有所区别，如非全日制不安排校内宿舍，全日制定向生因与单位有隶属关系，其党组织关系不在学校；而专业硕士在学制上有两年、三年的不同学制安排，其收费远高于学术硕士。这种情况下，全日制非定向的研究生党员参加组织生活基本上没问题，但是全日制定向以及非全日制研究生中的研究生党员则只是在中国政法大学求学，在中国政法大学的党组织生活开展则是空白。

同时，研究生人才培养过程更加专业化、个性化，实践教学以及各种境内外交流交换项目作为研究生人才培养重要组成部分也对党支部活动带来一定影响。中国政法大学每年都有一批优秀学生通过国家和学校项目进行各种境内外交流，时间短则一个月到三个月，长则半年一年。对于这部分同学，目前各支部主要是通过微信等网络方式进行联系，但因地域时差等问题，其效果很难判断。图6显示了对这部分学生是如何开展工作的。还有近年来中国政法大学研究生赴国内其他单位长期挂职，机关企事业单位实习锻炼人数不断增长。如访谈中，研究生党支部书记普遍反映，很多党员同学平时在校时间很少，早出晚归，开展活动难以聚集，这种现象越到高年级越明显。而这些研究生长期离校以及经常不在校的情况直接影响了各支部组织生活的开展。而且当前研究生人才培养专项培养模式不断改革，不断推出少数民族骨干培养计划、大学生士兵专项招收计划、应用型法律博士招收等专项计划，这些研究生生源情况和培养方式各异，对于研究生党员的管理，开展研究生党员的组织生活造成了新的影响。

第48题：作为党支部书记和支委，对于境外交换等无法参加组织生活的本支部学生党员是如何开展工作的 [单选题]

选项	小计	比例
通过网络等方式征求意见和开展活动	268	87.3%
重要的事情通知，平时联系不多	33	10.75%
学校和学院统一安排临时党支部	5	1.63%
基本上和党支部失去了联系	1	0.33%
本题有效填写人次	307	

图 6　对参加交流交换项目的研究生如何开展组织生活

（二）研究生党员管理教育体制的影响

党支部是开展组织生活的主体，党支部设置和人员构成也影响到组织生活的实效性。《条例》《标准》以及《中国共产党普通高等学校基层组织工作条例》等党内法规明确了高校学生党支部的设置原则，即在按年级或院（系）设置学生党支部的基础上，根据实际需要，探索依托重大项目组、课题组和学生公寓、社区、社团组织等建立党组织。当前因中国政法大学研究生党员规模和专业设置特点，研究生党支部基本上设置在行政班级上，研究生党员人数少的二级培养单位有各年级联合研究生党支部。目前中国政法大学尚没有项目组、课题组、学生公寓、社团等党支部设置。以行政班级为基础设置党支部固然有利于研究生党员的统一管理，但从专业人才培养角度而言，其组织生活缺乏群体互动性，对象有单一性，导师以及相关专业的同学不能加入进来，而且同一班级专业的研究生培养周期相似，很容易产生时间上的冲突。

《条例》《标准》还明确规定，学生党支部任期一般为两到三年，规模一般不超过 30 人。调研显示，目前中国政法大学党支部换届较为频繁，由于研究生党员因参加交换交流项目等出现人员变动，只有 32.89%受访研究生党员表示支部能按规定正常换届，65.78%则表示一年一换。党支部任期过短的话，对于党支部工作开展确实有诸多负面影响。而在规模上，中国政法大学研究生党支部人数大都在 30 人以下，但仍有部分规模在 30 人以上，规模较大对于组织生活开展确实存在交流不充分的情况。具体调查情况如图 7 和图 8 所示。对此，适当调整部分研究生党支部规模确有必要。

选项	小计	比例
一年一换	1092	65.78%
一学期一换	22	1.33%
三年都不换	546	32.89%
本题有效填写人次	1660	

图 7　研究生党支部任期情况调查

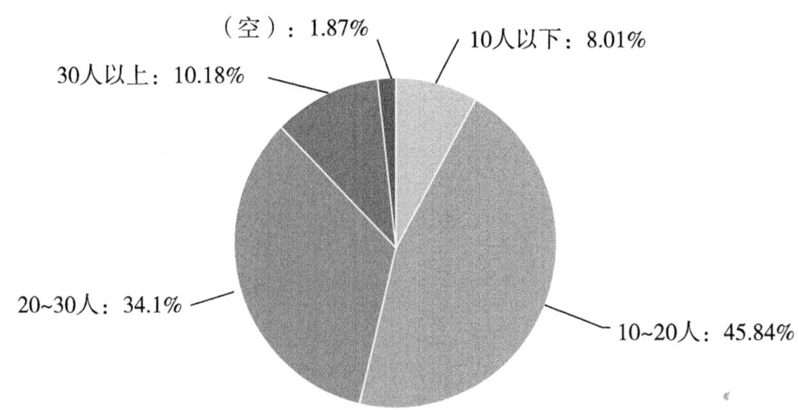

图 8　研究生党支部规模情况调查

（三）研究生党员党性修养和综合素质的影响

相对于本科生而言，研究生群体思想更加成熟多元，其知识水平高，但态度更为务实，更加个性化。这些特点在研究生党员中也有表现。整体而言，法大研究生党员党性认识较高，但其中也有一些错误认识。如认为理论学习和专业学习相冲突，尤其在法学、政治学等相关专业学习中；个别研究生党员缺乏对意识形态领域尖锐斗争的清醒认识，立场不坚定；个别导师对于学生产生负面影响等情况。调研显示（如图 9 所示），研究生党员整体党性修养和理论素养还有待于全面提升，56.57%的受访研究生党员表示自己只是熟悉《党章》等党内法律法规基本框架和内容。如果是在理工类院校尚能理解，但对于作为培养治国理政人才的中国法学教育高等学府而言，这确实和党和国家对人才的要求存在不小差距。另外，也确实存在个别所谓“佛系”党员，对于组织生活不关心，只想当老好人，遇事能躲就躲，不愿批评，希望组织生活为自己的个人事情让路。这就导致了党员先进模范作用和党支部的战斗堡垒作用削弱。问卷显示，受访的研究生群众有40%对于身边的党员不熟悉不了解，有10%的群众认为党员和普通学生一样，看不出来其有先锋模范作用。而这种情况在一些涉及研究生切身利益的事件处理中表现得尤为突出，如图10所示。

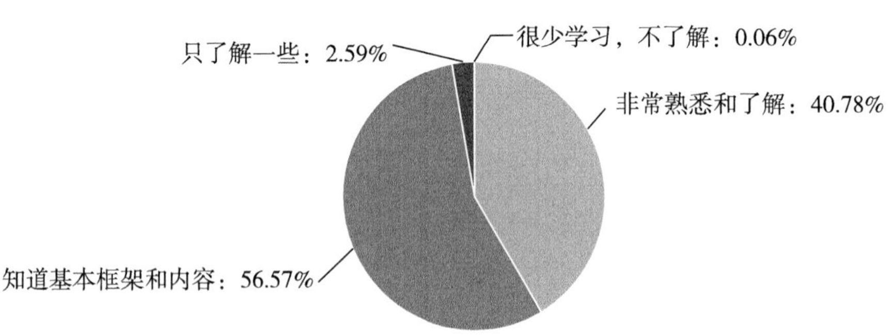

图9　研究生党员理论知识掌握情况

选项	小计	比例
党性观念淡化	630	37.95%
理想信念不强	726	43.73%
组织纪律观念不强	589	35.48%
价值观念趋向多元	785	47.29%
其他 [详细]	60	3.61%
本题有效填写人次	1660	

图10　当前研究生党员作风建设存在的最突出问题

（四）研究生群体面临的实际问题的影响

《标准》提出组织生活应当解决学生的实际问题。而当前研究生群体确实面临着生活学习等多方面的实际问题。学业问题首当其冲，随着研究生人才培养质量要求不断严格，毕业成了广大研究生最为关心的问题。当前中国政法大学每年约有一两百名申请延期毕业的研究生，还有一些无法通过论文答辩的学生，其中博士研究生正常学制毕业率不到30%。而毕业之后就是就业问题，往往很多在应届毕业研究生在毕业年份都忙于找工作写论文，参加组织生活积极性主动不高。调研亦显示，75.12%的受访研究生党员表示同学们学业时间紧张是不愿参加党支部活动的主要原因。另外研究生群体都已经成年，不可避免也要面临情感等心理问题。而近年来研究生心理健康问题的出现呈快速上升趋势，其中不乏危机突发事件。这些对于党支部开展组织生活都带来一定的负面影响。

（五）中国政法大学学院路校区现有资源的影响

提升组织生活的实效性必须有相应的投入和保障。因历史原因，中国政法大学研究生长期两地办学，且学院路校区作为研究生主要办学地点，教学生活资源严重不足，这也影响了研究生党支部开展活动，“三会一课”场地借不到，组织文体活动没有设施设备，而校外活动则涉及经费和安全问题，这影响了党支部开展组织活动的积极性。调研显示，55.76%的受访研究生党员认为经费有限，开展党支部活动比较困难。

四、增强研究生党支部组织生活实效性的建议和对策

增强研究生党支部组织生活实效性，是加强高校基层党建，提升研究生人才培养质量，实现高校立德树人根本任务的必然要求。依据《条例》《标准》等相关党内法律法规的要求，我们认为增强研究生党支部组织生活实效性应以问题为导向，坚持党建和思政工作一体化建设，实现基层党建、团建和班建一体，党建和专业教育融合，以系统合力增强组织生活实效性。以系统协作的思维，发挥导师、班级和团学组织的力量，丰富党支部组织生活，能够提升组织生活的实效性。

（一）进一步健全制度规范

完善的制度规范是增强组织生活实效性的前提。要严格依据《党章》以及《条例》《准则》等党内法律法规要求，强化从严治党，完善考评指导机制，不断增强党支部组织生活的实效性。健全党员评议机制和党支书述职机制，确保组织生活有内容和效果。健全争先评优机制，奖励表彰先进，鞭策引导后进，形成良好的示范效应；对于支部不力和组织生活不按要求进行的情况，要严格依法依规整顿转变。健全指导监督机制，发挥学校党委组织部

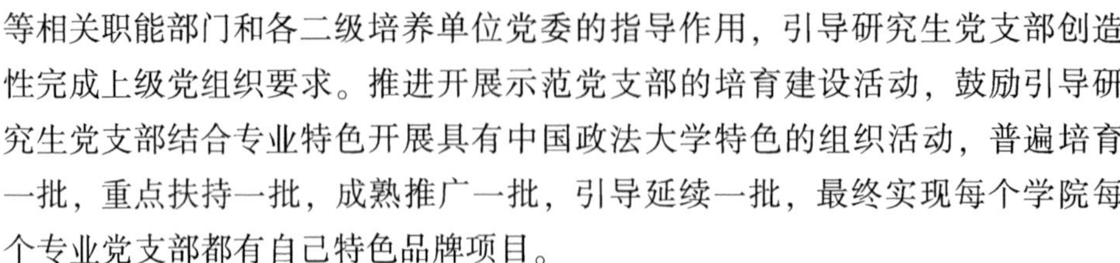

等相关职能部门和各二级培养单位党委的指导作用，引导研究生党支部创造性完成上级党组织要求。推进开展示范党支部的培育建设活动，鼓励引导研究生党支部结合专业特色开展具有中国政法大学特色的组织活动，普遍培育一批，重点扶持一批，成熟推广一批，引导延续一批，最终实现每个学院每个专业党支部都有自己特色品牌项目。

（二）进一步优化组织机构

科学的机构设置是组织生活实效的保障。在现有的以行政班级为单位设置党支部的基础上，结合研究生专业特点和人才培养规律，实现党支部进专业、进宿舍，并尝试开展师生联合的课题团队党支部。面对当前研究生人才培养的国际化，对于地域相对集中的境外交流项目的研究生，可以建立海外临时党支部、党小组，开展组织生活。而对于全日制定向以及非全日制等组织关系不在学校的研究生，则可以借鉴北京市推出的党员社区双报到制度，实现过双重组织生活，可以设立非全日制研究生的专门党支部，鼓励引导非全日制研究生党员积极参加。

（三）进一步强化骨干培养

党员的党性修养和综合素质是组织生活最活跃的因素，是增强实效性的催化剂。进一步健全现有研究生党员骨干体系，根据《中国共产党党员教育管理工作条例》的相关要求，构建一体化的培训体系，整合先锋法大、领航训练营、骨干培训等资源，进一步丰富理论学习、社会实践、公益服务等学习培养内容，打通党支部、班级、团支部和研究生会等学生骨干培养的壁垒，实现课程通选通上，推进党建、班建、团建一体化建设。在此基础上，以深入落实“五三”讲话精神为主线，推出卓越领导力的研究生英才计划，重点培养一批杰出优秀人才，在研究生群体中树立党员旗帜，发挥党员的先锋模范作用，做到研究生党员平时看得出来，关键时刻站得出来。

（四）进一步创新教育内容

要进一步创新组织活动形式，在充分考虑到中国政法大学研究生群体特点的基础上，开展组织生活要全面落实习近平总书记在2018年9月召开的全国教育大会上强调“六个下功夫”，突出政治性、时代性、原则性。如以国家和社会人才需求为导向，开设与专业契合度高，跨学科融合，倡导爱国尊法的国家荣誉党课。培养具有坚定理想信念的社会主义法治人才。

（五）进一步创新活动载体

要积极应对当前移动互联时代对党建工作的新挑战，同时妥善解决当前研究生党建出现的资源有限的问题，充分利用信息化技术建设智慧党建已经成为必然。目前，中国政法大学的党建信息化建设已经落后于学校整体发展，缺乏自身管理教育系统，各种培训平台零散分布。对此，笔者建议可以现有智慧党建平台为基础，选取较为成熟的党建管理系统，纳入学校信息化系统，并试用推广，尝试建立面向全体师生党员的，涵盖手机端和电脑端的智能化、信息化的党建智慧平台，探索集“管、学、考、评、服”为一体的网络党建工作体系。

四、心理健康教育

新冠肺炎疫情期间疏导学生心理压力的尝试

——以中国政法大学商学院学术研究生为例

商学院 李琼华

学生处 刘瑞琴

【摘　要】 新冠肺炎疫情改变了高校的教学方法和工作方式。对于高校学生工作队伍来说，积极探索学生在疫情期间的压力来源，采取有效措施缓解学生压力是一项重要工作。经调研，笔者认为疫情引起的恐慌、焦虑来源于不确定性和自我决定的需要之间的矛盾。帮助学生识别、细分、命名和思考负面情绪，通过提问、探索运用已有的经验，积极采取行动，连接过去、现在和未来，能够有针对性地疏缓学生心理压力。

【关键词】 压力　恐慌　焦虑　识别　命名　行动

2020 年伊始，新冠肺炎疫情打破以往的春节欢庆气氛，全国人民团结在以习近平总书记为核心的党中央周围，贯彻执行中央疫情防控的统一部署。高校春季学期因疫情改为线上教学，学生在家上课学习，减少出行，减少感染风险。3 个月以来，高校学生工作队伍积极疏导学生心理压力，尤其是对毕业生群体、有特殊压力的学生群体。笔者以疫情期间开展的心理疏导工作的内容为基础，进行总结提炼。

一、疫情引起的压力、恐慌、焦虑

疫情发生后，通过一对一的深度辅导和对团体（如在校生、在湖北疫区学生）的指导，我们制作《疫情期间关于生命思考的调查问卷》，在学生中发放回收。共有 165 人填写，通过问卷了解到学生有明显的焦虑（77%）、恐慌（39.88%）情绪。和社会大多数民众一样，学生们感到心慌、不安、无明确对象的广泛性紧张、提心吊胆、高度警觉。可能表现为会多次测量体温、不受控制的反复查看与疫情相关的信息，尤其是非官方渠道的消息。有的人出现情绪激动、入睡困难，易醒等问题。

疫情引起的恐慌、焦虑来源于疫情发展的不确定性和人们自我决定的需要之间的矛盾。这次新冠肺炎疫情突如其来，发展迅猛，传染力极强，已经席卷世界主要国家。它带来的不确定性非常大，因为它是一种未知的病毒，目前仍然没有任何疫苗和有效的针对治疗药物，人类对它的高度传染性、死亡率和持续的时间都所知甚少。在这样的情况下，我们感觉就是——生活失控了。其实我们人类并不完全具备理性地处理失控的能力。我们经常会做各种合理或者不合理的事情，来创造一种自己仍然能控制局势的感觉。自我决定论由两名美国心理学家爱德华·德西（Edward Deci）和理查德·瑞安（Richard Ryan）在20世纪80年代提出，是一种关于人类自我决定行为的动机过程理论。自我决定是一种关于经验选择的潜能，是在充分认识个人需要和环境信息的基础上，个体对自己的行动做出自由的选择。这个理论强调自我在动机过程中的能动作用，分析了人类行为后面的内在心理动机。这一套理论最核心的观点，是它提出人类有三个与生俱来的需求。这三个需求分别是：第一，自主，也就是需要对环境和自我有一定的掌控能力；第二，胜任，也就是通过操纵环境达到预期目的成就感；第三，关联，就是我们需要和周围的人产生联系，在集体中找到归属感。[1]疫情发生后，许多国家和地区出现抢购防疫物资，或者是并不紧俏也并不防疫的物资如国外超市主妇们抢购厕纸的新闻，其实就是人们在试图通过抢购来获得一种掌控感，使他们感受到自己在照顾家人方面是胜任的，同时通过这种关心和照顾家人的行为有效地和他们产生关联。

二、识别、命名、思考负面情绪

（一）为感受命名

在学生工作中，我们通过倾听、接纳和陪伴，可以有效地建立起连接。

---

〔1〕 刘靖东、钟伯光、姒刚彦：“自我决定理论在中国人人群的应用”，载《心理科学进展》2013年第10期。

比如，学生提到自己感到莫名的慌乱、无法集中注意力，自己也不知道是为什么的时候。通过给这种感受命名，通过语言表达出这种经历，这种感受和经历就可以顺利地被学生接受，成为记忆的一部分而不再是混乱的感觉。通过倾听学生详细描述的感受和体验，考虑他在负面信息中暴露的频次、周边有无病例、相关因素（如实习、学习、论文、家长亲友的期待）来确定他是焦虑还是恐慌或者几种情绪的交互。在深度辅导中，我们其实在创造认真聆听的空间，帮助讲述者将经历转化成语言。只有当我们可以把某种感受用语言描述出来，或者命名的时候，才有可能把它转化为记忆，讲述者才可能去回顾，去反思、发现新的可能性，发现以往经历怎样塑造了今天的自己。如果失去了这种描述的机会，记忆可能会是不完整的、碎片化的，甚至是缺失的，犹如一条奔腾的大河因为阻塞而无法流动。

（二）探索可能的未来改变

探索负面情绪的积极意义。正是因为恐慌和焦虑，人们才更加重视自己、保护自己，这些情绪促使我们掌握一些应对方法，比如病毒传染原理，普通人勤洗手、勤消毒、不出门等；在疫情下，人们更能够与别人共情，如自觉执行严格的隔离。每一个陷入情绪困扰的学生都期待改变，否则问卷调查和深度辅导不可能发现这些问题。对于陷入压力和情绪泥沼中的当事者来说他人的建议往往没有用。虽然已经思考过这些方法和建议，自己还是无法执行建议，因为那些想法是“别人的”对策。在工作中笔者经常发现，“感同身受”真是一个非常难的境界，只有站在求助者所处的位置、困境、经历、认知上，才能真正与他相遇，感受到痛苦、害怕、焦虑、悲伤和愤怒。但是只要认真去聆听，去感受，即使不能全部懂得，也可以传递给他能量，“你不是一个人，你是值得我关注的，我愿意理解和体会你的感受”。

在此基础上还可以面向未来的提问：你想要的生活是什么样子？这样的生活为什么对你来说很重要？现在你要做些什么会离这样的生活更近一些？你已经做了哪些努力，来实现这样的生活呢？如果我们可以朝着你想要的地方迈出一小步，你觉得这一小步会是什么？为了迈出这一小步，你可以做些什么？你需要什么样的帮助，谁可以给你这样的帮助？你过往的经验告诉你，可以用什么资源来完成这个目标？发问和好奇是为了展开蜷缩的期待，这种期待用语言展开也使得它更成为求助者的愿景。

三、采取行动，通过行动增强掌控感

我们大致对疫情期间学生遇到的压力进行了分类，并和学生一起探索通过积极行动来缓解压力的有效方法，主要有以下几种。

（一）疫情引起的广泛的焦虑

（1）休息。不从事压力较大的研究如撰写论文，而是读书，思考。选择与专业无关的，更宏大题材的图书，推荐阅读如《全球通史》《时间简史》《枪炮、病菌与钢铁》等书。观影，看自己感兴趣的电影，而不是晨昏颠倒地追剧。

（2）稳定情绪，恢复判断力。适当的和疫情信息剥离，避免不受限制地把自己暴露在疫情相关信息中，如限制自己早中晚三次看官媒新闻，每次不超过 20 分钟，睡前不看相关内容。灾难和危险发生，未来不确定，危险尚未解除，人们对危险信息更加敏感，对信息需求量变大，这就为谣言的滋生提供土壤。谣言产生有以下几个特点：发生在危险动荡的时期，传播的速度快、传递恐慌，构建的故事有一定的真实信息。人们在紧张、焦虑、恐惧、失控的时候，处于高度紧张、警觉的状态下，本能地容易关注大量的负面信息。人们之所以会相信谣言是因为失控，是因为负性情绪掩盖、降低了人们的判断能力。解决谣言最有力的方法是，用科学、有序的行动澄清稳定局面，回复可控感、安全感和判断力。普通民众对只言片语的小道消息，最好是不听、不信、不传。

（3）转移释放压力，如定时运动。放更多的注意力在自己身上，可以学习一些放松术，如瑜伽操、瑜伽音乐、冥想。呼吸术是最容易掌握的，而且可以自己把控节奏，有利于放松身心，帮助睡眠。自律不是件容易的事情，但可以选择在每天的固定时间运动，运动量从少到多，15 分钟一周，然后 20 分钟一周，30 分钟一周等。运动完之后要给自己一个强化奖励，比如喝杯酸奶、吃个苹果，通过奖励，让潜意识形成“运动=开心”这种记忆。

（4）规律的饮食睡眠，和朋友保持联系和社交。和好友保持一些电话沟通，通过声音等信息传递自己的牵挂。做一些自己能够专注、投入的事情，可以是手工等等，尤其是能够最后形成一个作品的事情。比如笔者自己喜欢做程序复杂点的饭，给自己增加成就感，同时满足自我决定论中自主、胜任、关联的需要。

（二）拖延、注意力不集中的问题

在调研和咨询中，我们发现由于学习场所的改变，学生普遍有注意力不集中和拖延的问题。对于线上老师留的作业，总是拖延到最后一刻才上交，有点同学甚至熬夜，最终草草交付，自己也不满意，感觉很心虚。有点同学做事的时候总是很纠结，会被各种内在外在的因素打扰，比如刚想集中精力学习看会儿专业的书籍，就会拿起手机被微信、视频、游戏干扰。一边真诚地后悔浪费时间，下一次却又重蹈覆辙。

一切美好的事物都是深度关系的产物。笔者推荐《心流》系列书籍，读书在构建深层关系上的可操作性方法包括以下几步：（1）确立一个目标；（2）树立边界，做事的时候，告诉其他人“不要干扰我”，就如同为河流建立堤坝一样；（3）投入其中；（4）获得反馈，正反馈告诉你怎样建立目标，负反馈告诉你怎样无效低效；（5）获得控制感，感觉自己逐渐开始掌握这件事；（6）越来越投入，时空感都发生了变化；（7）进入心流体验，即一种东西在流动，会带来愉悦，也会成为你投入其中所获得的巨大精神奖励。

心理咨询师武志红从关系和全能感的角度解释注意力障碍的问题。[1]他认为，各种拖延、注意力不集中都是因为缺乏深度关系的体验。所有的关系包括人际关系、人和事物的关系都可以理解为“我”和“你”的关系。能够建立深度关系的人，内在会有一种信心：我是被接纳的。我可以把我的生命力肆意地向你表达，我们因此会建立起深度关系，“你”会接纳，并且我和你的生命力的表达，会滋养彼此。各种注意力障碍的背后可能会藏着一个担心，我在你那里是不受欢迎的，我的生命表达在关系中会破坏你。这是从关系的角度来理解注意力障碍。有注意力障碍的人通常会有比较严重的“全能感”，例如会有“如果我全力以赴，事情就可以做好，做得完美”，注意力的分散可以避免“我全力以赴也没能把事情做好”破坏全能妄想。从关系和全能感的角度可以解释注意力障碍，要进行矫正，只能是想办法去深入关系。

（三）与父母和家人的朝夕相处感受到压力

不少同学提到，自住校以来的 N 年里没有跟父母这么长时间的共处，平

---

〔1〕 武志红：《巨婴国》，浙江人民出版社 2016 年版。

时觉得没时间孝敬陪伴父母，现在每天和他们同一屋檐下，总被父母从头到脚的管教和挑剔，每天想的是“啥时候才能开学，我还是回学校好了”。这似乎印证了我们经常的感慨：生活在别处。在A状态下，想念B状态的模样，当拥有B状态，又想回到A。

建议珍惜和父母家人共同度过的这段特殊的时光，子女需要主动关心父母。体会危难时刻一家人相依为命的感觉，更好的方法是一起去经历一些事情，创造一些作品，充分展示自己的感情并及时反馈和回应。比如教会父母使用一些他们不会使用但又需要的App，教会他们制作电子相册，关注正规医院的中医养生公众号，生活中小到网购蔬菜米面、大到家庭投资，都可以进行讨论切磋。向父母学习几道受欢迎的家常菜，承担部分家务，都可以让父母感觉到自己的孝心和陪伴。给爱听历史类演义小说的父母、祖父母下载“喜马拉雅”，教会他们如何找资源；把妈妈做的家乡传统面食录成视频上传到“下厨房”“快手”等平台进行分享，拓展父母的生活范围，加强他们与周围世界的连接，让他们感受到来自子女的关注和爱。

对于和父母有分歧意见的问题，真诚沟通是首选。比如比较普遍的关于婚恋方面的压力问题。可以诚恳地跟父母介绍自己的发展规划，未来几年的安排，自己现在的情感状态和良好的生活体验，不一定按照父母的意愿做才是最好的选择。

（四）就业、实习的压力

目前，关于毕业和就业的问题逐渐上升为数量最多的咨询内容。无疑，了解自己、深入地规划自身成长，提升自身优势是有意义、有价值的。毕业生应该全身心投入就业发展，投身到和自身优势特长相匹配的行业中，让自己深深扎进就业和职业发展相关的线索中，不断了解目标行业信息并及时做出调整，不断去探索，形成自己的理解并获取反馈。

我们在做好职业规划和就业咨询的同时，也组织了校友进行分享交流，请金融行业、公务员、基层就业的同学和毕业生进行求职和工作经验的分享，邀请校外的专家就简历制作、结构化面试、公务员面试等进行讲解。这里还要提出如下建议：

（1）建议毕业生同学反复修改毕业论文。对于很多人来说硕士毕业论文可能是自己需要做好的最严肃的学术成果，顺利毕业才是就业的前提。非毕业生同学也应该加强学术规范的训练，积极地为论文写作做准备。

（2）反复修改完善简历。从不同地点、不同行业、不同职位的需求出发，有针对性地制作简历。就像创造艺术品那样不断地、反复地去雕琢，并从中获得成就感、创造感，这也是我们幸福的重要源泉。

（3）反复练习表达。关注网站上、各高校就业公众号上的就业和实习信息，深入思考这些岗位对应聘人员核心素养的要求，尤其是这些要求和自身特点的匹配。反复练习如何结合自身经历（实习经历、学术经历、学生干部经历、志愿服务经历）来表述自身的素质。2020 年的招聘基本上采取的是线上招聘，面试官常用问题，比如自我介绍，做过最有成就感的一件事，为什么选择我们公司，希望在未来有什么发展等。毕业生能够听懂问题的实质，比如问你在未来 5~10 年有何规划，实质上是在了解你的学习能力，你对行业和职位有什么了解以及职业发展的进取心等，可以结合对行业和岗位的了解谈谈自己的理解。建议把所有常见问题的答案都写下来，视频面试的时候，把文字稿摆在电脑摄像头下方。多次练习表情和陈述的语气、停顿等，力求达到一种自信、稳定的状态。写答案既能梳理自己的想法，更能促使自己更进一步思考和搜集信息。

（4）尽快补充职场关系方面的功课，可以通过网课、公开课进行学习。对于大多数同学来说顺利适应职场的障碍并不在于专业技能而是关系处理方面，跟同事、上司如何相处是一个全新的课题，如何听懂言外之意、话外之音，可能是比学会写咨询报告、数据分析、路演更迫切需要解决的问题。定时跟老板沟通，汇报自己的成长，向上司询问前任哪些地方做得好，哪些地方需要提高，请同事回忆他入职之初的适应经验和印象深刻的经历。这些都可以帮助新人尽快融入团队。

（五）来自比较和追求卓越的压力，练习接纳自我

周国平说："人生有三次成长：一是发现自己不再是世界的中心的时候；二是发现再怎么努力也无能为力的时候；三是接受自己的平凡并去享受平凡的时候。"[1]其实，不管我们愿不愿意都在成长，主动或者被迫，迅速或者缓慢。笔者针对在自我成长中遇到的普遍问题，提出以下建议。

---

〔1〕 周国平：《周国平论人生》，长江文艺出版社 2007 年版。

（1）放手。在一些有强迫感追求优秀的人群里，放手意味着失败、对自己的否定。和别人比较，对自己挑剔，其实是童年关系模式的一种外化，看清这点，就了解了自卑和焦虑的来源，切断“卓越”“优秀”和自我价值的联系，构建有质量的深度关系，重要关系的质量决定了幸福感。当有了幸福感，就会不那么在意优秀不优秀了。

（2）自我鼓励。有些人在各种关系中过分关注别人（尤其是权威人物，如家长、上级等）的态度，别人的利益、别人的感受和情绪，在关系中总是压缩自己的需求，怕给别人添麻烦，没有自己的空间，这是缺乏自我的表现。试着去尊重自己、照顾自己，在细节上，试着表达自己，尤其是自己在乎的事情上，可以是穿着，可以是拒绝朋友的邀请，等等。对自己的勇敢表达自我的表现，进行记录、总结，通过物质和心理奖励，不断进行强化。

（3）转换角度看问题。压力促使我们行动和改变。比如对于别人提出的批评，可以选择尽量剥离批评和人的联系，减少可能导致的自我贬低，将批评指向具体的行为，比如策划的漏洞、过程管理等，进而转化成改进和提升的建设性意见。从成长的角度来理解一些“不满意”，它增加了我们面对生活的斗志，去奋斗去努力地做到满意。

大学生处于快速成长期，感受到的压力是多重的，既有来自疫情的、又有来自父母、学业、就业发展、自我成长等方面的压力。高校辅导员在深度辅导中应该对压力进行细分，通过倾听、陪伴、感受，帮助学生疏导压力是当前工作的重要内容。通过心理辅导，有时候学生觉得想通了一些事，掌握了一个真理，好像类似问题都可以照此处理。等遇到了新的疑问，就会发现以前的应对方法失灵，又陷入迷茫。因此，压力和迷茫是成长中的常态，不要期待一劳永逸地控制和掌握应对压力的法门。生命就是不停地打怪升级的游戏，生命不息，探索不止。每个人都走在不断认识自我和完善自我的道路上。

当代大学生自我同一性发展探析

外国语学院　濮冰燕

【摘　要】 自我同一性的确立对于人格完善与社会适应有非常重要的作用，同时也会对大学生以后的健康心理发展产生深远影响。大学时期是自我同一性确立的重要时期，这个阶段的个体处于同一性早闭向同一性延缓状态的转变当中。大学校园丰富的实践、课程资源、人际互动等，给个体提供了与社会情境互动的机会，从中进行学习和对于自我的进一步思考，对自我同一性发展起着非常重要的作用。

【关键词】 大学生　自我同一性　同化　顺应

自我同一性是心理社会理论中的一个重要概念。美国心理学家艾里克森在心理社会理论中将人的发展分为八个阶段，其中在谈到青少年阶段时，艾里克森提出了自我同一性这个概念。同一性建立是青年少年时期的重要发展课题，如果无法顺利建立自我同一性，那么就有可能陷入角色混乱之中。

在青少年时期，个体必须寻求自我发展中自我的确定和对自我发展的有关重大问题的思考与选择，建立起基本的社会和职业同一性。[1]而个体自我同一性的确立，代表着个体对自身有了充分了解，能够将自我的过去，现在和将来组合成一个有机整体，确立自己的理想和价值观念，并对未来自我的发展做出自己的思考。[2]

在自我同一性概念界定方面，艾里克森认为它是“一种熟悉自身的感觉，一种知道个人未来生活目标的感觉，一种从他信赖的人们中获得所期待的认

---

〔1〕［美］David R. Shaffer，Katherine Kipp：《发展心理学　儿童与青少年》，邹泓等译，中国轻工业出版社 2009 年版。

〔2〕张日昇、陈香：“青少年的发展课题与自我同一性——自我同一性的形成及其影响因素”，载《河北大学学报（哲学社会科学版）》2001 年第 1 期。

可的内在自信”；是“一个人对他人认可的内在一致性和连续性方面的内在自信”，即个体跨时空的内在的一致感和连续感。[1]

Marcia[2]根据艾里克森的自我同一性理论，提出了自我同一性状态模型，这是现阶段被广泛应用的自我同一性操作模型之一。在这个模型中，青少年自我同一性的操作性定义为个体基于各种可能的尝试探索之后，产生个性感以及个体在社会中的角色、经验等跨时间的一致感和对自我理想的投入。Marcia 根据探索和投入这两个维度区分出四种不同的同一性状况，包括：（1）同一性获得：经过各种尝试和体验，对各种同一性问题有了深入的思考，从而确定了自我的发展目标和方向，并且对于此进行坚定的、积极的自我投入；（2）同一性延缓：和自我同一性获得者一样，也积极地进行了各种探索和尝试，但还没有确定的目标，从而也没有对特定的目标、价值观和意识形态等做出较高投入；（3）同一性早闭：基于父母或者权威人物的期望和建议，对特定的目标过早进行投入，目标的确定并没有基于自我的探索，是非自觉的和盲目的；（4）同一性扩散：对于自我同一性的各种问题并没有深入的思考和探索，同时也没有投入到某一特定的意识形态、价值观或者社会角色之中。Marcia 认为个体自我同一性形成过程是同一性扩散、早闭向同一性延缓状态逐渐转变的过程。

以上 Marcia 关于自我同一性操作性定义和四种状态的区分受到了许多研究者的认可和支持。同样的，Marcia 的理论对于当代大学生自我同一性发展过程也具有一定的指导意义。根据 Marcia 的理论观点分析，当代大学生目前的状况应该处于同一性早闭向同一性延缓状态的转变阶段当中，具体说来，由之前依照父母、老师期望而非自觉地投入转向开始逐渐思考探索各种同一性问题，思考自我价值观以及未来发展等问题，但总的来说还没有完全进行各种尝试，因而未能确定一种目标和方向，从而对其投入。进入大学后，大学生从中学时期的象牙塔里走出来，虽然大学校园较之社会依然是一个氛围清爽的地方，但大学之大，令人开阔了眼界，结识了各种人，大学生们了解

---

〔1〕［美］埃里克·H. 埃里克森：《同一性 青少年与危机》，孙名之译，浙江教育出版社 1998 年版。

〔2〕 Marcia. J. E.，“Development and Validation of Ego-Identity Status”，*Journal of Personality and Social Psychology*，1966，3，pp. 551-558.

了不同人群的兴趣范围，价值观等。在这样的环境中，他们渐渐发现自己从前的选择其实很大部分是顺从了父母的意见，并没有对于自己的发展道路，个人价值观等很多重要的问题进行自我的思考，没有了解清楚自己是什么样的，也没有明确生活目标，很多想法都植入了父母的意见。然而这样的道路并不是自己真正所想要的，也并不一定适合自身。在经历了这样的疑惑与纠结之后，大学生们明白了应该由自我决定如何发展，确定自己的人生方向。他们开始探索真正的自我，开始询问自己对未来的期待是怎样的，开始思考自我价值观，思考未来的发展方向和目标。在这样的探索过程当中，他们能够确立真正的人生目标和价值观，从而付出并投入。从艾里克森理论观点的主观界定角度看，大部分大学生目前尚未清楚地认识到自己究竟是怎样的人，也尚未确定未来的生活目标究竟是怎样的，没有形成一种跨时空的内在一致感和连续感，因而并未完全建立起自我同一性。而如果在这一阶段结束时大学生仍不能够成功建立起自我同一性，便极有可能陷入角色混乱。

艾里克森认为自我同一性发展是在青春期，即高中阶段，而 Marcia（1980）与 Archer、Waterman（1983）等人认为大学时期才是自我同一性确立的重要时期。大学生处于青少年晚期向成年早期的过渡阶段，面临着开放自由的环境，和更多实践自己理想的机会，青少年价值体系的建立、审美情趣的培养、领导及合作能力的培养都会在这一阶段得以改变或提升。我们可以意识到，大学教育对同一性的形成起着关键作用。大学本身是一个非常好的平台，在大学期间我们可以通过课程、书籍、社团、讲座、实践活动等多种方式接触不同类型的人生、文化、价值观、思想。个体在大学通过寝室、班级、社团等认识了很多人，在与他们的交往中个体潜移默化地了解了他们的生活经历、价值观，同时意识到了彼此之间的差异，这使得个体开始思考自己从前的经历，开始重新思考自己的目标与方向。而社会学、哲学等通识课程使个体对于世界有了新的认识，并对它们的认识方式也有了一些改变。平时参加的活动、讲座等也让个体开阔了眼界，并且每一次的尝试都会让个体获得一些新的启发、感悟。这些点点滴滴都帮助个体在自我同一性的探索道路上一步步前进。

为了更完整地建立起自我同一性，在探索的过程中我们应该积极尝试各种方法。在这一点上，主观努力和客观帮助的结合是最合适的。大学里很常见的一门课程叫做生涯发展规划。生涯发展辅导能起到搭建大学与社会之间的桥梁这一重要功能。其辅导目标是引导学生理清自己的生涯期望，在充分认识自己的同时，增强对社会和职场信息的了解，进而对自己的生涯发展作出个性化的规划，并在此基础上对大学生涯作出科学的规划，为将来更好地适应社会打下基础。〔1〕吴婷婷和杨一平（2005）的研究表明生涯发展辅导对大学生的自我同一性发展产生了积极影响。在建立自我同一性时，可以寻求这样的帮助与尝试。

研究者们除了探讨自我同一性的建立过程以外还讨论了过程中可能遇到的问题，同时也探讨了自我同一性建立失败的原因。根据这些原因，我们又可以反过来分析进行自我同一性建立尝试时可以采取的方案。首先是要建立起理想我与现实我的正确区分，认清主观我与客观我的差距。理想我与现实我存在一定的差距，但理想我同时又是可以由现实我通过努力得以实现的。因此，首先，我们需要意识到自我探索、思考的重要性，同时，在确定人生追求时修正不正确和不实际的想法。

自我同一性的建立是一个漫长的过程，青少年可能须经历很长一段时间才能够完整建立起来。艾里克森提出了心理延缓偿付期的概念来尝试解释这一现象。〔2〕对于那些还没有准备好承担各种社会角色和义务的年轻人，心理延缓偿付可以让他们有一段拖延的时期。个体可以利用这段时间继续进行各种尝试和探索，思考各种人生问题，如此反复循环，从而决定自己的人生观、价值观、将来的职业，最终确立自我同一性。青少年应该充分利用大学时期的良好平台，积极进行尝试——除了专业课程的学习，更应该积极参加各类社团活动以及各种实践活动，参与到社会的互动中去，见识更多的社会情态，接触多种思想、价值观。社会因素也是艾里克森自我同一性概念中的一个重要成分，青少年阶段出现的成长危机有时候也来源于社会与个体发展水平的冲突。〔3〕Bosma 和 Kunnen〔4〕进一步解释了社会因素在自我同一性危机中的

---

〔1〕吴婷婷、杨一平："生涯发展辅导对大学生自我同一性发展的影响研究"，载《社会心理科学》2005 年第 Z1 期。

〔2〕张日昇："同一性与青年期同一性地位的研究——同一性地位的构成及其自我测定"，载《心理科学》2000 年第 4 期。

〔3〕周红梅、郭永玉："自我同一性理论与经验研究"，载《心理科学进展》2006 年第 1 期。

〔4〕Bosma H. A.，Kunnen E. S.，"Determinants and Mechanisms in Ego Identity Development：A Review and Synthesis"，*Development Review*，2001，21，pp. 39-66.

作用。他们认为同一性发展是由于个人与情境的不断交互，冲突就可能发生在一次一次的交互之中。同化或顺应的机制是青少年适应这种交互过程的途径。由此，我们应该认识到，人与社会情境的交互对于自我同一性发展起着非常重要的作用，在自我同一性的探索过程中我们应该积极尝试进行与社会情境的互动，从中进行学习并展开对于自我的进一步思考。

是否形成清晰稳定的自我同一性，对于大学生的人格完善与社会适应有非常重要的作用，同时也会对其以后的健康心理发展产生深远影响。因此，建立自我同一性是人生中的关键一步，我们要通过理论与实际的结合，用实际行动来实现自我同一性建设。

自我图式在大学生心理健康教育中的作用

马克思主义学院　齐　轲

【摘　要】个体会根据以往的生活经验，对自我有较为固定的认知结构，这个认知结构即为自我图式，自我图式与个体情绪、思想、行为息息相关，影响着个体的方方面面。本文从自我图式的理论概念、自我图式对心理健康的影响以及改变心理图示的方法三个部分，论述自我图式对大学生心理健康教育的作用。

【关键词】自我图式　心理健康

心理健康教育是大学教育不可或缺的一部分，随着人民生活水平的提高，新一代大学生的精神需求已经远超过了物质需求。很多学生出现了心理亚健康的情况。个人的一切行为和认知都离不开自我图式的影响，所以无论是个体心理适应不良症状的消除，还是积极心理健康的教育，都可以以自我图式理论为基础展开。

一、自我图式的内涵与特征

在日常生活中，我们有自己看待世界和看待他人的想法和信念，这在心理学中被称为图式。“图式”（Schema）一词来源于认知心理学，指的是一种认知结构，这种认知结构存在于个体的内部，并且决定了个体对信息的选择、组织和加工。即我们看待世界是个体化、特异化的，同样的事物在不同的人眼中一定有所区别，这是因为每个人的“图式”不同，所以对信息的选择、组织和加工都有差异，导致最终一千个人心中有一千个哈姆雷特。

像对许多其他事物一样，我们也对自己有比较固定的看法和印象，这就是自我图式。自我图式（Self-Schema），是个体有关自我的认识的一个概念，个体会根据以往的生活经验，对自我有较为固定的看法，在这种固定看法的基础上，个体对生活中与自我相关的信息进行快速的加工处理，所以我们的行为模式与自我图式相一致。自我图式还是个体对自我的认知和对自我进行评价的基础。

自我图式决定了我们期望自己在特定的环境或情况下如何思考、感受和采取行动。每一个自我图式都包括我们对自己的整体看法，以及对类似情况下过去经验的了解。例如，如果个体有我是外向的，或我是健谈的，这一类自我图式，那么在融入新环境时，他就能更快更好地跟陌生环境中的他人进行交际，并快速熟悉起来。而我是外向的、健谈的这一自我图式，是基于过去经验总结形成的印象，同时也是指导我们现在处理当前情形下人际关系的一个基础。除了对个性特征我们拥有自我图式外，身体特征（我是瘦弱的）、兴趣爱好（我喜欢歌剧）、人格特质（我有些抑郁）、行为特点（我会尽可能避免冲突）等均会形成个性化的自我图式。

自我图式是个性化的，即每个人的自我图式都是不同的，受过去的经验、人际关系、父母的培养模式、整个社会文化等影响。与他人互动的方式以及从社会获得的反馈和印象更是非常直接地影响着我们的自我认知和自我图式。自我图式并不是极端化的，比如瘦与胖，抑郁和开朗，活动或休息，而是一种连续性的存在，类似于1～100评分制，个体可能会认为自己的开朗值为60分。所以每个人的自我图式，都是处于两个端点之间。

我们所有的自我图式相互结合并相互作用，形成了我们的“自我”的概念。所以我们的自我概念往往非常复杂，这并不奇怪，因为相比于其他任何事情我们会更加了解自己，也会更经常地去分析自己。当我们有了新的经历以及获得新的知识和经验时，我们会不断增加甚至重新构建我们现有的自我图式。

自我图式的一个重要作用就是可以帮助我们快速地处理信息，节约认知资源。人类的认知资源是有限的，所以大脑会产生一系列节约认知资源的方法，自我图式使得我们在处理信息的时候，可以直接根据以往的经验，将信息套入其中，直接给出解决方法，省去使用认知资源分析处理信息的过程，从而使得我们能够更快速的做出各类决定。例如，如果个体认为自己不善交际，而有人邀请他参加某一个全是陌生人的聚会，此时他的第一反应是直接拒绝，做出这个直接反应就是将信息直接套入自我图式得出的结论，而不是慢慢思考我是否愿意去结交新的朋友，是否能适应这样的环境等。

自我图式还会决定我们加工信息时的偏好。我们每天面对各种各样纷繁复杂的信息，我们在对外界信息进行接收处理时会有偏好地进行选择。在筛选信息的过程中，与自我图式相一致的信息更有可能被我们注意到，并且进入到我们的信息加工系统，同时在日后也更容易被我们记起。例如，一个认为自己体型偏胖且为之有些困扰的人，会更容易注意到别人对他身材的打量和评价，并且更容易将这些眼光或评语解读为他人对自己身材的负面评价，也更容易记起这些与他人交往中跟自己身材有关的画面和情绪。并且这样对信息的筛选和加工还会进一步加深原有的自我图式，使得这个人更加对自己的体型抱有负面评价，使得这个自我图式一次次得到确认和加深。而同样身材的两个不同个体，如果自我图式不同，那么对信息的筛选和加工就不同，如果对自己的身材非常自信，那么他更容易接收到并记住别人的夸赞。

自我图式是非常稳定的。自我图式的形成跟过去的经验、人际关系、父母的培养模式、整个社会文化等有关，尤其是跟早期童年经验有关，小时候的经历和环境基本上决定了个体自我图式的类型和方向。个体在童年时期，认知能力和判断能力都是从零开始，童年期的经历和来自环境的反馈使个体的自我图式逐渐稳定。例如，一个儿童不断收到负面的评价，“你怎么连这点事都做不好”“你这么笨不知道是遗传了谁”等，逐渐他就会形成“我很笨”这样的自我图式，并且随着自我图式对信息的加工筛选记忆偏好，这一类的重复负性经验会越来越多，“我很笨”这个自我图式就会越来越稳定，不容易改变。在自我图式非常稳固的情况下，当生活中出现新的信息时，个体如果发现信息与自我图式不符合，那么大多数人倾向于在潜意识层面将信息直接忽略，即使当前接收到了这个信息，也会很快忘记，如果信息与自我图式过于对立，甚至会找各种理由去反驳这个信息，否定这个信息，而不是去改变自我图式。例如，个体未能良好的完成上级要求的工作，领导批评并质疑了他的能力，如果他的自我图式中认为自己是一个很有能力的人，那么个体不会轻易改变自我图式，而是会找到各种证据来为自己辩护；如果他的自我图式本身就倾向于认为自己的能力不足，那么更可能会觉得伤心并进一步印证自我图式。

二、自我图式对心理健康的影响

心理健康的评价标准之一是拥有良好的心情并且能恰当地对自我进行评价。由于自我图式通常形成于早期童年经验和社会对个体的反馈，所以如果自我图式偏负面或对自我不认可，那么稳定的自我图式就会影响个体对自我进行恰当的评价。当对自我的评价过于低，会影响个体的价值感，进而使得个体难以拥有良好的心情和心态，影响个体的心理健康。反之如果个体的自我图式过于正面，即对自我的评价过高，容易在日常生活中、工作学习中得到负性反馈，而当外界反馈与自我图式对立时，个体往往会有较为强烈的受挫感，并寻找否定外界反馈的理由，形成过度的自我防御，长此以往会导致个体心态失衡，也会对个体的正常社交生活产生巨大影响。所以中性化的自我图式或对自我认知与自身情况较为贴切的自我图式是个体拥有良好心理状态的基础。

自我图式决定了个体在面对生活中的各类事件时的应对方式，成熟的心理应对方式能够使得个体的心理处于较为健康的状态且保持稳定。应对方式是指个体面对压力时的方式，积极健康的应对方式能够缓解压力、舒缓情绪、调节个体行为以及维持心理平衡。个体的应对方式有较大差异，在面对事件时，自我图式如果是消极地认为自己做不到从而一味逃避，个体容易遇到困难就退缩，不容易取得成就，获得感和满足感等情绪就不易产生。个体如果拥有成熟的应对方式，在面对应激环境或事件时，能够主动进取解决问题，或是适时求助，充分利用周边资源，较少出现逃避、自责、慌乱等情绪状态。能够成熟地处理生活中的各类事件，对事态发展、情绪走向起到决定性的作用，对个体心理健康的影响非常大。所以拥有成熟应对方式自我图式的个体，心理健康水平一般也较高。

负性的情感类自我图式（如抑郁）决定了个体对负面情绪的易感性，进而影响个体心理健康。自我图式影响着个体选择、组织和加工信息的偏好。积极的自我图式使得个体对积极情感和积极事件甚至积极词汇都较为敏感，消极的自我图式则相反。在对负面情绪长期易感的情况下，消极的自我图式和持续增长的负面情绪之间形成了恶性循环，使个体陷入消极情绪状态中，最终可能导致认知模式的功能失调，甚至导致个体陷入抑郁状态或成为抑郁症患者，所以保持相对积极的自我图式能够使个体保持健康的心理状态。且已有研究表明，情感类自我图式是可以改变的，抑郁症患者在症状减轻的同时消极的自我图式也会发生改变，抑郁水平和消极的自我图式之间呈正相关，所以可以从改变消极的、负性的自我图式着手，提高抑郁个体的心理健康水平。

是否能够做到对现实自我接纳和认可影响着个体的心理健康水平，而对现实自我的接纳和认可程度与自我评价与现实自我的契合度息息相关。自我评价指个体对自身特质、思想、行为、个性等的判断和评价。将自我认识和自我态度综合起来能够形成自我评价，自我评价是自我图式的重要组成部分。个体自我评价与现实自我差距越大，在生活中即刻接收到的反馈或即刻形成的认知和自我评价的差距就越大，就容易使个体认知失调，产生心理不适感。如果自我评价过低，那么不仅个体日常处于低价值感中，还会不断对自我产生怀疑，生活在矛盾与纠结之中。在人际关系和日常任务的处理中，会产生许多挫折；如果自我评价过高，那么个体在遭受挫折时更难以平常心和成熟的处理方式去应对，更可能接受不了现实自我并且形成巨大的内心冲突。所以树立积极正确的价值观，客观对自身情况进行评价，不过分追求完美也不破罐破摔，适时根据环境反馈和现实情况对心理预期自我进行调节，善于对他人的评价进行分析，从而找寻到最本真最客观的自我评价，对提升心理健康水平有极大的帮助。

对事件的归因也受自我图式的影响。归因指的是个体对他人或自我的某种行为或结果的原因进行推导和解释的过程，对自我行为或失败结果的归因倾向显著影响个体心理健康。归因一般分为内归因和外归因，内归因即将行为或结果的失败归咎于个体自身的原因，认为是自身能力或特质不足导致了失败。外归因即认为是外部因素如环境因素、干扰项、他人的问题等导致了结果的失败，将失败归因于除自己外的各类外部因素。无论是内归因还是外归因，如果只是单纯的归因于一个方面，长此以往都不利于保持健康心理，长期内归因会使个体处于自责、愧疚、无价值感等负性情绪中，长期外归因使个体无法正确认识自己，无法通过挫折提升自己，身心和能力均得不到成长，对个人发展影响巨大。所以正确地、客观地进行归因，是保持心理健康的必备条件。

三、引导学生形成积极健康的自我图式

自我图式从方方面面影响着个体的心理健康。对于大学生来说，三观还未完全成型，自我图式还未完全稳定下来，所以能够通过引导使之发生改变。找到最真实的自我图式是改变自我图式的基础，可以用以下四种方法针对不同学生的特点来找寻并改变自我图式，引导学生形成积极健康的生活状态和自我图式，从而拥有健康的心理状态。

内省调试法，指个体通过回忆某个事件并对其中自我的心理状态和行为模式进行自我分析，分析出现即时心理和行为的根本原因，找出自我图式真正的内容，再通过现实自我与自我图式的比对来发现二者之间的区别，或重建事件发生及时自我归因的信念，最后发现自我图式需要改正的地方，并在接下来的日常生活中，有意识地对涉及这方面自我图式的事件进行干预，每次干预后再次进行自我分析，逐步调整自我图式，这也是调节自我图式使之与现实之间相匹配最有效的方法。

自我暗示法，在个体明确了自我的困扰并有特定想要改变的自我图式后，个体可以通过自我暗示的方法来进行自我调节，在每一次遇到与特定自我图式相关的场景时，对自我进行肯定和积极性的暗示，逐步将自我图式向期望的方向调整。此方法适合已经明确自我图式并想要改变的个体，对情绪类自我图式的改变尤为直接。例如个体经常会陷入抑郁情绪当中，当发现自我图式偏消极和负面后，个体在每次陷入负性情绪时，都提示自己进行自我暗示，这能够使个体快速走出负性情绪，避免情绪走向极端，最后使自我图式量变发生质变，逐渐调整。

比较评估法，比较多个他人对自己行为的反馈，也比较自己与他人行为间的不同。个体认识自己的途径有很大一部分来自他人的反馈与评价，但他人的评价也来自于他人的自我图式，并不能完全客观，所以要在多个他人的反馈间做比较，找出其中合理并符合现实自我的部分，来对自我图式进行引导。比较自己与他人行为间的不足，也能更加客观地审视自我，更好地对自我图式形成正确认知。

实践反馈法，我们发现心理亚健康的同学普遍不愿意参与活动或与人交际，因为总会得到负性反馈，但不参加社会实践活动只会使个体处于更加封

闭和负面的情形中，所以参加实践活动不仅能增加各类自我评估的事件，使个体更全面地了解自我，更能够打破个体封闭的心理状态，主动融入社会和集体，令某一自我图式的相关事件在短时间内多次重复发生，增加个体练习改变的机会，从而快速推动自我图式的改变。

大学生正处于世界观逐渐稳固的阶段，所以心理健康教育在这一时段尤为重要，这对学生一生的心理健康有着极大影响。对于每个人来说，最理想的状态是一生中不断地对自我图式进行分析和改变，使之适应不同阶段个体的心理状态和需求。对高校学生工作者来说，多种方法混合，根据学生的特点和发展，选取最适合个体某一时段特征的方法进行引导，以自我图式理论为突破口，能更好地对大学生进行心理健康教育。

参考文献

[1] 钱铭怡、李旭、张光健："轻度抑郁者在自我相关编码任务中的加工偏向"，载《心理学报》1998 年第 3 期。

[2] 黄赐英："心理健康标准的分析与建构"，载《学术交流》2002 年第 6 期。

[3] 陈聪："抑郁自我图式研究范式进展"，载《医学与哲学（人文社会医学版）》2010 年第 1 期。

[4] 李晓东、孟威佳："自我图式理论——关于自我的信息加工观"，载《东北师大学报》2001 年第 4 期。

[5] 夏凌翔、耿文超："个人自立与自我图式、他人图式"，载《心理学报》2012 年第 4 期。

[6] 贾婷婷、杜婷："大学生早期适应不良图式对社交障碍的影响"，载《高考》2018 年第 15 期。

[7] 高笑："胖负面身体自我图式女性对身体信息的注意偏向：理论模型及加工规律"，西南大学 2010 年博士学位论文。

[8] 任国华："自我图式、他人评价与人格发展的关系"，载《心理科学》2003 年第 5 期。

[9] Ruvolo, Ann Patrice, and H. R. Markus, "Possible Selves and Performance: The Power of Self-Relevant Imagery", *Social Cognition*, 10. 1 (1992), pp. 95-124.

自卑与超越：农村大学生的家庭阶层对自卑心理影响的分析

学生处 陈肖悦

【摘　要】 家庭社会阶层包含主观因素和客观因素，低阶层尤其是低阶层自我认同对自卑感有较大影响。中国政法大学大学生的普查数据中的人际敏感因子反映了部分同学自卑感的存在。低阶层由于物质条件、社会兴趣和失败的补偿等因素，加剧了学生的自卑感。要实现自卑的超越，可以从认知调节、亲子关系和元认知干预技术等几方面着手。

【关键词】 家庭社会阶层　自卑　农村　超越

为响应国家提高农村学子上重点高校比例的政策号召，更好地促进教育公平，中国政法大学近几年均已安排高校专项计划，招收一些勤奋好学、成绩优良的农村学生。而在日常的心理咨询个案工作中，有越来越多来自农村的大学生谈到家庭社会阶层的问题。这个问题同社会分层机制与社会分层流动的理论相关。比如我们熟知的城乡二元结构，也在发生变化：少部分进入城市的人口变成“中产阶层”，不能进城的人口则回归乡村；同时伴随着新城镇化建设，进入三四线城市的农村人口因为回归乡村的空间变小，在乡村与城市之间正形成一个“非工非农”新群体。费孝通先生曾经说，对于教育者来说，“不仅要看到社会结构，也要看到人”。学生工作者越来越能够发现，学生的心理变化必然受到社会经济发展的时代背景的影响。

一、家庭的社会阶层

社会阶层指的是社会经济地位。原生家庭的社会阶层对儿童及青少年的心理健康、社会能力及创造力的发展、吸烟行为等方面都有影响。[1]低社会阶层人员更容易体验到消极情感和社会压力，而不易体验到积极情感。但在探讨社会阶层的影响的时候，应该同时结合主客观因素。[2]客观因素依据李强提出的我国阶层划分的十个标准，从财产或收入、生产资料、市场、职业或就业、文化、政治权力、社会关系、主观声望、公民权利和人力等资源的方面进行考虑。[3]主观因素主要包含阶层的自我认同，指个人对自身在社会阶层结构中所处位置的感知。[4][5]国内学者通过社会阶层自我认同的研究，发现中国城市居民的阶层自我认同呈现出一种向下偏移的倾向：较少人员认为自己处于社会中层，而较多人员认为自己处于社会底层。[6]由于自我认同涉及如何认知和评价自我与他人两个方面，将直接影响大学生的人际交往和自我发展。

二、农村大学生的自卑心理现状

国内学者何小红发现，农村居民的阶层认同总体比城市居民更低，并且受到家庭年收入、社会经济地位等客观因素和幸福感等主观因素的影响。这与日常心理咨询中，农村大学生的阶层自我认同情况相符合。而这种向下偏移的阶层自我认同，延伸出了自卑感的探讨。中国政法大学心理咨询中心在每年秋季学期进行针对新生的心理普查工作，采用 SCL-90 量表进行测量，量表中没有自卑因子，人口学上也没有区分农村家庭学生和城市家庭学生。但是从 2015—2019 年已有的数据可以看出，所有新生中，人际关系敏感因子上的预警人数始终在前三位。而自卑正与缺陷感、自我敏感和社交焦虑有关。

---

〔1〕 周春燕、郭永玉："家庭社会阶层对大学生心理健康的影响：公正世界信念的中介作用"，载《中国临床心理学杂志》2013 年第 4 期。

〔2〕 Kraus M. W., Piff P. K., Keltner D., "Social Class as Culture: The Convergence of Resources and Rank in the Social Realm", *Current Directions in Psychological Science*, Vol. 20, No. 4, 2011, pp. 246-250.

〔3〕 李强："试析社会分层的十种标准"，载《学海》2006 年第 4 期。

〔4〕 何小红："我国城乡居民的阶层自我认同及其影响因素研究——基于 CGSS2013 的数据回归分析"，载《社会主义研究》2017 年第 5 期。

〔5〕 汤茜草："从'被中产'到'被消失的中产'：G 市高校教师群体的住宅福利与阶层认同"，华东理工大学 2012 年博士学位论文。

〔6〕 李强：《社会分层与贫富差距》，鹭江出版社 2000 年版，第 6 页。

三、家庭的社会阶层对大学生自卑心理的影响

心理学家阿德勒曾说，当一个人在生理和心理上处于弱势地位，或者依赖他人生存时，容易产生一种不胜任的感受。对于许多来自农村的大学生来说，这种自卑感往往起源于儿童时期。比如有些农村的留守儿童，因为了解到父母为了改善物质条件而离家，所以把物质看得较重，成年后易形成功利主义价值观，用物质弥补自身在其他方面的不足。尤其进入大学以后，更加体会到不同阶层家庭带来的生活条件等各方面资源的反差。个人的自卑感有很大一部分来源于社会生活，这时候社会兴趣就是对个人外表弱点的有效补偿。但是农村环境相对闭塞，信息获取渠道相对少，获得的社会支持就相对更少，社会兴趣相对缺乏。当个体产生了较低的阶层自我认同，面对困难时可能就会习惯性地回避，将解决问题的失败归因为阶层的差距。这些因素都可能导致自卑的加剧。由于自卑具有普遍性，因此自卑并不能说明学生的异常。在产生自卑感后，个人会通过不断地发展和提高自身来寻求补偿。而实现补偿的方式有失败的补偿和成功的补偿两种。失败的补偿是由对人生的错误的知觉、认识和评价所导致的。对自我的预期与其需要的动机和强度不匹配，将挫折情境更多地归因为自己。这种补偿不但不能缓解自卑感，而且易导致习得性无助，加深自卑感，产生“自卑情结”，伴随有更加消极的情绪体验，如冷漠、焦虑、固执、攻击、退化、逃避、幻想、自杀等。成功的补偿，是在确认需要的动机和强度是现实和正确的之后，逆境奋起，发掘自身潜能，改善自身处境。从这个角度来说，自卑是个人前进和发展的动力。

四、大学生自卑心理的超越

（一）认知调节

消除来自农村的大学生的自卑感，可以采取一些自我强化的方式，比如对老师的赞许和鼓励加以内化，增强自我肯定，不断地提高自我认同。此外，正确的认知归因，对挫折情境不“一刀切”，而是具体问题具体分析，看到自己的长处和短处两个方面，做到客观和全面地认识自己、评价自己，而不是陷入苦闷、悲观的封闭循环之中。学会情绪调节的方法，正确对待内在干扰（如自己怨天尤人的声音）和外部干扰（如他人的误解、嘲讽和不公正待

遇）。需要注意的是，合理运用心理防御机制，能够在一定程度上缓解情绪，提高挫折阈限，增强挫折承受力，为个人最终战胜自卑提供一个脚手架。[1]其中积极取向的防御机制，帮助个体面对现实，积极进取，战胜挫折，获得人生的成长。例如，升华、补偿、认同、抵消、幽默等防御机制就具有积极性和建设性。但是消极取向的防御机制，如反向形成、文饰等具有掩饰性，压抑、幻想、否定、退行等具有逃避性，投射等具有攻击性，这些都不利于个体与自卑感对抗。

从心理劣势循序渐进地获得正确的策略，增强心理相容的效度，也就是反向控制。[2]一方面接纳自己，性格和出身没有好坏之分，把性格当成资源，把苦难当成财富。另一方面建立合适的社会比较。将自己的短处与他人的长处比较，或者将自己的实际情况与太高的目标相比较，都是不合适的。需要适当降低目标，或创造适当的条件，根据实际情况转变实现目标的方法。这样能够增强自信，形成良性循环。

建立公正世界的信念。对于偏低的社会阶层来说，公正世界信念是一个重要的窗口。因为相对于更高的阶层，低阶层获得有限资源的可能性更大，如果他们在对未来规划时考虑公正因素，那么个体更容易相信自己有机会通过自身的努力来改变自身处境以及家庭社会经济地位较低的情况。[3]周春燕等人也发现，公正世界信念可以减少不公正事件的消极影响，减少负面情绪，使个体对未来产生信心，提高生活满意度，维护心理健康。[4]

（二）改善亲子关系

许多农村大学生有过留守的经历。尤其是三岁以前，父母的陪伴是他们安全需要、爱与归属的需要的条件，这些需要得不到满足，就会感到失落和

---

〔1〕 张淑红等："团体心理辅导对高校贫困生心理防御机制影响的研究"，载《中国健康心理学杂志》2010年第2期。

〔2〕 俞国良、金光电："自卑与超越：农村籍青年知识分子的成才之路"，载《青年研究》1992年第12期。

〔3〕 Laurin K., Fitzsimons, Gráinne M., Kay A. C., "Social Disadvantage and the Self-Regulatory Function of Justice Beliefs", *Journal of Personality & Social Psychology*, Vol. 100, No. 1, 2011, pp. 149-171.

〔4〕 周春燕、郭永玉："公正世界信念——重建公正的双刃剑"，载《心理科学进展》2013年第1期。

被抛弃，自卑感也随之产生。这里有社会分层流动的客观原因，城市学生也曾留守，但有些学生会将留守归因于阶层的差距。此外，研究发现，农村家庭的父母更倾向于使用放纵型和专制型的教养方式，而城市家庭的父母则更倾向于采取权威型和民主型的教养方式。此外，农村家庭的青少年与父母的亲密关系水平较城市家庭更低，这种差异与城乡家庭社会经济地位差异有很大的关联。[1]如果亲子关系能够得到改善，农村学生的社会支持系统将更为完善，自卑感将会得到缓解。

（三）元认知干预技术

国内学者曾研究通过元认知干预技术有效地对大学生的自卑感进行了干预。[2]这项技术由金洪源团队研发，综合考虑了潜意识理论和行为主义理论的条件反射原理，提出"情感组织者"这一核心概念，加以临床放松技术，使个体在潜意识层面进行有效的自我觉察、监督情绪和调控元认知策略，以消解心理问题。[3]研究者发现，因自卑而表现出的焦虑由多个"刺激—情绪—行为反应"的条件反射系统构成。如个体联想到自己是农村出身（刺激），感到自卑（情绪），于是不敢向别人说自己来自农村（行为反应）。根据行为主义经典条件反射原理，已经习得的条件反射也可以消退。那么，用新的积极的刺激—情绪—反应系统覆盖旧的消极的刺激—情绪—反应系统，被试的自卑感就可以得到替代。同时，每个人的知识储备与思维包含程序性知识和策略性知识，那么通过一定的放松练习，启动替代的程序性知识的运行，就能够影响个体自我认知上的判断，消除自卑。这个方法值得学生工作者借鉴和进一步探索。

---

〔1〕朱安新、曹蕊："当前中国家庭的亲子关系：城乡和阶层差异模式"，载《贵州社会科学》2019年第7期。

〔2〕刘佳："元认知干预技术对大学生自卑感的干预效果研究"，辽宁师范大学2018年硕士学位论文。

〔3〕金洪源、王云峰、魏晓旭："元认知心理干预技术"，载《海峡科技与产业》2013年第3期。

浅谈当代大学生心理弹性特征及其培养方式

学生工作部　魏旭晨

【摘　要】 在社会飞速发展的大背景下，当代大学生面临着更多的困难与压力，同时也表现出具有时代特征的心理特性。随着积极心理学的兴起，心理弹性被证实是保持心理健康的重要保护性因素，影响着大学生的学习与成长。研究显示，“95后”大学生、“00后”大学生的心理弹性水平有下降趋势，需要引起高校教育工作者的重视。本文根据心理弹性的内涵、影响因素以及相关研究，从不同的角度提出提升当代大学生心理弹性水平的教育策略及具体方式。

【关键词】 当代大学生　心理弹性　教育策略

大学生是祖国的希望，是推进社会发展和祖国建设的栋梁之材，更是广受国家、社会、学校、家庭重点关注的特殊群体。随着社会经济文化等多方面的飞速发展，当代大学生面临着较以往大学生更多的困难与压力，学业发展不再是他们唯一追求的目标，个人综合能力的提升、人际关系的处理、升学或就业的决策，以及社会角色的转变等多方面的发展要求也需要大学生不断付诸努力。处于青年阶段早期的大学生，对自我和世界的认识还处于探索阶段，还没有形成稳定的心理状态，在面对诸多压力时，一旦受挫，就容易产生心理困扰，进而影响到大学生的学业与生活，严重时可能产生心理危机，甚至导致校园极端事件的发生。因此，对大学生进行心理健康教育及引导，提升大学生的心理素质显得尤为重要。

随着积极心理学的兴起，心理学不仅仅研究如何让人们从心理困扰中走出来，同时也关注到如何利用科学的方法让人们变得更加幸福，如何提升人们的心理素质，预防心理困扰或疾病的产生。心理弹性是积极心理学研究的重点之一，它指的是个体面对压力和挫折的恢复能力。以往研究均表明，培养大学生的心理弹性，是提升大学生整体心理健康水平的有效方式，能够促进大学生的积极适应能力。当代大学生多为“95 后”和“00 后”，研究显示，当代大学生的心理弹性水平良好，但总体呈下降趋势；“95 后”大学生心理弹性较差；“00 后”大学生具有心理脆弱，抗挫折能力差的心理特征。这些都在提示高校教育工作者，应当对培养并提升大学生心理弹性加以重视。本文旨在通过对心理弹性的研究，为提升当代大学生心理弹性水平提供教育策略及具体建议，提高大学生抗压能力和心理素质，引导大学生努力做到习近平总书记对青年人的寄语“正确对待一时的成败得失，处优而不养尊，受挫而不短志”。

一、心理弹性的内涵

对心理弹性的研究起源于 20 世纪 70 年代。心理学家通过对父母患有精神病的儿童进行追踪研究，发现有些个体同样处于高危高压的挫折环境中，却能够在成年后依然保持心理健康，并且能够在某些领域中获得成功。心理学家认为这些在高压之下依然能够顺利成长与发展的孩子具有较高的抗压能力，同时提出了“心理弹性”这一概念。

不同流派对于心理弹性的定义有所不同，它们分别从过程、结果、特质三种取向，强调了心理弹性的概念。本文认为，心理弹性是一种个体在面临困境或压力时能够快速恢复的能力，是一种积极的心理品质。并且心理弹性是一个发展变化的动态过程，存在着生物学差异，但同时也可以受到后天教育和训练的影响。随着对心理弹性的深入研究，研究对象不再局限于儿童，各年龄阶段的群体均成为研究对象。对于不同群体的研究均表明，心理弹性较高的个体能够更好地抵抗压力与挫折，更快地走出困境，更少出现心理障碍。因此，培养并提升心理弹性有助于个体的心理健康水平，促进个体的积极适应能力。

二、研究当代大学生心理弹性的必要性

随着社会的飞速发展，当代大学生处于一个生活节奏较快、社会压力较大，环境较为复杂，社会竞争较为激烈的时期，大学生由于心理发展还不够成熟，看待问题时而理性时而情绪化，在大学的不同阶段可能会面临着不同

的考验，一旦遇到经济、学业、人际、认知、恋爱、就业、升学等方面的挫折时，调节不当，就有可能产生心理危机。

（一）个人发展方面

在当代大学生个人发展方面，不同年级的大学生面临的主要困难有所不同。对于大一新入校的学生而言，可能会出现适应不良的情况，并且此时的大多数学生还没有足够成熟稳定的适应能力和情绪调节能力，就很容易陷入抑郁焦虑的情绪中，对周围的人与环境产生排斥和抵抗心理。而大二大三的学生更多的面临着学业成绩、人际交往、恋爱关系、社团工作等方面的压力；大四的学生则不可避免地需要面对升学或就业的抉择、职业的选择与规划以及毕业的各项事宜等压力。其中，来自人际关系的压力与学业压力是比较突出的问题。

结合当代大学生的心理特点以及接待个体心理咨询的经验来看，当代大学生面临着较为严重的人际交往压力，时常会听到“我在人际交往方面感到很困扰”“我与宿舍同学无法好好相处”等类似的表述。出生时所具有的气质类型，后天对于人际关系技巧的培养与训练，不同的家庭氛围以及不同的价值观念等多方面的因素造成大学生在处理人际关系时有不同的做法，也会产生不同程度的人际压力。近年来，校园冷暴力、宿舍冷暴力等形式的人际矛盾也频频发生，无疑更增加了当代大学生的人际交往压力和心理负担。

与此同时，学业压力更是大学生普遍面临的问题。除了学习成绩之外，想更换专业或对当前专业不适应同样可能会导致大学生焦虑的情绪，甚至出现厌学现象以及严重的心理困扰。对于当代大学生而言，学业压力不仅仅来自于学习本身，更来自于学习方面的竞争。可以说，当代大学生的学习竞争是非常激烈的，由于在学校中的学习成绩、是否获得过奖学金、是否担任过学生干部、是否有专业的证书等各项标准都可能会对大学生升学或求职有重要的影响，当代大学生不得不面对这些严苛的竞争与挑战。而在竞争的过程中，很容易产生嫉妒、排斥、攀比等情绪，竞争失败或没有达到自己的目标时也更容易产生自我否定的不良心理，可能进而引发更为严重的心理问题。

（二）家庭生活方面

对于当代大学生而言，如何处理和父母之间的矛盾与冲突也是一个重要的问题。大学生有其独特的心理发展特点，处在一个既渴望独立又依赖家庭的特殊时期，面对父母也时而会有叛逆反抗等心理，在家庭中可能会面临着许多矛盾与冲突。他们一方面觉得无法理解父母的某些想法或行为，另一方面又觉得父母无法理解自己的观念，久而久之，就会集中体现在与父母的冲突上，心理状态也可能会从开始的愤怒委屈转变为之后的孤单、无助、落寞。由于当代大学生经历了全球化的进程，思想更为自由独立，与大多数传统背景下成长起来的父母在思想和行为上有更多的差异，家庭生活中的矛盾与压力在当代大学生身上体现得更为明显。

（三）社会探索方面

大学生群体是介于非社会与社会之间的角色，一方面受到社会、学校及家庭的保护，没有固定的经济来源，无法实现自给自足，缺乏社会经验，在沟通方式、理性思考、自我判断等方面还不够成熟，稍显稚气；另一方面大学生又处于积极地探索社会的阶段，平时还会利用课余时间进行社会实习，提升自己工作能力的同时积累求职经验与技巧。在探索社会的这个阶段中，如何平衡学业与社会探索，如何在求职的过程中达到职位要求，如何找到自己理想的职业，这些都需要大学生调整好心理状态进行准确的自我定位。

综合来看，当代大学生面临着来自学业、人际交往、家庭关系、社会探索等多方面的压力，在这种背景下，研究如何培养并提升大学生的心理弹性，提高大学生的抗压能力显得极其必要。

三、提升大学生心理弹性的影响因素

（一）个人因素

人格因素是个人因素中非常重要的一部分。研究表明，气质类型为多血质的个体，心理弹性水平较高。同时，拥有较强的责任感、性格外向、乐观幽默的个体更容易获得较高水平的心理弹性。此外，自信、情绪调节能力强、表达与交流能力强、积极的归因方式与应对方式、良好的认知水平和问题解决能力等特质均有助于形成高水平的心理弹性。还有多项实证研究显示，保持长期体育锻炼的大学生较没有运动习惯的大学生心理弹性水平更高；同样的，担任学生干部的个体心理弹性水平要明显高于非学生干部，这可能是因

为学生干部拥有更丰富的受挫经历，经过多次实践磨炼之后，心理弹性水平得到了提高。另外有大量的研究探索了心理弹性在不同年级、不同性别的大学生群体中的差异，不同研究由于样本差异得出的结果也不尽相同。但总体呈现出，大一和大四学生相较于大二大三的学生心理弹性水平更高，可能是由于大一学生还未遇到过太多困境和挫折，整体心态比较乐观；而大四学生心智相对更加成熟，经历了许多挑战与锻炼，同时也受到了更多心理健康教育与正向干预，形成了水平较高的心理弹性。

（二）家庭因素

家庭总体收入水平、家庭社会地位、父母的职业以及父母受教育程度也对大学生心理弹性的水平有影响。研究显示，安全稳定的家庭环境，父母的关怀与支持态度，亲子之间有效的沟通和安全的依恋，以及父母良好的教养方式都能够有效改善大学生面对困境与挫折时的消极反应。

（三）环境因素

研究证明，大学生获得的社会支持对其心理弹性水平有显著的正向预测作用，他们获得的社会支持越多，就越容易获得高水平的心理弹性。社会支持即意味着个体能够获得的社会资源总和，是个体与环境的互动过程。对于当代大学生而言，社会支持一方面来自于学校环境，另一方面来自于社会大环境。学校整体环境的安全稳定，相应设施的齐全完善，良好的校园氛围，老师的认真负责，同学朋友的温暖支持对于大学生而言，都是良好的社会资源，为其提供了社会支持。另一方面，社会大环境和谐稳定，重视教育、实现教育平等与性别平等的教育氛围，同样为大学生提供了良好的社会支持，都是有利于大学生提升心理弹性水平的保护因素。

四、心理弹性的相关研究

心理弹性作为一种积极的心理品质，对大学生的心理素质和整体心理健康水平都有着积极正向的影响。

张运红等人的实证研究显示，提升大学生的心理弹性水平能够有效地预防大学生心理危机的发生。该结果再一次向高校教育工作者强调了提升大学生心理弹性水平的重要性与必要性。同时，也有研究证明，心理弹性能够对大学生解决情绪与行为问题起到积极的保护作用，提升大学生的心理弹性能够增强大学生在困难与挫折中的积极情绪。更有研究显示，心理弹性水平较高的学生会更少产生自卑心理，具有更高的心理幸福感。此外，也有研究者验证了大学生心理弹性水平对其主观幸福感和整体心理健康水平有直接的预测作用。心理弹性越高的大学生，主观幸福感越强，整体的心理状态越良好。与此同时，多项研究均发现，心理弹性能够显著影响大学生的生活满意度，并且可以缓解生活负性事件给大学生的生活满意度带来的消极影响。研究者还发现，心理弹性能够显著地正向预测大学生的积极应对方式与情绪自我调节效能感，帮助大学生积极地利用有效资源，让大学生相信自己可以成功地调节自身的情绪，从而更加积极地应对困境与挫折。同时，心理弹性的中介作用也被众多研究者所验证。大量的实证研究均表明，心理弹性可以缓解压力、生活负性事件以及心理应激等负性因素对大学生整体心理健康水平的影响。

综合来看，心理弹性不仅可以直接影响大学生的心理素质和整体心理健康水平，同时也可以通过中介作用，缓解负性因素对心理健康水平的消极影响，证实了培养并提升大学生心理弹性水平对于大学生心理健康的积极作用。

五、对培养并提升当代大学生心理弹性的建议

（一）教育策略的建议

培养并提升当代大学生的心理弹性主要从两大方面入手。一方面是从大学生个体的角度入手，另一方面是从大学生周围的环境入手。

就大学生个体而言，可以通过引导认知、制定计划、巩固强化三个方面培养并提升大学生的心理弹性。引导认知主要是引导并帮助大学生构建积极的自我认知及心理认知，使他们能够接纳自我，悦纳自我，建立良好的自我效能感，相信自己有能力面对生活中遇到的挑战。同时通过引导和训练，培养大学生积极乐观的情绪，从而在面临压力与挫折时能够对自己进行恰当的心理调节，增强抗压能力，提升心理弹性。接下来，给予学生适当的引导，让其为自己提出改善的目标并制定相应的可行计划，通过切实的行动来改善所面临的困境，从情感与自我成就等方面感受从困境走出来所获得的积极体验。最后，巩固强化的阶段，就是让大学生把之前引导和训练的结果带入到

日常的生活中，反复体验这个过程，慢慢感受到自己的心理能量，挖掘自身心理潜力，从而实现心理弹性的稳定提升。

从大学生周围的环境角度来说，主要就是多角度多层次地为大学生提供足够的社会支持，通过培养大学生对学校的归属感，对同学朋友的信任感，以及社会大环境提供的支持感，来提升大学生的心理弹性。

总体而言，需要以当代大学生的共性为基础，同时关注个性，采用科学合理的方法对大学生加以引导和教育，加强对于大学生心理弹性的培养与提升。

（二）具体的实施方法

第一，在心理健康教育课程体系中突出强调培养与提升心理弹性的重要性，设计科学有效的教学方案与教学活动，在增强大学生学习兴趣的基础上，根据课程受众的特点，灵活选取有效的教学方式实施教学，最大限度的有效提升大学生心理弹性水平。

第二，采用间接的引导策略，通过提升大学生的认知能力、理性思考能力、问题解决能力、情绪管理与情绪调节能力、自尊自信水平等对心理弹性有正性影响的特质，来间接提升大学生的心理弹性。

第三，结合大学生思想政治教育，开展恰当合理的挫折教育，提高大学的心理承受能力，培养积极向上的心理品质，进而提升心理弹性。值得一提的是，许多高校在进行挫折教育时忽视了个体之间的差异，导致教育效果非常有限。如果具备相应的条件，可以采取因人而异的教育方法，避免挫折太过强烈对学生心理产生不利影响，同时也应避免挫折强度不够，达不到挫折教育的目的。

第四，根据大学生不同年级的心理发展特点与所面临的主要困难，设计有针对性的团体辅导，引导大一的学生做好入学适应，大二大三的学生正确看待学业竞争，学习人际交往的技巧，提升人际交往的能力；帮助大四的学生明确自己的定位，做好关于就业或升学的抉择，做好自己的职业生涯规划。

第五，在关注学生干部的同时，加强对于广大普通学生群体的关注，在恰当的时机为他们提供展现自我和锻炼自己的能力，在挑战与挫折中，让他们提升自己的心理弹性。

第六，积极倡导学生进行持续的体育锻炼。保持每周 3 至 5 次，每次不低于30分钟的体育锻炼，有助于提升心理弹性。

六、结　语

大学生的心理发展特点虽然会让其面临更多的挑战与挫折，但同时也为提升大学生心理弹性水平提供了条件。结合心理弹性的相关研究，应从不同角度培养并提升大学生的心理弹性，从而提升大学生整体心理素质，形成健康稳固的心理防护体系。

参考文献

[1] 张玉妹："新时代大学生的心理弹性特征"，载《心理月刊》2020年第2期。

[2] 范俊强、周广涛："95后大学生心理弹性现状及保护性因素研究"，载《中国卫生产业》2016年第7期。

[3] 任佳丽："'00后'大学生心理特征分析及对策研究"，载《山西财政税务专科学校学报》2019年第4期。

[4] 唐志红："心理弹性视域下大学生心理健康的提升策略"，载《长江丛刊》2018年第2期。

[5] 李想想："浅析大学生心理弹性的发展"，载《新一代：理论版》2019年第24期。

[6] 张运红、潘玲、张红坡："心理弹性在大学生心理危机预防中的作用"，载《中国健康心理学杂志》2016年第6期。

[7] 王琳："心理弹性研究在大学生心理健康中的应用研究"，载《校园心理》2018年第3期。

[8] 吴旻昊等："地方高校大学生生活满意度与心理弹性的关系研究"，载《教育现代化》2019年第84期。

[9] 段旭："大学生体育锻炼、主观锻炼体验与心理弹性的关系研究——以广西师范大学为例"，广西师范大学2018年硕士学位论文。

[10] Yin Wu, Zhi-qin Sang, Xiao-Chi Zhang and Jürgen Margraf, "The Relationship between Resilience and Mental Health in Chinese College Students: A Longitudinal Cross-Lagged Analysis", *Frontiers in Psychology*, Vol. 2020, No. 11.

五、就业创业指导

法学人才培养模式改革实验班 2019 届就业综合分析及对策

法学院　曾　蓉

【摘　要】 就业指标和质量是衡量学生培养的重要指标。本文以法学人才培养模式改革实验班 2019 届就业综合分析为基础，提出问题，总结方法，进一步采取行之有效的措施，以就业带动学生培养，促进法学人才培养模式改革实验班进一步完善和发展 。

【关键词】 法学　实验班　就业

法学人才培养模式改革实验班是 2008 年经教育部批准，在中国政法大学进行实施“六年制本硕连读法学人才培养模式”的教育改革试点。此后，2010 年以“六年制法学人才培养模式”为基准模式的“高级法律职业人才培养体制改革”被确定为国家教育体制改革试点项目。

“六年制法学人才培养模式改革实验班”（以下简称法学实验班）自 2008 年第一届招生，前三年每年招一个班（50 人），从 2011 年起，每年招收四个班（200 人），截至 2019 年已经培养五届毕业生。十多年来，“法学实验班”一直坚持以立德树人、培养德才兼备的卓越法律人才，高级法律职业人才，使其具有扎实的理论基础、突出的实务能力、开阔的国际视野为目标。从课程设置、教学管理、实习实践等各方面进行了相应的调整和改革，在学生培养、就业效果上取得了显著成果。就业指标和质量作为衡量学生培养的重要指标之一，是促进学生培养的动力和风向标。现以 2019 届学生（数据截至 2019 年 9 月）就业综合分析为基础，以就业促培养，并提出问题，总结方法。

一、就业与待业总体情况分析

2019 届法学实验班毕业生总人数 168 人，男生人数为 60 人，女生人数为 108 人。就业人数 123 人（包括 114 人找到工作，5 人出国，3 人读博，1 人参军入伍），未就业人数为 45 人，就业率为 73.21%，如图 1 所示。男生就业率约为 76.7%，女生就业率约为 70.3%（数据截至 2019 年 9 月）。

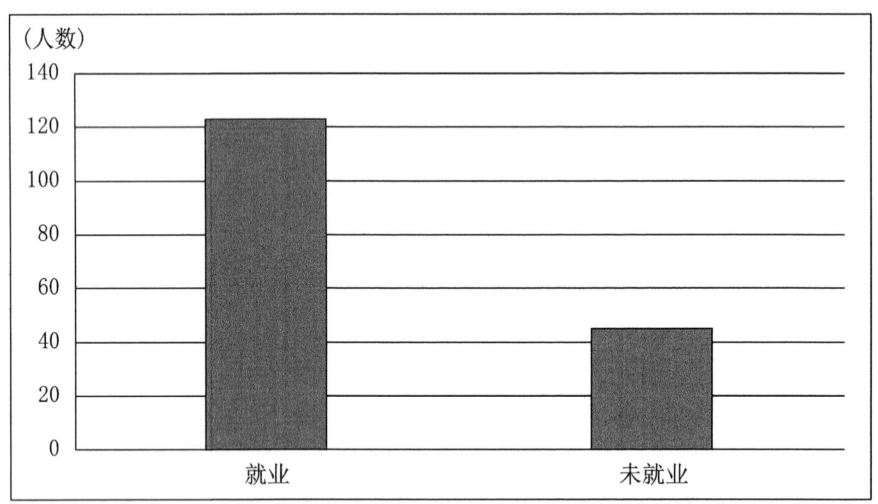

图 1　2019 届法学实验班就业总体情况

二、就业地域去向整体分析

就业省份以北上广居多，总人数中留京人数占比为 35%，其中男生留京占比 36%，女生留京占比 32.4%，男生留京人数略高于女生。留在北京的 60 人中，有 25 人为本地学生，即，非本地学生留京的仅 35 人，占比仅 58.3%。在广东工作的 15 人中，5 人为广东人，非广东本地人 10 人，占比 66.7%。

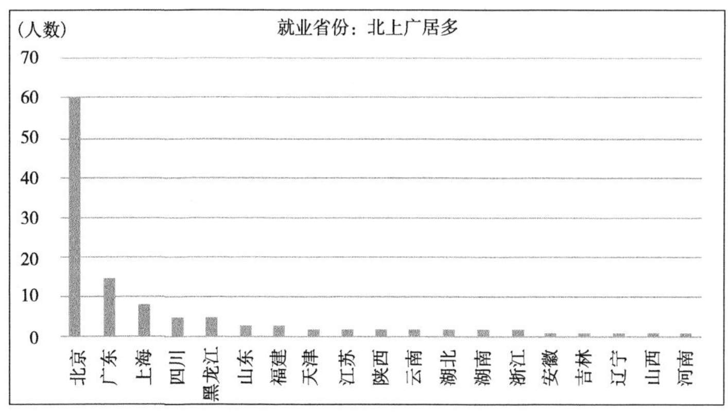

图 2　2019 届法学实验班就业地域分析图

三、就业行业去向分享

（一）公务员机关单位

在 123 位找到工作的毕业生中，有 33 人去了机关单位，占比为 27%，占总人数比例为 19.6%。在这 33 人中，10 人留京，大概是 1/3 的比例。就业部门涉及公检法、纪委、各地区组织部等各类公务员行业。

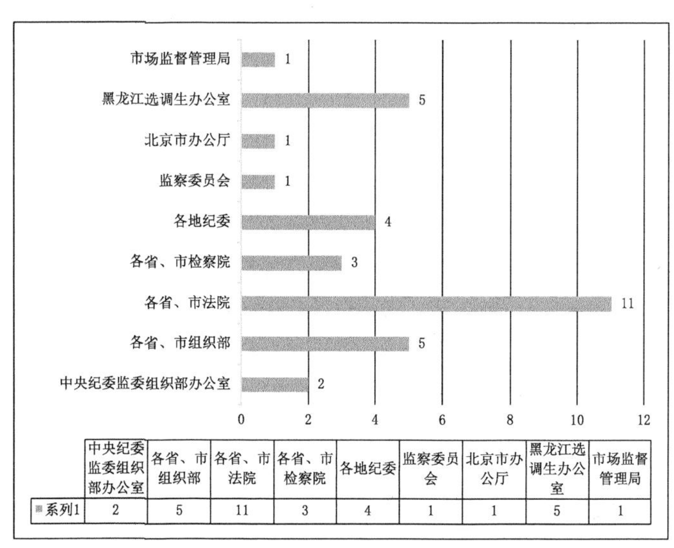

	中央纪委监委组织部办公室	各省、市组织部	各省、市法院	各省、市检察院	各地纪委	监察委员会	北京市办公厅	黑龙江选调生办公室	市场监督管理局
系列1	2	5	11	3	4	1	1	5	1

图 3　2019 届毕业生公务员单位就业分布图

（二）国企事业单位

去国企事业单位的毕业生一共 25 人，占就业人数比例为 20.3%，占总人数比例为 14.9%。具体去向各行各业都有种类极其丰富，分为 13 个行业。留京的一共 13 人，大概是 1/2 的比例。

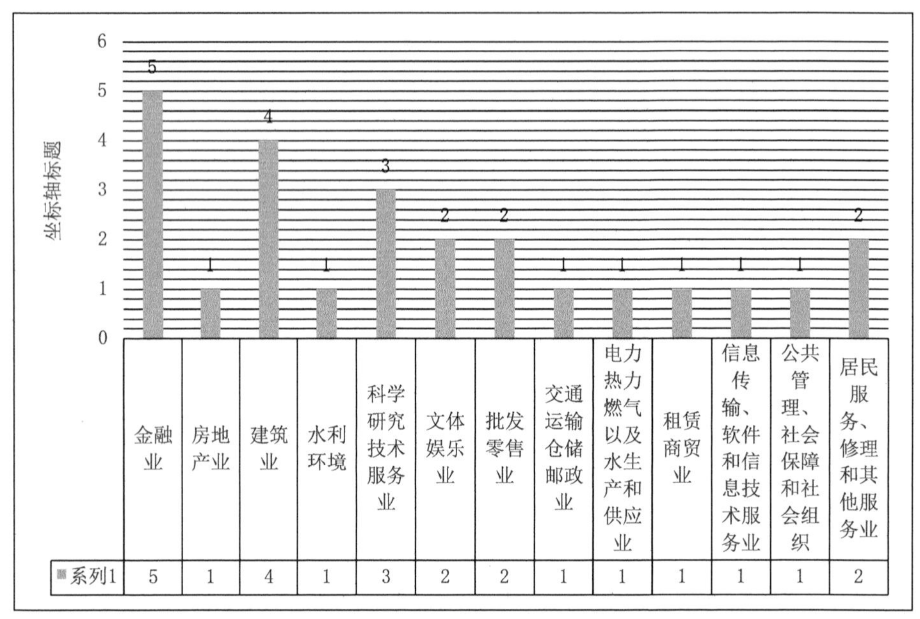

图 4　2019 届毕业生国企事业单位及其他就业行业分布图（非律所）

（三）律所以及其他

（1）律所。一共 47 人去律所，占就业人数比例为 38.2%，是最多的；占总人数比例为 28%。其中党员数为 14 人，约占 1/3。

律师地域分布如下：北上广深律所，共 40 人，达到去律所人数的 85%以上。去北京律所的共 26 人，达到去律所总人数的 50%以上，且皆集中在北京四个中心城区。

（2）其他。国内读博 3 人；出国继续升造 5 人，参军入伍 1 人；其他行业（私有）10 人，主要涉及外资企业、教育咨询业、自主创业等。

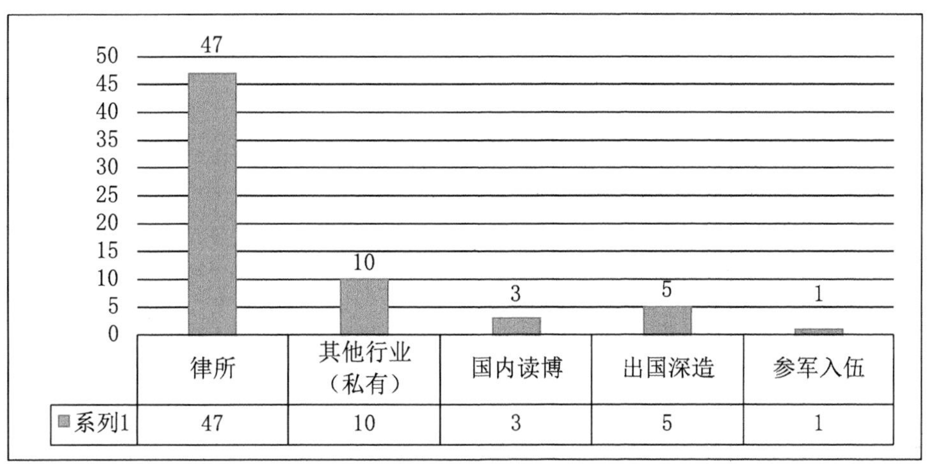

图5　2019届毕业生律师及其他就业分布图

从以上数据分析可以看出，法学实验班整体就业形势良好，以律所、公务员、国企事业单位、学术深造为主要的就业途径，占比约70%。法学实验班就业质量高，实现了培养目标中培养具有扎实的理论基础、突出的实务能力、开阔的国际视野的德才兼备的卓越法律人才，高级法律职业人才的目标。但实际中也出现学生在律所就业过于集中，就业面稍显狭窄的问题。为此，法学院进一步贯彻落实“部署做好高校毕业生就业工作”的国务院常务会议精神，以及中国政法大学关于进一步促进毕业生就业的工作指示，始终坚持就业工作的管理和服务并重，学院就业工作领导小组统筹安排，辅导员具体负责落实，专业教师全员参与，学生会班集体合力参与相互促进，既坚持以往的成功经验和办法，又加大力度进一步采取行之有效的措施，全面推进就业工作稳步、深入地进行。

四、就业对策分析

（一）加强各阶段的职业规划引导，提升学生综合能力和素质

立足于大学生职业生涯发展的全过程，从学生对职业规划的实际需求出发，根据各年级的不同特点，依托学生会、班团、党支部等各类学生组织，开展涉及职业生涯发展各方面的职业生涯规划大赛、职业生涯人物访谈与交流、走进职场等系列活动。大一、大二阶段通过各类学生实践活动和专业学

习帮助学生认识和探索自我，提升技能；大三、大四突出实习和就业技能的培养，引导学生探索职场和外部世界；在知己知彼的基础上确立目标，有针对性地提升学生综合能力和素质。

（二）加强就业实习指导，提供多类别的实习机会

为法学实验班同学预留一学期的实习实践时间，让学生充分体验法学专业的各类实践工作，使教学与实践紧密结合；实践场所既有校内的法律诊所，又有校外的合作实习基地，学校把学生分别安排在公、检、法和律所两大类实习基地。律所实习安排模拟实际工作招聘，学生需从简历制作、投递、面试开始走入职场，入职后严格按照律所管理要求工作。律所保证学生的实习质量，且实习全过程由辅导员和法学院实践教学室的老师指导把控，确保了实习效果不打折扣。

（三）积极引导，转变就业观念，引导学生全面就业、到西部和基层就业

积极引导学生全面解放就业观念。行行出状元，各行各业、全国各地都有法学专业的用武之地，就业应不局限某一行业，不设限于某一区域。学校应鼓励毕业生全领域求职，在求职经历中不断完善简历，磨炼求职能力和坚强意志，在求职中找到差距和问题，发现自我，不断改善，最终实现精准就业。积极开展西部和基层工作就业工作宣讲和引导，为毕业生多渠道就业扩思路、谋出路。

（四）加强就业心理辅导，缓解就业焦虑和紧张

大多数毕业生都是初次就业，就业压力在所难免。由于即将到来的关系人生发展的第一次就业具有不确定性，不少同学会出现焦虑和紧张情绪，担心毕业就是失业或待业的同学也有一定比例。对此首先要从心理层面承认面对重新开始新起点的选择，压力和挑战是每一个人都会经历的，这是成长的必经之路。既然是所有人都要经历的，那就让自己学习如何更好地应对、成长。然后根据面临的具体问题和困难，如简历制作、考试面试、就业观念等问题，逐一解决。确有难以解决的就业心理焦虑可以找专业老师疏导，学会带着紧张继续就业，两手抓，不放弃，就业的解决最终会治愈焦虑。

（五）加强就业信息化和网络建设

充分利用网络平台，请求用人单位和校友帮助提供各类就业信息。与用

人单位洽谈网上云招聘，线上线下齐动员，由法学院毕业生工作办公室负责“法学院毕业生就业信息网”的设计、制作并维护。毕业生可以在法学院主页点击访问。网页开设“企业招聘推荐信息”“考研动态”“公务员招录推荐信息”“就业经验交流”“一起走过的日子”等版块。内容丰富、信息量大，为毕业生就业提供信息共享、经验交流和加油互动的畅通平台。

（六）开展形式多样的就业指导活动，提升就业技能

为了强化毕业生的就业技巧，法学院组织辅导员和专业课老师任主考，在学生当中开展以宿舍为单位的模拟面试和简历诊所等活动。模拟面试中同学既是面试者又是考官，从不同视角体验面试全过程。面试者在自己面试结束后，成为考官，面试其他同学并认真记录其表现。面试结束后，参与者之间相互点评。全过程用DV录像，并通过录像回放，让学生自觉发现其仪表姿态、思维逻辑、言行谈吐等方面的问题，从而使学生面试能力得到锻炼和提高。在简历诊所中，教师指导学生相互修改简历，鼓励他们提出问题，不断精进。

（七）辅导员深入学生，进行以点带面的个性化就业指导

就业指导是学生就业工作的重要环节。法学院高度重视对学生就业的个性化辅导，要求毕业班辅导员经常深入学生宿舍，对找工作动力不足、目标不明确、就业观念滞后的同学，进行一对一的个性化指导；并以点带面，为学生分析当前就业形势与发展前景。积极引导学生到国家最需要的地方、到西部基层施展才华，树立全方位、多渠道的新就业观和先就业后择业的观念。并通过介绍优秀成功案例，指导学生制作简历、搜集信息和笔面试经验，全面提高学生就业的实战能力。

（八）对贫困生就业进行重点帮扶

在激烈的就业过程中，困难较大的是社会交往面窄且经济实力弱的贫困生就业问题。对此，法学院对贫困大学生进行重点帮扶。一方面，密切关注贫困生就业的实际困难，对符合条件的贫困生实施奖、助、补的资助。另一方面，辅导员在了解贫困生学习生活的基础上，建立贫困生就业档案，有的放矢地进行重点帮扶。同时，还把工作重点放在对困难毕业生的心理辅导上，帮助他们调整就业心理，提高就业能力，特别是加强对贫困毕业生的人文关

怀，帮助实现贫困生的可持续发展。

（九）建立就业工作的全员参与制度

为充分利用院内信息资源，鼓励教师利用广泛的社会关系和社会影响及校友资源，开拓就业人脉资源，积极投入学生就业的帮扶工作；法学院在《中国政法大学法学院教师考核奖励办法》中，将就业指导工作量化、规范化，对就业值班、就业培训、就业指导中作出成绩的专业教师计算工作量，给予相应的物质奖励，营造就业工作全员参与的良好氛围。

法学实验班的就业工作在法学院和学校高度重视下，取得了积极的效果，学生培养呈现良好态势，未来必将继续坚持优良传统，不断探索新的办法和举措，以就业带动学生培养，促进法学人才培养模式改革实验班进一步完善和发展。

关于疫情期间做好研究生就业工作的几点思考

——以法学院2020届法学研究生毕业生为例

法学院　郭　虹

【摘　要】 受新冠肺炎疫情影响，法学院2020届研究生毕业生就业形势总体上更加复杂严峻。基于2019届法学院研究生就业数据及法学院研工办对学院2020届毕业生的调查问卷数据，以就业为切入点，对法学院研究生就业选择特点进行分析，以发现疫情之下法学院研究生毕业生在就业过程中面临的问题，并分析问题产生的原因，提出有效可行的对策和建议。

【关键词】 疫情　法学院　研究生　就业

在遭遇新冠肺炎疫情的背景下，2020届毕业生面临的就业形势不容乐观。严谨细致扎实地做好学院2020届研究生的就业工作，向国家和社会输送高素质合格法律人才，对全面建成小康社会和实现“十三五”规划的宏伟目标具有重要意义。本文以中国政法大学法学院2019届和2020届普通硕博研究生（非法学实验班）毕业生为研究对象，针对新冠肺炎疫情期间研究生就业过程中面临的困难与问题，提出有效的解决途径，以促进2020届研究生毕业生顺利就业。

一、法学院研究生就业选择特点

法学院研究生专业基础知识扎实，社会实践能力强，具有较高的综合素质和较强的科研和司法实务能力。研究生毕业生90%以上通过了国家司法考试，在知识的深度、广度以及法律运用方面优势明显。[1]无论是报考法检系

---

〔1〕 廖伟智：“研究生与本科学生就业意向差异与启示——以法学专业为例”，载《佳木斯职业学院学报》2017年第4期。

统公务员还是从事公司法务工作、律所律师业务，都具有相当强的竞争力。法学院研究生毕业生在就业选择方面有如下特点。

（一）就业地域选择较集中，北京仍是大多数同学的就业目标城市

以法学院 2019 届研究生毕业生就业为例。2019 届毕业生 163 人，其中包括法学硕士 98 人、法本法硕 33 人、法学博士 32 人。依托中国政法大学就业中心 2019 届毕业生就业系统数据，经统计分析发现，法学院 2019 届研究生毕业生整体留京工作比例达 55.2%，其中博士留京比例为 68.8%，法学硕士留京比例为 56.1%，法本法硕留京比例为 42.4%，如图 1 所示。

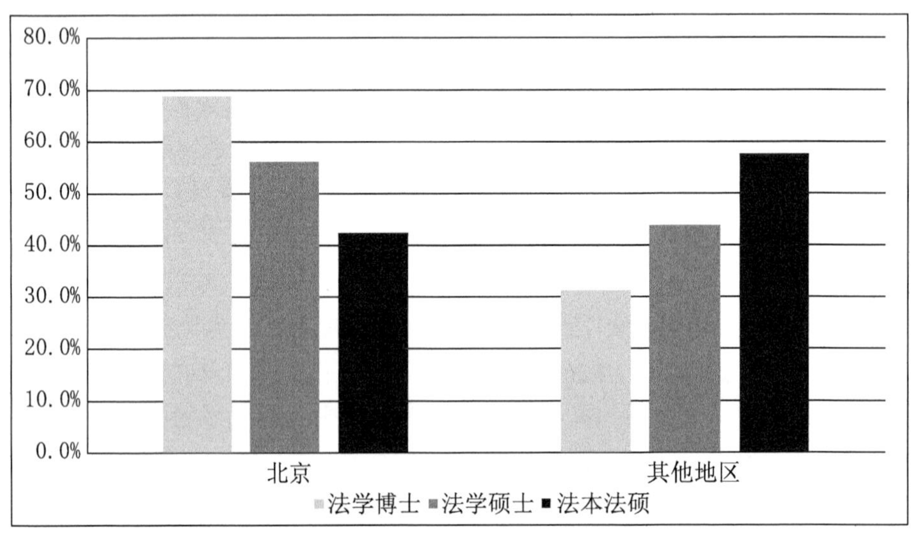

图 1　2019 届法学院研究生毕业生在京就业情况统计

法学院 2020 届研究生就业调查问卷统计数据显示，178 名同学中有 46% 的人将北京作为首要就业目标城市，远高于排名第二的上海（9%）和并列第三的天津和深圳（6%），如图 2 所示。受新冠肺炎疫情的影响，调研中很多毕业生表示，考虑到 2020 年就业形势严峻以及留京指标少，已经将第一就业目标城市选择意向做了调整。即便如此，将北京作为首选就业目标城市的人数仍然占到了 2020 届毕业生总数的近五成，较 2019 届实际留京比例有所下降。

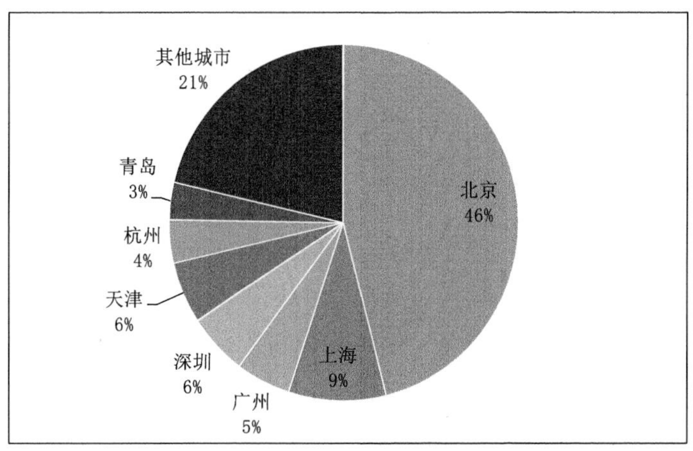

图 2　法学院 2020 届研究生就业目标城市意向选择

（二）就业单位选择方面，毕业生更注重专业性与工作稳定性

在求职选择过程中，法学院研究生对于自身的职业定位较清晰，毕业生会考虑工作与专业的匹配度，倾向于选择与法学专业相关的工作岗位。法学院 2019 届研究生毕业生就业去向与专业的匹配度高达 70%以上，多集中于政府机构公务员岗、高校和科研院所法律教学与研究岗、国企法务岗以及北上深广等一线城市知名律所和事业单位与法学相关管理岗，如图 3 所示。

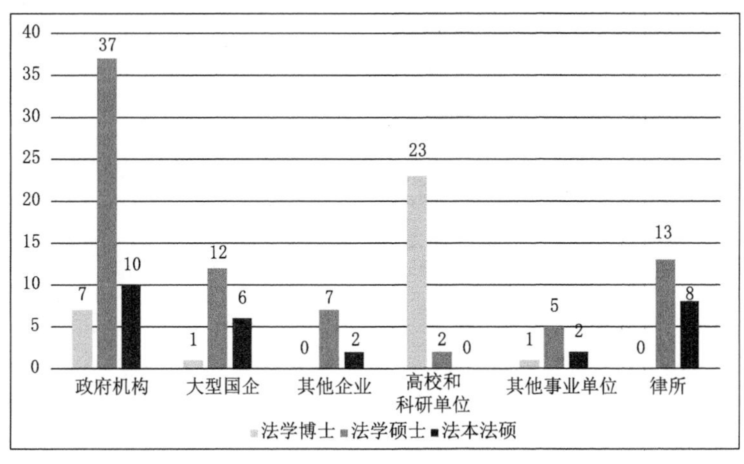

图 3　法学院 2019 届研究生毕业生就业去向统计

注重专业性的同时，影响研究生求职选择的主要因素还包括职业发展前景和工资福利待遇，[1]毕业生更倾向于选择更具稳定性且福利待遇有保障的工作。政府机关、大型国企、高校以及知名律所因专业性与稳定性兼而有之，受到毕业生青睐。

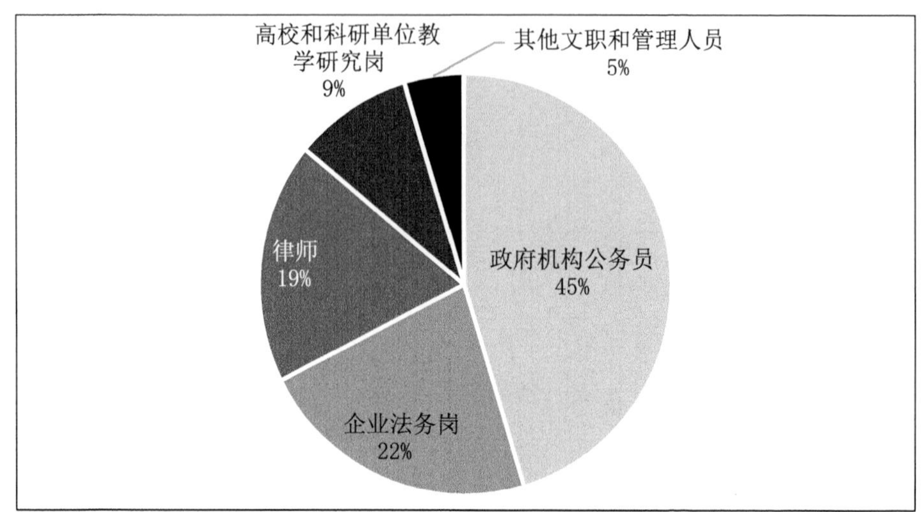

图 4　法学院 2020 届研究生毕业生就业意向调查

法学院 2020 届研究生毕业生就业意向调查结果显示，在毕业之后选择就业的同学中，考取政府机构公务员仍是首选，企业法务岗和律师岗选择分别占到 22%和 19%，如图 4 所示。和 2019 届毕业生实际就业去向比较，2020 届毕业生选择去企业的比例略有提高，去律所的则有所下降。但和上届保持一致的是毕业生的就业选择仍集中在和法学专业相关度很高的行业和岗位，就业选择兼顾注重专业性和稳定性。

（三）博士毕业生就业单位选择较单一，高校和科研单位是首选

统计数据显示，法学院 2019 届博士毕业生共 32 人，去高校和科研单位的有 23 人，公务员 7 人，大型国企和其他事业单位就业博士各一人，无人选择去其他企业和律所工作，选择高校和科研单位就业的占博士就业人数的

---

〔1〕 罗蕊、祁文婧、王雪："全日制硕士研究生就业心理现状调研分析及优化策略——以北京农学院为例"，载《教育现代化》2019 年第 73 期。

71.9%。2020届博士毕业生近90%选择在毕业之后去高校和科研单位从事教学和研究工作。通过两项分析可以看出，法学院博士就业意向中，高校和科研单位是首选，博士生就业去向整体上比较集中。[1]

二、疫情期间，学院研究生就业工作所面临的突出困难和问题

（一）毕业生论文压力突出，毕业才能就业

研究生毕业压力相当大部分来自于学位论文的写作。通过学位论文答辩，顺利毕业才是就业的前提和基础。但对于2020届毕业生而言，受疫情影响，毕业生的学位论文写作遇到不少问题。根据学院“2020届毕业生学位论文问题统计”调查反馈数据显示，影响论文写作占比最高、最突出的问题是“图书资料缺乏”。研究生学位论文写作，需要搜集查阅大量资料，图书资料缺乏往往令论文写作难以开展。很多同学寒假回家没有携带论文相关书籍和材料，突发疫情后不能及时返校，查阅图书资料面临现实困难。有寒假留校的法律史专业博士在调查中反馈“论文写作过程需要查阅原版古籍，电子图书资源远不能满足论文写作要求”“疫情期间图书馆停止开放，即使在校也无法查阅有关图书资料”，这对毕业生同学造成很大困扰，影响了学位论文的写作。

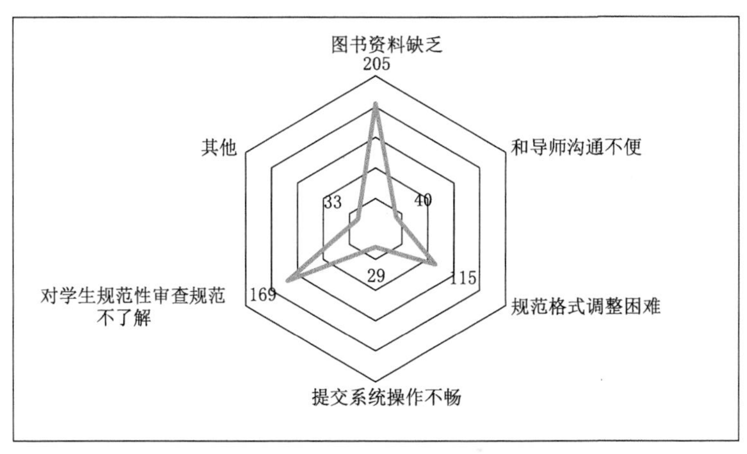

图5　法学院2020届毕业生学位论文存在问题情况统计

---

〔1〕许益、凌健：“硕士研究生就业现状及对策分析——基于42所教育部直属高校年度就业质量报告分析”，载《高教论坛》2019年第9期。

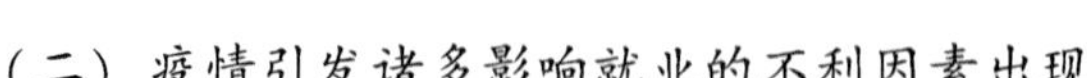

（二）疫情引发诸多影响就业的不利因素出现

2019年12月中央经济工作会议指出，“稳就业”是“六稳工作之首”。受疫情冲击影响，各地经济发展形势严峻，影响到各单位对高校毕业生的接纳。首先，突发的疫情导致了单位用人需求下降，线下招聘活动终止，毕业生实习中断、求职受阻，各类招聘延迟。中央机关、北京市及地方公务员招考工作均推延滞后，对有“政府机构公务员岗”选择意向的同学就业影响尤其突出。其次，疫情影响学生的出国读博和升学计划。对于有出国读博计划的同学，疫情全球暴发的局面让他们的计划只能被迫搁浅。再次，其他行业的求职招聘推荐也因疫情影响变得格外困难和繁琐，以往的书面盖章推荐的形式实施起来难度很大，毕业生和用人单位的签约进度也受到影响。

（三）毕业生心理压力剧增

2020届毕业生调查统计数据显示，疫情期间46.5%的学生有轻度情绪困扰和焦虑，6.3%的学生明显感到焦虑。研究生承受了学业、论文、实习和就业的多重压力，疫情额外增加了他们的心理负担，这些都是导致研究生焦虑的主要原因。[1]很多同学在得知原定开学日期不得返校，且不知何时能够返校的信息后，表示对于完成毕业论文和求职就业感到有压力。疫情对湖北籍研究生的心理影响尤为显著。笔者作为辅导员在疫情期间与2020届湖北籍学生通过微信和电话交流发现，湖北籍学生表现出的焦虑感更强。有个别身在武汉的同学表述自己的感受：“生活都被疫情影响和包围”“每天最重要的事情是测体温、打卡和抢菜”。面临毕业和就业的双重压力，毕业生需要努力调整好心态来面对。

（四）学生尚未适应“云招聘”这种新型网络招聘形式

特殊情况之下，很多毕业生一开始还不能迅速适应“云招聘”——这种疫情期间产生的新的网络招聘形式。2020届毕业生调查问卷中“是否开始投简历并找工作”这一问卷的反馈数据显示，88.6%的学生已经开始找工作；“是否参加过校园网络招聘会”这一问卷的反馈数据显示，未参加的同学占到70.36%，如图6所示。当问及“是否能够适应云招聘这种形式”时，有26%

---

〔1〕 高婷等：“研究生心理压力成因及其应对策略”，载《宁波教育学院学报》2019年第1期。

的同学选择是不太适应，也有超过40%的同学反馈对“云招聘”这种方式“不清楚”，不知道是否能适应。

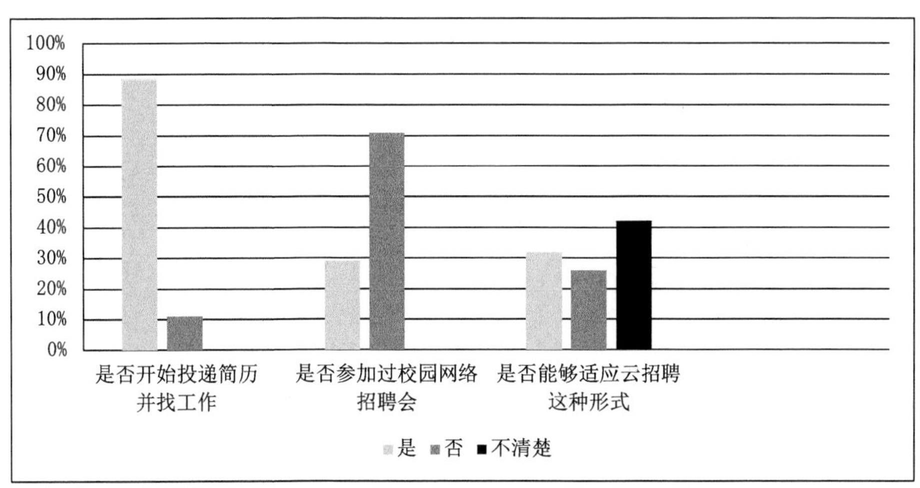

图6　法学院2020届研究生毕业生求职情况统计

三、疫情期间如何做好学院毕业生就业工作

（一）提高政治站位，做到疫情防控与就业工作两不误

新冠肺炎疫情突发，对2020届毕业生就业求职带来了严峻挑战。为积极贯彻落实习近平总书记关于打赢疫情防控阻击战重要指示精神，最大限度降低疫情对就业工作的的影响，助推2020届毕业生实现更加充分、更高质量就业，法学院的学院领导、毕业班辅导员均从讲政治的高度，重视疫情防控和就业工作，积极应对、精准施策，全力为法学院2020届毕业生求职就业保驾护航。“2020届北京高校毕业生就业工作推进电视电话会”提到，要“进一步拓展就业渠道”“用好特殊时期就业政策”。学院毕业班辅导员老师在不利因素中找到有利因素，加强政策宣讲，努力做好疫情期间学生的心理关怀和就业指导与服务，做到疫情防控与就业工作两不误。

（二）改变工作思路与方法，开启“云端”就业模式

突如其来的疫情影响了正常的经济社会运行秩序，高校毕业生的各种招

聘活动也随之受到了影响。为了克服疫情对毕业生求职择业的不利影响，法学院及时改变工作思路、调整工作方法，将就业工作的阵地从线下转到线上，开启“云端”就业模式，确保就业工作稳定开展。

（1）系统化策划和开展“云端”促就业系列活动。学院认真研判、精心策划部署，以网络为媒介，以“云端”为平台，系统性开展了多项工作，保障了疫情期间学院就业工作的顺利推进。首先，学院毕业班辅导员以网络问卷调查、电话、微信等多种方式和学生联系交流，及时充分了解毕业生在疫情期间求职招聘中遇到的困难和问题。其次，学院研工办专门召开视频会议，研讨疫情期间如何促进研究生就业与学位论文工作。学院分别召开了由全体毕业生参加的“2020届毕业生就业工作视频会”和“2020届毕业生毕业论文指导视频会”。法学院策划举办的“云端”促就业系列活动，将学院开展就业工作的阵地从线下转移到线上，及时高效地缓解了毕业生就业求职的焦虑情绪，让毕业生吃下“定心丸”，树立了疫情期间理性、积极、科学找工作的自信心。

（2）增强“云端”促就业工作的主动性。学院还大力开拓就业渠道，主动与毕业生用人单位联系，通过网络平台推荐和发布毕业生求职信息，与用人单位联合举办网络招聘宣讲活动，推荐毕业生参加用人单位网络面试。首先，学院面向校友和社会各界发出了《法学院2020届毕业生公开推荐信》，推荐信发出后得到了法学院师生、校友的热切响应，不到半天时间阅读量已经过万，发布当天就收到五十余家用人单位的招聘信息。其次，学院通过法制网发布优秀毕业生推荐信，吸引用人单位主动联系毕业生为其提供就业机会。再次，学院与天津市律师协会联合举办了律师行业专场“云招聘”活动，共有40多家律所通过云招聘投放了招聘信息。

（3）提升云端就业工作的“简”“捷”。为了加强网上就业服务，让学生更简便快捷地了解疫情期间就业政策、掌握就业相关技能，学院向毕业生积极推荐学校就业中心的各种资源，例如，每日就业信息发布、法大就业云讲堂、毕业生网络双选会等。同时学院也专门成立了由院党委书记、研工办主任、各毕业班辅导员和学生骨干组成的“就业信息整理发布平台”，专门接收、整理和分类推送来自校友和用人单位的招聘信息，让学生能更快“捷”地接收更多有效的就业信息。针对疫情期间就业相关手续办理不便的问题，学院尽可能地对就业手续“简办”，配合使用学校就业中心的网上就业推荐审批等线上就业服务；需要多部门盖章的由辅导员统一入校办理，如必须提供书面材料，学院提供就业材料邮寄服务。总之，让毕业生一个电话、一条微信就能解决就业手续的办理难题，不让疫情期间因无法办理就业手续而影响毕业生的求职就业。

（三）做好学生心理关怀和权益保障，就业工作务求“精细化”

新冠肺炎疫情对2020届毕业生的就业产生了严重影响，毕业生面临巨大压力与困难。在学校和学院的领导和支持下，辅导员密切关心每一位毕业生的心理健康和就业问题，加强对毕业生的个性化指导，尽最大努力解决学生就业中遇到的困难，为毕业生提供可靠保障和有力支持。

（1）细化就业摸底工作，实施就业分类指导。首先，学院借助学校智慧法大系统就业平台搜集整理毕业生就业意向，学院也采用网络问卷调查方式了解毕业生就业进展的状况以及在就业求职过程中遇到的问题与困难，在详细的就业摸底工作的基础上为2020届毕业生建立精准的就业台账。其次，依据精准就业台账，按学生就业意向的不同类别，分别对报考政府部门公务员、去律所工作、去企业工作等不同就业意向选择类型进行分类，提供有针对性的就业指导和建议。再次，针对毕业生在求职就业中提出的问题逐一进行微信或电话解答。在摸底建立台账的过程中，对于就业意向尚不明确的毕业生，辅导员通过微信、电话逐一了解情况，鼓励毕业生找准职业定位，合理调整预期，尽快明确就业意向。

（2）对就业困难群体，进行“一对一”精准帮扶。突如其来的疫情令毕业生中的就业困难群体，在就业求职中承受着较普通同学更多的压力与困难。学院针对湖北籍学生、心理问题学生、贫困学生、少数民族学生等就业困难群体开展“一对一”精准帮扶，全方位关心与指导就业困难毕业生求职就业，做到“一生一策”。[1]

毕业班辅导员第一时间与湖北籍学生一一联系，及时了解湖北籍学生在毕业实习、论文、就业中遇到的各类问题，对他们的就业进行全程跟踪指导。从就业心理压力疏导、就业简历制作、向用人单位重点推荐、网络面试准备

〔1〕 2016年《教育部办公厅关于开展全国普通高校毕业生精准就业服务工作的通知》指出：要重点关心家庭困难毕业生、少数民族毕业生、农村生源毕业生、残疾毕业生等各类就业困难群体，实行“一生一策”动态管理，通过开展个性化辅导、精准岗位信息推送，做到精准帮扶，帮助他们尽快实现就业创业。

等各个环节，帮助湖北籍学生切实解决疫情期间求职就业的困难。同时，学院为各类就业困难群体组建了微信群，辅导员会在微信群中及时与学生联系，推荐学生参加学校就业指导、培训活动与网络双选会等，并针对学生遇到问题提供精心指导，暖心服务。

（3）加强疫情期间对毕业生的正向心理引导。学院重视疫情期间毕业生在就业过程中出现的各种心理问题并及时进行疏导。首先，加强正面宣传、防止因疫情引起的负面情绪蔓延。2020 年春节之前学院就通过法学院学生会、法学院研工办等微信平台陆续发布了“共同战‘疫’”“爱心守望、以书传情，向所有逆行者致敬!”“致法学院全体研究生同学及 2020 级考生的一封信”等多篇传递正能量的推文。其次，积极引导毕业生自我调整，尽快适应疫情期间求职和学业的新形势。学院召开 2020 届研究生就业和学位论文指导会，对毕业生在求职和毕业论文写作过程中的困难与问题给予了指导性建议，及时地缓解了毕业生因疫情影响而产生的焦虑情绪。再次，毕业班辅导员努力做好毕业生心理关怀和权益保障，疫情发生后，辅导员第一时间和学生取得联系，每天提醒学生打卡上报健康情况，关心他们的学习生活及身心健康状况，为他们在疫情下顺利完成学业、就业求职保驾护航。

四、小　结

疫情让我们发现工作中存在的问题与不足，我们能及时进行反思与总结 。笔者的主要体会有以下三个方面：做好重大突发事件中学生管理工作预案；注重利用学校各个大数据平台对学生信息进行搜集、整理和完善；建立和完善对延期毕业学生的管理和约束机制。这场“战疫”还在持续，就业工作的压力和因疫情而引发的其他问题与困难也向我们提出了新的挑战，而我们需要勠力同心，携手克服困难，化危为机。

就业工作贯穿人才培养全过程

——以法学专业本科生为例

民商经济法学院　苑　阳

【摘　要】 就业是最大的民生，当今的就业形势对大学毕业生来说是一种考验。近年来法学专业就业率较低，为法学专业学生带来很大困惑和考验，因此需要通过改进就业指导工作来提升学生的就业意识和就业能力，从而使学生顺利就业。本文主要阐述法学专业本科生就业困难的原因，分析就业指导难点，尝试为就业指导工作贯穿人才培养全过程提供建议。

【关键词】 大学生就业　法学专业　就业工作　人才培养

高等教育从精英化到大众化过渡后，就业问题日益凸显，也成为大众热议的话题。近年来法学专业成为就业率最低的十大专业之一，法学专业学生的就业问题引发了关注。在以往的就业指导过程中我们也发现诸多问题，如就业指导缺乏长期性，主要集中在毕业年级；就业指导缺乏科学体系，内容缺乏实用性；就业指导队伍缺乏专业性等。因此，就业工作不应该是毕业前的阶段性工作，而是从新生入学伊始就贯穿人才培养的全过程，在各个阶级培养学生的学习能力、就业意识、实践能力、就业和创新能力。同时，要做到全员育人，除就业指导中心等相关就业部门和辅导员外，人才培养的其他各部门也应相互协调，完成就业工作。同时要在就业工作中做到全方位育人，培养学生的专业能力和综合素质。

一、法学生就业困难原因分析

（一）社会因素

近年来，法学专业的招生与就业比例严重失衡。一方面，大部分高校设立法学专业，法学专业招生规模不断扩大，学生数量增加。另一方面，法学专业本科生本就面临的就业困难日益严重，行业需求的增长速度远不及就业需求的增长速度，导致招生与就业比例失衡，成为学生就业难的主要原因。[1]

此外，随着就业群体规模扩大和整体水平提高，各类工作群体如公务员、律师、法务等对法学专业学生招录条件越发严格。在国家公务员和地方公务员、司法部门的报考要求中，大都列出“研究生学历并通过司法考试”“报考者必须具有一年或者两年以上的基层工作经验”这些条件。部分律所、企业要求毕业生“具有一定时间的实习经历”，也将大部分本科生拒之门外，这样的报考条件和限制使得很多法学本科毕业生无法跨过就业招录门槛，失去相关就业机会。

（二）学生个人因素

1. 就业观错误

大部分的法学专业毕业生在选择就业方向时，要么一心选择一个方向，眼光局限，不作变通，要么方向模糊，没有明确的目标。此外，家长对学生就业期望值也影响了学生本人的就业观念，过分强调升学的重要性、工作的稳定性、工作地域选择、专业对口等问题，忽视了学生自身的兴趣、能力素质等，对毕业生就业选择造成了负面影响。

2. 自我认识偏差

部分毕业生对自身认识不足，不能理性分析就业形势，对于就业的期望值过高，只关注符合其期待的高要求岗位。同时不懂得发挥自身长处进行择业，人云亦云，盲目跟从。面对要求更加严格，竞争更为激烈的岗位，又缺乏相应的知识储备和综合素质。导致这些毕业生与合适的就业机会和岗位擦肩而过。

3. 综合素质欠缺

更严格的招录条件限制对应着毕业生更高水平的综合素质。目前，许多法学专业的学生主要聚焦专业知识的学习，不能触类旁通，阅读积累少，没有通过积极参与实习实践、参与学生工作、考取证书等方式来提高自身综合

[1] 蒋莉：“法学专业本科学生就业指导难点破解”，载《才智》2012年第24期。

素质的意识，忙着应对课程学习和专业考试。在外语水平、计算机水平、其他领域专业知识水平等方面有所欠缺，甚至在法学专业知识方面也做不到融会贯通。因此，在严酷的就业环境中缺乏竞争力。

（三）就业指导因素

首先，学校进行毕业指导的时间仅仅局限在毕业学年，仅仅针对毕业生进行。而行之有效的就业指导应当贯穿大学生活全程。其次，学校就业指导体系不完善。学校现有的就业指导体系是短期性的，以选修课、讲座和经验分享为主，但这类指导通常以讲授方式为主，学生参与度低，缺乏实习实践，与实际就业相脱节。再次，就业指导师资力量有限，以毕业年级辅导员和就业指导中心教师为主，但辅导员在就业指导方面专业性不强，对专业领域或资源不熟悉，无法及时更新就业指导的相关政策信息，难以做到有针对性、有效地指导学生就业。

二、就业指导重难点

在法学本科生普遍面临就业困难的大环境下，法学生的就业指导也急需解决下述问题，以突破就业困境。

（一）如何转变学生就业意识，进行正确自我定位

学生自身和学生家长的就业观在学生进行就业选择的过程中起到非常重要的作用。[1]学生对自身定位不准确，学生家长对法学专业的就业前景有着过高估计，都会使学生在就业选择的过程中忽视对于其他重要因素的考量，径直选择自己认可的单一行业和岗位。因此，如何培养学生和学生家长树立正确的就业观成为就业指导需要解决的首要问题和重要问题。

学生对于自身的认识和定位在很大程度上影响了其对于岗位的选择。如何引导学生进行更全面的自我定位，根据成绩、语言掌握情况、实习实践经历等明确自己的能力、兴趣、特长、优劣势等，并据此选择更加匹配的行业和岗位，也是就业指导急需解决的问题之一。

---

〔1〕 王丽萍：“浅析新形势下大学生就业力的提升”，载《教书育人（高教论坛）》2012 年第 9 期。

（二）如何帮助学生提升综合素质，提高就业竞争力

学生的综合素质是学生在就业竞争中的核心竞争力之一。面对要求越来越高、越来越全面的就业市场，除了专业知识之外，外语水平、计算机应用能力、语言表达能力、写作能力、沟通协调能力、其他领域的专业知识等都成为判断学生是否具有竞争力的重要因素。如何在有限的时间内帮助学生提高就业所需的综合素质是就业指导值得探讨的问题。

（三）如何提高就业指导教师专业化水平，提升就业指导水平

目前就业指导工作主要由辅导员承担，学校虽然会对毕业年级辅导员进行培训或让其参加职业指导师资格考试，但无法真正解决辅导员“非专业”的状态。辅导员对专业领域的掌握、求职技巧解析、个性化求职就业分析、就业心理辅导等仍停留在经验层面，对于日趋严峻的就业形势，很难对学生进行有针对性的就业指导。因此，提升辅导员等就业指导教师的专业水平及优化就业指导教师人员队伍和配置是急需解决的问题。

三、全员、全过程、全方位参与就业指导工作

综合分析目前学生就业指导中的问题、影响因素等，想要使法学生的就业和针对法学生的就业指导突破困境，关键就在于建设全面而良好的就业指导体系，使就业指导在学生的培养过程中贯穿始终。

（一）动员各方面力量，形成全员参与就业的良好氛围

1. 丰富就业指导形式、内容，让学生主动参与其中

首先，要培养学生就业意识、提高就业积极性。大部分学生在进入毕业年级前没有充分树立就业意识，在接受就业指导的过程中缺乏积极性和主动性。当遇到实际就业问题再求助时，就业指导很难发挥作用。因此，在就业指导过程中，应当充分发挥就业指导的长期性，将培养学生的就业意识、提高就业积极性贯穿始终。让就业工作始终出现在学生的学习生活中，并不断提高学生的就业意识。

其次，要加强就业指导的实用性。传统授课方式无法真正运用到就业指导中。因此，要拓展就业指导的形式，开展能够使学生着手实践、参与其中的就业指导活动。比如模拟面试、简历制作比赛、职场礼仪培训等。

再次，要全面提高学生就业素质。在开展就业指导培训活动，培养学生理论素质的同时，还要注意培养学生的实践素质，让学生走出校园，走入社会，开展实习实践、企业参观等实操性活动。另外，还应注意提升学生的就业心理素质，在校内开展相关的就业心理咨询服务，提升学生在求职期间的心理抗压能力。

2. 扩展就业指导师资队伍，全员育人促就业

建立完善、全面的就业指导体系，就需要建立多元、专业的师资队伍。目前，高校的就业指导主要以辅导员和就业指导中心教师为中心开展，在工作中存在不够全面和专业等问题，在专业发展、社会资源、就业形式研判等方面存在短板。因此，应当建立全员参与就业的工作格局，建立学院领导、辅导员、班主任、就业指导中心教师、专业课教师、校友相互配合的指导体系，相互弥补缺失和不足。为学生提供更多实习实践和就业机会，动用全部力量为学生的就业保驾护航。

（二）就业贯穿人才培养全过程，不同学习阶段为就业打基础

想要将就业指导高质量地贯穿人才培养的全过程，就需要制订阶段性的明确任务和目标，在制订长期系统的计划的同时，还要针对不同阶段特点开展具有针对性的就业指导。[1]

新生入校是人才培养的第一个阶段，应提前进行正确的就业意识、就业观的培养，向学生介绍专业相关，但并不局限于专业对口的不同职业、不同岗位，并且引导学生进行准确的自我定位。可充分利用校友资源，邀请在不同领域工作的优秀校友分享就业经验，与新生探讨职业规划，让学生了解相关行业和岗位，使其有意识地进行不同行业和岗位的深入了解，形成初步就业意识。

大二、大三阶段通常是学生发展专业知识水平的主要阶段，在这一阶段，首先应当围绕培养学生的专业知识水平和综合素质展开。引导学生脚踏实地学习专业知识，进行专业实践，同时鼓励学生进行外语、计算机应用能力、其他领域专业知识的提高和学习，全面提高学生的综合素质。其次，还要继

---

〔1〕 樊谊军：“大学生就业指导应全程化”，载《绍兴文理学院报（教育教学研究）》2003 年第 12 期。

续完善学生的就业观，通过开展就业指导课程和就业指导活动使学生对自己初期的职业规划进行检视和校正，进一步夯实学生的职业规划。

大四阶段，学生开始面临就业的选择和竞争，是就业指导的关键阶段。要针对学生特点进行一对一指导，具体问题具体分析，帮助学生对自身兴趣、能力、优势和不足进行评估判断，帮助其寻找真正适合的行业和岗位。其次，集中对毕业年级学生开展就业技能培训，如简历制作、结构化面试、公务员招录培训等，提高学生的就业竞争力。第三，要及时与学生分享最新的行业信息和招录信息，使学生在第一时间获取信息和资源，避免与就业机会擦肩而过。

（三）形成全方位就业格局，多渠道提升就业能力

1. 加强对学生个性分析，建立“就业台账”

在就业指导的过程中要做到具体问题具体分析，针对每一个学生不同的兴趣、能力、优势和不足进行针对性的分析和辅导。就业指导工作应从学生入学就建立“台账”，随着学生学习发展变化进行实时记录，辅导员可根据不断更新的“台账”内容，在学生能力发展的不同阶段，对每个学生进行针对性的规划，并且全程跟踪，实时调整。此外，可对学生开展职业能力倾向测验和心理普查，通过科学的问卷方式帮助学生了解自己的优势、长处和适宜的工作类型，在日后的学习发展中能够有的放矢。

2. 将就业指导融入校园生活

将就业指导融入校园生活有利于调动学生的参与度，让学生积极主动地参与就业指导的工作。要摒弃以往只看重学业成绩的观念，要让学生意识到综合素质是求职成功的关键。使就业指导成为校园品牌文化系列活动。如开设就业能力提升工作坊，为学生搭建职业能力提升平台，开展丰富的活动，通过交流、互动参与的方式，锻炼学生思辨、语言表达、文章写作、人际交往、社交礼仪、面试技巧等就业基本功。

3. 编撰就业指导蓝皮书

条目明确、信息前沿的就业指导蓝皮书能够帮助学生系统地了解法学专业的相关行业和岗位，供学生在就业方向选择的过程中参考，同时也能帮助学生和家长及时调整不合理的职业规划。发达国家的学生从进入大学就开始接受就业相关指导，比如，美国的大学生会收到大学发放的美国劳工部统计

局编撰的《岗位需求手册》。长期的就业指导会给学生更多的时间去了解和思考并作出选择，学生也会更加有针对性地对照自己想要选择的就业方向提高自身各方面的能力。

新生入学时可每人发放一本《就业蓝皮书》，将学校和法学专业的就业质量报告提前告知学生，让学生在入学时就逐渐考虑自己未来的发展方向，从而有目的和方向地度过大学生活。

4. 加大力度建立实习实践基地，长远规划学生就业

要大力建设校外法学实习实践基地，与法院、检察院、律师事务所等建立合作培养关系，将校外法学实践基地作为锻炼学院学生实践能力、职业技能和就业能力的综合平台。[1]同时，也可以通过实习实践平台，为实践基地输送优秀人才，在人才培养过程中长远规划学生就业问题。

---

〔1〕 蒋人文："法学专业教学实践基地建设探讨"，载《价值工程》2010年第32期。

大学生“慢就业”问题对策研究

国际法学院　刘　凯

【摘　要】大学生“慢就业”现象是社会经济文化发展到一定阶段的必然产物，同时也是当前各高校共同存在的一个问题。“慢就业”现象的产生有其历史必然性，但是一定程度上它是以大学生的经济代价、时间代价、心理代价等为基础的，同时也背离了政府鼓励大学生积极就业的政策导向，也隐伏着使大学生脱离社会的潜在风险，因此应该通过多种渠道积极解决大学生“慢就业”问题，落实好大学生就业工作。

【关键词】大学生“慢就业”　成因　对策

近年来，大学生“慢就业”现象突出，部分大学生有业不就，有职不求，在毕业后选择旅游、支教、在家陪父母或者创业考察等，在一定程度上既背离了国家积极就业的政策导向，也造成了人才资源的浪费。对此，社会舆论批评者有之，认为“慢就业”是大学生回避就业压力，怠于就业，“懒就业”和“啃老”的表现；肯定者有之，认为这是一种突破传统的新的就业观念，是新的时代环境下，大学生选择以“慢就业”的方式来思考规划人生之路，以期未来最大化地实现个人价值。“就业是民生问题”，关乎每一名大学生和其家庭的切身利益，是政府工作的重要内容，也是全社会关注的重点问题，如何正确看待“慢就业”现象，以及在工作中如何处理好“慢就业”问题，这值得我们思考和研究。

一、大学生“慢就业”现象及其概念

“慢就业”现象正式引起社会广泛关注是 2015 年记者卢越在《工人日报》上发表的文章《“慢就业”：如此“任性”为哪般?》。该报道指出，2015 年国家统计局在上海的调查表明，部分应届大学生毕业后既不打算马上就业，也不打算继续深造，而是打算在家休息或者外出游学一段时间。对此有55.6%的受访家长表示，若理由充分他们支持。[1]由此开始，“慢就业”现象逐渐成为网络和现实生活中的一个热点问题并引起了学者们的研究。

根据《中国大学生就业报告》（《就业蓝皮书》）的统计，每年有20%左右的毕业生是没有全职工作的，这些人或多或少地选择了“慢就业”，甚至是不就业。智联招聘发布的2017年应届大学毕业生求职情况调查报告显示，约有9.8%的应届毕业生“慢就业”。从地域看，“95后”毕业生“慢就业”群体大多集中在北京、上海等一线城市。从学历层次来看，本科生是“慢就业”的主力。[2]媒体调查显示，72.9%的受访者周围就有“慢就业”的大学生。[3]

从选择“慢就业”的学生群体类型来看，大致可以分为以下几种情况。思考未来型，这类学生缺乏规划，自立意识和独立能力不强，不知道自己想干什么，就业准备不足，从而在毕业时不选择就业以给自己一段时间认识社会，了解自我；生活无忧型，这类学生家庭条件优越，衣食无忧，就业需求不强，或者家里可以随时安排工作，主动就业动力不足，父母一般也对孩子选择“慢就业”持支持和宽容的态度；准备创业型，这类学生有创业意愿或者有在新兴行业平台就业的想法，选择不就业为创业做准备；无欲无求型，这类学生属于“佛系青年”，缺乏职业规划和目标，生活学习随遇而安，没有就业的动力和想法；随性潇洒型，这部分同学受发达国家“间隔年”（Gap Year）的影响较大，潇洒随性，通过打零工或做公益等，筹集经费到处游历，暂不就业，做自己感兴趣的事；宁缺毋滥型，这类学生对于薪酬待遇、工作地点、工作环境、未来发展等有较高的期望，宁愿选择反复考研、考公务员、考证等也暂不就业；难以适应型，有少量毕业生因为自身性格原因或者受成长环境影响，不能适应新的环境，融入社会困难，也选择了“慢就业”。

从“慢就业”的现象和表现出的类型特征来看，可以把“慢就业”定义为，随着经济社会的发展，近年来出现的一些大学生毕业后既不立即就业，

---

〔1〕 卢越：“‘慢就业’：如此‘任性’为哪般?”，载《工人日报》2015年7月12日，第2版。

〔2〕 张轶辉等：“‘慢就业’成因探析及其应对策略”，载《河北农业大学学报（农林教育版）》2018年第4期。

〔3〕 余明辉：“‘慢就业’不能无限期”，载《河南日报》2018年8月4日，第4版。

也不选择继续深造，而是以在家陪父母、旅游或者社会考察等方式，等待就业机会，慢慢思考人生之路的现象。

二、大学生“慢就业”的成因

大学生“慢就业”是时代发展的产物，与我国经济社会文化发展包括高等教育的发展有紧密的联系。

（一）社会经济发展的产物

我国经济快速发展，目前的大学生多为“95后”，家庭经济条件相对于“70后”和“80后”明显优越，没有经济压力，这使得他们对于工作赚钱没有主动性，家庭为大学生“慢就业”提供了经济支持，很多家长对子女选择“慢就业”持支持和宽容的态度，很大程度上也是因为家庭能够给予子女经济上的帮助和支持。

（二）受当前就业形势的影响

大学生就业困难，原因有很多，主要的是结构性矛盾，如毕业生数量逐年增多，而社会能够提供的就业岗位有限；中西部地区人才紧缺，但大学生的主要流向是东部地区和一线大城市；大学生专业和素质与用人单位人才需求不相匹配等。再加上毕业生往往对于工作的期望值过高，或者是就业观念出现偏差，这使得大学生就业愈加困难，促成了“慢就业”问题的产生。

（三）职场生存方式的变化

社会的发展带来了就业方式的变化、职业获得途径的变化、职业流动方式的变化以及职业种类的变化，这些变化使得大学生在择业时拥有了越来越多的自主选择的机会和权利，但同时意味着大学生必须要为自己的选择负责，部分大学生会以“慢就业”的方式给自己准备和缓冲的时间，以选择对自己来说最佳的就业机会和实现自己的最大价值，而不急于一时。

（四）学校教育的缺失

在我国现行的教育体制下，学生的学习目的就是考高分。在高中考大学的环节，因为不了解社会，不了解专业，很多学生在选择专业时往往是盲目的，这使得相当一部分的大学生对自己所学的专业并不感兴趣。同时，因为学校对学生的思想品德和实践能力的培养重视不够，这使得即使到了大学阶段，学生的品德修养、自主能力、解决实际问题的能力等仍有所欠缺，导致学生即使考上大学之后乃至到了大学毕业的时候应有的能力和素质仍显不足，与社会的需求存在一定的差距，从而导致“慢就业”现象的产生。

（五）社会不良风气的存在

我国传统上是一个“熟人社会”，虽然就业招聘会和互联网已经成为大学生获取就业信息的主要方式，但在“熟人社会”中就业信息的封闭性和信息的不对称性使得大学生就业呈现一定程度的异常状态，一部分学生依靠父母的关系或掌握的资源就业，根本不担心就业问题，对于这部分大学生来说因为可以随时就业，从而不急于就业而选择“慢就业”。

（六）政府政策落实不到位

改革开放以来，我国经济社会快速发展，但是目前仍然存在东部、中部和西部以及城市和农村发展不均衡的状态，落后地区因为缺乏相应的资源，并不能够为政府就业政策的落实提供足够的保障，甚至是基本的生活保障，这使得政府为促进就业而制定的一系列政策如“特岗计划”“西部计划”“三支一扶”、大学生村官、大学生应征入伍、自主创业等的落实情况并不理想，有的地方仅仅是停留在表面。

（七）不正确的就业观念

随着我国高等教育从“精英教育”发展到大众教育，大学生不再是天之骄子，在就业时大学生也应该转变观念，不要一味地追求高薪、舒适。但是在实际就业过程中，超过50%的大学生最看重的还是所从事职业的薪酬、行业发展以及工作环境，而对职业的社会贡献并不那么在意。有的家庭，父母因为对就业形势和就业政策不了解，仍认为党政机关、事业单位、国企是最如意的工作，而不看好到私营或民营企业就职，从而缩小了大学生的就业范围，导致“慢就业”。

三、如何有效解决大学生“慢就业”问题

不可否认，今天的大学生们与“70后”和“80后”相比无论是物质还是精神都更加富足，更加关注自我价值的实现。对于大学毕业之后的道路，

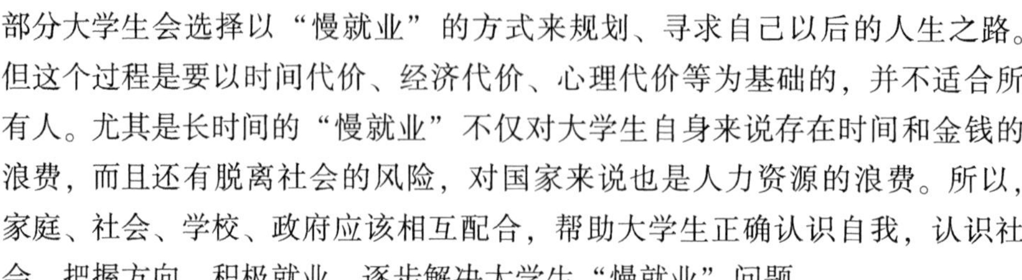

部分大学生会选择以“慢就业”的方式来规划、寻求自己以后的人生之路。但这个过程是要以时间代价、经济代价、心理代价等为基础的，并不适合所有人。尤其是长时间的“慢就业”不仅对大学生自身来说存在时间和金钱的浪费，而且还有脱离社会的风险，对国家来说也是人力资源的浪费。所以，家庭、社会、学校、政府应该相互配合，帮助大学生正确认识自我，认识社会，把握方向，积极就业，逐步解决大学生“慢就业”问题。

（一）加强就业教育，引导大学生正确认识自己，树立科学的就业观

在当代大学生中，有相当一部分学生对自己有着过高的期望，这导致他们当中有人在眼前众多的就业选择中迷失自我，对既有的工作机会不满意而选择继续寻找，对所从事的职业岗位、福利报酬、工作环境、就职地域等要求期望过高，当就业期望值达不到理想目标时，他们就不着急就业甚至是不想就业。一方面是大学生“慢就业”现象日趋火热，另一方面是用人单位招人困难，因此要注重对大学生进行就业教育，向他们讲授就业知识，包括就业形势、生涯规划、求职技巧、就业心理等，让大学生认清当前的就业形势和自身的能力，在此基础上引导大学生树立科学正确的就业观。

（二）改变传统的教育观念，注重实践教学，提升大学生的综合素质

高等教育的功能首先是满足受教育者职业发展的需要，一个可以为受教育者提供就业帮助，提升就业能力，提高就业质量，促进职业发展的教育才是受普通民众欢迎的教育。高校需要与时俱进，积极研究人才市场的需求，及时修正人才培养目标，调整专业设置和教学计划，突出办学特色，积极加快“双一流”建设步伐。同时，在日常教育教学中，要强化实践教学以及第二课堂建设，积极搭建校企合作平台，建设社会实践基地，健全监督机制，避免社会实践、专业实习、见习等流于形式，让大学生切实接触社会，深入实践，在实践中多学习、多锻炼，提高专业技能，提升综合素质。

（三）强化政府职能，规范人才市场竞争，搭建就业服务和保障平台

促进就业是政府的主要工作内容，政府有能力也有责任对大学生就业加强宏观的控制和调节。双向选择，自主择业目的是要通过人才市场促进人才的合理流动和人力资源的优化配置，但是对于人才市场上存在的竞争机制不公平、就业信息流通差、大学生就业权益保障不完善等问题，政府需要积极

加强监管，规范秩序，完善制度和加强立法。另外，在就业服务和保障方面，需要以政府为主导建立服务全社会包括大学生就业的信息服务平台，建立就业公共服务机构，为大学生就业提供就业咨询、就业指导、权益维护等服务，要建立健全就业保障机制，全面落实国家和政府出台的各项促进就业创业的政策，充分发挥政策的作用。

（四）积极与家长沟通，帮助家长纠正就业观念，营造有利于大学生的积极的就业家庭环境

“望子成龙，望女成凤”“工作要稳定”“学而优则仕”，这些传统的家庭观念与当前的经济社会发展和年轻大学生的想法已经不再吻合。家长要培养孩子从小树立正确的价值观念和发展其独立自主的能力，避免溺爱孩子。在孩子就业的问题上，注意了解当前大学生就业的形势和政策，大学生就业的现状，摆脱“铁饭碗”“爱面子”等传统观念，关心孩子的能力、想法和意愿，把国家的政策导向和用人需求与孩子的能力意愿有机结合，帮助子女树立积极向上的就业态度和选择适合自己的职业。

（五）扩大宣传，营造正确的舆论导向，逐步改善“慢就业”现象

“慢就业”现象是社会发展的产物，有其必然性，但是可以通过教育和宣传逐步改善这种情况。“三百六十行，行行出状元”，社会要营造正确的价值导向，引导大学生树立积极健康的人生目标和生活目的，摒弃拜金主义和享乐主义观念，通过宣传社会正能量，指引大学生增强社会责任意识和奉献精神，选择到祖国最需要的地方去工作。用人单位也应积极改变用人理念，学会按需取才，而不是唯学历，也不应一味地强调工作经验，而是要重视入职后的培训和培养。此外，还应营造公平公正的就业环境，促进大学生以积极的心态就业。

思想政治教育背景下的高校创新创业教育实践刍议

商学院　何　欣

【摘　要】 创新创业教育为我国当前形势下实施创新驱动发展战略所必需，是国家高等教育改革深化开展的促进措施，也是提高毕业生就业创业质量的重要举措。但创新创业教育也需要有正确的方向引导，因此创新创业教育要与思想政治教育相融合。为实现高校创新人才培养目标，要充分发挥思想政治教育的引领作用，在创业实践中不断深入推进思想政治教育的渗透机制。高校要从学生创新创业意识培养、能力训练、实践指导、持续支持四个维度全面开展创新创业教育。

【关键词】 思想政治教育　创业　意识　能力

习近平总书记在2016年全国高校思想政治工作会议上强调，高校思想政治工作关系到高校“培养什么样的人、如何培养人以及为谁培养人”这个根本问题。要坚持把“立德树人”作为中心环节，把思想政治工作贯穿教育教学全过程，实现全员育人、全程育人、全方位育人。可见思想政治教育在实现高校育人目标中的重要作用，在开展创新创业教育中亦是如此。目前创新创业已经成为我国经济发展的新引擎，而大学生正是创新创业人才的主力军，创新创业教育也成为我国高等教育改革的内在需求。我们要将思想政治教育融入创新创业教育，推动创新创业教育的大力开展。

一、创新创业教育在实现高校育人目标中的价值

在“大众创业，万众创新”政策的号召下，创新创业逐渐成为时代新潮流，正在汇聚起经济社会发展的强大新动能。因此高校创新创业教育正是应经济发展新形势和高等教育深入改革推进之所需，是提高毕业生就业创业质量的重要促进措施。

（一）创新创业教育是高校人才培养的题中应有之义

创新型国家建设的核心要素是造就大批创新型人才，对以创新型人才培养为重要目标的高校来说，创业教育绝不是一个添加在高校身上的临时性任务，而是高校人才培养的题中应有之义。创业教育的核心目标是提高大学生的创新精神、创造意识、创业素质、创业能力、择业能力和适应能力，以培养具有创新精神、创造意识的创业一代作为其基本的价值取向。从这个角度说，创新创业教育绝不仅仅是解决大学生就业问题的权宜之计，而应该成为创新型人才培养的着力点。高校应坚持不懈地贯彻落实“立德树人”的育人理念，紧紧抓住大学生思想政治教育和创新创业教育两个有力的抓手，尊重学生的个体需求，提高学生创新创业素质与能力，努力培养创新人才。

（二）大力发展创业教育是适应当前高等教育发展形势之需

支持大学生自主创业和发展创新创业教育是当前我国高等教育发展的需要。根据《中国高等教育质量报告》的调查数据显示，2020 年中国大学生在校人数达到 3700 万，位居世界第一。2020 届全国普通高校毕业生预计达到 874 万，同比增加 40 万，再创历史新高，大学生就业形势日益严峻。而大学生自主创业则是解决就业问题的一个重要突破口。通过创新创业教育，使更多的大学生具备创新创业的意识和能力，积极参与自主创业，就可以使自身由就业者转变为创业者，从谋求工作岗位转变为创造工作岗位，不仅解决自己的职业问题，还可以为社会提供更多的岗位供给，激发就业市场活力。因此，为满足高等教育自身改革发展的迫切需求，国家提出加强高校创新创业教育，引导支持大学生自主创业。

（三）我国的大学生创业教育自身发展也需要不断创新

我国创业教育实践与理论研究起步较晚，开始于 20 世纪 90 年代。目前在“大众创业,万众创新”政策和理念的号召下，我国很多高校都在积极开展创新创业教育的研究与实践，有些高校已经取得了很好的经验成果，形成了自身的创新创业教育实践体系。

但从总体来看，因为起步较晚，我国创新创业教育还存在着很多的不足，在许多方面还需要不断发展，不断创新。这些不足包括以下几个方面：（1）创新创业教育与专业教育相脱节，创业教育与专业教育融合不到位，很多学校

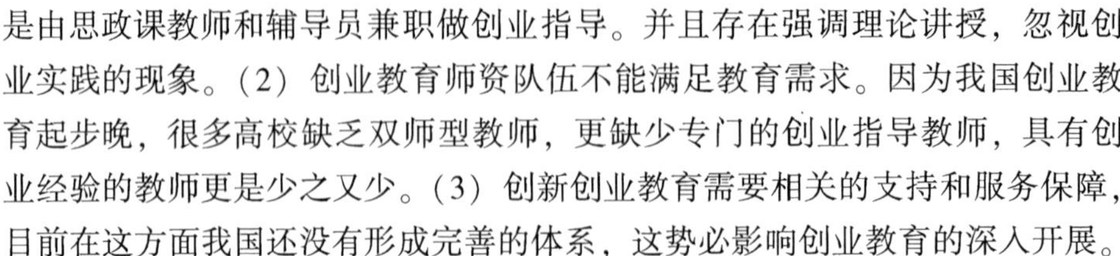

是由思政课教师和辅导员兼职做创业指导。并且存在强调理论讲授，忽视创业实践的现象。(2) 创业教育师资队伍不能满足教育需求。因为我国创业教育起步晚，很多高校缺乏双师型教师，更缺少专门的创业指导教师，具有创业经验的教师更是少之又少。(3) 创新创业教育需要相关的支持和服务保障，目前在这方面我国还没有形成完善的体系，这势必影响创业教育的深入开展。

二、创新创业教育与思想政治教育的高度契合

创新创业教育需要正确的方向引领，因此高校要努力实现思想政治教育与创新创业教育的融合，引导大学生克服消极、迷茫择业的思想和情绪，树立与时代同向的人生奋斗理想，激发大学生创新创业斗志，树立起正确的择业观、就业观和创业观，提高大学生自身的核心竞争力，实现“立德树人”和全面发展的人才培养目标。创新创业教育在新的时代背景和社会需求下，体现思想政治教育的时代性和时效性，它们共同促进教育功能的充分发挥，具有教育目标的一致性。

(一) 思想政治教育为创新创业教育提供方向引领

思想政治教育直接关系“培养什么样的人、怎样培养人”的根本问题。只有发挥思想政治教育的价值引领作用，才能克服创新创业教育与创业实践脱节的问题，才能最终实现大学生的全面发展。创新创业教育的目标是培养学生的创新创业意识和能力，促进学生实现个人的全面发展、成长成才，同时推动社会发展进步。思想政治教育涵盖的内容更为广泛，目标是学生如何成长成才。学生创新创业意识、能力、品格的形成，乃至创新创业实践的顺利开展，离不开思想政治教育所赋予他们的思想、政治、道德、法治、心理方面的良好素养。实现创新创业教育与思想政治教育的融合，可以实现对学生的积极价值引领和健全人格的塑造。思想政治教育可以使学生获得信念支持，在创业实践中不断催生创新理念和激发潜在能力；思想政治教育可以培养学生的抗压和抗挫折能力，鼓励学生积极面对困难。诸多的创新创业案例表明，个体事业心、责任心能让人的意志更加坚定，抵御风险的能力更强，同时也能够让创业更加富于热情和激情。

(二) 创新创业教育对思想政治教育的促进

创新创业教育不仅需要思想政治教育的价值引领，同时创新创业教育通

过其实践育人优势也在不断丰富思想政治教育的内涵和形式。通过创业实践，大学生能树立及调整人生奋斗方向；通过创新创业实践，学生可以从中体会社会责任、企业责任、法治观念、自律意识等。《关于加强和改进新形势下高校思想政治工作的意见》明确指出，在思想政治教育中强化社会实践育人功能，重要的一点就是要开设创新创业教育专门课程，组织创新创业实践活动，推进高校实践育人创新创业基地、实习实践基地建设等。以上充分反映出了创新创业教育、创新创业实践对于思想政治教育的实践育人作用。创新创业教育中的理想信念养成、创新意识培养、职业道德的遵循、团结协作精神的培养等也正是思想政治教育的具体培养目标，这些实践育人活动为进一步加强和改进大学生思想政治教育工作提供新的着力点和落脚点。

三、思想政治教育背景下加强创新创业教育的“四维”实践

为实现高校创新型人才培养目标，充分发挥思想政治教育的引领作用，要在创业实践中不断深入推进思想政治教育的渗透机制。高校要从学生创新创业意识培养、能力训练、实践指导、持续支持四个维度展开创新创业教育。

（一）搭建创新创业文化平台，加强创新创业意识培养

意识是实践的先导，因此对大学生创业意识的培养是引领学生开展创业实践的第一步。首先，通过相关的第二课堂活动，浓厚创新创业教育氛围。通过创新创业工作室等开展日常线上线下创新创业辅导活动，以及开展创业讲座、沙龙等，让以创新创业为主题的第二课堂活动常态化。例如，在创业沙龙中邀请创业者分享他们的创业故事，不仅可以为学生提供一个鲜活的创业实例，也能给予持有创新创业想法的学生以鼓励。创始人还可以现场带领学生进行头脑风暴，当一回创业者。其次，推广创新创业活动，强化创新创业意识。要对创新创业项目、比赛的相关介绍、比赛成果等定期进行整理、展示、推广，让学生潜移默化地了解各种比赛活动，强化学生的创新创业意识。再次，加强创新创业理念宣传，打造创新思维模式。除了对比赛、项目进行推广，还要加大对创新创业文化的宣传力度，利用网络新媒体等学生感兴趣的方式对创新创业理念、内容、形式、途径、政策等进行全方位的宣传，帮助学生塑造创新创业的思维模式。此外，榜样的力量是无穷的，创业学生的榜样效应也能有效增强大学生对创业的认知，强化创业意识，激发创业热

情，吸引更多学生参与创新创业实践。

（二）完善课程和实践体系，系统提高学生创新创业实践能力

1. 建立健全课程体系，拓展学生创业知识获取途径

《国务院关于进一步做好普通高等学校毕业生就业工作的通知》强调，“各高校要广泛开展创新创业教育，积极开发创新创业类课程，将创业教育课程纳入学分管理”。创新创业课程体系要根据创业类课程的特点进行系统设计，由于创新创业的实践属性，创新创业类课程体系务必包含创业实践类课程。课程设计有不同的视角，美国 Babson College 在 20 世纪 90 年代初就从整体创业的角度设计了成功的创新创业课程体系。我们可以在充分认识自身实际情况的前提下，积极借鉴国外先进做法。创业过程视角是把创业过程分为创业准备、创立企业、企业可持续运营等阶段，并把完成各阶段的创业活动所需要的相关知识和能力纳入课程体系，随之进行有针对性的教育和培养，使学生掌握创新创业所必备的知识和能力。

2. 建立完善的创业实践体系，培养学生创业实践能力

创业教育是一项开放性、实践性的教育，学生的人际沟通与交往能力、组织管理能力、团队协作能力等创业能力更需在创业实践中习得和培养，因此，我们不仅要注重课堂教学，更应加强实践环节，实现课堂内教学和课外实践的有机结合。创业实践活动包括组建创新创业团队，参加各级各类创新创业比赛、创新创业训练和创业实践计划，参与举办相关讲座、论坛及各种模拟商业运营大赛，走进企业进行实习实训等，共同构建系统的创业实践体系。

（三）加强师资队伍建设，深入开展创新创业实践指导

创业导师团队的建设是创新创业教育的重中之重。我国的创业教育起步较晚，且学科归属争议较大，师资队伍建设困难重重，目前多数创新创业教师是由辅导员或思政课教师来兼任。创业导师队伍的构成应该多元化，经过创业指导专业培训的辅导员、专业教师和企业的社会导师都具有各自的特点和专长，各有侧重，共同构建导师队伍，必将形成强大的合力，使导师队伍更加完善。正如 2012 年《教育部关于全面提高高等教育质量的若干意见》指出，要“大力开展创新创业师资培养培训，聘请企业家、专业技术人才和能

工巧匠等担任兼职教师”。此外，还要制定完备的导师遴选方案，从教育背景、知识结构、实践经验等方面对导师遴选做出严格规定，不仅要求导师应当熟悉与大学生创新创业相关的法规政策，更要求导师具有相关的专业知识储备或丰富的实践经验。采取教师自荐、学院指定、学生选择相结合的方式确定导师，除了通过教师自荐、学院指定的方式保证导师质量，还能够在一定程度上通过学生选择的方式实现导师配置的方式改革。除了做好导师队伍的选拔聘任，同时要加强对导师队伍的培训，通过专题学习、实践考察、企业挂职等方式不断提高导师的指导水平。还要注重思想政治教育进课堂的意识培养，加强创业教育课程与思想政治教育的有机结合，在创业教育中渗透对学生正确价值观的引导，家国情怀、社会责任意识的培养，这些都将对学生具体的创业过程产生积极影响。

（四）构建扶持体系，加强创新创业持续支持

1. 争取社会支持，优化创业环境

创新创业教育不仅包括校内的课程学习、实践指导，也需要政府相关政策和社会创业资金、场地、技术等的支持。因此引导学生了解和积极利用国家的相关支持政策也是创业指导的重要方面。与企业积极合作，为学生的创业项目寻求资金对接等都应该成为学校的创业工作重点。

2. 建立联系帮扶制度，提供长期智力支持

通过调研，我们了解到创业团队的创业过程也非常需要创业导师的指导，因此为更好地指导学生创业实践，联系帮扶制度的建立必不可少。联系帮扶制度致力于学生创业实践的“终身”指导，加强创业导师和创业项目团队之间的长期联络交流、后期跟踪服务，能够为创业者提供长期、稳定的智力支持。

3. 完善数据库建设，为学生创新创业实践提供支持参考

为更加系统地为学生创新创业实践提供成功经验参考，要加强“创新创业案例库”和“项目库”的建设。通过制订访谈提纲，确定访谈对象，对在读或已经毕业的创新创业的学生进行有针对性的采访，经过讨论编写，形成创新创业案例，并通过积累逐步形成“创新创业案例库”。还要根据创业项目运作的后期发展变化，定期对案例进行跟踪更新，使案例不断完善。案例中不仅要有成功的经验，也要有失败的教训，供阅读者参考。对于学生的各级

各类项目要集中汇总，形成项目库，项目的名称、摘要等可供学生查阅。还要制作和细化案例的编写流程，进一步规范和细化各数据库的建设标准，对数据进行维护，建立长效机制，以保证数据库中数据的时效性，切实为学生创新创业提供支持。

如何开拓多种就业渠道及精准提供就业指导服务

——中国政法大学商学院工商管理硕士（MBA）专业学位研究生就业工作模式及思考

商学院 陈 璐

【摘　要】 毕业生就业工作是高校学生工作的最后一环，亦是重中之重，习近平总书记和党中央高度重视高校毕业生就业工作。现有研究表明，大多就业工作局限于解决普通高校毕业生就业问题，对工商管理硕士（以下简称MBA）专业学位研究生就业工作的研究鲜有涉及。但随着MBA中全日制学生数量的迅速增长，该群体就业工作将面临巨大的压力。MBA学生在工作经验、学制构成、就业意向等多方面显著区别于普通高校学生，其就业工作在坚持现有较好工作机制的同时应创新工作思路，结合MBA学生自身特点，从强化思想引领、转变工作重心、挖掘学生资源、鼓励创业实践、推动多元就业五个方面多措并举拓宽就业渠道，为学生提供精准就业指导。

【关键词】 就业　工商管理硕士（MBA）　拓宽就业渠道　精准就业指导

就业事关国计民生，事关国家发展大局和社会和谐稳定。党的十九大报告指出，“要坚持就业优先战略和积极就业政策，实现更高质量和更充分就业”。2018年7月中央政治局会议提出了“六稳”政策，并将稳就业作为“六稳”之首。近期，习近平总书记在统筹推进新冠肺炎疫情防控和经济社会发展工作部署会议上强调要“注重高校毕业生就业工作，统筹做好毕业、招聘、考录等相关工作，让他们顺利毕业、尽早就业”，可以看出党中央高度重视就业工作尤其是高校毕业生就业工作。

2020届全国普通高校毕业生规模达874万人，同比增加40万人，北京的高校毕业生预计24万人，并且随着高校进一步扩招，毕业生规模将持续增大。受经济下行压力的影响，高校毕业生求职困难的情况增多，就业形势复杂严峻。

而在以往高校毕业生就业工作中，一直缺乏对一个不同于其他普通高校毕业生的群体即工商管理硕士（下文简称为 MBA）专业学位研究生毕业生就业问题的关注。但 MBA 研究生的现状和过去相比有了较大的变化。一是教育部批准可以进行 MBA 招生的院校数量进一步增加，且随着高校扩招，可招生名额将进一步增加。二是 MBA 在社会认可度明显提升，报考 MBA 人数继续大幅度上升，并呈现低龄化趋势。三是 MBA 专业全日制学生数量持续增加，设立全日制 MBA 专业的院校增多。以中国政法大学为例，MBA 在籍学生 449 人，其中全日制学生 329 人，非全日制学生 120 人，近四分之三的学生将面临就业压力。虽然现在 MBA 学生年龄呈现低龄化趋势，但相较于本科生、学术型研究生仍然年龄偏大，他们有成家立业的外部压力和内部需求，并且报考 MBA 而非学术型研究生也说明其进一步求学的意愿不大。以上可以看出，不同于本科生、学术型研究生，MBA 学生绝大部分不会选择继续求学，将直面就业，且相比于学术型研究生，其群体庞大。在未来，MBA 学生就业问题将愈加凸显，尤其是未来两年受经济下行压力和新冠肺炎疫情的叠加影响，就业形势异常严峻，就业工作将面临较大的压力。因此，结合 MBA 学生特点创新就业工作模式，提供精准的就业指导服务，形成长效机制，提升就业工作实效性，刻不容缓。

一、MBA 学生的特点

通过对 MBA 招生规定、学生年龄、专业性质、培养方式等因素的分析，可以发现 MBA 学生主要有以下几个方面的特点。

（一）拥有工作经验

根据教育部历年公布的《全国硕士研究生招生工作管理规定》，报考 MBA 专业学位研究生须符合：大学本科毕业后有 3 年以上工作经验的人员；或获得国家承认的高职高专毕业学历或大学本科结业后，符合招生单位相关学业要求，达到大学本科毕业同等学力并有 5 年以上工作经验的人员；或获得硕士学位或博士学位后有 2 年以上工作经验的人员。因此，MBA 学生区别于其他普通高校学生的一点是具有一定的工作经验，这也就决定了 MBA 学生具有以下特点：其一，他们对招聘流程较为熟悉，因其有过实际经历。其二，最低2年的工作经验要求使MBA学生对自身优劣势、需要补足的软硬技能有较为清晰的认知。其三，较为了解工作所在地就业市场形势、就业政策。其四，积累了一定的社会人脉资源。

（二）就业方向明确

自身的工作经历使MBA学生对自己的职业规划有了思考，已经清楚自己想要从事什么职业，适合什么职业。这意味着大多数MBA学生对毕业时的就业选择有较为清晰的构思，在研究生阶段的学习中会主动积累自身的软硬件实力。无论是参加法考、注册会计师考试、公务员考试还是创业相关知识的积累，都是在入学时就已完成了规划。在毕业就业选择时不会不知所措，不知道选择何种职业，而是具有明确的就业方向。

（三）MBA学生中有一部分非全日制学生

我国绝大部分院校的非全日制学生为定向，即属于在职就读。以中国政法大学为例，非全日制学生占到MBA学生比重的约四分之一。学生年龄跨度较大，身份也不尽相同，有公司高管、私营业主、中层领导等。从事职业多样，涉及政府部门、金融行业、建筑行业、互联网行业等。此外，虽然因为上课时间不同，非全日制学生与全日制学生平时联系并不紧密，但因共上选修课，共同参加学院集体活动、MBA集体活动等缘故，二者之间仍存在交集。

（四）创业意愿较为强烈

MBA课程教学以案例教学为主，且MBA学生因为有一定的社会经历，和普通高等学校其他专业的学生相比，创业意愿明显较为强烈。此外MBA学生因为积累了一定的人脉资源、资金储备等创业资本，创业意愿变为创业实践的转化率较高，有部分学生边学习边开展创业实践。这也为我们开展就业工作，有效提高MBA学生就业落实水平提供了新的思路。

二、现行的就业工作机制

（一）培养方案适度微调机制

针对毕业生进行跟踪调查后的培养方案适度微调机制。以社会需求为导向，以对国家经济布局的科学分析为导向调整 MBA 学生的培养方案。提高 MBA 学生和社会需求的契合度，以提升 MBA 学生的就业竞争力。

（二）就业动态台账机制

在对 MBA 学生全面摸底就业意向的基础上建立就业动态台账机制。做到“一生一账”，有的放矢地推送相关就业信息。

（三）毕业班级周会工作机制

MBA 毕业班级就业周会工作机制。定期讨论分析，同时互联互通 MBA 学生的生源信息、学业信息、实习实践、就业信息等个性化信息，MBA 毕业班带班老师应进行信息资源共享、工作经验分享，以形成推进就业的工作合力。

（四）双导师助力就业工作机制

双导师助力就业的工作机制。实践导师开设的创业讲座、组织的实践考察、参观学习等活动，对加强 MBA 学生就业技能实训、开阔其就业视野有着积极的作用。

（五）MBA 就业质量提升机制

MBA 学生的就业质量提升机制。与学院校友办密切合作，加强与校友的联系。通过网络调查、电话联络、设立班级校友联系人等方式建立顺畅的反馈渠道，能够提供丰富的信息，帮助 MBA 学生提升职业竞争力和发展潜力，正向助力 MBA 学生提高就业质量。

三、思考及创新

在新形势下，做好 MBA 学生就业工作应坚持原有就业工作机制，利用学校、学院现有资源增加就业机会的同时，结合 MBA 学生特点及变化进一步创新工作模式，开拓多元化就业渠道，提高就业工作的实效性，进一步提供精准就业服务，力争实现党的十九大报告提出的更高质量就业目标。

（一）强化思想引领，牢固理想信念

以习近平新时代中国特色社会主义思想为引领，进一步加强 MBA 学生思想教育工作。思想教育工作要覆盖全面，重点突出。一是将政治教育放在首位。提高 MBA 学生政治思想觉悟，坚定正确的政治方向，牢固树立中国特色社会主义道路自信、理论自信、制度自信、文化自信，使其在大是大非面前保持政治清醒。二是重点培养自律精神，强化危机意识。MBA 学生因为有社会从业经历，对社会现实有切身感受，危机意识较为强烈，并且入学之初就有较为明确的就业方向，有清晰的学习规划。但是重返校园，脱离紧张高压的工作氛围，易使学生放松懈怠。因此，相比于在普通高校毕业生中树立危机意识，对于 MBA 学生应将工作重心转变为强化危机意识，培养自律精神，使其保持入学时的本心，坚持自身就业目标、职业规划。

（二）精准把握需求，转变工作重心

创新工作思路，强化辅导员、班主任引导和辅助作用，提供精准就业服务。MBA 学生有不低于 2 年的工作经验，对就业所需软硬技能，自身优劣势有一定的认识，相比于普遍没有工作经验的其他普通高校学生，MBA 学生有明确的职业提升目标和就业方向。因此，在 MBA 学生就业工作中要创新思路，不能因循守旧，将工作重点从教导学生应该提升何种能力转变为引导学生如何提升所需能力。通过班会、座谈会、问卷调查、谈话等多种形式开展调研，了解学生需求，对学生需求进行汇总分类，针对需求较多的问题，开展专项技能培训、资格考试辅导等活动。对个别需求较少的问题通过经验分享、单独辅导、联合其他院系合并举办专题培训等方式满足学生需求。工作思路的转移并不意味着要完全摒弃原有的工作内容，而是根据 MBA 学生特点进行工作重点的变换。

（三）多重举措并行，拓宽就业渠道

充分发挥 MBA 学生优势，多重举措并行，拓宽就业渠道，力争实现高质量就业。一是全员动员，群策群力。因 MBA 学生具有工作经验，且有部分为非全日制在职的学生，对其工作所在地就业形势、就业政策有一定的了解。故应在已有的就业信息基础上，广泛向学生征集各地就业相关信息进行补充，充分利用、挖掘、整合资源并做好分类管理，保持实时更新，使学生对就业意向所在地就业形势、政策形成初步了解，做到知己知彼。二是发挥学生主观能动性，创新就业渠道的拓展方式。在夯实原有就业渠道的基础上，弘扬“我为人人，人人为我”的奉献精神，引导 MBA 学生尤其是非全日制学生提供原工作单位、现工作单位招聘信息，筛选出优质单位后，向提供信息学生

了解对该单位的客观评价和同行业对比信息，对有意向的学生提供全面准确的咨询服务。三是对接在优质企业身处管理岗位的学生，搭建校企合作平台，提供更多就业机会。四是打通全日制与非全日制学生之间的互助通道，通过组织形式多样的集体活动，如联合班会、合班联谊等，增进彼此之间的了解，倡导学生之间形成互相引荐、内部推荐等互帮互助的风气。

（四）鼓励创业实践，构建支持体系

贯彻落实国家双创政策，针对 MBA 学生创业意愿较为强烈、从创业意愿到创业实践转化率较高的特点，鼓励学生创业实践。建立以国家战略规划为导向，以适应社会需求为核心，以 MBA 学生特点为基础的课程设置体系，适当设置有助于学生开展创业实践的课程。依托学校就业创业服务中心的创业学院，对学生创业活动所遇到的问题进行全方位、专业化、个性化的咨询指导服务。构建“创业知识储备——创业实践——创业指导——创业跟踪反馈”完整体系。

（五）顺应时代潮流，推动多元化就业

就业工作应结合时代背景，紧跟国家政策指引，在响应国家号召的基础上不断发掘新的就业形式。一是基于互联网应用，推动 MBA 学生的灵活就业。互联网的发展，新经济、新业态不断涌现，加速形成了灵活就业新模式，显示出巨大的就业潜力。要在加强引导学生灵活就业的同时利用学校的法学学科优势确保灵活就业的 MBA 学生的合法权益，消除其后顾之忧。二是落实国家政策方针，推动 MBA 学生去基层工作、去西部工作，并引导 MBA 学生补充教师队伍。

四、结　语

“就业是最大的民生工程、民心工程、根基工程”，而高校毕业生的就业更事关学校的生命力、竞争力和社会声誉度。尤其是当前疫情大环境下，我们要充分认识做好高校毕业生就业工作的重要性、紧迫性。MBA 学生就业工作的挑战是客观存在的，但同时我们必须认识到，仍有很多积极因素。以习近平同志为核心的党中央的坚强领导，习近平新时代中国特色社会主义思想的科学指引，中国特色社会主义的制度优势和体制优势，将为应对就业挑战

提供根本保证。我国经济长期向好的基本面和国家出台一系列政策大力促进就业等有利因素，也进一步增强和坚定了我们做好毕业生就业工作的信心。在高校就业工作常规化的态势下，就业工作内容和工作方法要与时俱进。根据不同学生群体的特点，多措并举地拓宽就业渠道，准确提供就业指导服务，全力做好 MBA 学生就业工作。

拓展“云就业”工作模式，保障就业工作平稳开展

外国语学院　张艳萍

【摘　要】新冠肺炎疫情给国家、社会带来了巨大影响。居家隔离、社交疏离成为当前防止疫情蔓延的必要手段，这些都给2020届毕业生就业工作带来了严峻挑战。为应对新情况，转变原有就业工作方式，拓展“云就业”工作模式，成为保障基层就业工作平稳开展的重要路径。

【关键词】新冠肺炎疫情　　高校就业　“云就业”工作模式

高校毕业生就业工作，一直以来都是国家高度关注的民生问题。2020年我国高校毕业生860多万，为应对疫情给高校毕业生就业工作带来的冲击，国务院、教育部、北京市政府、整个高校教育系统高度重视，通过特殊时期的政策扶持、经济激励、社会助力、高校发力、学生努力等方式力图实现2020届就业工作平稳开展。

作为高校人才培养的基层教学单位，学院是毕业生就业工作的基层一线，如何深入解读国家就业政策、执行地方政府及学校相关要求，通过拓展“云就业”工作模式和方法，因势利导指导教育学生主动就业，调动学院资源、帮助学生和用人单位搭建平台，成为疫情期间，学院就业工作必须思考和解决的问题。

一、2020届毕业生就业工作存在的困难

（一）新冠肺炎疫情的暴发，社交疏离，导致今年就业形势严峻

2019年底暴发的新冠肺炎疫情，现在已成为全球性大暴发的严重危机，世界各国的社会经济发展都放慢了脚步。网络学习、远程交流成为人们沟通交流的主要方式。疫情是全人类的灾难，重创了世界各国的经济发展，影响

了人们的思想和行为方式，也给2020届高校毕业生就业工作带来了前所未有的冲击。疫情导致学生只能待在家中，不能及时与用人单位实现面对面的交流，导致就业周期拉长；社交疏离导致用人单位与学生沟通不便、用人信息不对称；网络“云就业”形式还不够丰富，人们使用还不习惯，利用还不够高效。

（二）经济下行压力，城市疏解等导致社会各行业对高校毕业生用人需求减少

近年来，我国经济正处于由量变转质变的供给侧改革时期，一些低端、污染的劳动密集型企业正逐渐被淘汰，尤其是北京等超大城市的人口疏散政策，对毕业生在大城市的就业带来较大影响。尤其是2020年，在新冠肺炎疫情影响下，我国中小企业受到了严重的冲击；疫情在全球的蔓延，使我国大量复工复产的外贸型企业陷入无订单可做的尴尬境地，2020年国家的经济下行压力凸显。经济下行压力下，企业对高校的用人需求自然降低，2020年高校就业工作面临严峻的外部环境。

（三）毕业生群体特点和主观因素，使2020年就业工作存在困难

依据中国政法大学就业指导中心统计，2020年学校毕业生人数是历届毕业生人数最多的一年。然而随着疫情的冲击，社会各行业对高校毕业生需求减少，供给增多、需求减少的矛盾尤为突出。根据教育部相关文件精神，2020年学校“4+2”法学双学士办学方式即将取消，这种以前是非法学专业学生的主要升学途径之一的办学方式的取消，给非法学本科学生的就业工作带来了一定压力。

总体来说，作者所在的基层单位，大部分毕业生面对就业选择都提前做好了职业规划和求职准备。但是少部分同学缺乏成熟的就业心理和能力，对自己的职业规划和未来发展思考不足；个别学生自身专业能力不强，导致在求职的时候竞争力不强，求职存在困难；一些学生职业目标定位过高，期望在体制内或北京地区就业，因此面对区域和行业的激烈竞争，学生就业压力突增。个别学生因为考研失利不着急就业，准备回家开年再次备考。受到疫情影响，一些准备出国的毕业生因为国外语言考试和入学申请的取消，延后了出国计划，这些都拉长了学生的就业周期。

二、拓展形式多样“云就业”就业工作模式，促进学生积极就业

疫情形势下，充分利用“云就业”网络空间开展各项就业服务和指导工作，成为新形势下基层教学单位开展就业工作的主要阵地和有效方式。因此拓展“云就业”工作模式，调动学院可以利用的一切资源和手段，提高毕业生参与度和积极性，共同促进和帮助学生主动就业和积极就业，成为下一阶段各基层教学单位——各学院的工作重点和关键。

（一）创立学院就业工作交流平台和工作机制，指导学院就业工作

（1）建立学院就业领导工作小组，搭建“云沟通”定期网络沟通机制。严格落实国家、北京市和学校关于疫情期间全力抓好2020届毕业生就业工作的相关精神和要求，实施院长、书记一把手工程，成立学院就业工作领导小组，全面指导学院就业工作，将就业工作作为疫情期间重点工作专项落实。小组成员包括院长、书记（为小组组长），分管学生工作领导（为小组副组长），各系、研究所所长、毕业生辅导员、研究生导师。领导小组成员通过“企业微信”视频会议的方式定期沟通、协调、安排学院各阶段就业工作。

就业工作作为学院人才培养的关键环节，就业质量、就业率是否良好是衡量学院人才培养质量的重要指标。各基层单位主要领导必须高度重视就业工作，实实在在担负起领导责任，要清醒意识到就业工作绝不是学生系统的事情，而是学院全局工作的重要部分。院长、书记必须高度重视，调动学院各种可利用的资源，千方百计帮助学生实现就业，使2020年学院的就业工作较平稳地进行。

（2）完善毕业生个性化动态就业台账，创设不同需求的“云交流”分享群，指导学生就业。辅导员定期“一对一”地与毕业生沟通，了解学生的就业进展情况和存在的困难，帮助和引导学生形成解决方案，不断完善毕业生个性化动态就业台账，做到对每位毕业生的情况了然于胸。通过为每位毕业生建立个性化就业台账，辅导员老师可以掌握毕业生现状，追踪学生就业状态的发展变化，记录学生特殊求职需求和困难，分类推送有针对性的就业信息。同时，辅导员根据毕业生的就业兴趣和目标，创设不同分类的学生就业工作交流群，分门别类地分享就业信息和经验，进门专业指导，形成以需求为导向的学生分类指导“云交流”分享群。比如，提升学生求职能力和考研

复试能力的考前应试培训；帮助学生修改和完善求职简历；及时发布学校的相关培训、讲座，对不同需求的学生提供相应的职业生涯规划及面试方面的建议；对于部分存在就业困难学生，提供有针对性的帮助，针对未选修“4+1”双学位学生，考研失利的同学，辅导员要与他们保持良好的沟通，分析他们的诉求和考虑的因素，引导他们积极就业。

（3）调动教师、校友资源，搭建“云参与”就业帮扶机制。面对2020年的特殊困难情况，学院需要调动全院的资源和力量帮助毕业生平稳就业。首先，学院召开全院研究生导师和班主任就业工作视频会议，传达和落实国家和学校相关要求，充分调动导师们的主观能动性和积极性。要求老师们做到守土有责，守土尽责。在困难时期，要求老师们，特别是研究生导师们要更加关注、关心、关爱各自指导的毕业学生，将学生就业工作纳入导师全面培养学生的职责中来，关心、帮助和教育学生树立正确的职业观念，为学生提供力所能及的就业信息。受疫情影响2020年就业形势严峻，学院必须利用内部资源，搭建校友联系沟通机制，发动往届生提供就业资讯，多元化拓宽就业渠道，同时精准帮助有需求的毕业生。通过前期建立的校友交流微信群，将广大校友联系起来，宣传动员广大校友，拓展就业渠道、丰富就业信息，帮助毕业生寻求匹配岗位。特别关注和调动部分有就业信息资源和社会影响力校友的热情和积极性。学院要通过物质支持，通过一定激励形式对帮助学生成功实现就业的老师和校友给予一定的肯定、激励。

（二）开设就业“云课堂”，向毕业生宣传就业政策和培训就业技能

（1）宣传特殊时期国家就业政策，鼓励学生以灵活多样的方式实现多元化就业

通过就业“云课堂”形式，向学生宣传国家关于“鼓励毕业生参军入伍”“加大高校毕业生补充教师队伍力度”“增加毕业升学深造机会”“适当延长毕业生择业时间”等政策，鼓励学生到重点行业、中西部和基层，到中小微企业就业，到新经济形态下的新市场、新职业中实现灵活形式就业。[1]对毕业生开展网上就业观教育，教育学生学好、用好特殊时期国家的相关就

〔1〕《北京市教育委员会转发教育部关于应对新冠肺炎疫情做好2020届全国普通高校就业创业工作文件的通知》。

业扶持政策，做到心中有数，将被动化为主动，合理利用国家特殊时期的扶持政策，将个人发展与国家事业发展密切联系起来，顺势而为，将小我融入大我，在实现个人顺利就业的同时，为国家建设作出贡献。

（2）关注疫情期间毕业生学生心理健康，加强毕业生心理健康教育和培训

通过“疫情知识小贴士”等形式，对毕业生开展“疫情知识”教育培训，纾解学生就业压力和就业焦虑；开通“一对一”心理服务热线，对就业焦虑和心理压力较大的学生开展心理健康教育，个性化指导学生理性、积极地实现就业。

（三）举办多种类型的“云招聘”网上招聘活动，为学生搭建就业平台

（1）及时梳理和发布与学生专业相契合的就业“云信息”。学校成立校院二级就业工作小组，通过各种途径，专门收集不同专业、类型、层次的就业信息，通过就业信息平台，向不同专业的学生发布，使学生能够获得系统、有效的就业信息，并及时与用人单位获得联系和沟通。

（2）疫情期间，学校和各学院利用各种途径寻求与就业单位的直接联系，通过举办“云招聘”网络招聘双选活动，为毕业生与用人单位搭建沟通平台。一方面，学校就业部门通过既有途径举办较大规模的“云招聘”专场活动；另一方面，各基层单位根据本学院专业特点，举办与本专业契合度较高的特色“云招聘”活动。这需要发动学校、导师、专业教师、校友、辅导员、班主任等各方面力量，发掘有效资源和需求，了解毕业生就业状态，让学生和用人单位尽快适应网络“云招聘”新形势，积极主动参加网上招聘，努力实现早就业、好就业。

（四）开展温馨、科学的就业“云服务”工作，协调、帮助学生顺利毕业和就业

2020 年严峻的就业形势，给 2020 届毕业生的就业工作带来了诸多的困难和挑战，2020 届毕业生的就业压力和焦虑较往年更加凸显。为此，学校尤其是基层教学单位要为学生提供更加便利、科学、人性化的就业服务。针对国家关于“做好毕业生户档在校保留 2 年”的规定，学校就业部门、户籍和档案管理部门要明确工作责任、制定规范工作流程，使政策尽早细化、落地，

以缓解部分学生的后顾之忧；对就业困难的学生，要了解学生需求，有针对性地予以帮助和支持。对经济困难的学生，及时给予经济支持；对学业困难的毕业生，辅导员、班主任、导师要积极主动了解学生存在的问题，协调帮助学生完成学业；针对毕业生就业手续办理困难的问题，学校通过网络“就业一张表”的工作机制，方便、快捷地帮助学生办理就业、入职相关手续。

面对2020年严峻的就业形势，高校就业工作的平稳开展，需要全社会的高度关注，校院团结协调，师生全面参与，拓展和创新“云就业”就业工作模式，以“干在实处、走在前列”的工作意识，努力实现2020届毕业生顺利毕业、平稳就业。

如何加强高校就业困难群体的帮扶

——关于家庭经济困难学生就业帮扶工作的探析

学生处 高菲斐

【摘 要】高校就业困难群体的就业指导与帮扶是当前高校就业工作的重点和难点。在就业形势异常严峻的今天，家庭经济困难学生是高校就业困难群体中不可忽视的组成部分，如何对其进行就业指导与帮扶值得我们关注、思考。

【关键词】高校 家庭经济困难学生 就业帮扶

前 言

党的十八大报告指出，就业是民生之本。高校就业困难群体的就业问题是当前高校就业工作的重点和难点，对高校就业困难群体进行就业指导与帮扶是做好高校就业工作的必然要求。高校中的家庭经济困难的学生作为大学生的特殊群体，其就业帮扶更应值得关注。在就业形势异常严峻的今天，如何加强家庭经济困难学生的就业帮扶，建立切实有效的家庭经济困难学生就业帮扶机制是高校就业工作不断探索和实践的主要内容。

一、高校就业困难群体的形成及界定

所谓就业困难群体，是指那些有就业愿望和劳动能力，在就业过程中处于弱势地位的人群，他们依靠自身的力量无法实现就业或充分就业，需要国家或社会给予就业支持和帮助的社会群体。[1]2015 年修正后的《就业促进法》从法律角度进一步将其界定为：就业困难人员是指因身体状况、技能水

---

〔1〕 王毅平："山东省就业困难群体及其社会支持"，载《理论学刊》2004 年第 6 期。

平、家庭因素、失去土地等原因难以实现就业，以及连续失业一定时间仍未能实现就业的人员。改革开放后高校的扩招造成大学生数量剧增，全国普通高校的毕业生人数从 2003 年的 212 万人到 2019 年已达到 834 万人，增长了 4 倍，而社会提供给大学生的就业岗位依然有限，大学毕业生就业困难的问题日渐突出。经济社会的飞速发展、产业结构的调整使职业结构的调整频率也愈加频繁，这些变化都给人才的社会需求带来影响，而同时期高校的教育观念没有随社会发展需要快速地转变，知识传授与职业能力培养不协调造成大学业生个人素质能力与社会企业需求之间存在一定差距，从而进一步加重了大学生就业困难的问题。大学毕业生逐渐成为就业困难人员，成为社会就业困难人员中的高校就业困难群体。2011 年的《国务院关于进一步做好普通高等学校毕业生就业工作的通知》（国发〔2011〕16 号）指出："各高校可根据困难家庭毕业生的实际情况，给予适当的求职补贴。各地要高度重视大城市聚居地长时间失业高校毕业生以及女性、残疾人和少数民族等高校毕业生的就业问题，提供有针对性的就业服务和就业指导，鼓励有条件的地区制定实施专门的就业扶持政策。"2013 年《国务院办公厅关于做好 2013 年全国普通高等学校毕业生就业工作的通知》（国办发〔2013〕35 号）明确提出："各地区、各高校要将特困家庭高校毕业生作为帮扶的重点，认真开展摸底排查，掌握特困家庭高校毕业生的求职情况，有针对性地开展帮扶。"2016 年的《教育部办公厅关于开展全国普通高校毕业生精准就业服务工作的通知》进一步明确提出，要"重点关心家庭困难毕业生、少数民族毕业生、农村生源毕业生、残疾毕业生等各类就业困难群体，实行'一生一策'动态管理，通过开展个性化辅导、精准信息推送，做到精准帮扶，帮助他们尽快实现就业创业"。从上述国家相关部门关于大学生就业政策文件内容明确提出的四大类需要重点关心的就业困难群体可以看出，家庭困难毕业生、少数民族毕业生、农村毕业生和残疾毕业生构成了高校就业困难群体的绝大部分。目前我国高校家庭经济困难学生占在校生总人数的比例普遍为 20%，个别地区的高校甚至高于这个比例，其中特困生占在校生总人数的 5%，家庭经济困难毕业生在四类高校就业困难群体中占比最大，是高校就业困难群体的主体。

二、家庭经济困难学生成为高校就业困难群体的成因分析

2018 年的《教育部等六部门关于做好家庭经济困难学生认定工作的指导

意见》（教财〔2018〕16号）明确指出，家庭经济困难学生认定工作的对象是指本人及其家庭的经济能力难以满足在校期间的学习、生活基本支出的学生。本人及其家庭的经济能力难以满足在校期间学习和生活基本支出的学生即可被认定为家庭经济困难学生。本人及其家庭经济能力难以满足在校期间学习生活和基本支出的经济状况虽然不是造成家庭经济困难学生成为高校就业困难群体的必然原因，却是造成高校家庭经济困难学生在就业选择、就业能力及就业竞争力等多方面处于劣势的主要根源。家庭经济困难学生之所以易成为高校就业困难人员，是由多方因素导致的，具体分析如下：

首先，在客观方面上，一是社会就业形势严峻，高校毕业生人数逐年增加，2019年全国高校毕业生人数达834万，预计2020年高校毕业生人数达874万。优质人才的增加使就业市场的准入门槛及用人单位的招聘要求日益提高，就业市场早已从昔日的“卖方市场”进入了“买方市场”，毕业生竞争日益激烈。2020年全球暴发的新冠肺炎疫情带来的经济下行压力使本就形势严峻的就业市场雪上加霜，加剧了大学生就业困难。二是家庭经济困难学生缺乏家庭的有力引导和支持。通过对家庭经济困难学生数据库进行分析发现，因病致贫（家庭成员长期患重病）、家中主要劳动力丧失劳动能力或去世、父母下岗失业导致家庭丧失经济来源、家庭地处偏远落后地区、家庭遭受自然灾害或突发事件等是造成学生家庭经济困难的主要原因，家庭经济力量的薄弱使家庭成员无力对家庭经济困难学生的个人成长及求职提供有力的支持。

其次，家庭经济困难学生个体的主观方面也有一定问题，一是家庭经济困难、生活拮据使家庭经济困难学生承担更多的心理压力，容易产生不良情绪，甚至产生心理问题。尽管近些年国家资助力度加大，家庭经济困难学生经济上的困难得到一定程度的缓解，但因家庭经济困难产生的自卑、焦虑、敏感、缺乏自信、抑郁、怯懦等心理没有伴随经济困难缓解而消除，成为阻碍家庭经济困难学生提高自身综合素质及能力、突破自我的内心障碍。这些心理问题一方面造成家庭经济困难学生抗挫折能力弱，就业竞争力弱，其在就业过程中就易处于劣势。另一方面家庭经济困难的状况也极易引发家庭经济困难学生对社会产生消极悲观的态度。二是家庭经济困难学生自身对职业生涯规划意识的缺乏造成其对自我及职业极度缺乏了解，导致其在毕业择业时职业取向盲目或无所适从。家庭经济困难学生由于受家庭因素所限，在职业认识和规划方面缺乏来自家庭的支持与引导。在进入大学前，家庭经济困难学生没有接受过生涯规划教育，家庭经济贫困限制了其综合素质及能力的拓展。进入大学后他们仍然过于偏重专业课的学习，轻视学校开设的职业规划等就业指导类的相关课程，对于如何培养职业技能及如何选择职业缺乏思考，认为职业规划和就业在毕业求职阶段才需要考虑。笔者从职业生涯规划课上了解到绝大多数学生没听说过职业生涯规划，更没做过职业访谈和参加过社会工作实践。职业生涯规划意识的缺失会造成家庭经济困难学生对自我和外部世界探索不足，难以形成正确的职业价值观，造成毕业求职时职业取向的迷茫。三是就业竞争是学生综合能力的较量，只重视知识技能，缺乏过硬的可迁移技能和自我管理技能也是造成家庭经济困难学生成为高校就业困难群体的原因之一。技能是毕业生在就业市场上最有力的竞争武器，其中可迁移技能和自我管理技能是毕业生个体最能持续运用和依靠的技能，也是用人单位最为看重的技能。家庭经济困难学生囿于家庭经济条件，较多注重培养专业知识技能，对培养提高沟通能力、领导能力、团队合作精神、人际交往能力等可迁移技能和自我管理技能的课外活动较少积极主动参与。可迁移技能和自我管理技能不足影响了专业知识技能的运用，削弱了家庭经济困难学生在就业市场的竞争力。

三、加强家庭经济困难学生就业帮扶的必要性

根据相关教育部门资料显示，家庭经济困难学生人数普遍达到学校总人数的20%。高校就业困难群体中的少数民族、农村生源、残疾三类学生群体中的不少学生包含在家庭经济困难学生这一特殊群体中，因此可以说家庭经济困难学生群体是高校就业困难群体的主要组成部分，家庭经济困难学生的就业帮扶对高校就业率的高低具有重要影响，是有效解决高校就业困难群体就业难的着手点。

家庭经济困难学生的就业帮扶也是精准扶贫战略的必然要求。党的十八大报告强调就业是民生之本。高校扶贫是国家精准扶贫战略的重要一环，加强对家庭经济困难学生的就业帮扶，使家庭经济困难学生能够顺利就业，不仅能解决其个人的生存问题，还能够改善其家庭经济状况，对促进社会的和谐稳定、国家经济的持续发展有重要贡献。因此关注家庭经济困难大学生的

就业帮扶问题，对维护整个社会的稳定和发展具有至关重要的作用。

家庭经济困难毕业生作为一类特殊群体，对其进行就业帮扶是高校资助育人工作的重要组成部分。资助育人工作作为高校思想政治教育工作的重要组成部分，是以不断激发家庭经济困难学生主动成长成才的内生动力、让他们享有平等发展机会为目标，而其实现过程也正是家庭经济困难学生就业帮扶的内容。

四、关于高校家庭经济困难学生就业帮扶工作的思考

持续十余年的“自强之星暨感动法大人物评选”活动反映了中国政法大学家庭经济困难学生具有自强自立、积极努力奋发向上的精神面貌。但在日常工作中，我们仍然注意到一些家庭经济困难学生难以摆脱经济困难带来的消极影响。通过对家庭经济困难学生成为高校就业困难群体的成因分析，笔者提炼了家庭经济困难学生群体就业过程中存在的共性问题，并建议针对共性问题与特点采取有针对性的就业帮扶措施。这些措施主要有如下几个方面。

一是营造良好的校园人文环境，从校园大环境的氛围中给予家庭经济困难学生温暖。尽管家庭经济困难学生属于高校的一类特殊群体，但在具体实践工作中高校教育工作者应从思想上、心理上把家庭经济困难学生当作普通学生看待，根据其个人情况给予适度关心，把对其的心理疏导与就业帮扶相融合。在日常工作中全方位多角度关心家庭经济困难学生在就业过程中的心理健康问题，鼓励他们参与各类实践活动，提升可迁移技能和自我管理技能，消除失落感和自卑心理，建立健康的就业心理素质，从而达到端正其就业心态的目的。

二是以新生的贫困生数据库为基础，建立完善家庭经济困难学生就业信息管理数据。新生入学后，开展家庭经济困难学生的工作调研，通过设计调查问卷、座谈等方式对家庭经济困难学生职业意识的认知程度进行测评，并根据测评结果予以建档分类，建立起家庭经济困难学生个人就业信息数据系统，跟踪每一名家庭经济困难学生的就业帮扶措施，为精准就业帮扶打下良好基础。

三是精准认定、精准指导，通过开展个性化就业指导满足家庭经济困难学生的个性化发展需求。通过前期建档摸底，对家庭经济困难学生基本情况、

职业意愿及就业需求有了一定程度了解后，对家庭经济困难学生个体开展有针对性的就业帮扶工作，以满足家庭经济困难学生个性化的就业需求，增强就业帮扶的有效性。通过开设就业辅导室，聘请校内专任教师对有个性化发展需求的家庭经济困难学生，进行一对一的个性化分析指导，引导他们从个人理想、价值观、技能水平、综合素质等方面评估自己，分析自己的优劣势，了解社会对人才的需要，帮助其认识到个人素质能力与社会用人单位需求之间的差距，使家庭经济困难学生能够根据自己的能力、兴趣和现实条件合理制定自己专属的职业生涯规划，找到适合自己的职业发展道路。个性化的精准帮扶可以有效地帮助家庭经济困难学生缓解焦虑，消除负面情绪。

四是建立家庭经济困难学生的动态就业帮扶体系，对不同年级、不同阶段的家庭经济困难学生采取分阶段、有步骤的就业帮扶措施，把就业帮扶贯穿于家庭经济困难学生的整个大学生涯。在大学初期通过职业生涯发展与规划课程唤醒他们的职业生涯规划意识，帮助他们提高自我认知，启发他们思考个人的职业生涯规划并尝试个人职业生涯的初次规划。大学中后期通过学校建立的就业知识讲座、就业咨询、就业经验分享会、探索工作世界等实践性强的品牌活动，培训强化家庭经济困难学生的职业意识，帮助家庭经济困难学生明确个人职业理想，逐渐引导家庭经济困难学生客观、理性地在主客观条件决定的范围内找到自己的择业方向。

五是进一步完善高校经济资助制度，为家庭经济困难学生提供就业经济扶助。《2018 届毕业求职成本调查报告》显示 6 成以上毕业生求职成本超 5000 元，[1]求职成本无形中增加了家庭经济困难毕业生的经济负担，易导致家庭经济困难学生丧失就业机会。高校可以通过制订家庭经济困难学生的就业经济扶助专项计划，对就业中的家庭经济困难学生给予一定经济上的扶持，减轻其求职中的经济压力。

高校家庭经济困难学生的就业帮扶工作是一项涉及方方面面的系统工程，需多管齐下并形成合力，多部门多方面助力高校家庭经济困难学生顺利就业。

---

〔1〕“2018 届毕业生求职成本发布：6 成以上毕业生求职花费超 5000”，载中国山东网，https://baijiahao.baidu.com/s? id=1603850185316790047&wfr=spider&for=pc，最后访问时间：2020 年 4 月 8 日。

发挥毕业生党员就业示范引领作用的思考

学生处 蔡明波
学校办公室 晏 鸿

【摘 要】 毕业生党员是在校学生中的一类优秀群体，在日益严峻的大学生就业工作中有着重要的作用。本文从分析毕业生党员现状及成因入手，阐述了发挥毕业生党员示范引领作用对就业工作的重要意义以及具体体现，提出了对如何促进毕业生党员发挥示范引领作用的思考。

【关键词】 毕业生党员 就业工作 示范引领

毕业生党员是在校学生中的一类优秀群体，经历过党组织层层考验的他们，普遍更积极上进，更有使命感、责任感和奉献精神。持续的组织生活与政治理论学习，也使得他们拥有更坚定的共产主义理想信念，更加正确的“三观”，更高的思想觉悟，更强的政策理解力。然而，面对当前日益严峻的就业形势，他们与其他学生一样面临着升学、求职、就业的重重压力，这对他们发挥共产党员先锋模范作用带来一定的挑战，当下迫切需要学校加强对毕业生党员的思想政治教育，引导毕业生党员保持党员先进性，在促进高质量就业工作中积极发挥示范带头作用。

一、毕业生党员的现状

（一）面临多重压力

与普通毕业生一样，毕业生党员也面临学业、求职、家庭和社会的重重压力。学业上，虽然毕业生大多没有课程上的压力，但毕业论文是无法避开的，开题、写作、答辩，每个环节都需要投入不少的精力，除此之外还有要准备考研考博的，申请出国留学的，每一件事都需要精心对待；求职上，日益严峻的就业形势，让即使是名牌大学的毕业生也不敢马虎，招聘信息筛选、简历制作与投递、笔试面试，哪样也不敢掉以轻心；家庭里，可能还得面对父母亲朋的担忧，妥善处理与他们的关系；社会上，还可能遇到实习单位、用人单位的“刁难”，初入职场的不如意……凡此种种，都给毕业生们带来很大的压力。

（二）党员意识相对淡化

进入毕业季后，毕业生党员的关注重点偏向了升学、求职、毕业论文等事宜，由于经常需要在外奔波求职，客观上造成对党组织的活动、学习关注精力分散，也有的毕业生党员认为自己即将毕业，可以不受党组织约束，便以应聘、实习、复习考试为借口，拒不参加党支部组织的“三会一课”和主题活动，进一步加剧了其党员意识的淡化，以至于极个别情况下，出现与组织“失联”的情形。

（三）价值观易受冲击

毕业生党员大部分一直在高校的象牙塔内学习生活，缺少社会阅历，在求职中接触社会后，极易受到不良风气的影响。特别是求职受挫后，容易产生失衡心理进而消极抱怨；还有部分受享乐主义影响，认为作风建设与学生党员无关，在完成论文、落实工作后，放松自我管理。

二、发挥毕业生党员作用对就业工作的意义

尽管毕业生党员也受到就业压力的影响，但不能改变毕业生党员仍是毕业生群体中的优秀分子这一事实，发挥好他们在就业工作中的作用意义重大。

（一）有助于增进毕业生与学院、学校的沟通理解

毕业生党员长期与其他同学共同生活，朝夕相处，相互之间了解与信任，有着同窗之情，与辅导员和学生之间的师生之情有很大差别。很多辅导员通过老师身份了解不到的信息，同学之间却能轻松获得。作为毕业生中的一个特殊群体，毕业生党员也面临升学、求职一系列问题，他们也更理解整个群体的感受，更了解整个群体的需求，加上党员的思想觉悟高，他们也具备敏锐洞察周围同学思想波动、现实困惑和分析其中原因的能力。同时，作为学校精心培养的骨干力量，毕业生党员们与学院和老师们一直保持着紧密的联

系，长期的政治学习也让他们比一般同学更加理解学校相关政策、制度。毕业生党员可以成为毕业生与学院、学校之间顺畅沟通的桥梁，使学院、学校能及时掌握毕业生的思想动态，使相关的毕业政策得到更好的落实，相关的就业工作更好地实施。

（二）有助于带动毕业生的就业热情

毕业生党员，特别是在校期间发展的党员，大多数是学生干部，经过了学校基层党组织积极培养和考察等多个环节筛选，只有各个方面表现积极，才有资格成为一名党员。学生党员是基层党建的骨干力量，更是学生中的先锋模范。他们接受最先进的政治教育和理想信念教育，拥有坚韧的品质和坚定的意志，面对困难时会更为自信。相比其他同学，他们在校期间大都热情积极，干劲十足，具有较强的工作能力；遇事沉着，善于解决问题，具有丰富的工作经验。鉴于毕业生党员较强的就业适应能力和较高的个人综合素质，他们具有参与到毕业生就业管理工作中的主动性。保持和发挥好他们的榜样作用，可以很好地鼓舞身边同学的士气，激发他们的就业热情，使他们积极主动选择向毕业生党员汲取经验，全身心地开展毕业准备和求职就业。积极响应国家号召，主动到西部及基层就业的毕业生党员，还能进一步以他们的实际行为影响身边同学，使他们转变就业观念，“勇于到条件艰苦的基层、国家建设的一线、项目攻关的前沿，经受锻炼，增长才干”。〔1〕

（三）有助于提升就业精准帮扶效果

由于学院辅导员、学校就业指导与服务部门工作人员数量上的限制，很难真正实现对就业困难学生一对一持续的就业指导，也很难发现诸如因病、因残、因贫等显性因素之外的就业困难学生。此时，毕业生党员的奉献精神就能发挥巨大作用。毕业生党员对就业政策、招聘信息来源获取能力更强，他们有更多的时间和精力来帮助其他学生收集、整合信息。将毕业生党员组织起来，组建一对一或一对多的帮扶队伍，由就业部门专业人员带领和指挥，毕业生党员协助和推动，这样能极大地提升就业困难学生就业指导的工作效率，促进就业精准帮扶措施取得实效。

---

〔1〕“习近平同各界优秀青年代表座谈时的讲话”，载中国共产党新闻网，http://cpc.people.com.cn/n/2013/0505/c64094-21367227-3.html，最后访问：2020年4月14日。

三、毕业生党员在就业工作中示范引领作用的具体体现

（一）积极就业的表率

毕业生党员在校期间普遍表现得比较活跃，在就业求职过程中，也应保持一贯作风，积极参与学校组织的就业指导活动，参加用人单位宣讲会、招聘会，在周围同学中宣传、讨论就业政策，交流求职技巧，转发传播用人单位招聘信息等，做积极就业的表率，用实际行动感染身边同学，激发他们的就业热情，抑制“缓就业”“慢就业”的消极情绪。

（二）转变就业观念，合理设定就业预期的模范

面对日益严峻的就业形势，毕业生党员应尽早主动进行职业生涯规划，深入剖析自己的优劣势，明确未来发展方向。全面了解就业渠道，不偏听，不盲从，合理设定期望值，树立“先就业、再择业”的观念，不执着于在北上广深等一线城市发展，不固守体制内公务员一条路，应到更广阔的空间和行业，寻找适合自身发展的道路。

（三）响应国家号召的先锋

结合自身发展实际和时代特点，毕业生党员应身先士卒，响应国家号召，主动到西部、到基层、到祖国最需要的地方去就业，做有理想、有本领、有担当的新一代青年，让青春在党和人民最需要的地方绽放出绚丽之花 。

（四）学生就业互助、困难帮扶的主力

毕业生党员大都是表现突出的学生骨干分子，在校期间就要参与大量学生工作，因此累积了较丰富的工作经验，让他们在求职就业时拥有一定的优势，往往在毕业季初期就能确定就业单位，这使他们有充足的时间准备毕业。他们的经验、时间和对身边同学的熟悉程度，让他们成为就业互助、困难群体帮扶的最佳人选和工作主力。

（五）减少就业工作舆情的保障

高校发展的学生党员，都是严格按照“三投票三公示一答辩”程序而产生出来的，持续的组织培养与理论学习让拥有良好群众基础的毕业生党员具有更高的觉悟和更敏锐的政治嗅觉，能够及时发现身边同学的思想波动和心

理变化，把他们动员、组织起来，就能为减少就业工作舆情压力提供坚实的保障。

四、促进毕业生党员发挥示范引领作用的途径

（1）加强就业指导部门与党建部门、学生思想政治教育部门的工作联动，以崇高理想信念为体，就业技能为用，将思政教育融入就业指导中，引导毕业生党员树立远大职业理想，将职业发展目标、自我价值实现与国家发展需要结合起来；在入党积极分子学习课程中加入就业相关内容，在毕业生党支部理论学习、组织生活会、民主生活会中引入专业的就业指导思想；要在平时的思想政治教育中引入职业生涯规划等就业指导教育，要更多地邀请基层、西部就业优秀校友回校交流，要加大对二三线城市就业环境的宣传，在润物无声、潜移默化中，逐步转变学生就业观念。

（2）强化毕业生党员培养，发挥他们在基层组织建设中的作用，实现毕业生党员个人成长与推动基层党建就业教育的双赢。一是在学校党校课程方案、思政教育方案中，加入专业就业理论、行业发展形势研讨课，指定毕业生党员为教学助手，收集、整理、汇总、分析各类就业政策与信息，并主持讨论。二是探索建立各届毕业生党员间就业互助薪火相传的联络机制，以应届毕业生党员支部为单位，组织往届优秀校友党员与在校生党员的就业交流活动。

（3）创新毕业生党员活动方式，重点加强党性教育。理论教育筑牢思想根基，党性教育纯洁思想灵魂。针对毕业生党员人员分散、党员意识较为淡化的现状，要大力创新党员活动形式，不拘泥传统面对面会议，充分利用微信、钉钉等现代化信息交流载体，建立工作平台，以此加强党员间的信息沟通与共享。注重学习实效，重内容轻形式，着重加强党性教育，将党的活动与党员实际就业需求相结合，开展学生喜闻乐见的集体活动，确实解决毕业生党员的需求，提升他们的参与度和获得感。

（4）利用考评机制，推动毕业生党员自觉增强党员意识。要定期开展党员自评、互评、群众测评、支部评价活动，要将党员参与就业工作纳入考评内容，要扩大民主评议的范围，毕业生党员应向全体同学述职并接受他们的监督。要将考评结果与优秀毕业生评选挂钩。要及时公布考评结果，并以适

当方式让全体同学了解，让接受考评的党员正视自身问题，并加以完善和整改，使毕业生党员永葆党员先进性，时刻发挥示范引领作用。

五、总　结

毕业生党员的特殊身份注定了他们不能也不应该像普通同学一样，只关注个人事务，他们还应当发挥榜样和先锋的作用，为学校就业工作做贡献。同时，作为青年毕业生中的一员，他们也存在自我调节力较差、自觉性不够等局限，这些都需要就业主管部门连同培养部门、党建管理部门、学生思政教育部门相互协调，联合采取适当的措施加以引导、鼓励和约束。

参考文献

[1] 吕梦醒："高校党员毕业生在就业工作中的引领作用研究"，载《中国大学生就业》2019 年第 12 期。

[2] 闫燕琴："加强高校毕业生党员管理路径研究"，载《才智》2019 年第 30 期。

[3] 徐莹："加强高校毕业生党员教育管理工作实效性的思考"，载《河南教育（高教）》2019 年第 5 期。

基于就业意向开展精准化就业指导的思路探析

——以中国政法大学2020届毕业生为例

学生处 蔡明波

【摘　要】 如何加强就业指导，使其发挥更大作用，帮助毕业生增强从校园到职场转换的能力，让毕业生在愈发严峻的就业形势下顺利就业，是各高校就业管理服务部门重点思考的问题。其中精准化匹配学生需求开展就业指导已成为共识。本文尝试分析中国政法大学2020届毕业就业意向，从中探析基于就业意向开展精准化就业指导的思路和举措。

【关键词】 就业意向　精准化　就业指导

教育部、人力资源和社会保障部共同发布的数据显示，2020届高校毕业生规模预计达到874万人，同比增加40万人，再次刷新历史最高纪录。近几年的数据显示，这种劳动力供应不断上涨，但整体就业机会并没有明显增加的状况已成为常态，更别提在2020年这场突如其来的新冠肺炎疫情影响下，很多行业的招聘停滞，岗位需求锐减。如何加强就业指导，使其发挥更大作用，帮助毕业生增强从校园到职场转换的能力，让毕业生在愈发严峻的就业形势下顺利就业，是摆在各高校就业管理服务部门面前的一个难题。实践证明，仅靠一门就业指导课程加一些讲座是明显不行的，它们无法解决学生成百上千种职业发展和就业咨询的需求，最有效的方法需要根据每个学生的具体需求开展精准化就业指导。但是，针对每个学生实施对症下药式的“一对一”指导和服务，需要投入大量资源，受限于学校就业管理服务部门专业人员的数量、专业水平和咨询场地、时间等因素，也是难以实现的。在当前的条件下，怎样才能兼顾庞大的精准化需要和有限的资源条件，让就业指导工作取得更大实效，实现更充分和更高质量的就业呢？学校应当从了解学生真实意愿入手分析，总结合并同类项，理清学生主要就业需求，结合国家和政府的政策导向，开展精准化群体指导与个别辅导相互配合的就业指导工作。

一、2020 届毕业生就业意向情况

2020 年 3 月 30 日，为了全面了解掌握毕业生就业状态，学校就业创业指导服务中心启动了面向 2020 届毕业生的就业意向登记工作。截至 2020 年 4 月 10 日，共计 3553 人在就业信息网平台上完成了登记，占平台数据库中 2020 届毕业生总数的 70.30%，登记信息体现了绝大多数毕业生的真实意愿（毕业生总人数中约有 10%的定向委培学生无需登记）。分析其中 2413 名有意向找工作的毕业生登记信息，主要呈现以下特点。

（一）就业意向城市“二八效应”明显

从数据上看，选择到排名前 20%省（直辖市）就业的占了全部人数的 80%。北京、广东、上海仍然是毕业生首选的三大就业意向地区，选择北、上、广的人数占全部人数的 62%，而其中有意向留在北京就业的又占了多数，达到了全部人数的 38%，比广东、上海加起来还多 14 个百分点。

根据《中国政法大学毕业生就业质量报告（2018）》显示，“2018 届毕业生中，54.18%的毕业生落实在北京就业……”[1]《中国政法大学毕业生就业质量报告（2019）》显示，“2019 届毕业生中，55.44%的毕业生在北京就业，京外就业的毕业生主要选择在广东省（5.59%）、浙江省（4.21%）、上海市（3.70%）……”[2]由此可见，历年留京的比例对下一届毕业生选择是否留在北京的影响很大。

（二）党政机关、事业单位、国企等体制内单位仍是首选

关于登记的有意向就业的用人单位的性质，选择国有企业、审判机关、行政机关、检察机关、人大、政协机关和其他事业单位等体制内单位的人数

〔1〕“中国政法大学毕业生就业质量报告（2018）”，载中国政法大学信息公开网，http://xxgk.cupl.edu.cn/info/egovinfo/1002/nry-xxgk/cupl-05-2018-044.html，最后访问日期：2020 年 4 月 10 日。

〔2〕“中国政法大学毕业生就业质量报告（2019）”，载中国政法大学信息公开网，http://xxgk.cupl.edu.cn/info/egovinfo/1002/nry-xxgk/cupl-05-2020-003.html，最后访问日期：2020 年 4 月 10 日。

占全部人数的69%，仅有不到30人有意向到城镇社区、农村就业。

对比此前2年的毕业生就业质量报告，毕业生对就业单位性质的选择基本一致，但由于体制内单位招录数量的限制，最终还有大量毕业生被迫选择到其他类型的企业就业，主要有律师事务所、金融机构等。此外，每年最终选择到基层和西部就业的人数，均多于最初意向登记人数。

（三）对用人单位关注焦点集中在五险一金、解决北京户口、岗位晋升、提供住宿、带薪年假等务实的方面

毕业生关注用人单位所能提供条件的焦点，前十名分别是：五险一金、解决北京户口、岗位晋升、提供住宿、带薪年假、技能培训、公司有食堂、年底双薪、购房津贴、定期体检。全部集中在实用性的需求上，对职业前景、发展潜力等关注很少。

二、基于就业意向开展精准化就业指导的思路

分析2020届毕业生已登记的就业意向可以发现，2020届毕业生就业意向与近年来学校毕业生就业质量报告中展现的情况基本一致，也符合学校之前抽样调查毕业生就业意愿的结果。但当中也反映出不少问题，比如就业意向地区过分集中于大城市和发达地区，工作性质过分追求稳定和高待遇，还有20%左右的同学没有明确毕业意向等，这些问题迫切需要通过加强有针对性的就业指导工作加以引导而解决。基于此，笔者提出以下开展精准化就业指导的思路。

（一）核心理念

开展就业工作的核心理念是以人为本，服务学生的全面成长成才。就业指导是就业工作的一部分，遵从和就业工作一样的核心思想。就业指导就是要以社会对人才的需求为导向，结合学生自身的个性特点、综合能力，对学生就业观念、职业发展、求职技能等进行引导、指导，最终达到匹配合适的人才到合适岗位上的目的。

（二）具体思路与举措

1. 引导学生建立科学的、积极的就业观念

当代大学生正处在思想多元、价值多元的互联网时代，他们是伴随互联

网发展成长的一代，互联网对他们而言是生活必需品，通过搜索网络他们可以轻松获得各种各样的信息，了解全新领域的知识；通过社交网络他们可以快速与世界连接，一机在手便知天下。然而网络世界纷繁复杂，信息良莠不齐，积极向上与腐败堕落同生共长，大学生们或年纪尚小，或长期在校学习社会经验少，面对不良信息有时难以有效甄别。这些不良信息借助各类社交平台推荐算法，不断地被呈现给学生，让他们很容易就错误地将个别现象当成普遍存在，错误信息侵蚀他们的思想，误导他们的判断，也影响着他们的就业观念。因此，需要学校以国家政策、社会需求为导向，通过持续的就业指导，促进学生健全人格、转变角色，让学生学会正确认识社会、认识自己，正确地建立与社会的连接，不自视过高也不妄自菲薄，不盲目乐观也不消极懈怠，逐步树立科学的积极的就业观念。

2. 引导学生合理设定就业预期

虽然现在大家已经很少用天之骄子来形容大学生，但一路过关斩将击败无数对手才进入大学，特别是重点高校的优势专业的学生，内心或多或少存在优越感。他们在毕业择业时，会不自觉地存在较高心理预期，非北上广深不去，非公务员事业单位、行业顶级企业不考虑，非本专业工作不做，不论做什么工作也要留在北京等思想比比皆是，这些思想很容易造成一些毕业生找不到工作、基层单位和某些行业却招不到人的失衡局面。所以，要经常性开展形势宣传、政策宣讲，让学生全面了解当前就业形势，引导学生根据自身条件规划职业，合理设定就业预期，鼓励和支持学生到北上广深以外其他城市就业，回生源地就业，到西部和基层就业。

3. 就业指导向低年级下沉并贯穿人才培养全过程

就业指导不应只对毕业生开展。学生一旦步入毕业季，其就业观念已基本成型，需求焦点是对简历制作、求职笔试面试应对等技巧性指导，想在此时通过寥寥几场宣讲、招聘会和一些招聘宣传信息就对学生就业思想观念起引导作用是不现实的。在就业观念定型的情况下，学生就业方向转变往往是被迫的，是在其他出路无果下的权宜之计，他们并没有为这样的选择做充足准备，而这对他们的成长是不利的，也无益于学校的人才培养质量。因此，对学生的就业指导应当下沉到低年级，并从新生入学教育一直贯穿到毕业典礼，根据学生所处的不同阶段，分层次进行。在学生入校时种下就业的种子，

低年级时以课程讲授的形式进行理论教育，中高年级以实习实践的方式促进职业生涯规划形成，毕业年级以专题培训的方式提升求职技巧，在学生入党、各类评优时辅助以家国情怀的就业观念教育，全方位引导学生尽早明确发展方向，规划发展路线，形成符合国家需要、社会需求的正确的就业观念并付诸实践。

4. 突出个性化与实践性指导

当今的学生追求个性与自我价值实现的愿望强烈，仅仅通过一门课程和一些讲座解决所有学生的职业发展和就业咨询问题是绝对不可能的。学校需要结合不同层次的学生的诉求，提供有针对性的指导和帮助，提供个性化的训练方案，提升学生与社会需要的匹配度，提高学生求职成功率；同时积极拓宽社会渠道，用好实习、实践基地，为学生提供充分的实习、实践机会，提升学生的实际操作能力，加深学生对社会的认知。要在学生实习、实践的过程中加以指导，结束后加以总结，帮助学生尽快完成适应社会的转变。建立学生就业指导电子档案，全面记录学生课程、咨询、指导等方面的信息，为个性化指导和就业帮扶提供依据，条件允许的情况下，实行专属就业咨询导师制，为每个咨询的学生提供固定的就业咨询导师，全程跟踪学生就业成长轨迹。

5. 拓宽就业指导范围

除了传统的就业指导理论课程，简历制作、笔试面试应对等技巧指导之外，还应当依据学生咨询情况、主动开展调查调研等挖掘学生需要，开展一切有利于学生就业工作的指导工作。比如，主动开展政策解读宣讲，解决学生对相关就业政策文件获取信息不对称的情况，为学生答疑解惑；为学生提供专业的就业心理健康辅导，帮助学生积极应对就业中的心理压力，增强抗压能力，培养过硬的心理素质；在学生中持续开展家国情怀的思想政治教育，提高学生的思想觉悟，使其树立更远大的职业理想等。

三、总　结

就业指导要切实取得实效，就必须走精准化的道路，精准化的实现又要依托于对服务对象需求的准确把握。除了被动响应服务对象提出的要求，学校还应该重视对日常工作中形成的数据的分析，从中挖掘出学生真实的、深层次的需求，针对这些需求制定科学的、专业的工作方案，开展精准化的就业指导，助力学生成长成才，进而促进学校人才培养目标的实现。

参考文献

[1] 杨帆："高校开展精准化就业工作的思路探析"，载《创新创业理论研究与实践》2019 年第 6 期。

[2] 李琳："论当下高校就业指导存在的问题及改进措施"，载《智库时代》2020 年第 13 期。

[3] 杨乾振："大数据视域下高校毕业生精准化就业指导路径探究"，载《智库时代》2020 年第 2 期。

[4] 付双："当代大学生就业价值取向的变化与引导"，载《理论观察》2017 年第 10 期。

多措并举促进毕业生高质量就业

——基于政策有效性实证研究

学生处　何立丹

【摘　要】本文使用内容分析法、问卷调查法和多元回归分析法对就业政策类型、就业政策认知情况及毕业生初次就业情况进行研究，结果显示高校毕业生初次就业的就业机会受到拓宽就业渠道、提供就业服务、转变就业观念三类政策的正向影响，就业满意度受到提供就业服务、保护劳动权益、维护就业公平三类政策的正向影响。作为政策落实主体的高校应从加强就业政策宣传力度，采取有效措施将就业政策进行积极落实等方面入手，优化就业指导服务，助力毕业生高质量就业。

【关键词】大学生　就业政策　指导服务

一、高校毕业生就业形势严峻

大学生就业问题是关系我国国计民生和社会稳定的关键问题，高校毕业生的顺利就业与否不仅是评价高校办学水平的重要指标，更是影响家庭进行教育投资的重要因素，同时也反映整个国家和社会对人才的重视程度，直接影响社会风气的形成。受主客观多重因素影响，高校毕业生就业形势日益严峻。客观上，一方面，受高校扩招等原因影响，我国高校毕业生人数逐年升高，从2001年的115万增加到2019年的834万，预计2020届高校毕业生人数将达874万人，再创历史新高，因此，劳动力市场供应不断增加；另一方面，伴随着全球经济发展不稳定性因素的增加，受我国经济下行及公共卫生突发事件等多重因素影响，众多企业尤其是中小企业面临发展危机，对劳动力的需求有所下降。劳动力市场供需矛盾突出，整个社会存在总量性失业的风险。

除此之外，高校毕业生受自身不科学的就业观念及有限的就业能力等因素的影响，也面临着结构性失业的风险。比如部分高校毕业生就业观念固化，对工作地点、行业、单位性质有非常强烈的个人倾向，非大城市不去，非公务员不考，对一些新兴行业不闻不顾，对自己不熟悉的领域存在排斥等，这些都可能会导致毕业生在求职过程中“碰壁”，甚至无法顺利就业。还比如，部分学生在经过寒窗苦读进入大学后，便放低了对自己的要求，不思进取，忽视自身能力素质的提升，浪费了宝贵的时间，在就业时，因缺乏就业意识和就业能力，无法达到用人单位的要求，导致无法顺利就业。

面对严峻的就业形势，为向高校大学生提供更有效的就业指导服务，笔者运用内容分析、问卷调查、逻辑回归分析等实证研究方法对高校毕业生初次就业的情况进行分析，在数据反馈和调研结果的基础上提出有针对性的建议。

二、毕业生初次就业情况实证研究

（一）研究目的

此次实证研究的目的有三个，一是了解毕业生在初次就业时的就业意愿以及就业观念，摸清底数，发现问题；二是了解毕业生对各种类型的就业政策的了解程度和认可程度；三是了解不同类型的就业措施对毕业生初次就业情况产生的实际影响。

（二）研究过程

依据研究目的，将研究过程分为三部分。第一部分对我国现行的大学生就业政策进行梳理及分类。选取 162 项国家和北京市颁布的针对高校毕业生的就业政策作为研究样本，使用内容分析法对样本进行定义、编码、分类，从政策目标维度将就业政策分为拓宽就业渠道、保护劳动权益、提高就业能力、转变就业观念、提供就业服务、促进自主创业、引导基层就业、维护就业公平、增加就业援助九大类。每类政策的内涵及主要内容见表 1。

表1　不同类型政策的内涵及主要内容

政策类型	政策内涵	主要内容
拓宽就业渠道政策	指国家引导各类企业和用人单位吸纳高校毕业生，增加就业领域，为毕业生提供更多的就业岗位	主要包括鼓励国有企业、非公有制企业、科研单位、民营企业、中小企业等各类用人单位积极接收高校毕业生，实施岗位拓展计划，大力发展服务外包产业和新兴产业等举措
保护劳动权益政策	指保护高校毕业生在就业过程中的合法权益，特别是指毕业生在非公有制企业、中小企业以及基层就业时的权益保护	主要包括保障五险一金制度的落实等措施
提高就业能力政策	指通过采取一系列举措，来提高高校毕业生的综合素质和就业能力，以满足就业单位的需求，提高毕业生的就业率	主要包括深化高等教育改革，调整高校学科专业和人才培养结构，加强大学生素质拓展计划，定期组织学生参加职业技能培训等措施
转变就业观念政策	指通过转变大学生的就业观念，引导其到各行各业就业，从而实现人才资源的优化配置，提高大学生就业的稳定性和满意度	主要包括加强对大学生的思想政治教育，使其形成正确的价值观和择业观；鼓励大学生自主自愿到基层地区和边远地区等国家急需人才的地区和行业就业创业等措施
提供就业服务政策	指政府、学校、社会服务机构应采取各种措施为毕业生提供服务，创造条件，促进大学生就业	主要包括收集、整理、发布用人单位需求信息，开展多种形式的供需见面活动；各大高校不断建立健全大学生就业指导服务机构，完善未就业人员登记制度等措施
促进自主创业政策	指采取各种优惠和支持措施鼓励创新创业，提高大学生创业积极性，以创业促进就业	主要包括创造良好的氛围，鼓励大学生充分发挥创造力，积极创新；加大在科技成果转化、资金投入等方面的帮扶，进行创业基地建设；加强创业创新教育等措施
引导基层就业政策	指国家采取优惠和保障政策来引导大学生到边远地区、农村和基层就业工作	主要包括“三支一扶”计划、大学生村官计划、大学生志愿服务西部计划、农村教师特岗计划、城乡基层就业计划等措施

续表

政策类型	政策内涵	主要内容
维护就业公平政策	指积极采取措施创造公平的就业环境及良好的就业秩序，以推动大学生就业工作的稳步进行	主要包括规范大学生就业市场，加强监察执法工作；严禁用人单位在招聘活动中存在性别歧视、地域歧视等行为；建立公开透明的招聘制度等措施
增加就业援助政策	指针对家庭贫困、就业困难及少数民族的毕业生等特定群体提供就业帮扶，以保障他们顺利完成就业	主要包括提供就业补贴、加强离校后的就业服务、优先安排就业等措施

第二部分通过问卷调查，了解高校毕业生初次就业时的情况。问卷包括三部分内容，一是毕业生个人基本信息，包括毕业生的性别、年龄、生源地、最高学历、初次就业时间以及初次就业时的就业观念、就业倾向等；二是毕业生初次就业时对就业政策的认知情况，包括对不同类型的就业政策关注程度、满意程度，对政策的重要程度、影响程度进行评价等；三是毕业生初次就业情况，包括获得的就业机会数、就业地域、行业、就业满意度和就业稳定性等。调查对象为北京市高校毕业生，以问卷星的形式进行问卷发放与回收，共收到反馈问卷 439 份，其中有效问卷 383 份。

第三部分，使用多元回归模型，进行高校毕业生初次就业的影响因素分析。将毕业生初次就业时获得的就业机会和就业满意度作为因变量，将九种类型的就业政策作为自变量，来探讨就业机会和就业满意度分别受哪些就业政策的正向影响。其中，就业机会用供需双方通过双向选择达成初步就业意向的数量来表示，就业满意度从单位地域、单位性质、薪资福利、在职培训、发展机会、工作环境、工作稳定性七个维度进行评价。

（三）研究结果

1. 关于就业观念

根据问卷调查结果可知，63.45%的毕业生选择“先就业后择业”，只有 26.11%的毕业生选择“先择业后就业”，这说明大部分同学在就业前没有树立良好的就业意识和职业生涯规划意识，存在盲目就业的问题。对于初次就业时倾向的单位性质，63.19%的同学选择了政府机构、事业单位和国有企

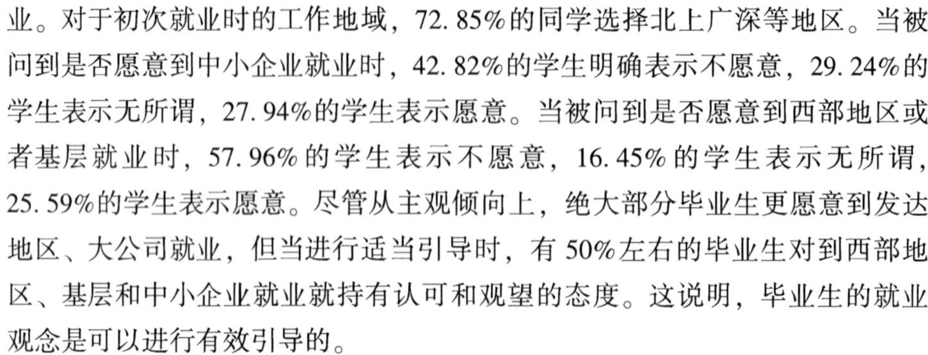
业。对于初次就业时的工作地域，72.85%的同学选择北上广深等地区。当被问到是否愿意到中小企业就业时，42.82%的学生明确表示不愿意，29.24%的学生表示无所谓，27.94%的学生表示愿意。当被问到是否愿意到西部地区或者基层就业时，57.96%的学生表示不愿意，16.45%的学生表示无所谓，25.59%的学生表示愿意。尽管从主观倾向上，绝大部分毕业生更愿意到发达地区、大公司就业，但当进行适当引导时，有50%左右的毕业生对到西部地区、基层和中小企业就业就持有认可和观望的态度。这说明，毕业生的就业观念是可以进行有效引导的。

2. 就业政策认知

关于对就业政策的认知情况，87.98%的毕业生认为就业政策对促进大学生就业产生了积极的影响。50.04%的毕业生表示会偶尔或者持续的关注就业政策，18.54%的毕业生表示在需要时才会关注就业政策，27.41%的毕业生表示不太关注或者从不关注就业政策。关于就业政策的类型，毕业生认为保护劳动权益、维护就业公平、提高就业能力、提供就业服务四类政策对于提升高校毕业生就业质量发挥着更为重要的作用；同时认为应该着力增加拓宽就业渠道、提高就业能力、保护劳动权益三项政策来促进大学生就业。当被问到对于就业政策的看法时，20.37%的毕业生认为当前存在政策宣传不到位的问题。

3. 初次就业影响因素

根据多元回归分析结果可知（如表2所示），高校毕业生初次就业的就业机会受到拓宽就业渠道、提供就业服务、转变就业观念三类政策的正向影响，高校毕业生初次就业的满意度受到提供就业服务、保护劳动权益、维护就业公平三类政策的正向影响。即毕业生对拓宽就业渠道、提供就业服务、转变就业观念三类政策的认知程度越高，初次就业获得的就业机会越多；毕业生对提供就业服务、保护劳动权益、维护就业公平三类政策的认知程度越高，对于初次就业的满意程度也就越高。各高校作为政策落实主体，一方面应加强就业政策宣传力度，尤其是与毕业生就业机会和就业满意度密切相关的就业政策类型，增加大学生对此类政策的认知程度；另一方面，应采取有效措施将就业政策进行积极落实，加强思想引领，积极转变毕业生就业观念，完善就业服务，积极拓宽毕业生就业渠道，加强就业指导，提升毕业生就业能力，开展就业安全教育，保护毕业生就业权益。

表 2　不同类型政策的多元回归模型

自变量 / 因变量	拓宽就业渠道政策（X_1）	保护劳动权益政策（X_2）	提高就业能力政策（X_3）	转变就业观念政策（X_4）	提供就业服务政策（X_5）	促进自主创业政策（X_6）	引导基层就业政策（X_7）	维护就业公平政策（X_8）	增加就业援助政策（X_9）	常数	调整后R方
工作机会（F_1）	0.3302	0.1703	0.0336	0.3614	0.3635	0.0178	−0.0426	−0.3209	−0.0711	2.5486	0.0187
	(1.85)*	(0.79)	(0.16)	(2.21)**	(1.95)**	(0.09)	(−0.22)	(−1.64)	(−0.34)	(6.40)***	
就业满意度（F_2）	0.0465	0.1254	0.0935	0.0559	0.0870	−0.0499	0.0875	0.1278	−0.0102	1.9689	0.2590
	(0.84)	(2.16)**	(1.44)	(0.92)	(1.71)*	(−0.75)	(1.48)	(1.63)*	(−0.16)	(15.89)***	

注：上行数据为系数，下行括号内为 t 值。＊＊＊表示1%的显著水平；＊＊表示5%的显著水平；＊表示10%的显著水平。

三、优化就业指导服务路径探索

（一）加强政策宣传，提高政策认知度

政策作为意识范畴，只有被正确认知才能发挥出应有的效用。毕业生就业的政策文件众多，涉及毕业生就业的方方面面，了解就业政策有利于毕业生客观认识就业形势和社会需求，树立正确的就业意识。同时，实证研究结果表明，就业政策的认知程度对就业机会和就业满意度产生积极的影响。然而现实情况是，毕业生对就业政策的关注程度和了解程度不甚乐观。为提高学生对就业政策的认知度，高校可以采用讲座、报告会等多种形式进行政策宣讲。如为让学生更好地了解西部基层就业政策，可以邀请赴西部基层就业的毕业生校友回校开展专场报告会，通过介绍自己的求职过程及工作后的情况，让学生更直观地了解这项政策。

（二）加强思想引领，转变就业观念

正确的就业观念能对毕业生求职起到积极的作用，不仅可以增加毕业生的就业机会，还能提高毕业生就业后的稳定性和满意度。首先，要正确认识职业的意义。职业既有经济属性也有社会属性，作为个人谋生的劳动过程，职业应该满足个人的需求；同时作为社会分工的产物，职业活动也应满足社

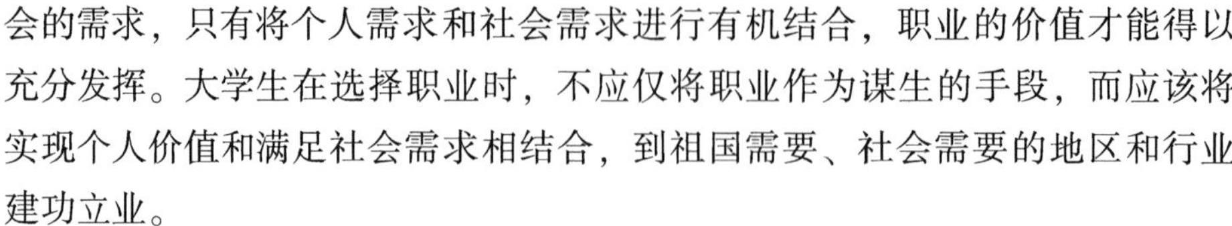

会的需求，只有将个人需求和社会需求进行有机结合，职业的价值才能得以充分发挥。大学生在选择职业时，不应仅将职业作为谋生的手段，而应该将实现个人价值和满足社会需求相结合，到祖国需要、社会需要的地区和行业建功立业。

其次，大学生在选择职业时应保持开放的心态，积极拓宽就业思路。很多同学在就业前会给自己设置很多条条框框，比如只去某某行业，只做某某岗位。这其实是一种自我禁锢。作为拥有无限可能的高校毕业生，面对陌生的行业和职位第一反应不应是忽略或者排斥，而应抱着开放的心态去进行深入了解，探索这个职业是否适合自己。积极拓宽就业思路，给未来的发展多一个选择。

最后，大学生应立足现实，合理调整就业期望。高校应通过多种渠道介绍当前就业形势，通过职业访谈、职场人物报道的形式向学生介绍真实的职场生活。毕业生应该根据自身实际情况，结合当前就业形势进行合理的就业规划，及时调整心理预期，脚踏实地，既不能好高骛远，也不要妄自菲薄。

（三）完善就业服务，拓宽就业渠道

高校毕业生人数逐年递增，有效吸纳毕业生的重要措施就是积极拓宽就业渠道，增加就业岗位。上文的实证研究结果也表明，拓宽就业渠道政策对高校毕业生初次就业获得的就业机会具有显著的正向影响。各高校为使本校毕业生更充分就业也应加强就业服务，拓宽本校毕业生的就业渠道。一是要积极搜集就业信息，将有效的就业信息及时精准地推送给毕业生，举办多场次多类型的专场宣讲会和就业双选会。二是要主动出击，通过多种渠道多种方式向用人单位推荐本校毕业生，增加毕业生就业的选择范围。三是加强学校创新创业教育，提升学生创业意识和创业能力，积极为创业学生提供场地和资金扶持，鼓励学生在毕业时投身到自主创业的过程中，以创业带动就业。四是将“大学生村官”“西部计划”“三支一扶”“特岗计划”等基层就业项目、毕业生参军入伍政策、国际组织实习任职政策进行深入宣传引导，加深毕业生对政策的理解，促进毕业生多渠道就业。

（四）加强就业指导，提升就业能力

就业能力的内涵十分丰富，对于应届毕业生而言，就业能力不仅包括获

得初次就业机会的能力，还包括就业后胜任工作岗位的能力。具体而言，就业能力既包括求职者自身的知识技能、自我管理技能、通用技能，也包括求职过程中的能力技巧。因此大学生就业能力的培养是全过程全方位的，既需要督促学生重视专业知识的学习、实践能力的培养，还需积极加强就业指导，提升学生就业意识和求职技能。

加强就业指导的基础工作是进行就业类课程建设，应按照学生所在年级的特点进行就业课程设计。面向低年级学生开设职业生涯发展规划类课程，引导学生进行自我认知、了解职业世界，提前做好职业规划；面向高年级学生开设就业指导及职业素养提升类课程，使学生了解求职过程，做好求职准备。此外可通过开展品牌活动来提升学生职业规划意识和求职能力，比如开展职业生涯规划大赛，以赛促学；举办求职技能类系列讲座，针对求职就业过程中常见的问题，开展关于简历写作、笔试面试、求职礼仪等方面的专场讲座。同时，在每学期开展就业咨询活动，邀请校内外就业导师对预约咨询的学生进行一对一的指导，及时有效地解决学生在求职过程中遇到的难题。

（五）开展就业安全教育，保护就业权益

对于高校毕业生而言，初次求职的过程充满了未知与不确定性，部分学生对于求职过程中遇到的不公平现象及危险行为认识不足，缺少自我保护意识和维权意识。为了保证毕业生求职安全和就业权益，学校应开展就业安全教育，向毕业生普及性别歧视、地域歧视等就业歧视现象以及就业欺诈、招聘陷阱等不法行为，同时向毕业生介绍正确维权的途径与方式。对毕业生在求职面试，签订就业协议、劳动合同中所应注意的事项进行提醒。作为毕业生，应积极了解自己在求职过程中享有的基本权益，并树立维权意识，当自身就业权益受到侵犯时，积极采取有效措施维护自身就业权益。

参考文献

[1] 曾湘泉、张成刚：“深化对就业质量问题的理论探讨和政策研究”，载《第一资源》2012年第2期。

[2] 曾湘泉、李晓曼：“破解结构矛盾　推动就业质量提升”，载《中国高等教育》2013年第Z2期。

[3] 王霆、张婷：“扩大就业战略背景下我国大学生就业质量问题研究”，载《中国高教

研究》2014 年第 2 期。
[4] 秦建国：“大学生就业质量评价体系探析”，载《中国青年研究》2007 年第 3 期。
[5] 中国行政管理学会课题组、贾凌民：“政府公共政策绩效评估研究”，载《中国行政管理》2013 年第 3 期。
[6] 黄敬宝：“我国大学生就业政策的演变及评价”，载《中国劳动》2013 年第 3 期。
[7] 陈成文、杨歌舞、谭日辉：“就业政策与大学毕业生就业的关系——基于 2008 届大学毕业生的实证研究”，载《高等教育研究》2008 第 11 期。
[8] 张丽芬、孙淇庭：“政策支持对大学毕业生就业的影响——基于 2010—2014 届大学毕业生的实证研究”，载《探索》2015 年第 5 期。
[9] 黄志坚：“大学生就业难现象解析”，载《中国青年政治学院学报》2005 年第 4 期。

国内高校就业指导研究：基于 CNKI（2010—2019）的文献计量及内容分析

学生处 孙艺璇

【摘　要】 本文采用文献计量及内容分析法，对 2010—2019 年发表于中文期刊全文数据库（CNKI）中国内高校就业指导研究领域的核心文献进行分析、梳理，并借助 Citespace 计量可视化工具进行分析，阐述国内高校就业指导领域的研究现状及热点问题。在文献分析结果的基础上，进一步探讨国内高校就业指导研究领域的发展趋势。

【关键词】 高校就业指导　计量分析　内容分析法　Citespace

一、前　言

党的十九大报告指出，就业是最大的民生。对于高校来讲，毕业生的能力和就业率在很大程度上能够反映出一所高校的教育教学质量和管理能力。[1]随着国内高校的不断扩招，学生数量的不断增加，每年的毕业生人数亦在不断增多，2020 届高校毕业生数更是创下历史新高，就业压力之大不言而喻。就业指导、创新大学生就业培养模式是高校整体发展战略中至关重要的一环，[2]因此，厘清当前国内高校就业指导研究领域的发展脉络，分析高校就业指导领域的研究现状和热点问题，进而探寻该领域的发展趋势是十分有必要的，这可以为改善和提高中国政法大学就业工作的水平提供参考。

---

〔1〕 田颖："试论高校就业指导与思政教育的融合"，载《营销界》2019 年第 42 期。

〔2〕 王桂波："大学生就业指导教育现状分析与创新实践"，载《文教资料》2020 年第 2 期。

二、文献来源及分析方法

文献来源是中文期刊全文数据库（CNKI）。为确保文献的可靠性，在高级检索项中，以“就业指导”并含“大学生”或者“就业指导”并含“毕业生”为关键词，时间选择2010年1月1日至2019年12月31日，检索近十年来有关高校就业指导的中文文献共计1589条记录。文献分类目录选择“社会科学II辑”——“高等教育”，学科分类选择“教育”，共筛选出中文文献1518条记录。以此为依据，将CNKI中自带的计量分析工具和Citespace计量可视化分析工具两者结合使用，从总体趋势、关键词频分析、突现词分析和研究前沿趋势四个方面，对2010—2019年国内高校就业指导领域学术论文的整体状况进行统计分析，以了解国内关于高校就业指导工作的发展动态。

三、文献分析结果

（一）总体趋势

从2010—2019年度发文量来看，近十年高校就业指导领域的发文量呈相对稳定的发展趋势。由图1可看到，国内高校就业指导研究领域发文量经过快速发展期后，在2010年达到一个高峰，该年收录于CNKI中关于高校就业指导领域的文献最多，达到195篇，而后缓慢下降，2015年突然骤增几近2010年峰值，从2016年到2019年这4年，发文量又在逐年缓慢下降，说明该领域的研究正逐步进入成熟阶段。

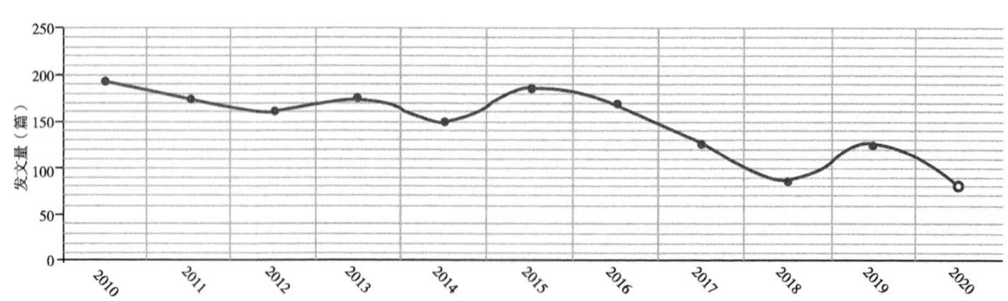

图1　CNKI（2010—2019）收录文献数量

（二）关键词频分析

关键词是指能够反映出一篇文章的主题概念的词语，关键词的词频在很大程度上能够反映出该领域的研究态势和研究热点。[1]通过“关键词”对文献进行聚类分析（图 2）可以看出，“就业指导”是中心节点，最高频词；其次是“大学生”和“毕业生”，这一点与本次的检索主题相符。除此之外，能够看出国内高校就业指导研究大致分为以下几大类别：“思想政治教育”“职业生涯规划”“就业能力”“就业”“对策”“职业规划”“职业发展”“就业质量”等，而研究者大部分为高校的辅导员老师。

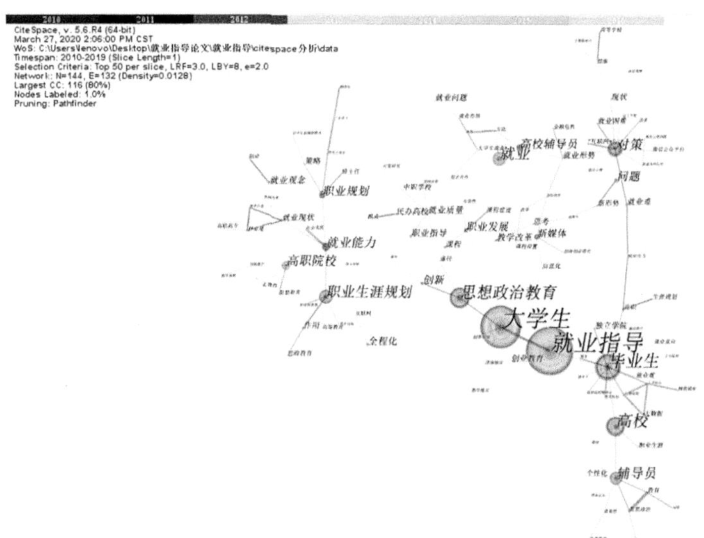

图 2　关键词共现图谱

为保证分析的准确性，本文通过结合关键词词频和中心度的方式来分析国内高校就业指导研究领域的热点问题。根据关键词的词频高低，笔者选取了频次最高的前 20 个关键词，如表 1 所示。

[1] 何丹丹等：“基于 CiteSpace 的我国图书馆移动服务研究热点可视化分析”，载《图书馆》2018 年第 2 期。

表1　关键词频分布

关键词	频次	中心度	关键词	频次	中心度
就业指导	1398	0.32	就业能力	398	0.56
大学生	1130	0.38	职业规划	31	0.13
毕业生	182	0.54	问题	26	0.03
思想政治教育	130	0.43	高校辅导员	25	0.14
高校	115	0.24	职业发展	21	0.04
就业	78	0	创新	21	0.35
职业生涯规划	74	0.15	全程化	19	0
辅导员	60	0. 17	新媒体	17	0.23
对策	58	0.4	职业指导	13	0
高职院校	45	0.09	就业观念	12	0.02

从关键词频来看（表1），此次检索的关键词包括“就业指导”“大学生”和“高校”，“就业指导”的词频最高（1398次），中心度为0.32；其次是“大学生”，频次1130次，中心度为0.38；再者是“毕业生”，频次为182次，中心度为0.54。

在Citespace的计算方式中，当关键词的中心度大于0.1时，说明此关键词为该领域的研究热点。[1]据此，将表1中的关键词进行整理得到表2。结合表1和表2可以看出，“就业能力”“思想政治教育”“对策”尤为突出，这也体现出近十年来国内高校就业指导研究的热点问题。

表2　就业指导相关文献中心度>0.1的关键词

关键词	频次	中心度
就业指导	1398	0.32
大学生	1130	0.38

[1] 陈佳骊、罗军涛、黄纯斌：“基于CiteSpace的国内大学生学习动机可视化分析”，载《江西广播电视大学学报》2020年第1期。

续表

关键词	频次	中心度
毕业生	182	0.54
思想政治教育	130	0.43
高校	115	0.24
职业生涯规划	74	0.15
辅导员	60	0.17
对策	58	0.4
就业能力	39	0.56
职业规划	31	0.13
高校辅导员	25	0.14
创新	21	0.35
新媒体	17	0.23

（三）突现词分析

提取突现词发现，2010—2019 年的十年间国内高校就业指导研究领域的主题出现了 13 个高突现率的关键词（图 3）。突现词是指，在某一阶段出现频次增长速度快、被引用数量呈现爆发式增长的一类词汇，能够在一定程度上反映出一个阶段的研究热点。[1][2] 从突现强度来看，突现值最大的关键词是“新媒体”（4.2524），从 2015 年出现一直持续至今，说明在这些年“新媒体”一直是高校就业指导研究领域的热点话题，体现出其特殊的时代背景。2013—2015 年是我国智能手机换代高峰期，也就是说 2015 年智能手机在我国基本普及，随着数字技术和网络技术的发展，“新媒体”成为一个时代热点，这也决定了其成为高校就业指导领域研究热点的必然性。从时间阶段来看，某一年出现的关键词具有该时期的时代特点，也体现了该阶段的社会热点。例如，2013 年高校就业指导研究领域普遍关注“就业质量”这一主题，突现

〔1〕 张丁杰：“中国科技哲学发展态势大数据分析”，中国科学技术大学 2017 年硕士学位论文。

〔2〕 陈佳骊、罗军涛、黄纯斌：“基于 CiteSpace 的国内大学生学习动机可视化分析”，载《江西广播电视大学学报》2020 年第 1 期。

值高达3.95；自李克强总理在2014年提出“大众创业，万众创新”以来，创业创新的理念在全社会引起巨大反响，亦影响了高校毕业生求职方向和高校就业指导的研究方向，所以在2016年出现了“创新”这一突现词；2017年出现的“互联网+”这一关键词则具体指向了信息技术领域，高校就业指导研究开始聚焦于信息技术对就业指导的影响和结合，在未来几年也将是一个持续的热点主题。

关键词	年份	强度	开始	结束	2010 - 2019
就业难	2010	2.919	**2011**	2013	
独立学院	2010	2.4197	**2012**	2014	
就业问题	2010	2.4197	**2012**	2014	
就业质量	2010	3.9538	**2013**	2015	
中职学校	2010	2.5196	**2014**	2016	
职业指导	2010	2.5998	**2014**	2016	
新媒体	2010	4.2524	**2015**	2019	
创新	2010	3.0452	**2016**	2017	
教学改革	2010	2.6532	**2016**	2019	
作用	2010	2.9661	**2017**	2019	
职业发展	2010	2.5267	**2017**	2019	
“互联网+”	2010	2.417	**2017**	2019	
职业生涯	2010	2.417	**2017**	2019	

图3　2010–2019国内高校就业指导研究突现词及其参数

（四）前沿趋势

通过分析Citespace软件生成的关键词时区图（图4），能够更准确地了解和把握国内高校就业指导领域研究主题的演变情况，并且可对未来的研究方向和发展趋势做出预测。[1]由图4可知，近十年国内高校就业指导领域的研究主要围绕着“就业指导”这一核心主题展开，同时，“大学生”和“毕业生”作为研究的主体，“思想政治教育”作为高校学生工作的核心内容始终贯穿于整个研究过程。高校就业指导的研究开始关注于“就业”“职业生涯规划”“就业能力”“对策”“课程建设”“就业压力”等维度。自2013年起，就业指导的研究领域进一步向就业质量、就业指导的有效性、实效性等方面细化和深入。2015—2019年，随着信息化、互联网技术的高速发展，新媒体、

〔1〕周成：“区域旅游创新研究：要素解构、能力评价与效率测度”，华东师范大学2018年博士学位论文。

大数据、“互联网+”、微信公众平台等主题陆续出现，并且依托于信息化手段，就业指导的研究进一步深化，开始向创新创业教育、精准就业等方向转移，而且这些主题很有可能成为未来一段时间内的研究趋势。

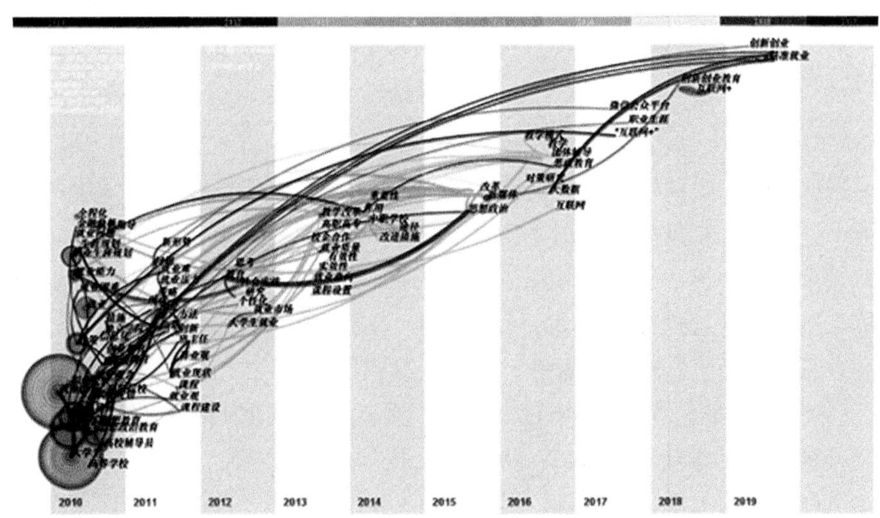

图 4　关键词时区图

四、讨论与启示

（一）加强高校思想政治教育与就业指导的深度融合

思想政治教育和就业指导均是大学阶段较为重要的教学内容，长久以来，就一直有学者意识到思政教育与就业指导融合的必要性，然而，目前两者的融合性并不强。当前，高校就业指导多以“大讲堂”的形式开展，针对的学生群体多是大一和毕业年级的学生，教育的对象过于狭窄，内容和形式单一，教育的系统化不足且缺乏针对性。〔1〕

思想政治教育则贯穿于整个高等教育体系，能够端正学生的政治思想方向，引导学生形成正确的三观。因而，在高校就业指导中融入思政教育，首先能够有效地帮助学生树立正确的就业观、择业观；其次，从全方位育人的

〔1〕 王纯爽：“大学生思想政治教育与就业指导深度融合研究”，载《当代教育实践与教学研究》2019 年第 12 期。

角度，在高校就业指导中融入思政教育可将就业指导提升到高校人才培养的高度；再者，习近平总书记多次在会议讲话中提到："就业就是最大的民生，毕业生的就业工作关乎广大毕业生及其家庭的切身利益，更关乎与国家社会经济的发展。"借助思政教育提高学生的责任心、社会服务意识，培养学生的家国情怀，提高综合素质，能够保证毕业生顺利就业，从而促进高等教育的可持续发展。[1]

（二）"慢就业"与就业指导

近些年来，受到社会经济、高校扩招等诸多方面的影响，大学生的就业形势十分严峻，有越来越多的毕业生因种种原因而放慢就业的进程，"慢就业"现象日益凸显。所谓"慢就业"，是指毕业生在毕业后并不马上就业或是继续深造，而是选择短暂待业，放慢节奏，以游学、参加志愿活动等方式增加社会阅历、经验，进一步思考和规划人生道路。

《中国青年报》在2018年对大学生"慢就业"现象调查的结果显示，选择"慢就业"的学生最主要的原因是没有提前规划好未来（62.4%），其次是不知道什么样的工作适合自己（42.7%）。由此可见，"慢就业"现象背后所体现的是高校就业指导工作的欠缺、"靶向式"指导的缺乏。因此，面对日益显著的"慢就业"现象，高校应当进一步增强就业指导服务工作，分析学生的就业意愿和心态，加强对学生的区别化引导。对于无就业意愿，易于演变为"啃老族"的"慢就业"学生，应当在就业指导中融入思政教育，加强思想引领，鼓励和引导学生以积极的心态求职和就业；对于自我认识不足或不准确，具有职业生涯困惑的学生，则需要对其进行个性化的就业指导，帮助其进一步了解、认识自我，从主观和客观方面进行综合分析，帮助其明确发展方向，制定职业规划，进而促使其顺利就业。[2][3]

（三）合理利用大数据助力精准就业帮扶

在新的时代背景下，传统"大讲堂"式的就业指导不再能够适应新的经

---

[1] 张福顺："高校思政教育在大学生就业指导中的作用"，载《现代交际》2019年第18期。

[2] 杨乾振："大数据视域下高校毕业生精准化就业指导路径探究"，载《智库时代》2020年第2期。

[3] 凌诚、高浩："高校大学生'慢就业'及就业指导探析"，载《中国多媒体与网络教学学报（上旬刊）》2019年第6期。

济社会特征，不能够满足新时期学生的需求，个性化就业指导与精准就业帮扶已然成为当前的研究热点和高校就业指导的主要指导思想。

大数据作为一个具有巨大潜在价值的新生事物与任何事物都能碰撞出巨大的火花。过去，无论是教师、家长还是学生总是依靠经验而进行决策，在就业指导领域亦是如此，教师或是生涯规划师多是依靠多年的从业经验和学生经验来为学生进行就业指导，而在当前的大数据时代，我们需要转变工作方式和决策方式，将就业指导转变为以数据为支撑的科学行为。

精准就业帮扶并不仅仅体现在为学生推送有针对性的就业信息，在此之前，更重要的是需要为学生提供个性化的、更符合实际需求的就业指导和职业生涯规划，明确学生的求职方向和就业意愿，从而促进其更好地实现就业。舍恩伯格等人提出大数据为学习带来了三大改变，即反馈、个性化和概率预测。[1]首先，基于大数据的就业指导可以通过大数据的分析获得反馈信息用以帮助教师和学生了解其更深层次的兴趣、能力和就业意向，从而进行规划和决策，助力高校就业指导工作的精准化开展，实施真正的个性化的精准指导服务，帮助学生选择适合的求职和就业方向；其次，借助于大数据分析各类就业信息，可以把信息有针对性地推送给毕业生，使得就业推荐更加具有科学性和指向性，高校的就业指导工作也将向系统化和精细化方向发展，[2]亦能够有效地缓解毕业生“慢就业”现象。

五、结　语

面对当前严峻的就业形势，高校作为人才培养的主要阵地，应当明确就业指导工作对于实现人才培养、满足社会需求的重要作用。这就要求高校进一步改进就业指导工作，建立和完善健全的大学生就业指导服务体制，准确并及时掌握就业形势，了解学生的思想动态和需求，引导学生树立正确的就业观和择业观，鼓励学生积极就业，促进学生的顺利就业！

---

〔1〕 胡弼成、王祖霖：“‘大数据’对教育的作用、挑战及教育变革趋势——大数据时代教育变革的最新研究进展综述”，载《现代大学教育》2015 年第 4 期。

〔2〕 杨乾振：“大数据视域下高校毕业生精准化就业指导路径探究”，载《智库时代》2020 年第 2 期。

六、网络育人

微信公众号建设在高校思想政治工作中的实践探索

——以“CUPL 法硕党员在线”为例

法律硕士学院　苏　宇

【摘　要】 习近平总书记在全国高校思想政治工作会议上强调，做好高校思想政治工作，要因事而化、因时而进、因势而新。以微信、微博为代表的自媒体平台的发展对高校思想政治教育工作带来了新的挑战和提供了新的思路。本文以中国政法大学法律硕士学院“CUPL 法硕党员在线”微信公众号为例，从实践价值、实践特色、实践效果三个方面阐述微信公众号建设在高校思想政治工作中的实践意义。

【关键词】 微信公众号　思想政治教育　社会主义核心价值观

习近平总书记在全国高校思想政治工作会议上强调，做好高校思想政治工作，要因事而化、因时而进、因势而新。根据第 44 次《中国互联网络发展状况统计报告》，截至 2019 年 6 月，中国网民规模达 8.54 亿，互联网普及率达 61.2%，手机网民规模达 8.47 亿，占比为 99.2%，其中学生群体占比为 26%。由此可见，互联网络已经成为大学生不可或缺的生活领地。以微信为代表的自媒体平台更是引发了社会信息传播模式的变化、学校舆论宣传格局的变化和大学生媒体接触习惯的变化。

面对新形势，高校思想政治工作更应当立足实际、围绕学生、贴近生活，充分利用信息技术发展的新机遇，加强思想政治自媒体阵地建设，使其成为高校思想政治工作的有效宣传载体。中国政法大学法律硕士学院于 2015 年底打造“CUPL 法硕党员在线”微信公众号，以引导和培育学生的社会主义核心价值观为目的，宣传法律硕士学院先进党员人物事迹，通过“讲好身边人、身边事”的方式传播正能量，弘扬社会主义核心价值观。

一、"CUPL 法硕党员在线"微信公众号的实践价值

根据《关于进一步加强和改进新形势下高校宣传思想工作的意见》的文件精神，高校应当把握好自媒体视域下的思想政治工作主动权，厘清特点、主动出击、精准发力、因势而为，实现网络思想政治教育的精准化和高效化。

（一）把握传播模式的变化，强化思想政治教育的引导力

传统思想政治教育传播模式是自上而下的直线型传导，采用以某一部门为主导，层层传达、级级落实的方式传播教育理念。但微信公众号的出现为个人、组织、团体等提供了自我表达的平台，意味着信息的传播速度越来越快，范围也越来越广。这导致了思想政治教育传播模式由单一化变为多触角化，由直线型变为发散型。由于具有强亲和力和趣味性的特点，微信公众号已经成为舆论宣传中不可小觑的力量。"CUPL 法硕党员在线"微信公众号由二级学院自主管理，以各党支部宣传委员为工作团队，以普通党员先进事迹为主要内容，面向院内外师生、校友等，宣传和树立社会主义核心价值观。

（二）把握大学生媒体接触习惯的变化，强化思想政治教育的吸引力

以微信公众号为代表的自媒体具有内容丰富、传播迅速、趣味性强、互动性强、选择性大等特点，非常符合大学生的成长发展需求。随着自媒体的迅速发展，大学生的媒体接触习惯也发生了明显变化，主要体现在以下几方面：第一，对新媒体的接触时间多于传统媒体；第二，更倾向于接受影像化、符号化的感性传播方式；[1]第三，获取信息的渠道不再局限于权威媒体，更注重有影响力的自媒体平台。"CUPL 法硕党员在线"微信公众号开设多个板块加强与学生的互动交流，内容涵盖官方信息发布、党员风采展示、特色活动宣传等，将理性文字内容配以具有视觉冲击力的图文视频等，提升宣传内容的趣味性和感性化，实现宣传效果。

---

〔1〕 梅月平、李久戈："提升高校主流思想舆论传播力研究——基于高校新媒体矩阵建设的视角"，载《思想理论教育》2017 年第 3 期。

（三）把握网络话语体系的特点，强化思想政治教育的亲和力

抢占思想政治教育网络阵地的关键在于掌握网络话语权。[1]网络话语体系是基于文化原因、社会原因、技术原因而形成的，是网上交流的青年亚文化的集中体现，主要特点是具有娱乐性、趣味性、不规范性等。思想政治教育者应当研究掌握大学生的网络表达方式和接受习惯，在构建平等互动的教育关系基础之上，用大学生易于接受并且喜闻乐见的方式掌握网络话语权，实现思想政治教育的实效性。“CUPL 法硕党员在线”微信公众号以学生为本，重视学生在教育中的主体地位，构建贴近学生的网络话语环境，以接地气的网络流行用语拉近与学生的距离，以活泼有趣的表情包提升文字的温度。

二、“CUPL 法硕党员在线”微信公众号的实践特色

高校思想政治教育工作要取得实效必须贴近实际、贴近生活、贴近学生。“CUPL 法硕党员在线”微信公众号坚持“从群众中来，到群众中去”的工作路线，聚焦学生群体的日常生活，以学生自己的故事来实现宣传、引导、感知和领悟社会主义核心价值观的教育目的。

（一）立足平凡，选树典型

思想政治宣传教育要实现效果必须找准宣传内容与宣传对象的情感契合点，确保先进典型具有群众性、代表性和先进性，宣传内容具体形象，避免空泛不实。社会主义核心价值观仅用 24 个字从国家、社会、个人三个层面，高度概括和凝练了中国共产党的治国理念和中国特色社会主义的发展目标、发展内核和精神实质。如何找准这 24 个字的落脚点，并使其具象化是宣传教育工作的关键。

“CUPL 法硕党员在线”微信公众号区别于以选树精英学生为先进典型的传统宣传教育模式，而是立足于各党支部中的普通大学生党员。他们是平凡的代言人，来自于学生群体，是学生群体中的一员。每个学生都能从选树的先进典型身上找到自己的影子，从而产生情感共鸣，这样能够拉进先进典型与宣传对象之间的距离，更好地发挥先进典型的示范和引导作用。“CUPL 法

[1] 沈建红、陈松源：“网络话语体系构建与高校思想政治教育实效性”，载《当代青年研究》2009 年第 6 期。

硕党员在线”微信公众号通过挖掘基层党支部普通党员身上的巨大道德力量，在全院营造“众人皆参与、众人皆可做、众人皆能做”的舆论氛围，从而使大学生自觉了解社会主义核心价值观，并自觉将其内化于心、外化于行。

（二）以小见大，宣扬典型

培育和践行社会主义核心价值观要在落小落细落实上下功夫。对于高校来说，落小是指引导学生从小处着眼，从小事做起，勿以善小而不为，勿以恶小而为之。落细是指引导学生做生活的有心人，在生活细节中感知感悟社会主义核心价值观。落实是落小落细的目的，是指引导学生通过具体行为践行和弘扬社会主义核心价值观。这就要求高校培育和践行社会主义核心价值观必须融入学生生活、结合学生需求、贯穿学生生活的各个方面，从细处着眼，从小处着手，挖掘平凡小事背后的道德力量和精神追求。

“CUPL 法硕党员在线”微信公众号立足于中国政法大学法律硕士学院普通党员的日常生活，将“人人可为、人人皆能”的生活小事作为宣传着力点，挖掘在学习、生活、家庭等方面表现突出，线上分享能够体现中华民族传统美德和积极向上时代风貌的榜样故事。“CUPL 法硕党员在线”微信公众号所推送的事迹均与大学生的生活息息相关，而且每个学生均可通过努力做好同样的事情，譬如身兼多职的学霸师兄、醉心科研的学术达人、自强不息的贫困生党员、默默奉献的志愿服务者、温暖如春的宿舍好友等。这种以小见大的宣传方式能够引导学生脚踏实地地从简单小事做起，以踏实平和的心态和务实向上的作风，在一言一行中培育和践行社会主义核心价值观。

（三）朋辈教育，效仿典型

朋辈教育是指具有相同背景或是由于某种原因使具有共同语言的人在一起分享信息、观念或行为技能以实现教育目标的教育方法。[1]21 世纪的大学生已经不愿意接受传统灌输式和权威说教式的思想政治教育方法，他们更愿意听取年龄相仿、知识背景、兴趣爱好相近的同伴、朋友的意见和建议。[2]因此，高校思想政治教育工作者必须牢牢掌握大学生的心理特点，采用大学

---

〔1〕 陈丽：“浅谈学生党员在朋辈教育工作中的作用”，载《读与写：教育教学刊》2011 年第 10 期。

〔2〕 张根、邱艳玲：“高校生命教育现状研究”，载《才智》2018 年第 5 期。

生愿意接受的方式，引导大学生主动自愿培育和践行社会主义核心价值观。

“CUPL 法硕党员在线”微信公众号在学院范围内挖掘典型，使学生们发现社会主义核心价值观的践行者就是自己非常熟悉的同学和朋友。这种以朋辈教育为内容的宣传方式更具有感染力、亲和力和号召力，也更容易受到学生的欢迎。“CUPL 法硕党员在线”微信公众号致力于启发和引导学生向下看、向身边看，促使学生自愿自发比照先进典型的标准来不断完善自己，从而在全院形成比学赶超、创先争优的氛围，同时实现“他能、你能、我也能”的正能量传递和感召。

三、“CUPL 法硕党员在线”微信公众号的实践效果

（一）展示党员风采，激发组织活力

“CUPL 法硕党员在线”微信公众号通过对普通学生党员优秀事迹的宣传，达到了以下效果。第一，增强了学生党员的责任意识、使命意识和荣誉自豪感，有利于进一步发挥党员同志的模范带头作用。第二，促使党员同志互相比照、互相学习、共同进步，达到使党员同志自我净化、自我完善、自我提高的目的，这也就能够进一步提升党员队伍的整体素质。第三，每位先进典型均要受到各方监督，这就要求他们必须时刻以党员标准更加严格地要求自己，更好地保持党员先进性，实现基层党组织先锋模范和凝心聚力的作用。

（二）树立品牌特色，加强文化建设

“CUPL 法硕党员在线”微信公众号已成为中国政法大学法律硕士学院的文化品牌，公众号的建设体现了学院以学生为本的教育理念和以社会主义核心价值观为引领的精神内涵。一方面，通过宣传、推广普通学生党员的优秀事迹，彰显榜样人物身上的价值取向和文化精神，在全院范围内打造“学习榜样，发挥正能量”的文化氛围，使个体力量发展并凝聚成一股积极向上的精神能量。另一方面，通过以情动人的渗透式教育方式，促使学生群体自愿自发地从“旁观者”变为“参与者”或者“当事人”，使他们不仅认同这一文化品牌的建设，并且能够积极努力地为其出谋划策、贡献力量。

（三）发挥学生力量，实现自我教育

内因是决定事物发展的关键因素，因此加强和改进大学生思想政治教育的重要内容是实现大学生的自我教育、自我管理和自我服务。建立“CUPL 法硕党员在线”微信公众号的出发点即是相信学生、依靠学生、为了学生。从运营方式来说，“CUPL 法硕党员在线”微信公众号主要依靠学生团队运作，每一期的选题、选人、报道、制作、发布等均由学生操作。从宣传内容来说，该公众号通过先进典型设定目标榜样，引导学生正确认识自己，根据先进标准，结合自身情况，自主要求、自我培养，努力学先进、当先进、赶先进。从宣传成效来说，对于被选为先进典型的学生而言，这是学院对学生整个自我教育过程的肯定和鼓励。作为成就激励，这种宣传方式将使先进典型不断自我完善、自我提高。

习近平总书记在全国高校思想政治工作会议上指出，思想政治工作从根本上说是做人的工作，必须围绕学生、关照学生、服务学生。以微信为代表的自媒体的发展改变了大学生的思维方式和生活方式，为高校思想政治教育工作带来了新的挑战和提供了新的思路。高校应当遵循以人为本的教育理念，围绕立德树人的根本目标，结合大学生实际，以精良的“工艺”和新颖的“包装”提供符合大学生成长成才需求的良方。

浅析高校网络思想政治教育传播的影响因素与提升策略

法律硕士学院　吴　荻

【摘　要】当今互联网技术发展迅猛，传播形式不断更新迭代，近年来随着大数据技术到来，网络文化兴起，多种传播形式杂糅，传统网络时空观进一步改变；传播媒介、传播内容、受众群体态度都在很大程度上影响着网络思想政治教育的效果。因此，应建立健全信息把关机制，做好议程设置工作，构建大学生新时代话语体系，引导大学生唱响时代主旋律；建设健全网络平台，革新技术手段，推动内容制作精细化，加强队伍建设，不断提升管理服务水平以提升网络思想政治教育的实效性。

【关键词】思想政治教育　传播　网络

一、研究背景

党的十九大报告指出，要“牢牢掌握意识形态工作领导权”。习近平总书记在主持中央政治局第十二次集体学习时强调：“要从维护国家政治安全、文化安全、意识形态安全的高度，加强网络内容建设，使全媒体传播在法治轨道上运行。”高校作为思想政治工作的主要阵地之一，要“创新网络思想政治教育”。[1]教育部将加强“网络思想政治教育”作为高校辅导员的九项主要工作职责之一。[2]网络与思想政治教育工作的结合，既是加强思想政治工作

---

〔1〕“中共中央办公厅、国务院办公厅印发《关于进一步加强和改进新形势下高校宣传思想工作的意见》”，载中华人民共和国中央人民政府官网，http://www.gov.cn/xinwen/2015-01/19/content_2806397.htm，最后访问时间：2019年6月15日。

〔2〕“普通高等学校辅导员队伍建设规定”，载中华人民共和国教育部官网，http://www.moe.gov.cn/srcsite/A02/s5911/moe_621/201709/t20170929_315781.html，最后访问时间：2019年6月16日。

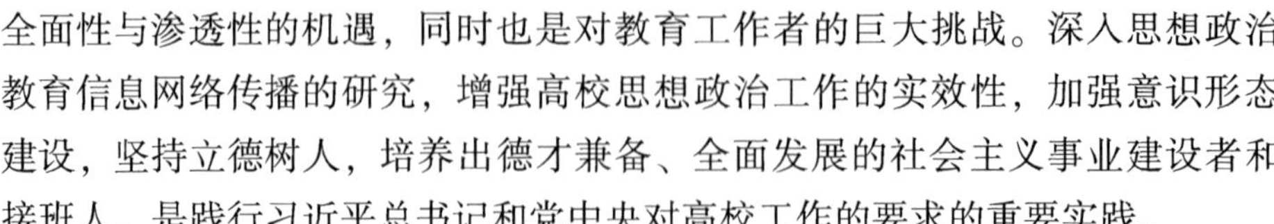

全面性与渗透性的机遇，同时也是对教育工作者的巨大挑战。深入思想政治教育信息网络传播的研究，增强高校思想政治工作的实效性，加强意识形态建设，坚持立德树人，培养出德才兼备、全面发展的社会主义事业建设者和接班人，是践行习近平总书记和党中央对高校工作的要求的重要实践。

二、研究回顾

目前针对网络思想政治教育的研究，主要集中在网络思想政治教育的内涵界定、研究内容、研究方法，中外网络思想政治教育的对比研究方面。近十年来，随着移动互联网时代到来，传播形式的进一步转变，部分学者和一线思想政治教育工作者开始着眼于网络传播视角下的网络思想政治教育研究。骆郁廷、李丽、曾庆桃、王延隆等人从建构网络思想政治教育话语权、重塑话语体系等方面进行了相关研究；[1]段海超等人得出思想政治教育网络传播受众有求知、交流、宣泄、求实和自我实现等动机；[2]元林等人分析了思想政治教育网络传播过程中的困难：信息价值度失衡，信息自由化造成了信息的无序传播；[3]封莎等人分析了网络传播下思想政治教育信息的特点，并得出了单向检索型、人际互动型、群体组织交往型、大众传媒复合型四种传播样态；[4]洪涛等人基于传播学中的议程设置理论，提出通过合理的议程设置提升网络思想政治教育效果的措施。[5]以往研究结果涉及话语体系、机制建设、效果提升等各个方面。网络思想政治教育的效果提升是一个错综复杂的系统，本文尝试从网络传播的角度，结合一线工作经验，进行整体分析。

---

〔1〕 骆郁廷、魏强："论大学生思想政治教育的网络文化话语权"，载《教学与研究》2012 年第 10 期；李丽："新时代网络思想政治教育话语权的建构路径"，载《思想理论教育导刊》2019 年第 3 期；曾庆桃、胡树祥："网络自媒体演进及其对网络思想政治教育话语传播的新要求"，载《思想教育研究》2016 年第 3 期；王延隆、蒋楠："网络流行语与青年思想政治教育网络话语权的重塑"，载《中国青年研究》2016 年第 6 期。

〔2〕 段海超、元林："思想政治教育网络传播受众动机特征及对策分析"，载《北京工业大学学报（社会科学版）》2010 年第 2 期。

〔3〕 元林、李美清："思想政治教育网络传播过程管理的困境与破解研究"，载《思想理论教育导刊》2010 年第 6 期。

〔4〕 封莎、郭勇："网络传播下思想政治教育信息传播的特点及样态"，载《思想教育研究》2016 年第 1 期。

〔5〕 洪涛、冯娅楠、马冰玉："新媒体环境下高校网络思想政治教育新理路——基于议程设置理论的解析"，载《思想理论教育》2016 年第 12 期。

三、网络传播现状

（一）网络文化兴起

网络的普及，全方位、深层次地影响了每一个人的生活。随着网络的普及应用，网络文化应运而生。网络文化是以网络信息技术为基础的，在网络空间形成的文化活动、文化方式、文化产品、文化观念的集合。[1]段子、表情包、粉丝后援团等都是网络文化的典型现象。网络文化具有开放、多元、集群、参与度高等特点。青年大学生群体是时代的接班人，他们身上网络文化的烙印清晰，同时又是网络文化的主体与客体，他们既创造网络文化，又受网络文化的影响。最为突出的是青年亚文化与网络的结合。亚文化主要可以分为民族亚文化、职业亚文化及越轨亚文化。[2]亚文化是主流文化的对立概念，相对于主流文化被所有人接受，亚文化的群体规模较小，是社会上相对数量较小的成员或群体所认同的文化。网络的兴起，使得亚文化的沟通、发展有了更强的技术性途径与平台，青年亚文化群体通过网络传播取得联系，进行沟通、交流，增加了群体的规模与凝聚度。青年亚文化的存在并不是对主流文化的完全否定，相反在网络兴起的背景下，亚文化表现得非常多元，如二次元文化、弹幕文化、“佛系”文化等。同时网络的存在，为亚文化的生存提供了一定的空间，避免了其与主流文化的激烈对立，在部分青年大学生群体内部得到了认同，并在逐渐扩大影响力，随着青年的成长，向主流文化靠拢，并融入主流文化。

（二）网络传播形式多样化

随着互联网时代的到来，网络传播的形式呈现复杂且交叉的形态。网站、论坛、即时通信、博客、微博、微信、App、视频直播、短视频等网络传播形式围绕在大学生周围，每种网络传播形式都有自身的特点和存在意义，交织成一张无边际的“互联网”，共同作用，影响着当代大学生的学习、生活。网站作为起源较早、最广泛的网络传播形式，具有传播形式多样、内容庞大、

〔1〕 黄燕：“高校网络文化的育人功能及其实现路径探析”，载《思想理论教育》2018 年第 9 期。

〔2〕 郑杭生等：《社会学概论新修》，中国人民大学出版社 1999 年版，第 91 页。

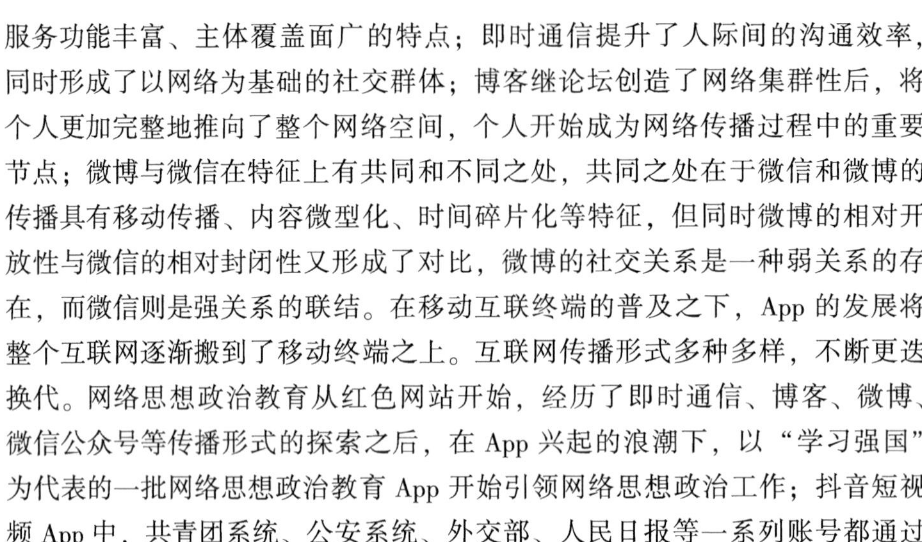
服务功能丰富、主体覆盖面广的特点；即时通信提升了人际间的沟通效率，同时形成了以网络为基础的社交群体；博客继论坛创造了网络集群性后，将个人更加完整地推向了整个网络空间，个人开始成为网络传播过程中的重要节点；微博与微信在特征上有共同和不同之处，共同之处在于微信和微博的传播具有移动传播、内容微型化、时间碎片化等特征，但同时微博的相对开放性与微信的相对封闭性又形成了对比，微博的社交关系是一种弱关系的存在，而微信则是强关系的联结。在移动互联终端的普及之下，App 的发展将整个互联网逐渐搬到了移动终端之上。互联网传播形式多种多样，不断更迭换代。网络思想政治教育从红色网站开始，经历了即时通信、博客、微博、微信公众号等传播形式的探索之后，在 App 兴起的浪潮下，以“学习强国”为代表的一批网络思想政治教育 App 开始引领网络思想政治工作；抖音短视频 App 中，共青团系统、公安系统、外交部、人民日报等一系列账号都通过短视频来覆盖当代大学生的碎片时间并加强宣传效果。

（三）网络时空观进一步转变

移动互联网和终端的普及将互联网的便利性与开放性进一步扩大，使用者不再受制于设备的体积、重量以及网络互联技术的限制，网络传播开始无时无处不在。这对网络用户的时间、空间观念产生了极大的冲击与改变。当手机携带在身上，大量的 App 满足了网络传播的技术性需求，用户在任何时间、任何地点、任何情境下可以通过手机端的 App 进行阅读、社交、娱乐、购物。与电视、广播等传统的大众传媒相比较，在移动互联网时代，时间不再是影响传播效果的决定性因素，同样空间观念也产生了进一步的改变，传播不再单纯地在广大空间领域传播，开始更多倾向于精确化、个性化的空间观念，同时用户所处的情境变得更为重要。总体来说，对用户进行大数据分析，根据综合情境，提供用户满意的内容或服务，是目前互联网时空观的主要体现。

（四）大数据时代到来

大数据是人们获得新的知识、创造新的价值的源泉。大数据还是改变市场、组织机构以及政府与公民关系的方法。[1]大数据时代的到来，使得数据

---

〔1〕［英］迈尔·舍恩伯格、库克耶：《大数据时代　生活、工作与思维的大变革》，浙江人民出版社 2013 年版，第 9 页。

部门可以针对用户的数据、浏览内容对用户进行深层次地分析、解读。大数据具有的全面覆盖、群体细分、精确性强等优点，对传播过程中受众的分析具有重要意义。通过对用户的精准分析，预测其爱好及需求，可以提升网络传播的个性化水平和深度。在大数据时代，用户经常会发现在浏览一类信息后，网络运营商会加强提供此类信息的频率；在网络购物时，相关页面会自动为用户推荐相对应类别商品。这对我们的网络思想政治教育来说是一种机遇，同时也是一种挑战。掌握大数据分析的技术手段，可以对受教育者的行为进行一定的分析和预测，改进教育模式，提供其感兴趣的内容和形式，加强教育吸引力，但同时社交娱乐和网络购物等行业大数据分析的存在，使得其对大学生的吸引力也在进一步增强。随着 5G 的即将商用，AI 技术的不断发展，人工智能时代也在逐渐走来。

四、思想政治教育网络传播效果的影响因素

在高校网络思想政治教育过程中，由于传播的外在环境较为简单，人群相对固定，影响传播效果的因素主要有传播媒介的选择、信息内容及受众内在的态度。

（一）网络思想政治教育的传播媒介

网络传播在当代大学生的学习生活中无处不在。在信息接触层面上，互联网时代的信息大爆炸和移动互联终端的普及完成，使得大学生在校学习生活期间接触的信息广度和深度都达到了前所未有的程度。根据中国互联网络信息中心发布的第 43 次《中国互联网络发展状况统计报告》显示，截至 2018 年 12 月，我国网民规模达 8.29 亿，普及率达到 59.6%，手机网民达到了 8.17 亿。学生群体占比 25.4%，继续保持第一大网民群体的地位。其中，受过大专、大学本科以上教育的高学历群体占比 18.6%。我国网民 2018 年的人均周上网时长为 27.6 小时。网络在我们的工作、学习、生活中无处不在，网站、论坛、即时通讯、微博、移动视频直播等网络传播形式使得受众无时无刻不在接受着网络传播的信息，网络技术的发展使得思想政治教育信息可以全时段、深层次、多方位地进行传播，受教育者的教育效果有了途径的保证，可以有效提升全面性。第一，教育对象的全覆盖。高校传统的思想政治工作模式，主要以两课和现场实践、教育活动为主，两课主要面向固定年级的同

学，而线下活动受限于时间、空间和经费，受教育者参与程度都是有限的。而网络传播的发展，使得教育对象不再局限于小范围或固定人群，受教育者的覆盖率能够大幅提升。第二，教育内容的丰富性。受限于客观条件，传统思想政治工作模式的教育内容是有限的，新媒体的发展使得教育主体拓展教育内容的成本降低，能够有效丰富教育内容。第三，教育时间的扩展。传统思想政治工作的教育时间是根据课程和活动受到限制的，而移动互联终端的普及、新媒体的发展，使得思想政治工作是可以全天候不间断进行。第四，教育空间的多样化。新媒体的存在，使得思想政治工作从课堂、现场走进了大学生宿舍、家庭等场所，实现了空间的高覆盖率。但同时移动网络终端的发展，使网络传播进一步壮大，信息急速增长，使得思想政治教育环境更加复杂，在校大学生会有更多的途径接触到大量的负面信息。

（二）网络思想政治教育的信息内容

在传播过程中，信息内容的差异性会给传播效果带来显著的区别。对传播效果产生影响的信息内容不仅内容本身具有丰富性与吸引力，还具有真实性与完整度。中国特色社会主义事业进入新时代，以马克思提出的人的全面发展理论为基础，结合党和国家最新的教育方针，我国的思想政治教育工作应着眼于培养德智体美劳全面发展的社会主义事业建设者和接班人。[1]主要内容应包含马列主义、毛泽东思想和中国特色社会主义理论体系；社会主义核心价值观；党的基本理论、基本路线和基本方略；中国革命、建设和改革开放的历史；公民道德和民主法治；基本国情和形势政策；生态文明[2]共八方面。该内容体系博大且随着时代的发展不断与时俱进。在自小学至大学的传统课堂教育的灌输引导下，多数大学生对于思政教育体系的基本内容是基本掌握的，但是如何把内容内化于心、外化于行，将工作做到实处，还需要将灌输与疏导继续深入结合。在实践工作中证明，不断丰富、贴近大学生的学习生活和现实需求的思想政治教育内容，才能够在传播过程中引起大学生的关注，进而被学生消化、吸收，获得良好的效果。同时，在现代网络社会

---

〔1〕《思想政治教育学原理》编写组：《思想政治教育学原理》，高等教育出版社 2018 年版，第 161 页。

〔2〕《思想政治教育学原理》编写组：《思想政治教育学原理》，高等教育出版社 2018 年版，第 161～170 页。

的信息传播中，由于受众的高参与度，传统大众传播中的受众已经开始逐渐演变成信息共动的重要群体，在网络信息再次传播的过程中，人们会进行有选择性传播或者根据自己的主观判断对传播的信息进行再次加工继而传播出去，再次传播的信息内容在真实性与完整度上无法保证。错误、残缺的信息以及群体意见领袖的存在，会使意识形态的引领工作陷入被动。有研究表明，在网络危机发生的情况下，完整度越高的信息传播效果越好。[1]在网络传播形式极度丰富，信息快速传播的时代，信息的真实性和完整度，会极大程度地影响网络公共事件中大学生的思想引领工作。

（三）受教育群体的态度

在早期的大众传播中，线性传播占据主导地位，传播者和受众属于不同的两极，受众更多的是被动接受传播者的信息；在互联网逐渐发展之后，直线型的传播模式转为双向互动模式，大众作为线性的另一端开始可以表达自己的看法和意见；在如今的互联网时代，网络传播真正成为一张信息传播的巨网，每个用户都成为一个节点，可以随时表达自己的想法，并通过博客、微博、微信等具体传播形式影响班级、宿舍、社团等群体的内部成员，进而可能通过群体传播影响其他群体，甚至最终引发大众传播层面的讨论。在以网络为媒介的信息传播中，由于议题设置权限下放、议题内容向多元化与深层次发展、议题衍生能力加强，受众可以左右议题发展方向并且按其意愿设置新议题。[2]尤其在网络公共事件中，在互联网意见领袖和部分公众号的影响下，通过事件本身引发更深层次或另外领域的讨论，已经是目前网络传播过程中的常见现象。大学生作为网络中活跃的用户群体，对于网络传播形式的更新换代、网络传播内容的敏感度都较高。在目前的网络传播形态中，高校等公共机构的权威性在传播过程中一定程度上被削弱，呈现在我们面前的是大学生个性化诉求的表达、自我价值超越的追求以及思想文化多样的形成。[3]传统的思想政治教育模式难以取得较好的教育效果，作为受教育群体的大学

〔1〕 季丹，谢耘耕："网络危机信息传播效果的影响因素实证研究——以微博为例"，载《情报科学》2014 年第 7 期。

〔2〕 罗春："网络传播与传播效果理论"，四川大学 2006 年硕士学位论文。

〔3〕 洪涛：《新媒体时代议程设置嵌入高校网络思想政治教育研究》，光明日报出版社 2016 年版，第 3 页。

生，是网络思想政治教育信息传播中的重要节点和环节，其本身的态度对最终的传播效果起到了决定性作用，正向的态度对传播效果有积极推进的影响，负向的态度不仅难以获得良好的传播效果，同时可能会适得其反，增加教育难度。

五、思想政治教育信息的网络传播策略

（一）革新技术手段，加强建设网络信息传播中的把关机制

“把关人”的理论最早是在群体传播领域中由库尔特·劳因提出，怀特将这个理论引进传播领域。在影响传播内容的五大方面中，意识形态影响是宏观层面的，牢牢把握意识形态教育是习近平总书记对高校思想政治工作提出的要求。在进行网络思想政治教育工作的过程中，高校思政工作体系即是媒介的工作人员，即传播者。网络中信息良莠不齐，高校建立健全把关机制，是对大学生进行正向教育、引导的基础。首先，信息的生产发布是网络传播过程的源头。内容的政治正确、真实可靠是增强传播权威性，进而影响传播效果的重要因素。网络思想政治教育传播的内容要严格遵循党和国家的教育方针。在进行信息生产发布时，要将重要内容放在突出位置来吸引大学生群体关注、消化、吸收，对于运用各类网络传播形式所发布的信息，要严格把关，将“四个意识”放在首位，同时对内容的准确性、倾向性、措辞要严格把关。高校作为社会大众心目中的“象牙塔”，非常容易被大众放在放大镜下观察。目前各高校网站、公众号、微博公众号、短视频号等各类新兴传播形式建设发展极快，从校级部门到各院系、部处部门，再到各级学生组织，公共传播媒介数量庞大，工作人员身份、素养不一，尤其各类学生组织所掌握的公众号，例如学生会，既是学生自治组织，在学生和社会大众眼中也是代表学校形象的学生组织，这类公众号数量较多，话语内容丰富，贴近大学生的话语体系，但同时容易在内容上把关不严。学生组织所发布的内容在学生群体中能够迅速传播，相对于学校所发布的内容，它的传播速度更快，更有吸引力。加强对信息发布的审核及校内各级媒介维护运行工作人员的培训学习工作，是对内容把关的有效方法。第二，在传播内容产生并发布后，信息扩散、循环的过程同样十分重要。如上文所述，在网络传播过程中，由于受众或自媒体等节点会有选择地或根据自身判断、解读信息进行再次传播，传

播过程中信息的完整度或真实性会受到一定程度影响，存在受众以假传假、断章取义的可能性，这就需要学校网络技术部门加强大数据技术运用，对信息扩散和循环过程中失真或偏激的信息及时进行介入。高校思想政治工作队伍由相关的校、部处、学院领导，思想政治理论课教师、辅导员组成，同样不可忽视的是学生干部队伍。网络思想政治教育不仅需要进行网络上的技术性把关，同样需要线下的人为把关。第三，要加强全体师生的网络素养教育，使其能够“有效地和高效地获取信息，能够熟练地和批判地评价信息，能够精确地、创造性地使用信息，提高其自身对信息知晓度、理解度与赞同度的把握，并且能够公正地和客观地传播信息”。〔1〕

（二）做好“议程设置”工作，“唱响”时代主旋律

议程设置是一个过程，它既能影响人们思考些什么问题，也能影响人们怎么思考。〔2〕网络思想政治教育根本上也是一种教育行为，要想达到自身的教育目标，必须使受教育者内化于心、外化于行，最终达到知行合一。在信息良莠不齐的网络社会中，通过议程设置工作，将符合党和国家教育方针的内容设置为议题，引导学生进行学习、思考、讨论，有利于思想政治教育者坚持社会主义核心价值观的引领，净化大学生周围的网络环境，引导大学生在多元文化冲击下寻找时代主旋律，发扬正能量，成为德才兼备的社会主义建设者和接班人。议程设置的过程中，议题需要精心选择。首先议题的设置，必须坚持社会主义核心价值观引领，这是网络思想政治教育的前提和底线。在此前提下，议题的设置不仅要满足思想政治教育工作的需求，同时要有意识地与大学生的学习生活相联系，将时代主旋律、党和国家的意志与个人的发展结合起来。坚持导向性、针对性、互动性、有效性、贴近性、整体性和创新性原则。〔3〕在网络议程设置的过程中不论是公开性较强的公共社交平台还是密闭性较强的私人社交领域，意见领袖的存在对社会经验尚浅的在校大学生影响很大，思想政治教育者应该在议程设置过程中，争当学生的意见领

---

〔1〕 罗莹，刘冰：“网络信息传播效果研究”，载《情报科学》2009年第10期。

〔2〕 [美] 沃纳·赛佛林、小詹姆斯·坦卡德：《传播理论　起源、方法与应用》，北京广播学院出版社2018年版，第265页。

〔3〕 洪涛：《新媒体时代议程设置嵌入高校网络思想政治教育研究》，光明日报出版社2016年版，第73页。

袖，加强对全过程的引导、掌握，从而更有效地影响学生。要尊重大学生的主体性地位，从主客体向双主体的转变是思想政治教育工作目前的共识，尊重学生的主体地位，意味着要选择合适的话语体系，话语体系的重塑既要贴近现实、贴近生活，同时还要加强网络法治与道德教育，使教育者拥有一定的权威性。思想政治教育者需要在此过程中与学生就议题进行坦诚、平等的对话，了解学生的真实想法与困惑，继而帮助学生寻找符合时代发展的主流道路。同时要善于利用碎片化的时间，在学生的专业课程时间和完整的思想政治教育活动之外，将整个议程设置过程广泛、深入地推动，真正将议题融入大学生的生活之中，提升网络思想政治教育的实效性。

（三）建设高质量平台，提升网络思想政治教育内容生产质量、工作队伍建设及管理服务水平

提升网络思想政治教育工作实效性，首先要加强网络平台的建设。目前各高校的工作除官方网站外，更多借助于社会化媒体平台，如现在的主流应用微信、微博、抖音视频等。社会化媒体的互联网思维的核心即是重视用户，人性化传播，促进用户积极性，产生认同，提升黏合力，积极沟通对话，解决实际问题，这些同样都是网络思想政治教育所需要的。目前在搭建平台上，各高校紧跟时代潮流，各平台公众号数量庞大，但运营水平、产生的实效存在较大差异性。网络平台的建设，要避免单纯的宣传教育，可将师生服务与宣传教育结合起来，提升平台黏性。第二，“内容为王”。网络思想政治教育传播的教育内容的质量，直接决定了传播过程中是否能够吸引大学生的注意力，内容质量对提升工作的传播效果和实效性有着重要的意义。在网络传播过程中，教育内容可以被理解为教育者所想要传播的网络信息，文本、图像、图表、音视频、动画等基本信息形式通过一定形式的整合，在互联网上进行传播，对内容的精细化制作，是提升实效性的基础。目前互联网进入了移动时代，据第43次《中国互联网络发展状况统计报告》显示，移动互联网2018年的流量达到了711.1GB，同比增长189.1%。而目前在移动终端，H5页面是较为有效的传播形式，它将多种信息整合，创造用户易于接受的情境，能够产生代入感，取得较好的传播效果。信息的有效整合离不开对教育内容的分析解读，思想政治教育内容与时俱进，不断更新，想要吸引大学生的关注，对教育内容的精准分析、解读必不可少，选择大学生易于接受的话语体系将

党和国家的方针政策进行正确地分析、解读，能够提供准确有效的信息。精准策划线上线下的思政教育活动，将大学生个体与集体，与时代主流紧密集合起来。第三，建设高水平的工作队伍。高校网络思想政治教育队伍需要计算机网络领域、新闻传播领域与思想政治教育领域的专业人才共同组成，网络技术人员在全校网络的信息发布、扩散、循环过程中具有专业技术优势，可以通过网络监督技术来进行整体把握，而新闻传播领域与思想政治教育领域的人才则需要同时具备两类专业知识。思想政治教育工作相对于其他教育活动，最突出的特点即意识形态性。提升思想政治教育者的媒介素养，首先是要提高“四个意识”，其次是注重传播的专业性。针对网络思想政治工作，新闻学、传播学、心理学、教育学和社会学等诸多相关学科的知识是十分必要的。加强对思想政治教育队伍的培训，提升专业队伍的综合学科能力和技术能力，能够多层次、多角度、多方位地了解大学生所需，坦诚沟通、提升管理服务水平，更好地运用网络新媒体开展思想政治工作。

六、总　结

网络思想政治教育是传统思想政治教育活动的补充及革新，在移动互联网时代，思想政治教育工作的环境、工作内容、工作对象都有质的变化，但培养社会主义事业建设者和接班人的核心目标没有变，教育工作者应顺应时代，与时俱进。在网络技术、文化、传播形式不断更新迭代的情况下，高校网络思想政治教育首先要坚守住初心，倡导核心主义价值观，遵循党和国家的教育方针；在教育目标的引导下，建立好把关机制，提升对学生的人文关怀，教育内容要贴近学生的学习、生活，运用好议程设置过程，不断更新网络技术，建设网络平台，建立健全保障机制、队伍，增强教育主客体的网络素养教育，是加强网络思想政治教育传播效果的重要实践。同时在网络受众群体自身态度对网络传播的效果影响力与日俱增的情况下，加强对大学生线上线下传播机制的综合研究，是今后提升网络思想政治教育传播效果重要的研究方向。

参考文献

[1] 骆郁廷：《思想政治教育引论》，中国人民大学出版社 2018 年版。

[2] 彭兰：《网络传播概论》，中国人民大学出版社 2017 年版。

[3] 翟中杰：《大学生网络思想政治教育过程导论》，人民日报出版社 2017 年版。

[4] 任艳妮："大众传媒环境下大学生思想政治教育传播有效性研究"，西北工业大学 2015 年博士学位论文。

七、实践育人

高校实践育人体系中的实践导师制度研究

——以法学专业为例

国际法学院　刘　瑾

【摘　要】 实践育人能够促进学生全面发展。法学作为一门理论与实践紧密结合的学科，更要求学生具备运用理论知识、解决实际问题的能力。而实施实践导师制度，正是搭建校园与社会实践之间的桥梁，是达成实践育人目标的关键环节。由于制度落实、师资配备、考核激励等方面的不足，法学教育中的实践导师制度尚未充分展现其作用和价值，需要通过完善激励机制、运行机制和评价机制真正让实践导师成为法学教育“实践育人体系”皇冠上的明珠。

【关键词】 实践育人　实践导师　制度

马克思主义关于人的全面发展学说认为，实践是实现人的全面发展的根本途径。习近平总书记通过与青年学生座谈、给青年群体回信，强调实践在大学生成长和发展中的重要作用，为高校实践育人工作指明了方向。德国哲学家雅斯贝尔斯在著作中写道，“教育的本质意味着，一棵树摇动另一棵树，一朵云推动另一朵云，一个灵魂唤醒另一个灵魂”。实践导师制度的实施不仅可以提高学生社会实践认知，改善组织管理形式，使得学生在实践中遇到的问题得到及时指导和解决；还可以改善学生无法在校外参加耗时较长的实践活动的困境，实践导师将在实践育人全过程为学生传道授业。

一、实施实践导师制度的时代价值

（一）实践育人是促进学生全面发展的根本途径

1. 实践育人有助于提高学生道德水平

2017 年 5 月 3 日，习近平总书记在中国政法大学考察时强调，法学教育

要立德树人、德法兼修，法学学科是实践性很强的学科，法学教育要处理好知识教学和实践教学的关系。德是法治人才之魂，加强德育教育是铸就法治人才的根本步骤。实践育人是马克思主义的重要德育思想，实践不仅可以“育智”，而且可以“育德”。〔1〕实践育人体系的建构丰富了高校开展思想政治教育的载体，让学生在实践中意识到自己肩负的重要历史使命和社会责任，引导学生走正确的成长道路。

2. 实践育人有助于提高学生解决问题的能力

“实践的观点是辩证唯物论的认识论之第一的和基本的观点。”〔2〕在应试教育中，理论传承、知识传授总是比实践、创新和能力培养重要，这导致学生分析解决实际问题的能力不足。徒法不足以自行，徒善不足以为政。实践育人就是要发挥实践的教育功能，帮助学生在实践中运用、检验和发展理论，激励学生持之以恒、慎思笃行，既磨砺学生的意志品质，也提升学生解决实际问题的能力。

3. 实践育人有助于提升学生综合素质

教育部、中共中央宣传部、财政部等《关于进一步加强高校实践育人工作的若干意见》指出，“进一步加强高校实践育人工作，是全面落实党的教育方针，把社会主义核心价值体系贯穿于国民教育全过程，深入实施素质教育，大力提高高等教育质量的必然要求……坚持理论学习、创新思维与社会实践相统一，坚持向实践学习、向人民群众学习，是大学生成长成才的必由之路”。高校实践育人工作具有系统性、综合性和整体性的特点，是新时代高校教育教学工作的重要载体，是促进学生全面发展的根本途径。

（二）实施实践导师制度是增强实践育人工作实效性的关键环节

实践育人，是要引导广大学生积极投身社会实践，做到知行合一；使学生既胸怀远大理想、坚定理想信念，又富有家国情怀、肩负社会责任；既培养学生矢志探索的创新精神，又提升学生解决实际问题的实践能力。而实践导师制度，是激活和引导实践育人体系运转的关键一环。

---

〔1〕 骆郁廷、史姗姗：“论马克思主义实践育人的德育思想及其现实价值”，载《马克思主义研究》2013年第10期。

〔2〕《毛泽东选集》（第一卷），人民出版社1991年版，第284页。

实践导师制度，是指聘任法律实务部门实践经验较为丰富的人才进入法学教育教学领域，帮助学生将理论知识运用到实践当中，增强学生为人民服务的社会责任感，提高学生解决实际问题的能力。中国政法大学认真贯彻落实全国教育大会精神，把立德树人融入实践教育各环节，为创新培育“德法兼修、知行合一”的卓越法治人才，通过进行法律实务课程建设、培养方案实践学分设定、“法律诊所”课程和司法实务全流程仿真课程设置、协同育人机制建立、理论实务双导师队伍建设、实习实践基地建设等工作，完善实践育人体系。

在人才培养过程中，学、教、体验缺一不可，以学生为中心，三者结合效果最好。实践导师制度遵循人才成长规律，既是一项独立的制度，又与社会实践活动、实践基地、实践课程、第二课堂等载体有机融合，从而形成实践育人合力，显著提升高校实践育人的实效性。

二、当前实践导师制度存在的不足及原因

（一）实践导师制度执行力不足

当前，实践导师制度并未在法学本科实践育人体系中普及，已实施的院校也大多存在执行力不足的情况，这其中既有客观因素，也有主观原因。一是实践导师制度设计需要优化。实践导师制度需要科学规划、结合实际，不能急于求成、简单照搬，在制度实施过程中要充分听取导师和学生的意见建议，做好利弊得失分析、可行性论证，逐步优化制度。二是实践导师制度运行的长效机制尚未建立。实践导师制度要立足长远发展，体现现实针对性和未来指向性。培养一届学生是四年的事情，而培养造就熟悉和坚持中国特色社会主义法治体系的法治人才及后备力量则是需要长期渐次推进的，绝不是一次活动、四年聘期就能使所培养的人才充分满足社会实际需求。三是执行实践导师制度的意识需要加强。从现实来看，法学本科学生接受的实践指导不足，很多法学专业教师不具备实务工作经验，教学内容与实务相去甚远。加强实践导师制度落实的主动性，将优秀的法学实务工作者引进高校，加强法学实践育人，增加高校专业教师与法学实务工作者之间的交流，定会形成实践以理论为依据、实践为理论提供源泉的大好局面。

（二）实践导师师资力量与学生需求不符

实践导师师资队伍建设困境体现在数量不够、动力不足和分布不均三个方面。实践导师应是德才兼备的、在法学实务工作中具有丰富经验的，且愿意为在校本科学生提供指导的人士。当前实践导师一般在校友中进行招募，学校发布招募通知后，通过推荐或自荐产生。由于法学实务工作者工作繁忙，实践导师遴选标准不够细化，且高校能够给予的激励较少等原因，实务工作者担任实践导师的动力不足，愿意担任实践导师的人员数量远远不够。分布不均则主要体现在，本科学生成长的每个阶段对于实践导师的需求不同，每个学生对于实践导师所指导内容的需求不同，实践导师本身所了解的领域不同，不同领域的实践导师数量与学生需求不同等。在上述情况下，实践导师师资难以满足学生群体的需求，从而难以发挥师生之间的双向能动性。

（三）实践导师管理和考核机制有待完善

在现行制度下，实践导师的管理和考核存在困难，导致实践导师权责不清。首先，实践导师均为校外人员，其人事关系隶属于其他单位，聘请实践导师的高校无法将其纳入人事管理。其次，校企之间缺乏针对实践导师制度的合作机制，实践导师工作情况对其主业绩效不会产生影响，实践导师工作情况不受约束。因此，实践导师仅仅依赖个人的责任感推动工作，其工作态度、内容、效果和投入的精力参差不齐，甚至有学生对于自己的实践导师只闻其名不见其人。

三、实践导师制度完善的有效路径

（一）完善激励机制提供实践导师制度实施的不竭动力

1. 利用政策发力

政策是一面旗帜，它解决的是方向和原则问题。[1]习近平总书记强调，“要坚持学以致用，深入基层、深入群众，在改革开放和社会主义现代化建设的大熔炉中，在社会的大学校里，掌握真才实学”，[2]为在新时代开展实践育

[1] 刘川生：“高校实践育人工作有效机制研究”，载《思想理论教育导刊》2016年第12期。
[2] 《习近平谈治国理政》，外文出版社2014年版，第51页。

人工作提供了重要的指导。《国家中长期教育改革和发展规划纲要（2010—2020年）》《关于进一步加强高校实践育人工作的若干意见》等文件对实践育人工作做了详细规定。我们要把握相关政策的实质和要点，进行宣传教育，营造良好的社会氛围，使实践导师和学生充分体会到实践导师制度的重要性，并积极参与其中。

2. 正向激励与反向激励相结合

正向激励为鼓励和表扬。首先，根据费洛姆期望理论，目标越明确，激发起的动力越强烈。[1]学校应细化实践导师职责及学生实践能力的培养目标，以此激励实践导师强化符合培养目标的行为。第二，实践导师属于法学实务部门中具有丰富实践经验的优秀人才，根据马斯洛需求层次理论[2]，他们所追求的正是尊重、自我实现等高层次的需求，物质报酬并不起决定作用。学校应注重人才管理艺术，给予实践导师充分的尊重和精神鼓励。例如，定期举办实践导师聘任仪式和优秀实践导师颁奖典礼，可与优秀校友表彰活动同时进行，增加实践导师的仪式感，从而促进其工作。通过互联网、自媒体等传播媒介，对支持实践导师制度实施的单位和个人进行报道和舆论宣扬，对单位和个人工作进行肯定的同时提升其社会责任感。反向激励体现为淘汰机制，对工作懈怠或行为不当的导师解除聘用，以此作为约束。

（二）完善运行机制保障实践导师制度取得实效

1. 加强顶层设计

高校实践育人工作的本质是，“以引导大学生坚定跟党走中国特色社会主义道路的理想信念和不断增强服务国家服务人民的社会责任感，勇于探索的创新精神、善于解决问题的实践能力为基本目标的一种教育实践活动”。[3]学校应围绕这一本质，明确制定实践导师任职条件、工作职责、遴选聘任和管理考核办法，落实细化具体的跟进措施，全盘考虑解决现存问题。

---

〔1〕马仁杰、王荣科、左雪梅：《管理学原理》，人民邮电出版社2013年版，第56页。

〔2〕心理学家马斯洛提出，人类的需要按照其发生的先后次序可分为五个等级：生理需要、安全需要、社交的需要、尊重的需要、自我实现的需要。只有在低层次的需要得到满足以后人们才会去追求高层次的需要。

〔3〕黄蓉生、孙楚杭：“构建高校实践育人长效机制的思考”，载《中国高等教育》2012年第1期。

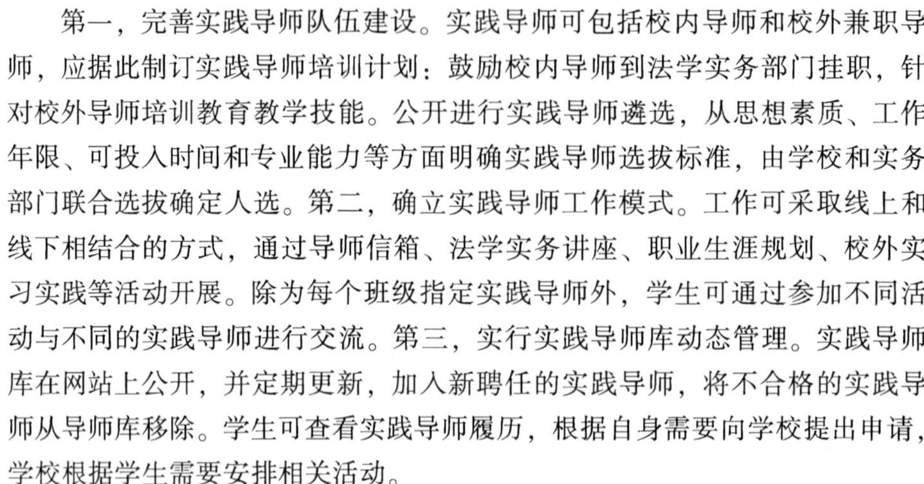

第一，完善实践导师队伍建设。实践导师可包括校内导师和校外兼职导师，应据此制订实践导师培训计划：鼓励校内导师到法学实务部门挂职，针对校外导师培训教育教学技能。公开进行实践导师遴选，从思想素质、工作年限、可投入时间和专业能力等方面明确实践导师选拔标准，由学校和实务部门联合选拔确定人选。第二，确立实践导师工作模式。工作可采取线上和线下相结合的方式，通过导师信箱、法学实务讲座、职业生涯规划、校外实习实践等活动开展。除为每个班级指定实践导师外，学生可通过参加不同活动与不同的实践导师进行交流。第三，实行实践导师库动态管理。实践导师库在网站上公开，并定期更新，加入新聘任的实践导师，将不合格的实践导师从导师库移除。学生可查看实践导师履历，根据自身需要向学校提出申请，学校根据学生需要安排相关活动。

2. 强化组织协调，优化运行保障

组织协调和运行保障机制是实践导师制度得以正确运行的前提。首先，学校要与各单位联系、联动起来。实践导师制度的实施涉及高校、国家机关、企事业单位、律师事务所等诸多单位，各单位之间的有效衔接和密切配合至关重要。例如在实践导师的遴选阶段，学校向各单位发布招募公告，各单位组织报名并帮助进行条件审核。学校确定实践导师人选后，将名单反馈给导师本人及其单位，做好沟通工作。这既保证了实践导师的综合素质，又在一定程度上解决了实践导师工作动力不足的问题。第二，学校内部的组织协调工作也具有重要影响。要明确校院两级的职责范围，实践导师制度实施要由专门部门负责，实践导师库管理、学生需求统计、活动信息发布、活动组织安排等工作必须程序化、规范化。可为每位实践导师设置学生助理，在事务性工作上提供支持。第三，保证资金支持。通过发放津贴、报销交通费用、提供工作餐等对实践导师进行一定物质补偿，对于表现优秀的实践导师给予物质奖励，保障相关活动开展所需资金等，以此来奠定实践导师制度实施的物质基础。

（三）完善评价机制促进实践导师制度持续优化

针对实践导师的评价机制应分为主客观两个维度。客观方面包括两项内容，一是实践导师的工作情况。例如，实践导师每年在学校实践育人工作中投入的时间、参加活动的次数、为学生提供实习实践机会（人次）等。二是学生综合素质的提升情况。综合素质是指“人具有的学识、才气、能力以及专业特长等综合条件，也称综合表现力”。[1]可据此构建具有可操作性的综合素质评价体系。主观方面主要是指学生的感受性评价。例如，学生在实践导师的指导下，自身的社会责任感是否增强、创新精神是否凸显、解决实际问题的能力是否提升。评价结果要作为实践导师评优或淘汰的依据。另外，也要定期召开实践导师座谈会，听取实践导师的意见建议，解决制度实施过程中存在的问题。科学合理的评价机制无论对实践导师还是受众学生都具有提升其积极性和参与感的作用，将有效推进工作开展。

---

〔1〕 甘霖：《高校实践育人研究》，人民出版社 2015 年版，第 198 页。

本科生实践教育拓展初探

——以中国政法大学政治与公共管理学院为例

政治与公共管理学院　施春梅

【摘　要】开展大学生社会实践教育具有重要意义，习近平总书记强调青年要知行合一、做实干家。通过对往届毕业生和在校生的调研反馈，加强实践教育具有共识基础并成为当务之急。本科教学培养方案对实践实习环节的要求、教务处和就业指导中心提供的各种国（境）内外交流机会和实践平台，构成了学校实践教育的重要方面。政治与公共管理学院通过各系贴合专业的实践课程设置、分团委悉心指导的社团活动、辅导员四年全程的社会实践教育活动等方面强化实践教育，具有了自己的特色。建议继续通过定期开展“职场人论坛”活动、进一步增加各类型单位共建活动、建立多类型实践基地、激励任课教师带领学生实践调研、通过校友会发挥校友传帮带作用、学生会增设职业发展拓展部等方式促进实践教育进一步提升。

【关键词】实践教育　特色　拓展

本科生的实践学习，无论从“知行合一”的要求，还是就实践能力提升、职业发展来说，都是非常重要的。而本科生对于实践的重视程度和践行不够，学校和学院采取了很多举措来加强学生的实践教育。笔者简要介绍了中国政法大学尤其是政治与公共管理学院的实践教育的一些特色做法，并就进一步加强本科生实践教育提出了若干建议，希望能一起助力学生实践教育的进一步提升。

一、开展大学生社会实践教育的重要意义

（一）习近平总书记强调广大青年要“力行知行合一，做实干家”

习近平总书记2018年五四青年节前夕在北京大学师生座谈会讲话中对广

大青年提出了一些希望，其中特别强调："要力行知行合一，做实干家……每一项事业，不论大小，都是靠脚踏实地、一点一滴干出来的……做人做事，最怕的就是只说不做，眼高手低。不论学习还是工作，都要面向实际、深入实践，实践出真知；都要严谨务实，一分耕耘一分收获，苦干实干。广大青年要努力成为有理想、有学问、有才干的实干家，在新时代干出一番事业。我在长期工作中最深切的体会就是：社会主义是干出来的。"

（二）大学期间重视实践实习、提升实践能力是众多已毕业校友的共识和呼吁

笔者曾组织2017级本科生利用寒假亲友聚会的机会对职场人开展了"职业人访谈"，总计178份职业访谈中，近160位职场人（占比近90%）专门强调了大学生加强实践实习的重要性，他们认为在实践中深化理论学习，总结实践经验，探究人职匹配，加强职业生涯思考与规划等，这些对人的成长和发展至关重要。笔者也对政治与公共管理学院2013届本科毕业生开展了抽样调查，2013届有207名本科毕业生，抽样了79人，在被问到"对本科教育还有哪些建议和意见"中，其中绝大多数同学提到了"增加实践实习锻炼"。很多毕业生希望学校和学院能为学生搭建一个与用人单位互动的平台，比如"加强同政府部门和企业等工作岗位的互联互动"。

（三）增加实践实习机会及实践类课程是在校大学生的期待和重要关切

笔者对目前所带的2017级178名本科生进行了调研统计，他们对学院有关实习实践、就业工作提出的建议归纳为以下几点：多提供一些实习岗位信息；多设置实践类、实务类课程；学院建立多个类型的定点实习基地；专业老师能够带领并指导学生在调研实践中学习；实践实习时间不应仅限于大二、大三暑假，加大时间比例；增加案例课和研讨课数量；增加有规模、有影响力的学科竞赛和实践活动，例如政治与公共管理学院举办的"立格案例大赛"效果很好，可以举办更多类似活动。

二、学校现有的社会实践教育举措及思考

（一）学校现有大学生社会实践、专业实习相关规定、现状与思考

大学生依照培养方案完成自己的学业，是取得毕业证、学位证的关键。

培养方案对实践、实习具体要求和评价标准都做了详细规定。其中包括：社会实践是必修课，大学生在大二暑假要连续开展实践活动四周，占 2 学分；专业实习是必修课，大学生从大三暑假开始连续进行十周的专业实习。

这些要求，一定程度上保障了学生的实践实习锻炼。但是实际中也存在一定的问题：首先，督查力度需加强。有的学生为了准备考研或有其他安排，并没有严格自律地去参加实习，而是通过熟人关系完成了上交要求的形式要件。其次，学院对学生的实践实习跟踪指导需加强，最好有指导的具体标准和要求。再次，实习的时间安排上，很多同学结合自身实际情况，希望学校能够提前安排实习时间。

鉴于实习对学生的重要性和必要性，笔者建议，将社会实践和专业实习两者合并，并从时间安排上进行调整，比如从大二暑假开始，一直到大三上学期及暑假结束。各专业指导老师和年级辅导员在实习阶段加强对学生的跟踪指导，加强与实习单位的沟通，并组织学生的实习经验总结和交流的活动，最大程度保障学生实习的效果以及实习单位的肯定。

（二）学校教务处提供的校外、国（境）外交流实践机会

学校教务处提供了很多创新项目，包括国家级、北京市级、校级三个层次的创新项目，这些创新项目很多都需要学生进行实地调研，这样一方面培养了学生分析解决问题并创新的能力，一方面让学生深入实地，培养学生理论联系实际以及实地调研的能力。

同时学校教务处还提供了很多校外、国（境）外交流的机会，交流时间从半个月至一年不等，这些交流机会，丰富了学生对当地风土人情、特色文化的体验。

据笔者对目前所带学院的 2017 级 179 名本科生摸底统计，两年多来，有 60 余名学生主持或参与了学校教务处提供的创新项目，有 30 余名同学申请到了校外、国（境）外交流的机会。他们都表示从中受益匪浅。在全球化的背景下，希望学校能够让更多的学生有机会出国交流学习，进一步拓展学生的国际视野。

（三）学校就业指导中心开展的实践类教育活动

学校就业指导中心开设了创新创业等实践课程，提供了很多实践、实习

信息，建立了一些定点的实习基地，开展了“寻访优秀校友”“职场体验日”等很多活动。有些大学生通过就业指导中心提供的信息找到了实习单位，或者通过上述的活动了解了职场以及职业素养需求等。

由于学校学生众多，专业不同，学校就业中心提供的机会数量有限，实习基地也多是法院、检察院、律所等，法学专业对口的单位比较多，而对于其他非法学专业如政治学、社会学、国际政治等对口的单位相对较少。所以学校就业中心也应为非法学专业学生提供更多的实习信息或实习基地。

三、政治与公共管理学院关于本科生实践教育的特色做法〔1〕

为了促进学生成长成才，政治与公共管理学院除了狠抓专业教育外，还特别重视对学生实践能力的培养。

（一）各系多途径开展理论联系实际的教育

（1）国际政治系特别重视实务教育。该系专门开设了《口述中国外交》课程，邀请资深外交官进课堂。受邀的外交官除了对当前形势进行介绍与分析外，还结合自己的工作经历和感受给学生很多职场建议，这无疑为学生打开了职业世界的窗口，这些讲授深受广大学生喜爱。同时，国际政治系指导举办的“国际时政论坛”，让学生模拟六方会谈等活动，除了培养学生的专业素养外，还特别锻炼学生的思辨和应变能力。

（2）政治学与行政学系特别重视创新人才的培养以及方法论的传授。该系发起的“闻道”学生创新培养项目，旨在满足社会对创新人才的需求，增强本科生的科研兴趣，提高学生的科研能力。同时后续举办的“寻道·方法”训练营，又从方法论视角对学生进行引导和培训。这些活动让学生坚定了专业方向选择。

（3）行政管理系和公共事业管理系特别注重在课程讲授中引入现实问题和案例分析。老师经常就一个专题组织学生进行讨论，由学生进行分享和展示，很好地调动了学生热情，锻炼了他们分析解决问题的能力，并培养了团

〔1〕本部分内容参见本作者已发表论文“加强‘大学生职业生涯规划教育’的学院合力探索”，载黄瑞宇主编：《新时代增强高校思想政治工作实效性研究》，中国政法大学出版社2019年版，第356~362页。

队合作精神。同时两系开设的《SPSS与公共政策量化分析》《管理信息系统》等实用性课程受到学生欢迎。

（二）学院分团委为学生实践能力锻炼提供了各种社团平台

学院分团委为了培养锻炼学生，成立了很多学生社团，并开展了很多有实效的活动。

身心健康促进类社团：政管女足队、女篮队、男篮队、乒乓球队、排球队、田径队。这些兴趣团队，对学生的吸引力很大，很多学生长久坚持这些社团活动，从中受益匪浅。

思辨培养类社团：政管辩论队。以2009级为例，当时有4位优秀队员作为学院代表参加学校“大天伦杯”的比赛，取得了学校总冠军的好成绩。这4个学生目前分别就职于中央办公厅、华润集团总部、上海清算所、金杜律所，他们认为当时的辩论队经历锻炼了他们的思辨应变能力、增长了他们的知识，让他们更加大胆自信，能够沉着快速应对问题，这对他们后来的求职和现在的工作都有很大帮助。

公益奉献类社团：政管一米阳光公益团队。该团队目前的常规项目包括：太阳村爱心行动、爱地敬老院志愿活动、雨竹学校常规支教活动、农机院服务活动、“饮马长城”写信活动、东沙各庄普法活动、寒暑假的各地支教活动（足迹遍布贵州、陕西、广西、四川、山东、河南、黑龙江、云南、海南、湖南等省份）。政管学院70%的学生都参与了这些公益活动，他们表示，这些活动让他们体验了职业角色，增强了社会责任感，更促使他们不断充实自己。

学院分团委通过指导社团开展活动，促进学生不断提升个人素养和实践能力。

（三）辅导员四年全程系统化引导让学生不断提升实践能力

辅导员与大学生朝夕相伴，在迎新、团务、党务、资助、就业指导等各项工作和活动中，具体指导学生解决实践工作中遇到的各种问题。尤其为了促进学生的职业发展，特别重视学生实践能力的提升，开展了系统化的以职业发展规划为核心的社会实践教育。

（1）大一时期，大力开展适应教育和职业启蒙。为尽快引导学生适应新环境，辅导员与近200人开展一对一深度谈话，在“学习实践、社团活动”

等方面加以具体指导，并辅助他们制订大学规划。同时，举办“职业梦想”演讲比赛、职场校友分享会、师长学长引航等活动，激发学生探查自己的职业兴趣，让他们更有动力和方法去积极学习与实践。

（2）大二时期，积极引领学生探索职业世界。一方面，指导学生的暑期社会实践活动，另一方面，带领学生走出校门，参观实务部门，与政府、企业等单位开展共建活动。

（3）大三时期，协力共同指导学生发展。邀请资深职业经理人、就业中心老师、优秀毕业生为学生分析单位需求、讲解形势政策、分享考研、出国、求职经验技巧。同时，和指导老师、职场指导师一起，督导学生的专业实习。

（4）大四时期，精准帮扶学生。及时跟踪指导学生求职与就业实践，针对每个学生的实际需求，精准推送就业信息、介绍经验技巧、开办简历诊所、开展模拟面试、举办求职沙龙等活动。

四、对学院进一步加强实践教育的若干建议

对于学生的实践能力培养，学校有制度保障和各种平台保障，政治与公共管理学院有自己的特色做法，但为了进一步加强实践教育，笔者有如下建议供参考。

（一）定期开展“职场人论坛”活动

近几年来，政治与公共管理学院各年级辅导员邀请了累计 30 余位各类型单位的职场人进校园与本科生开展了面对面交流活动。各位职场人结合自身经历谈工作内容、感悟、建议等，让没有太多实习经历的本科生受益匪浅。各年级辅导员邀请的基本是自己带的已工作多年的优秀毕业生，活动优势在于增加与职场师兄师姐的互动，能让在校本科生看到自己将来职业的可能性。不足之处在于辅导员能邀请到的特别资深且有影响力的职场人比较有限，同时活动的受众面不广，基本局限于本年级同学，而没有扩展至整个学院范围。希望学院能将“职场人论坛”活动上升为院级的大型活动并定期开展，同时在活动承办组织、活动流程、经费支持、职场人数据库建设等方面进行细化，以便于顺畅实施。

（二）进一步增加各类型职场参观、座谈、共建机会

政治与公共管理学院近几年积极带领本科生走出校门，到用人单位参观、

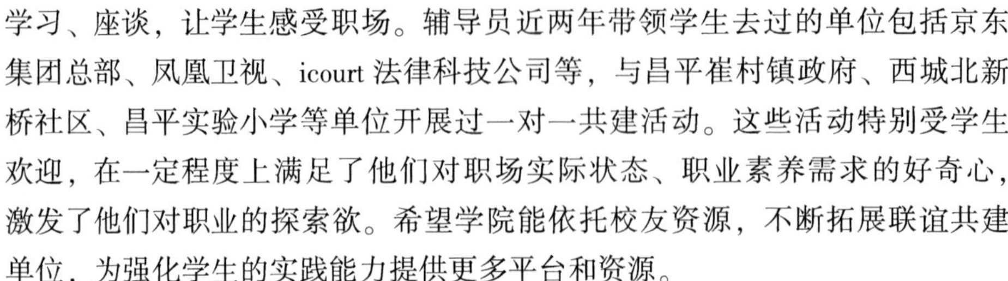

学习、座谈，让学生感受职场。辅导员近两年带领学生去过的单位包括京东集团总部、凤凰卫视、icourt 法律科技公司等，与昌平崔村镇政府、西城北新桥社区、昌平实验小学等单位开展过一对一共建活动。这些活动特别受学生欢迎，在一定程度上满足了他们对职场实际状态、职业素养需求的好奇心，激发了他们对职业的探索欲。希望学院能依托校友资源，不断拓展联谊共建单位，为强化学生的实践能力提供更多平台和资源。

（三）多建立包括“党政机关、事业单位、公司企业”等各种类型的实习基地

根据学校对社会实践、专业实习的要求，学生集中实习要达到一定的比例，为此学生特别希望学院有多类型的定点实习基地。笔者认为，中国政法大学的本科生位于昌平城区，该地区经济比较发达，各类型单位皆有，对于本科生的课余实践实习来讲，交通也特别便利。学院可以先就近在昌平建立几个类型的实习基地：党政机关类，比如昌平区政府、昌平区人民检察院、昌平区人民法院、昌平区人力资源及社会保障局；事业单位类，比如与学校的附属小学银燕小学的结对共建；公司企业类，比如沃尔玛等知名企业。这样能便利学生的就近实习，还能加强学院与单位的共建育人。

（四）激励任课老师积极带领学生开展调研和实践活动

据参加过任课老师调研活动的学生反馈，在学生参与老师带领的调研活动过程中，对如何设计调查问卷、如何选定调查对象、如何与调查对象打交道并访谈、如何分析数据等问题，老师会给予专业的指导，这种体验式学习学生收获特别大。为此，调研活动应作为学生实践能力培养的一个有益渠道，学院可从课题机会、经费支持、绩效鼓励等方面积极鼓励任课教师多吸纳学生参与调研课题，在活动过程中对学生的调研和实践进行指导。

（五）成立校友会，发挥校友的传帮带作用

与校友的良好互动，更能促进校友与学院的彼此发展。校友对学院的宝贵建议、提供的信息资源、对在校学生的传帮带作用等，会让学院受益良多；而学院对校友的持续关心和帮助，也会激励校友不负学校学院厚望而不断进步。由于精力有限，学院可先成立北京校友会，待到条件成熟，再扩建各地校友会。成立校友会后，一般要定期开展互动活动，这样能更好地发挥校友

传帮带的积极力量。北京大学的“心手计划”，就是邀请校友担任职业指导师，通过一系列活动发挥校友的传帮带作用，让在校生收获很大，值得借鉴。

（六）在学院学生会增设职业发展拓展部，从组织体制上保障学生实践能力的提升

学院分团委指导的学生社团，对于学生身心健康和能力培养起到了很好的作用。只是综观社团的种类和活动，发现文体类、学术类、励志类、公益类的组织和活动比较多，而学生考研、出国、求职、职业发展等方面的活动相对较少，也没有专门的社团组织。为了让学生更好地提升实践能力以及实现职业发展，笔者希望在学院学生会层面增设职业发展拓展部，以进一步促进与职业发展相关的社会实践活动的开展。

高校实践育人体系及商学院工作模式探索研究

商学院　张　婷　杨　杰　陈　璐

【摘　要】高校实践育人体系建设和完善对提升教育质量起着至关重要的作用。通过对目前实践育人工作实施现状的分析，克服当前实践育人存在的评价指标体系不明确、实践内容浅层化等方面的问题，进一步明确其实施路径，从而有针对性地探索商学院实践育人实施重点举措，提升人才培养质量。

【关键字】实践育人　产学研　路径

教育是民族振兴、社会进步的基石，而高等教育则承担着培养高专人才的重大任务。提高教育质量是高等教育发展的核心任务，是建设高等教育强国的基本要求。根据《国家中长期教育改革和发展规划纲要（2010—2020年）》及《关于进一步加强高校实践育人工作的若干意见》（教思政［2012］1号）要求，优化完善高校实践育人体系建设成为提升高等教育人才培养质量的重点突破方向。随后，中共教育部党组印发《高校思想政治工作质量提升工程实施纲要》（教党〔2017〕62号），将扎实推动实践育人列入“十大育人”体系之中。2019年，习近平总书记在全国高校思想政治工作会议上也明确提出，高校要“重视实践育人，坚持教育同生产劳动和社会实践相结合，广泛开展各类社会实践”，对实践育人提出了更高的要求，高校实践育人体系建设被提到了一定的高度。

一、高校实践育人工作现状分析

改革开放以来，高校实践育人工作逐步成为人才培养的重要环节，受到各高校乃至社会各界的高度重视，伴随着实践探索，实践育人的方式和实效性都有所提升，进一步推动了高等教育内涵式发展。《关于进一步加强高校实践育人工作的若干意见》指出实践育人的主要形式包括实践教学、军事训练和社会实践活动。具体来看，主要方式有：

（一）实践教学方面

高校切实推进实践教学改革，优化实践教学方法，通过基于实际案例、实际问题、真实项目的实践教学法，加强学生专业实践能力；通过邀请校外业界专家进课堂的方式，将企业实战经验带到课堂中；创造机会，带领学生赴企事业单位实际调研、参观学习交流，提升实践教学的效果；鼓励学生参与创新创业项目、参与课题等与实践相结合的内容，并严格把控毕业设计（论文）质量。

（二）军事训练方面

高校主要通过新生入学军训、开展军事理论课程等方式使学生掌握基本军事技能和军事理论，增强学生的国防观念、国家安全意识，弘扬爱国主义、集体主义和革命英雄主义精神，培养学生艰苦奋斗、吃苦耐劳的作风。

（三）社会实践活动

高校大学生志愿服务常态化发展，公益活动参与学生广泛；大学生创新创业实践蓬勃发展；实习实践成为高校学生与社会接轨的重要途径之一。

从实施效果来看，已有一定成效，但是也存在一定的困境。主要集中在：

（一）实践育人成果指标体系不明确

目前学校对各类实践的判断主要从实践时间、实践形式、单位鉴定意见等方面进行考察，经实践教学管理部门批准后获得学分，对于学生参与实践的内容设计、过程管理、效果评估方面尚未形成系统的评价指标，指导教师的指导效果也有待评估。

（二）实践内容整体浅层化

当前高校主要的实践形式多停留在参观考察、调查访谈等浅层次，部分实践项目只是为了做而做，距离实践所希望达到的全程化、社会化要求差距甚远。

二、高校实践育人实施路径设计

推进高校实践育人工作的关键在于明确培养什么样的学生，如何通过实践育人实现培养目标，以及如何在培养方案中发挥实践环节的作用。

（一）明确培养目标

党的十九大报告明确要求落实立德树人是教育的根本任务，发展素质教育，培养德智体美劳全面发展的社会主义建设者和接班人。《统筹推进世界一流大学和一流学科建设实施办法（暂行）》（教研［2017］2号）进一步提出，要注重培养学生社会责任感、法治意识、创新精神和实践能力。《高校思想政治工作质量提升工程实施纲要》在实践育人质量提升体系中强调，要增强师生的实践能力、树立家国情怀。综上，探索建立健全实践育人实施策略，首先要明确，实践育人培养目标为培养有德行、政治觉悟高、专业素质过硬、综合素质强的人才。

（二）坚持以提升实效为核心

根据培养目标，科学规划实践育人路径及具体内容，将工作落在实处，避免实践价值空心化、实践体系模糊化、实践形式同质化、实践流于形式等问题的出现。同时，要着力构建高校实践育人质量评价机制，通过对实践育人项目背景评价、资源配置评价、过程评价和成果评价创建评价监督体系，以便全方位、多维度地对实践育人工作开展系统评价与客观判断，并不断修正完善。

（三）健全实践育人的保障机制

健全实践育人各项保障机制是维护实践育人良性有序运行的保障。高校应遵循“三全育人”的工作理念，积极构建“大思政”格局，健全实践育人的领导体制和工作机制，在统一领导部署下整体规划、各部门统筹推进，建立多元联动的协同育人工作机制；同时，建立健全实践育人资源保障机制，强化人、财、物、文化等方面对实践育人的支持力度，构建多元、开放、持久的制度体系。

三、商学院实践育人实施重点举措

除目前高校常规的实践育人项目及国家相关规章制度要求外，商学院将重点研究落实以下几个方面。

（一）思想品格养成，着力培养学生社会责任感

传统实践育人更多注重知识拓宽和能力提升，忽视品格塑造和科学素养养成。以中国政法大学商学院学生为例，从学生特征来看主要可以划分为两个群体，一个是以本科生为主的学生群体，他们正处于世界观、人生观及价值观尚未完全形成的阶段，有些学生的道德标准认识尚不清晰，对建设祖国的意识及社会责任感有待提高。而第二个群体主要以有工作经验的 MBA 学生群体为主，他们因社会经历阅历的浸染，部分学生对学习及事件的看法及处理偏功利化，可能不利于成长成才。因此，加强实践育人中的思想品格建设至关重要。

以 MBA 学生为例，中心通过紧跟政治要求，认真开展新生入学教育及拓展训练，在培养过程中，将班会、团支部会议、党支部各项活动落到实处，推进对优秀事迹、优秀人物的重点宣传，以点带面，以面带点，形成合力。通过近一年的贯彻执行，学生在大是大非面前态度鲜明、求知欲和学习热情高涨，同时因个人与社会价值一致使得个人与组织目标的实现力更强，学生向组织靠拢意识增强，也促进了学校学院各项工作的开展，同时实现了理论知识入脑入心。

（二）产学研深度共建，强化实践育人项目专业素质提升实效

目前高校中的实践尤其专业实践多停留在浅层次的参访交流或者实习阶段，存在实践与所学知识脱节的情况。另外，企业也没有对实习生有足够的重视。

商学院将充分挖掘校友资源，创新校内外资源共享机制，通过对学校、企业、学生的深度调研，确定实践教学目标、内容、计划、流程、工作规范、指导性文件和相关管理制度，通过产学研深度共建，提升协同育人意愿，激发协同育人动力并强化协同育人效果。

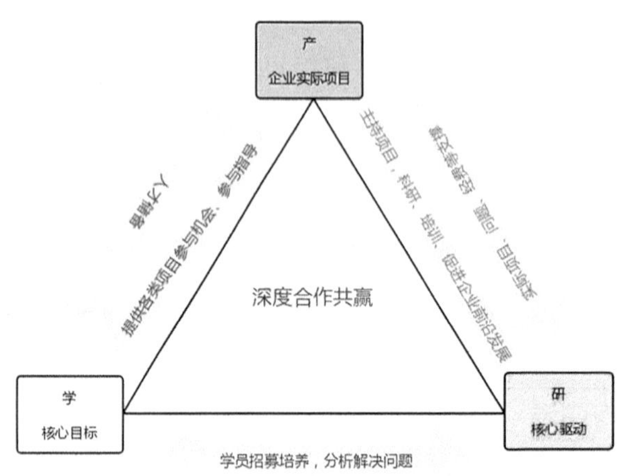

图 1　产—学—研深度合作模式

一是通过对优质企业雇主或者咨询机构的深度交流，发掘学院与企业可对接实现的项目或课题。二是以“研”为核心驱动力，通过合理安排项目指导老师，对项目课题进行解构分析、组织实施、完成，实现“产”项目设立的初衷。三是以“学”为核心目标，指导老师根据要求招募项目学员，将项目进行解构，引导学生将课堂学习的理论知识转化为能够解决问题的实际技能。在此基础上，通过产学研平台的搭建，企业能解决实际面临的问题并了解前沿发展方向，与此同时，企业家进课堂担任学生实践导师等实现传承；教师可以获得更多培训输出、课题、经费等支持，学生能够深入了解专业知识应用，同时随着学生专业技能及理论知识的完善，能够逐步达到企业人才储备要求标准。逐步形成目标耦合、机制共建、资源共享、多方共赢的，具有蓬勃生命力的实践育人平台。

（三）综合素质提升，让实践育人焕发人文魅力。

实践育人，不仅作用于思想觉悟和专业素养的提升上，德智体美劳全面发展是育人的更高目标。具体举措如下：

(1) 以文育人。着眼于新形势，“人文精神是传统文化中最核心的表达”，通过对传统文化、礼仪知识、人文自然景观知识的学习，发挥传统和现代节日的涵育作用，使文化潜移默化地影响学生的思想意识和行为。

(2) 以体育人。习近平总书记多次指出要树立健康第一的教育理念，帮助学生在体育锻炼中享受乐趣、增强体质、健全人格、锤炼意志。〔1〕因此，学院将积极组织并鼓励学生参加各类体育活动及赛事。

（3）以美育人。〔2〕美育是审美教育，也是情操教育和心灵教育，不仅能够提升人的审美素养，还能够潜移默化地影响人的情感、趣味、气质、胸襟，激励人的精神，温润人的心灵，对于立德树人具有独特而重要的作用。除学校统一安排外，学院可以在专业课程的基础上，增加歌剧欣赏等课程，同时增加美育类参访实践，并且推出“思享汇”活动，提升学生审美观。

四、结　论

高校深化落实实践育人是推动理论教学与实践教学、促进科研与创新的重要举措，是实现复合型人才培养的重要基石。商学院将通过在思想品德方面、专业素质提升方面以及非专业综合能力方面不断地尝试，稳步推进落实学院的人才培养目标。

参考文献

[1] 陈步云：“高校实践育人质量评价机制的构建”，载《思想教育研究》2018 年第 5 期。

[2] 陈步云：“论高校实践育人动力机制的构建”，载《学校党建与思想教育》2018 年第 11 期。

[3] 董广芝、夏艳霞：“高校实践育人共同体建设研究”，载《黑龙江高教研究》2018 年第 12 期。

[4] 董艳、和静宇、王晶：“项目式学习：突破研学旅行困境之剑”，载《教育科学研究》2019 年第 11 期。

[5] 呼和、齐斯琴：“试论大学生社会实践有效激励机制的构建”，载《学校党建与思想教育》2018 年第 3 期。

[6] 胡靖：“大学生社会实践的历程、价值意蕴与发展趋向”，载《思想理论教育》2018 年第 1 期。

[7] 蹇世琼、彭寿清、李祥：“‘双创’教育中协同育人的实践困境及路径突破”，载《江

〔1〕 习近平：“坚持中国特色社会主义教育发展道路培养德智体美劳全面发展的社会主义建设者和接班人”，载《人民日报》2018 年 9 月 11 日，第 1 版。

〔2〕 李丽、周广、臧欣昱：“创新高校第二课堂育人体系的实践探索”，载《思想政治教育研究》2019 年第 4 期。

汉学术》2019 年第 4 期。
[8] 孔祥年："新时代高校社会实践协同育人机制研究"，载《学校党建与思想教育》2019 年第 8 期。
[9] 李丽、周广、臧欣昱："创新高校第二课堂育人体系的实践探索"，载《思想政治教育研究》2019 年第 4 期。
[10] 刘娟："高校'双合双循环'实践育人模式研究"，载《学校党建与思想教育》2018 年第 18 期。
[11] 刘震、江珩："学研产协同创新育人模式探究"，载《中国大学教学》2018 年第 7 期。
[12] 罗亮："改革开放以来高校实践育人的发展历程与基本经验探析"，载《思想理论教育》2019 年第 5 期。
[13] 任克："高校社会实践指导体系研究"，载《学校党建与思想教育》2018 年第 10 期。
[14] 孙洁："民办高校构建'全员育人'德育机制的实践研究——评《构建高职院校全员育人体系的实践探索》"，载《新闻爱好者》2019 年第 7 期。
[15] 苏小红等："坚持实践育人 提升学生科学素养和创新实践能力"，载《中国大学教学》2018 年第 9 期。
[16] 谈传生："高校实践育人机制创新研究"，载《学校党建与思想教育》2019 年第 24 期。
[17] 汪琼枝："思想政治教育全过程融入专业社会实践协同育人模式初探"，载《思想理论教育导刊》2019 年第 8 期。
[18] 文大稷："改革开放以来大学生实践教育的基本经验探究"，载《思想教育研究》2018 年第 1 期。
[19] 向文波："校企双主体育人模式探究与实践"，载《中国高等教育》2019 年第 10 期。
[20] "西南大学教育学部构建特色实践育人体系"，载《学校党建与思想教育》2019 年第 11 期。
[21] 亚里坤·买买提亚尔、张万龙："新疆高校实践育人的经验与现实思考"，载《学校党建与思想教育》2018 年第 24 期。
[22] 杨国欣、蔡昕："高校实践育人实现路径探析"，载《学校党建与思想教育》2019 年第 4 期。
[23] 应中正、刘梦然："研究生实践育人长效机制探索" 载《国家教育行政学院学报》2018 年第 3 期。
[24] 周洪宇、胡佳新："知识视域下的实践育人及其意义向度"，载《教育研究》2018 年第 8 期。

[25] 左春玲："产学研共建工作坊之资源配置效率分析——以人力资源与雇佣关系管理工作坊为例"，载《中国高校科技》2019 年第 3 期。

[26] 左征军、司文超："新时期高校研究生实践育人状况分析——基于全国部分高校实践育人的调查研究"，载《思想教育研究》2017 年第 12 期。

对国际儒学院中国哲学专业学生实践模式的分析和探索

——以“社会实践”向“专业实践”的转变为视角

国际儒学院　孙燕春

【摘　要】2019年中国政法大学研究生院在《中国政法大学专业学位研究生培养规定》中设专章对“专业实习”进行规定，随之发布的《关于做好2018—2019学年研究生培养方案修订工作的通知》对学生实践课程的规定也进行了相应调整。国际儒学院自2007年开始招收中国哲学专业硕士研究生，自招生以来始终坚持结合学校的培养方案构建符合本学科特点的培养模式，在学生实践教学上也力图摸索出体现本学科特色的实践模式。本文尝试以“社会实践”向“专业实践”的转变为视角，对国际儒学院中国哲学专业学生的实践模式进行分析和探索。

【关键词】社会实践　专业实践　培养方案

根据教育部《“三全育人”综合改革试点工作建设要求和管理办法（试行）》《普通高等学校“三全育人”综合改革试点建设标准（试行）》和《高等思想政治工作质量提升工程实施纲要》等文件精神和要求，推动形成全员全过程全方位育人格局，培养德智体美劳全面发展的社会主义建设者和接班人成为“三全育人”综合改革方案的总体目标。在落实“三全育人”改革方案中，“扎实推动实践育人”是重点任务之一。为此，学术研究生的培养方案针对学生实践的培养环节作出了一系列调整和变动，为各专业在学生实践培养环节的形式构架、内容设置提供了方向。

一、关于“社会实践”培养环节的回顾

学术研究生的培养方案基本是每三年做一次大调整，以2019年的培养方

案调整为起点，向前推六年可以看到培养方案的三次调整，每次调整可以观察到三个年级学生培养的成果，本文以此作为分析的基本数据。

（一）有关“社会实践”的制度规定

2013~2018 年共经历了两次培养方案调整。2013 年《中国政法大学关于修订研究生培养方案的指导意见》提出：“培养复合型、实用型、创新型、国际型的精英人才。”基本原则中提出：“加强实践环节，强化研究生发现问题与解决问题能力培养。在强调研究生科学研究能力的基础上，各学科专业在培养方案中应明确以训练和提升研究生能力为目的，设置可操作性实践环节，通过拓宽合作领域，加强与实践部门的合作，为研究生能力训练提供平台。”在《关于中国政法大学研究生指导性培养方案硕士生课程设置与培养环节补充意见》中的“其他培养环节”中规定：“社会实践属于应届生的必修环节。研究生在完成学位课程学习并获得相应学分后，应参加为期 3~6 个月的社会实践。2 学分。”与之相应的 2013 年《中国哲学专业攻读硕士学位研究生培养方案》将社会实践置入“其他培养环节”，其中具体规定：“研究生在完成学位课程学习并获得相应学分后，应参加 3~6 个月的社会实践，通过专业实习、挂职锻炼、产学研基地联合培养和社会调查等走入社会的方式进行。在第四学期结束前提供实践单位鉴定意见和实践总结报告作为考核依据。”社会实践由导师进行考核，2 学分。该培养方案的总课程学分为 32 学分，总学分为 38 学分，社会实践学分与课程学分的比值为 1∶16，占总学分分值的 5.2%。

2016 年《中国政法大学研究生培养方案修订基本要求》对社会实践只有学分的规定，仍为 2 学分，具体要求依据《中国政法大学研究生学术型硕士研究生培养规定》执行。根据该规定，社会实践的要求与之前大致相同，只有时长规定上有改变，“时间一般不得少于 2 个月”。与之相应的 2016 年《中国哲学专业攻读硕士学位研究生培养方案》只在时长要求上将规定变为“实践时间不少于 2 个月”，其他规定与之前相同。该培养方案的总课程学分为 30 学分，总学分为 36 分，社会实践学分与课程学分的比值为 1∶15，占总学分分值的 5.5%。

对比两次培养方案修订对社会实践的修改可以看到，社会实践的时间要求缩短，在课程学分降低的同时，社会实践的学分并没有相应上涨，社会实践在总学分中占比较低。在培养方案中属“其他培养环节”，可见“社会实践”这个培养环节在整个培养方案中不属于较关键的环节。

（二）国际儒学院中国哲学专业学生社会实践的情况

笔者总结了经以上两套培养方案培养出的学生，即2014～2018级学生的社会实践情况：在这5年中共有34名学生完成社会实践，其中社会实践内容与专业相关的人数11人，占总人数的32%。其中社会实践内容与之后就业内容相关的人数为15人，占总人数的44%。经与部分学生访谈了解到，学生做社会实践的主要目的为获取学分，很小比例的学生通过社会实践达到了将专业知识与实践相结合的目标，更多的学生只是通过社会实践提前感受了职场氛围。基本所有学生的实践都是个人独自完成，没有具体的实践计划和明确的实践目标，没有导师参与进行相应的指导。实践过程中与导师就实践进行沟通的学生非常少，导师只能通过实践单位的评价和学生的实践总结对社会实践进行考核。

通过以上分析可以看出，国际儒学院中国哲学专业学生的社会实践处于学生自行进行的状态，没有具体可操作的培养规定。所以此前培养方案中的社会实践环节实际上没有达到较好的实践培养效果。

二、从“社会实践”到“专业实践”的转变

随着《关于做好2018—2019学年研究生培养方案修订工作的通知》（法大研字［2019］9号）的发布，原来的“社会实践”培养环节由“专业实践”取代，这种转变不仅是名称上的改变，更带来“实践培养环节”内容、形式、考核机制、重要性等方方面面的改变。

在《关于做好2018—2019学年研究生培养方案修订工作的通知》中，学术型硕士研究生的基本目标为“具备较扎实的专业功底、独立研究能力、较强的解决实际问题的能力，能紧密结合社会实践，具有创新精神，成为应用型、复合型、创新型、兼顾国际型的‘四型’高层次精英人才”。这段表述中突出表达了“解决实际问题”“紧密结合社会实践”的目标，并将原置于“复合型”之后的“实用型”提至之前，凸显了学校对实践的重视。此外，还将“实践实习课程”设置为单独的课程群，在“课程设置与培养环节框架”中将“专业实践课”设为必修学位课程，学分提高至3学分，时长延长至3个月。《中国政法大学学术型硕士研究生专业实习管理办法（试行）》第2章

第 9 条规定，“实习指导教师应由专业教师担任，研究生辅导员协助指导实习工作。专业指导教师一般应具有副高以上职称或具有博士学位，协助指导实习工作的辅导员应有一定的工作经验”。第 6 章第 28 条规定“学校对实习经费给予保障”。从以上规定可以看出，“专业实践”相较于之前的“社会实践”，有更全面的制度支持，在实现“实践培养环节”上更有力度。

2019 年的《中国哲学专业攻读硕士学位研究生培养方案》将专业实践置于“学位专业课”环节下的“专业实践课”课程群，时长为 3 个月，学分 3 学分，形式为“集中实践”，具体要求为：“在学位论文开题前完成。应提交实践单位鉴定意见和实践总结报告。”该培养方案的总课程学分为 42 学分，非实践课程学分 39 分，总学分为 46 分，专业实践学分与其他课程学分的比值为 1∶13，占总学分分值的 6. 5%。相比于社会实践，专业实践在非实践课程学分提高的前提下，自身的学分相应提升，且在总学分的占比也有所提高。

三、关于国际儒学院中国哲学专业学生专业实践的探索

结合此前社会实践效果不理想的原因分析，以及研究生院对实践培养规定的转变，对国际儒学院中国哲学专业学生实践模式的探索势在必行。根据实践环节的制度规定，专业实践是一门学位专业课，所以需要负责教师提交开课计划书、课程进度表，这是社会实践向专业实践转变后最大的不同。

（一）专业实践的形式设想

国际儒学院以“尊德性而道问学，致广大而尽精微，极高明而道中庸”为教学理念；以“掌握儒家思想精粹，践行儒家优秀文化”为培养目标；希望培养出具有较高水平，能够从事儒学研究与教学，传播儒家文化事业的专业人才。此前，国际儒学院一直倡导“结合专业特点，做好班级建设”，鼓励学生发挥专业优势，搞特色班级活动。曾以班级为单位成功组织过“传统文化进社区”“国学启蒙体验营”等活动，活动效果非常好，不仅对班级建设大有裨益，还促使学生在活动中充分运用自己的专业知识。鉴于这些经验，我们将专业实践的目标仍确定为儒学研究、教学和传播。结合国际儒学院现有的两个实践基地——尼山圣源书院、四海书院，开展书院教育是专业实践的基本形式。

(二) 专业实践的内容设想

我们希望专业实践不仅可以让学生获得将专业知识运用于实践的体验，还可以为学生今后的求职就业起到一定的铺垫作用。学生毕业后“能够在国家机关、企事业单位，胜任与中国哲学专业有关的教学科研、管理经营、传播推广等工作，以及文科综合类相关工作”，是中国哲学专业培养方案中培养目标的一项。所以在专业实践的内容设计上要尽可能有意识地培养学生的各方面能力，这些要融入到开展书院教学的各环节中。初步设想是与书院合办短期的系列活动，如夏令营、推广课等，从活动的计划方案、课程教案、课程推广材料编写、教学课件制作、课堂教学、教学视频录制剪辑，最后课程汇报全部由学生合作完成。学院有专门教师负责进行专业指导，另外还会邀请已经毕业的相关行业院友参与各个环节予以指导。这个过程中，办公软件的操作技能、沟通能力、应变能力、团队协作能力都会得到锻炼，当然最关键的还是学生运用专业知识解决实际问题的能力得以提升，这才是学生的核心竞争力。

四、关于专业实践的再思考

实践模式经过“社会实践”向“专业实践”的转变，在对中国哲学专业学生的专业实践进行具体设计后，可以预见实践培养环节效果会较之前有很大改观。但是转变后仍会面临一些问题，比如，培养方案中各个环节的时间安排会比较紧张。目前培养方案要求专业实践在学位论文开题前完成，通常情况下为第四学期结束前完成，但实际上课程学分提高，已经加大了前三学期的课程压力，第四学期进行专业实践的同时还要做论文开题的准备，时间很紧迫，这会相应影响专业实践的效果。又比如，相较于社会实践的分散实践形式，集中实践会导致学生损失一些就业机会。目前求职就业压力很大，很多学生在二年级下学期就开始着手去心仪的企业实习，争取获得之后的留用机会。集中实践的形式会一定程度上影响学生去目标企业实习的时间，而学生在三年级已经进入求职状态，此时再开始实习很不现实。推行“实践育人”制度，提升专业实践在培养环节中的重要性是大势所趋。如果在制度设计上可以兼具更多实施上的考量，应该会呈现出更好的效果。

高校研究生思政实践育人体系完善之构想

——以中国政法大学为例

学生处 安　朔

【摘　要】 在这个崭新的时代，高等教育人才培养体制中实践育人的地位愈加重要。随着万众创新的浪潮不断推进，大学生尤其是研究生社会实践体系建设创新更是当务之急。对研究生实践能力的培养，关系到国家在未来全球竞争中的地位。国家倡导不断提高研究生实践育人体系的科学性和有效性，并推出有利于培养和提升研究生创新实践能力的平台和政策，将研究生培养作为创新人才培养的重中之重。本文以中国政法大学研究生实践育人工作为例，对研究生实践育人工作的重要性以及存在的问题进行剖析，并对研究生实践育人体系的构建进行深入探索。

【关键字】 研究生　思政教育　实践育人

党的十九大报告明确提出，“人才是实现民族振兴、赢得国际竞争主动的战略资源”。高校是创新型人才培养最重要的基地，培养高素质人才其责无旁贷。高质量人才培养机制中，社会实践是最重要的环节。高校作为研究生思想政治教育主阵地，应当将实践育人理念上升至新高度，努力将其融入研究生思想政治教育工作中，构建完善研究生思政实践育人体系和机制。这对加强高校研究生思想政治教育体系的完善，对高校自身的发展和办学目标的实现具有重要意义。同时也是为全社会、全方位、全过程协同合力，为国家输送高质量人才营造良好的氛围。

一、高校研究生思想政治教育实践育人体系建构的理论依据

实践育人这一概念应追溯至马克思主义原理中实践观的形成。马克思主

义基本原理将实践概括为人类能动地改造世界的社会性的物质活动。实践是连接人与物质世界的纽带和桥梁，而育人就是传承这种物质活动的最有效途径，也是人们活动的最终目的。思政教育实践育人就是社会、学校多方参与，在结合学生自身发展特点的基础上，通过思政专业理论知识教授和课外设计的社会生活实践活动，夯实学生理论基础，帮助学生形成良好品格，为国家培育德才兼备高素质人才的一种新型育人模式。张文显认为，“思想政治教育实践育人是指以学生在课堂上获得理论知识为基础，通过有效地引导学生进行课外自我驱动和相互交流学习，开展与学生成长发展密切相关的各种实践活动，加强对学生的思想政治教育并培养他们成为思想积极、爱国爱民、理论专业的新时代‘新青年’的新型育人方式”；〔1〕高伟国认为，“高校思想政治教育实践教学就是教育主体在形成整体规划的基础上，有组织地引导学生主动、积极地参与各式各样的社会实践活动，并在此过程中将思想道德修养和综合素质相结合开展教学活动，进而根据不同类别学生特点、当今社会就业形势和不同行业发展等情况反映现阶段教育的需要”；〔2〕田传信认为，“思想政治教育实践育人应当由校外社会实践、思想政治理论课实践教学和校内实训实践三个方面构成”。〔3〕

研究生思政实践育人是高等教育实践育人体系中最高层次、普遍存在的类型，是教育引导者借助思政教育理论与方法，将多种实践模式融入研究生培养方案之中，使其深度渗透到研究生培养的各个环节，以达到“立德树人”这一根本任务的要求。

研究生思想政治教育实践育人活动脱胎于实践本身，所以具备实践所有特征：客观现实性、主观能动性、社会历史性。同时研究生思想政治教育实践育人活动又具备其他实践活动所没有的特殊性质。首先是参与主体较为特殊。研究生是主要的参与成员和活动对象。在研究生培养方案的指引下融入思想政治教育元素，他们开始被动或是主动地加入到与思想政治教育和专业知识相关的各种实践活动，同其他一般意义上的参与者相比明显是有区别的。

---

〔1〕 张文显：“弘扬实践育人理念 构建实践育人格局”，载《中国高等教育》2005 年第 Z1 期。

〔2〕 高国伟：“浅谈实践育人与高校思想政治教育”，载《科技信息（学术研究）》2007 年第 15 期。

〔3〕 田传信：“大思政视野下高校思政教育实践育人模式及其价值”，载《浙江树人大学学报（人文社会科学版）》2013 年第 2 期。

其次，研究生实践育人活动产生的影响具有延续性。研究生阶段是学生树立正确“三观”认知的最关键阶段，高校开展的思想政治教育实践活动对于其实现自身的社会价值有着非常深远的意义，而这种影响将在其未来发展中一直延续。随着思政教育实践活动的持续深入，学生的思想品德逐步固化，并向着正确的方向逐步发展。研究生在深度参与实践活动时，自发地将外部的思想政治教育理论和内容转化为自己所特有的内在品性，同时个人的综合素质和思想境界也会逐步升华。而由实践活动所引发的良好品德的形成和对于学习思考的热情将伴随学生终身。所以说，实践育人体系的效果对于参与其中的研究生来说具有相当长时间的延续性。

二、高校研究生实践育人体系构建发展模式

研究生思政实践育人体系的构建是一项极其复杂的系统工程。它需要将具体的社会实践活动和抽象的思政理论体系无缝对接，真正能将较为难懂的思政理论作用于研究生，使研究生们将其内化于心，外化于行，做到知行合一。这从来就不是一蹴而就的，而是需要一个长期摸索的过程。以体系构建的阶段作为划分标准，可以将研究生思政育人划分为三个阶段：教学辅助手段阶段——自发构建体系阶段——政策法规保障阶段。

（一）教学辅助手段阶段

在第一阶段中，在研究生思想政治理论课程中的理论教学达不到预期目标时，教师会运用一些实践教学方法来帮助学生们理解和巩固，思政实践育人则作为一种教辅工具存在。思想政治课内容包括马克思列宁主义理论教育，党的路线、方针、政策教育，爱国主义、国际主义和革命传统教育，这些教育使学生了解并掌握中国特色社会主义理论的基本内容，树立辩证唯物主义和历史唯物主义的世界观，培养现代社会的公民意识。思想政治教育内容是先辈用高度凝练的语言总结出的理论，学习起来可能较为枯燥，有时可能会出现抵触反感情绪。而这时就需要利用一些实践教学手段帮助学生理解，将抽象的理论转换为具体的活动，使思政教育寓教于乐，深入浅出。此阶段的思政实践育人处于从属地位，只是一种单纯的教学手段和教辅工具，不能称之为存在体系建构。

（二）自发建构体系阶段

在第二阶段中，高等教育引导者认识到思政实践育人对于学生身心发展等方面的重要作用，将思政实践育人的地位上升至与理论教学活动相同的高度，并根据研究生自身发展特点和人才培养要求，立足于本校特色，自行构建具有本校特色的思政实践育人体系。此时，实践育人在研究生思政教学中不仅是一种教学手段，更是主要的教学内容。

此阶段中，实践育人体系的框架由各个高等学府自行构建，这些体系框架存在共性的同时又具有鲜明的学校特点和学科特点。以中国政法大学为例，在研究生思政教育工作中，中国政法大学将社会实践作为主要教育方式和内容，初步构建了“全程融入、立体覆盖”的思政育人机制，将实践育人理念融入思政育人体系，牢牢把握学风引领和社会实践这两个研究生人才培养的关键；不断加强导师、辅导员、学生骨干三支队伍社会实践培训；健全部门协同创新、学生自我教育、线上线下互动和项目管理四个机制，形成实践育人合力；搭建以思想引领、学术科研、综合素质提高为目标的社会实践平台，包括大美中国博物馆实地参观、消防 VR 真人体验、“走基层、行边疆”博士生边疆服务团，最后一堂思政课，法治教育进校园，假期社会调研等众多育人平台。但是在此阶段中，对于实践育人体系建构的研究和探索只停留在高校层面，各个高校各自为战，虽然各具特色，但不能形成合力，没有相关政策和配套制度保障，效果可能会事倍功半。

（三）政策法规保障阶段

在第三阶段中，国家和政府制定倡导高校实践育人的相关政策法规，为实践育人体系建设提供政策支持。随着大众创新时代的到来，实践育人的理念更加符合时代的要求，对于提高国家竞争力有着不可忽视的作用。党和国家对思政实践育人的重视和相关政策的颁布，为思政育人体系完善保驾护航，思政实践育人体系的构建进入一个崭新的阶段。

2012 年，教育部等七部门联合下发了《关于进一步加强高校实践育人工作的若干意见》，指出地方各级政府整合社会各方面力量，大力支持高校实践育人工作。教育、财政、宣传、文化等部门、部队、共青团需积极配合支持，高校要加强与企事业单位的沟通协调，为学生参加实践创造条件。2017 年教育部颁发的《高校思想政治工作质量提升工程实施纲要》明确指出，要充分发挥课程、科研、实践等十个方面工作的育人功能。其中对于推动实践育人都作了明确要求：要构建实践育人质量提升体系，教育引导师生在亲身参与中增强实践能力、树立家国情怀。2017 年中共中央、国务院印发《关于加强和改进新形势下高校思想政治工作的意见》指出，要系统设计实践育人教育教学体系，分类制定实践教学标准，提高实践教学比重，组织师生参加社会实践活动，去深入了解体验国情民情。

习近平总书记对教育与实践相结合高度重视，曾在多次会议和讲话中作出明确指示。习近平总书记在 2016 年全国高校思想政治工作会议上提及，“各地党委书记和有关部门党组书记要多到高校走走，多同师生接触，多次去高校作报告，回答师生关注的理论和现实问题”。习近平总书记同时指出，“要重视和加强第二课堂建设，重视实践育人，坚持教育同生产劳动和社会实践相结合，广泛开展各类社会实践，让学生在亲身参与中认识国情、了解社会，受教育、长才干”。[1]

三、高校研究生实践育人体系构建目前存在的问题

随着党和国家领导人的高度重视，一系列政策法规的出台，政府、社会和学校多方努力，研究生思政实践育人体系已在全社会范围内初步建构并逐渐完善。但是，随着研究生思政育人不断深入推进，一些问题也逐渐浮现出来。同时伴随着社会的不断发展，实践育人体系也需要不断变化以适应时代的需要。主要的问题包括以下几方面。

（一）部分学校对于思政实践育人重视程度不足

我国教育体制长期以来以应试教育为主，这导致一些高校中部分教师和学生都过于追求第一课堂上的理论教授与学习，忽视没有分数考评机制的社会实践。众多高校在安排思想政治教育课程时，仅将其当做政治类公选课，采用集体授课方式，以理论知识教授为主。虽然知识理论基础教育对大学生的认识与积累有非常大的帮助，但是将社会实践边缘化对当代大学生的思想

〔1〕 中共教育部党组：“深入学习贯彻习近平总书记关于青年学生成长成才重要思想　大力培养中国特色社会主义建设者和接班人”，载《光明日报》2017 年 9 月 8 日，第 2 版。

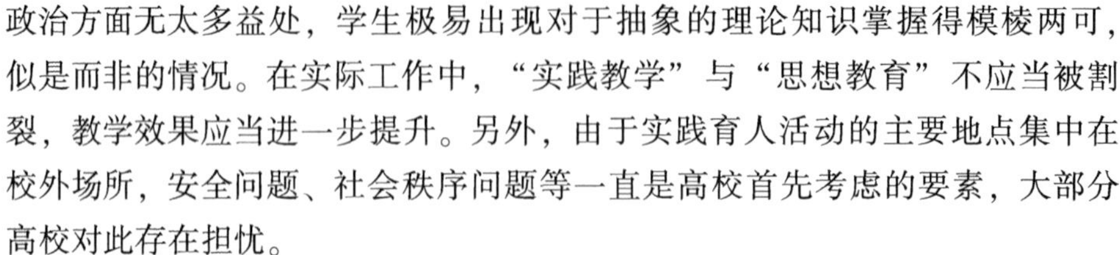

政治方面无太多益处，学生极易出现对于抽象的理论知识掌握得模棱两可，似是而非的情况。在实际工作中，“实践教学”与“思想教育”不应当被割裂，教学效果应当进一步提升。另外，由于实践育人活动的主要地点集中在校外场所，安全问题、社会秩序问题等一直是高校首先考虑的要素，大部分高校对此存在担忧。

（二）部分实践育人运行管理部门分工不明，各自为政

研究生实践育人工作是一个极为复杂的系统，在高校内部涉及众多个人和部门。高校内部的教务部门以第一课堂为阵地抓手，团委、学生处、党委宣传部、组织部、校友会等部门都是研究生实践育人的主要引导者和管理者。教学部门和党群部门应当统筹安排，不仅需要对各自负责的实践活动加以管理，还需要与各相关部门积极协调沟通。应当着力解决管理体系松散、制度体系不完善等问题。从制度推进到人员组织再到活动管理存在不同步、不协调等问题，实践育人工作被人为地分割成第一课堂的教学实践和第二课堂的社会实践活动。有的部门认为大学生社会实践是团委和学生工作部门的事情，有的专业教师认为思想政治教育实践育人是思政队伍教师的工作。这种情况使得研究生实践育人体系不能形成合力，导致学生热情和参与度降低。

（三）高校与社会联动性不强，提供给实践育人的社会资源较少

从高校外部来看，实践育人涉及的育人主体众多，政府、企业和社会组织通过与高校或校内各职能部门的合作介入实践育人过程，但这种合作没有相关政策的支持和机制的制约，常常处在不稳定状态。在合作中，高校、政府、企业、社会组织四方乃至这四方内部都存在任务不明、难以考核等问题。由于组织管理、过程监督、条件保障都将耗费大量的沟通协商成本。这种合作只能是临时的，缺乏长期有效性。另外，缺乏政府制度保障和政策引导，社会参与主体对于高校实践育人的热情度不高，部分企业缺少对高校实践活动的长期投入，导致实践育人活动可以利用的社会资源较少。实践育人活动的成本都是由各个高校自行承担，这大大降低了高校的参与度，致使实践育人活动的开展变得困难。

（四）实践育人方式单一，与研究生专业结合度较低

研究生实践育人活动设计缺乏创新性，多以参观学习和观摩为主，浸入

式体验的方式少之又少，并未达到通过实践来夯实理论的效果。同时，学生获得校内外实践机会的渠道十分有限。大多数高校的社会实践基地较少，有些基地缺乏作为思政实践基地的应有专业性，这使得研究生实践的需求无法完全满足。实践平台与专业的结合度有待提高。有些实践活动并未基于研究生专业特点而进行设计，通常是一个活动适用于所有专业，未能将各自的专业优势发挥出来，并未达到个性化定制，这与精准思政的理想目标相距甚远。

四、高校研究生实践育人体系完善的对策以及构想

为了适应时代的需要，达到为祖国输送高质量人才的目标，研究生实践育人体系需要不断地完善和改进，这样才能真正完成时代赋予的使命。基于以上存在的问题，参照中国政法大学研究生思政实践育人体系建构的实践经验，笔者认为研究生思政实践育人体系应该在以下几方面进行提升。

（一）明确以“立德树人”这一根本任务作为思想引领

思想是行动的指引者和先锋官。习近平新时代中国特色社会主义思想作为党和国家一切行动的根本纲领，是高校建设发展的指路明灯和思想源泉。党的十八大以来，党中央相继出台了以《关于加强和改进新形势下高校思想政治工作的意见》为代表的文件共60余个，进一步明确了“立德树人作为高校思想政治教育的根本任务”这一理念。[1]在思想政治教育实践育人模式构建的过程中，顶层设计者应牢固树立“立德树人”这一根本任务，将其作为顶层思想和行动纲领融入思想政治教育实践育人模式的全过程。完善研究生实践育人机制，必须首先从党和国家整体发展方向出发，以此作为实践育人行动的前进方向，依靠思想和纲领寻找思想政治教育实践育人的理论支持与理念支撑，从思想上对实践育人体系建构和完善进行引导。

（二）加强实践育人与学科专业的契合度

高校应将思想政治教育实践育人融入研究生培养方案和专业学习的各个环节中，使研究生培养过程实现思想建设和专业研究的统一。这样能大大地激发学生的参与热情，同时也能使实践活动与特定的专业思维和行为模式相

〔1〕 张雅光：“高校思想政治工作实践育人机制研究”，载《未来与发展》2018年第11期。

契合，达到事半功倍的效果。实践活动的设计应该首先考虑到研究生培养类别、年级划分、学科区别等个体差别因素，设置分层分类的实践育人方案。同时寻找研究生科研学习中的专业教学与思政工作中的实践育人的交叉点，构建协同实践育人机制。

以中国政法大学“社会主义法治进校园”活动为例。2018 年开始，中国政法大学面向全北京市中小学开展“社会主义法治教育进校园”活动。依托志愿服务团队的学科优势，北京市东城区等各区教委、青少年法治学院的政策保障和资金投入，打造出集理论、实践于一体的综合性服务平台，将一堂堂生动的法治小课堂送进校园。志愿服务团队立足本专业特点，推出了一系列包括“宪法小课堂”“民法小课堂”“传统法治文化小讲堂”和“身边的法律知识”等各具特色的法治课程。这些法治课程充分发挥法学专业学科优势，取得了良好的实践效果。中国政法大学研究生“社会主义法治教育进校园”志愿普法活动与学生所学专业紧密结合，在青少年中大力弘扬社会主义法治精神，不仅使学生自身专业水平得到提高，对于中小学同学来说更是一场生动的爱国主义教育课。

再以中国政法大学“法治中国·绿色中国·美丽中国”特色专业实践项目为例。中国政法大学学生处结合学科专业特点，将所掌握资源进行整合，为不同专业同学制订不同的实践活动。基于民商经济法学院的环境与资源保护法学专业的研究领域专业特色显著，学校为其提供了与其学科紧密相关的实践平台，与中国农业大学资源与环境学院研究生党支部进行共建，进行资源共享，同学们参观了曲周精神主题展和中国农业大学资源与环境专业新教学楼实验室，前往中国农业大学实验基地考察，这大大激发了同学们社会实践的热情，对于所研究领域也有了深入的了解，达到了精准思政的目标。

（三）加强实践基地的建立和完善

作为思政实践育人的主要载体，具有创新性和多样性的实践基地为实践育人提供了强有力的资源保证。实践基地的建设应该划分不同类型以达成不同效果，划分成以思想政治教育为目的的价值引领型实践基地、以志愿服务为主的社会服务型实践基地、以创新创业为主导的创新创业型实践基地、以毕业生高质量就业为主导的职业发展型实践基地、以文化艺术为主导的人文素养型实践基地等。由于资金和场地等因素的制约，只由高校一方承担思政实践基地建设的任务非常困难，需要以“协同共建，互联互通”为原则，加强高校与地方政府、社会企业组织的合作，整合资源优势，形成全社会、全方位、全过程的立体式实践育人模式。在实践基地建设中，高校要发挥知识优势和人才优势，突出特定学科专业，为基地输送导师和学生；政府要发挥政策优势，调动所辖地区各领域、各行业参与高校实践育人的积极性，在经费和场地设施上给予支持；企业和社会组织要发挥资本优势和经验优势，提供实践经费和实践场景，选聘实战经验丰富的技术或管理人员参与高校实践育人工作方案制定和全程指导。要多角度全方位保障高校与实践基地合作的长期性和稳定性，从而发挥其育人的功能。

以中国政法大学博士生边疆服务团为例。2017 年 9 月，中国政法大学博士生边疆服务团正式成立。学校积极与地方政府进行对接沟通，为中国政法大学研究生拓宽视野、了解国情、扎根基层提供机会和渠道。边疆服务团重点面向新疆、西藏、内蒙古、云南、甘肃五个地区，通过挂职、授课、合作研究、普法、扶贫、支教等多种形式开展服务工作，边疆服务团与各地区签订框架协议并设立了实习实践基地，建立了实践育人长效机制。博士生边疆服务实践基地的建立，为全校研究生提供了正确的思想引领，鼓励和引导了研究生到西部地区、基层就业，加强了研究生的艰苦磨炼，到国家最需要的艰苦地区服务意识。同时，边疆服务实践基地的建立，也是学校积极探求与边疆地区的共建合作，完善和拓宽思政实践育人平台和渠道的正面典型项目。

（四）强化校内部门协同合作

研究生思想政治教育实践育人体系的顺利运行，需要高校各部门的协同配合，完善的组织结构和协同建设制度是高校研究生思政实践育人能够达到理想目标的制度保障。首先在学校领导层面，应明确负责研究生教育的校领导及其任务分工，再由学校涉及学生管理的各个职能部门主要负责人组成思想政治教育实践育人领导小组，负责实践育人的顶层模式设计与领导监督工作。在校部机关层面，团委、学生处、党委宣传部、组织部、校友会等部门应本着“互通互联、协同合作”的原则明确分工，加强合作，共享资源，形成合力，共同成为思政实践育人的中坚力量。在专业指导方面，应该由具有思想政治教育实践育人相关理论知识的思政专业教师组成团队，对实践育人项目的设计和实施提供专业指导和智力支持。

以中国政法大学假期社会实践为例。为大力营造深入学习贯彻习近平新时代中国特色社会主义思想和党的十九大精神的浓厚氛围，鼓励和引导广大研究生积极投身实践，中国政法大学从2016年起开展假期社会实践活动。法大研究生自发组队，利用寒假和暑假，根据学校拟定的主题，深入基层进行调研并形成具有实践意义的调研报告。与普通的学生调研活动不同，马克思主义学院的思政专业教师组成指导团队全程对调研小组进行指导。从实践主题设计、实践团队的组建再到调研活动的具体实施、调研报告的撰写，思政教师团队全程参与并提供专业性指导，这使得调研活动具有很高的专业性和实践性，取得了良好的效果。

五、结　语

研究生思政实践育人作为研究生培养方案中极为重要的一部分，既能强化研究生的思想道德建设，为其树立正确“三观”提供保证，又能提升研究生专业水平，夯实理论基础，使其成为德才兼备的新时代创新型人才。所以，完善研究生思政育人体系是目前教育体制改革的重要任务。只有强化思想引领，整合社会资源，健全内部结构，拓宽实践渠道，才能真正发挥实践的功能，使高校完成“立德树人”这一根本任务。

参考文献

[1] 刘尊英等：“全方位育人与‘课程思政’教育探索与实践”，载《教育教学论坛》2020年第13期。

[2] 应中正、刘梦然：“研究生实践育人长效机制探索”，载《国家教育行政学院学报》2018年第3期。

[3] 姜晓庆：“创新视角下研究生实践育人体系的构建——以上海大学为例”，载《科教导刊（上旬刊）》2019年第4期。

[4] 左征军、司文超：“新时期高校研究生实践育人状况分析——基于全国部分高校实践育人的调查研究”，载《思想教育研究》2017年第12期。

[5] 刘扬、陈城、张绣宇：“高校实践育人协同体系的构建——以同济大学为例”，载《高校辅导员学刊》2020年第1期。

[6] 郭扬、朱丽丽：“高校马克思主义理论专业研究生“实践育人”创新机制探索与实践”，载《新西部》2018年第33期。

[7] 刘宏林等："'双一流'建设背景下高校研究生思想政治教育实践育人模式的构建"，载《西部素质教育》2019 年第 22 期。
[8] 赵畅："新时代高校思想政治教育实践育人与创新发展的分析与探究"，载《智库时代》2020 年第 11 期。

强化勤工助学育人功能的思考

学生处 韦 婷

【摘 要】勤工助学作为高校日常行政工作的一个必不可少的组成部分，不仅缓解了高校日常行政的工作压力，提高了工作效率，增强了工作效果，更重要的意义在于为参与其中的学生，特别是家庭经济困难学生提供了经济补助和实践机会，有利于培养大学生的实践能力，增强感恩意识，弘扬劳动精神，树立奋斗品格。目前，社会的进步加快了高校资助模式的变革，原有的保障性资助逐渐转变为发展性资助，原有的勤工助学管理模式的问题日益凸显。本文以问题为导向，根据勤工助学的新目标、新要求，创新管理方法，深挖勤工助学内涵，提高资助育人工作的整体水平。

【关键词】资助育人 勤工助学 家庭经济困难学生 立德树人

一、时代背景

培养什么人，是教育的首要问题，怎样培养人，更是高校教育工作者应该不断认真思考的问题。2018 年 9 月 10 日，习近平总书记在全国教育大会的重要讲话中再次强调了立德树人是中国特色社会主义教育事业的根本任务。立德树人，就是要培养德才兼备，德智体美劳全面发展的人。学生资助工作，是一项重要的保民生，暖民心的工程，事关脱贫攻坚，事关社会公平，体现了国家对广大青年学子，特别是家庭经济困难学生的关心与关爱。立德树人，同样也是学生资助工作的根本任务。要坚持以育人为导向，将育人作为资助工作的出发点和落脚点，坚持“扶困”与“扶智”，“扶困”与“扶志”相结合，构建物质帮助、道德浸润、能力拓展、精神激励有效融合的长效机制，形成“解困—育人—成才—回馈”的良性循环，使家庭经济困难学生共享人生出彩的机会，共享梦想成真的机会，共享同祖国和时代共同进步的机会！

勤工助学是指学生在学校的组织下利用课余时间，通过劳动取得合法报酬，用于改善学习和生活条件的社会实践活动。勤工助学是学校学生资助工作的重要组成部分，是提高学生道德素质和资助家庭经济困难学生的有效途径。习近平总书记在2020年新年贺词中提到，2020年将全面建成小康社会，实现第一个百年奋斗目标。随着国家日益强大，党中央对贫困人口的扶贫力度不断加大，社会经济进一步发展，高校资助体系持续完善，学生通过勤工助学获取生活补助的积极性有所降低。“育人”——作为勤工助学中的一项重要功能，日益凸显。站在新时代的起点，勤工助学应与时俱进，以学生为本，由“济困”逐渐向“育人”转变。

二、勤工助学管理模式现状分析

（一）勤工助学管理制度有待完善

2007年，财政部、教育部联合发布了《高等学校学生勤工助学管理办法》（教财〔2007〕7号）。2018年，两部委又印发了《高等学校勤工助学管理办法（2018年修订）》的通知。2007年出台的办法对于规范高校勤工助学工作、帮助家庭经济困难学生顺利完成学业起到了至关重要的作用。11年之后，2018年出台的新办法，以习近平新时代中国特色社会主义思想为指导，贯彻落实党的十九大精神，突出了立德树人这一根本任务。新办法更加适应社会经济发展以及学生个体发展的需要，更有利于培养学生自立自强、创新创业精神。新办法以人为本，不仅提高了勤工助学报酬，提倡要合理满足学生需求，还提出了要规范勤工助学管理，更是明确了资助育人这一要求。这一系列变革，彰显出勤工助学全程育人、全方位育人的重要作用。各高校作为勤工助学的落实单位，有必要根据社会发展趋势，依据国家制定的新办法，结合各校实际，适时调整完善《高等学校勤工助学管理办法》，真正使勤工助学管理做到与时俱进，有法可依。

（二）勤工助学激励机制有待重视

勤工助学激励机制有待重视，归根结底要从学校层面、用人单位层面对勤工助学意义和育人职能的理解不断深入、对勤工助学活动本身的重视程度进一步加强。社会心理学家艾森伯格等人提出组织支持理论和组织支持感的

概念，强调了员工所感受到的来自组织的支持和关怀（一种由上而下的组织承诺），对激发员工的工作热情，增强组织归属感和认同感具有重要的现实意义。由此可见，学校和用人单位对勤工助学活动越重视，对勤工助学学生投入的资助、奖励、荣誉、情感以及实习实践机会越多，越能激发学生的工作热情，并能让学生获得更多的归属感、认同感和成就感。勤工助学激励机制的不断完善，对学生的综合能力培养、自信心培养、人格培养等方面，都具有积极的意义。

（三）勤工助学岗位设置有待优化

目前，勤工助学的岗位设置及工作种类较单一，不能完全满足学生参与勤工助学的需求。岗位设置方面，以中国政法大学 2019 年勤工助学岗位设置为例，全年提供近 1180 个岗位，包括固定岗位 800 个、教师助手 364 个、公益家教 8 个。其中，参与勤工助学的家庭经济困难学生占比 60%左右。然而，全校共有家庭经济困难学生 1479 名，岗位数量远远不能满足家庭经济困难学生的需求。工作种类方面，学生主要从事较为单一、基础、重复的事务性和服务型工作，如宿舍管理员、浴室清洁员、图书/档案整理员、多媒体设备管理员等，即使在校部机关等办公室从事文职工作，也主要从事数据统计、打字复印、档案整理、收发文件等较为基础的工作，较少有机会发挥自己的专业特长，涉猎其他的专业领域。目前的岗位设置，并不能使学生通过勤工助学很好地实现拓宽视野，增强本领，增长才干的预期。

（四）勤工助学招聘机制有待健全

勤工助学招聘活动由资助中心统一管理，由勤工助学服务中心（以下简称勤助）组织实施。具体流程为勤助收集汇总各部门勤工助学岗位需求——通过公众号推送、教师学生分享等形式发布招聘信息——学生报名（可选择部门和岗位）——勤助中心进行岗位分配和调剂——学生上岗。在整个过程中，没有选拔机制，也几乎不存在淘汰机制。而用人单位作为学生的管理部门和培养部门，虽然应承担较多的“育人”职责，但在招聘过程中，也仅是提出用人需求，并未对安排上岗人员进行考核或面试。学生作为勤工助学的参与主体，在正式上岗之前，也没有正规的渠道对工作环境和工作岗位有更多的了解。这样不利于学生和用人单位之间的相互了解。在学生正式上岗之后，经常存在学生对岗位、教师对学生满意度较低的情况，一些学生的勤工助学活动难以坚持。这样的情况不利于勤工助学活动的正常开展，不利于学生形成竞争意识，也不利于学生珍惜勤工助学岗位。

（五）勤工助学育人作用有待加强

勤工助学是资助育人体系的重要组成部分。目前，勤工助学岗位管理，仅注重学生是否保质保量地完成工作任务，对学生的培养和勤工助学的育人功能重视程度不够，学生得不到或者很少能得到参加勤工助学所希望得到的诸如与教师交流、与教师建立友谊、教师的鼓励、人际沟通技巧、办公礼仪、自信心提升等收获。在学生能力培养方面，以中国政法大学为例，目前一年仅有一次由学校勤工助学中心组织的岗前培训，培训内容宽泛，缺乏针对性。而各用人单位由于缺乏育人意识，仅寄希望于参加勤工助学的学生分担工作压力，较少提供系统的、专业的工作指导。在育人方面，有些部门设置的勤工助学岗位和工作种类，虽然对学生的业务能力培养有一定的促进作用，但在落实过程中，教师对学生的思想政治教育和情感关怀不够，大大降低了学生参与勤工助学的参与感和获得感，不仅不利于调动学生参加勤工助学活动的积极性，更无法充分发挥勤工助学在育人方面的作用，最终也无法有效实现立德树人这一根本任务。

三、将育人功能融入勤工助学的途径

（一）高度重视，加强制度保障和人员保障

（1）学校层面以及各用人单位一定要深刻理解勤工助学的意义，充分认识到勤工助学在资助育人方面的重要作用和地位，扎实有效开展好勤工助学工作，将无偿资助与有偿资助有机融合，致力于培养学生的自立自强及创新创业精神，切实将勤工助学的育人功能以及立德树人这一根本任务落实落细。

（2）完善勤工助学管理办法，突出资助育人要求；严格执行国家规定的勤工助学酬金标准及支付方式；合理满足学生需求；优化校内岗位及校外岗位的管理方式。

（3）加强校部机关和各学院用人单位对勤助学生的育人职能，各用人单位应明确一名勤工助学指导老师，负责勤工助学的岗位统计、招聘、学生管

理、学生考评、学生培训等工作。

（二）优化和丰富勤工助学岗位设置

目前的岗位设置以学校需求为主要依据，没有将“育人”作为岗位设置的出发点和落脚点。学校应本着“以学生为本”的服务理念，结合学生的专业特点，设置科学合理的勤工助学岗位。在专业能力培养方面，可设置教学助理、科研助理等岗位，在协助教师教学、科研的工作中，学生可大量接触到调查问卷、数据统计、专业资料等专业知识，有利于巩固知识体系，提升专业技能和科研素养；在综合能力培养方面，可设置行政助理、辅导员助理等岗位，这类工作交际面广，事务性强，有利于培养学生的人际交往能力、团队合作能力、沟通协调能力、组织管理能力、创新创造能力等；在实践能力培养方面，学校应加大校企合作力度，积极与社会组织合作，向更多学生提供校外实习实践机会，引进创新创业项目，为学生提供更多接触社会、了解社会的机会，也有利于学生做到知行合一，将所学与实践结合，在实践中检验真知，从而提高实践能力。

（三）加强勤工助学各环节的育人功能

(1) 建立优胜劣汰的勤工助学聘用机制。将社会人才竞争机制引入勤工助学活动中，特别是对于有一定技术要求或综合能力需求的岗位。传统的招聘机制可优化为：勤工助学服务中心收集并发布各用人单位的招聘人数、岗位职责、任职条件、培养目标等信息——学生准备简历——通过线上报名或模拟招聘会的形式现场报名——根据报名人数情况，各用人单位按照 1∶3 或 1∶5 的差额组织各种形式的面试——岗位调剂和淘汰——上岗实习期——签订合同或延长实习期。在以上流程中，用人单位给予学生准备简历和面试的机会，加入了岗位竞争与淘汰，加入了实习期。这一过程，提前将就业择业过程进行模拟，对提高学生的就业能力、竞争意识有着积极作用，有利于使学生珍惜得来不易的勤工助学岗位，有利于激发学生内在的工作主动性和积极性。

(2) 建立有效的勤工助学培训机制。培训作为开阔视野、储备知识、提升技能的有效手段，不仅可以提高学生的综合素质，还可为学生的就业奠定良好的基础。学校应建立常态化、系统化的勤工助学培训机制。上岗前，学校应对学生进行办公礼仪、计算机使用、办公软件使用等方面的培训，使学生符合上岗的基本条件；上岗后，各用人单位应对学生进行岗位职责、办公纪律、人际交往技巧等方面的培训，使学生能较快地适应和胜任工作；随着岗位调整、学生自身的成长，学校应适时对学生进行补充性和发展性的培训，学校还可为学生提供学习时间更为灵活的专题网络授课资源。课程结束后，应对参加培训的学生进行培训有效性评估，以保证培训质量。

（3）建立完善的勤工助学激励机制。

一是在勤工助学活动中，教师应加强对学生的思想政治教育，培养学生热爱劳动、吃苦耐劳的优良品质；塑造诚实守信，感恩励志的高尚品格；树立自强不息、创新创业的奋斗精神。

二是在勤工助学活动中，教师应注重对学生的人文关怀，增强学生参加勤工助学的动机。有些学生觉得勤工助学是家庭经济困难学生参加的活动，有些教师只是安排工作，并没有真正了解学生的所思所想，这样非常不利于增强学生参加勤工助学的积极性。学校和用人单位应对学生进行积极正面的引导，不仅要对学生提供物质帮扶，更重要的是加强对学生自信心、意志品质的培养。当学生面对困境时，作为勤工助学的指导老师，应为他们进行挫折教育，不仅要向他们传递正能量，更要从人生导师的角度，为他们提出解决问题的建议和方法；当他们有所进步或取得成绩时，应及时给予肯定和鼓励。指导老师应与学生同甘苦、共患难，这样才能让学生切实感受到学校和老师真心实意的关心与关爱。

三是不断完善勤工助学奖惩机制，对在勤工助学表现突出的学生予以表彰和奖励，对于违反勤工助学管理规定的学生，予以教育和处理。奖励措施主要包括同等情况下优先被录用、获得荣誉称号、事迹被广泛报道、成为朋辈榜样，使勤工助学成为学生获得价值感和成就感的渠道和平台。

八、全员、全过程、全方位育人

法学专业“课程思政”教学改革的挑战与应对

法学院　胡　斌

【摘　要】 法学专业“课程思政”教学改革是在传统法学专业课程的基础上挖掘“思政元素”，将思政教育“嵌入”法学课堂，实现“育人”和“育智”有机融合的法学教育新理念和新模式。法学专业进行“思政课程”建设既有优势，也面临观念误区、专业教师思政理论与能力不足、课程内容与授课方式科学性不强和保障机制亟待优化等挑战。推进法学专业“课程思政”建设，前提是树立科学认识与观念，关键在多措并举培育兼具思政理论和专业素养的教师团队，核心是优化课程思政内容与授课方式，并以优化课程思政保障机制为后盾。

【关键词】 法学专业　课程思政　思政元素　育人　挑战

“课程思政”是新时代传统专业课程改革和创新的重要方向，其强调挖掘专业知识中的思政元素，将“育智”与“育人”有机融合，是教育模式创新的重要方向。法学专业进行“课程思政”改革既有其特殊优势，也面临着挑战。如何推进法学专业“课程思政”改革，是摆在法学专业教师、教学管理者面前的崭新课题。中国政法大学作为法学教育的“重镇”，在推动法学专业“课程思政”建设方面采取了一系列举措，在总结经验的基础上，进一步完善法学专业“思政课程”各环节要素是当前的重要任务。本文在剖析法学专业“课程思政”特征与优势基础上，结合教学实践探讨“课程思政”改革面临的挑战，进而提出优化法学专业“课程思政”的思路和建议。

一、法学专业“课程思政”的特征与优势

法学专业“课程思政”改革本质上是法学专业教育创新的新模式。法学专业及法律人积极回应社会诉求、扎根实践的特点是其开展“课程思政”的

优势。

（一）挖掘法学专业中的“思政元素”

法学专业“思政课程”的内在机理和行动基础是挖掘专业内各课程共有或特有的“思政元素”。理论上，任何一门专业课程都蕴含着丰富的思想政治教育待开发的“思政元素”，[1]法学专业自不例外。因此，挖掘专业知识中的“思政元素”构成法学专业“思政课程”的基本特征和使命。从这个意义上说，法学专业“思政课程”不是创设一门新课，而是要求专业教师找到本专业、本课程的“思政元素”，并将这一任务贯穿于课程设计、教案编写、教学过程等各个环节。

对比传统思政教育的核心使命与内容可知，法学专业知识中包含的法治精神、人文关怀、价值追求、职业伦理内容等均可成为重要的“思政元素”，这些是法学专业开展思政教育的优势。

（二）“思政教育”嵌入法学课堂

法学专业“课程思政”的外在表现和行动逻辑是“思政教育”嵌入法学课堂，即法学专业教师在法学课堂教学中能够自觉扮演思政教育者的角色，将思政教育的使命和方式融入法学课堂。强调“嵌入”性意味着课程思政是为法学课堂增添一份特色、增加一项功能，而非“喧宾夺主”改变法学课堂的核心使命。换言之，法学专业“课程思政”的改革方向应是使法学课堂增加一项思政教育功能，让法学课程变得更加丰富多彩，而不是将法学课堂变成思政课堂。思政教育的哲学性和价值引领性，决定了思政教育嵌入法学课堂可以使法学课堂更有灵魂、有思想、有味道。

思政专业与法学专业同属社会科学，其面向社会、关注社会的共性决定了法学课堂更容易接受思政教育，更容易找到二者的契合点。同时，思政教育嵌入法学课堂，意味着教师在传授专业知识的同时，会对学生进行“思想”的引导。与较为显性和抽象的相比传统思政教育，法学课堂中的思政教育则更加具体，能够起到“润物细无声”的效果，这属于课程思政的比较优势。

---

[1] 杨守金、夏家春：“‘课程思政’建设的几个关键问题”，《思想政治教育研究》2019年第5期。

（三）“育人”与“育智”有机融合

与思政课程、传统法学专业课程相比，法学专业“课程思政”的特殊性在于实现了“育人”与“育智”的有机融合。一方面，融入思政元素的法学专业课程之核心使命仍然是向学生传授法学专业知识，[1]培养其法律思维和法律实务能力即“育智”，这一点区别于传统思政课程；另一方面，融入思政元素的法学专业课程不能仅满足于知识的传授，还要发挥立德树人、价值引领的“育人”功能，这一点区别于传统法学专业课。

“育人”与“育智”有机融合既是法学专业“课程思政”的优势，同时也对教师和教学管理者提出了挑战。

二、法学专业“课程思政”建设面临的挑战

中国政法大学法学专业“课程思政”工作正在稳步推进，但也面临诸多挑战。

（一）理念和认识误区制约改革推进

部分教师或管理者关于法学专业“课程思政”的理念和认识存在误区，这制约着教学改革的有效开展。第一，部分教师未能正确认识知识传授与价值引领之间的关系，认为“课程思政”是思想教育对专业课程的“入侵”，会使专业课堂沦为政治说教课，拖累专业知识的讲授，因而有抵触心理。第二，部分管理者、教师误认为“课程思政”应当以思政教育为重点，[2]将思政教育比重过分夸大，使“课程思政”变成“思政课程”，结果本末倒置。第三，部分教师认为“课程思政”就是将思政理论的一些知识和论断简单移植，导致课程思政“专业性”不足。第四，部分教师没有意识到在专业课程上进行价值引领的重要性，与学生的关系变成：课堂常相见，教书不育人。[3]对法学专业“课程思政”的误解和偏见，是制约“课程思政”改革有序开展，使实践偏离应有轨道的重要原因。

---

[1] 时显群：“法学专业‘课程思政’教学改革探索”，《学校党建与思想教育》2020年第4期。

[2] 李国娟：“课程思政建设必须牢牢把握五个关键环节”，《中国高等教育》2017年第Z3期。

[3] 杨守金、夏家春：“‘课程思政’建设的几个关键问题”，《思想政治教育研究》2019年第5期。

（二）专业教师的思政理论、教育经验和能力不足

教师是“课程思政”教学质量的关键要素，[1]但受制于专业背景、研究专长和教学经验，专业教师在开展“课程思政”教学时遇到较大挑战。第一，法学专业教师普遍缺乏思政理论的系统训练和研究，导致其开展课程思政教学缺乏理论指导，有时甚至“举足无措”。第二，部分教师缺乏“价值引领”和“立德树人”的经验。传统法学教学体系更强调法学教师的专业素养和教学能力，导致多数教师缺乏价值引领和立德树人的经验。第三，部分专业教师立德树人、价值引领的能力有待提升。教师的思政知识储备、理论素养和经验不足，是制约“课程思政”质量的关键因素。

（三）课程内容与授课方式的科学性有待提升

课程内容和授课方式是“课程思政”的载体和外在表现，直接决定课程质量。课程内容缺陷体现在：第一，部分课程并未充分挖掘专业的“思政元素”，只是简单复制传统思政课程中的理论、术语和论断，导致课程缺乏创新。第二，部分课程专业知识与思政教育融合度不高，未能将“求真”与“求善”有效衔接。第三，部分课程只是徒有其名，并未真正引入思政元素。第四，部分课程内容死板、空洞、说教性强，无法调动学生积极性。授课方式缺陷体现在：第一，部分教师授课时缺乏与学生的互动，学生获得感不足。理论上，课堂教学质量和学生参与度成正比，[2]互动不足将影响教学质量。第二，部分教师授课未能充分利用信息技术、新媒体等现代化教学手段。第三，部分教师的教学方法单一，未能采用多元化先进教学方法。

（四）课程思政的保障机制有待优化

法学专业“课程思政”是一项系统工程，有赖各种保障机制支持。课程思政保障机制存在以下不足：第一，沟通协同机制未建立。“思政课程”与“课程思政”之间需要交流互动，特别是法学专业教师更需要得到思政教师的指导和帮助，但目前两大教育群体之间的沟通协同机制未建立。第二，教育

[1] 高燕：“课程思政建设的关键问题与解决路径”，《中国高等教育》2017 年 Z3 期。

[2] 焉显俊：“论高校‘课程思政’的‘思政元素’、实践误区及教育评估”，《思想教育研究》2020 年第 2 期。

培训机制缺失。专业教师思政知识和经验不足，需要培训机制进行补充，但目前缺乏专业的培训机制。第三，激励机制有待加强。目前学校会通过课题立项的形式给教师提供少量的资金支持，对于教师的正向激励仍然不足。第四，课程思政评估机制亟待建立。

三、法学专业“课程思政”的优化路径

有效应对法学专业“课程思政”面临的挑战，需要理念更新、知识更新、内容更新和制度更新。

（一）科学认识和定位“课程思政”

首先，准确把握“课程思政”的本质，防止“剑走偏锋”。第一，课程思政不是取代原来的课程，“不是增加学时、另起炉灶，而是在现有知识讲授基础之上画龙点睛和锦上添花”。[1]第二，“课程思政”不是“政治说教”，其核心是立德树人。第三，法学专业“课程思政”建设的主要方式是挖掘本专业中的“思政元素”，并非传统思政知识和理论的简单复制和移植。第四，“课程思政”中仍应坚持“专业教育”为主，“思政教育”为辅，不能喧宾夺主，本末倒置。

其次，充分认识“课程思政”的价值，避免教师和学生的抵触情绪。第一，“课程思政”有助于弥补传统法学专业课程育人功能不足的缺陷。第二，“课程思政”有助于提升法学教育的质量。比如，马克思主义的哲学观和人权观，对于学生理解法学知识和现象大有裨益。第三，国外专业课程也包含类似于“思政课程”的功能。比如，美国把培养公民意识和社会意识作为教育改革与教学实施的重点，日本要求各高校通过专业教育、各教科教育来灌输“教养教育”的内容等。[2]

（二）培育具备思政理论和育人能力的专业教师团队

提升教师的思政理论水平和育人能力，既需要教师自身“补课”，也需要外部力量的支持和强化。

---

〔1〕 杨国斌、龙明忠：“课程思政的价值与建设方向”，《中国高等教育》2019 年第 23 期。

〔2〕 裴云：“美、日德育和社会课程对我国思想政治课程改革的借鉴意义”，《内蒙古师范大学学报（教育科学版）》2008 年第 12 期。

首先，专业教师应当主动研习“思政理论”，实现自我提升。第一，树立育人意识，主动学习思政理论和知识。《师说》曰：“师者，所以传道授业、解惑也。”教师不仅要授业，而且要传道，即价值观引领和道德培育。新时代教师要上好“课程思政”，必须恶补思政理论知识，唯此才能更好地挖掘思政元素，掌握育人的“工具”和“技巧”。第二，学习和模仿思政课教师政治思维方式，根据自身课程特点和专业培养要求，主动承担育人使命。第三，注重实践，带头践行社会主义核心价值观，做到“行为师范”。2017 年习近平总书记在中国政法大学考察时指出，法学专业教师要带头践行社会主义核心价值观，多用正能量鼓舞激励学生。开展“课程思政”亦应当坚持该原则。

其次，教学单位和教学团队应组织教师参加学习和培训。第一，定期组织本单位教师学习思政知识、交流学习心得和授课经验，形成主动研习思政理论和育人方式的良好氛围。第二，发挥本单位思政课教师的引领作用，帮助专业教师解决思想困惑，指导他们快速掌握思想政治教育最基本、最核心的内容。第三，针对专业课教师开展富有针对性、示范性的“课程思政”教学指导。[1] 第四，注意培养和发现优秀教师，打造精品课程，以发挥先锋模范作用。

（三）优化课程内容和授课方式

首先，科学设计课程内容。第一，充分挖掘法学专业的思政元素。法学专业中存在大量思政元素有待开发，比如，法治理念是社会主义核心价值观的重要组成部分；法治强调公平、正义和秩序，与社会主义道德观念不谋而合。法学专业的思政元素既有共通之处，如法治理念、公平正义、集体主义、传统法治文化等，专业内部不同学科也有各自独特的思政元素，比如，行政法强调公共性、公共精神，民法强调对个人权利和自治性的尊重等。第二，应挖掘专业课程与社会主义核心价值观的结合点，在培养方案中对“德、能”等方面做出专门安排。[2]第三，增强课程的“趣味性”。内容的趣味性可以提高学生学习的积极性，因而应多增加鲜活案例、有趣的热点话题。第四，

---

〔1〕 高燕：“课程思政建设的关键问题与解决路径”，《中国高等教育》2017 年 Z3 期。

〔2〕 陈华栋、苏镠镠：“课程思政教育内容设计要在六个方面下功夫”，《中国高等教育》2019 年第 23 期。

引入“马克思主义基本原理”“中国传统文化”等元素，帮助学生理解法律现象和知识，使专业学习与思政学习自然融合。

其次，授课方式应当多元化。第一，综合采用体验教学法、案例教学法、讨论教学法、读书指导法和任务驱动法等教学方法。比如，按照体验教学法组织模拟法庭、法律诊所和社会公益活动，让学生体验法律的价值，体会国家与社会的进步，了解民生疾苦，从而树立正确的人生观、价值观，增强学生参与感和获得感。第二，充分利用信息技术、大数据、人工智能等新工具开展教学。比如，上海市推出的“超级大课堂”，采用了“问题来自学生、声音来自一线、点评来自权威”的生动形式，取得了良好效果。

（四）完善法学专业“课程思政”的保障机制

首先，形成分工协作、多元共治的管理机制。第一，确立党委在课程思政建设中的首要责任和核心地位，其应支持课程思政有序开展，把握课程政治方向。比如，上海市按照“所有高校党委书记均亲自担任组长，并设立专门办公室推进落实”的方式推进课程思政取得良好效果。[1]第二，确立行政部门组织、协调和服务的职责和地位，制定“课程思政”建设的规划、章程和实施办法。第三，发挥教师协会、研究会等社会组织在课程思政建设中的智囊作用。

其次，建立灵活多样的学习交流机制。通过成立学习小组、研讨会、讲座等多种形式为教师提供学习机会，并注重学习机制的规范化和常态化，为思政课教师与专业课教师建立共建、共享、共惠的教学平台和智库共享资源，并建立协同备课制度。

再次，强化激励机制。一方面可以将“课程思政”的实施效果作为未来职称评定和工作绩效考核的重要参考，对表现优异的教师和教学团队给予奖励；另一方面，学校和学院可以立足于本校、本院办学特色和学科优势，有重点地选择一批课程进行试点建设，逐步培养出“品牌课程”，形成示范效应。[2]

最后，搭建科学的考核评估机制。科学的教学评价能够发现教学中的不

---

〔1〕 高燕：“课程思政建设的关键问题与解决路径”，《中国高等教育》2017 年 Z3 期。

〔2〕 宫维明：“‘课程思政’的内在意涵与建设路径探析”，《思想政治课研究》2018 年 06 期。

足从而为教学改进奠定基础[1]。第一，根据法学“课程思政”的特点，建立科学的评估标准，其中授课效果应以学生的获得感为检验标准。[2]第二，仔细甄别法学“课程思政”的评估内容。第三，创新评估方法。引入学生体验打分、教师互评和教案盲审等方式。第四，强化评估结果的利用。经过评估被认定为优秀的课程应当给予奖励，并作为示范课推广，对于评估出现的问题应及时进行矫正。

四、结　语

法学专业“课程思政”建设是新时代教学改革的重要内容，对于促进法学专业“内涵式发展”具有重要意义。任何改革都会面临挑战，法学专业“课程思政”自不例外。“课程思政”应当从四个方面着力：科学认识和定位“课程思政”；提升专业教师“思政素养”和“育人能力”；优化课程内容和授课方式；完善法学专业课程思政的保障机制。作为一项系统的改革，切忌一刀切、盲目追求速度，应当尊重专业规律、逐步开展，确保法学专业“课程思政”真正实现“育人”与“育智”的有机统一，“隐性教育”与“显性教育”同向同行、协同发展。

---

[1] 王彦才、郭翠菊主编：《教育学》，北京师范大学出版社2010年版，第310页。

[2] 李国娟：“课程思政建设必须牢牢把握五个关键环节”，《中国高等教育》2017年第Z3期。

新时代涉外法治人才培养的探索与思考

国际法学院 宋 歌

【摘 要】 培养德法兼修的高素质涉外法治人才是国家对外开放战略的需要，也是新时代法学教育的培养目标。当前，涉外法治人才培养仍然面临很多问题，培养数量和质量亟待提升。在国家深化对外开放参与全球治理的大背景下，涉外法治人才培养的价值观引领、培养模式创新、师资队伍建设以及国际化实习实践等方面都需要进行思考与探索，通过切实有效的改革措施才能不断提升我国涉外法治人才培养的质量。

【关键词】 新时代 涉外法治人才 人才培养

近年来，我国法学教育越来越重视涉外法治人才培养。2011 年，《教育部中央政法委员会关于实施卓越法律人才教育培养计划的若干意见》（教高［2011］10 号）指出，“把培养涉外法律人才作为培养应用型、复合型法律职业人才的突破口”。2014 年，《中共中央关于全面推进依法治国若干重大问题的决定》强调，要“建设通晓国际法律规则，善于处理涉外法律事务的涉外法治人才队伍”。

2012 年，教育部高教司公布首批卓越法律人才教育培养基地名单，中国政法大学成为了 22 个涉外法律人才教育培养基地之一，并于 2013 年成立了涉外法律人才培养模式实验班（以下简称涉外班），该班由国际法学院负责管理。作为涉外法律人才培养基地之一，学校在成立涉外班的七年里一直坚持探索和改革涉外法律人才培养模式，并初有成效。本文将以学校涉外法律人才培养基地为研究模型，立足新时代，站在新起点，探讨研究培养德才兼备的高素质涉外法治人才的行动方向。

一、创新涉外法治人才培养的意义与现实需求

从以往的目标和实践来看，涉外法律人才培养的重点在于培养外语水平高、通晓国际规则的涉外法律工作者和法律实务人才。在课程设置方面，主要是对传统法学课程体系做了改革和调整，侧重于语言类课程、外国法类课程和国际法类课程；在实践教学方面，重视提高学生法律实务能力；同时，国际化培养也是检验培养能力和效果的重要一环。

新时代赋予了涉外法律人才培养新的目标和内涵。2018 年，《教育部、中央政法委关于坚持德法兼修实施卓越法治人才教育培养计划 2.0 的意见》发布，作为贯彻落实习近平总书记在中国政法大学考察时重要讲话精神的具体措施，该意见对新时代卓越法治人才培养做了全面规划和部署。新时代法学教育与法治人才培养需要“主动适应法治国家、法治政府、法治社会建设新任务新要求”，将培养“法学人才”“法律人才”转变为对“法治人才”的培养，重视培养学生的法律素养和法治思维，强化服务需求和法律实践，构建科学的教育质量保障体系，站在全球治理的高度和需求上，培养在政治素养、专业知识、语言水平、实践技能和跨文化交流与合作能力等各方面表现突出的卓越法治人才。

黄进教授在中国法学会法学教育研究会 2019 年年会暨“卓越法治人才培养与法学教育”论坛上做了《加强涉外法治人才培养服务涉外法律斗争》的主题发言，提出了随着我国走入世界舞台中央，大国竞争和科技产业制高点竞争逐渐加强，跨国法律纠纷问题越来越多、越来越复杂，所以在深化对外开放参与全球治理的过程中，我国急需加强涉外法治建设，急需加快涉外法治工作战略布局，急需一大批通晓国际法律规则、擅于处理涉外法律事务的涉外法治人才，以保障和服务高水平对外开放。同时，他也提出，目前我国涉外法治人才培养中遇到的问题有以下几个：现有的涉外法治人才还远远不能满足新时代对外开放的需要，真正能够处理涉外法律问题的涉外法治人才与实际需求还有很大差距；我国在立法、执法、司法、法律服务、学术交流等各个国际领域都缺少合格的涉外法治人才；我国对涉外法治人才的培养重视不够，在各类国际组织，尤其是在各类立法组织、司法机构、仲裁机构、调解机构、法律服务组织和学术组织任职的人员偏少；现有国际法课程体系

与国际法实际有所脱离，对国际法学科交叉融合重视不够，国际法学科人才培养的质量有待提高。

由此可见，我国涉外法治人才培养研究和改革创新之路还很远，高校作为法治人才培养的第一阵地，要立足国情与时俱进，推进适应新时代的教育教学改革，解决涉外法治人才培养过程中遇到的问题和困境，如此才能提高涉外法治人才的培养水平和质量。

二、学校涉外法律人才培养改革措施的实施现状

（一）科学的培养方案是人才培养的实施纲领

目前，学校现行的涉外法律人才培养方案指导思想主要有以下两个方面：一是坚持厚基础、宽口径的培养要求，提高学生运用法学等学科知识解决实际法律问题的能力，促进法学教育与法律职业的深度衔接；二是凸显涉外法律人才的培养特色，培养具有国际视野、通晓国际规则、能够参与国际法律事务和维护国家利益的涉外法律人才。

自学校涉外班开设以来，已修订培养方案四次，修订主要体现在，细化课程组类型，优化课程体系模块，持续进行语言类课程组的改革，并在2017年引入了“英语+法语”双外语教育模式。通过目标明确的国际法课程教育以及强化的语言教学，涉外班学生的法学基础理论普遍较为扎实，外语水平较高，同时也为国际交流培养奠定了一定基础。

（二）特色化、高质量的教学是人才培养的基石

涉外班专业必修课程全部进行集体授课，力求配备学校最具实力的法学教育师资队伍，部分专业选修课也特别聘请专业教师为涉外班单独开设，这给学生提供了更多的课程选择。涉外班同时依托学校的三学期改革、国际课程改革，聘请国际知名教授来校授课或者讲座。2015~2019年，国际法学院共邀请国际知名学者近40人次来校开设国际课程，组织50余场英文讲座，这些课程和讲座涵盖了国际法学科的前沿问题和热点研究，拓展了学生的知识领域。

在引进国内外优质师资的同时，国际法教师也打造了一批纯英文优质课堂，包括《国际法》《国际经济法》《国际私法》等专业课在内的纯英语课

堂，使学生在专业学习的同时提高了法律专业英语水平。

（三）实践是法律技能培养的有效途径

在实践中加强对法学理论的理解，更有利于未来解决实际法律问题。开设模拟法庭课程，组织学生参加各类模拟法庭比赛，是国际法学院培养学生实践创新能力的特色之一。目前，学院已开设包括《空间法模拟法庭（双语）》《杰赛普模拟法庭（双语）》《国际商事模拟仲裁庭（双语）》等在内的十余门实务技能课程；在课堂外，学院通过培养、选拔、训练优秀人才，指导学生参加各类国际模拟法庭竞赛，取得骄人成绩的同时，也营造了高质量的实践教学环境。

因为涉外班学生普遍外语能力较高，所以国际模拟法庭比赛指导教师有意识地吸纳涉外班学生进入团队进行实践能力培养，同步提升学生的外语能力和实践能力。

（四）国际化是涉外人才培养的重要环节

自涉外班开班以来，国际法学院持续探索国际合作育人的培养模式，积极推进与国外高水平大学开展的联合培养，同时推荐和资助优秀学生到国际组织等国际机构任职、实习。涉外班 2014 级本科生在校期间参加国际交流的学生比率为 14.3%，毕业后出国深造率为 24.5%；2015 级本科生在校期间参加国际交流的学生比率为 24.0%，毕业后出国深造率为 40.0%。

2019 年，学校入选了国家留学基金委国际组织后备人才培养项目，每年国家留学基金委将资助中国政法大学 5 名本科生，3 名研究生赴加拿大蒙特利尔大学攻读硕士学位或者进行硕士联合培养，所有学生在学习期间或者课程结束后都需赴国际组织实习 3 个月，中国政法大学国际法学院会积极培养涉外班学生参与此项目，为学生争取更多的国际组织实习机会。

三、关于涉外法治人才培养改革方向的建议

反思过去，遵循传统教育模式的涉外法律人才培养机制虽取得了一些成绩，但在高等教育对人才培养提出了更高要求的今天，研究和改革仍十分必要和迫切。《教育部、中央政法委关于坚持德法兼修实施卓越法治人才教育培养计划 2.0 的意见》提出，要培养“一流法治人才”、高素质法治人才、应用

型复合型创新型法治人才，要“培养造就一大批宪法法律的信仰者、公平正义的捍卫者、法治建设的实践者、法治进程的推动者、法治文明的传承者，为全面依法治国奠定坚实的基础”。

这就要求新时代的涉外法治人才培养要以中国特色社会主义法治理论为纲要，紧扣国家建设需要，站在全球治理的角度，基于经济全球化对我国法律带来的深刻影响，进行研究和讨论，确定改革创新的行动方向。

（一）培养具有家国情怀的涉外法治人才

在涉外法治人才的培养上，应坚持把思想政治教育摆在培养首位，坚持道德品质与法律技能并重。“德法兼修、明法笃行”是习近平总书记在考察中国政法大学时提出的重要命题，涉外法治人才必须胸怀正确的政治方向，应具有“世界眼光、中国情怀”，[1]具备服务社会主义法治国家建设的责任感和使命感。

因此，立德树人、德法兼修的育人理念是人才培养的核心，培养出来的学生应当是“热爱我们伟大国家的，是愿意为这个国家实现现代化、为中华民族伟大复兴贡献自己的力量的，是有强烈的社会责任感的”。[2]只有这样的学生才能在未来的复杂法治坏境中坚定信仰，不改初心，才能够经受多元文化的冲击，在提供法律服务、制定国际规则时守好道德底线，维护国家利益。

（二）优化调整涉外法治人才培养方案

《教育部、中央政法委关于坚持德法兼修实施卓越法治人才教育培养计划2.0的意见》在明确培养目标外，还提出了具体的改革任务和举措，要求学校培养人才应“强专业”“重实践”“深协同”“促开放”，这体现了学校法学教育理念从学术型法学教育到职业化法学教育的转变，更加强调了理论和实践并重的教育模式。这就要求培养方案在强化法学理论基础上，重视学生实践能力的培养，积极探索学校和法治实务部门双向交流、联合培养的培养模式；同时，在新时代经济发展的背景下，推进法学学科体系的创新，尝试建立跨专业、跨学科培养模式，扩充学生知识结构，强化外语、国际政治、国际经贸、国际仲裁、跨文化国际交流等方面的课程；加大加强法律外语

---

〔1〕 王文华：“论涉外法治人才培养机制的创新”，载《中国大学教学》2015年第11期。

〔2〕 黄进：“新时代高素质法治人才培养的路径”，载《中国大学教学》2019年第6期。

培训，同时拓展海外交流项目，使国内外校际联合培养学生取得更大突破。

在课程设置上，应重视优化课程设计，开设凸显涉外法治人才培养特色的专业课程，同时将学生法学理论教育与中国特色社会主义法学相融合，将传统教育与现代智慧教育相融合，将思政教育和专业教育相融合，打造满足需求、设置合理、目标明确的课程体系。

（三）打造具有国际化视野的高水平师资队伍

建设一支具有国际化视野的高水平师资队伍是涉外法治人才培养的关键，只有高素质、强能力的教师才能培育出一流的国际化法治人才。这就要求教师具有前沿的法学理论知识和创新成果，并具有一定的实践技能，能紧跟时代和世界发展的趋势。涉外法治人才师资国际化的主要途径有两条，首先培养现有教师具有国际化水平，支持和鼓励教师骨干到海外学习、进修、参与学术交流等，强化其教育教学的国际化理念；其次，加强高端人才引领，利用多种渠道引进世界一流法学专家学者来校从事教学、科研工作，充实现有涉外法治人才的教学内容，提高师资队伍的整体水平；同时通过交流学习，引进国外先进的教学设备和教学管理理念，学习借鉴国外先进的教育模式，带动现有师资的专业水平和教学能力的提升。

（四）走特色化培养路线，培养高精尖人才

黄进教授在《加强涉外法治人才培养服务涉外法律斗争》主题发言中提出，政法院校应根据自身实力和特色，走专业化、特色化的发展路线，聚焦培养面向不同组织的涉外法治人才。学校作为国内一流法科院校，要发挥法学优势，结合办学特色来制定科学有效的人才培养目标和措施。首先，外语能力的培养仍然要放在首位，但是第二外语的培养也同样重要，目前“英语+法语”的特色化教学项目正在实践之中，需要借助实践经验进一步探索“英语+二外”的语言培养模式，有针对性地设置第二外语课程，例如对“一带一路”沿线语种的引入等，培养专业过硬、特色鲜明的国际化涉外法治人才。其次，强化学生解决国际争端的能力，培育国际仲裁、调解方面的人才。在我国走向世界的进程中，各种跨国纠纷和法律问题越来越多，越来越复杂，如何提高学生处理实际涉外法律事务的能力，如何设置相关专业课程和实践课程，如何探索案例式教学和研讨式教学等有效的教学方法，也应成为改革

的重点方向。再次，要加强学生国别文化、民族传统和宗教社会等人文知识的培养，拓宽学生知识视野。

（五）加强国际组织法治人才的培养

国际组织是制定国际规则的重要机构，是全球治理的重要阵地，目前，我国在国际组织话语权有限，影响力不足，即使有在国际组织任职的人员，也很难参与国际规则的制订。随着国际组织在全球治理中的作用日益凸显，国际组织人才的培养和输送问题已经越来越受到重视。中共中央办公厅、国务院办公厅印发的《关于做好新时期教育对外开放工作的若干意见》强调，“通过提升发展中国家在全球教育治理中的发言权和代表性，选拔推荐优秀人才到国际组织任职”。可见，涉外法治人才的培养在新时代也有了新的使命，为国际组织输送更多人才，推动全球治理体系改革，争取在国际秩序和国际体系长远制度性安排中体现和尊重中国应有的地位和作用，[1]是涉外法治人才培养的目标和重要使命。

四、结　语

新时代涉外法治人才培养任重而道远，“培养什么人，怎样培养人，为谁培养人”是教育的本质，改革方向既要符合教育的客观规律，也要遵循科学和时代的发展，相信随着国家对外开放建设的深入推进和法治人才培养的不断探索，涉外法治人才培养的数量和质量终将大幅提升。

---

〔1〕 张文显：“新思想引领法治新征程——习近平新时代中国特色社会主义思想对依法治国和法治建设的指导意义”，载《法学研究》2017 年第 6 期。

辅导员职业生涯规划教学能力提升研究

刑事司法学院　刘　冰

【摘　要】目前国内多数高校都开设了针对大学生的职业生涯规划课程，课程是有计划的教学活动，需要有自己独特的教学方法和整套的教学计划来进行有序的推进，而承担生涯教学的辅导员缺乏这方面的储备和能力。因此，辅导员需要尽快适应学科教学，提升生涯学科的授课能力。个人认为主要应该从几个方面着手：以专题为核心强化生涯规划基础理论的学习；深化测评和测量应用的技能应用培训；学校应尽快建立一支生涯导师队伍，通过生涯咨询带动学科发展；学校组织力量开发校本的生涯课程体系。通过这些建设，提升辅导员的教学能力，促动学校生涯教育的发展。

【关键词】辅导员　生涯规划　教学能力　提升

一、生涯教育的发展和演变

职业生涯理论最早起源于帕森斯，他首次提出了职业指导的概念，但是他当时关注的是人职匹配，内容以测评和提供职业资讯为主。但是，随着世界经济不断发展，个体对于自我满足的需求也不断增加，人们更加关注职业的满意度和价值，关注个体的职业兴趣，传统的职业指导的理论已经不能满足当代学生的发展需求。在这种情况下，生涯发展的理论发展起来了。生涯发展理论是生涯规划理论中最具整合色彩的理论。早期提出该理论的是以金斯伯格（Ginsberg，1951）为首的一群学者，而集大成者是学科整合高手舒伯（Super），他集差异心理学、发展心理学、职业社会学和人格发展理论于一体，进行长期研究后，系统提出了有关生涯发展的观点，成为自帕森斯之后又一位里程碑式的大师。

此后，美国的职业指导大师舒伯（1953）根据自己“生涯发展型态研究”的结果，将生涯发展阶段划分为成长、探索、建立、维持与衰退五个阶段，其中有三个阶段与金斯伯格的分类相近，只是年龄与内容稍有不同，舒伯增加了就业以及退休阶段的生涯发展。

在这其中，舒伯就提出了一个比较重要的阶段——探索阶段：15~24 岁，该阶段的青少年通过学校、社团、休闲等活动，对自我能力及角色、职业进行探索，选择职业时有较大弹性。这个阶段发展的任务是：使职业偏好逐渐具体化、特定化并实现职业偏好。这阶段共包括三个时期：一是试探期（15~17 岁）；二是过渡期（18~21 岁）；三是试验并稍作承诺期（22~24 岁），这个阶段生涯初步确定并试验其成为长期职业生活的可能性。而大学生的职业生涯探索，就包含在这个发展阶段之中。

所以目前我国从中学阶段到大学，已经开始普遍推进开展生涯教育。学校教育最亟须解决的，是大学生的生涯规划意识和生涯规划的能力。

二、高校开设生涯课程的必要性

大学阶段是人生最重要的一个阶段，从人生发展的阶段来说，进入大学就读某一个专业，是中学生涯结束之后个体选择的结果。但是，我国的生涯规划起步较晚，多数大学生在高中阶段时期并没有经历过生涯教育。大学专业的选择，很多也是盲选的。根据对生涯规划选课学生的统计，中国政法大学大一学生充分了解之后并自主选择本专业的学生比例不足 35%。这种现象说明大学生缺乏对专业的了解，是对自己未来职业选择的目标缺乏，很容易导致大学阶段的学业迷茫和就业迷茫，甚至影响学生的就业和择业。

目前的大学生就业竞争也很激烈，根据教育部发布的数据统计，2020 年，全国毕业大学生总数为 800 万人；每年待就业的人数也从几十万上升到一百多万，并且在持续上升。这种待就业的背后，一方面反映的是就业环境的愈发激烈，另一方面，也说明当代大学生对于就业满意度的要求，不再局限于过去的“就业”，而是需要更好的“择业”。这就需要学校切实帮助学生开展职业选择的教育，也就是生涯规划。目前国内很多大学承担生涯规划课程授课的，绝大多数都是专职辅导员，所以，积极推进辅导员生涯规划授课能力的提升，在课程范围内，帮助学生完成生涯探索，明确目标和方向，将对大学生就业起到积极的推动作用。

为了推动我国大学的生涯规划教育开展，国家先后出台了一系列的政策文件，包括2007年教育部印发了关于《大学生职业发展与职业生涯规划课程的教学要求》的通知，其中指出“高校要切实把职业生涯规划课程建设纳入人才培养工作”。在这样的背景下，高校开始逐渐在大学课程体系中设立了职业生涯规划课程，该课程主要存在着选修课和必修课两种形式，授课教师主要是辅导员。

三、大学辅导员进行生涯课程教学的优势和劣势

（一）辅导员承担生涯规划授课任务的优势

1. 工作性质本身决定

辅导员的工作性质本身，也决定了其是做生涯规划的最佳人选。因其本身也承载着指导学生发展的工作，所以辅导员来承担生涯课程的教学工作，可以做到无缝衔接，能够和本职工作相互促动、有效协同。

2. 指导经验丰富

辅导员长期从事学生发展就业指导工作，为学生提供知识、经验和技能，所以和生涯规划有一定的顺承关系，日常工作中积累了丰富的指导经验，日常与学生接触较多，更加了解学生个体的差异以及学生的兴趣所在。

3. 相对了解职业环境

由于长期从事就业工作，辅导员对于职业环境以及用人单位需求相对比较了解，而生涯规划中一个重要的环节就是职业环境探索，所以辅导员承担授课，对于帮助学生进行职业环境的探索具有一定的优势。

但是，辅导员过去的工作并不涉及教学，而课程教学有着独特的要求，所以，辅导员承担生涯规划授课任务虽然有着一些优势，但是也存在一些不足。

（二）辅导员承担生涯规划授课任务的不足

1. 课程教学和辅导员日常指导有着本质的不同

课程教学和线下辅导还是有着本质的区别的，具备做生涯规划指导的优势，和一定可以很好地完成生涯规划教学的授课任务，二者之间还是有很大的距离。广义的课程是指学校为实现培养目标而选择的教育内容及其进程的

总和，它包括学校老师所教授的各门学科和有目的、有计划的教育活动。狭义的课程是指某一门学科。课程教学有着自身的独特性，课程的含义就是一门学科，而生涯规划也是一门独立的学科，有着自己的理论基础和知识结构。

课程是有计划的教学活动，需要有独特的教学方法和整套的教学计划有序地推进。而一些辅导员缺乏相应的储备和能力。尤其生涯规划学科具备一定的独特性，既需要进行知识的传递，也需要实践的指导和态度观念的转变以及技能的培养。生涯规划授课是一个综合的教学过程，需要的能力和技巧会更高。

2. 辅导员对于生涯规划学科基础理论掌握存在着局限

任何一门学科教学都要有扎实的理论基础，而生涯规划的理论基础需要发展心理学、社会学心理学以及人格社会学的基础，这些理论基础不是通过几天的学习就可以积淀的。而目前的高校参加生涯规划授课任务的老师，都是仅仅参加过短期的培训以及经过简单的准备就上岗的。在一个关于生涯规划的短期培训当中，仅仅能帮助辅导员个体理解生涯教育。想通过几天的培训就成为一个合格的授课教师，远远不够。理论基础的缺乏，导致一些生涯规划课程，形式上是合格的，但是学生上过一个阶段课程后对于自我认识依然处于懵懂状态。

3. 对于生涯测评工具理解掌握的局限

生涯规划中涉及很多测评工具，每一个测评工具背后都有一个完整的深厚的理论体系，比如霍兰德职业兴趣量表，里面有着大量的理论基础和逻辑联系。但是多数教师授课的时候，仅仅能够带领学生做霍兰德兴趣岛的游戏，做完活动之后，把六种人格类型呈现给大家，让大家自己对号入座，误以为这就帮助学生分析了自己的兴趣类型。其实这种授课方式有极大的误导性，因为霍兰德兴趣岛仅仅是一种投射测验，这种投射游戏的结果不能作为自己确认职业兴趣类型的依据。相应的结果还需要教师进行专业的解读。但是，由于缺少专业基础，很少有辅导员能够进行这样的解读。

4. 工作中容易把生涯咨询和心理咨询等同

生涯规划的授课过程，是以解决问题为导向的学科学习，而不是纯粹的知识传授。授课对象是对未来发展方向不明晰甚至迷茫的大学生，通过半学期的课程，教师很难一下子就解决好每一个学生的自我探索和生涯规划，所

以学生依然存在很多问题。比如，我的性格适合学这个专业么？我一直以为自己是一个外向的人，可是测评结果显示我是内向的，我的性格到底是内向还是外向呢？这些问题的解决，需要教师拥有生涯咨询的功底。

多数的辅导员有心理咨询的证书，他们有时候会把生涯咨询等同于心理咨询，但是两者还是有很大的差异性。心理咨询很大程度上是非指导性的，非指示性的；但是生涯咨询不同，既要有指示性的，也要有非指示性的环节，教师应清楚两者如何转换，在什么环节用哪种咨询技法，否则很难给出学生精准的指导。

辅导员承担生涯规划授课任务，虽然存在不足，但是，目前生涯规划发展的现状，却也亟须辅导员参与生涯规划课程建设。所以，针对这样情况，辅导员亟须提升生涯规划的专业素养和教学能力。

四、如何提升辅导员生涯规划的专业素养和教学能力

辅导员生涯规划专业素养和教学能力如果得不到有效的提升，除了影响学生对于生涯规划的理解和探索，还限制学校整体生涯教育水平的提升。辅导员生涯学科的教学水平直接关系到大学生的发展和学校的就业质量的提升，因此，如何帮助辅导员尽快适应学科教学，提升生涯学科的授课能力，提升辅导员生涯规划理论的专业素养就值得深入探讨研究。个人认为应该从以下几个方面着手。

（一）以专题为核心强化生涯规划基础理论的学习

辅导员应重点掌握当下生涯规划的主要理论，以理论为专题进行研究，重点包括舒伯的生涯发展阶段理论、霍兰德的职业兴趣理论产生背景以及历史沿革和应用，在这个过程中可以强化知识，并且逐渐用知识来指导实践和解决问题。辅导员作为学生的发展指导者，他们的思维习惯和思维水平，将直接影响学生对于生涯的理解和探索。理论性研究和学习是思维变革的前提，也是任何一个学科进入教学之前必须具备的理论基石。学校辅导员应该尽快把缺失的这部分基础理论补回来。

（二）深化测评和测量应用的技能应用培训

所有的生涯规划都离不开科学的测评工具，尤其是生涯规划中的性格、

兴趣、价值观等部分。这部分的特质普遍不是外显的，要么经过长期的自我探索和评估，要么经过专业人士的帮助评估。在这二者都不具备的时候，测评工具的价值在于快速地帮助个体了解自我，辅助自我进行探索，节省自我探索的时间。在高校的生涯课堂中，大多数教师进行的都是模糊的投射测验，比如兴趣岛游戏，这些本身只是一个启发和投射的作用，很难帮助个体准确地识别自我。所以在生涯探索中，需要借助专业的测量工具。而测量工具的运用，都需要经过系统的和专业的培训才能完成。比如 MBTI 性格类型，一个初级的工作坊，需要三天的时间才能充分地理解和掌握。

（三）学校应尽快建立一支生涯导师队伍，通过生涯咨询带动学科发展

生涯规划说到底是一门应用型学科，落脚点是解决学生个体生涯发展，这种解决最有实效性的就是生涯咨询。所以通过咨询，一方面能够解决学生的生涯困惑，另一个方面，也能够增加生涯导师的应用能力，在实践中运用理论，积累经验，互相促动。

（四）学校组织力量开发本校的生涯课程体系

在生涯教学的过程中，这样一个非考试、非主干的课程，学生的重视程度往往也不会特别高，但是教育从内心上说是一个良心的工作，我们把这门课程重视到什么程度，那么学生的水平大致就在一个什么样的层次上。很多时候一个老师的潜力决定了学生的高度。但对老师而言，生涯规划课程的开设却是道难题，缺少权威教材，缺乏科学、成体系的方法论指导，培训没有进行纵深的发展，单个教师难以实现课程的快速迭代更新。这些问题让很多高校开设的职业生涯规划课程存在障碍，也给辅导员的专业素质提升提供了新的要求。所以学校应该组织相应的力量，以职业生涯规划课程建设的目标为导向，依据学生的特点，在充分了解学生需求的情况下，设计一套针对性强、完整而又逐步提高的课程体系。

在这个课程体系中，应该解决和回答高校职业生涯规划课程的对象是谁？有何特点？他们有哪些需求？立足本校的学科特点，有哪些独特的授课方法？不同的对象，特点不同，他们的需求也不尽相同。就拿中国政法大学来说，学校的学科相对单一，以法律学科为主，因此学生也有特殊性：性格——个性突出，管理型学生性格较多，具有较强的自我意识；兴趣方面，社会型和

管理型人格较多，研究型人格较少，能力——文化基础薄弱，社会活动能力较强；对于他们来说，需求也有特殊性，其中包括对内容的需求、对教学方式的需求、对课程难易度的需求等。针对这些，学校应该大力进行本校生涯课程的建设和开发工作，打造一个课程的研发团队，这样使得生涯规划的课程体系能够标准化，并且具有特色化，也能够带动辅导员队伍生涯规划能力的专业化。

此外，辅导员生涯规划专业素养的提升与授课能力的培养，还需要学校提供更加专业和深入的培训和学习机会。并且创造机会使得辅导员有精力从大量繁杂的日常事务中解放出来，花精力花时间深入研究生涯规划的学科理论，使辅导员用理论武装自己，用技能去指导学生，最终提高学校生涯规划的整体教学水平，帮助学生更好地发展自我、明确方向。

参考文献

[1] [美] 罗伯特·C. 里尔登等：《职业生涯发展与规划》，侯志瑾译，中国人民大学出版社 2008 年版。

[2] 钟谷兰、杨开：《大学生职业生涯发展与规划》，华东师范大学出版社 2018 年版。

[3] 王宇："大学职业生涯规划课程建设研究"，兰州大学 2009 年硕士学位论文。

校外辅导员推动高校思政工作的可行性研究初探

——以中国政法大学为例

刑事司法学院 赵松云

【摘 要】“校外辅导员+校内专兼职辅导员”的思政管理模式具有可行性，它有助于增强高校大学生思想政治教育的实效性，为高校思政工作引入了活水源头，有利于促进当代大学生的成长成才。它顺应了时代的要求，也解决了当代大学生思想政治教育的现实需要。

【关键词】校外辅导员 高校思政工作 可行性

2019 年 4 月 2 日，教育部、国资委联合举办了“国企领导上讲台、国企骨干担任校外辅导员”活动，首批参与的有 50 家央企和 50 所高校，他们结成了一对一的合作对子。启动仪式暨首场报告会在清华大学开讲，2019 年 5 月 28 日，“国企公开课”中国政法大学首场报告会也顺利举行了，中国华能集团与中国政法大学成功结成校外辅导员合作班级建设机制。中国华能集团派出了 2 名具有 20 年以上的丰富工作经验的国企领导骨干作为校外辅导员。针对这个合作机制，双方展开了一系列的校企合作活动，包括请企业内的负责人在校内举办讲座，带领学生去华能集团总部和下属单位参观座谈，带领学生去爱国主义教育基地进行现场教学互动，校外辅导员来校内指导学生及线上参加学生的主题班会、活动等。这些活动的开展受到了大学生的肯定和欢迎，对大学生人生观、世界观和价值观的树立，中国梦的理想信念教育、爱国主义教育、爱岗敬业教育、责任担当教育以及学生职业及今后人生规划等方面都发挥了重要的思想引领作用和指导作用。近一年的校企合作活动让我们看到了校外辅导员推动高校思政工作的可行性和实效性，下面本文对此

作粗浅探讨。

一、校外辅导员推动高校思政工作可行性的时代背景

2016年10月10~11日，国有企业党的建设工作会议召开，习近平总书记在会议上要求国有企业要具备六种力量，其中有国企要成为“坚决贯彻执行党中央决策部署的重要力量”“成为贯彻新发展理念的重要力量”“成为实施‘走出去’战略的重要力量”的论述。国企强则国家强。把国企的优良传统作风以及创新发展理念传承发展下去是时代发展的要求。2017年10月18日，习近平总书记在党的十九大报告中特别提出“青年兴则国兴，青年强则国强。青年一代有理想、有本领、有担当，国家就有前途，民族就有希望”这一重要论述；2018年9月10~11日，习近平总书记在全国教育大会上强调，“实施新时代立德树人工程”“健全家庭、学校、政府、社会协同育人机制，形成全员育人、全过程育人、全方位育人的格局”；2018年12月7~8日，在全国高校思政工作会议上，习近平总书记指出“要坚持把立德树人作为中心环节，把思想政治工作贯穿教育教学全过程，实现全程育人、全方位育人，努力开创我国高等教育事业发展新局面”；2019年3月18日，习近平总书记在学校思想政治理论课教师座谈会上强调，“要推动思政课改革创新”“要坚持理论性和实践性相统一，用科学理论培养人，重视思政课的实践性，把思政小课堂同社会大课堂结合起来，教育引导学生立鸿鹄志，做奋斗者”。教育强则国家强，习近平总书记的讲话振聋发聩，这一系列的讲话是自党的十八大以来，以习近平总书记为核心的党中央高度重视国企改革发展和高校思想政治工作的重要体现。这也是2019年春，国资委、教育部联合推出“领导干部上讲台”——国企公开课、国企骨干担任校外辅导员活动的时代背景。

二、国有企业的优势资源和雄厚力量为校外辅导员推动高校思政工作的可行性提供了创新发展的新思路

高校思政工作在这项合作之前，主要是由学校党委、学生处、校团委负责学校层面，校内专兼职辅导员、班主任负责各学院学生以及校内思政专职教师课堂授课的模式进行的，聘任校外辅导员加入高校思政工作队伍是首次尝试。习近平总书记说，国企是最能体现党的领导和党的建设的，所以整合

国企资源，实行校企合作，拉近了大学生与国企的距离，增进了大学生对国有企业的了解和信任，从模式上是新探索，从工作思路上也是创新发展的。校外辅导员做高校思政工作具有本身独特的魅力和工作优势。

其一，在身份上摆脱了校内专兼职辅导员与学生的固有身份设置，没有了行政管理与入党评优等因素的影响，校外辅导员从事高校思政工作更加纯粹，学生更易于接受。2020 年 4 月，通过对 94 名学生的问卷调查，认为校外辅导员对大学生进行思想政治方面的教育与指导，有必要且有一定指引作用的有 75 人，占比 79.79%；喜欢或者认可国企人员担任校外辅导员的有 93 人，占比 99%；认为学校有必要长期开展这项聘任校外兼职辅导员活动的有 86 人，占比 91.49%。

其二，校外辅导员的素质也是非常过硬的，因为是首次合作，选拔出来的校外辅导员都是企业的领导骨干，具有多年党龄的优秀共产党员，熟悉党的路线、方针、政策，具有扎实的党的理论知识，更熟悉国企的企业品牌、文化和精神，可以更好地直面大学生的思想困惑，引导大学生健康成长。在对大学生的思想指导引领中无论是国情、党情、企情都能侃侃而谈，工作方式方法多样，这样对大学生指导工作中更有权威性、信服性和指导性，这些都是在校专兼职辅导员和思政教师不具备的优势。

其三，都说一部国企的发展改革史就是一部加强党的领导、党的建设的历史。校外辅导员能把国企最新的发展成果带给大学生，并通过具体的参观实践将国企的品牌、文化、精神传递给大学生，校外辅导员的参与，使这项合作实现了思政工作的理论与实践相结合的目标。生动的实践案例和现场教学示范比教师在校内课堂上的效果要好很多。大学生的知识面一定程度上得到了拓宽，学习会向着纵深方向发展，校外辅导员工作的发展为培养又红又博又专的大学生提供了很好的机制。这一机制也更加能激发大学生的社会责任感，把优秀国企人身上所展现出来的强烈的报效祖国、牺牲奉献和创新创业精神传承下去，促进大学生综合素质的提升。可以说，这是当代大学生实践中的思政课、行走中的思政课。

其四，国有企业在完成对本企业的品牌、文化、精神的宣传与推广的同时，也让广大大学生了解国企、热爱国企，在今后的职业发展规划中萌发去国企工作的意愿和想法，为国有企业培养储备更多高素质的优秀人才奠定基

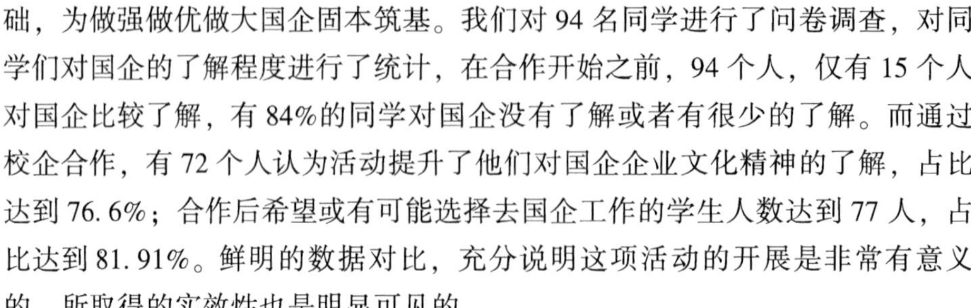
础，为做强做优做大国企固本筑基。我们对 94 名同学进行了问卷调查，对同学们对国企的了解程度进行了统计，在合作开始之前，94 个人，仅有 15 个人对国企比较了解，有 84%的同学对国企没有了解或者有很少的了解。而通过校企合作，有 72 个人认为活动提升了他们对国企企业文化精神的了解，占比达到 76.6%；合作后希望或有可能选择去国企工作的学生人数达到 77 人，占比达到 81.91%。鲜明的数据对比，充分说明这项活动的开展是非常有意义的，所取得的实效性也是明显可见的。

三、这是大思政教育观下“全员育人、全过程育人、全方位育人”的具体体现

现在的国际社会环境纷繁复杂，在思想文化方面也更加趋于多元，高校思想政治教育工作是非常重要的，同时也具有一定的复杂性和艰巨性。所以，这是一项系统工程，不是单靠某些部门的力量就能够完成的，它需要社会各界全员的参与，全过程的介入和全方位的配合。只有全社会形成合力，才能把高校思政工作做好、做稳、做扎实。所以，校外辅导员填补了高校大学生思政教育的校外空白，汇集了校企双方的工作，作为形成教育合力的一种尝试，是对高校思政教育的补充和完善。虽然高校思政教育的主战场还是在高校内，但这弥足珍贵的补充实现了三全育人的合力力量，即动员了全员的力量，为实现全社会、全方位的参与探索了新途径，为高校思政教育工作引入了源头活水。我认为，可以形成“校外辅导员+校内专兼职辅导员”的高校思政工作模式，把校外辅导员作为变量增加，使其在思政工作中产生倍增效应，提升高校人才培养质量。

四、基于可行性下的具体工作路径探析

创建过程成为促进校外辅导员工作落实的过程，增强了国企合作的存在感和生命力。本文研究了“三抓一紧”思想政治工作法的生成和践行路径，并以此为例探析高校思政工作的实效性。

（一）“三抓一紧”思想政治工作法的涵义

从我们真实的工作实践中，提炼形成了“三抓一紧”思想政治工作法。具体如下：其一是校外辅导员紧抓马克思主义教育，做学生马克思主义思想

的传播员；二是紧抓爱国主义教育，做学生爱党爱国教育和勇于担当精神的引导员；三是紧抓企业文化精神教育，做学生职业规划的指导员。“一紧”是紧紧围绕以习近平总书记为核心的党中央周围，坚持一切行动听指挥，跟党走，全面加强党的领导和党的建设的总方针。

（二）“三抓一紧”思想政治工作法的目标

第一步是从理论上加强大学生对马克思主义的理论学习，提供网上学习阵地，定期组织大学生进行讨论，并在这个过程中对出现的问题进行及时引导。第二步就是实践，通过参观国企单位和爱国主义教育基地与企业员工进行座谈，在具体活动实践中让大学生们亲自感受国企的精神文化。第三步就是提升，在理论学习和参观实践的基础上把马克思主义的思想与大学生的个人成长具体结合起来，引导推动大学生的思想得到升华。

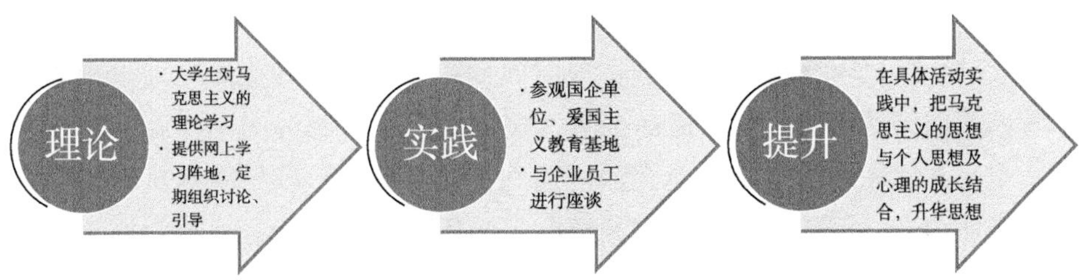

（三）“三抓一紧”思想政治工作法的实效性

校外辅导员的工作内容应当来源于具体校内辅导员和校外辅导员的协商。“三抓一紧”思想政治工作法，来源于高校外辅导员的真实工作情境，不是生搬硬造出来的。在校内专职辅导员和高校内的主管主控之下，利用校外辅导员的实践教学优势，把“三抓一紧”思政工作法深入下去，让思想政治教育工作深深地植根于国企这一真实的土壤中，为校外辅导员开展大学生思政工作搭建现实平台，因此，它具有一定的实操性并能带来一定的成效。

五、从实践来看，此模式是可行的，但在运行过程中也出现了问题，如何进一步发展完善该模式是关键

（一）建立协作机制的长久性问题

目前，校外辅导员的聘任期是一年，如今期限已近，国资委、教育部对

这项合作机制是否继续持续下去还没有明确规定，需要进一步确定合作的期限范围。同时这也涉及各方人员、资金的投入与预算。

（二）校外辅导员参与高校思政工作的形式问题

现在校外辅导员与学生的沟通与交流主要采用以下几种方式：来校内参加讲座、班会；开展校企合作的校外参观实践座谈活动，线上电话微信形式参与咨询、答疑解惑，这些形式时间短，学生的接触范围有限，且基本上是一对多地进行，教师很难深入全面了解学生的思想和心理状态，很可能使思政教学流于表面。建议在此基础上，增加校外辅导员一对一的辅导力度，使校外辅导员能在一段时间内深入辅导几个存在问题的学生。

（三）校外辅导员的配备比例、人数欠缺问题

目前是校企合作试行阶段，每个国企选拔 2 名经验丰富的校外辅导员对应校内的 2 个班级，所涉及的范围较窄。2 位辅导员也不能全部掌握熟悉这九十多名学生，每次参加活动受到选课时间冲突、来回路程成本、项目预算成本等多方面因素影响，参加活动的人数受到限制，一部分同学没有去参观实践，也没有和校外辅导员有更深的沟通与交流。另外，校外辅导员本身还承担着企业内部的繁重工作，在这种情况下，还要把一部分时间精力用于大学生的思政工作，而且很多时候还要利用休息时间进行辅导工作。短时间内可以，如果长时间形成机制合作的话，必然会引发很多问题。

（四）校外辅导员的选拔、培训、考核机制尚待规范

根据中央文件明确规定，各高校专职辅导员的选拔、培训、考核由学校学生工作管理部门和院系双重管理，而校外辅导员的选拔现在是由国资委和国企单位来确定，相关的培训、考核还没有规范。校外辅导员在完成自己单位的工作职责的基础上，分出时间、精力来做高校的校外兼职辅导员非常不易，而这项活动尚且没有设立相应的评奖评优机制，也没有在绩效评职称方面给予明确的引导性规定，这些都不利于校外辅导员工作的主动性、积极性的发挥。校外辅导员队伍缺乏统一管理、统一培训、统一考核，这些问题随着这项机制的开展应该加以完善。

（五）校外辅导员的工作模式没有统一规范

目前，校外辅导员的聘任期限，具体辅导的内容、方式、次数、人数、

每年的活动经费预算等都没有规范。从试行效果看，校外辅导员的工作受到了大学生的肯定和欢迎，也确实帮助高校大学生提高了思想政治方面的素养，提升了综合素质，但是继续规范推广，涉及面涵盖全校大学生，这个难度还是非常大的。笔者觉得可行的办法如下：学生比较喜欢的方式是在平时上课期间每学期固定 2 次参观或实践，以及 2 次领导干部进校园进行讲座，在此基础上，把更多的时间集中在寒暑假，让一部分大学生去国企进行一段时间的社会实践，学生的学习与体会可能会更有系统性、连续性，效果也会更好。

六、结　语

综上所述，高校思政教育工作是一项系统性很强的工程，其培养模式在逐渐发生变化，“校外辅导员+校内专兼职辅导员”的思政管理模式具有可行性，它有助于增强高校大学生思想政治教育的实效性，为高校思政工作引入了活水源头，有利于促进当代大学生的成长成才。它顺应了时代的要求，也解决了当代大学生思想政治教育的现实需要。

如何充分发挥这种模式的最大效能，如何进一步加强国企和高校的协同合作，在学生培养上形成更大合力，需要我们不断地在工作中总结经验、不断地完善工作机制，以便产生更好的效果，发挥更大的作用。

参考文献

[1] 孙亚红：“‘大思政’视野下高职院校思政课教师兼任班主任的机制探索”，载《教育现代化》2019 年第 35 期。

[2] 雷莹子：“高校‘辅导员 + 班主任’新型学生管理模式之思考”，载《课程教育研究》2016 年第 36 期。

[3] 林泉富：“对高校兼职辅导员队伍建设的思考——以福州大学为例”，载《长春教育学院学报》2015 年第 23 期。

“三全育人”视域下的本科生双导师制度建设略论

——以中国政法大学商学院本科生改革为例

商学院　何　欣

【摘　要】“三全育人”的改革目标要求高校把“立德树人”作为根本任务，并使之融入到思想道德教育、文化知识教育、社会实践教育各个环节。在本科生中实行双导师制度改革正是落实习近平总书记要求的“立德树人”的根本任务，实现“三全育人”的积极探索。为加强双导师制度的实施效果，体现双导师制度的优越性，需要严格双导师队伍的遴选标准；明确双导师的工作职责；搭建与双导师沟通平台；完善双导师的考核和激励措施等。

【关键词】 三全育人　学术导师　实践导师

“三全育人”的改革目标要求高校把“立德树人”作为根本任务，并使之融入到思想道德教育、文化知识教育、社会实践教育各个环节，形成教书育人、科研育人、实践育人、管理育人、服务育人、文化育人、组织育人的长效机制。因此“三全育人”综合改革既是对当下育人项目、载体、资源的整合，更是对长远育人格局、体系、标准的重新建构。因此需要我们破立并举、善于创新。在本科生中实行双导师制度改革正是落实习近平总书记要求的“立德树人”的根本任务，实现“三全育人”的积极探索。

一、双导师制度改革对“三全育人”改革目标的积极作用

（一）双导师制度与高校人才培养目标的契合

导师制（Tutorial System）起源于14世纪英国牛津大学，继而哈佛大学、普林斯顿大学等也相继施行。其在我国的推行可以追溯到1938年，竺可桢先生在浙江大学倡导推行导师制，当时主要在研究生教育中应用。21世纪之后，

北京大学、浙江大学等一些国内知名大学再次尝试推动本科生导师制。目前在我国，本科生导师制尚属于高校自行探索阶段，没有上升到制度高度，因此探索试行的形式呈现出各具特色的态势。指导方式有“一对多”“一对一”“多对一”“多对多”等多种形式；指导内容有学习、科研、实习实践等，尽管形式多样，内容也各有侧重，但都是以促进本科生的全面发展为目标。

所谓“双导师制”一般指由校内导师和校外导师共同合作指导大学生成长成才的人才培养模式。目前我国更多的是一些应用型本科高校、高职院校开始尝试“双导师制”人才培养模式。在研究型大学实行“双导师制”的人才培养模式正是高校为实现“三全育人”而提出的一种创新尝试。实行“双导师制度”既是对现行本科生培养制度的革新，也是对我国高校实施的“辅导员制度”的补充和完善。表现为专业导师、实践导师和辅导员“三位一体”，既有分工，又有合作，协同配合，全过程、全方位指导学生的有效尝试。本文所指的双导师制度主要是指校内学术导师和校外实践导师合作指导的双导师制。双导师制度多主体育人的特点要求实践导师也成为人才培养的主体之一，人才培养过程注重理论和实践的结合，这是学术导师和实践导师合作的前提和基础，学术导师与实践导师进行深度团队合作，实现二者的优势互补，产生良好的协同效应，共同服务于“立德树人”的人才培养目标。

（二）双导师与辅导员“三位一体”在“三全育人”模式中积极发挥作用

高校构建符合自身特色的“三全育人”体系，需要抓住“全员”这一关键核心，充分发挥思政课教师、专任教师、辅导员、教辅人员、实践导师等在内的育人主体的积极性、主动性和创造性。“三全育人”的基础是“合”。“三全育人”重在推动多育人主体之间的协同协作、同向同行、互联互通，形成合力。在本科生中推行“双导师制”协同培养模式，正和目前的辅导员制度一起，共同形成了学术导师、实践导师、辅导员三位一体的全员育人体系。这样的“全员”协同运作模式在学生指导中则体现为课堂内外相统一、理论与实践相结合，校内校外一体化，专业教育与素质教育相结合。以服务于学生综合、全面发展为导向，合理协调学术导师、实践导师与辅导员及相关工作人员的关系，良性互动，形成合力。学术导师是从校内专任教师中选聘的，对学生进行品德教育、学业指导和能力培养的教师。实践导师是从校外企事业单位中选聘，受聘后对本科生的职业规划、实习就业、职业技能提升负有

指导责任的兼职导师。辅导员是专职学生工作人员，以对学生开展思想政治教育和日常事务管理和服务为主要职责。辅导员应当努力成为学生的人生导师和知心朋友，并积极与教师、党政干部和后勤管理服务人员协作，推动教书育人、管理育人、服务育人、科研育人、环境育人、实践育人和学生自我教育等全员育人工作的开展。

二、双导师制度改革的实施效果

为落实习近平总书记提出的“立德树人”的根本任务、实现“三全育人”的目标，以“把我们的学生都当作自己的孩子和亲人”的教育理念为宗旨，实现商学院“一主两翼，创新发展，培养社会需要的复合型人才”的办学理念，充分发挥专业教师和实践导师在大学生成长发展过程中的育人作用，帮助大学生健康成长成才，结合学院实际工作，推行本科生双导师制度，实现学术导师、实践导师和辅导员“三位一体”育人主体的协作指导。

（一）双导师制度在人才培养中的积极作用

1. 双导师制度有利于提升学生综合素质，有助于人才培养目标的实现

通过双导师制度，三个教育主体各司其职，各有侧重，共同指导，目标统一，协同推进科研育人、实践育人与管理育人，共同致力于培养出适应社会发展趋势的综合型人才。通过三位一体的指导，同时又重视个性化的培养，能够因材施教，实现学生的思想道德素质、心理素质、学业能力和实践创新能力的提升，全面提高学生的综合素质，实现高校人才培养的目标。

2. 双导师制度为学生实习实践和创新创业教育提供助力

实践导师可以通过所在企业为所指导的学生提供实习实践机会，有条件的可以建立实习实践基地，每个实习实践基地都聘有实践导师，在实践导师的带领下学生可通过各种方式灵活实践，随时解决学习中遇到的各种问题，减少了原有的来自学校时间的制约等条件限制。此外来自企业特别是创新创业企业的实践导师，可以自身的创新创业实践经验指导学生，同时可以受聘为学院的创业导师。还可以通过实践导师的牵线搭桥，实现企业在大学设立大学生创新创业基金，大学在企业建立实习实践就业创业基地等目标，培养学生的创业意识和创新创业及创造能力，为高校的创新创业教育提供助力。

3. 双导师制度有利于教师自身素质的提升

社会日新月异的发展对人才培养提出了越来越高的要求，传统的指导模式已经无法与社会需求变化同步。辅导员、学术导师、实践导师也要不断提高自身的能力和水平。双导师制度的实行，使指导模式由原来的课堂外由专职辅导员进行思想教育和日常管理、心理辅导、实习实践指导为主外，又加上了学术导师的学术指导、心理关怀，以及实践导师的生涯规划和实践创新能力培养，指导模式变为“三位一体”的三个教育主体协同合作。三个主体的分工合作使辅导员能有更多精力更深入细致地了解学生所想、所需，从而更有针对性地进行指导帮助，辅导员在帮助学生明确学习方向、端正学生态度、克服学习困难、增强学习能力等方面更加得心应手。“三人行必有我师”，辅导员也能从导师的指导中学其所长，实现提高。由于实行多位导师集体指导和单个导师个别指导相结合的弹性指导，因此集体指导时，学术导师间也可以取长补短，共同进步。双导师在共同指导学生的过程中，不仅实践导师可以通过与学术导师的互动实现理论素养的提升，而且学术导师能通过实践导师了解到行业的前沿信息，创新的管理模式，同时也可以在企业挂职锻炼，加强双师型教师队伍建设。双导师还可以共同开发企业案例，共同提高理论与实践相结合的能力。此外，双导师在与大学生的互动学习过程中，因为大学生具有思维活跃、接受新事物强的特点，他们的思想有时也可以激发导师们的创新灵感，从而促进导师创新能力及综合能力的提升。

（二）双导师制度在实际运行中存在的问题

1. 双导师制度缺乏完善有效的校企合作运行机制

目前“双导师制”在高校教育中还是一个崭新的课题，尚处在尝试阶段，当前的双导师制度中学校和单位的合作基本都是基于学院和实践导师之间的人脉资源，或者说“人情关系”，这种关系并不具有法律层面的约束力，虽然学院为受聘的实践导师规定一定的工作职责，但是这些并不能成为强制性的义务。学院与单位之间 、学术导师与实践导师之间就会缺乏明晰的权责分配与协作动力。因此在这种基于人情关系的软约束之下可能会出现的情形是，学院表现比较积极，但是单位方面比较被动，给予支持缺乏力度；实践导师没有报酬和相应的约束机制，指导学生更多地依赖于导师的道德观和责任感、工作热情、动力和基本素养，若导师的责任心和执行力不足，则难以达到预期的培养效果。总体上实践导师的指导情况存在差异有的导师责任心强，特别用心、认真、敬业，但有的导师不是特别尽心尽力，不能保证指导的效果，无法充分发挥双导师制度的优越性。

2. 双导师之间缺乏完善的沟通协作交流平台

目前由于实践导师粗放式的管理方式很难激发两类导师为协同育人开展积极的沟通和协作，长此以往，势必影响双导师制度运行，因此需要双导师之间有完善的交流平台，互相促进，互相带动。但在目前的实际运行中，有些双导师之间合作交流不够，缺乏有效沟通，一些实践导师对自身的导师身份定位不够明确，没有积极主动开展工作，也没有得到学术导师的带动，作用没有充分发挥，最后学生只有学术导师的指导，“双导师”制度改革的效果不明显。此外，我们的实践导师一般也是企业中的佼佼者，本身也是企业的业务骨干，工作比较繁忙，对于学生的主动有效指导往往不够深入，无法达到预期的效果。

三、提升双导师制度改革效果的措施

（一）严格双导师队伍的遴选标准

要充分发挥双导师制度的优越性，首先必须明确什么人可以成为导师。商学院对学术导师的任职条件做出了严格的规定，任职条件不仅注重专业能力、学术水平，更注重师德水平。具体来说：必须是教师本人自觉自愿担任学术导师；师德优良，为人师表，身心健康，乐于奉献，有较强的工作责任心，关心学生成长成才，能够胜任学术导师工作；具有教师工作经验，熟悉所在专业的培养目标，具备较强的专业指导能力等。同时，实践导师也有严格的选聘条件：本人自觉自愿担任导师；热爱教育事业，政治思想觉悟和政策理论水平较高，师德优良、身心健康、有较强的工作责任心，关心学生成长成才；熟悉高等教育规律，具有良好的人文素养，掌握从事学生思想政治工作必备的专业知识和技能；具备专业知识和实践管理经验等。对双导师遴选条件的严格规定是保证学生培养质量的重要前提。

（二）明确双导师的工作职责

工作职责是否明确，对工作的完成效果具有极其重要的影响。因此明确了什么人可以成为双导师，还要明确双导师“导什么”“如何导”的问题。横向来看，学术导师、实践导师和辅导员之间要有明确分工；纵向来看，学生在校成长的不同阶段，导师们指导的侧重点也是不一样的。学术导师的主要职责包括对学生品德的培养、心理健康的关注、学业规划的制定，以及专业知识和学术能力的指导等；实践导师的工作重点在于培养学生的创新能力和实践能力以及良好的职业素养。辅导员的关注点则在于对学生思想政治教育及日常的服务与管理。此外，还要根据大学生在校期间每个阶段的思想及心理特点变化及学习生活安排等为导师们制定明确的指导重点。例如，学术导师在新生入学之初，侧重于引导学生树立专业思想和学习目标。大二、大三阶段则更要注重学生自主学习能力和学习方法及科研能力的培养，组织、指导学生参加专业竞赛和社会实践等。在大四阶段，指导学生理论联系实际进行毕业论文写作或者毕业设计，以及引导学生树立正确的择业观念和积极就业，实现自己的人生理想。

（三）搭建双导师之间的沟通平台

为促进学术导师和实践导师之间的沟通交流，提高双导师的指导合力，避免各自为政，务必建立相互之间的交流平台。在学术导师与实践导师的合作中，学术导师应该处于主动地位，应该主动与实践导师联系，以便更好沟通交流，加强对学生的全面指导。为便于双导师之间的互动协作，导师之间可以建立相应的微信群，学术导师和实践导师同时加入共同指导的学生微信群中，可以极大方便导师间和师生间的相互联系，为导师们提供交流互动的平台，开展合作育人。同时，还要建立辅导员与双导师之间的交流平台，辅导员对学生的学业预警、心理预警等问题要及时反馈给学术导师，既要有定期反馈、重点节点的反馈，例如考试之后，心理预警之后及时交流，互通信息，也要有突发性问题的及时反馈，这有助于导师进行针对性的指导和帮助。商学院每学期至少召开一次由全体学术导师、实践导师和辅导员参加的工作联席会，了解学术导师、实践导师和辅导员工作状况，研究工作，解决问题，交流经验。同时，还要建立起学生参与情况的反馈机制，有些不积极主动参与指导活动的学生，学术导师或实践导师要及时反馈给学院的双导师管理办公室或者辅导员老师，辅导员老师要及时了解原因，并反馈给双导师，如有调整必要的要及时按程序予以调整，要在师生间形成导师乐于“导”，学生乐

于“听”的顺畅沟通机制。

（四）完善双导师的考核和激励措施

制定考核与激励措施是实现“双导师制度”有效运行的保障。学院成立双导师领导小组和工作小组，具体负责学术导师和实践导师的管理组织工作。在明确双导师工作职责和工作要求的基础上，建立并完善导师绩效考核与激励制度，督促导师自觉履行应尽职责。要将担任学术导师作为教师评优和晋升的重要指标。在学术导师任职中取得优秀成绩是获得学院荣誉、提拔和晋升的优先条件；如竞聘副教授和教授职称的教师，至少竞聘前一年内都应该承担本科生学术导师工作，并考核合格；担任本科生学术导师是担任研究生导师资格的优先条件等。对双导师的考核要坚持尊重学生评价、注重工作实绩，科学考核。评价主体的多元化提高了考核评价的客观性和科学性，保证了考核结果的公平和公正性，更加有利于保证双导师的工作积极性。考核内容主要包括师德师风、学业指导等导师职责履行情况等。评价包括导师自评、学生评价、学院评价，应以学生评价为主，主要方式有查看学生调查问卷、学术导师考核表、学术导师工作总结、个别访谈、召开学生座谈会、征询本院辅导员意见等。并通过考核结果对双导师数据库进行动态管理，对考核不合格的导师不再续聘，同时继续遴选补充导师，定期更新导师数据库，以保证双导师队伍的良性循环。通过这种能上能下的动态管理，能够有效保障双导师队伍的素质和活力。

参考文献

[1] 巴佳慧：“校企‘双导师’联动模式下高职院校师资队伍建设研究”，载《常州信息职业技术学院学报》2019 年第 6 期。

[2] 黄祥元、唐伟、蒋艾青：“现代学徒制下‘双导师’选拔和培育机制研究”，载《课程教育研究》2019 年第 20 期。

[3] 赵红军、吕铭、王振光：“现代学徒制双导师队伍建设的研究与实践”，载《教育教学论坛》2019 年第 16 期。

[4] 伏军等：“浅析校企联合‘双导师’制人才培养模式”，载《教育现代化》2019 年第 94 期。

[5] 张春艳、刘小涵、李伟：“临床医学本科‘双导师制’教育体系建设研究”，载《卫生软科学》2015 年第 11 期。

[6] 王为民:“教育硕士培养中‘双导师制’建设问题研究——基于中部某省Y大学的调研”,载《职业教育研究》2019年第12期。
[7] 李辉、尹英杰:“基于现代学徒制的校企一体化育人机制探索与实践”,载《职业技术》2020年第2期。
[8] 闫雪莲、许美娟、边军:“基于双导师制下应用型本科‘卓越计划’人才培养目标的实现”,载《科教文汇》2014年第21期。

严格管理与人文关怀的有机统一

——浅谈高校二级学院“三全育人”理路

人文学院　丁　宁

【摘　要】“三全育人”是高校做好立德树人根本任务的重要要求，高校二级学院的行政人员是学校各部门与师生的纽带与桥梁，是高等教育事业中不可忽视的一环。在构建“大思政”格局工作中，学院行政人员也发挥着举足轻重的作用。本文着重对“三全育人”内涵的理解与挖掘，围绕育人目标探讨育人理路，以R学院探索实践为例，提出要在严格管理与人文关怀的有机统一中切实提高育人成效。

【关键词】三全育人　二级学院　严格管理　人文关怀

习近平总书记在全国高校思想政治工作会议上指出：“要坚持把立德树人作为中心环节，把思想政治工作贯穿教育教学全过程，实现全程育人、全方位育人，努力开创我国高等教育事业发展新局面。”高校二级学院的行政人员不是一线教师和辅导员，职责与校部机关行政管理人员也有所不同，却是学校各部门与师生的纽带与桥梁，是高等教育事业中不可忽视的一环。在构建“大思政”格局工作中，学院行政人员也发挥着举足轻重的作用。因此，我们必须聚焦高等教育“为谁培养人，培养什么样的人，如何培养人”这一根本问题，深刻理解“三全育人”的内涵，围绕育人目标探索育人理路，在严格管理与人文关怀中切实提高育人成效。

一、提高认识、主动参与，树立正确“育人”观

党的十八大报告明确提出“把立德树人作为教育的根本任务”。要解决培养什么样的人、如何培养人、为谁培养人这一根本问题，就要围绕习近平总

书记所强调的全员育人、全过程育人、全方位育人的理念，使高校教职员工牢固树立育人意识、主动形成育人共识，在教育教学、人才培养、管理服务各个环节强化育人理念，打通“育人”最后一公里，推进形成“三全育人”工作新局面、大格局。

从传统的工作模式来看，高等学校二级学院的行政人员多是围绕事务型工作进行的，单从日常工作范围和方式来看，行政人员实行“坐班”制，与教师和辅导员直接面对学生不同，他们确实鲜有机会直接参与“育人”环节，不站在“育人”第一线。但是，新时代高校创建施行协同育人机制体制的形势，要求行政人员必须适应这种转型，积极思考自己在“育人”当中能够发挥的作用，特别是要领会“十大”育人体系中管理育人、服务育人的内核精神，发掘育人方法和途径，有效促进学生德智体美劳的全面发展，助推高校“立德树人”根本任务的实现。

面对“三全育人”工作挑战，首先要清楚把握育人对象、原则和目的。2018 年 9 月 10 日，习近平总书记在全国教育大会上明确指出，“培养什么人，是教育的首要问题。我国是中国共产党领导的社会主义国家，这就决定了我们的教育必须把培养社会主义建设者和接班人作为根本任务，培养一代又一代拥护中国共产党领导和我国社会主义制度、立志为中国特色社会主义奋斗终身的有用人才。这是教育工作的根本任务，也是教育现代化的方向目标”。这是我们育人工作的出发点，决不能偏离这个轨道。

其次要正确理解“三全育人”的内涵，摆正自己的位置。管理服务和教书育人看起来好像是两个平行的工作，但在高校教育的环境中却是相互交织、相辅相成的。二级学院的行政部门和人员是学校机关部门与师生联系的纽带，在“上传下达”和沟通执行工作中发挥着不可替代的作用，要明确自己是“全员育人”中的一部分，所以一方面不能将自己束之高阁，另一方面也绝不能妄自菲薄。管理是保障，育人是目的。管理者的水平高低、管理工作做得好坏与否，甚至工作中的情绪与态度，都直接关系着具体工作的落实程度和育人措施的实际效果。要优化管理同时又要积极育人，行政工作的工作量必然会有所增加，这也要求行政人员具有高度的责任心和奉献精神，把管理工作作为一项事业来做。

第三，坚持以学生为本，形成育人共识与合力。人才培养作为高校的中

心工作，育人的对象和主体就是学生，必须要尊重学生的本体地位，即“以学生为本”。行政人员面对学生要掌握好“管”与“理”的度，不能单纯“管”而无“理”，强硬干预；也不能只“理”不“管”，一味包容。要树立管理即服务的意识，明白“管理育人”与“服务育人”是不可分割的有机整体。教师、行政管理人员和辅导员要形成育人共识，明确分工合作，才能在合理制度构建的“闭环”管理中兼容并蓄、开放包容地做好服务工作，才能使学生在活力创新的校园里领略温暖善意的人文关怀。

二、科学规范、引育并举，“严格管理”入耳心

为了切实发挥“三全育人”的效用，我们应当遵循“严格管理”的理念。“严格管理”中的育人，包括制度育人、过程育人两个方面。

（一）科学规范，做好制度建设工作

管理育人，首先要重视做好制度育人。作为育人的一种带有根本性的途径，制度育人的目的主要是促进人们对规章制度的理解和掌握，促进人们确立自觉遵守规章制度的思想基础，形成遵守规章制度的行为习惯。[1]二级学院围绕育人目标制定的相关制度，要科学规范、合理有效，充分体现育人导向；在制定前要充分领会上级文件精神，不能突破学校原则框架，同时要结合学院实际，重视操作性。而制度文件一旦制定，在运用与实施中需要严格执行、一视同仁，避免突破制度带来的反作用与反效果。

例如制定《R学院研究生学业奖学金评选实施细则》时，学院行政人员首先要吃透学校学业奖学金评选文件中的内容要求，把握学生培养的价值导向和目标追求，再结合学院学科特点、专业培养方案设置、学生综合素质提升、工作操作实际等各方面，形成严格有效、具体量化的实施细则。如果这份文件科学规范、设计合理，则可以形成育人的良性循环。试想，一个想要获得学业奖学金的学生，读了这份文件就会知道自己要努力的方向，严肃对待学业要求、专心科研；任课教师读了这份文件，知晓学生奖学金评选工作有严格的时间节点要求，会及时提交考核成绩；学术组织、学生社团和党支部负责人读了这份文件，会尽可能发挥积极作用，在举行学术会议、校园实

〔1〕 赵建华：“关于加强高校管理育人工作的几点思考”，载《思想理论教育导刊》2011年第2期。

践、党团活动中注重学生个人能力的提升。学生、教师、行政人员在执行制度时所产生的合力，会产生教育者与被教育者的共鸣。反之，如果这份文件松散模糊、不切实际，给予学生过多的放纵或执行时的自由裁量，不仅不能起到积极的引导作用，还会适得其反，对学生的成长严重不利。

（二）引育并举，强化过程引导管理

制度一旦制定，在相当一段时期内会相对保持稳定。不过有句老话，说制度是“死”的、人是“活”的。每个学生都有其自身发展的特点，在严格管理中我们要接受人的多样性，反对教条主义和本本主义，用发展的眼光来看待学生的成长过程，做好“过程育人”工作。如果发现原有制度与现有人才培养环境不相适应，就不能一味守旧、回避问题，必须与时俱新、适度调整，将不利于实现育人目标的做法坚决改过来。因为，“管理并不是蛮不讲理地把学生管死、管严，而是要了解学生不同阶段的心理特征，在尊重学生的同时，提供有益的管理。促进学生自律，完成真正的协同育人”。[1]

二级学院各行政办公室分工明确，各司其职，行政人员个体不可能面面俱到，因此在育人工作中对学生状态和过程的把握尤为重要，要抓住育人主线，做到有所为有所不为。以 R 学院的勤工助学工作为例，学院针对本科生与研究生均设置了勤工助学岗位，但本科生的勤工助学实施细则显然更为细致和具体，有助于刚刚进入大学校园的学生迅速理解和掌握。在工作安排上，细则考虑学生对学校学院的熟悉程度以及社会实践的历练多少，大一、大二学生多为取送文件、简单统计工作，大三、大四转为创造性劳动和数据分析工作。除了普通勤助岗位，本科生方面还设置了党员学生助理岗位和保研学生助理岗位，借鉴“因材施教”理念，针对不同年级、不同专业和不同成长环境的学生实施不同的育人策略：党员学生助理岗位主要辅助学院办公室党政工作，意在提升锻炼学生党性修养；保研学生助理岗位侧重工作实践，使保研学生在教学办、科研办实质性参与了解学院教育教学中心工作。通过强化状态调试与过程管理，R 学院在勤工助学岗位上的育人实施效果较为明显。

---

〔1〕周声宇：“高校行政从基层管理向协同育人创新机制转化的实践与探索”，载《产业与科技论坛》2017 年第 7 期。

（二）结合实际，重视行政教学沟通

高校二级学院行政人员还应重视行政与教学的沟通互动，将行政工作当作育人的重要环节。行政人员是制度的执行者，直接面对执行时的具体问题，在日常应当注意搜集意见建议，重视师生反馈。行政人员还应及时将教学和管理中发现的有利于学生培养的措施提炼出来，提出合理化建议意见，推动相关制度的建设和修订，做到管理育人和服务育人的相互配合和辩证统一。

例如R院研工办先后参与《R学院优秀论文评选办法》《R学院硕博士论文预答辩办法》《R学院博士生参加学术会议资助办法》《R学院关于研究生学术不端行为的处理办法》《R学院研究生招生计划动态调整办法》等制度的起草建设，这些办法既是工作经验的总结，又融入了行政人员的调研思考，成为经验的创新使用，在研究生人才培养中能够真正起到育人导向作用，并接受时间和实践的检验。

因此，高校二级学院行政人员要坚守育人阵地，树立制度意识，在严格管理中克服僵化思维和惰性思维，勇于自我更新，把教育和引导结合起来，使学校的教育管理适应学生的发展需要、促进学生的成长成才。

三、扎实作风、服务师生，“人文关怀”润无声

为了畅通“三全育人”目标的实现，我们需要探索“人文关怀”的有益路径。“人文关怀”中的育人工作，包含环境育人、文化育人、理念育人等多重内容。而如何实现人文关怀，怎么把握关怀的度量以及选择什么样的关怀措施，都不能脱离“服务师生”这一本质要求。

（一）扎实工作作风，共建风清气正的育人环境

“孟母三迁”的故事人们耳熟能详，环境可以造就人，人也可以反作用于环境。大学时期是大学生世界观、人生观、价值观形成稳定的重要时期，大学生身处的校园环境、学习环境、人文环境对其品德修养、人格形成起着不可忽视的作用。高校二级学院行政人员在从事具体工作中展现出的精神风貌、职业素养、办事效率等，同教师在讲台上的传道授业解惑，辅导员的思政教育引导一并构成了学院育人的整体环境。因此，行政人员要加强自身修养、扎实作风建设。一是以身作则、以德为先，先正己再正人；二是确保工作环

境整洁有序、工作态度严肃认真；三是对待师生尊重和善、春风化雨；四是遇见问题沉着冷静、妥善解决。只有让师生在管理服务工作中切实感受到行政人员的温度，才能加深彼此的理解、包容和信任，共同营造风清气正的育人环境、建设积极向上的育人生态。这样充满“人文关怀”的软环境能够于无声处滋养学生的心灵，给予学生蓬勃自信、团结向上、求真务实的德育引导。

例如，家庭条件较为困难的同学来办公室咨询资助政策时，行政人员在解读时就要多一些耐心多一份细心，解答清楚后多一句关心，这份温暖适当的鼓励，也许就会成为学生前进的动力。面对一个性格大大咧咧的学生，行政人员通过大数据发现其有学业预警的苗头，可以主动给他善意的提醒，也许就避免了他日后因没有修够培养方案要求的专业学分而焦心忧虑。毕业生求职就业过程中需要出具各类证明文件，院办党办工作人员可以根据往年经验提前着手、早做准备，减少学生在两校区奔波的时间成本，提供人性化的就业服务。

在育人工作中把握“人文关怀”的度量也十分重要。高校二级学院行政人员现多为研究生学历，自己从学生时代走过，对学生心态与学业进程均有所了解。从中学到大学的过渡，最为明显的改变之一，即从被动依赖父母老师转变为自立自理自强，学会为自己的言行负责。行政人员和辅导员过度的关怀关心，不利于学生养成独立思考的习惯，容易让学生产生凡事可以商量、犯错有人兜着的错误思想，还有可能引发学生的逆反心理。同时，我们也要认识到时代发展所带来的变化，学生的成长环境与我们不尽相同，我们不是学生本人，不能代替他们做出所有选择、走完所有的人生道路。应当对学生适度关怀引导，也就是“将心比心”“己所不欲勿施于人”。在学生发展方向有所偏失时可以加以提醒，在学生面临选择时可以协助分析利弊；当学生遇到困难向我们求助时，我们要尽量伸出援手；在学生能够自行消化解决问题时，我们要尽量保持客观冷静。彼此尊重、留有空间，也是一种隐形的“人文关怀”。

（二）注重问题导向，落实人文关怀

服务育人作为与管理育人并行的育人体系，有其自身特点。从“人文关怀”的角度来讲，行政管理服务育人的对象不仅仅局限于学生，也包括

教师和其他工作人员。注重问题导向，将服务育人和解决问题紧密联系起来，是育人行之有效的办法，也是在严格管理与人文关怀中寻求平衡的必然要求。

以R学院行政党支部为例，全体行政人员以服务师生为宗旨，着重行政管理工作规范性、条理性，践行开门服务，尊重师生知情权、畅通表达权，完善首问负责制的工作体系，在专项工作中向“最后一公里”聚合集中提供保障，近三年来在党员和教工以及师生人文关怀方面做了很多探索。

在学校出台新文件时，各办人员首先要认真学习研读，再及时将文件内容精神传达给师生，并注意梳理、整合、更新学院相关行政管理文件，做到与时俱进、心中有数，让师生一目了然。对于师生提出的问题，无论是当面、电话还是工作群里，都会及时确认回复、妥善处理，认真对待每一个人、每一件事。

面对R学院学科种类多，教师承担通识课任务重的情况，教学办人员积极开展调研，将学生的选课习惯和老师们的个人需要并行考虑并在其中找寻平衡点，尽量满足师生要求，力争使课程安排合理化、科学化、人性化，为创造最佳的教学效果打下基础，获得了师生的尊重、理解和认可。2017年底，在R院党委与信息化建设办公室的共建合作中，R院行政人员率先提出减轻教师重复填表工作的建议，以当时超课时津贴统计为例提出了相应的设计意见，促进信息办推出了“一张表”服务，并配合后续调研测试，现已逐渐推广应用到学校人事、科研、教学考核等各个层面的简化报表工作中。此外，重视做好后勤保障工作，特别是在办公室分配、办公家具设备配备等方面做好调研、协调与分配工作，确保日常办公环境的整洁与舒适，尽量使教师心无旁骛地投入教学科研工作中去。

二级学院行政人员还可以依托专业优势，将职能要求和育人理念融合起来，在做好本职工作的同时走进“育人”实践。例如，R学院综合办、教学办行政老师发挥个人所学中文、新闻专业优势，实践服务育人工作理念，为院学生会宣传部学生开展新闻写作培训，使学生受益匪浅；教学办、研工办每年集中为新生解读培养方案，详细讲解培养方案内容，为学生选课提供经验和服务保障，收获一致好评。综合办定期为勤工助学的学生进行业务培训，内容包括礼貌待人接物、办公室安全规程、复印机使用方法等，使勤助学生技能有所进步，真正成为学院各办公室的助力。研工办开展硕博招生面试秘书培训、硕博学位论文答辩秘书培训、硕博创新项目和优秀学位论文项目财务报销集中培训，使学生能够尽快进入角色、消除紧张心理，将各项工作做得井井有条，最终互利共赢。

当然，行政管理人员作为育人工作的主体之一，学校、学院应重视他们的教育培养和素质提升，使其明晰自身所肩负的责任和使命，不断增强和鼓励他们对育人工作的投入和热情；同时也应予以他们政治上的关怀和生活中的关爱，为他们创造良好的育人条件提供必要的支持保障。

总之，急师生之所急，想师生之所想，在工作中善于发现问题、解决问题，才能够真正地落实人文关怀，在营造学院和谐向上氛围和增强师生归属感方面取得良好效果。

四、结　语

综上所述，高校二级学院“三全育人”的战略由“严格管理”和“人文关怀”两条路径共同构成，它们之间是有机统一、相互支撑的关系。正如习近平总书记2017年在考察中国政法大学时说，“把立德树人、规范管理的严格要求和春风化雨、润物无声的灵活方式结合起来，把解决师生的思想问题和教学科研、学习就业等实际问题结合起来，使高校始终充满积极向上的正能量、洋溢蓬勃向上的青春活力、展现改革创新的时代风采”。

我们相信，在高校“放管服”大背景下，二级学院行政人员在“三全育人”工作中的主动参与、积极实践，将加速形成育人共识与育人合力，在严格管理和人文关怀中丰富德育教育体系的层次与内涵，提升管理育人、服务育人体系的功用价值，有效促进学院学校人才培养目标的实现。

参考文献

[1] 肖川：《教育的使命与责任》，岳麓书社2007年版。

[2] 陆辉：“在行政管理中做好育人工作”，载《安徽财贸学院学报》1988年第5期。

[3] 李建华：“高校行政管理要坚持‘以人为本’”，载《连云港职业大学学报》1992年第2期。

[4] 赵建华：“关于加强高校管理育人工作的几点思考”，载《 思想理论教育导刊》2011年第2期。

[5] 康涛、任羽中、樊桔贝："大学'管理育人'的三个维度"，载《高校辅导员》2016年第6期。

[6] 周声宇："高校行政从基层管理向协同育人创新机制转化的实践与探索"，载《产业与科技论坛》2017年第7期。

新形势下校院二级管理改革发展刍议

继续教育学院　刘玉娥

【摘　要】 本文通过分析高等院校校院二级管理模式的涵义优势、存在问题及原因分析，阐述今后改革发展的策略路径，明确提出要大力强化制度建设确保依法治理，要着重厘清校院功能定位实现治理方式转型，要着眼完善学院办学自主权和自主治理能力夯实校院二级管理内在根基，要基于现代信息技术构建数字科技赋能校院精益管理的校务数据管理平台，要围绕责权利建设涵盖目标责任、监督考核、绩效激励的一体化建设模式。

【关键词】 高校　二级管理　改革发展　研究

大学治理作为国家治理体系和治理能力现代化的重要组成部分，校院二级管理的探索实施向来是完善大学治理结构，增强发展能效的重要举措。学校、职能部门与学院的关系问题，一直是我国高等教育领域改革发展与创新的热点与难点。校院二级管理制度应运而生，成为学校、职能部门与学院之间治理机制探索的重要制度创新。历经多年实践，校院二级管理制度的基本逻辑与主体脉络逐渐明朗，基本理念、机制框架、系统要素已为诸多高校采纳实施，尤其是随着我国高等教育改革发展进一步深化，呈现出多样探索、多元治理、多种路径的动态发展过程。但是，受国内外高等教育发展趋势的深刻影响，各高校历史、传统、优势亦有不同，结合各高校自身实际开展的校院二级管理模式改革各有所长。校院二级管理的实践经验，已经深刻揭示其改革、完善与创新绝非朝夕之功。当前，我国高等教育在双一流建设如火如荼助推的形势下，学院作为学科建设的主要承担者，其活力、优势与作用能否充分发挥，直接影响大学的办学水平。因此，对校院二级管理制度进行深度剖析，总结有益经验，探寻现实困境，构建完善框架，明晰推进策略，尤具意义。

一、校院二级管理的涵义界定

校院二级管理的本质，是在坚持学校的宏观管理与总体指导的基础上，围绕办学目标与内涵发展要求，从制度建设、绩效管理、资源配置等方面，进一步明晰校院二级责权利关系，赋予学院更多的办学自主权，进而充分发挥学院办学活力、资源与创造性，实现校院协同发展的良好态势。

二、校院二级管理体制改革的发展方向

高校校院二级管理机制改革应当坚持党的领导，并积极融入到推进国家治理体系和治理能力现代化的战略部署之中，形成新型校院两级战略协同关系。

（1）校院二级管理机制有利于高校落实贯彻十九届四中全会做出的“推进国家治理体系和治理能力现代化”战略部署。虽然高校治理与高校管理在内涵上不尽相同，但校院二级管理内在寓含着先进的制度设计、合理的行动部署、高效的资源调配、科学的绩效评价等综合特性，并以构建完善校院之间协同共治和科学善治的新型关系为目标行动指南。

（2）校院二级管理机制有利于在高等教育领域坚持党的领导及确保正确事业方向。校院二级管理体制是一项系统性改革，只有坚定的高校党委正确领导，才能正确把握好改革、发展与稳定的关系、节奏与次序，综合运用制度建设、依法行政、绩效激励、职能转变、监督考核、资源配置等现代治理举措，推动实现全校上下形成合力、各类系统要素协同推进的良好态势。同时，二级学院作为具有自我适应力、强劲发展力、高度调控力的组织机构，在双一流建设中发挥着核心引擎作用，其治理发展能力的有效提升无疑对党和国家的改革发展具有正向作用。

（3）校院二级管理机制有利于校院之间形成新型战略协同关系。校院二级管理是对传统科层垂直管理模式的创新完善，主要通过行之有效的治理体系机制，激发学院办学活力，最终提高学校整体的办学效益水平。这种从“校办院”到“院办校”的转变，本质上是从“要我发展”到“我要发展”的动力机制转变，校院之间在传统的行政隶属关系之外，将结成更加紧密的新型战略协同关系，学院不仅是学校的组织机构，实质上是学校战略谋划的

重要角色，在学校战略发展框架下实现更为自主、更具活力地开展办学活动。此外，校院二级管理将促使学校管理重心下沉、流程简化，采取扁平化的管理模式，减轻原先垂直管理承受的重担，有利于进一步提高服务质量，提升管理效能。

三、校院二级管理体制存在的主要问题

校院二级管理在理论上没有标准概念，实践中也没有统一模板，各高校都在因地制宜，努力探索适合自身实际的模式途径，推出了许多富有特色、行之有效的做法举措，解深层不足、促长远发展的溢出效应不断展现。但是，也应清醒看到，同我国高等教育事业的蓬勃发展与艰巨任务相比，同国家治理体系与治理能力现代化的整体目标与全局要求相比，校院二级管理体系建设还存在诸多不适应、不符合以及不健全的现实问题。

（1）学院治理层面存在较为严重的制度性缺失，制度建设无法发挥掷地有声的促进保障作用。相较学校治理层面完备齐全的制度体系，众多高校对院系治理层面的制度设计明显欠缺总体考虑，简政放权效能不彰，责权利匹配失衡，事财物权划分不明。学院对学校制度体系与发展规划较少进行系统研究，照搬校级制度现象普遍，这些情况相对缺乏原创性、针对性和长效性的充分考虑。

（2）一些高校对校院二级管理内涵认识不清，抱守传统与经验主义的有限改良。放多生乱、管多过细是高校行政管理者较为担心的问题，加之学院行政力量不足、放管服不彻底等多种原因，导致二级学院名义上自主管理，但徒具其名而无其实，实际仍长期处于学校事无巨细的管理覆盖之中。不仅学校在集权和分权之间徘徊，而且学院缺少当家作主的主体感，相关改革难有突破，不利全局发展。

（3）院系设置过多过细，治理整合效果严重受限。纵观国内高校，院系设置少有低于 20 个的情况。近年来，虽然有的高校通过裁撤减并或学部制改革等方式进行调控，但并未根本扭转此种现象。虽然细化院系设置具有精准发展重点学科方向、细化专业人才培养等益处，但所带来的资源浪费、协同困难等弊端同样明显。总体上，院系是一种复杂权益场域，通过校院二级管理改革，理顺各方关系、释放活力，确实是一项艰巨工程。

（4）学院办学主体地位落实不力，自主治理能力亟待提升。长期以来，落实学院主体地位、扩大办学自主权，一直被视为调整与改革学校与学院之间关系的核心与主线。当前，从各高校章程等制度规定来看，学院的主体地位已经得到确认，办学自主权也不断扩大。但是，学校与学院之间并未建立起真正意义上的战略协同关系，等级服从关系依然是主基调。同时，部分学院对其办学自主权存在误用、乱用的事例，也一再影响学校进一步扩大落实学院办学自主权的信心决心。

四、校院二级管理体制改革的对策建议

无论从哪个维度或层次来看，作为我国高等教育治理体系和治理能力现代化的重要探索，建立健全符合中国特色现代大学制度要求、职能科学、权责规范、机制灵活、导向精准、充满活力的校院二级管理体制，是一个复杂的系统工程，不可能一蹴而就，更不会毕其功于一役。只有进行长期而周密的战略考量，各项举措紧密衔接推进，才能取得“构建学校与学院、行政与学术之间新型关系”的预期目标与成效。

（1）大力强化制度建设确保依法治理。加强校院二级法治体系建设，以制度建设规范学校与学院、行政管理与学术治理的边界，合理调整各类主体的利益关系，有效调动各方积极性和创造性，是校院二级管理深化改革创新的前提条件与基础支撑。校院二级管理制度建设要以习近平新时代中国特色社会主义思想为指南，始终坚持以加强党的全面领导为统领，以推进高等教育治理体系和治理能力现代化为导向，在建设统一规范的制度规章体系和执纪执法机制上下真功夫，不断完善管理性、程序性和指导性文件，强化程序意识，细化工作规范，完善执法流程，使校院二级管理各个方面、各个环节的工作都有章可循。在此过程中，要秉持系统思维，摒弃线性思维，不断健全完善配套政策机制，增强履纪执法的系统性和有效性，并时刻绷紧制度之“弦”，铆足法治之“劲”，深化夯实校院二级管理改革发展根基。

（2）着重厘清校院功能定位实现治理方式转型。在校院二级管理机制之中，“管什么”和“如何管”是核心问题，简而论之，主要是解决好“何事由谁管”的问题。学校要切实转变无所不及、无处不在、无所不能的全能型管理方式，切实体现以教师为本位，以学生为主体的理念，倡导服务型职能

建设，实施宏观型调控治理，促进治理方式从自上而下走向上下联动，形成校院协同治理的局面。尤其是学校应以发展战略为指引，用好资源和政策的杠杆，充分发扬民主，广泛听取意见，在对公共平台、服务国家战略和稀缺资源等方面工作实行统一管理协调的同时，借鉴“权力清单”“责任清单”和“公共服务清单”制度，强化顶层设计、战略统筹、政策引导、监督管理以及信息服务等宏观职能作用，加快推进简政放权、放管服、人事制度、财务预决算、绩效考核等微观领域改革，切实为学院有效行使职能和发挥作用提供全面、精准、强大的支持，使其心无旁骛地聚焦教学科研等中心工作。此外，学院也要更加积极主动地谋划发展，主动承担学校的战略目标和重点任务，将学校优势及资源纳入自身战略目标和建设发展之中。需要强调的是，此种转型调整，不应是线性的、单向的、片面的、分散的，而是基于系统思维协同的、互动的、整体的发展转型。

（3）着眼完善学院办学自主权和自主治理能力夯实校院二级管理内在根基。在符合学校战略发展规划的基础上，将学院办学主体地位落实与自主治理能力增强协同推进，实现制度与实践结合，赋权与监督并行，进一步明确学院的权力边界、利益范围以及责任内容，健全完善学院权益保障激励机制。要在全校形成共识，在基层形成改革氛围，把改革校院二级管理机制建设作为学校综合改革的重要领域，重点推进，避免阶段式断续推动、运动化频繁治理等现象出现，确保学院在价值理性、文化自觉、独立自主的基础上，自主推进人才培养、科学研究、社会服务、获取配置资源、优化组织结构、协调内外部关系等方面的能力与成效。

（4）基于现代信息技术构建数字科技赋能校院精益管理的校务数据管理平台。各高校组织结构的特点是部门较多，职责较细，继续沿用传统管理模式，不利于提高效率，必须由人力推动型粗放管理向数据驱动型精细运营转型。当前，以互联网、大数据、云计算、AI为代表的现代信息科技力量凸显，应在校院二级管理数字化转型上下真功夫，全力推动数字科技赋能校院二级精益管理。加快构建基于大数据等现代信息科技基础上的全校统一、分级使用、开放共享的数字化管理运行平台，建设完善学院建设发展质量检测数据平台，以互联网为载体解决人力绩效、财务成本核算、流程管理等难点，对学院综合运营管理提供信息化技术支持。依靠大数据信息系统，打通校院之间隔离的数据孤岛，对各级管理数据进行采集、挖掘、分析和应用，提高服务质量和效率，实现校院二级管理数字化精细发展。同时，通过制度规范、有效监管等措施，在建立健全科学统一的标准体系的基础上，确保校院二级管理数字化发展切实服务于国家发展、学校利益和师生福祉。

（5）围绕责权利建设涵盖目标责任、监督考核、绩效激励的一体化建设模式。在校院二级管理中，科学明晰的目标责任体系是前提条件，严谨有效的监督考核体系是关键环节，切实有效的绩效激励是活力来源，三者一体化建设是重要保障。在各高校的实践中，构建涵盖上述三项内容的指标体系，是一种行之有效的方式。可在准确把握校院二级管理内涵、功能与要求的基础上，研制实施能科学评价学院办学水平、竞争力、社会影响力、类型不同的指标体系，围绕指标提出、指标分解、指标监督和指标落实建立完善相应的工作机制，作为重要配套体系深化推进校院二级管理的制度体系、工作体系、资源体系和实践体系。此外，还要统筹优化校院两级人力资源及岗位的设置、总量及分配，健全完善科学民主的决策机制，以及教代会、学术委员会等利益群体的多元参与机制。

高校博物馆思想政治教育功能及其发挥

——以中国政法大学钱端升纪念馆为例

学校办公室　张　蕾

【摘　要】 本文以中国政法大学钱端升纪念馆为例，论述了高校博物馆在思想政治教育工作中的作用，主要包括思想教育、政治引导和文化熏陶等作用。梳理了高校博物馆发展中存在的问题，并提出了促进高校博物馆思想政治教育功能发挥的策略：以专业化师资为基础，打造润物无声的育人品牌；以新媒体技术为依托，凸显整合营销传播优势；以"育人联盟"为平台，实现水到渠成的育人效果。

【关键词】 高校博物馆　思想政治教育　钱端升纪念馆

一、高校博物馆在思想政治教育工作中的功能

（一）高校博物馆的定义和功能

1. 高校博物馆定义

目前，我国对于高校博物馆的定义，无论是细致的，"高校博物馆是指各级各类综合性大学或专业院校所属博物馆、陈列馆、标本馆以及由高校管理的文物保护、自然保护单位等"〔1〕；还是概括性的，"高校博物馆是隶属于大学并建在大学校园中的面向公众开放的博物馆"〔2〕，都把握住了高校和博物馆的双重特点。1905 年，著名实业家张謇创办了我国第一家高校博物馆——南通师范学校的南通博物苑，至今我国高校博物馆已走过了一个多世纪的历程。在相当长的时间里，我国高校博物馆处于缓慢发展的状态。但随

〔1〕 周晓陆、徐燕："试谈我国高校博物馆的特点"，载《中国博物馆》1997 年第 3 期。

〔2〕 宋向光："从大学文化视角解读高校博物馆的特点和发展"，载《文化学刊》2007 年第 3 期。

着文化强国战略的实施与推进以及我国高等教育事业的进步与发展，越来越多的高校开始重视博物馆在高等教育尤其在人才培养以及大学文化建设中的作用，博物馆在数量和规模上呈现快速上升和扩增的趋势。根据中国博物馆协会高校博物馆委员会统计，1997 年全国高校博物馆数量为 57 家，2016 年底发展到了 430 余家。其中有数万平方米的中山大学博物馆、浙江大学博物馆，也有主题鲜明的专题博物馆，如上海交通大学钱学森图书馆、中国传媒大学传媒博物馆等。高校博物馆的蓬勃发展，为满足广大人民群众日益增长的精神文化、教育学习需求做出了积极贡献。

2. 高校博物馆的基本功能

高校博物馆作为高校从事学科教育、科学研究和文化育人的重要平台和基地，在发展过程中主要承担保藏、科研、教辅和育人等四大功能。首先，高校博物馆作为博物馆的一个特殊门类，能够将某一学科体系或某一历史时期的物件保留收藏起来，为系统性的科学研究以及面向公众的科普与文化熏陶提供物质基础。其次，科研是高校博物馆的一个重要优势和特色，高校博物馆保藏了众多珍贵的实物样本，也汇聚了一批专业领域内的研究者，这些研究者能够对相关学科开展系统性的学术研究。再次，高校博物馆是辅助教学和专业实践的重要基地。依托强大的学科优势，高校博物馆往往在通俗化、趣味化的同时保留了学术化和专业化的特点，将课堂教学延伸至博物馆，能够拉近学生与“枯燥”学科之间的距离。最后，也是本文论述的重点，高校博物馆具有文化育人功能。2012 年 5 月 30 日，在全国高校博物馆育人联盟成立大会上，教育部副部长杜玉波发表讲话，他指出，“高校博物馆具有文化传承、艺术熏陶、思想政治教育和教学扶助等重要功能”。随着我国高等教育事业改革，高校博物馆已经逐渐摆脱保藏陈列的浅层次功能，逐渐成为高校开展育人工作的有效载体。

（二）高校思想政治教育工作

思想政治教育是社会或社会群体用一定的思想观念、政治观点、道德规范，对其成员施加有目的、有计划、有组织的影响，使他们进行符合一定社会所要求的思想品德的社会实践活动。思想政治教育是中国精神文明建设的首要内容，也是解决社会矛盾和问题的重要途径。随着我国社会经济快速发展，人们的思维方式和生活习惯都发生了巨大的变化，思想活动也更加趋于独立和多样化。思想政治教育工作十分重要，目前，又面临着巨大的挑战。尤其在市场经济的环境下，中国的思想政治教育工作处于相对疲软的状况，与现代社会的发展要求存在着一定差距。高校作为重要的思想政治传播基地，是教育和培养祖国新一代知识青年的重要场所。互联网时代的信息渠道多样化，使得许多“90 后”乃至“00 后”大学生受外来思想文化传播的影响，思想信念不坚定，在面临重大价值抉择的时候有很多不成熟的表现。如何更好地贴合新一代大学生获取信息的方式和需求，突破传统思想政治教育方法，通过重组传播内容、拓展传播媒介等方式，让他们在潜移默化中获得思想政治教育，是高校思政工作的题中应有之义。

高校博物馆作为多功能的复合体，是传播知识、推动科研、弘扬文化、培育精神的重要场所。高校博物馆是以物的形式传承文化、表达价值、凝聚精神的开放式课堂，其中蕴含着丰富的教育教学资源，在很大程度上囊括了高校思想政治教育的内容，可以润物无声地正向引导大学生的世界观、人生观和价值观，传递中华民族优秀的道德品质、优良的民族精神、崇高的民族气节、高尚的民族情感等。高校思想政治教育工作者应该充分利用博物馆所蕴藏的优质思想政治教育资源，为促进高校思想政治教育工作探索出切实有效的途径。

（三）高校博物馆的思想政治教育功能探析

高校博物馆在思想政治教育工作中主要能够发挥思想教育、政治引导和文化熏陶功能。首先，高校博物馆的思想教育功能主要体现在通过展览藏品、展陈布置和馆内服务等多种形式再现历史人物和事件，呈现人物的精神风貌，让大学生在潜移默化中能够形成正确的人生观、价值观和政治观，从而推动思想政治教育事业的发展。高校博物馆的思想教育功能还可以细分为爱国主义教育、理想信念教育和道德规范教育等。爱国主义教育作为高校思想政治教育的重中之重，能够帮助大学生实现对祖国、民族和文化的归属感、认同感、尊严感和荣誉感的统一，使新一代大学生成为理性、坚定、忠诚的爱国者。理想信念教育作为高校思想政治教育的核心，能够引导大学生确立马克思主义的科学信仰，树立中国特色社会主义共同理想。高校博物馆能够很大程度上激发大学生的爱国情怀，结合其潜移默化的育人特点，无形中引导大学生将爱国热情与报效祖国的远大理想相结合，从而更好地促进个人发展。

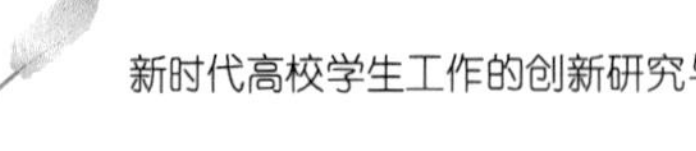

高校博物馆还能通过专题展览等方式，将中华民族的优良道德规范外化为实物、场景、展板和视听资料等，帮助大学生构建良好的道德规范体系。其次，高校博物馆的政治引导功能表现为通过展陈内容等培育大学生树立正确的政治方向和目标，提升大学生的政治觉悟和判断力。高校博物馆的文化熏陶功能主要体现在博物馆可以突破传统思想政治课的课堂教学，通过通俗易懂、浸润式的体验，让大学生在第二课堂更生动地理解略显枯燥的思想政治理论。

二、高校博物馆在思想政治教育工作中的功能发挥，以中国政法大学钱端升纪念馆为例

钱端升先生是我国著名的法学家、政治学家、社会活动家和教育家。他是中国政法大学前身——北京政法学院的首任院长，新中国第一部宪法——“五四宪法”的主要起草者之一。特别值得一提的是，在新中国成立前，他毅然放弃国外优越的生活条件，心怀为民族富强奋斗终身的理想回到祖国。他秉承着老一辈知识分子的担当，立足本职工作，积极参政议政，为国家富强、人民幸福无私奉献。即便在“文革”中遭遇不公正的待遇，钱老仍怀抱对祖国和人民真挚热爱的赤子之情，在逆境中坚持勤耕不缀，无怨无悔。无论从治学到做人，都堪为前世典范、后人楷模，值得青年学子永远学习和怀念。

为继承钱老的遗志，弘扬“救国、报国、爱国”的精神，中国政法大学自 2007 年开始筹办钱端升纪念馆。经过多年的文献整理、史料挖掘、实物收集，在学校档案馆和钱端升先生家人共同努力下，纪念馆于 2017 年 5 月正式落成开馆。馆藏包括日记、笔记、中英文信件、手稿、钱端升先生用过的实物等珍贵资料 2300 多卷（件）。展厅面积共 260 平方米，分设 7 个展区，通过 173 件图片，116 件文物较为完整地展示了钱端升先生波澜壮阔的人生画卷。钱端升纪念馆作为法大重要的校园文化景观和校史传承载体，通过开展新生入学教育、学生讲解员培训等特色文化活动，正逐渐成为中国政法大学思想政治教育的第二课堂。

（一）钱端升纪念馆的思想教育功能

从纪念馆的展陈脉络来看，钱端升“救国、报国、爱国”的动人情怀贯穿了整个展览。参观学生表示，钱端升生平中的诸多事迹深深打动着他们。例如，在新中国成立前夕，钱端升正在哈佛任教，美国友人劝他留美教书，

但他“已经看到了新中国的曙光”，毅然放弃美国大学教职优厚的待遇，遵照党的指示，为促进北平和平解放和稳定北大正常秩序积极回国工作。现在的很多年轻人可能会对钱端升放弃国外优厚待遇回国的做法很不解，但新中国成立前后，大批学有所成的海外学子回国是一个历史现象，那一代知识分子自然地把追求国家富强作为自己的理想，把民族崛起看作个人幸福的基础，这是那一代人的情结追求。从钱端升身上我们能深深感受到那一代知识分子身上所特有的浓烈责任感和家国情怀。又如钱端升自幼就树立了“读书不忘救国”“读书不忘报国”的理想信念，即使在他的耄耋之年，仍然坚持着发挥自己的余热。1984 年 3 月，钱端升在给时任中共第十二届中央政治局委员胡乔木的信中表示：“自问以身许国绝无二心，如容我请缨再裨以某种任务，则老骥伏枥义不容辞。不胜翘企待命之至。”这一年，钱老已经 84 岁，他仍以昂扬的斗志投入到忘我的工作中，为修订宪法献计献力。钱老一生所秉持的无私的爱国主义精神和崇高的个人理想信念，对于当代大学生正确“三观”的形成能起到良好的促进作用。

（二）钱端升纪念馆的政治引导功能

从纪念馆的展陈内容来看，钱端升毕生都在寻求实现中国传统知识分子济世报国的政治理想。1926 年，钱端升在好友陈翰笙的介绍下加入国民党，他关注现实政治，积极投身社会活动。1934 年东北沦陷，华北告急，在国家危难之时他出任《益世报》主编，以笔为刀，反对妥协，主张抗日。1937 年抗战爆发，为了争取英美等西方国家的援助，钱端升与胡适等人临危受命，奔赴美法英等国宣传抗日，争取国际援助。1945 年的“一二·一惨案”是钱端升政治立场由国民党转向共产党的重要节点，他“对国民党由失望转向决裂”。新中国成立之后，他在给美国好友费正清的一封信中提到对共产党的印象，他“由衷地赞许新秩序的创造者”，之后从 1956~1981 年，钱端升先后四次向党组织提交入党申请书，最终于 81 岁高龄得偿夙愿。钱老的一生都投身于现实政治，他积极践行着中国传统知识分子济世报国的理想。当代大学生应当以钱老为楷模，在学习中不断提高政治领悟力和判断力，才能坚定地走好正确的政治路线。

（三）钱端升纪念馆的文化熏陶功能

钱端升纪念馆通过开展系列特色文化活动，很好地发挥了文化熏陶功能，让学生们在浸润式的环境中对枯燥的思想政治理论有了更深入的认识和切实的体会。自2017年开馆后，钱端升纪念馆承担了每年新生入学教育的义务讲解活动，并正在成为毕业生感怀母校的重要场所。2018年4月，钱端升纪念馆获准加入全国高校博物馆育人联盟。该联盟是中国高校博物馆自愿发起的非营利性组织，联盟在教育部思想政治工作司的领导下，联合全国高校博物馆更好地组织开展文化育人活动。加入该联盟，标志着中国政法大学钱端升纪念馆在文化育人的专业化和开放化程度上有了长足的进步。2019年11月9日，北京郭守敬纪念馆执行馆长张鹏到馆为钱端升纪念馆的讲解员进行了专题培训，到场学生讲解员纷纷表示张鹏馆长的讲授如“春风化雨”，他们受益匪浅，思想也得到了升华。2019年11月20日，在中国传媒大学传媒博物馆承办的第三届高校博物馆优秀讲解案例展示活动中，中国政法大学钱端升纪念馆选送的作品《夙愿终偿》及学生讲解员荣获三等奖。参赛讲解员张梦花表示自己深深被钱老四递申请加入中国共产党的事迹所打动，今后无论是在治学还是做人方面，都要像钱老一样怀抱着对祖国的赤子之情。学生们通过参与钱端升纪念馆的特色文化活动，已经逐渐能够将较为枯燥的思想理论知识内化于心，思想境界也在不知不觉中得到了升华。

三、促进高校博物馆思想政治教育功能发挥的策略

综上所述，高校博物馆在促进思想政治教育工作的开展方面有着天然的优势，有效发挥了思想教育、政治引导和文化熏陶等重要功能。但我们还要看到高校博物馆的功能发挥仍然存在着很多制约因素，例如，许多高校管理者对高校博物馆属性、功能认识不清，对高校博物馆的功能定位还停留在传统的保存收藏实物上，限制了高校博物馆文化育人功能的进一步发挥。高校博物馆地属高校，归高校管理，与社会化的博物馆存在着很大的差距，专业度和开放度有待进一步提高。很多高校博物馆虽然开始积极运用新媒体技术探索博物馆新的展陈形式，但往往缺乏整体布局，形式大于内容，没能形成整合营销传播模式。如何更好地发挥高校博物馆的育人功能是高校思政工作者急需思考的问题。本文认为应该从打造专业的思想政治教育育人团队、实现整合营销传播策略、依托“育人联盟”平台等关键点入手，更好地促进高校博物馆思想政治教育功能的发挥。

（一）以专业化师资为基础，打造润物无声的育人品牌

思想政治教育工作具有比较强的专业性，应注重对高校博物馆工作者在宣传教育专业技能方面的培养，提供育人理论课程及培训，确保拥有一支专业化的队伍开展思想政治教育工作。例如，可以鼓励校内辅导员、青年教师、专业教师组成兼职博物馆思想政治教育的骨干队伍，运用博物馆资源和优势将学生爱国主义教育、德育教育等有机结合起来，形成思想政治教育的合力。同时可以邀请社会专业场馆的专业人员对博物馆人员进行辅导，培育打造出代表我国高校博物馆的文化展览精品，使参观者在良好的氛围中感受和领悟展览传播的内容，潜移默化地受到文化熏陶。

（二）以新媒体技术为依托，凸显整合营销传播优势

前文提到“90后”“00后”大学生是在互联网环境下成长起来的一代，他们接收信息的方式已不再局限于传统的传播模式，这就需要我们在整合营销传播模式方面进行探索。形成整合营销传播模式的关键在于增加高校博物馆和受众之间的“接触点”，将单项传播变为双向交互传播，整合大学生关心的信息资源，通过多样化的传播路径达到认知的连续性从而强化传播效果。例如，可积极运用流媒体技术和3D技术，进行数字虚拟展厅的设计。应用移动技术、掌上技术等推动学生自主下载手机App，订阅手机报，实时了解各类信息。还可以利用新媒体平台开展“高校博物馆科普微电影”拍摄活动，将藏品中的“冷知识”以生动形象的形式展现出来。高校应该以更快速、更开放的姿态整合媒体资源，将高校博物馆打造成“永不闭馆”的思想政治教育育人基地。

（三）以“育人联盟”为平台，实现水到渠成的育人效果

受藏品资源以及开放条件的约束，在专业化较为薄弱的当下，高校博物馆集团化联动的方式将有助于形成一定的规模优势，共同开创高校思想政治教育工作的新局面。为了统筹整合全国高校博物馆资源，2012年5月30日，全国高校博物馆育人联盟在上海交通大学成立，联盟为各个高校搭建了沟通与交流育人资源的平台。联盟通过召开会员大会、出版宣传画册、开通门户网站、举办海外巡展等方式积极推动高校博物馆间的深度合作和资源共享，使各高校博物馆成为提升大学文化传承、深化思想政治教育的重要力量，创

造了高校博物馆育人的新模式。高校可以积极利用育人联盟的平台和资源，结合学校实际，通过开展精品展览和特色文化活动，实现水到渠成的思想政治教育育人效果。

参考文献

[1] 陈万伯、张耀灿主编：《思想政治教育学原理》，高等教育出版社 2007 年版。
[2] 舒能："谈红色电影在大学生思政教育中的引导作用"，载《大舞台》2015 年第 10 期。
[3] 周志荣："高校宣传思想工作的新媒体平台建设"，载《新媒体研究》2018 年第 19 期。
[4] 孟复："高校图书馆德育功能探析"，载《科技情报开发与经济》2014 年第 15 期。
[5] 刘青："利用校史教育资源开展高校思想政治教育"，载《教育探索》2012 年第 1 期。
[6] 孙旭平："革命类纪念馆与青少年爱国主义教育"，载《中国文物报》2019 年 11 月 15 日，第 3 版。
[7] 刘馨："高校博物馆的文化育人功能及其定位——以南京审计大学博物馆为例"，载《博物馆研究》2019 年第 3 期。

意义、体系与规划：京剧艺术助力高校德育工作的理论与实践

教务处　于瑞辰

【摘　要】作为中华优秀传统文化代表的京剧，理应而且足以融入大学生思想道德教育并发挥层次多样、持久深远的作用。本文分析了京剧艺术助力高校德育工作的重要意义，结合中国政法大学校园京剧社团组织体系构建的实践，从京剧艺术的校园传播与高校德育工作互动关系角度提出了京剧艺术助力高校德育工作的构想与规划。

【关键词】德育　互动　校园京剧社团组织体系　规划

京剧是中国传统戏曲艺术的典型代表，是中华民族悠久灿烂的历史文化的一个标志性符号，是世界认识中国的一张名片。两百年来，京剧从产生、发展到完善、创新，已经深深融入中国社会。作为中华优秀传统文化的有机组成部分，京剧艺术理应当而且足以融入高校德育工作，成为高校教育工作的有力抓手和生动教材。

一、京剧艺术对于高校德育工作的意义

（一）京剧可以在思想道德教育中发挥积极作用

习近平总书记指出，一个国家、一个民族的强盛，总是以文化兴盛为支撑的，中华民族伟大复兴需要以中华文化发展繁荣为条件。[1]文化对于一个民族的激励作用是巨大的，中华优秀传统文化是中华民族的宝贵财富，是取

〔1〕中共中央文献研究室编：《习近平关于社会主义文化建设论述摘编》，中央文献出版社2017年版，第3页。

之不尽用之不竭的资源。中共中央办公厅、国务院办公厅 2017 年 1 月印发的《关于实施中华优秀传统文化传承发展工程的意见》指出，要“围绕立德树人根本任务，遵循学生认知规律和教育教学规律，按照一体化、分学段、有序推进的原则，把中华优秀传统文化全方位融入思想道德教育、文化知识教育、艺术体育教育、社会实践教育各环节，贯穿于启蒙教育、基础教育、职业教育、高等教育、继续教育各领域”，“丰富拓展校园文化，推进戏曲、书法、高雅艺术、传统体育等进校园”。[1]《关于实施中华优秀传统文化传承发展工程的意见》肯定了京剧、书法、高雅艺术等对丰富拓展校园文化、丰富大学生艺术修养、提高大学生思想道德水平的重要意义。京剧是中华优秀传统文化的代表，在中华文化的百花园里具有重要地位，京剧理应当而且足以融入大学生思想道德教育，并发挥重要作用。这种作用是多层次的、持久而深远的。

（二）京剧艺术在新时代爱国教育实践中的教育意义

中国传统戏曲历史悠久、独具魅力，有着深厚的群众基础。以京剧为代表的中国传统戏曲在中国传统社会教化中起着重要作用。对于文化教育不能普及到的群体，戏曲更是发挥了重要作用。它传播了传统道德观念，有着寓教于乐的潜在教育意义。早在晚清戏曲改良运动中，围绕如何发挥戏曲在社会改造中的作用问题，已经有人提出了重视戏曲的社会作用的观点，该观点是晚清戏曲改良运动理论的核心。[2]这种理论认识到了戏曲对于社会的巨大作用。当代学者对戏曲面向大学生的教育功能给予了更多关注。袁野指出，对大学生来说，京剧艺术教育具有知识功能、思想教育功能和净化功能。[3]王以认为，京剧文化在思想政治教育中具有承载和传导功能。[4]

戏曲对社会发展的力量不可小觑。发展到今天的京剧艺术，其所展现出来的整体价值观念与思想水平已经不可与旧时代的京剧同日而语。京剧艺术本身的艺术魅力和历代艺术家所展现出来的人格魅力，是新时代爱国主义教育的生动教材。

---

〔1〕《中共中央办公厅、国务院办公厅印发关于实施中华优秀传统文化传承发展工程的意见》。

〔2〕杨世祥：《中国戏曲简史》，文化艺术出版社，1989 年版，第 394 页。

〔3〕袁野：“高校弘扬京剧艺术的思考”，载《扬州大学学报（高教研究版）》2002 年第 4 期。

〔4〕王以：“对京剧文化融入高校思想政治教育的思考”，载《佳木斯职业学院学报》2018 年第 3 期。

传统京剧《苏武牧羊》《抗金兵》《穆桂英挂帅》、新编剧目《杨门女将》《瘦马御史》《钦差林则徐》以及《红灯记》《沙家浜》《平原作战》等革命现代戏所展现的爱国思想，为一代又一代国人所传颂。京剧大师梅兰芳在抗战期间蓄须明志，京剧大师程砚秋隐居青龙桥，戏曲艺术家在不同历史时期也展现出来了不一样的优秀的爱国品质。这些都是贯彻落实《新时代爱国主义教育实施纲要》的生动教材，大学生在欣赏京剧、了解京剧艺术的同时，也获得了思想境界上的感染与提升。

此外，京剧传统剧目还体现了敬业、诚信、友善等多层次、多方面的积极价值追求，是中华传统美德的集中体现。这些中华美德的教育，已经有专文讨论，在此不再赘述。[1]

（三）校园京剧传播与京剧艺术传承的良好互动

国务院办公厅 2015 年 7 月印发的《关于支持戏曲传承发展若干政策》指出，要“大力推动戏曲进校园”“鼓励学校建设戏曲社团和兴趣小组”。[2]这体现了国家对戏曲进校园工作的重视。

接受高等教育的大学生，有着较高的文化素养与欣赏品味，对于京剧艺术的继承和传播有着重要作用，这从目前高校众多的学生京剧爱好者（其中不乏著名票友）及其所展现出的较高的艺术水准可以得到印证。

戏曲社团和兴趣小组的建设，对于京剧在校园内的稳定、广泛传播有着重要的组织意义，为校园内众多的京剧爱好者提供了交流、展示的平台，也为京剧艺术的传播提供了组织依托。而且，不同层次的戏曲社团和兴趣小组可以在人员组织、文化传播和技艺精进方面发挥不同作用，这点将在下文以中国政法大学为例进行深入探讨。

同时，戏曲进校园系列活动和戏曲社团、兴趣小组的建设，是高校团学活动的重要内容，对于活跃校园文化氛围、丰富学生社团活动有着积极意义。

---

〔1〕 参见：陈松源：“京剧文化在高校学生素质培养中的作用”，载《湖州职业技术院学报》，2012 年第 2 期；徐俐：“高校京剧教育的文化使命”，载《中国京剧》2009 年 11 期。

〔2〕《国务院办公厅印发关于支持戏曲传承发展若干政策的通知》。

二、中国政法大学校园京剧社团组织体系构建的实践

（一）京剧艺术在高校德育工作中的作用机制

京剧艺术在高校德育工作中发挥积极作用，有着其独特的优势。其发挥作用的机制，可以归纳为“感染熏陶”——“兴趣驱动”——“升华提高”。观看京剧演出、听京剧艺术讲座等形式作为基础的“感染熏陶”阶段，让学生能坐下来欣赏京剧，领略京剧艺术魅力，接受传统文化熏陶教育。一部分在此过程中对京剧感兴趣学生或者此前已经对京剧感兴趣的学生，在兴趣的驱动下，主动了解京剧艺术源流、文化，主动欣赏京剧演出，这就是“兴趣驱动”。在此基础上，京剧艺术在高校德育工作中的作用便进入“升华提高”阶段。学生全身心的投入，以对京剧的深度投入为切入点，感悟中国传统文化，增强文化自信。这三个层级递进的阶段，引导学生逐步深入，潜移默化。

（二）中国政法大学校园京剧的传播

近十年来，伴随着京剧艺术在首都高校的迅速传播，中国政法大学校园京剧传播工作蓬勃开展。2011 年 6 月 5 日，北京国粹艺术传承促进会成立大会暨北京青春国粹联盟启动仪式在国家京剧院畅和园剧场举行。中国政法大学作为“北京青春国粹联盟”的发起单位之一参与了启动仪式和庆典演出，这也极大地促进了京剧在中国政法大学校园内的传播。自此，中国政法大学校园京剧传播开启了一个新阶段。

时至今日，经过不断的摸索与长时间的积累，在校团委的规划与指导下，中国政法大学形成了由校艺术团戏曲曲艺团、京华京剧社和中国政法大学学生京剧票房三个社团组织构成的校园京剧社团组织体系。这个体系以上述“感染熏陶”——“兴趣驱动”——“升华提高”机制为基础，结合中国政法大学校园实际发展而来。

（三）中国政法大学校园京剧社团组织体系的构成与各自作用

中国政法大学校园京剧社团组织体系的三个组成部分各自发挥着自己的作用。

校艺术团戏曲曲艺团由共青团中国政法大学委员会管理，隶属于校艺术团，是中国政法大学校园京剧社团组织体系中的“台柱子”。校艺术团戏曲曲艺团由具有一定京剧演出能力的、拥有京剧特长的学生组成，定期训练、专人指导，演出水准较高。校艺术团戏曲曲艺团经常参与校内外各种演出活动，代表着中国政法大学学生京剧演出的最高水平。

京华京剧社是受中国政法大学学生社团联合会管理的学生社团，由校内的京剧爱好者组成，主要任务是联络校内京剧爱好者，组织各种京剧欣赏及文化交流活动，在校园内传播京剧文化。京华京剧社内设欣赏小组、联络小组、传播小组等不同小组。

中国政法大学学生京剧票房[1]是校内所有京剧爱好者的集合，既包括校艺术团戏曲曲艺团的成员，也包括京华京剧社的成员，以及校内的其他京剧爱好者。中国政法大学学生京剧票房定期活动，有专门伴奏乐队，注重京剧的表演研习（演唱为主），是全校京剧爱好者交流学习和艺术实践的平台，也代表着学校进行对外交流。中国政法大学学生京剧票房由京华京剧社负责组织联络、提供场地支持。

（四）中国政法大学校园京剧社团组织体系的良性互动

校艺术团戏曲曲艺团、京华京剧社和中国政法大学学生京剧票房形成了良好的互动关系。三个组织各有侧重，分工明确，共同承担着京剧校园传播的任务使命。校艺术团戏曲曲艺团、京华京剧社均参加中国政法大学学生京剧票房的活动，同时，京华京剧社、中国政法大学学生京剧票房也负责为校艺术团戏曲曲艺团发掘和输送高水平京剧新苗。

由校艺术团戏曲曲艺团、京华京剧社和中国政法大学学生京剧票房三个社团组织构成的校园京剧社团组织体系绝对不是简单的人员叠加，三者在不同层次上发挥着各自作用，形成了一个有机的互动体系。其关系可以用图 1 来表示。

---

[1] 票房指的是京剧爱好者集体活动组织，一般拥有固定场所，活动内容以表演交流为主。

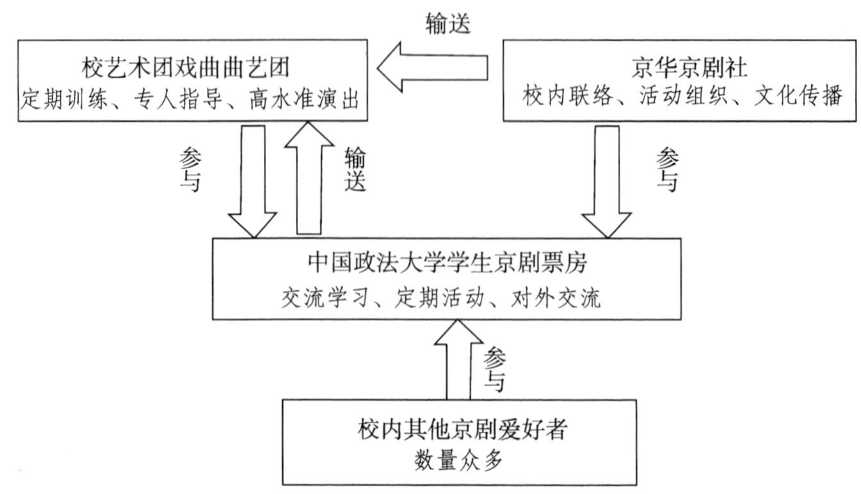

图 1　中国政法大学校园京剧社团组织体系图

三、京剧艺术助力高校德育工作构想与规划

进入 21 世纪以来，京剧进校园工作蓬勃开展并取得了一定的成效，极大地拉近了京剧与当代大学生的距离，为京剧艺术的普及做了重要贡献。但是，京剧艺术校园传播的反哺作用并没有得到很好地利用。相对于高校德育工作，通识教育中艺术素养教育层面的京剧艺术教育工作做得更为扎实。当然，我们不能否认京剧艺术作为高校德育工作的有利抓手和生动教材，其落地和推广具有一定的难度，但这并不代表着京剧助力高校德育工作的低效与无力。

根据笔者近十年来指导校艺术团戏曲曲艺团、京华京剧社，联络组织中国政法大学学生京剧票房的工作体会，结合笔者参与、观察学校通识教育的经验，笔者对京剧艺术助力高校德育工作提出了几点构想与规划。

第一，可以在目前开展的京剧艺术进校园系列演出、校艺术团“艺术大课堂”活动的基础上，邀请高层次的戏曲研究专家、著名京剧演员来校进行高层次的京剧艺术讲座，提高校园京剧艺术传播的品味。注重发掘京剧艺术创新、发展的启示，展现京剧在当今先进文化建设中的作用，在京剧艺术欣赏的基础上，给学生带来更多的启迪。

第二，聘请京剧专家和非物质文化遗产传承人担任学校艺术团和京华京剧社、票房的兼职指导教师，提高校园京剧艺术表演水准。同时，借助兼职指导教师资源，带领学生走出校园，走进院团、剧场，带领学生实地了解以京剧为代表的中国传统艺术的继承发展路径，体会艺术为人民服务的宗旨，理解习近平总书记“实现‘两个一百年’奋斗目标、实现中华民族伟大复兴的中国梦，文艺的作用不可替代，文艺工作者大有可为”的重要论断。[1]

第三，具有重要教育意义的京剧剧目，如《沙家浜》《奇袭白虎团》《红灯记》《白毛女》等革命现代戏和《红军故事》《江姐》《党的女儿》《华子良》等革命历史题材的新编剧目，都可以作为爱国主义教育的教材，纳入学校思想政治教育体系，组织学生集中观看并交流感悟，聆听真正的“中国故事”。

---

〔1〕 习近平：“在文艺工作座谈会上的讲话”，载《十八大以来重要文献选编》（中），中央文献出版社2016年版，第122页。

论如何发挥研究生学籍管理的育人作用

——以中国政法大学为例

研究生院　李　嵩

【摘　要】研究生学籍管理工作是高校研究生教育的基础保障性工作，具有规范性、复杂性、负荷性和协调性等特征。随着研究生招生规模的扩大和培养方式的创新，这项工作面临着越来越多的挑战。本文以中国政法大学为例，探讨研究生学籍管理工作如何更为有效地发挥管理育人的作用，并对这项工作水平的提升进行了思考、提出了建议。

【关键词】研究生　学籍管理　育人

一、问题的提出

党的十八大以来，以习近平总书记为核心的党中央对高等教育的使命和任务、党建工作、改革发展以及学生工作做出了一系列部署。在 2016 年 12 月 7~8 日召开的全国高校思想政治工作会议上，习近平总书记强调，要坚持把立德树人作为中心环节，把思想政治工作贯穿教育教学全过程，实现全程育人、全方位育人，努力开创我国高等教育事业发展新局面。2017 年，教育部对《普通高等学校学生管理规定》进行了修订，这次修订及时反映和体现了党中央关于高等教育工作的新理念、新思想、新战略。新的《普通高等学校学生管理规定》，从培养什么人、怎样培养人的高度，明确了学生管理的任务和目的，加强了对学生权益的保护，完善了学籍管理制等度，更加注重运用法治思维和法治方式管理各项学生事务，为实现依法治校、依法办学奠定了制度基础。[1] 同时，也为各高校的学生管理工作提出了法治化的要求。

研究生教育是国民教育的顶端，担负着为国家和社会培养拔尖创新人才的历史使命。近年来，随着经济社会发展对高层次人才需求的日益迫切，研究生招生规模迅速扩大，招生人数从 2010 年的 53.8 万人增长到 2019 年的 85.8 万，在校研究生人数达到了 273.1 万。[2] 研究生的培养模式也在前行探索中不断创新，研究生的学习形式、培养方式、层次内涵和就业类型都越来越丰富。研究生在校规模的增长和培养模式的多元化对在校研究生的管理工作提出了新的挑战。

从修订后的《普通高等学校学生管理规定》的布局谋篇来看，高校学生的学籍管理是其核心版块和规范的最主要内容。所谓“学生”，是指根据教育法律法规的相关规定，满足学校设定的入学资格，并取得相应学籍的受教育对象。[3] 能否取得学籍决定着学生能否取得受教育的主体资格。由此可见，研究生学籍是研究生取得在校生身份与高校确立教育服务和管理法律关系的前提条件，是研究生享有高校规定的各项权利并履行该校规定的各项义务的基础。研究生学籍管理，是高校根据教育行政部门制定的政策和学校制定的管理制度与实施细则，对取得研究生学籍的学生从入学到毕业全过程实施的管理活动。研究生的学籍管理是高校研究生管理工作的基础，是关系到维持研究生教育教学秩序、提高研究生培养质量、维护教育公平、实现管理育人的重要工作。在新形势下，研究生学籍管理工作具有哪些特征？研究生学籍管理工作是怎样发挥着管理育人功能？研究生学籍管理工作应当如何强化其育人作用？本文以中国政法大学的研究生学籍管理工作为例，尝试对以上问题进行回应。

二、研究生学籍管理工作的特点

（一）规范性

研究生学籍管理是按照高校研究生学籍管理校规，对取得学籍的研究生

---

[1] 马怀德：“学生管理新规为依法治校办学奠定制度基础”，载《中国高等教育》2017 年第 9 期。

[2] 教育部官方网站公布的数据，网址：http://www.moe.gov.cn/s78/A03/ghs_left/s182/，最后访问日期：2020 年 3 月 14 日。

[3] 任海涛：“论学生的法律地位”，载《东方法学》2020 年第 1 期。

从入学到毕业的全过程管理，包括研究生的入学与注册、考核与成绩记载、转专业与转学、休学与复学、退学、毕业与结业、学业证书管理等工作内容。研究生的学籍状态直接决定了研究生与高校之间的权利义务关系，决定了研究生受教育权的权利范围和权能边界，关系到学生最根本的切身利益。因此，研究生的学籍管理工作必须严格符合规范，不能随意逾越和创新，具有“刚性有余、弹性不足”的特征。

（二）复杂性

“功以才成，业以才广”，在新一轮科技革命和产业变革兴起的关键时期，国家竞争的核心是高层次人才的竞争。为满足我国经济社会对高端人才的迫切需求，研究生培养不断进行体制机制创新，研究生培养模式、学习方式、培养层次、就业方式也随之丰富和多元化。此外，从研究生群体的特点来看，他们的年龄层次、学习动机、学业背景、工作履历、家庭状况都比本科生复杂，他们与社会的交往也更为密切。这些因素都使得研究生的学籍情况更为复杂。

（三）负荷性

研究生的学籍情况的复杂性带来了研究生学籍管理工作的负荷性。学籍管理工作是一项高精度的工作，一方面，研究生培养过程的开放和创新带来了研究生的流动性增加，研究生个人信息变动事项和学籍异动事项都日益增加。另一方面，自 2001 年开始实施的教育部高等教育学历证书电子注册制度经过近二十年的发展，已经成为学生就业过程中不可或缺的重要环节。与之相关的的学籍注册工作就要求百分之百的准确率。从学生入学信息、学年注册信息、学籍异动信息到最终的学历信息，全程全方位高精度的信息记载和即时性的学籍状态变动记载工作给研究生的学籍管理工作带来了很大负荷。

（四）协调性

研究生的学籍管理不是一项孤立的、封闭的工作，它与研究生招生和培养紧密联系，以提高研究生培养质量为最终目标，贯穿研究生从入学到毕业的整个学程。因此，研究生培养单位、导师、研究生本人以及高校的其他相关部门都是学籍管理工作的重要参与方。这项工作必须要协调研究生教育的参与各方的需求，协调研究生培养政策的制定与研究生的实际情况，来实现育人的最终目标。

三、健全制度，发挥研究生学籍管理在育人中的作用

（一）规范工作流程，培育研究生的法治理念

以中国政法大学为例，学校的研究生学籍管理工作以“依法治校”的理念为指导，根据2017年教育部修订的《普通高等学校学生管理规定》修订了《中国政法大学研究生学籍管理规定》（法大发［2017］45号，以下简称《研究生学籍管理规定》）。学校通过《研究生学籍管理规定》将研究生学籍管理的全过程进行了梳理，以充分保障研究生的受教育权为出发点，明确研究生院、各二级培养单位、研究生导师和研究生本人等学籍管理参与方的权力（利）和责任。同时，对研究生学籍管理各项工作的形式要件进行了规范，包括时间节点、工作程序、材料要求等方面，从而形成了主体明确、规则清晰、权责分明的管理体系。这样的管理实践，不仅提高了工作效率，更为增强研究生的法治观念，使其遵守法律，遵守公民道德规范，遵守学校管理制度，培养良好的道德品质和行为习惯营造了良好的制度氛围。

（二）鼓励多方参与，培育研究生的自我管理能力

习近平总书记在考察中国政法大学时强调，要把立德树人、规范管理的严格要求和春风化雨、润物无声的灵活方式结合起来，把解决师生的思想问题和教学科研、学习就业等实际问题结合起来。从2016年起，研究生院着手进行研究生综合管理系统的建设，以这个项目为依托，研究生学籍管理系统也随之建设成功并不断加以完善。研究生院利用信息化手段，使研究生、导师、二级培养单位都纳入研究生学籍管理系统。所有学籍相关事项的申请和审批，都需要研究生本人在系统中发起，这不但保证了学籍信息的准确性，更提升了研究生参与学籍管理的意识和自我管理的能力。

（三）协动培养创新，打造研究生成长发展平台

作为管理育人的重要环节，研究生学籍管理与研究生培养创新积极联动，共同助力研究生教育的创新实践。首先，学籍管理实行弹性学制，允许研究生分阶段完成学业，可以通过休学等学籍安排为研究生出国交流和创新创业提供制度条件。其次，进行学业警示。从研究生在校时间超过基本学制起，就通过二级培养单位对其本人和导师进行预警或警示。督促研究生在最长学

习年限内完成学业。最后，通过学位、毕业、结业等不同条件的设定，为研究生拓宽渠道，最大限度地提升研究生的获得感，从而为研究生打造“管理规范、时限明确、成就多样”的成长平台。

四、对发挥研究生学籍管理育人功能的进一步思考

（一）提升认知，在更高层面上发挥学籍管理的育人职能

2017 年教育部修订的《普通高等学校学生管理规定》在其“总则”部分的第三条便开宗明义：“要坚持依法治校，科学管理，健全和完善管理制度，规范管理行为，将管理与育人相结合，不断提高管理和服务水平。”可见，研究生的学籍管理定位不能仅仅局限在对事务性工作进行管理，而是要定位于在高层次人才的培养过程中承担育人职能。学籍管理育人既是高等教育行政规章的明确要求，也是高等教育管理育人的应有之义。

学籍之于研究生，犹如国籍之于公民，是研究生与高校之间的身份契约。研究生学籍的变动意味着研究生身份的变动，将直接导致其受教育权的行使范围发生变化，与研究生切身利益紧密相关。研究生学籍管理工作必须严格合规，不容逾越，这容易给研究生造成一种学籍事务刻板僵化的印象。加之研究生学籍管理工作的复杂性和负荷性，要求高精度高效率，使得学籍管理人员不得不忙于完成大量的基础性工作，日益陷入琐碎的事务管理泥沼。

研究生学籍管理工作需要克服困难、深化认识、提升认知，在管理的工具性基础上注入德育的价值性。学籍管理人员要把学籍管理工作作为育人工作的一部分，牢固树立管理育人的理念。首先，以规范的管理制度为研究生的成长成才营造风清气正的校园环境。学籍管理的全程性使这项工作伴随着从研究生入学到离校的全过程，不论是新生复查、每学期的学籍注册、研究生的学籍异动还是毕业离校，都必须以科学有序规范的管理制度作为支撑。因此，学籍管理制度在内容上要全面覆盖所有培养环节，在立法技术上要科学规范，便于操作。其次，以规范的管理工作引导研究生树立规则意识和法治理念。公正透明地适用管理规则，能够让每一位研究生在离开校门之前就切身体会到学校管理的公平正义，为培育研究生形成正确的价值观打造积极健康的管理环境。再次，以良好的道德操守引导研究生成长成才。育人不仅仅是一个传授、灌输和引导的过程，更是一个感化、熏陶和养成的过程。渗

透式的道德教育既可以避免说教式的道德教育，又可以把外化的道德教育转化为内化的道德教育，并使环境的隐性教育作用充分发挥出来，起到潜移默化的作用。〔1〕研究生学籍管理工作者要坚守道德和工作底线，成为研究生的良师益友，在工作中注重对研究生道德观念的正向引导，培育研究生良好的道德品质。

（二）加强激励，打造专业化的管理团队

依据管理学的逻辑，学籍管理队伍是管理的核心，在管理结构中具有清晰的位置与发展空间，既有工具意义上的内涵，同时激励与惩罚、言语沟通、情感交流等方式也是管理的重要组成部分。〔2〕一支高效的、稳定的、业务素质过硬的研究生学籍管理工作队伍，是做好学籍管理育人的重要保障。

如前所述，研究生学籍管理工作是集规范性、复杂性、负荷性和协调性等特征于一体的专业化工作，从事这项工作的管理人员的工作态度、业务水平、职业上升空间等都影响着这项工作的效果。研究生学籍管理工作的规范性决定了其刚性有余、弹性不足，工作成绩的显示度不高，因此，管理人员的职业发展空间有限，而承担的职业风险又很大，导致这支队伍普遍缺乏稳定性，〔3〕不利于这项工作的长效发展。

首先，高校应当充分地认识到研究生学籍管理工作的重要性并科学地评价学籍管理工作的成效，完善学籍管理队伍的激励和约束机制，奖优惩劣，以保障队伍的稳定性。其次，为研究生学籍管理人员创造学习和交流机会。一方面，通过业务培训提高队伍的专业化程度和把握全局的能力，另一方面，通过与兄弟院校的交流取长补短，吸收学习先进经验。最后，改革培训方法，重视辩论式、案例式和体验式的学习方式的应用，加强培训的效果。通过培训来帮助学籍管理队伍树立以学生为中心的立德树人理念，以高素质的专业

---

〔1〕谭秀森等：《高校学生教育管理法律问题研究》，人民出版社2015年版，第130页。

〔2〕葛骁欧、唐德先：“我国高校学生管理的基本逻辑、价值导向与二元趋向”，载《现代教育管理》2019年第9期。

〔3〕胡晓阳、李萌：“研究生学籍学历管理工作的新路径”，载《北京教育（高教）》2012年第5期；康锋、蒋赟、吕谷来：“关于在高校研究生学籍管理中实行人本管理的思考”，载《中国校外教育（美术）》2012年第6期；张和龙：“医学高等院校研究生学籍管理工作及探讨”，载《科技文汇（上旬刊）》2015年第5期。多篇文章都指出，研究生学籍管理队伍缺乏稳定性，可见这是困扰我国高校研究生学籍管理质量的普遍性问题。

化的管理和服务质量助力研究生的成长成才。

（三）协同管理，提高研究生导师的参与度

在研究生学籍管理过程中，研究生导师是重要的参与方，发挥着不可替代的作用。2019 年 3 月，教育部办公厅发布了《教育部办公厅关于进一步规范和加强研究生培养管理的通知》（教研厅〔2019〕1 号），明确要求导师既要做学术训导人，指导和激发研究生的科学精神和原始创新能力，更要做人生领路人，言传身教引导研究生树立正确的世界观、人生观、价值观，恪守学术道德规范，增强社会责任感。

研究生导师是研究生培养的第一责任人，负有对研究生进行学科前沿引导、科研方法指导和学术规范教导的责任。同时，应当发挥导师对研究生思想品德、科学伦理的示范和教育作用。[1] 学籍管理工作的质量和效果离不开导师的有效参与。

发挥导师在研究生学籍管理中的育人作用，首先应当提高研究生导师对研究生学籍管理的了解和重视程度。要让导师了解到自己是学籍管理工作的参与人，研究生所有的学籍异动都需要导师进行审批或出具意见。可以说，导师是研究生学籍状态发生变动的第一道关口。导师对研究生学籍管理规范的理解和掌握程度，直接决定了研究生学籍异动能否得到审批，学生的下一步学业进程能否得到启动。在导师培训中，学籍管理校规的培训应当被列为一项重要内容。其次，要通过信息化手段使导师随时掌握其所指导的研究生的学籍状况、学业成绩的记载状况等所有学籍信息，便于其根据学生的学业进展情况进行有针对性的学业指导和德育教导。最后，明确学籍管理中导师的分工和权限，加强学籍管理工作人员与导师之间的沟通互动，激发导师的积极性和能动性，提升学籍管理工作的整体合力。

（四）扎根中国，建设国际化的研究生学籍管理体系

“走出去、引进来”是中国教育对外开放的发展策略之一。作为世界第二大经济体，高等教育的国际化已经成为常态。我国高校采取多种方式加快推

---

〔1〕《中国政法大学博士研究生培养规定》（法大发［2017］56 号）、《中国政法大学硕士研究生培养规定》（法大发［2013］95 号）和《中国政法大学研究生培养指导规则》（中政大发［2006］35 号）等文件都对导师职责有明确具体的要求。

进国际化进程，在这一过程中，与境外高校的研究生联合培养、合作研究，鼓励研究生参加国际学术会议、比赛与交流等国际化的培养模式不断出现。在越来越多的在校研究生走出去的同时，来华留学生的数量也不断增加。而随着“一带一路”倡议的实施，我们在推进高等教育国际化的进程中必须要掌握话语权，这就是我们在高等教育国际化方面面临的严峻问题，[1] 也为研究生的学籍管理工作提出了新的要求和挑战。

研究生生源国际化程度的提升使得校内研究生构成不断多元化。目前，国内很多高校实行的是国内外研究生学籍管理的双轨制，由国际教育学院和研究生院分别管理。中国政法大学的外国来华留学生的电子注册由国际教育学院负责，其他学籍管理事项由研究生院统一负责，外国留学生的学籍管理参照《中国政法大学研究生学籍管理规定执行》，保证了研究生学籍管理规则适用标准的一致性。

为适应国际化教育带来的开放型培养模式的创新，学籍管理工作应当学习国际经验，逐步建立全方位、立体化和国际化的管理体制。在制度方面，应当区分在校期间公派出国攻读学位或联合培养、自费出国留学、参加国际组织实习、出席国际会议等不同的情况，对处于不同培养阶段和采取不同培养模式的研究生做出更为细化和明确的学籍状态归类，理顺研究生与学校之间的权利义务关系，为国际化的研究生教育提供坚实的制度基础。在管理系统方面，应当根据国际化培养的需求，理顺相关参与方职能，利用信息化手段使各参与方都被纳入研究生学籍管理的工作体系中。此外，应当开发英文版的学籍管理系统，为英文项目的外国来华留学生提供服务，使研究生学籍管理在研究生教育的国际化进程中发挥更大的作用。

---

[1] 黄明东：《我国高等教育的国际化政策研究》，社会科学文献出版社 2019 年版，第 4 页。

基于马斯洛需求层次理论浅谈重大突发公共卫生事件中的学生工作

研究生院　宋　欣

【摘　要】 重大突发公共卫生事件期间，高校学生需求发生变化，学生工作应随之调整。基于马斯洛需要层次理论所揭示的人类需求层次及其关系，结合新型冠状病毒肺炎实际情况，分析重大突发公共卫生事件中的高校学生需求，从而提出重大突发公共卫生事件期间的学生工作应构建体制机制，完善基础保障，开展全面防控，关注学生情感，注重学生培养的重要举措。

【关键词】 马斯洛需要层次理论　重大突发公共卫生事件　学生工作

引　言

2019 年底，湖北省武汉市等多个地区陆续发现数起新型冠状病毒感染的肺炎病例，此次疫情来势汹汹，迅速席卷全国。疫情发生后，党中央、国务院高度重视，习近平总书记于 2020 年 1 月 20 日对新型冠状病毒感染的肺炎疫情作出重要指示，他强调要高度重视，全力防控，要把人民群众生命安全和身体健康放在第一位，坚决遏制疫情蔓延势头。[1] 疫情十分危急，疫情就是命令，防控就是各级党委和政府及有关部门的责任。

2020 年 1 月 21 日，教育部发出通知要求教育系统做好新冠肺炎疫情防控工作，要求各高校高度重视防控工作，把广大师生生命安全和身体健康放在

---

〔1〕 周楚卿：“习近平对新型冠状病毒感染的肺炎疫情作出重要指示 强调要把人民群众生命安全和身体健康放在第一位 坚决遏制疫情蔓延势头 李克强作出批示”，载新华网，http://www.xinhuanet.com//politics/leaders/2020-01/20/c_1125486561.htm，最后访问日期：2020 年 4 月 10 日。

第一位，及时研究部署落实防控措施。[1]做好高校疫情防控工作对防止疫情在高校甚至更大范围蔓延至关重要。

此次新冠肺炎疫情属于重大突发公共卫生事件，是突然发生的严重影响公众健康的事件。世界范围内还曾暴发过 SARS、禽流感、甲型 H1N1、埃博拉等重大突发公共卫生事件，此类事件不仅危害公众健康，严重还会引发政治、经济、社会等多方面危机。[2]教育领域同样受到影响，学校是疫情易发区，易传染区，传统授课模式因此受到冲击，甚至需要停课。这需要全校上下科学正确认知重大突发公共卫生事件的形势，采取必要有效措施做好防控工作，同时还要承担教书育人的本职使命，高校相关部门和教师必须积极做好学生工作。

通过研究中国知网上的相关文献发现当今高校的学生工作内涵说法不一，狭义的定义单指思想政治教育，广义的定义则指是除学科课程教学外其他围绕学生所开展工作的总和。本文采用广义的学生工作定义，认为学生工作包括学生思想教育、党团工作、班级工作、教学事务、国际交流事务、心理健康教育、就业指导工作、公寓管理等。围绕学生开展的工作应以学生为本，关注学生内在需求，重大的突发公共卫生事件期间更应如此，要深挖学生需求，有针对性地开展学生工作。

一、基于马斯洛需求层次理论的重大突发公共卫生事件中的学生需求

（一）马斯洛的需求层次理论简介

马斯洛的需求层次理论提出，人类需求由低级向高级发展可大致分为五个层次：生理需要、安全需要、归属与爱需要、尊重需要和自我实现需要。其中生理需要和安全需要是属于低级需要，归属与爱的需要、尊重需要和自我实现需要属于高级需要。一般情况下，某一层次的需要得到满足后，与之相比的较高层次需要才会占据行为主导地位，成为优势需要，所以想要满足

---

〔1〕 曹建："教育部部署教育系统做好新型冠状病毒感染的肺炎疫情防控工作"，载教育部网，http://www.moe.gov.cn/jyb_xwfb/gzdt_gzdt/s5987/202001/t20200122_416316.html，最后访问日期：2020 年 4 月 10 日。

〔2〕 刘德海、王维国、孙康："基于演化博弈的重大突发公共卫生事件情景预测模型与防控措施"，载《系统工程理论与实践》2012 年第 5 期。

较高层次的需要，则要保证与之相比较低层次的需要。他还认为，人的需求被满足会变得积极健康，而需求得不到满足，则会迷失甚至病态。[1]

重大突发公共卫生事件来临时，学生较低层次的需要尤为突出，他们对于生理和安全的需求增强，高校要充分重视并加强保障，同时兼顾学生归属与爱、尊重和自我实现的需要，才能切实有效做好重大突发公共卫生事件中的学生工作，真正履行教书育人职责。

（二）重大突发公共卫生事件中的学生需要分析

（1）生理需要。主要指学生对食物、水、空气和住宿等身体机能上的需求。重大突发公共卫生事件期间，学生对呼吸新鲜空气、摄取食物和水、住宿条件良好等基础需求明显增强，尤其是在校学生需要集中在学校住宿、就餐、学习、生活，他们的基础生理需要应得到高度重视。同时，家庭经济困难学生和海外留学人员等特殊学生群体可能存在生活困难的情况也应得到重视。

（2）安全需要。主要指学生对人身、经济、环境等方面安全的追求。重大公共卫生事件突发使得学生对人身安全和健康保障安全层面的需求显著增强。学生更加关注自身健康，希望尽量降低染病风险，对防控物资、医疗保障的要求明显提高，同时在校学生更加关注校园内部环境的安全，校园内人员密集、人口流动较大，是病情高发区，学生对于校内或周边的感染病例会感到恐惧。

（3）归属与爱的需要。主要指学生得到归属感和进行社交的需要，学生渴望得到并维持亲情、友情和爱情等亲密情感。面临重大的突发公共卫生事件，人们面对面的社交活动被迫减少，学校公共活动减少，事态严重时学校甚至会采取半封闭、封闭管理，在校生远离亲人、友人，同学间也缺少交往，学生普遍缺乏情感的沟通和心灵的归属感。

（4）尊重需要。主要指学生自我尊重并得到他人的尊重的需要。突发公共卫生事件中，学生更加希望得到学校和社会的尊重，获得学校的关爱，获知事件的真相，希望自身言论、诉求能够得到尊重，也希望自我学习、科研

---

[1] ［美］亚伯拉罕·马斯洛：《动机与人格》，许金声译，中国人民大学出版社 2007 年版，第 18~78 页。

等方面的努力成果能够展现并得到认可。

(5) 自我实现需要。主要体现为学生渴望得到知识、解决问题、具有自觉性、创造性等。学生是渴求知识，追求学术创新的，但是重大突发公共卫生事件的发生使得传统教学和科研创新面临考验，一方面集中面授教学和实验室研究存在一定风险，需要其他学习方式作为替补或补充，另一方面自我独处有利于静心学习潜心研究，自觉性较差的学生就需要督促和激励。

学生需求是开展学生工作的重要依据，重大突发公共卫生事件期间，学生各层级的需要之间难免产生冲突，尤其是在势态严重的情形下，冲突愈加明显，如面授课程和公共活动的需要与健康安全的需要之间会产生一定的冲突。此时需要充分尊重满足学生的较低层次的需求，否则较高层次的需要不会占据主导地位，难以激发学生动力。同时也不要忽视高级需求，应创造性地开展工作以满足学生需求，如开展线上授课和线上活动等。而公共卫生事件的总体情况和学生情况无不处于动态变化之中，随着突发公共卫生事件的严重程度的变化，学生需求的主次关系也在动态调整，高校也应动态调整相关规定举措，适应突发公共卫生事件局势，为学生排忧解难，守好学校一片净土，维护社会安定和谐。

二、重大突发公共卫生事件中高校学生工作重要举措

(一) 构建体制机制

高校在重大突发公共卫生事件中的学生工作要遵循整体防控部署，高校应认真贯彻国家关于重大突发公共卫生事件防控工作的重要指示精神，落实教育部的要求，构建防控工作体制机制，为开展学生工作打下坚实基础。一是加强领导。党委统一领导防控工作，第一时间视学校情况成立学校、校区、机关部处、学院、年级、班级等各级突发公共卫生事件防控及应急处置领导小组，统筹协调防控工作。二是建设防控工作队伍。在领导小组的统一安排下，组建各级防控工作队伍，做到防控工作党政齐抓共管，分类分工、协同联动、责任到人。三是制定防控制度和方案。针对整体工作及各类具体工作制定并发布，如延期开学工作、校园管控工作、信息摸排上报工作、心理服务工作等。让每一位师生在疫情期间有规章制度可循。

（二）完善基础保障，满足生活需求

（1）保障饮食、宿舍等基础服务。保障食堂伙食质量和宿舍环境整洁，关注学生对饮食和住宿上的反馈，在事态严重时，推出订餐、取餐、送餐等服务，让学生吃住无忧。视情况开放校内银行、超市、快递服务等，满足学生基本生活需要。

（2）关注生活困难的特殊群体。关注家庭经济困难学生，统筹“贷、助、补、减、免、勤”等各类学生资助资金，精准落实，缓解家庭经济困难学生的经济负担，避免家庭经济困难学生因经济原因导致生活困难。同时关注广大海外留学人员和在校外国留学生等可能存在生活困难的特殊学生群体，给予他们防护指导和生活支持。

（三）开展全面防控，确保整体安全

（1）加强校园管控。一方面做好公寓、教学楼、食堂、图书馆等重点区域的出入管理，校园内错峰出行，规划出入人员的路线，为学生守好每一关卡。在事态严重时采取封闭式管理，人员和车辆严格出入校园。另一方面做好校园环境防护等工作，排查消灭可能存在的卫生安全隐患，重点关注接触性公共区域，如电梯按钮、楼梯扶手、门把手等，让校园安全无死角。

（2）普及防护知识，增强防护手段。开展合理的防护培训工作，采用多种形式科普防护知识，教会学生认识重大公共卫生事件，了解如何正确防护，鼓励学生采用合理的防护手段，在校内配置卫生设施，如消毒洗手液等，事态严重时帮助学生获得防护物资，如口罩等，以阻断可能的传播途径。

（3）做好信息传递、摸排和上报。视情况建立学校、校区、学院、年级、班级等各级防控工作联系网，保证自下而上和自上而下的消息通畅，能够及时下发通知、收集学生信息等。建立信息定时摸排制度，要对学生健康及其他必要情况进行摸底调查，排除安全隐患。同时按照要求上报相关主管部门，形成联防联控机制。

（4）提供医疗保障。提升校医院医疗水平，为学生提供有力的医疗保障，及时发现隔离疑似病例和确诊病例。必要时改革公费医疗转诊等制度，方便学生及时就医。

（四）多措并举，关注学生情感

（1）加强舆论引导。利用学校官网、微信公众号、微博、抖音等平台做好信息公开和宣传教育工作。在各平台建立防控工作的专题，加强社会和校内防控工作的信息公开，加强防控政策和防控措施的宣传解读等。采用积极事例引导和消极事例教育的方式，宣传防控工作的正面典型，弘扬正能量，披露违法违规行为，使其起到警戒作用。同时关注舆情热点，及时辟谣，引导学生不信谣，不传谣。

（2）开展暖心活动。一是回应学生关切。进行广泛的学生调研，开通学生热线，针对广大学生的困惑和难题及时给予回应和解决，消除学生疑虑，解决学生困难，让学生感受到学校的关心。二是发挥学生组织积极作用。开展形式多样的学生活动，促进学生全方位发展。注重发挥学生基层党组织的战斗堡垒作用和学生党员先锋模范作用，带动团组织和群众积极支持并投身于防控工作。同时发挥班级、学生会、社团等各级各类学生组织的积极作用。当线下活动受到影响时，积极开展"云上"学生活动，如：文化作品征集等，展示防控工作成果和学生生活，依靠网络的力量，组织公共学生活动，破除疫情在人与人之间建立的壁垒，让丰富多彩的学生生活给予学生归属感，增强凝聚力，建立和谐的校园氛围。

（3）提供心理服务。少数学生受重大突发公共卫生事件影响，无法通过自我调整解决心理问题并对生活产生不良影响，这种情况应当得到充分重视。高校应提供心理服务。通过班级心理委员、辅导员发现、安抚、疏导学生的不良情绪，同时为学生提供专业的心理服务。通过心理咨询室、心理服务热线等多种方式，及时将学生从紧张焦急甚至痛苦的情绪中解救出来。

（五）注重学生培养，促进自我实现

（1）细化教学组织和管理。根据教育部的相关指导意见，进行防控期间高校教学组织与管理工作。教学是教书育人的基本途径，应全面安排确保教学工作有序开展，特殊时期通过各类网课平台进行网络教学，做到"停课不停教、停课不停学"。一是提供充足的教学资源、学习规划等，二是制定教学组织与管理的具体实施方案，三是做好考勤工作，四是监控教学质量，加强教学督导、学生评价，五是保障学生分数的过程性、公平性。

(2) 引导科研助力防控。充分发挥高校优势，积极开展防控科研攻关工作，组织相关科研项目申报，学校对此给予一定的经费支持，引导学生通过科研为防控工作贡献力量。

(3) 把握重点环节。学生培养过程中存在很多重要环节，如招生、就业、学位授予、毕业等环节，这些环节对学生影响重大，高校应为学生排忧解难，为学生提供帮助，如开展线上招聘会等，降低重大突发公共卫生事件对学生产生的不良影响。

三、结　语

综上所述，高校在重大突发公共卫生事件中开展学生工作应关注学生各方面需要，采取切实有效的举措，各部门院系协同联动，家校密切配合，全面覆盖，保障和引导学生在突发公共卫生事件期间的正常生活学习，完成好学校教书育人的使命。

疫情期间法学院校本科生在线教学情况及满意度研究

中国政法大学学生处　许晶晶
首都师范大学心理学院　夏绪耘

【摘　要】 为了应对新冠肺炎疫情，在保证广大师生身体健康和生命安全的前提下，各大高校积极采用在线教学模式做到“停课不停教、停课不停学”，法学院校也不例外。为了能够了解疫情期间法学院校在线教学情况及满意度，本研究采用自编问卷对914名本科生进行了调查，结果发现：大多数学生对在线教学效果是认可的，但在教学过程中，学习压力变大了。另外，学生倾向于选择能够较好互动、方便操作、回放的平台，希望在课程设计中多采用教师直播的方式。希望通过本次问卷调查为法学院校的在线教学提供参考，以达到更好的教学互动效果。

【关键词】 新冠病毒　在线教学　压力　满意度　授课方式

一、问题提出

近20年来，中国的网络教育得到了前所未有的进步，从只是简单的录制课程视频发展到如今数量众多的网络学习互动平台，但是大众对网络教学的方式和效果一直存在着质疑。新冠肺炎疫情突如其来，在保障师生的身心健康和生命安全的前提下，教育部于2020年2月4日发布了《应对新型冠状病毒感染肺炎疫情工作领导小组办公室关于在疫情防控期间做好普通高等学校在线教学组织与管理工作的指导意见》。本意见明确提出，“各高校应充分利用上线的慕课和省、校两级优质在线课程教学资源，在慕课平台和实验资源平台服务支持带动下，依托各级各类在线课程平台、校内网络学习空间等，

积极开展线上授课和线上学习等在线教学活动，保证疫情防控期间教学进度和教学质量，实现‘停课不停教、停课不停学’”。

中国政法大学根据教育部、北京市教委延期开学等相关工作部署，提出了“2019—2020学年春季学期延期开学期间调整本科教学模式的工作方案”，在此方案中学校鼓励教师采取灵活多样的信息化教学方式，实施线上授课。虽然信息化的教学方式极大地保证了教学进度，但是对于如此大规模的在线教学方式和效果却有着争议，如武汉大学法学院教授洪浩就提出了“教育界同仁对网络授课模式各抒己见”，但是“或许不久的将来，网课会成为线下授课的补充”。[1]本研究将采用问卷调查的方式，了解疫情期间法学院校本科生在线教学情况和满意程度，为疫情期间和疫情之后的教学模式改进提供参考意见。

二、研究方法

（一）调查对象

本研究对某法学院校的本科生进行了调查，共有914名学生完成问卷。其中，大一学生327名，大二学生293名，大三学生218名，大四学生76名。具体情况见表1。

表1　调查对象基本情况

调查对象	男	女
大一	80	247
大二	67	226
大三	55	163
大四	22	54
合计	224	690

（二）问卷设计

本研究根据在线教学的相关特点设计了《法大本科生在线教学情况及满

〔1〕洪浩：“‘网课’推进法学教育创新”，载《社会科学报》2020年4月2日，第5版。

意度调查》。本问卷共由五部分组成：第一部分，调查对象的个人特征；第二部分，在线教学效果整体满意度；第三部分，在线教学授课方式及其优劣；第四部分，在线学习的压力情况；第五部分，疫情后教学方式期望。

（三）调查方法

本研究采用匿名的方式，随机抽取被试，问卷通过问卷星进行发放。

三、结果分析

（一）在线教学整体满意度

本研究调查了学生对所开设的在线课程整体满意程度，经过统计平均分为 3.8，具体情况见表 2。

表 2　学生对在线教学整体满意度

选项	小计	比例
非常不满意	9	0.98%
不满意	36	3.94%
一般	256	28.01%
满意	441	48.25%
非常满意	172	18.82%

本研究对线上教学与传统课堂教学的教学效果进行了对比，根据学生所打的分数进行计算，平均分为 3.09，具体情况见表 3。

表 3　线上教学与传统教学教学效果比较

选项	小计	比例
差很多	59	6.46%
差一些	188	20.57%
一般	362	39.61%
好一些	220	24.07%
好很多	85	9.3%

（二）在线教学授课方式及其优劣

1. 学生最推荐老师使用的授课平台

本研究调查了学生根据自己的学习体验，认为体验最好、最推荐老师使用的软件（可多选）。结果显示，绝大部分同学（615 名，67.29%）推荐了“腾讯会议”，推荐理由有“网络流畅”“方便”“便于交流和互动”“投屏便利”等。另有 46.72%的同学（427 名）推荐了“学习通”，推荐理由有“可录播、回放”“功能全面”等。还有 18.27%的同学（167 名）推荐了“钉钉”，推荐理由有“可立即回放”“流畅”等。在“其他”类别中，有 136 名同学（14.88%）推荐了腾讯课堂，原因有“可以录播、回放”“流畅”等。另有同学推荐了微信群授课（9.74%，89 名）、企业微信（9.41%，86 名）、ZOOM（5.58%，51 名）等授课平台。

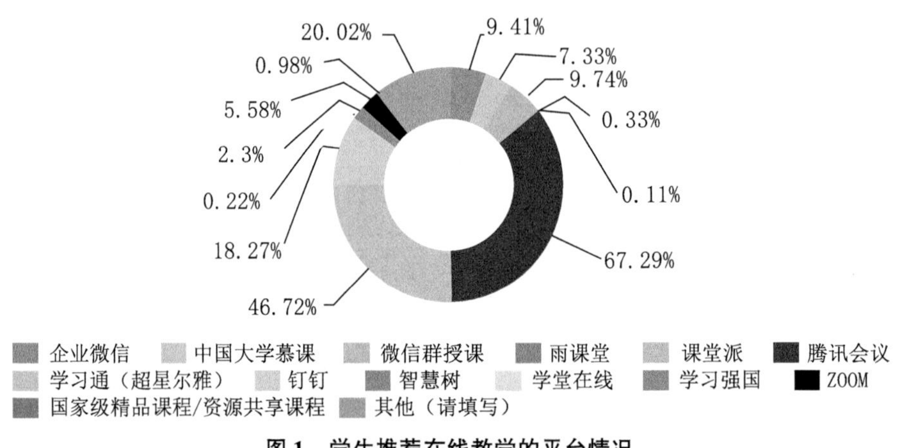

图 1　学生推荐在线教学的平台情况

关于学习平台的其他评价或建议，有同学提出，希望可以回看课程来复习，希望老师不要锁课，“希望能回看课程，因为课程中部分内容没能第一时间消化，很希望能再看看，同时也希望能听别的老师的课，那样可以完善一下知识体系”。另外也有一部分同学提出“学习通”可能会出现卡顿、闪退、遇到 bug 等问题，建议老师斟酌使用。

2. 学生最推荐的课程授课方式时间分配

本研究请同学们表示出自己最理想的一节课的时间分配，总共可分配的虚拟点数为100%。每次课程授课方式理想时间分配比例如下：老师会议/直播讲解51%，浏览资料、视频等20%，师生讨论12%，完成作业10%，同学会议/直播讲解7%。

表4 学生推荐理想在线教学授课方式的时间分配比例

选项	平均分	比例
老师会议/直播讲解	51.35	51%
同学会议/直播讲解	6.74	7%
浏览资料、视频等	20.32	20%
师生讨论	12	12%
完成作业	9.6	10%

另外，同学提出部分教师在线教学存在以下问题：教师直播只有音频而没有PPT视频；每节课的音频和视频时间过长，占用了休息时间；教师只是解答问题，没有课程讲授；每周课程内容太多，造成无法完全吸收；学生讲解时间过长，占用课堂讲解和作业时间等。

3. 在线教学不同授课方式的优劣

第一，在线教学授课方式调查结果。

本研究对同学们近期学习课程的授课方式进行了调查，其中大多数同学的课程都采用过老师会议/直播讲解的方式（95.40%，872名）和观看、浏览资料（如慕课、视频等）的方式（88.18%，806名），半数以上的同学的课程采用了师生线上讨论的方式（62.80%，574名），另有部分同学的课程采用了课上完成作业（37.09%，339名）和学生会议/直播讲解的方式（32.39%，296名），只有非常少数的同学提到“课后完成作业”和“录播”的方式。

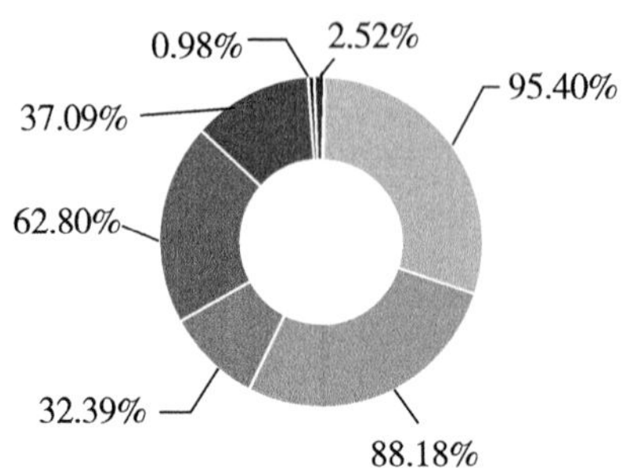

图 2　学生参与的在线教学授课方式情况

第二，“老师会议/直播讲解”授课方式优劣。

对课程包含老师会议/直播讲解方式的同学来说，有近半数的同学认为老师会议/直播讲解的方式与在教室听课的学习效果没什么区别（46.1%，402名），另有28.44%的同学（248名）认为老师会议/直播讲解使自己的学习效果变好了，有25.46%的同学（222名）认为老师会议/直播讲解使自己的学习效果变差了。

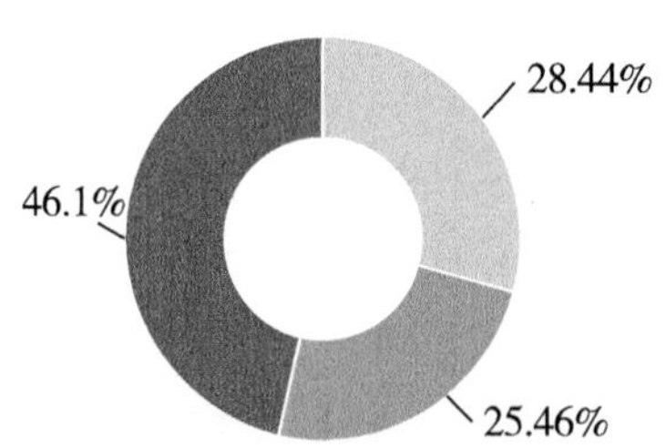

图 3　“老师会议/直播讲解”授课效果

认为老师在线上会议/直播讲解使自己学习效果比以前更好的同学的理由，比教室学习更灵活（81.45%，202人）、查询资料等更方便（72.98%，181人）、感觉更放松（67.74%，168人）、线上更愿意提问（38.31%，95人）、形式新颖且具有吸引力（35.48%，88人），还有同学认为线上会议/直播可以回放、不用占座、干扰更少等。

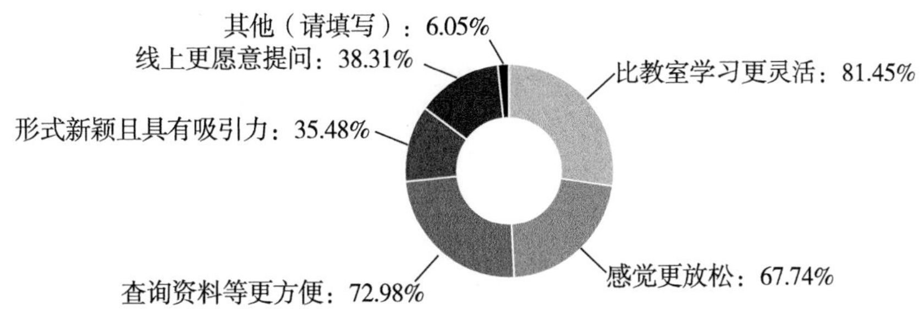

图 4 “老师会议/直播讲解”授课效果好的原因

认为老师线上会议/直播讲解方式使自己学习效果比以前更差的同学的理由有，注意力不集中（86.04%，191 名）、无法与老师面对面（67.57%，150 名）、无法与同学在一个教室里学习（60.36%，134 名）、网络不好有延迟（57.21%，127 名）、音效杂音等问题（39.19%，87 名）、切换 PPT 等操作时间耗时长（23.87%，53 名）、缺少写字的黑板（23.42%，52 名），还有同学认为线上会议/直播不利于研讨互动、发放资料课上答疑的方式不助于理解知识、容易忘记签到等。

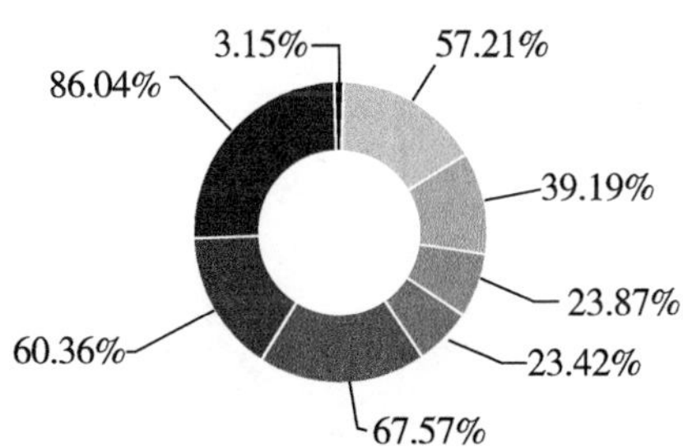

图 5 “老师会议/直播讲解”授课效果差的原因

第三，“浏览资料（如慕课、视频等）”授课方式优劣。

课程包含观看、浏览资料方式的同学中，有 43.42%的同学（350 名）认为观看、浏览资料使自己的学习效果变好了，有 38.46%的同学（310 名）认为观看、浏览资料与在教室听课的学习效果没什么区别，有 18.11% 的同学（146 名）认为观看、浏览资料使自己的学习效果变差了。

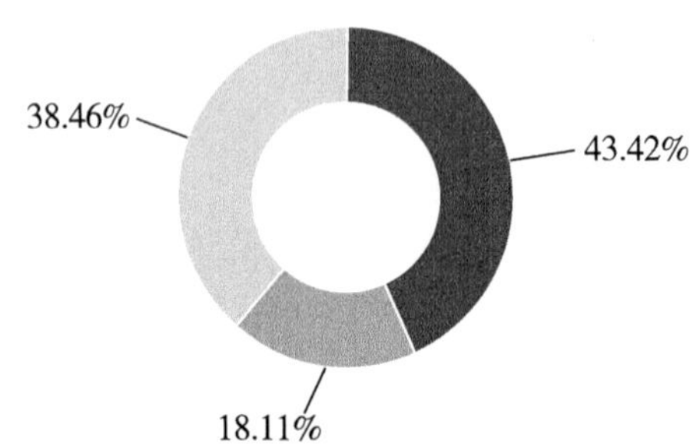

图 6 “观看、浏览资料（如慕课、视频等）”授课效果

认为观看、浏览资料使自己学习效果比以前更好的同学的理由有，可以自主安排时间（94.29%，330 名）、资料内容丰富（72.29%，253 名）、学到的东西更多（45.43%，159 名），还有同学的理由为观看、浏览资料可以回放、暂停、倍速播放，可以根据自己的学习节奏调整。

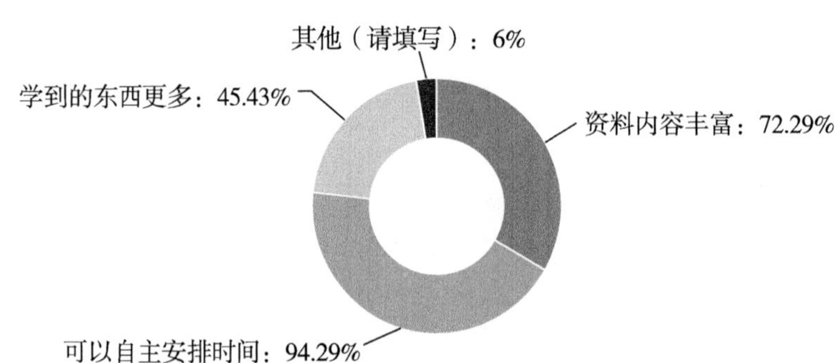

图 7 “观看、浏览资料（如慕课、视频等）”授课效果好的原因

认为观看、浏览资料使自己学习效果比以前更差的同学的理由有，缺少课堂氛围（88.36%，129 名）、看资料注意力变差（74.66%，109 名）、学习时间过长（58.90%，86 名）、资料难度程度不符（26.71%，39 名）、软件操作复杂（19.86%，29 名），还有同学认为学习时间超出原定课时，电子资料阅读不方便等。

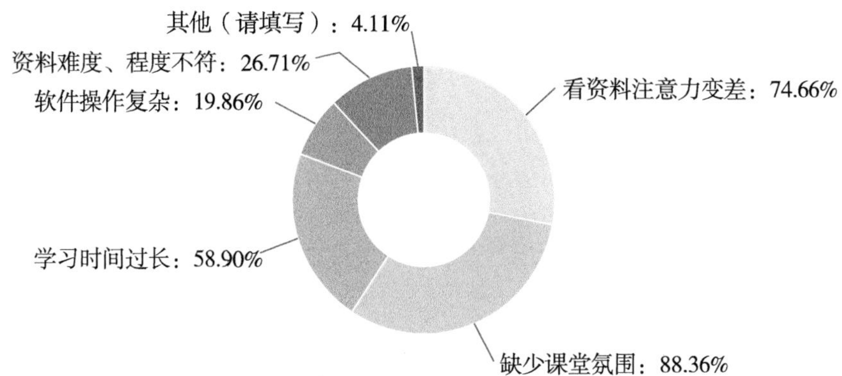

图 8 “观看、浏览资料（如慕课、视频等）”授课效果差的原因

第四，“师生线上讨论”授课方式优劣。

课程包含师生线上讨论方式的同学中，有 50. 35%的同学（289 名）认为师生线上讨论与在教室听课的学习效果没什么区别，有 34. 49%的同学（198 名）认为师生线上讨论使自己的学习效果变好了，有 15. 16%的同学（87 名）认为师生线上讨论使自己的学习效果变差了。

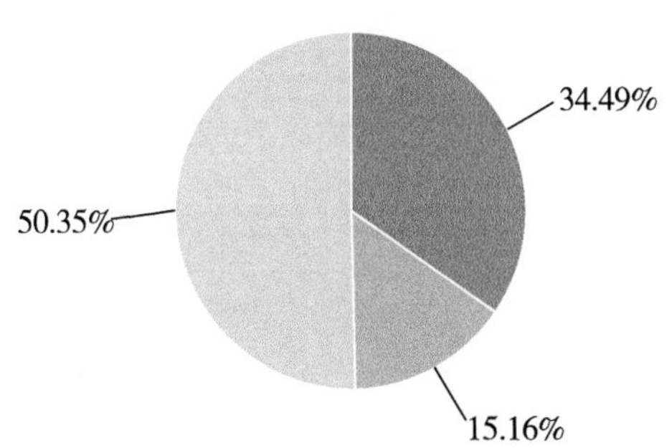

图 9 “师生线上讨论”授课效果

认为师生线上讨论使自己学习效果比以前更好的同学的理由有，线上讨论比面对面问答更放松（77. 27%，153 名）、班级讨论氛围很好（63. 64%，126 名）、老师引导得很好（63. 64%，126 名）、能得到很多新想法和新知识

(49.49%，98 名)、喜欢讨论的方式（35.35%，70 名)、注意力更加集中(32.32%，64 名)，还有同学认为线上讨论有可以回看的优点等。

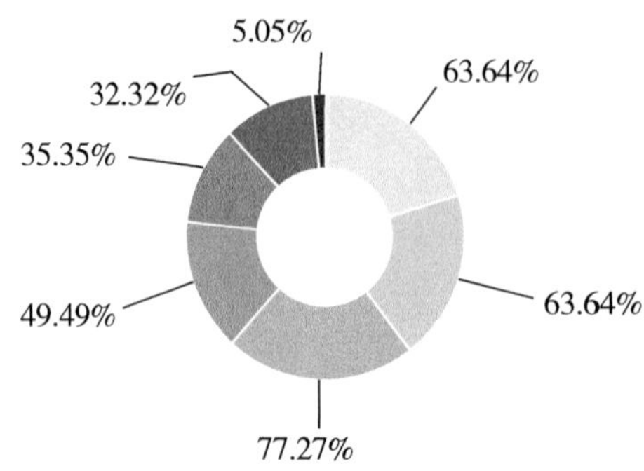

图 10　“师生线上讨论”授课效果好的原因

认为师生线上讨论使自己学习效果比以前更差的同学的理由有，无法面对面交流（70.11%，61 名)、经常冷场（63.22%，55 名)、不喜欢讨论(31.03%，27 名)、无法获得想要的知识（25.29%，22 名)，还有同学的理由为互动不及时，没有线下讨论深入，讨论较混乱，一些课程可能不适合讨论等。

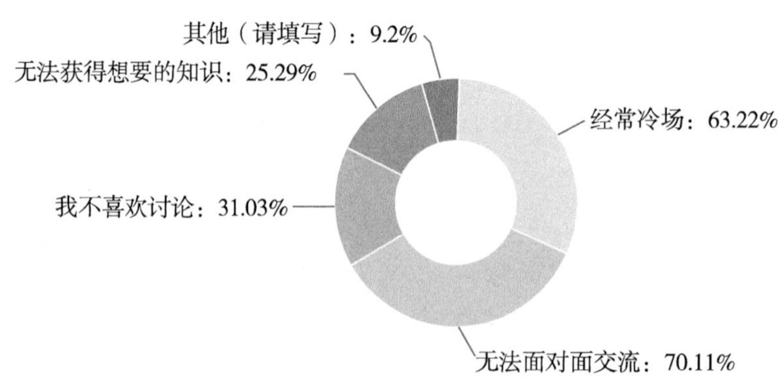

图 11　“师生线上讨论”授课效果差的原因

第五，“课上完成作业”授课方式优劣。

课程包含课上完成作业方式的同学中，有 59.00%的同学（200 名）认为课上完成作业与在教室听课的学习效果没什么区别，有 28.61%的同学（97 名）认为课上完成作业使自己的学习效果变好了，有 12.39%的同学（42 名）认为课上完成作业使自己的学习效果变差了。

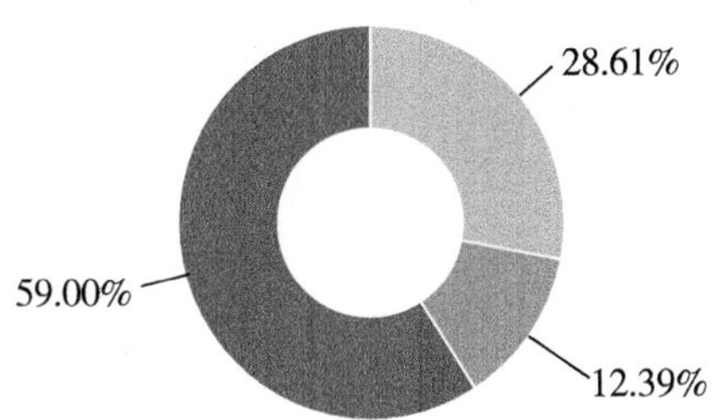

图 12　“课上完成作业”授课效果

认为课上完成作业使自己学习效果比以前更好的同学的理由有，及时巩固有助于记忆（72.16%，70 名）、可以得到老师实时反馈（71.13%，69 名）、减少了课下负担（59.79%，58 名）、有老师监督更有效率（52.58%，51 名）。

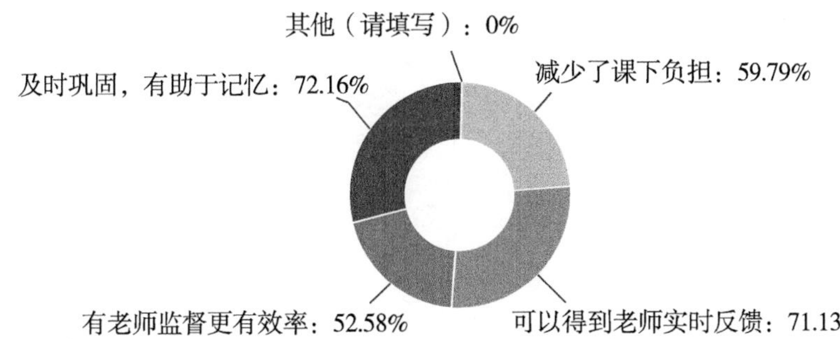

图 13　“课上完成作业”授课效果好的原因

认为课上完成作业使自己学习效果比以前更差的同学的理由有，缺少课下复习的机会容易遗忘（69.05%，29 名）、缺少了语言交流（54.76%，23 名）、规定的时间不适合自己（54.76%，23 名）、拖慢了课堂进度（47.62%，

20名），还有同学认为“课上完成作业”方式缺少老师讲解、量太多等。

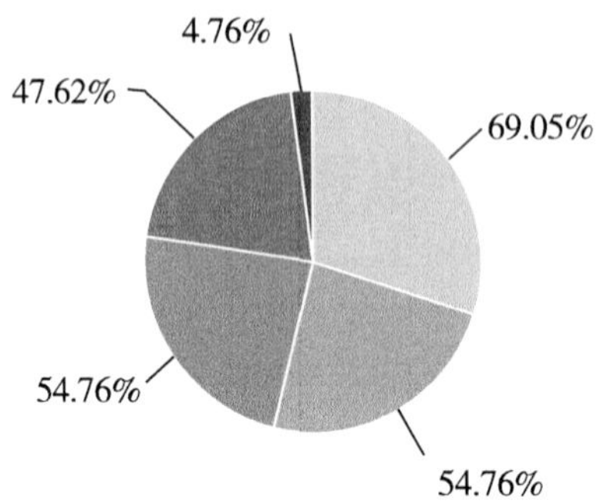

图14　“课上完成作业”授课效果差的原因

第六，“学生会议/直播讲解”授课方式优劣。

课程包含学生会议/直播讲解方式的同学中，有58.11%的同学（172名）认为学生会议/直播讲解与在教室听课的学习效果没什么区别，有24.66%的同学（73名）认为学生会议/直播讲解使自己的学习效果变好了，有17.23%的同学（51名）认为学生会议/直播讲解使自己的学习效果变差了。

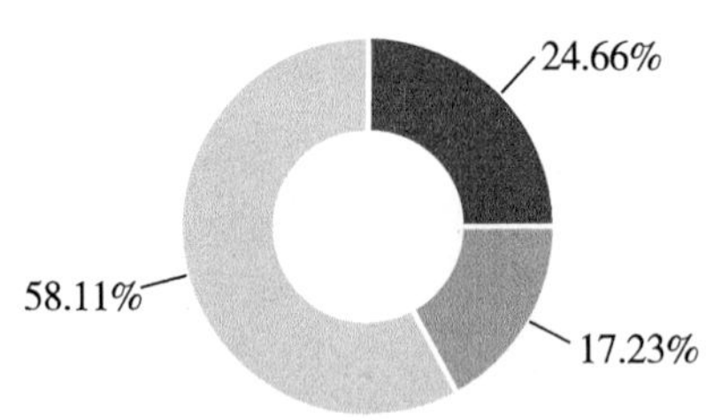

图15　“学生会议/直播讲解”授课效果

认为学生会议/直播讲解使自己学习效果比以前更好的同学的理由有，自己在准备的时候能学到很多（68.49%，50名）、更容易集中注意力（60.27%，44名）、增加了同学（小组成员）的交流（53.42%，39名）、喜欢听同学讲解（43. 84%，32 名）、喜欢给大家讲解（20. 55%，15 名），还有同学认为线上讲解灵活方便。

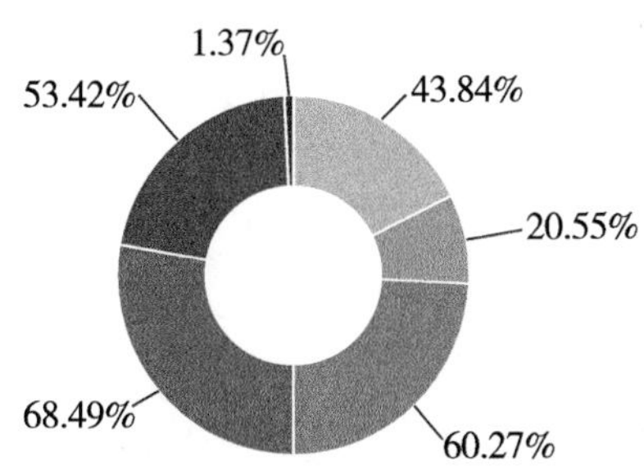

图 16 “学生会议/直播讲解”授课效果好的原因

认为学生会议/直播讲解使自己学习效果比以前更差的同学的理由有，同学讲解质量不高（56. 86%，29 名）、小组配合不好有人偷懒（45. 10%，23 名）、不喜欢小组合作的形式（43. 14%，22 名）、缺少老师的点评补充（39. 22%，20 名）、不喜欢给大家讲解（23. 53%，12 名），还有同学认为线上小组合作效率低等。

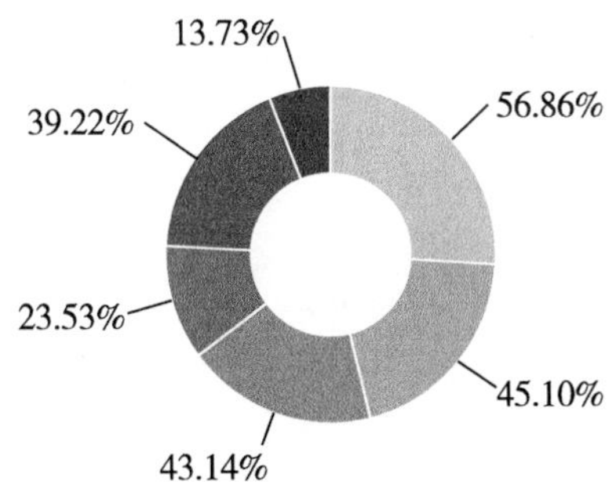

图 17 “学生会议/直播讲解”授课效果差的原因

（三）在线学习的压力情况

1. 学生每周在线学习的课程数量

本研究了解了学生本学期平均每周需要在线学习的课程数量，结果显示，有 16 名同学有 0 门专业课，12 名同学有 1 门专业课，16 名同学有 2 门专业课，25 名同学有 3 门专业课，32 名同学有 4 门专业课，54 名同学有 5 门专业课，76 名同学有 6 门专业课，85 名同学有 7 门专业课，598 名同学有 7 门以上专业课。

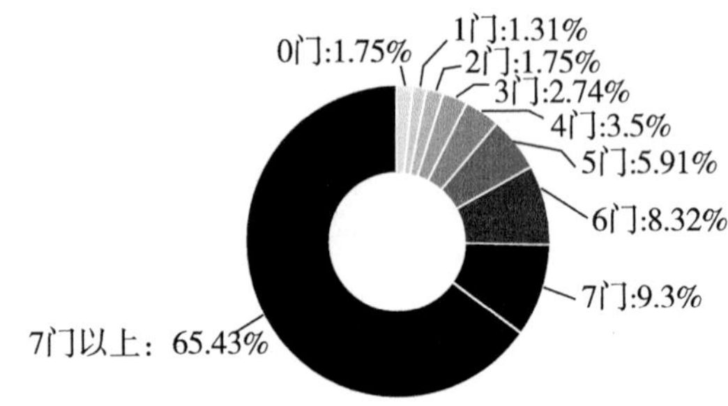

图 18　学生每周在线学习的课程数量

2. 学生在线学习的压力情况及原因分析

对于近期在线学习的压力情况，49. 78%的同学（455 名）认为在线学习使自己的压力变大了，有 28. 77%的同学（263 名）认为在线学习与在教室听课的压力没什么区别，19. 91%的同学（182 名）认为在线学习使自己的压力变小了。

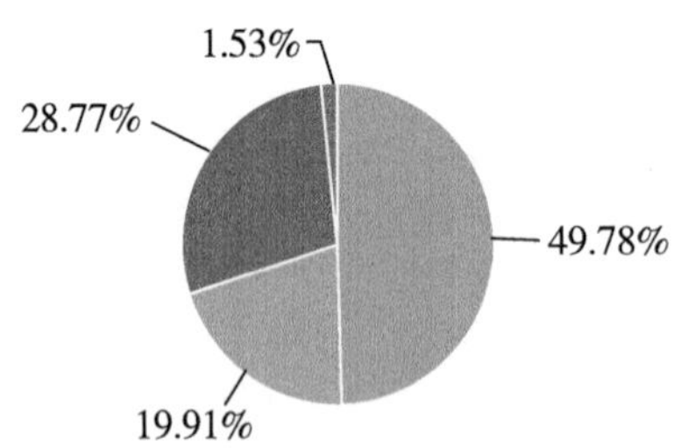

图 19　学生在线学习的压力情况

其中，认为在线学习使自己压力变大了的同学的理由有，课业变多（68.13%，310名）、非直播授课内容或时间增多（65.93%，300名）、学习热情降低（50.33%，229名）、软件操作切换繁琐（47.03%，214名）、不习惯这种方式（47.03%，214名）、网络不好（35.16%，160名）、缺少学习指导（23.3%，106名）、学到的东西变少（20.22%，92名），还有同学认为在线学习缺少学校的学习氛围、周围干扰更多、用眼过度、课程要求的视频时长过长、没有纸质材料、英语课采用布置任务的形式可能学习较吃力等。

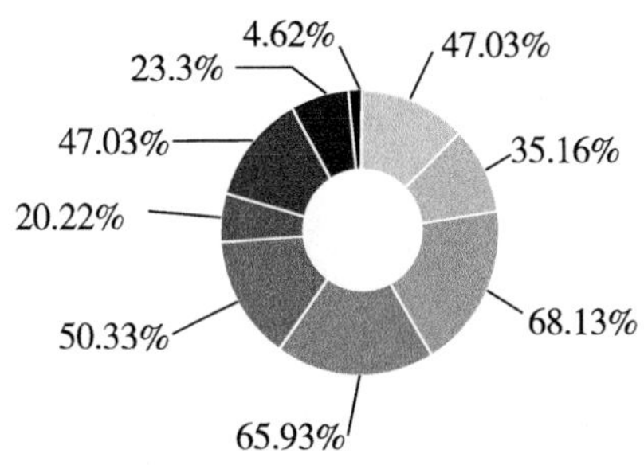

■ 软件操作/切换繁琐 ■ 网络不好 ■ 课业变多
■ 非直播授课内容/时间增多（如更多使用课下浏览）■ 学习热情降低 ■ 学到的东西变少
■ 不习惯这种方式 ■ 缺少学习指导 ■ 其他（请填写）

图20 学生在线学习压力变大的原因

另外，认为在线学习使自己压力变小了的同学的理由有，时间更灵活（86.26%，157名）、自主安排的空间更大（81.87%，149名）、便利（不用换教室或地点）（75.82%，138名）、比较适合自己（54.4%，99名）、方式新颖（40.66%，74名）、更愿意提问或交流（29.67%，54名）、学到的东西更多（24.18%，44名），还有同学认为不用占座也是优点之一。

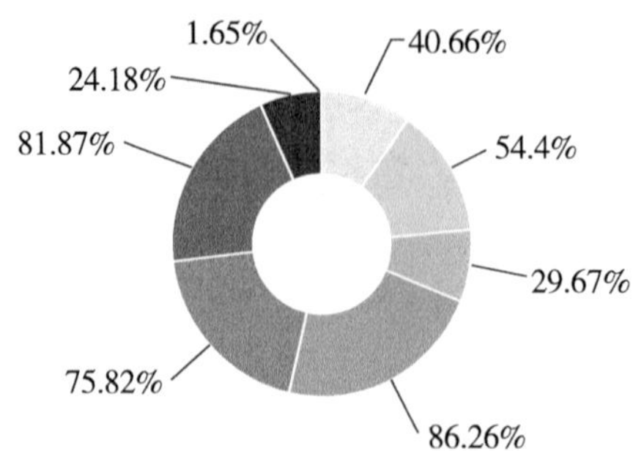

方式新颖 比较适合自己 更愿意进行提问或交流 时间更灵活
便利，不用换教室或地点 自主安排的空间更大 学到的东西更多 其他（请填写）

图 21　学生在线学习压力变小的原因

（四）疫情之后期望的教学方式

为了能够更好的达到教学效果，本研究对疫情之后恢复正常教学的情况下，同学们认可的教学方式效果进行了探索。结果显示 63. 89%（584 名）的同学认为线上线下混合教学效果最好，27. 46%（251 名）的同学认为完全传统教学方式效果最好，只有 8. 64%（79 名）的同学认为完全在线学习效果最好。

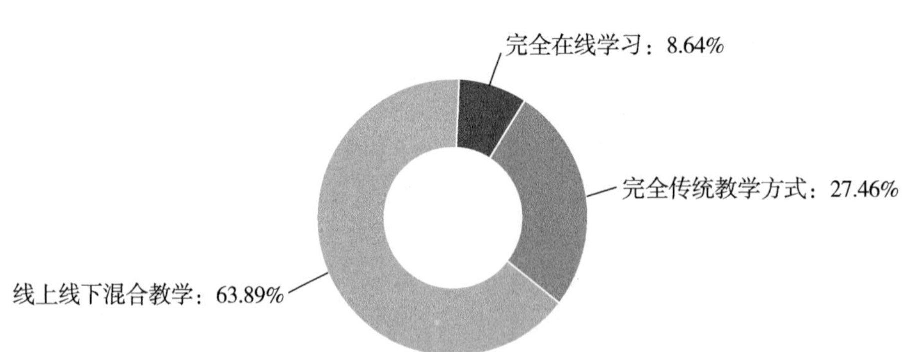

图 22　疫情之后学生所期望的教学模式

四、讨论与建议

（一）注重选择在线教育平台

教育部为了保证疫情防控期间教学进度和教学质量，实现“停课不停教、停课不停学”的目标，向广大高校公布了备案的共计37个在线教学的课程资源平台和技术平台。[1]面对如此多的在线教学平台，选择合适于法学院校课程特点的平台就变得至关重要。根据现有在线教学情况，大多数学生推荐了腾讯会议和学习通两个技术平台，选择的原因主要为沟通便利、网络流畅、能够回放等。根据调查结果与建议，学生较为关注平台的沟通及时性、操作便利性和能回看功能，所以授课老师在选择平台时需要关注这些因素，以便达到更好的教学效果。

（二）分配合理授课时间

通过本次调查可以看出，学生最理想的课程模式为50%的时间为教师在线讲解，20%的时间为浏览资料、视频，12%的时间为师生讨论，10%的时间完成作业，7%的时间同学会议/直播讲解。这个结果与现有老师所采用的授课方式的调查结果不谋而合，即大部分老师能够根据学科和学生特点，合理安排授课方式和时间。但是根据同学所提的建议显示，有部分老师采用单一的授课方式，甚至无视频讲解，难以吸引学生的注意，无法达到教学目标。所以，学生们希望教师根据不同授课方式的优劣，合理安排授课方式，用心做到一课程一模式，一知识一安排。

（三）控制课程任务量

通过对现有学生学习课程情况及学习压力调查发现，有将近66%的学生每周有六门以上的线上课程，且将近50%的学生感受到在线教学使得自己压力变大，而变大的主要原因集中在课业量变大、软件频繁操作、不习惯授课模式、学习热情降低等问题。疫情期间学习压力的增大，一方面是由于在线教学依赖于各种软件，师生都要重新学习，另一方面教师由于通过网络授课缺少与学生及时的互动，无法较好地了解学生对知识的掌握程度，多采用了增加课业量的方式，故而学生明显感受到了在线教学已经占用了休息时间。

（四）重视课程回看功能

本研究对每个问卷都设计了开放性问题，旨在了解学生在线学习过程中

[1] 中华人民共和国教育部：《教育部应对新型冠状病毒感染肺炎疫情工作领导小组办公室关于在疫情防控期间做好普通高等学校在线教学组织与管理工作的指导意见》，载http://www.moe.gov.cn/srcsite/A08/s7056/202002/t20200205_418138.html，最后访问日期：2020年2月4日。

的具体困难。结合学生对平台和授课方式量化结果来看，学生非常关注课程的回放功能，希望老师能够在课程结束之后不锁定前面所讲内容，在遇到问题时能反复观看。学生的诉求与在线学习压力结果是相吻合的，由于学生面对多门课程，且需要大量的时间观看视频与资料，使得新知识消化时间被挤压，所以学生需要通过反复观看课堂回放帮助其理解新内容。

（五）探索疫情之后教学模式

由于新冠肺炎疫情突如其来，网络教育被猛地推到了教育前沿，使得大众对网络教学效果有了前所未有的重视。所以，此次疫情期间大规模在线教学无疑是检验我国近二十年教育技术发展，向各界展示网络教育成果的最好机会。通过调查发现，大多数同学对在线教学效果是基本认可的，认为在线教学与传统的教学模式相差无几，而且有将近64%的学生选择在疫情之后希望教学采用线上线下相结合的方式。

参考文献

[1] 吴德银："疫情防控期间职业院校网络教学的困境与对策"，载《宁波工程学院学报》2020年第1期。

[2] 张晓妍、乜勇："教育信息化2.0背景下网络教育的现状及对策思考——以陕西省为例"，载《中国医学教育技术》2020年第2期。

开展法大研究生美育工作的思考和探索

学生处 张永然 王 超

【摘 要】 研究生美育工作是增强研究生综合素质，提升研究生人才培养质量的重要途径。当前法大研究生美育工作存在师资力量、校园资源等方面的诸多困难，难以满足当前研究生群体的美育需求。笔者通过深入调研，立足法大当前实际，提出从一体化统筹资源、体系化规划路径、个性化提供教育等方面构建法大研究生美育的长效工作机制。

【关键词】 法大 研究生 美育工作

美育是审美教育，也是情操教育和心灵教育，[1]是新时代立德树人的重要组成部分。习近平总书记在全国教育大会的重要讲话中指出："要全面加强和改进学校美育，坚持以美育人、以文化人，提高学生审美和人文素养。"美育作为研究生人才培养必不可少的环节，对于培养研究生群体的审美素养，陶冶道德情操、开阔胸襟视野、丰富人生阅历具有重要作用。加强研究生美育工作，实现以美育人、以美化人、以美培人，是提升研究生人才培养质量，培养德智体美劳全面发展的社会主义建设者和接班人的重要途径。

一、法大研究生美育工作的现状和问题

当前美育缺席研究生人才培养已成为各高校的普遍现象，法大亦不例外。最为明显的体现是，包括法大在内的各高校各专业各层次的研究生人才培养方案和课程安排中均突出专业类课程，缺乏公共艺术类的美育课程。一些高校虽然面向研究生开设相关课程，但课程覆盖面小，学生参与度低，未达到预期效果。同时，与本科生群体丰富的校园文化活动相较，研究生群体的校

---

[1] 《国务院办公厅关于全面加强和改进学校美育工作的意见》。

园文化活动缺乏。目前高校很少有专门的研究生艺术团以及文艺社团。重大的校园文艺活动，鲜有研究生身影出现。这在一定程度上导致外界产生了研究生只专注学习、没有艺术爱好的刻板印象，虽然实际情况绝非如此。

出现上述问题并非偶然，高校美育工作整体起步较晚，相对于德育、智育、体育和劳育，一直是薄弱环节。对于研究生教育而言，其更存在“先天不足”“后天不全”的缺陷。长期以来，研究生教育被视为专业教育，研究生人才培养是以专业教育水平为导向、以科研创新成果为标志，学校、导师和学生都高度关注专业能力提升，忽视文化艺术的熏陶和审美素养的提升。尤其随着研究生人才培养的要求进一步严格，研究生学业就业压力日益增大，大量时间忙于科研、实习、就业，无暇顾及自身美育综合素质的提升。对于法大而言，不仅存在上述问题，而且因办学资源等问题，研究生美育工作其面临着更多自身困难。具体来说有如下几点：

第一，法大美育师资力量严重缺乏。法大作为法科特色强校，美育专职师资力量薄弱。目前，美育教学是以人文学院艺术教研室的九名教师为主力。这些教师各有各自的研究领域，除了承担本学院相关专业课程教学，还担负近9000名本科生的美育课程。在如此繁重的教学任务下，如再开设研究生美育课程确实力有未逮。

第二，法大美育校园资源难以共享。因历史原因，法大两校区办学，研究生教育主要集中在学院路校区。而学院路校区资源非常有限，目前仍未有适合举办文艺演出的活动场地和设备，每年研究生毕业晚会都是露天举办。而且因两校区相距40余公里，昌平校区较为丰富的美育资源难以和学院路校区共享，公共艺术类课程难以本研共学，各类校园文艺演出也难以本研共赏。

第三，现有研究生教学模式制约了美育工作深入开展。因专业特色，法大研究生多为法学专业。法学作为一门实践性很强的学科，研究生需要到实务部门进行长时间的实践实习，课堂专业学习和社会实践实习使得研究生的业余时间很少。另外近年来研究生招生类型日益增多，如全日制、非全日制，学术型、专业型，硕士、博士，少数民族骨干等各类型研究生，其培养目标和模式也大相径庭，这给有针对性地开展研究生美育带来了挑战。

当前学校认识到研究生美育工作存在的不足，已经在努力克服困难，创造条件开展各类研究生美育活动，丰富校园文化生活。学校的“致美法大”

工作体系，与中国芭蕾舞团等艺术团体合作，为法大师生开设专场，专门组织部分研究生观看芭蕾舞剧、歌剧等高雅艺术演出，获得了研究生们普遍好评。学校相关部门也积极推出举措，如学工部门克服困难举办每年一度的研究生毕业晚会，发挥首都博物馆、美术馆资源密集的优势，举办“大美中国”系列活动，组织研究生前往参观，还组织经典法治格言书法大赛等。宣传部门则立足学校特色，在学院路校区因地制宜举办名家书法、古文碑刻等展览活动，潜移默化培养学生审美素养。各学院也开展了系列活动，丰富学生校园生活，这些都取得一定效果。但我们必须看到的是，因研究生美育工作欠账多、基础差、底子薄，目前工作虽然有了些成绩，但和研究生需求仍有着不小差距，和学校目前建设世界一流学科，培养德法兼修的法治高素质人才培养目标更是相去甚远。

二、法大研究生美育需求的实证调研分析

为全面了解研究生群体对于美育工作的需求，笔者设计了《法大研究生美育工作调查》问卷，面向全体研究生发放，旨在了解当前研究生美育工作存在的不足，并征求同学对于研究生美育工作的开展建议和需求。发布后共回收有效问卷 808 份，填写问卷的研究生涵盖所有在校年级（见图 1），能够较为真实地反映当前研究生对美育工作的需求。另外，笔者还和部分学生进行座谈，直接了解学生的想法。

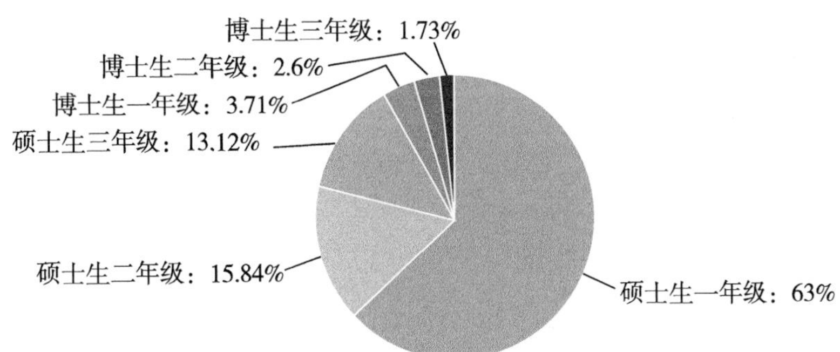

图 1　研究生美育工作问卷调查受访学生分布

综上调研，我们认为当前法大研究生群体对于美育需求存在以下特点：

第一，当前法大研究生对于美育的需求十分强烈。问卷显示，超过

89.7%同学认为为了促进研究生全面发展，美育工作十分有开展必要。其中同学们最为关注的就是要丰富校园文化生活，举办艺术讲座、音乐会和演唱会等形式多样的活动；同学们普遍反映的是需要美化教室、图书馆、宿舍等校园环境，让同学们的学习生活环境更加宜居，808 名受访者有 690 名在这两个问题上达成共识（见表 2）。访谈中，同学们也表示，当前研究生群体承受压力较大，而学院路校区硬件环境有限，人员集中，同学们普遍反映校园文化单一，缺乏娱乐设施，难以缓解心理压力。同学们普遍认为缺乏场地，硬件设施太差是制约当前法大学院路校区研究生美育工作开展的主要因素（见图 2）。

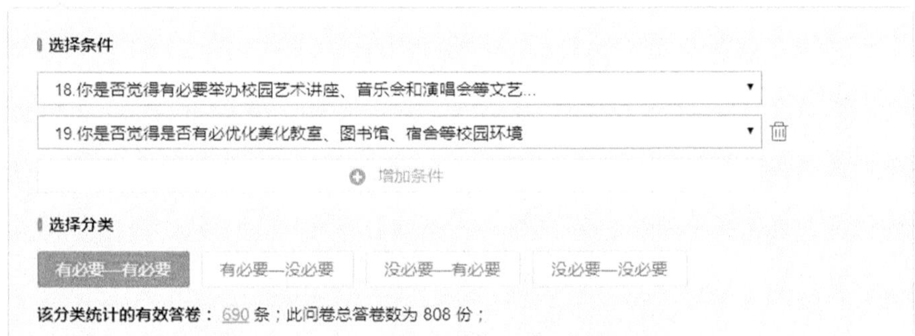
分类筛选

选择条件

18.你是否觉得有必要举办校园艺术讲座、音乐会和演唱会等文艺...

19.你是否觉得是否有必优化美化教室、图书馆、宿舍等校园环境

增加条件

选择分类

有必要—有必要　有必要—没必要　没必要—有必要　没必要—没必要

该分类统计的有效答卷：690 条；此问卷总答卷数为 808 份；

表 2　研究生最为关注的美育工作调查

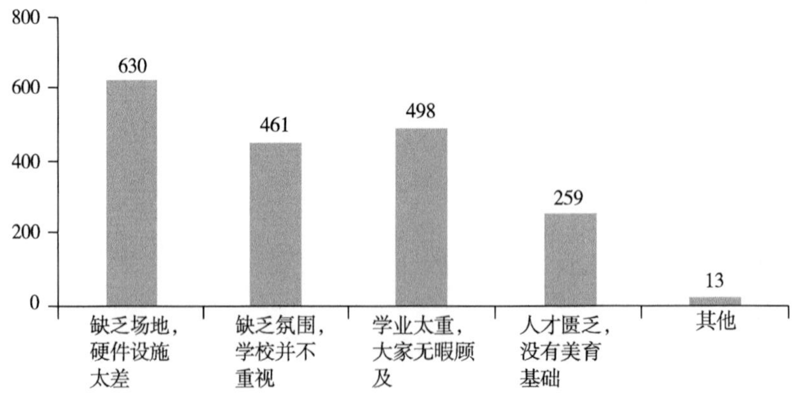

图 2　研究生对于当前美育工作开展困难认识

第二，法大研究生群体美育素养整体不均衡。研究生美育作为本科阶段美育工作的延续和深化，需要和本科美育一起规划，一起教学。但是由于中国政法大学研究生招生生源和人才培养模式等诸多问题，法大研究生群体整体的美育素养还有待加强，美育工作还要从基础工作做起。调研中，约有10%的受访同学认为研究生只需关注专业学习即可，而这种情况在硕士博士各年级中都有体现；约有18%的受访同学没有业余爱好（见图3）；约有33%的受访同学本科阶段没有选修过美育相关课程，9.5%的受访同学本科阶段学校没有开设美育课程；接近12%的同学本科阶段没有参加过任何艺术类的社团和活动，接近70%同学只是偶尔参加。以上情况在访谈中也得到印证，一些同学谈到自己平时爱好就是宅在宿舍睡觉或者上网，还有很多同学谈到本科阶段忙于学习，虽然是学霸，但确实很少参加校园文艺活动。还如同学们观看学校组织芭蕾舞剧和歌剧，接受欣赏能力不一样。有些同学表示能够欣赏，也有些同学表示一知半解，甚至看不懂（见图4）。由此可见，中国政法大学研究生的群体美育意识有待进一步启发，整体美育素养有待提升。

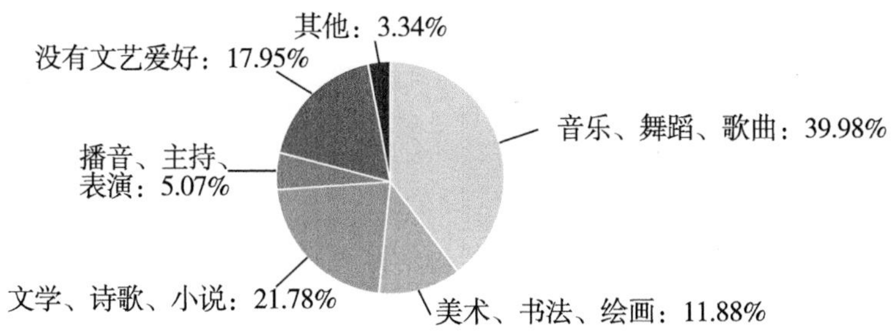

图3　研究生平时文艺爱好调查

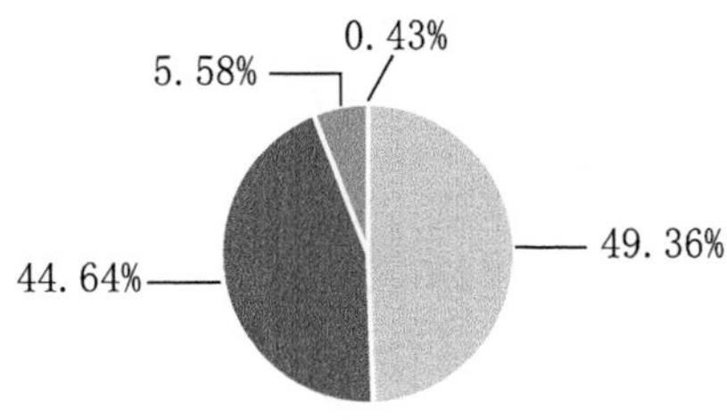

图4　研究生观看学校组织高雅艺术演出的感想调查

第三，当前研究生群体美育需求呈现差异分层化。由于研究生群体美育素养整体不均衡，这也造成了学生对于美育工作需求的差异化、分层化和个性化。如有的同学需要进一步提升，而另一些同学则需要夯实基础，当然还有些同学需要美的启蒙。另因同学爱好差异，其关注美育的内容也有所差异(见图5)。选择美育的方式也有所差异。由于校园美育资源有限，同学们选择的休闲娱乐方式，缓解压力方式反映出诸多差别：选择观看较为通俗的电影相声的同学多于选择音乐会、演唱会、戏剧等演出的同学，选择游玩公园和外出旅游的同学多于参观美术馆、博物馆、艺术馆的同学。

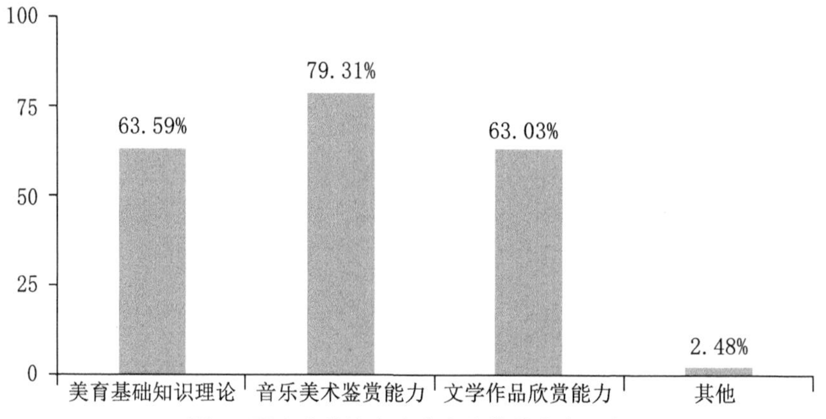

图5　研究生关注自身美育素养的内容调查

第四，现有美育工作不能契合法大研究生的学习生活规律。目前研究生美育最主要的形式是集中观看高雅艺术以及以班级、党支部的形式参观学习。这些方式虽然取得过成绩，但必须承认未达到预期效果。原因主要有如下几点：一是受众有限，受访同学中只有29%的同学参加过学校组织的大型活动，而每年的参观活动也不过600人次。二是和学生自身安排冲突。调研显示，70%未参加大型活动同学中，超过一半表示美育活动与自己其他活动冲突不能参加，接近三成则因名额有限未去成，而约有百余名同学明确表示不喜欢。当被问及是否还会报名参加类似活动时，超过一半的同学表示视情况而定(见图6)。而这个视情况而定大多是与个人课程、专业实习有关。这也印证了上文中谈到研究生面临繁重的学业压力，影响了其参与美育活动的积极性。对此，同学们也多建议研究生美育工作的最佳方式是请进来，使高雅艺术进校园（见图7）。

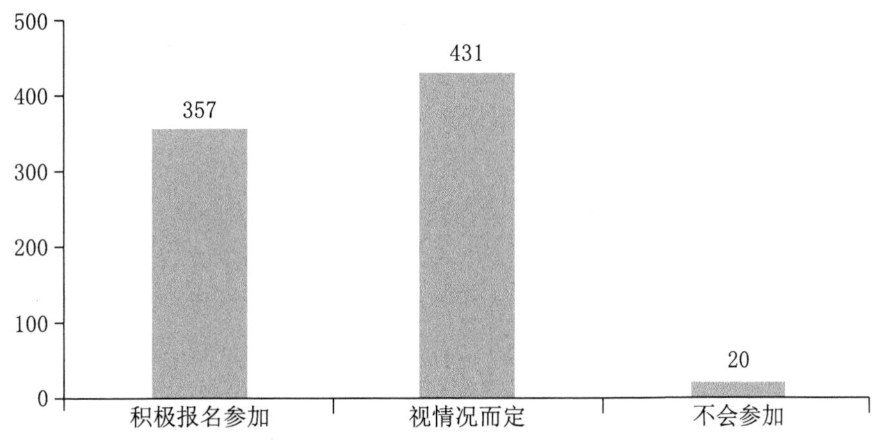

图6　研究生再次参加高雅艺术演出的意愿调查

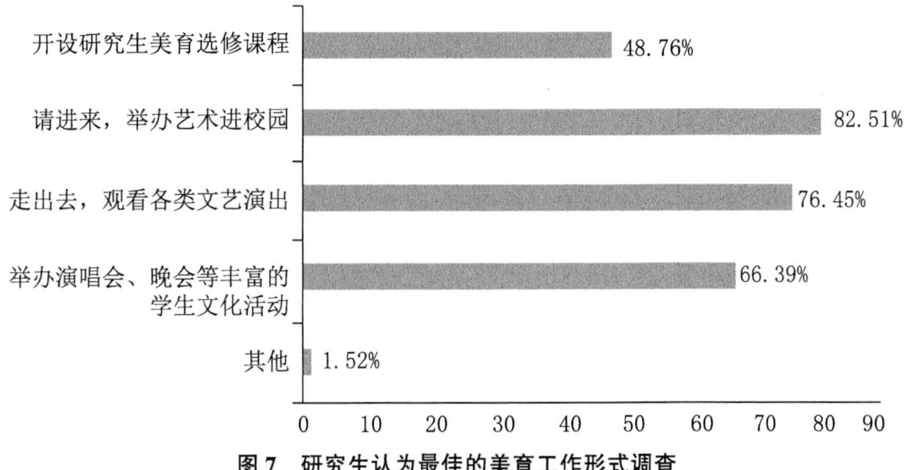

图7　研究生认为最佳的美育工作形式调查

三、推进法大研究生美育工作开展的建议

综上分析，推进研究生美育工作，是满足当前研究生美育需求，补齐研究生综合素质发展中的短板和不足，提升研究生的人才培养质量的必然要求。立足法大研究生教育实践和特点，笔者认为美育作为系统工程，应从研究生未来成长成才出发，从一体化统筹资源，体系化规划路径，个性化提供教育

等方面入手，构建法大研究生美育的长效工作机制。

第一，高度重视，一体化统筹资源。美育是一项长期的、渐进的、浸润式的教育，需要统筹各类资源形成合力。学校应当高度重视研究生美育工作。应贯彻落实上级文件要求，成立专门领导机构，统筹相关职能部门、学院、教师和学生等各方力量，开展法大研究生美育工作顶层设计，研究生美育要进入培养方案，进课堂，进宿舍，在校园落地生根。要充分挖掘各种资源，破解当前难题。可充分发挥学院路校区的地理区位优势，走出去，请进来，与中山音乐堂、国家大剧院等首都知名艺术场馆开展合作，与周边的北京舞蹈学院、北京电影学院、中国戏曲学院、中国音乐学院开展共建，充分发挥他们的专业优势，让学生接受美的专业教育。进一步拓宽合作渠道，通过与国内单位实践实习的合作、国外学校交换交流的合作，组织同学们走出去，进入博物馆、美术馆、名胜古迹等，体验自然之美、人文之美、异域之美。充分调动法大教师参与美育积极性，不局限艺术教研室的专业教师，鼓励引导学有专长的法大教师都走进法大美育的课堂和讲座，而针对研究生学习特点，可以采用专题讲座形式进行接力课程教学，亦可以采用专题小班教学方式，比如书法讲授、音乐欣赏等。充分发挥研究生在美育工作中的主体能动性，调查显示，接近20%的受访研究生表示自己曾在本科阶段有过参加艺术团体和文艺演出的经历，属于文艺骨干。应激发这部分同学的动力和潜力，发挥他们的骨干作用和辐射效应，使他们成为研究生美育教育中的引领者、示范者。

第二，系统设计，体系化规划路径。美育作为一项系统工程，其绝非活动式、阶段性的工作。如前所述，当前法大研究生美育呈现出内容碎片化、安排临时性的特点，我们需要以问题为导向，对法大研究生美育工作路径进行体系化规划。要坚持以“大美育”的理念构建整体格局，实现以美修身、以美启智、以美怡情、以美健体，[1]德智体美劳协同完善学生人格修养，实现美育融入研究生科研、专业、实践、创新等人才培养全过程。要坚持多维度推进研究生美育。美育教育要实现从入学到毕业的全过程全覆盖。入学教育重在初识相遇，开学典礼、校史参观等环节了解法大之美；日常教育重在

[1] 韩俐彦：“新时代高校大学生特色美育体系的现代化构建研究”，载《北京教育（高教）》2019年Z1期。

相知相融，课堂、讲座、演出、实践等方面全面深化美的认知；毕业教育重在难忘憧憬，毕业晚会等活动让同学对于美的认识不断升华，将人生小我融入大我之中。要让美育融入研究生生活学习之中，实现学习生活领域的全方位覆盖，课堂上学习美，校园中感受美，社会实践体验美，就业实习践行美，科学研究创造美，让研究生成为美的崇尚者和践行者。进一步优化美化校园环境，在当前学院路校区建设期，可在教室、宿舍、办公室处下功夫，进行凸显法治特色，彰显中华优秀传统文化主题的装修装饰。待校区建设完毕，可重新科学规划，建设“小而美，美而精，精而特”的校园环境。美育教育要严格落实《关于切实加强新时代高等学校美育工作的意见》等文件要求，健全有法大特色的课程教学、实践活动、校园文化、艺术展演“四位一体”的普及艺术教育推进机制。根据学校研究生行动方案，公共艺术类美育课程作为素质选修课程纳入研究生培养方案。继续深化“致美法大”工作体系，办好高雅艺术进校园，校园晚会等文艺活动。组织学生在校、院、班级、宿舍等各层面开展各类主题社会实践活动、知识竞赛、文艺展演等，丰富学生业余文化生活。

第三，因材施教，个性化提供教育。美育是用真善美雕琢青年人，使之成为高尚的人的心灵工程，其最终体现在青年个体的成长上。研究生美育必须立足研究生群体自身特点和成才需求，不能一刀切，要提供个性化教育。如前文所述，法大研究生美育的基础和需求都不同，应该采取因材施教的方式。可采用美育分层进阶教学的方式，对于本科阶段缺乏美育教育，需要基础知识的同学，可以通过公共艺术类美育课补课。而对于具有一定美育修养的同学，可以通过开设艺术讲座，现场教学等方式进行知识普及，还要给同学提供观赏戏剧、歌剧、舞剧、音乐会等高雅艺术的机会，让更多的同学提升美的认识。美育内容则要契合学生的不同爱好，突出多元化和多样化，做到雅俗共赏。除了歌剧、音乐会等艺术形式之外，电影、美术、演唱等也应纳入其中，尤其是要弘扬中华民族优秀传统文化之美，相声、戏剧、书法乃至杂技都应当引导学生去关注，要将文化自信贯穿于美育全过程。而对于美育意识不强的，如一些“佛系”研究生，则可以采用社会实践方式，鼓励他们走出宿舍，在参观考察中感受祖国河山之美，体验劳动创造之美。同时，研究生美育和法大专业特色紧密结合，要在美育中凸显法治精神，传递社会主义核心价值观。如组织研究生观礼天安门升旗仪式，不仅是爱国主义教育，也是大美教育，或是组织观看法治主题书法大赛，让同学深刻理解中华传统法治文化。还有善用信息化技术，尤其借助移动互联技术开展美育工作。如针对研究生时间紧张的情况，可以开展线上美育，同学们可以自主选择内容丰富的网络美育课程。借助 AR、VR 等技术，线上线下相结合，实现学生足不出户身临其境的参观，甚至可以实现线上听音乐会、演唱会。

高校突发事件应急管理体系建设研究

保卫处 林发军

【摘 要】 随着经济发展和社会进步，突发事件频频出现，自然灾害、安全事故、席卷全球的新冠肺炎等，都给高校内部的秩序带来了极大的冲击。高校内部的诸多要素也易导致突发事件。基于以上客观因素，建设校园应急管理体系是必然要求。本文将对相关概念进行辨析，基于“一案三制”并结合高校的自身特点进行研究，制定合理有效的高校应急管理体系。

【关键词】 高校 突发事件 应急管理体系 一案三制

中国特色社会主义进入新时代，我们必须通过制度优势和国家治理效能来应对“新时代”“大变局”背景下的系列风险挑战，助推实现中华民族伟大复兴，就是“以中国之治应对时代之变”“以中国之治应对风险挑战”。对此，各行各业包括高校也应该与时俱进地完善自己的治理体系，提高自己的治理能力。因为，高校是一种社会公共组织，高等教育是社会进步不可或缺的一部分，高等教育不仅会受到整个社会系统的影响，同时高校自身的风险或不稳定因素对国家或社会也会产生反向作用。由此，高校在完善自身治理体系及提高自身治理能力的同时，也要加强自身防范突发事件时的应急管理体系建设。

《中共中央关于坚持和完善中国特色社会主义制度、推进国家治理体系和治理能力现代化若干重大问题的决定》指出：“社会治理是国家治理的重要方面”，那么，高校治理作为社会治理的一种，自然也是国家治理的重要一面。所以，国家治理要想出效能，必须研究高校治理，要求高校治理也要出效能。该决定指出：“必须加强和创新社会治理……建设更高水平的平安中国”，系统地看，建设平安中国必须要建设平安校园，而平安校园建设自然离不开突发事件应急管理体系建设。因为高校治安防控体系是社会治安防控体系的一部分，所以高校作为其中的子系统，对于各类风险当然也要进行预测和预警。高校安全是社会公共安全的一个重要组成部分，那么国家层面的应急管理能力体系建设，自然需要高校的应急管理能力体系建设配合。微观、中观、宏观，从逻辑上看，自然是层层递进，级级支撑，同时上一层级指导下一层级。教育部按照相关要求于 2005 年制订了《教育系统突发公共事件应急预案》，高校随后也纷纷制定了各自的突发事件应对预案。

不过，这样的管理工作在科学性和规范性上是否还有提高的空间，是否还有值得商榷或改进的部分？是否还需要我们在理论上进行思考？毋庸置疑，答案是肯定的。这就需要我们对突发事件应急管理进行系统性研究，进行体系性构建。

一、我国突发事件应急管理体系建设四阶段

现代应急管理被定义为：为降低突发灾难性事件的危害，基于对造成突发事件的原因、突发事件的发生和发展过程以及所产生的负面影响的科学分析，有效集成社会各方面的资源，运用现代技术手段和现代管理方法，对突发事件进行有效的监测、应对、控制和处理。

一个国家的应急管理体系是这个国家在面对突发事件时的理念制定、制度设定和能够配置的资源等软环境的总和，对突发事件的处理往往能够充分展现一个国家的总体实力和发展水平。

概括地说，中国的应急管理体系建设经历了四个阶段。

（一）分类管理为主、临时机构牵头的应急管理议事协调阶段（1949—2003 年）

在此阶段，中国采取的应急管理手段主要是多方共同管理，采用一些非常规设置的部门调配其他部门。此时的管理体系较为单一且不具有专业性，只有在面对特定事件时才能体现较高的协同效率。

（二）以“一案三制”为核心的应急管理体系建设阶段（2004—2008 年）

2003 年“非典”暴露出我国在应急管理方面的诸多弊端，此次疫情结束后，以“一案三制”为基本框架的应急管理体系在中国逐步建立了起来。“一案三制”中，“一案”指应急预案，“三制”分别指应急管理体制、机制和法

制。“一案三制”作为应急管理时使用的基本框架，使我国的应急管理水平得到显著改善。

(三) 以“一案三制”为核心的应急管理体系的实践、完善与反思阶段(2008—2017 年)

在经历了几次特重大突发事件后，我国的学术界和政府管理部门对“一案三制”的探究不断深化，这也使得“一案三制”这一应急管理体系在一次次的实践中得到了更深层次的完善、反思以及提高。2013 年 3 月 10 日，国务院增设应急办作为常规管理部门，明晰了该部门的权利与义务，规避了多方管理和职能混乱等问题。

(四) 总体国家安全观下中国特色应急管理体系建设时期(2018 年—)

习近平总书记在党的十九大报告中指出:“坚持总体国家安全观。必须坚持国家利益至上，以人民安全为宗旨，以政治安全为根本，统筹外部安全和内部安全、国土安全和国民安全、传统安全和非传统安全、自身安全和共同安全，完善国家安全制度体系，加强国家安全能力建设，坚决维护国家主权、安全、发展利益。”在这种背景下，2018 年 3 月，中华人民共和国应急管理部增设成为国务院的常规部门。这样，在总体国家安全观这一方针的引领下，我国的应急管理体系有了一个法定的明确部门。这也为各行业、各部门，包括高校建立自己的突发事件应急管理体系指明了新方向。

二、高校突发事件的概念、特征

本文认为高校突发事件的定义是：在相关因素的作用下，在特定的范围内（高校）发生，事件关于高校本身和在校教职工及师生，对高校学生及教师的人身安全和财产安全造成一定的威胁或损失，给学校的管理秩序、社会形象带来负面影响的一些不确定性的事件。

高校中的突发事件通常被划分为五类，分别是：政治性、群体性突发事件、事故灾难类突发事件、公共卫生类突发事件、自然灾害类突发事件、网络与信息安全类事件。

高校中的突发事件的特征主要有以下几个方面：诱发因素多样性和组织行为隐蔽性、突发性及扩散性、群体行为过激性和后果危害性、处理复杂性和消极影响持久性。

三、“一案三制”：应急管理体系的关键抓手

高校建设相应的应急管理体系，兼具重要性与紧迫性的特点，但是我们在实践的过程中也要认识到这项工作所具有的艰巨性和长期性的特点。基于“一案三制”，制定适合中国政法大学的突发事件应急管理体系有其应然条件，也有其必然因素。

（一）预案建设

突发事件的相关应急预案是整个突发事件治理的起始点，也是关键点。根据过往发生的事件的经验制定预案，能够总结过去的不足，概括合理的工作做法，提炼一定的价值理念。将一些不引人注意但有可能导致突发事件发生的因素暴露出来，形成文字，能够使预案具有确定性。

预案的制定，既是为了预防，也是为了更好地处置。因此要始终坚持三个原则：坚持“生命第一”，树立“以人为本”的理念；遵守“及时疏导”，树立“第一时间”的理念；保证“统一领导”，树立“依法管理”的理念。

（二）体制建设

体制建设是整个体系中的核心。在新时期，各个高校要以高度的政治使命感和责任感，主动适应国内外形势新变化，以问题为导向，以安全稳定，尤其是意识形态领域的稳定为第一要务，防风险、补短板，抓基础、促发展。重点是要做好以下几点：

一是强化安全稳定工作机构建设。在学校党委领导下，进一步加强学校安全稳定工作领导小组建设，充分发挥领导小组办公室的指挥中心与工作枢纽职能，更加突出牵头与统筹协调作用。进一步加强各学院安全稳定工作领导小组建设，按照属地管理、分级负责和谁主管谁负责的原则，明确各学院平安校园建设的主体责任，筑牢学校安全稳定工作根基。

二是完成保卫部门职能转变。在做好日常安全保卫工作的基础上，对保卫处的职能进行适当调整，找准工作的着力点，更加突出对基层部门安全管理和政治稳定工作的业务指导与监督检查职能；更加注重对学校安全稳定工作的总体统筹，加强对学校各部门涉及安全稳定工作的全面协调，真正承担

起学校安全稳定工作领导小组办公室的工作职责。

三是健全完善工作运行机制。学校安全稳定工作领导小组及办公室进一步完善工作研究部署机制，定期分析研判安全稳定形势，及时研究部署安全稳定各项重要工作；进一步完善重要问题专题研究机制，围绕重点工作和难点问题，研究提出应对策略与措施；进一步完善协调联动与应急指挥机制，及时、稳妥、有效处置各类突发事件，提升应对复杂局面的能力。

四是强化全员责任体系。切实落实安全稳定领导责任制，逐层传导工作压力，逐层细化分解和落实各部门、各学院安全稳定工作责任，明确责任主体，确保责任到岗定人。强化督促检查机制，加强对安全稳定工作责任落实情况的检查，督促相关部门制定整改方案，落实整改措施。加强对安全稳定工作的考核评价，将安全稳定工作履职情况纳入干部考核体系，作为选拔、使用和奖惩干部的重要依据。

五是与属地政府加强联系，校地联动，做好校园及周边治安环境综合治理。

（三）机制建设

突发事件发生后，高校的应急管理机制的合理运行是保证各项工作有序开展，各部门有序运转的核心所在。

高校应急管理体系中的机制建设，重点应该是放在是常态化管理、综合治理、应急决策协同和应急管理善后等四项机制的建设中。

（四）法制建设

在突发事件发生后，最根本也是最重要的手段之一就是法律手段。有了相应的法律，各种违法行为的处置便有了根据，处理也更加制度化、规范化和法制化。高校面对突发事件应急管理工作，也少不了当地政府、学校相关职能部门、全校师生的积极配合，只有具备了相应的法律法规，我们才能明晰相应的权利与义务。然而目前我国法制建设还具有一定程度的滞后性，因此在突发事件的处理中，高校应急管理工作仍处于一定层面的僵局。

因此，现阶段的紧要任务是尽快制定并出台《校园安全法》，并以此作为校园突发事件处理的法律依据，同时又可使不同学校针对自身的特点做出一定调整，形成校园安全的下位规定。

四、结　语

基于现代应急管理的相关理论，结合中国的实际情况，同时考虑到我国高校在应急管理方面面临的挑战，笔者认为应在从如下五个方面继续完善中国政法大学应急管理体系。

首先，始终坚持“总体国家安全观”的方针，把现代应急管理的相关理论体系作为抓手，充分理解突发事件不同阶段的特点及变化规律，根据学校自身的特点设计并完善具有通用性的应急管理体系，合理规避以往传统的应急管理体系中的一些弊端，从而有效提高学校面对突发事件的管理水平。

其次，以能力建设为核心确立相关职能。对高校突发事件的预防、控制、组织、善后等方面，在做好自我评测，找到短板之后，完善相关的提升能力方案。

再次，参考国内外高校在相关工作方面的经验并结合学校现有的职能部门和分工，构建学校相应的组织架构。应充分考虑现有可整合资源，构建核心或必不可缺的部门，可以考虑构建“委员会”体系，实施综合协调。

复次，针对突发事件的生命周期规律，建立配套的管理体系，将各项资源有效整合，使得应急管理工作达到一定的标准；同时，与校外科研机构积极合作，发挥其作用，做好相关评估。

最后，把握突发事件发生后的黄金时期，加强完善某方面的不足。例如针对此次新冠肺炎疫情，要能够做到“兵来将挡，水来土掩”，结合“一案三制”的工作方针，优化部门设置、预案制定、人员分工，从而提高学校应急管理体系的能力。

中国政法大学的安全标志、安全设施介绍及紧急情况的应对

保卫处 王书丰

【摘　要】校园安全标志与安全设施是保障校园安全的重要物质条件。正确地识别和使用安全标志和安全设施，对维护校内师生的人身安全和财产安全、保障校内正常的教学科研秩序十分重要。本文介绍了校内几种常见的、主要的安全标志和安全设施的使用方法，以及几种紧急情况的应对方法，同时希望师生树立安全理念、提升安全意识和自我保护能力，以确保自身安全和校园安全。

【关键词】安全标志　安全设施　消防安全　火灾、地震及暴恐的应对及逃生

校园安全标志与安全设施的合理设置、管理、维护和应用是校园安全的基础保障，是校园物防和技防建设的重要内容。中国政法大学校园安全标志严格按照国家标准设置和使用，分为四类。包括警告标志、禁止标志、提示标志、命令标志。警告标志提醒大家可能会发生的危险，提示大家注意。其图形的组成为黄色背景、黑框的正三角形，三角形中间有黑色符号。禁止标志表示禁止或不许人们进行的行为，几何图形是一个带斜杠的圆环，一般是红色，其中圆环和斜杠部分相互连通，圆环中间的图形符号使用黑色，背景部分使用白色。提示标志表示目标地，几何图形组成是方形，红色和绿色作为背景，图形符号及文字使用白色，最常见的提示标志是安全出口指示牌。命令标志表示要遵守该标志的含义，主要作用是强制或限制人们的行为，几何图形为蓝色背景的圆形，圆形中间使用白色图形符号。安全设施是在生产经营活动中，企业（单位）通过一定的措施或配备一定的装置或设备，将有

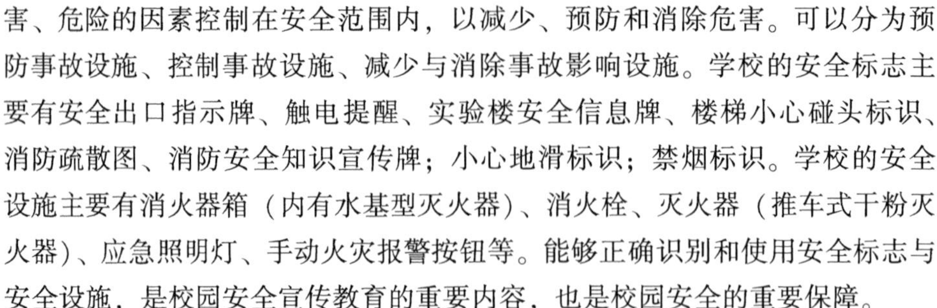

害、危险的因素控制在安全范围内，以减少、预防和消除危害。可以分为预防事故设施、控制事故设施、减少与消除事故影响设施。学校的安全标志主要有安全出口指示牌、触电提醒、实验楼安全信息牌、楼梯小心碰头标识、消防疏散图、消防安全知识宣传牌；小心地滑标识；禁烟标识。学校的安全设施主要有消火器箱（内有水基型灭火器）、消火栓、灭火器（推车式干粉灭火器）、应急照明灯、手动火灾报警按钮等。能够正确识别和使用安全标志与安全设施，是校园安全宣传教育的重要内容，也是校园安全的重要保障。

一、中国政法大学几种重要的安全标志和安全设施介绍

安全标志与安全设施可以从功能上进行大致的划分，分为综合性的防控指挥中枢系统、消防标志与设施、治安标志与设施、交通标志与设施等。中国政法大学最为重要的安全设施分设在两校区的中控室，它们是两校区的综合性防控指挥系统，分别连接着校园的每个监控摄像头、火灾报警装置、烟感报警装置，中控室与校门值班岗亭、各楼宇的值班室，它们对人员、设备进行综合协调和指挥。中控室是校园安全防范的中枢系统，在这个中枢系统之下，是遍布校园的各类安全标志与安全设施，其中几种较为重要和常见的分别为微型消防站和防爆器材柜、烟感报警装置、应急照明灯、消火栓和灭火器、手动火灾报警装置、消防安全知识宣传牌和消防疏散图、安全出口指示牌等。

（1）微型消防站和防爆器材柜。两校区单独设有微型消防站，消防站有专人 24 小时值守，站内配有消防头盔、灭火防护服、防护靴、破拆工具和一定数量的灭火器、水枪、水带等灭火器材，一旦有初起火灾能够及时扑救。两校区各校门值班岗亭内均设有防爆器材柜，内有必要的防爆器材。

（2）烟感报警装置。学生宿舍全部安装了烟感报警装置，宿舍一旦有烟火就会报警，中控室就会收到准确的报警信息，进行及时的调动处置。

（3）应急照明灯。在正常照明电源发生故障，不能提供正常的照明条件时，应急照明灯能提供照明，并且显示疏散通道。各楼宇的走廊、楼梯间、楼道拐角、楼道尽头、大门口都有应急照明灯，能够起到特殊状况下的指引和照明作用。

（4）消火栓和灭火器。消火栓和灭火器设置在楼梯口、大门口、楼道尽

头和教室门旁，灭火器均为手提式水基型灭火器。各实验室内配有二氧化碳灭火器和干粉灭火器，部分楼宇安全出口旁放有推车式干粉灭火器。

（5）手动火灾报警装置设置于宿舍楼、办公楼走廊两侧和部分教室门口、洗漱间入口墙壁墙上。触发火灾报警按钮中控室就会收到火灾报警的准确位置。

（6）消防安全知识宣传牌和消防疏散图。每层楼靠近楼梯的墙面、电梯旁张贴有消防安全知识宣传牌和消防疏散图，起到安全知识讲解和普及的作用，它们清楚地标明发生危险时的疏散逃生线路。

（7）安全出口指示牌。安全出口指示牌广泛设置在各楼的楼梯间和走廊内。两校区食堂、图书馆墙体、分区引流入口上方及阶梯教室门口齐膝处都设有安全出口指示牌。有火灾地震等危险发生时沿着安全出口指示牌疏散逃离。

此外，学校的安全标志还包括机动车限速标志、视频监控区域标志、禁止停车标志、禁止吸烟标志等，安全设施还有末端试水装置、防火卷帘门、防火应急广播等，这些标志和设施构成了校园的交通、消防、治安、食品卫生等各方面安全的有机整体，对校园安全起到了基础性的保障作用。

二、消防安全设施的使用方法

校园最常见、最为广泛使用的安全设施是消防安全设施，因此掌握灭火器和消火栓的使用方法十分重要。

（1）手提式灭火器的使用方法。手提式灭火器的操作方法如下：首先，拔出灭火器的保险插销，用力按下压把，然后将喷嘴对准火焰的根部喷扫，迅速扑灭火焰。灭火时应果断、迅速，灭油火时，不要直接冲击油面，以免油液激溅引起火焰蔓延。使用灭火器时应垂直操作，切勿横卧或倒置。

手提式灭火器分为水基型灭火器和干粉灭火器，水基型灭火器主要适用于扑救木材、纸张、棉麻、织物等固体物质的初起火灾。水基型灭火器一般无毒无刺激，甚至可用于身体阻燃灭火。干粉灭火器灭火高效，适用范围广，不足之处是灭火后粉末不太好清理，会造成一些精密设备的污染，不能够用来扑灭人体上的火，会对人体造成二次伤害。学校配备的灭火器以水基型的为主，有特殊要求的实验室等也按要求配备了相应类型的灭火器。

（2）推车式干粉灭火器使用方法如下：推车式干粉灭火器主要使用场景为易燃液体、电器设备和可燃气体的初起时的火灾。使用时，右手需要紧紧抓住喷粉枪，然后左手展开喷粉的胶管，要注意在展开时不能有弯折或打圈。接着除掉灭火器的铅封，拔出保险插销，用力按下供气的阀门。此时，用左手握好喷粉枪的管托，右手把持住枪把，最后用手指扳动喷粉的开关，注意要对准火焰喷射。灭火时应当不断靠前，然后左右摆动喷粉枪的枪头，以便于干粉能够笼罩住燃烧区，顺利扑灭火焰。

（3）消火栓的使用方法。消火栓是常用的消防设施，它的保护半径一般为30米，其中水带长度一般是20米，水柱可达10米。那消火栓如何使用呢？第一步，要打开消火栓的玻璃门，然后按下里面的火警按钮，从而实现报警并同时启动消防泵。第二步，如果现场有两个及以上人员，由其中的一人接好水带和枪头，并紧紧抱住枪头，迅速奔向起火点。另外一个人负责接好水带与阀门，接好后逆时针打开阀门，让水流喷出。如果现场只有一人，首先接好枪头和阀门，然后展开水带。在打开阀门后，紧紧抱住枪头，迅速找到起火点。使用消火栓时一定要避免水带扭曲和打结。

三、火灾、地震及暴恐的应对及逃生

火灾的应对和逃生。一是要有安全意识，当处在新的环境时，要了解地形结构，观察消防设施的位置，熟记疏散通道。疏散通道就是当险情发生时的逃生路线。二是发生火灾时要保持镇静，迅速判断能否控制火情，如果不能控制就要迅速离开现场并报警。三是逃生时尽量向外面空旷的地方跑，如有浓烟，要用湿毛巾捂住鼻子和嘴，匍匐前进。下楼时不要乘坐电梯。四是当安全通道被阻断时，要迅速寻找躲避处，并尽量用湿衣物阻断烟火的侵袭渗透。五是不到万不得已不要跳楼逃生。从窗口逃生时尽量使用床单、窗帘结成绳索系结实了往下顺。

地震的应对和逃生。地震时，如处在较低楼层，房外开阔，无危险坠落物掉落，可迅速跑到房外。如果在较高楼层，只能就近躲避。躲避的位置尽量是小开间内、承重墙的墙根、墙角，或床边、书桌、实验台旁边。在室外或操场时，一定要注意避开高大的建筑物，蹲下不动，并且用自己的双手保护住头部。地震发生时，切不可慌乱拥挤，避免踩踏伤亡；要远离门窗和阳台，不要使用电梯。

暴恐应对措施。在遇到暴恐事件或危及人身安全的治安事件时，遵循的基本原则是：逃、躲、防（或战）。最佳策略是在最短的时间内逃离现场，不要因别人犹豫不决拖慢自己的进度，不要贪恋财物。逃离时一定要观察地形，倚靠掩体遮蔽躲藏式地快速逃离。一旦发现自己逃不掉，要尽快进行躲避，躲藏在歹徒难以发现的隐蔽处，在室内时锁上门并用东西挡住，将手机调至静音，或藏在尺寸较大的物体后面，保持安静。藏身处最好在袭击者视线范围之外，或能够阻挡砍杀，并且不限制你的行动。如果没有条件跑开或躲避时，可以合理利用身边的物品，比如椅子、书包、木棍、拖把等，奋力进行自卫；如果身边没有东西可以供防御使用，可以立即仰面倒在地上，双腿弯曲，做好防御姿势，如果遭到攻击就不停地进行交替踹蹬。这样，既能够让歹徒在行凶时无从下手，又有可能踢掉歹徒手里的凶器。躲避时不能打电话，以免暴露自己，最好将手机调至静音，发短信至 12110 报警，说清楚地点、案发时间、歹徒的基本体貌特征和人数等信息。

安全标志、安全设施的建设、维护和使用是确保校园安全的物质基础。校园的安全文化的建设和熏陶、师生安全理念、安全意识和自我保护能力的提升则是维护校园安全、师生人身安全的根本手段。物质基础和安全文化、安全意识、安全理念的有机结合才能实现校园的安全稳定。

打造后勤育人平台　助推三全育人实施

后勤保障处　刘耀辉

【摘　要】后勤作为学生日常学习生活的保障部门，承担着重要的育人作用，但分析后勤工作实际情况不难发现，当前中国政法大学的就业后勤育人功能的探索仍相对欠缺。本文着眼于“三全育人”理念的提出与实施，对后勤育人理念进行梳理，并结合实际分析现存问题，提出今后工作的努力方向。

【关键词】三全育人　后勤育人

“三全育人”理念要求学校全体部门、全体老师都要参与到育人工作中去，后勤部门作为学校不可或缺的组成部分，理应成为学校实施“三全育人”的主体之一。后勤工作纷繁复杂、点多面广，涉及学生在校生活、学习的方方面面，不仅具有服务性、保障性，因其工作面和工作平台的问题，还可通过管理、服务、环境、劳动等多方面达到育人的目的。现就中国政法大学后勤育人工作探析如下。

一、后勤育人工作脉络梳理

1985 年 11 月，清华大学经济管理学院经 2 班赵维柏同学给后勤党委写了一封信，讲述 14 宿舍楼楼长和值班的王师傅认真负责的工作态度以及对他无微不至关怀的事迹，谈到了他从中受到的教育和感受。引发了高校对于后勤服务育人的思考，也由此诞生了“优质服务、服务育人”的后勤管理理念。

1994 年 8 月 31 日，《中共中央关于进一步加强和改进学校德育工作的若干意见》指出：“进一步发挥全体教职工的育人作用。学校各项管理工作、服务工作也要明确育人职责，管理育人，服务育人。”

2004 年，《中共中央国务院关于进一步加强和改进大学生思想政治教育的意见》指出：“广大教职员工都负有对大学生进行思想政治教育的重要责任。

要制定完善有关规定和政策，明确职责任务和考核办法，形成教书育人、管理育人、服务育人的良好氛围和工作格局。后勤服务人员要努力搞好后勤保障，为大学生办实事办好事，使大学生在优质服务中受到感染和教育。"

2017 年 2 月 27 日，中共中央国务院印发的《关于加强和改进新形势下高校思想政治工作的意见》指出："坚持全员全过程全方位育人。把思想价值引领贯穿教育教学全过程和各环节，形成教书育人、科研育人、实践育人、管理育人、服务育人、文化育人、组织育人长效机制。"

二、后勤育人工作的具体体现

（1）熏陶育人。在学校的学习、生活中，从踏入学校的接站班车开始，到在校学习、生活数年，再到毕业离校的班车送站等，学生大部分时间都在宿舍、教室、食堂等公共场所度过，学生接触的诸多人员都是普通后勤员工，后勤员工的一言一行都会对学生产生潜移默化的影响。

（2）能力育人。通过组织学生参加宿舍管理、食堂值班、质量监督等多种方式，增强学生的主人翁意识和责任感，加深学生对后勤工作的理解，也通过实践活动提升个人能力。

（3）管理育人。后勤员工要利用学校的管理制度，规范、约束学生的行为，促使学生逐渐形成自觉性、养成良好的习惯和风气，实现育人的目的。

三、当前中国政法大学后勤育人工作存在的问题

（一）社会化改革的管理模式对后勤育人工作的阻碍

从进入 21 世纪以来，高校后勤社会化改革一直在持续推进，不可否认，社会化改革为学校引入了竞争机制，一定程度上提高了校内后勤工作人员的积极性和主动性；社会化改革为学校引入了校外的先进管理经验，一定程度上提高了服务保障水平。但不可否认的是，这种"市场性"的行为一定程度上影响了后勤育人功能的发挥，后勤部门更多的忙于创造经济效益，忽视了对学生的育人功能的发挥，出现了"管理、服务与育人"脱节的现象。

（二）后勤员工自身对育人工作的理念认识不到位

相当一部分员工认为，学校的中心工作是教学、科研，育人工作主体是

学工、教务和各学院，自己只要做好自己的后勤保障本职工作即可，育人不是后勤应当考虑、应当花大力气要做的事情。

（三）后勤员工自身能力不足

随着近些年用工成本逐年升高以及后勤薪酬水平偏低等多方面原因，后勤员工中高学历人员留不住，现有人员普遍存在年龄偏高、文化水平相对较低的现象，在履行自身岗位方面尚能满足，但在更高一个层次开展育人工作方面，就暴露出能力的不足。

（四）学校及师生对后勤工作的重视不够

从一般意义上来看，后勤工作往往被视为基本保障型，从另一方面来讲，后勤工作琐碎、繁杂、默默无闻，工作成果极易被忽略。学校往往只看到了其保障功能，忽略了后勤平台的育人作用。

（五）与学工等部门的联动性较差

正是由于以上几点原因，后勤员工在开展工作中往往是单打独斗，仅仅局限于后勤内部，缺乏与学校学工部门、各学院的联动，引发了管理中缺乏抓手、对于学生的约束力不够的现象。

四、今后后勤育人工作的思考

（一）加强统筹谋划，树立育人意识

后勤党委、后勤保障处从上到下，要主动融入学校“三全育人”综合改革工作中，将后勤育人功能贯穿、融入后勤饮食、住宿、物业、班车等全业务工作中，主动树立育人意识，营造育人氛围，创新育人举措，推进后勤工作与学校中心工作的协同联动，形成一体化育人体制机制和“三全育人”格局，实现后勤服务育人无时不有、无处不在。

（二）强化队伍建设，提高育人能力

一是加大业务工作教育培养力度。经常性开展业务能力、服务意识、职业道德等方面的培训，提高育人的理念认识和育人的实操能力。二是鼓励员工素质提升。按照“留住人、培养人”的理念，积极出台政策，鼓励现有员工在学历学位提升、专技职称晋升上多下力气，不断提高自身素质，增强育人能力。三是加大外出交流学习力度。“他山之石，可以攻玉”，为员工积极创造机会外出考察学习，开阔眼界，学习借鉴先进经验做法。

（三）创新方式方法，构建育人平台

一是加大与学工部门联动，主动融入现有的育人平台，积极参与学工部门主办的“教授午餐会”“我为爸妈买车票”等品牌活动。二是结合业务工作，创设新的育人平台，一方面是自主开展育人工作，比如加大“法大深夜食堂”“节水节电节能”项目开展的宽度和深度，拓展育人功能；另一方面是借助学工部门的优势，联合学工部门和学院开展育人工作，比如举办“宿舍文化节”“宿舍学习角”等育人项目，将育人工作与业务工作深入融合起来。

（四）加大宣传力度，彰显先进模范

后勤工作都体现在学生的身边，但后勤员工普遍存在“只知埋头干活、不善表达交流”的现象，虽然在工作中也涌现出了不少的先进典型，但是大部分员工缺乏与学生交流、互动，没有体现出育人的作用。下一步，后勤党委、后勤保障处会加大宣传的力度，通过微信公众号、网站等方式宣传典型、表彰先进；积极与学工部门联合，主动参与到诸如“法大青春讲师团”等项目中去，主动彰显后勤育人工作做法和实效。

“三全育人”是一个系统工程，将育人落到实处需要多部门、多领域的配合、合作，后勤要把握机遇、担当有为、改革创新，积极开拓育人途径，推动育人工作创新，提高后勤服务的育人功能。